ACCESO GRATIS ***a la Lectura en la Nube***

Para visualizar el libro electrónico en la nube de lectura envíe junto a su nombre y apellidos una fotografía del código de barras situado en la contraportada del libro y otra del ticket de compra a la dirección:

ebooktirant@tirant.com

En un máximo de 72 horas laborables le enviaremos el código de acceso con sus instrucciones.

La visualización del libro en **NUBE DE LECTURA** excluye los usos bibliotecarios y públicos que puedan poner el archivo electrónico a disposición de una comunidad de lectores. Se permite tan solo un uso individual y privado.

LA POLÍTICA DE RETORNO DE EMIGRANTES Y LA ATRACCIÓN DEL TALENTO GLOBAL EN ANDALUCÍA

Nuevos retos de política social y económica

LA POLÍTICA DE RETORNO DE EMIGRANTES Y LA ATRACCIÓN DEL TALENTO GLOBAL EN ANDALUCÍA

Nuevos retos de política social y económica

Dirección

JOSÉ ANTONIO FERNÁNDEZ AVILÉS

NURIA MARCHAL ESCALONA

Coordinación

VICTORIA RODRÍGUEZ-RICO ROLDÁN

BEGOÑA FERNÁNDEZ RODRÍGUEZ

Unión Europea

Fondo Europeo de Desarrollo Regional "Una manera de hacer Europa"

tirant lo blanch

Valencia, 2024

En caso de erratas y actualizaciones, la Editorial Tirant lo Blanch publicará la pertinente corrección en la página web www.tirant.com.

Esta publicación es parte del proyecto de I+D+i "Análisis transversal y nuevas propuestas para las políticas jurídicas de retorno de emigrantes andaluces y la atracción de talento global en Andalucía (retornANDo)", referencia A-SEJ-290-UGR20, financiado por la Consejería de Universidad, Investigación e Innovación de la Junta de Andalucía y por FEDER, Una manera de hacer Europa.

EDITA: TIRANT LO BLANCH
C/ Artes Gráficas, 14 - 46010 - Valencia
TELFS.: 96/361 00 48 - 50
FAX: 96/369 41 51
Email: tlb@tirant.com
www.tirant.com
Librería virtual: www.tirant.es
DEPÓSITO LEGAL: V-1232-2024
ISBN: 978-84-1056-830-3
Maqueta: Tink Factoría de Color

Si tiene alguna queja o sugerencia, envíenos un mail a: *atencioncliente@tirant.com*. En caso de no ser atendida su sugerencia, por favor, lea en *www.tirant.net/index.php/empresa/politicas-de-empresa* nuestro procedimiento de quejas.

Responsabilidad Social Corporativa: http://www.tirant.net/Docs/RSCTirant.pdf

AUTORES

María Cristina Aguilar Gonzálvez
María del Carmen Burgos Goye
Alberto Capote Lama
David Carvalho Martins
Manuela Durán Bernardino
José Antonio Fernández Avilés
Belén Fernández Suárez
Caterina Fratea
María Dolores García Valverde
Inês Godinho
Enrico Gragnoli
Francisco Javier Hierro Hierro
José Eduardo López Ahumada
Sandra López Pereiro
Agata Ludera-Ruszel
Nerea Magallón Elósegui
Nuria Marchal Escalona
Diana Marín Consarnau
Juan Antonio Marmolejo Martín
Monica McBritton
Marco Mocella
Olimpia Molina Hermosilla
Daniel Peres Díaz
Victoria Rodríguez-Rico Roldán
Carmen Ruiz Sutil
Tiago Sequeira Mousinho
Selina Serrano Escribano
Luis Ángel Triguero Martínez
Raquel Vela Díaz
João Villaça

Índice

Presentación

La presente obra es de máxima actualidad y relevancia. Se sitúa en el análisis de la realidad a la que asistimos. Los procesos migratorios —internos o internacionales— han sido y son una constante en la historia de España y, más concretamente, de Andalucía. Si hasta no hace muchos años éramos una tierra receptora de inmigración, bien avanzada ya la segunda década del presente siglo se ha venido observando una tendencia demográfica por la que progresivamente ha perdido peso la inmigración y ha ganado relevancia a mayor ritmo la emigración. Una emigración consecuencia de la reciente crisis económica y sus correlativos factores expulsivos, hacia otros Estados, bien pertenecientes a la Unión Europea o de otras regiones del mundo, lo que supone una pérdida en términos de capital humano y talento, para afrontar los retos sociales y económicos de la sociedad española en el siglo XXI.

Desde una perspectiva jurídica, el punto de partida para las —hasta ahora infra desarrolladas— políticas de retorno tienen Su anclaje constitucional en el mandato del art. 42 de la Constitución Española, donde se establece que el Estado velará especialmente por la salvaguardia de los derechos económicos y sociales de los trabajadores españoles en el extranjero y orientará su política hacia su retorno. En el plano legislativo, por su parte, la Ley 40/2006, de 14 de diciembre, del Estatuto de la Ciudadanía Española en el Exterior, establece con claridad que el Estado está obligado a promover una política integral para facilitar el retorno de los españoles de origen residentes en el exterior; a tal fin, los poderes públicos, para un eficaz y eficiente aprovechamiento de los recursos públicos, coordinarán sus actuaciones para que la integración social y laboral de los españoles que retornen se realice en las condiciones más favorables (art. 26.1°), así como se refiere a la remoción de obstáculos que dificulten a los españoles retornados el acceso a prestaciones o beneficios sociales existentes, en las mismas condiciones que los residentes en España (art. 26.2°). A tal fin, el Estado en colaboración con las Comunidades Autónomas, las Corporaciones Locales y las Asociaciones de Emigrantes Retornados deberá promoverá una política integral para facilitar el retorno de los españoles de origen residentes en el exterior (art. 26.2°). Especial atención merece, en clave de género, el mandato para que los poderes públicos desarrollen medidas dirigidas a facilitar la protección y el retorno de las españolas residentes en el exterior, y, en su caso, sus hijos, víctimas de situaciones de violencia de género cuando el país de residencia no ampare de manera suficiente a las víctimas de estos delitos (art. 26.3°).

Para hacer frente a este fenómeno, resulta necesaria una adecuada política de tutela jurídico-social y un acompañamiento en el complejo y poliédrico proceso de retorno. Y la conveniente atracción del talento científico y profesional —con experiencia obtenida en el extranjero— para nutrir nuestro sistema científico y productivo. Se requieren, pues, de nuevas políticas jurídicas, de marcado carácter social, capaces de responder de forma satisfactoria al retorno de emigrantes a España y, en particular, a Andalucía y, en concreto, para la atracción de talento global.

El retorno de emigrantes y la atracción del talento necesitan de una labor científico-investigadora que contribuya de un modo directo, eficiente y de impacto inmediato en los centros de toma de decisiones —legislativa y gubernativa— para la mejora de oportunidades, seguridad y tutela jurídico-social de los ciudadanos españoles que desean retornar. A tales efectos, proponemos un análisis exhaustivo de las políticas públicas puestas en marcha y que —de manera más o menos directa— se dirigen a emigrantes para favorecer el retorno y su (re) integración socio-laboral, para atraer el talento y la integración de graduados e investigadores en España y, en particular, en la Comunidad Autónoma andaluza, afrontando el reto de identificar y analizar los diferentes problemas jurídicos —de diversa índole—, tanto de empleo, a la hora de regularizar el estatuto personal y familiar adquirido en otro Estado como de medidas de protección social, entre otros, a los que debe enfrentarse la población emigrante española. Se trata de promover el protagonismo de España y Andalucía en la competencia por la atracción de nuevos migrantes altamente cualificados (la denominada clase "creativa"), evitando convertirnos en un país y una mera Comunidad "exportadora de talento". Para ello, se ha tendido en cuenta las experiencias existentes en otros países de nuestro entorno, principalmente, en Portugal e Italia.

Esta obra reúne a un destacado número de investigadores y profesionales nacionales y extranjeros que, con las debidas sinergias y de forma multidisciplinar, en el marco del Proyecto I+D+i FEDER/Junta de Andalucía-Consejería de Economía y Conocimiento A-SEJ-290-UGR20 "Análisis transversal y nuevas propuestas para las políticas jurídicas de retorno de emigrantes andaluces y la atracción de talento global en Andalucía", hemos pretendido poner en valor el protagonismo que debe asumir España y, en particular, Andalucía en el retorno de emigrantes y la atracción del talento a través del estudio sistemático y pormenorizado de las medidas jurídico-políticas aprobadas, y realizando las propuestas de mejora que sean. A todos ellos, les agradecemos muy sinceramente su valiosa contribución.

Esperarnos y confiamos en que sea una aportación relevante inspiradora y generadora de cambios, para lograr una política y legislación que faciliten el retorno de los emigrantes y la atracción del talento a nuestra Comunidad Autónoma.

JOSÉ ANTONIO FERNÁNDEZ AVILÉS
NURIA MARCHAL ESCALONA

Capítulo 1
Migración de retorno en tiempos de crisis desde la perspectiva de la OIT: las migraciones laborales basadas en derechos

JOSÉ EDUARDO LÓPEZ AHUMADA[1]
Catedrático de Derecho del Trabajo y de la Seguridad Social
Universidad de Alcalá

1. INTRODUCCIÓN

La crisis del Covid-19 y sus efectos posteriores en fase de postpandemia ha producido una contención de los procesos migratorios. Tradicionalmente, en períodos de bonanza económica se produce un aumento de los flujos migratorios laborales. Este fenómeno está estrechamente vinculado con el proceso de globalización económica y a la ausencia de posibilidades de empleo en los países de origen, que con carácter general hacen de la migración casi la única alternativa para las personas migrantes[2]. Se trata de un fenómeno que afecta a distintos colectivos, por ejemplo, trabajadores estacionales o temporales, trabajadores en situación irregular, víctimas de trata de seres humanos y de trabajo forzoso, trabajadores cualificados[3] etc. La mayor parte de las migraciones responden a cuestiones laborales y, en este sentido, la OIT se ha preocupado especialmente de la perspectiva laboral de los flujos migratorios. Especialmente en tiempos de crisis, la

---

1 Académico Correspondiente de la Real Academia de Jurisprudencia y Legislación de España. Investigador principal de la línea de investigación estable en Relaciones Laborales y Protección Social del Instituto Universitario de Investigación en Estudios Latinoamericanos de la Universidad de Alcalá (IELAT).

2 La migración está estrechamente relacionada con el trabajo y el empleo, siendo este el principal motivo de migración. *Vid.* OIT, *International labour migration. A rights-based approach*, Ginebra, 2010, p. 2.

3 Ciertamente, no se trata de un fenómeno exclusivo de trabajadores poco cualificados y sin formación. Igualmente, el trabajo cualificado se proyecta en las migraciones laborales y se estima que generalmente los países en desarrollo pierden entre un diez por ciento y un treinta por ciento de sus trabajadores capacitados y profesionales a causa de la "fuga de cerebros".

problemática del retorno de migrantes ocupa un especial protagonismo. La falta de posibilidades que ofrecen los mercados de trabajo nacionales obliga a los migrantes a retornar a sus países de origen e incluso se produce una situación de retornos y de recirculación laboral muy apegado al carácter fluctuante y coyuntural de los ciclos económicos expansivos o depresivos. En este estudio vamos a analizar el protagonismo actual del retorno de migrantes, en base a los efectos de la crisis del coronavirus y a su concreto desarrollo en la situación de la postpandemia. El desarrollo de este trabajo se centra en las posibilidades que ofrece la acción normativa internacional y las políticas internacionales y nacionales de retorno de migrantes especialmente en la fase de postpandemia.

2. LA PROBLEMÁTICA DEL RETORNO DE MIGRANTES EN EL NUEVO CONTEXTO DE LOS FLUJOS MIGRATORIOS: ESPECIAL REFERENCIA LA CRISIS DEL COVID-19 Y A LA SITUACIÓN DE POSTPANDEMIA

Las migraciones laborales es una cuestión de naturaleza transversal, que se encuadra en el ámbito del trabajo decente[4]. Ello presupone promover que las migraciones se asienten en condiciones de libertad, dignidad, equidad y seguridad en clara sintonía con el concepto de trabajo decente. Los movimientos migratorios internacionales tienen actualmente una naturaleza compleja y son diversos en sus manifestaciones y razones que los motivan. La respuesta tradicional de la OIT a dicho fenómeno se ha producido en virtud de los Convenios de la OIT. Estas disposiciones normativas se aplican con carácter general a todos los trabajadores y su efecto jurídico expansivo incluye ineludiblemente a los trabajadores migrantes retornados. Se trata, sin duda, de convenios estrechamente relacionados con el trabajo de las personas migrantes y que nos obliga a realizar un análisis transversal y sistemático de una regulación ciertamente dispersa. Junto a estas previsiones generales contenidas en las normas internacionales del trabajo, la OIT ha desarrollado medidas complementarias y especiales orientadas a la protección de los procesos de retorno laboral de migrantes.

En ese sentido, se ha hablado de retornos forzados, que generalmente se han visto conectados con las deportaciones o con las situaciones por desem-

---

4 *Vid.* OIT, *Rights, Labour Migration and Development: The ILO Approach*, Ginebra, 2007, p. 4.

pleo. Actualmente, podríamos decir que no nos encontramos ante retornos voluntarios en el sentido estricto del término, sino más bien ante decisiones de retorno impuestas. Asimismo, podemos decir que no se trata generalmente de retornos periódicos, sino más bien de retornos indefinidos, debido a las dificultades de inserción existentes en los países de acogida. Es lo que se ha venido a dominar el retorno definitivo del migrante. Antiguamente podía hablarse de retornos exitosos, cuando se volvía al país de origen con una situación económica mejorada. Sin embargo, actualmente, nos encontramos ante la situación del retorno definitivo, manifestado en el fracaso del migrante en atención a la adaptación, la precariedad laboral y la exclusión social en los países de residencia. Ciertamente, en este estudio estamos trazando las líneas generales de las condiciones de retorno en la actualidad, puesto que los motivos de retorno son ciertamente complejos y responden a múltiples circunstancias, al intervenir factores de carácter objetivo y subjetivo que se encuentran interrelacionados.

Nos encontramos ante una situación que confirma una regla general apreciada en las últimas décadas. A diferencia de otros tiempos, el retorno actualmente es consecuencia de la huida de la precariedad laboral de los trabajadores migrantes. Ante la situación de crisis global, evidentemente la perspectiva de los migrantes retornados es siempre incierta, dadas las dificultades de acceder al empleo como un bien escaso en las sociedades actuales. A ello se une la situación actual de falta de financiación de los programas de retorno laboral, puesto que las ayudas de los gobiernos para la reinstalación de los migrantes son generalmente insuficientes. En estas condiciones las personas trabajadoras migrantes están abocadas al trabajo en el empleo temporal o en la economía informal.

La pandemia del Covid-19 ha precarizado con carácter general las condiciones de vida de los trabajadores migrantes, que en un primer momento se encontraron atrapados en sus países de destino y, posteriormente, obligados a marcharse sin empleo y sin acceso a la protección social. Con carácter general, la crisis del Covid-19 ha supuesto un retroceso en los flujos migratorios voluntarios, colocando a los trabajadores inmigrantes en la peor crisis económica derivada de la pandemia[5]. Los trabajadores migrantes sufrieron los efectos de la suspensión temporal del empleo o fueron afectados por las decisiones de despido, lo que suponía con carácter

---

[5] *Vid.* OIT, Informe de 22 de noviembre de 2022. *The global impact of COVID-19 on migrant worker rights and recruitment* (Encerrados y en el limbo: El impacto global de la COVID-19 en los derechos de los trabajadores migrantes y su contratación).

general la privación de su fuente principal de ingresos. Y todo ello unido a un contexto en el que se vieron desamparados debido a los cierres de las fronteras y de sus posibilidades de retorno. Esta situación ha ido flexibilizándose a medida que ha mejorado la situación sanitaria de la pandemia y se han vuelto a recuperar las rentas derivadas del trabajo. Junto a ello, es preciso destacar que, con la pérdida de los puestos de trabajo, los migrantes también se vieron excluidos directa o indirectamente de las medidas de protección social promovidas por la crisis del coronavirus para los trabajadores nacionales. En concreto, nos referimos a la asistencia sanitaria básica y a las medidas de protección de los ingresos contra las pérdidas sobrevenidas de empleo y salarios.

La OIT insiste en los efectos especialmente nocivos de la crisis económica del coronavirus en relación con los migrantes. La situación actual deriva inevitablemente de esta crisis económica y social, que se ha manifestado especialmente en el empleo. La actual fase de postpandemia demanda nuevas medidas que protejan a los trabajadores migrantes, que no tienen posibilidad de retorno efectivas. Dichas medidas deben garantizar la reintegración y regreso de los migrantes retornados a sus países de origen. Uno de los rasgos característicos de esta crisis del coronavirus ha sido el fomento del retorno forzoso de los trabajadores migrantes, que se han visto obligados a regresar a sus países de origen a causa de la pandemia del Covid-19. Esta situación se ha producido después de perder sus puestos de trabajo en los países de acogida. Nos encontramos ante una movilidad de retorno forzoso, promovida por el desempleo y por el aumento de la pobreza en los países en los que se encontraban desplazados.

Se trata de una situación que ha supuesto la expulsión de los mercados de trabajo y su reorientación, en muchos casos, hacia el empleo en el sector informal de la economía. Con carácter general, se estima que existen en torno a 164 millones de trabajadores migrantes en todo el mundo en la actualidad, siendo la mitad de ellos mujeres. Dichos migrantes se han visto especialmente afectados en sus condiciones de vida y de empleo por la pandemia. Esta cuota de la población mundial representa el 4,7% de la fuerza de trabajo en todo el mundo. Muchos millones de estos migrantes, al haber perdido su trabajo, se verán obligados a retornar a sus países de origen. Se trata, sin duda, de un hándicap a la que la mayoría de los países de retorno tienen escaso margen de respuesta para integrar en tan poco plazo de tiempo a un contingente tan elevado de migrantes. Sin duda, estamos ante un gran reto desde el punto de vista de las políticas de protección de los flujos migratorios, debiéndose adoptar internacionalmente nuevas medidas orientadas hacia una gobernanza eficaz en el ámbito de la migración laboral y de los planes de reincorporación social.

Este proceso está afectando además a países que en muchas ocasiones no tienen los recursos financieros para sostener dichas políticas sociales, como ocurre en el caso de los países de Asia, África o América Latina[6]. Efectivamente, en distintos informes de la OIT se advierte de los efectos de la pandemia del Covid-19 en los trabajadores migrantes y en los desplazados por la fuerza. Se destaca el fuerte impacto social y económico que van a tener los retornos forzosos en un lapso de tiempo breve. Concretamente, se aprecia una situación alarmante, en la que los migrantes no queden comprendidos en el ámbito de los sistemas públicos de protección social, sin que puedan tener acceso a ayudas efectivas para la reintegración en sus mercados de trabajo nacionales[7].

El retorno de inmigrantes puede tener aspectos positivos en este período de postpandemia. El retorno laboral puede suponer una atracción de competencias laborales, que se encontraban en el extranjero y que pueden incrementar la productividad de los países de retorno. Efectivamente, con unas políticas adecuadas en favor del retorno, los migrantes pueden convertirse en un recurso adicional para la recuperación económica de los

---

6 En este sentido, podemos destacar un informe que presenta los resultados de una evaluación realizada por la OIT en América latina y el Caribe sobre el impacto de la pandemia en el trabajo migrante desde el punto de vista socioeconómico. En América latina, en las dos últimas décadas, los procesos de migración y desplazamiento en la región se han vuelto cada vez más complejos, caracterizados por rasgos especiales. *Vid.* OIT., *Panorama laboral en tiempos de la Covid-19. Migración laboral, movilidad en el mundo del trabajo ante la pandemia de la COVID-19 en América Latina y el Caribe* (Francesco Carella, Silvia Frean y Juan Jacobo Velasco), OIT-Américas, abril de 2021. En América Latina, en los últimos tiempos se ha producido un proceso de inmigración de retorno, unido al crecimiento acelerado de los flujos de inmigraciones que regresan a sus países de origen. *Vid.* MALDONADO HERNÁNDEZ, G., JACOBO, M., CÁRDENAS, N., "Actitudes hacia migrantes de retorno en América Latina", *Revista Latinoamericana de Opinión Publica,* Vol. 9, 2, 2020, pp. 111-145. MESTRIES, F., "Los migrantes de retorno ante un futuro incierto", en *Sociología (México),* Vol. 28, 78, enero/abril, 2013, pp. 171-212. SOLIMANO, A., "Migraciones internacionales en América Latina y el Caribe: oportunidades, desafíos y dilemas", *Revista Foreign Affairs,* abril-junio de 2008. BASABE SERRANO, S, *Instituciones e institucionalismo en América Latina, Perspectivas teóricas y enfoques disciplinarios. Ecuador,* CIPEC. Biblioteca Santillana de Consulta, vol. III Módulo de Geografía. Madrid, Imago, 2007.

7 Estas observaciones desde el punto de vista de la integración social de los migrantes retornados en sus países de origen se ha desarrollado recientemente en el siguiente informe institucional. *Vid.* OIT, COVID-19: Proteger a los trabajadores en el lugar de trabajo, Ginebra, 2020 (informe de 24 de junio de 2020).

países de recepción. La atracción de los migrantes a sus países de origen, especialmente en el caso de los trabajadores cualificados, pueden dar lugar a la creación de nuevos ámbitos de emprendimiento. Se trata de una situación que pueden igualmente mejorar las oportunidades de empleo en los países de recepción. Por todo ello, la OIT insiste en el desarrollo de las políticas migratorias en consonancia con las normas internacionales del trabajo, especialmente con los Convenios OIT núm. 97 de 1949, sobre trabajadores migrantes, y el núm. 143 de 1975, sobre disposiciones complementarias en el ámbito de los trabajadores migrantes.

Con carácter general, la OIT recomienda a los gobiernos y a las empresas la observancia de los principios esenciales para el desarrollo de una contratación equitativa en las economías que se recuperan de la crisis del Covid-19[8]. Entre las medidas recomendadas, se contemplan las disposiciones en materia de protección social y de retorno seguro, en base a las estrategias de migración laboral de los países. Ello incluye la atención a las personas trabajadoras migrantes que no pueden retornar a sus países de origen y que encuentran obstáculos en sus países de residencia para poder realizar el proceso de retorno de forma adecuada. En definitiva, se trata de proporcionar a las personas trabajadoras migrantes la posibilidad de acceder a recursos económicos y jurídicos para hacer frente a un retorno justo. Especialmente, dichas medidas se deberían orientar a las personas que se encuentren en situación irregular y a las personas vulnerables, a las que se les puede negar derechos o sufrir discriminaciones en los procesos de tránsito.

La OIT en su labor de seguimiento y vigilancia ha insistido en la necesidad de protección de los derechos de los trabajadores migrantes, con-

---

[8] Ciertamente, la crisis de la pandemia del Covid-19 ha afectado especialmente a las personas trabajadoras migrantes, repercutiendo con especial intensidad a aquellas que se encuentran en situación migratoria irregular y en condiciones de trabajo informal. Este es un resultado que se vislumbra igualmente en otros períodos de crisis económica y social experimentado en otras etapas. Vid. HERRERA, G., PÉREZ MARTÍNEZ, L., "¿Tiempos de crisis, tiempos de retorno? Trayectorias migratorias, laborales y sociales de migrantes retornados en Ecuador", *Estudios Políticos*, 47, 2015, pp. 221-241; BOCCAGNI, P., LAGOMARSINO, F., "Migration and the Global Crisis: ¿New Prospects for Return? The Case of Ecuadorians in Europe", *Bulletin of Latin American Research*, 30 (3), 2011, pp. 282-297. GLICK-SCHILLER, N., "A Global Perspective on Migration and Development", Glick-Schiller, N.-Faist, T. (eds). *Migration, Development and Transnationalization: a Critical Stance*, Berghan Books, Nueva York y Oxford, 2010, pp. 22-62. Especialmente, en el caso de la problemática concreta del retorno de personas trabajadoras migrantes. *Vid.* DURAND, J., "Ensayo crítico sobre la emigración de retorno. El principio del rendimiento decreciente", *Cuadernos Geográficos*, 35, 2004, pp. 103-116.

templando distintas recomendaciones específicas, entre las que podemos destacar las siguientes. Con carácter general, se ha insistido en la necesidad de incluir a los trabajadores migrantes en las medidas y servicios de salud relativos a la recuperación económica en la postpandemia. Igualmente, se ha recomendado que dichas medidas de seguridad y de protección tengan como principio rector la igualdad de trato con los nacionales. Ello significa especialmente la garantía de que todos los trabajadores migrantes, incluidos los que se encuentren en situación irregular, puedan tener acceso a la protección social. La OIT ha insistido igualmente en la necesidad de revisar y mejorar los distintos acuerdos bilaterales, con el fin de asegurar mecanismos eficaces para proteger a los trabajadores migrantes afectados por la crisis económica, facilitando con ello las condiciones de un retorno seguro a sus países de origen.

3. LA SITUACIÓN DE DESVENTAJA DE LOS TRABAJADORES MIGRANTES EN MATERIA DE INCLUSIÓN SOCIAL Y LABORAL EN LOS MERCADOS DE TRABAJO NACIONALES

El objetivo de la protección de los trabajadores migrantes es necesariamente la lucha por unas condiciones laborales dignas, que se apliquen en modelos de relaciones laborales estables y que puedan resistir a los cambios de los ciclos económicos. Sin duda, este es el mejor modo de reducir la exclusión social y la pobreza, que generan nuevas formas de desigualdad[9]. Cuando hablamos de trabajo decente estamos pensando en el desarrollo de condiciones laborales justas ligadas a la dignidad de la persona[10]. Ello implica, ciertamente, la consecución de una remuneración adecuada, el ejercicio del trabajo en condiciones de libertad, la aplicación equitativa de las condiciones laborales, la seguridad jurídica y el respeto a la dignidad del trabajador. No cabe duda, que, al tratarse de un objetivo sumamente ambicioso, ello sobrepasa la perspectiva puramente laboral y tiene una proyección social evidente[11].

---

9 *Vid.* Consejo Económico y Social de las Naciones Unidas (ECO SOC), julio de 1997. OIT: *Herramienta para la igualdad de género,* disponible en la página web de la Oficina de la OIT para la Igualdad de Género.

10 *Vid.* HEPPLE, B., *Equality: The New Legal Framework,* Hart Publishing, 2011, p. 27.

11 En este sentido, es preciso subrayar que la desigualdad por motivos de género no se limita al trabajo y al empleo, sino que afecta a todos los aspectos de la vida social y a las estructuras socioeconómicas. *Vid.* RODRÍGUEZ-PIÑERO Y BRAVO FERRER, M., RODRÍGUEZ-PIÑERO ROYO, M.C., "The principle of equality in the labour market: re-

La conexión de la igualdad con el trabajo decente significa luchar por la cohesión social y combatir los índices de pobreza[12]. La pobreza y la exclusión social están presentes en el mercado de trabajo y generan situaciones de discriminación laboral. Precisamente, la reducción de la pobreza tiene mecanismos directos de aplicación en el mercado de trabajo[13]. Este objetivo es especialmente importante en un mundo globalizado como el actual, en el que las migraciones laborales se han intensificado y las sociedades están haciéndose cada vez más diversas. En estos contextos la lucha por la defensa de los derechos fundamentales en el trabajo y en la sociedad depende de la garantía de la asimilación y la inclusión social.

Los trabajadores migrantes se configuran como un colectivo especialmente vulnerable, circunstancia que se presenta especialmente en el momento de acceso al empleo[14]. En este sentido, las personas migrantes se ven obligadas a asumir trabajos que evitan los nacionales en sectores económicos menos atractivos, trabajos con baja cualificación del sector servicios, servicios domésticos, trabajos estacionales, labores peligrosas o insalubres, o incluso trabajos en la economía informal. Dichas situaciones de trato diferencial se encuentran condicionadas en la práctica por el obstáculo insalvable de la baja cualificación de los trabajadores migrantes. Y ello a pesar de que, en muchas circunstancias, dichos trabajadores acreditan una formación adquirida en sus países de origen, cuyas competencias profesionales no son reconocidas en el Estado de acogida.

La mayor vulnerabilidad de los trabajadores migrantes se aprecia en el desarrollo de las relaciones laborales, mostrándose situaciones de trato

---

flections on the spanish model", *Essays in honour of Georgios I. Kassimatis* (Coord. Nikolaos Alvizatos), Ed. BWV Berliner Wissenshafts-Bruylant, Atenas, 2004, pp. 527-528.

12 En relación a la conexión entre pobreza y trabajo decente. *Vid.* ALKIRE, S., SANTOS, M.E., *Acute multidiscusional poverty: A new index for developing countries,* OPHI Working Paper No. 38, Oxford, OPHI, julio de 2010, p. 127. OIT, *Superar la pobreza mediante el trabajo,* Memoria del Director General, Conferencia Internacional del Trabajo de la OIT, 91ª reunión, Ginebra, 2003, p. 38.

13 *Vid.* OIT, *La hora de la igualdad en el trabajo,* Informe global con arreglo al seguimiento de la Declaración de la OIT relativa a los principios y derechos fundamentales en el trabajo. Informe aprobado en la Conferencia Internacional del Trabajo, 91ª Reunión, Ginebra, 2003, p. 100.

14 En este sentido, la Recomendación OIT núm. 198 de 2006, relativa a la relación de trabajo, alude a los trabajadores migrantes como una categoría de trabajadores vulnerables [arts. 5 y 6 c)]. Del mismo modo, y en relación a la referencia a los trabajadores migrantes como grupo especialmente vulnerable. *Vid.* OIT, *International labour migration. A rights-based approach,* Ginebra, 2010, pp. 94-95.

desigual en comparación con los trabajadores nativos; por ejemplo, en relación a los incumplimientos contractuales, impagos salariales o despidos injustificados. Ello supone la existencia de relaciones laborales con una elevada dosis de inseguridad en el empleo y con unas condiciones de trabajo menos ventajosas. Efectivamente, dicha vulnerabilidad en el empleo sitúa a los trabajadores migrantes ante la explotación y la precariedad laboral, lo que implica situaciones de desigualdad y discriminación en el trabajo. De igual modo, estos trabajadores migrantes encuentran dificultades prácticas para la aplicación efectiva del principio de igualdad de trato en materia de Seguridad Social, ya que sus relaciones laborales generalmente temporales implican de facto un bajo grado de protección social. En muchos casos los reducidos períodos de cotización condicionan la protección social contra los riesgos profesionales o impiden la transferencia de los derechos de Seguridad Social. De igual modo, el desempleo afecta especialmente a los trabajadores migrantes. Sin duda, el índice más elevado de desempleo lo sufren más los trabajadores migrantes en los países desarrollados de la Unión Europea y la OCDE, en comparación con los trabajadores nacionales. Asimismo, conviene indicar que estas altas tasas de desempleo en los países desarrollados repercuten con más intensidad en las mujeres y jóvenes migrantes, que son particularmente vulnerables al desempleo.

Desde el punto de vista de la protección del trabajo migrante, nuestra atención se dirige a los trabajadores que encuentran en el acceso al empleo y en la ocupación prácticas discriminatorias ligadas a su condición migrante y cuyas relaciones se ven sometidas a elevadas dosis de precariedad laboral. El fenómeno de las migraciones laborales está en conexión con los desafíos que han impuesto los cambios económicos, demográficos y tecnológicos, que demandan la presencia de los trabajadores extranjeros en los países industrializados. Ciertamente, los trabajadores migrantes ocupan generalmente empleos que no se logran cubrir con los trabajadores nacionales, y en su incorporación y actuación en el mercado de trabajo pueden encontrar diversas barreas formales o informales. Dichos obstáculos impiden el acceso a un trabajo digno y justo. Con todo, conviene apuntar que la actual crisis económica y del empleo ha afectado especialmente a las condiciones de empleabilidad de los trabajadores migrantes. La recesión económica ha supuesto una pérdida de protagonismo del tema de los trabajadores migrantes en comparación con las acciones internacionales previas a la crisis económica.

4. ACCIÓN NORMATIVA INTERNACIONAL Y POLÍTICAS ESPECIALES EN MATERIA DE RETORNO DE MIGRANTES

Con carácter general, es preciso decir que los actuales Convenios OIT en materia de migraciones laborales son muy antiguos y están contextualizados en otro momento histórico. Actualmente, las migraciones tienen otras problemáticas y se desarrollan en otro marco económico y social. Dicho marco se encuentra caracterizado por la incertidumbre, que hace imposible la posibilidad de alcanzar consensos internacionales a la hora de renovar la acción internacional respecto del trabajo migrante. Esta ausencia del consenso internacional, que impide la ratificación de convenios internacionales, se produjo igualmente en 2007 con la aprobación del pacto multilateral de la OIT por las migraciones. El marco multilateral de la OIT para las migraciones laborales relaciona las migraciones de retorno con la propia promoción del trabajo decente. Una vez más, se elegía una declaración de principios como fórmula alternativa a los instrumentos internacionales, como respuesta a los problemas de las migraciones. Actualmente, dicho marco programático se encuentra también desfasado, especialmente en el actual contexto de la postpandemia, que se desarrolla en una situación de crisis económica y ante una necesidad acuciante de crecimiento económico como fórmula de resolución de los problemas actuales[15].

Los instrumentos normativos específicos adoptados por la OIT son el Convenio núm. 97 (revisado) de 1949 y el Convenio núm. 143 (disposiciones complementarias) de 1975, así como las Recomendaciones núm. 86 de 1949 y la Recomendación núm. 151 de 1975 de la OIT[16]. Las normas contenidas en los convenios definen el estatuto de los trabajadores migrantes, abordando el proceso de migración desde el tránsito migratorio hasta las situaciones de inmigración tanto temporal como permanente. De igual modo, se contemplan excepciones como las relativas a los trabajadores transfronterizos, artistas o profesionales liberales. Dichas normas configuran el marco normativo básico y mínimo de protección de los trabajadores migrantes, reconociendo como objetivo principal la eliminación de las

---

15 *Vid.* WEIL, P., "Towards a coherent policy of co-development", en *International Migration*, vol. 40(3), número especial 1/2002, pp. 41-55.

16 En cualquier caso, es preciso recordar que los Convenios son instrumentos normativos de directa y obligada aplicación por parte de los Estados. En cambio, las Recomendaciones carecen efectivamente de efecto jurídicamente vinculante y no se encuentra sometidas al acto de ratificación.

discriminaciones y el logro de la igualdad de trato y de oportunidades[17]. Sin duda, estos convenios específicos son una muestra de la preocupación de la OIT por los trabajadores migrantes como grupo especialmente vulnerable. Dichos convenios se complementan a efectos de tutela con otros convenios de la OIT generales como el Convenio sobre discriminación en el empleo y la ocupación núm. 111 de 1958, el Convenio sobre igualdad de remuneración núm. 100 de 1951 o los convenios relativos a la Seguridad Social. Sin duda, uno de los aspectos esenciales de estos instrumentos normativos se refiere a su ámbito subjetivo de aplicación, ya que dichas normas se aplican, como sucede con carácter general con los derechos humanos, a todas las personas por igual[18], incluidos los trabajadores migrantes irregulares, a menos que se indique expresamente lo contrario, como así hacen los convenios expresamente en determinados aspectos[19].

El Convenio número 97 OIT, en su artículo 10, así como la recomendación número 86, establecen un marco de cobertura de los flujos migratorios que comprende igualmente la política de retorno de los migrantes. El marco multilateral de la OIT para las migraciones laborales destaca que en relación al proceso de migración los Estados deberían de promover procesos adecuados y equitativos de ordenación de las migraciones laborales, tanto en los países de origen como de destino[20]. En ese sentido, cobra especial importancia la planificación y preparación de la migración laboral, prestando especial atención al retorno y a la reintegración de dichos colectivos en sus sociedades de origen. Ello supone facilitar, cuando sea posible, el retorno de los trabajadores migrantes a través del suministro de información, la capacitación y la asistencia, antes de su partida y a su llegada al

---

17 Téngase en cuenta el Marco multilateral de la OIT para las migraciones laborales, Principios y directrices no vinculantes para un enfoque de las migraciones laborales basado en los derechos.

18 *Vid.* OIT, conclusión número 28, y el principio 9, apartado a), del marco multilateral para las migraciones laborales.

19 *Vid.* GAROFALO, L., "Le migrazioni di ordine economico nel diritto internazionale e comunitario", en AA.VV., *Lavoratore extracomunitario ed integrazione europea. Profili giuridici,* Cacucci Editore, Collana di diritto comparato e comunitario del lavoro e della sicurezza sociale, Bari, 2007, p. 36. POTOBSKY, G., "Los trabajadores migrantes y las normas de la OIT", *Revista Española de Derecho del Trabajo,* 19, julio/septiembre de 1984, p. 333. FITZPATRICK, J., "The Human Rights of Migrants", en Aleinikoff, T.A. y Chetail, V. (eds.), *Migration and International Legal Norms,* Asser Press, The Hague, 2003, p. 172.

20 *Vid.* OIT, marco multilateral de la OIT para las migraciones laborales. Principios y directrices no vinculantes para un enfoque de las migraciones laborales basado en derechos, Ginebra, 2007, pp. 18-19.

país de origen. Se trata, pues, de una asistencia transversal en el proceso de retorno, que comprende tanto el traslado, como la reintegración social.

Estamos, pues, ante un aspecto relativo a la integración y a la inclusión social de los retornados en sus sociedades de origen. En este aspecto igualmente hay una evidente conexión entre el retorno y el desarrollo económico, en cuanto que dichas migraciones tienen consecuencias en el crecimiento y desarrollo económico, suponiendo un beneficio para el país de destino. Por ello, resulta conveniente la adopción de políticas que fomenten las migraciones de retorno, que en muchos casos pueden ser migraciones circulares, y que también pueden beneficiar a otros países[21]. La denominada reintegración de la migración, que afecta especialmente a los migrantes retornados, necesita de la promoción de programas de migraciones laborales que pueden afectar de forma indefinida o también a través de programas de retorno temporal. En este sentido, es preciso facilitar las políticas favorables a la concesión de visados de circulación. Podemos destacar, por ejemplo, la ordenación de la materia en Francia, que a través de un enfoque de codesarrollo vincula las políticas de migraciones y de desarrollo de los países de origen de los trabajadores migrantes y facilita su circulación entre los países de origen y de destino.

Evidentemente, el retorno constituye un factor sustancial a los procesos migratorios, puesto que siempre, en mayor o menor medida, está presente el retorno de migrantes a sus países de origen. Sin embargo, no todas las personas pueden acometer estos procesos debido a los costes y a los efectos que dichas decisiones tienen en los proyectos de vida de las personas. No cabe duda de que la intensidad de dichos movimientos de retorno está condicionada por el contexto económico y social de origen y del país de destino, así como por los costes de retorno y por la facilidad para poder retornar al país de origen[22]. Efectivamente, con el aumento del desempleo y la caída de

---

21 El retorno es un factor significativo irrelevante de carácter permanente en las políticas de gestión migratoria y los países de origen deben de enfrentarse al reintegro social y económico de quienes regresan. *Vid.* MARTIN, S., MARTIN, P., WEIL, P., "Fostering cooperation between source and destination countries", *Migration Information Source*, 1.º de octubre de 2002. En relación a los beneficios presentes en los movimientos de retorno laboral. *Vid.* WAHBA, J., "Who benefits from return migration to developing countries?", en *IZA World of Labor*, 123, 2015; WAHBA, J. *Return Migration and Development*, en R.E.B. Lucas (Ed.), *International Handbook on Migration and Economic Development*, Cheltenham, UK: Edward Elgar, 2015, pp. 35 ss.

22 *Vid.* AZOSEA, J.J., RAFTERYA, A. E., "Estimation of Emigration, Return Migration, and Transit Migration between all Pairs of Countries", *PNAS*, 116 (1), 2019, pp. 116-122.

los ingresos en los países de residencia, que se produce precisamente en los tiempos de crisis, se desencadena un presupuesto catalizador del retorno de los migrantes[23]. No obstante, todo dependerá de las condiciones de vida del país de origen, que si son adecuadas, pueden constituir un factor de reclamo del retorno voluntario.

En muchos casos los factores ligados al empleo y a la economía, en general, se encuentran relacionados con otros factores como la inadaptación, la discriminación o la xenofobia[24]. Estos factores tienen una importancia significativa en las decisiones de retorno de los migrantes. Además, estas circunstancias se agravan especialmente en tiempos de crisis debido al rechazo de los ciudadanos nacionales respecto de los migrantes. De igual modo, no podemos olvidar la gran importancia que tiene la familia, como causa de regreso en las decisiones de retorno. En muchos casos, el recurso al retorno está basado generalmente en la pervivencia de los vínculos familiares con el país de origen.

5. EL FOMENTO DE LAS MEDIDAS DE RETORNO VOLUNTARIO DE MIGRANTES: UNA RESPUESTA A TIEMPO DE CRISIS

Las medidas de retorno se fomentan claramente desde una perspectiva internacional, gracias al marco de regulación y a los programas de acción desarrollados especialmente desde el ámbito de Naciones Unidas. Actualmente, el problema que encontramos se centra en la falta de acuerdo en relación al desarrollo de las políticas migratorias. Este mismo problema se identifica en los debates nacionales sobre qué tipo de política migratoria y, en concreto, de retorno laboral se pretenden desarrollar. Como hemos

---

23 En relación a la influencia del desempleo desde la perspectiva del fomento de los flujos de retorno de las personas migrantes. *Vid.* PRIETO, V., PELLEGRINO, A. Y KOOLHAS, M., "Intensidad y selectividad de la migración de retorno", en F. Lozano Ascencio y J. Martínez Pizarro (eds.*), Retorno de los procesos migratorios de América Latina. Conceptos, debates y evidencias,* ALAP, Montevideo, 2015, pp. 55-80. MEJÍA OCHOA, W., "Panorama del retorno reciente de migrantes internacionales a Colombia", en AA.VV., *Migración, desarrollo humano e internacionalización,* Elías Said Hung (ed.), Editorial Universidad del Norte, Barranquilla, 2011. RECAÑO, J., "Las migraciones internas de retorno en España. De la óptica individual a la dimensión familiar", *Papers, Revista de Sociología,* 95 (3), 2008, pp. 701-729.

24 *Vid.* ALLGAUER-HACKL, H., *Migración, discriminación y derechos humanos,* Antropos, Bogotá, 2005. DUSTMANN, C., *An Economic Analysis of Return Migration,* London, Department of Economics University College London and CEPR, 1999, p. 15 y ss.

indicado, la pandemia ha sido un lastre adicional a la crisis económica y financiera de los años 2008 a 2014 para los flujos migratorios. En todo este ciclo los procesos migratorios se han visto resentidos esencialmente por la falta de oportunidades y por la incertidumbre económica. Además, las políticas actuales migratorias y de retorno laboral se encuentran ordenadas por un marco jurídico sobrepasado por los acontecimientos, que necesita evidentemente una reorientación y de nuevas medidas eficaces para dar respuesta a la problemática migratoria.

En este apartado vamos a centrarnos especialmente en la importancia de las medidas nacionales orientadas al retorno laboral. Con carácter general, los programas de retorno migrante se refieren al denominado retorno voluntario, promovidos por los países de origen. No obstante, dichos programas de retorno voluntario se han mostrado realmente poco efectivos en la práctica, cuya principal manifestación se encuentra en los programas de asistencia al retorno efectivo. El retorno voluntario es una opción que puede realizarse de forma autónoma o independiente, o bien de manera asistida con las ayudas del país de origen, así como con la colaboración y asistencia de países de tránsito o terceros países. La cuestión está en que la decisión corresponde para la libre voluntad del retornado o si se trata de una situación sobrevenida e impuesta la realidad económica y social[25].

La Organización Internacional para las Migraciones (OIM) viene desarrollando distintas estrategias en el ámbito de las migraciones justas y ordenadas. Esta institución forma parte del sistema de Naciones Unidas y tiene un estatus de organización intergubernamental orientada a análisis de la problemática de las migraciones. La OIM impulsa los principios de desarrollo de las migraciones en condiciones humanas y de forma planificada. Se trata de una perspectiva que estimula la inmigración ordenada, que beneficie a los migrantes y a la sociedad en su conjunto. La OIM realiza una importante labor de cooperación internacional en asuntos migratorios, ayudando a encontrar soluciones prácticas a las situaciones conflictivas ligadas a los procesos migratorios[26]. Concretamente, en el ámbito

---

25 Con todo, cabría preguntarse hasta qué punto dichos modelos de retorno laboral voluntario no son materialmente decisiones forzosas de retorno. Evidentemente, dichas decisiones vienen impuestas generalmente, y más allá de la formalidad, por la falta de oportunidades y por el propio proceso de exclusión derivado de la situación de los mercados de trabajo nacionales.

26 Igualmente, la OIM ofrece asistencia humanitaria a los migrantes que lo precisan, especialmente en el caso de los refugiados, personas desplazadas o desarraigadas. La OIM también trabaja conjuntamente con otras organizaciones internacionales de asis-

de nuestro estudio, conviene indicar que la OIM desarrolla programas de retornos orientados a todos los migrantes en situación irregular o bien presta atención a determinados grupos especiales con necesidades concretas, especialmente en relación a los migrantes vulnerables. Se trata de una asistencia basada en la información, ayuda en los traslados y apoyo limitado a la inserción en el país de retorno.

En el ámbito de la Unión Europea, conviene decir que las políticas de retorno de trabajadores migrantes se han promovido desde el ámbito de las instituciones europeas. Sin duda, el programa más ambicioso se realizó en virtud de la decisión 575/2007/CE del Parlamento Europeo y del Consejo de 23 de mayo de 2007, que dio carta de naturaleza al Fondo Europeo para el Retorno, que ha venido desarrollándose principalmente en el período 2008 a 2013, en un ciclo claramente de recesión económica. Este fondo tenía como objetivo apoyar los esfuerzos de los Estados europeos en la mejora de la gestión del retorno migrante. Dicha acción se contextualiza en el ámbito del programa general de solidaridad y gestión de los flujos migratorios, orientado a los migrantes retornos efectivos y sostenibles, mediante medidas de acompañamiento a los retornados. La idea principal consistía y consiste en fomentar el retorno voluntario frente al retorno forzoso, propiciando con ello el retorno digno y asistido.

En este sentido, podemos apuntar, si quiera brevemente, algunas experiencias nacionales en el contexto internacional actual. En el caso de Francia, por ejemplo, el gobierno francés viene haciéndose cargo de los gastos de viaje, así como de la financiación de la propia creación de empresas, en beneficio de los trabajadores migrantes que tienen proyectados sus retornos voluntarios. Las autoridades francesas vienen prestando asistencia para el desarrollo del retorno a los países francófonos de África y entre sus políticas facilita las posibilidades de retorno y de recirculación de trabajadores, con ayudas económicas que hacen posible la aplicación efectiva del retorno.

Especialmente relevante es el caso de China, donde se ha desarrollado una experiencia muy interesante. Durante muchos años, en China se está intentando revertir el proceso de fuga de cerebros que están experimen-

---

tencia a los refugiados. Con carácter general, dicha organización colabora en materias sociales y económicas de las migraciones internacionales, especialmente con la Oficina del Alto Comisionado de Naciones Unidas para los refugiados (ACNUR), el Fondo de Población de las Naciones Unidas (FNUAP) y la Organización Mundial de la Salud (OMS), entre otras instituciones.

tando. Para ello, se intenta estimular institucionalmente a sus nacionales que se han formado en el extranjero a retornar a China y poder trabajar en su país. Las autoridades chinas están promoviendo efectivamente las condiciones de retorno de sus nacionales. De igual modo, conviene destacar que el gobierno central está destinando ayudas a la mejora de la ciencia y la tecnología del país, y entre sus medidas destaca la autorización a sus nacionales a viajar libremente al extranjero, compitiendo internacionalmente con el talento global en el mercado internacional. Posteriormente, el gobierno chino concede ayudas y ventajas de retorno, creando con ello un entorno nacional que resulte atractivo para el retorno laboral. Estas políticas del gobierno nacional chino han permitido aumentar el índice de retorno de numerosos profesionales, que se encontraban en el extranjero trabajando principalmente en el sector privado[27].

Igualmente, las políticas de retorno se desarrollan por los países en vías de desarrollo. En África, los países de la región tienen una posición orientada a la migración de salida. En este sentido, se ha intentado fomentar las políticas de retorno relativas a la atracción del talento nacional que presta servicios en el mercado internacional, especialmente en Europa. La Red Digital de la Diáspora Africana y la Red Sudafricana de Calificaciones en el Extranjero y la Fundación Africana para el Desarrollo están desarrollando acciones orientadas a la promoción del retorno migrante. Dichas organizaciones intentan estrechar vínculos con las comunidades transnacionales de profesionales cualificados en el extranjero. De este modo, se intenta promover el retorno y la recirculación de migrantes, beneficiándose con ello de la transferencia de cualificaciones, tecnologías y capitales para el desarrollo de los países africanos de origen. Las autoridades nacionales están movilizando importantes recursos económicos, intelectuales, tecnológicos, empresariales y financieros para atraer el retorno laboral de sus nacionales en el ámbito de la diáspora internacional migratoria.

Los programas de retorno asistidos se pueden dirigir tanto a quienes están en situación administrativa irregular en el país de acogida, como a aquellos que cuentan con una autorización de residencia en vigor, comprendiendo igualmente las autorizaciones de residencia permanente. En muchas ocasiones ese tipo de medidas están orientadas a los migrantes que

---

27 Sobre el análisis del programa nacional chino de retorno de trabajadores cualificados. *Vid.* ZWEIG, D., "Learning to compete: China's strategies to create a reverse brain drain", Hong Kong, *Centre on China Transnational Relations*, Universidad de Ciencia y Tecnología de Hong Kong, documento de trabajo núm. 2, 2014 (disponible en http://www.cctr.ust.hk/articles/pdf/ triggering.pdf.).

tienen especiales dificultades de incorporación al mercado de trabajo y se dirigen igualmente a aquellas personas en situaciones de especial vulnerabilidad social. En estos casos, generalmente se contempla la posibilidad de percibir una prestación económica mensual en el país de origen. Dichas medidas son especialmente interesantes para los países de acogida, en la medida en que facilitan las posibilidades de repatriación hacia los países con los que se hayan celebrado acuerdos de readmisión. De igual modo, se trata de una previsión que tiene sentido respecto de una posible expulsión, en la medida en que esta decisión también tiene un importante coste para las autoridades del país de acogida. Ciertamente, la diferencia entre el retorno voluntario y forzoso es muy relativa, puesto que las personas que se encuentran afectadas por esas situaciones no tienen en muchos casos la posibilidad legal de permanecer en el país de acogida.

6. LAS MEDIDAS DE RETORNO VOLUNTARIO Y ASISTIDO DE INMIGRANTES EN ESPAÑA: UN MARCO NORMATIVO PENDIENTE DE ACTUALIZAR

España ha venido realizando asistencia al retorno voluntario por diversas causas, entre las que podemos destacar las humanitarias, que tienen un enfoque claramente dirigido al combate de la vulnerabilidad y la exclusión social. Por otro lado, se ha desarrollado el denominado retorno asistido con medidas de reintegración social[28], lo que supone la voluntad del migrante retornado de desarrollar un proyecto productivo en su país de origen y por último se ha venido desarrollando un plan de retorno voluntario, como medida promovida por el gobierno dirigida a combatir los problemas relativos a las recesiones económicas.

En España, actualmente, el Ministerio de inclusión, Seguridad Social y migraciones, a través de la Secretaría de Estado de Migraciones y la Dirección General de Inclusión y Atención Humanitaria, ha desarrollado programas de financiación de proyectos de retorno voluntario de extranjeros. Dichos proyectos de retorno voluntario se vienen con financiando desde

28 También podemos destacar el programa humanitario de retorno asistido, que se desarrolló a finales de 2008 en un contexto especialmente marcado por la situación de crisis económica, unido a una situación de aumento considerable del desempleo de los inmigrantes en España. Desde esa perspectiva, estas medidas intentaban ofrecer a los trabajadores extranjeros nuevas oportunidades y recursos para conseguir su inserción laboral y profesional en sus países de origen.

2015 por el fondo de asilo, migración e integración. Son proyectos que se gestionan a través de organizaciones no gubernamentales y por organizaciones internacionales especializadas en la labor de asistencia a los migrantes. Dichas acciones permiten el retorno voluntario, ofreciendo la posibilidad de retornar a los países de origen de aquellas personas nacionales de terceros países que cumplan con los criterios contemplados en las correspondientes convocatorias anuales. Los programas de retorno voluntario intentan ordenar el fenómeno migratorio y sus flujos internacionales, contemplando prestaciones económicas que favorezcan la reinserción laboral y profesional en sus países de origen. En España, las políticas de retorno de inmigrantes tienen su base en las acciones provenientes de la Unión Europea[29], desarrolladas, a su vez, por medidas estatales y autonómicas, en la que suelen participar las Administraciones Públicas con las organizaciones no gubernamentales.

Con carácter general, conviene señalar que España cuenta con un régimen jurídico asentado relativo al retorno de emigrantes españoles en el extranjero. Se trata de medidas que conjugan las ayudas y la protección social para propiciar el retorno de dicho colectivo. En este estudio nos vamos a centrar en otro tipo programa de estímulo del retorno voluntario, orientado, en este caso, a las medidas de retorno voluntario y asistido de los inmigrantes españoles hacia sus países de origen. El gobierno español ha venido desarrollando distintos programas que han pretendido la búsqueda de oportunidades en otros países a los migrantes, permitiéndoles el cobro anticipado de la prestación por desempleo que hubieran podido generar en España. En el año 2008, España adoptó una política favorable al retorno hacia la migración, que afectó muy especialmente a los inmigrantes latinoamericanos. Se aprobó el denominado plan de retorno voluntario, que permitió la posibilidad de los migrantes de capitalizar las prestaciones por desempleo a cambio de desistir del permiso de residencia y retornar al país de origen[30].

---

[29] *Vid.* MOYA MALAPEIRA, D., "La nueva directiva de retorno y la armonización comunitaria de las medidas de alejamiento de extranjeros", en *Revista de Derecho Constitucional Europeo*, núm. 10, julio-diciembre 2008, pp. 2-3 (archivo digital). FAJARDO DEL CASTILLO, T., "La Directiva sobre el retorno de los inmigrantes en situación irregular", *Revista de Derecho Comunitario Europeo*, 33, 2009, p. 453 y ss.

[30] Para un estudio monográfico de este programa de retorno voluntario se recomiendan los siguientes trabajos de investigación. *Vid.* LUJÁN ALCARAZ, J., "El abono acumulado y anticipado de la prestación por desempleo a trabajadores extranjeros", *Aranzadi Social*, núm. 16/2008. SÁNCHEZ TRIGUEROS, C. y FERNÁNDEZ COLLADOS, B., "Retorno voluntario de inmigrantes", *Trabajo: Revista Iberoamericana de Relaciones Laborales*, núm. 23, 2010, pp. 137-158.

Con carácter general, las medidas de apoyo a los programas de retorno voluntario se encuentran reguladas en el Real Decreto-Ley 4/2008, de 19 de septiembre, sobre el abono acumulado y de forma anticipada de la prestación contributiva por desempleo a trabajadores extranjeros no comunitarios que retornen voluntariamente a sus países de origen. Conviene indicar en ese sentido que se trata de una normativa que contempla distintas medidas, que no siempre guardan una estrecha relación entre ellas y que su aplicación práctica plantea distintas situaciones conflictivas. Especialmente podemos destacar el derecho al abono anticipado y de forma acumulada de la prestación contributiva por desempleo, produciéndose automáticamente la extinción de las autorizaciones de residencia que las personas beneficiarias tengan. Estos efectos se producirán transcurridos los treinta días naturales a contar desde la fecha de la realización del primer pago de la prestación económica.

En este sentido, los migrantes que sean beneficiarios del abono de la prestación por desempleo, se comprometen al retornar a su país de origen en el plazo de treinta días naturales y a no retornar a España en el plazo de tres años (art. 3 Real Decreto 1800/2008, de 3 de noviembre, por el que se desarrolla el Real Decreto-ley 4/2008, de 19 de septiembre, sobre abono acumulado y de forma anticipada de la prestación contributiva por desempleo a trabajadores extranjeros no comunitarios que retornen voluntariamente a sus países de origen). Efectivamente, una vez transcurridos los tres años anteriormente citados, dichos trabajadores migrantes podrán volver a solicitar de nuevo las opciones administrativas para trabajar y residir en España en aplicación de la legislación de extranjería. Desde otra perspectiva los interesados tendrían un derecho preferente para reincorporarse al contingente de trabajadores extranjeros no comunitarios. Al regresar a España, después de haber cumplido su compromiso de no retorno, su situación de residencia seguiría computando a los efectos del cálculo del plazo legal previsto para la residencia permanente en España.

De igual modo, la vigente Ley Orgánica 4/2000, de 11 de enero, sobre derechos y libertades de los extranjeros en España y su integración social, contempla la ordenación de una serie de incentivos, restricciones y preferencias, en relación a la concesión de las autorizaciones de residencia y trabajo. Dicho régimen tiene especiales efectos para las personas que hayan sido beneficiarias de esta posibilidad de retorno en un período no superior a los tres años desde la salida de España. En los casos en los que se haya producido un distanciamiento y alejamiento respecto de nuestro país por tiempo superior a ese plazo de tres años, el potencial beneficiario tendría acceso a nuevas autorizaciones para trabajar, sin necesidad de que se encuentren condicionadas por la valoración de la situación nacional de empleo y por un derecho preferente en las contrataciones en origen. Ello permitiría recuperar su situación previa a los efectos del cómputo de años necesarios para obtener la condición de residencia de larga duración. No obstante, conviene apuntar que, si antes del retorno ya se había consolidado esta condición de residente de larga duración, dicha situación se conservará en el momento de su regreso a efectos jurídicos.

Por tanto, nos encontramos ante un programa orientado a las personas inmigrantes en España, que estando en situación de desempleo deciden capitalizar la prestación económica a la que tienen derecho y así poder retornar a su país de origen[31]. A diferencia de lo que ocurre en la prestación ordinaria por desempleo, la modalidad de pago anticipado correspondiente al desempleo acumulado en virtud del Real Decreto Ley 4/2008 permite la posibilidad de disfrutar la prestación económica por desempleo fuera de España. En su momento, se trataba de alterar una regla importante, que suponía una excepción al régimen general de desempleo. Dicha medida requería en su momento de la intervención normativa con una norma de rango de ley para dar cobertura a este plan específico de ayuda de retorno a los trabajadores extranjeros desempleados en España con el fin de poder retornar a sus países de origen. El programa de retorno voluntario asistido también comprende el abono del vuelo de retorno y la ayuda monetaria de viaje, junto con la capitalización de la prestación por desempleo[32]. En concreto, la ayuda de capitalización de la prestación por desempleo se debe dirigir al Servicio Público de Empleo Estatal[33].

---

31 Debemos destacar que el abono anticipado y acumulado de la prestación contributiva por desempleo no supone la obligación de cotizar a la Seguridad Social, sin que se realicen en su cuantía deducciones por la aportación del trabajador en concepción de cotización. Vid. LARRAÍNZAR, P., LANZADERA ARENCIBIA, E., "El anticipo de la prestación por desempleo a los inmigrantes: la compra de un retorno", *Revista de Trabajo y Seguridad Social*, Centro de Estudios Financieros, núm. 310, 2009, pp. 3-4 (archivo digital); PÉREZ YÁÑEZ, R. Mª, "A vueltas con la gestión de los flujos migratorios. A propósito del abono acumulado de la prestación por desempleo prevista en el Real Decreto-Ley 4/2008, de 19 de septiembre y en su reglamento de desarrollo", *Relaciones Laborales*, 10, 2009, pp. 89-90.

32 En relación al sistema de incentivos contemplados en el programa de retorno voluntario de inmigrantes. *Vid.* GARCÍA NINET, J.I., "¿Incentivos reales al retorno de emigrantes extracomunitarios? Breves consideraciones al hilo del Real Decreto-Ley 4/2008", *Tribuna Social*, núm. 214, 2008, pp. 6-7.

33 La gestión de la prestación por desempleo, así como de la declaración de extinción de dicho derecho, corresponde legalmente en España al Servicio Público de Empleo Estatal.

El programa de retorno voluntario se aprobó en España en un momento de inicio de la crisis económica. Después de la crisis de 2008 a 2014, hasta la actualidad, se ha producido una parálisis de la acción normativa internacional y nacional en relación a los programas de retorno. La OIT insiste en la necesidad de desarrollas programas de retorno más flexibles y que estén orientados a la garantizar la recirculación migratoria, puesto esta movilidad puede ser un incentivo al desarrollo económico y social a escala global. Por ello, los tres años de imposibilidad de retorno se observa como un obstáculo a la recirculación de migrantes y como una medida restrictiva del retorno voluntario. El programa de retorno de voluntario de inmigrantes en España tiene unas connotaciones de rigidez y de ausencia de flexibilidad que no se adaptan a los estándares internacionales y a las recomendaciones dadas por la OIT.

En concreto, se precisa más flexibilidad, en la medida en que se exigen tres años de imposibilidad de retorno una vez realizada la opción de retornar al país de origen. Sin duda, se trata de una medida de tiempos de crisis orientada a rebajar el coste económico de la protección social. Con ello, se permite el adelanto de la prestación por desempleo en virtud de su capitalización por parte del extranjero no comunitario que decide voluntariamente volver a su país de origen. Esta medida de imposibilidad de retorno en tres años ha sido especialmente criticada en países de América Latina debido a que desincentiva la vuelta al país donde se contribuyó a la Seguridad Social. Ello supone desatender las recomendaciones de la comunidad internacional que insisten en la necesidad de fomentar las migraciones circulares y esta medida solamente iría dirigida al retorno unidireccional e irrevocable. De igual modo, la comunidad internacional viene asegurando la necesidad de establecer programas de retorno en los que haya una cooperación efectiva entre los países de acogida y los países de origen. Precisamente, estas cuestiones de rigidez han sido en gran medida las que han imposibilitado un éxito efectivo de este programa de retorno, junto al hecho de que los países de origen suelen tener unas condiciones de empleo y de vida, así como unos sistemas de protección social mucho menos ventajosos en comparación con las condiciones y garantías de protección social que se ofrecen en España. Estos presupuestos explican la falta de efectividad de los programas de retorno voluntario de inmigrantes y manifiesta la necesidad de revisar dichas medidas de cara a su viabilidad futura y su conexión con el contexto actual.

Actualmente, se están dando respuesta a un contexto en el que los flujos migratorios y los intereses de retorno responden a otra situación completamente diversa. En el caso concreto del retorno laboral, evidentemente la crisis económica puede ser un auténtico reclamo para el regreso a los países de origen, si las condiciones de este país generan expectativas de retorno. En efecto, la incertidumbre económica y la falta de oportunidades se ha convertido actualmente en un problema global y afecta al propio futuro del trabajo protegido y con derechos.

7. CONCLUSIONES

La actual situación requiere de una revisión profunda de los mecanismos jurídicos que permitan el desarrollo de las migraciones internacionales en condiciones decentes y equitativas. La falta de consensos internacionales y nacionales no puede ser una causa de justificación de la parálisis normativa. Es preciso, pues, renovar la gobernanza de las migraciones y, en concreto, el retorno laboral, aprovechando y revisando la experiencia del pacto multilateral de las migraciones y asegurando con ello el desarrollo de los flujos migratorios basados en derechos y con protección jurídica.

A diferencia de otros tiempos, el retorno actualmente es consecuencia de la huida de la precariedad laboral de los trabajadores migrantes. Ante la situación de crisis global, evidentemente la perspectiva de los migrantes retornados es siempre incierta, dadas las dificultades de acceder al empleo como un bien escaso en las sociedades actuales. A ello se une la situación actual de falta de financiación de los programas de retorno laboral, puesto que las ayudas de los gobiernos para la reinstalación de los migrantes son generalmente insuficientes. En estas condiciones las personas trabajadoras migrantes están abocadas al trabajo en el empleo temporal o en la economía informal.

La pandemia del Covid-19 ha precarizado con carácter general las condiciones de vida de los trabajadores migrantes, que en un primer momento se encontraron atrapados en sus países de destino, y posteriormente obligados a marcharse sin empleo y sin acceso a la protección social. Con carácter general, la crisis del Covid-19 ha supuesto un retroceso en los flujos migratorios voluntarios, colocando los trabajadores inmigrantes en la peor crisis económica derivada de la pandemia. Los trabajadores migrantes sufrieron los efectos de la suspensión temporal del empleo o fueron afectados por las decisiones de despido, lo que suponía con carácter general la privación de su fuente principal de ingresos. Y todo ello unido a un contexto en el que se vieron desamparados debido a los cierres de las fronteras y de sus posibilidades de retorno.

Esta situación ha ido flexibilizándose a medida que ha mejorado la situación sanitaria de la pandemia y se han vuelto a recuperar las rentas derivadas del trabajo. Junto a ello, es preciso destacar que, con la pérdida de los puestos de trabajo, los migrantes también se vieron excluidos directa o indirectamente de las medidas de protección social promovidas por la crisis del coronavirus para los trabajadores nacionales. En concreto, nos referimos a la asistencia sanitaria básica y a las medidas de protección de los ingresos contra las pérdidas sobrevenidas de empleo y salarios.

La OIT recomienda a los gobiernos y a las empresas la observancia de los principios esenciales para el desarrollo de una contratación equitativa en las economías que se recuperan de la crisis del Covid-19. Entre las medidas recomendadas, se contemplan las disposiciones en materia de protección social y de retorno seguro, en base a las estrategias de migración laboral de los países. Ello incluye la atención a las personas trabajadoras migrantes que no pueden retornar a sus países de origen y que encuentran obstáculos en sus países de residencia para poder realizar el proceso de retorno de forma adecuada. En definitiva, se trata de proporcionar a las personas trabajadoras migrantes la posibilidad de acceder a recursos económicos y jurídicos para hacer frente a un retorno justo. Especialmente, dichas medidas se deberían orientar a las personas que se encuentren en situación irregular y a las personas vulnerables, a las que se les puede negar derechos o sufrir discriminaciones en los procesos de tránsito.

Es preciso decir que los actuales Convenios OIT en materia de migraciones laborales son muy antiguos y están contextualizados en otro momento histórico. Actualmente, las migraciones tienen otras problemáticas y se desarrollan en otro marco económico y social. Dicho marco se encuentra caracterizado por la incertidumbre, que hace imposible la posibilidad de alcanzar consensos internacionales a la hora de renovar la acción internacional respecto del trabajo migrante. Esta ausencia del consenso internacional, que impide la ratificación de convenios internacionales, se produjo igualmente en 2007 con la aprobación del pacto multilateral de la OIT por las migraciones. El marco multilateral de la OIT para las migraciones laborales relaciona las migraciones de retorno con la propia promoción del trabajo decente. Una vez más, se elegía una declaración de principios como fórmula alternativa a los instrumentos internacionales, como respuesta a los problemas de las migraciones. Actualmente, dicho marco programático se encuentra también desfasado, especialmente en el actual contexto de la postpandemia, que se desarrolla en una situación de crisis económica y ante una necesidad acuciante de crecimiento económico como fórmula de resolución de los problemas actuales.

Cobra especial importancia la planificación y preparación de la migración laboral, prestando especial atención al retorno y a la reintegración de dichos colectivos en sus sociedades de origen. Ello supone facilitar, cuando sea posible, el retorno de los trabajadores migrantes a través del suministro de información, la capacitación y la asistencia, antes de su partida y a su llegada al país de origen. Se trata, pues, de una asistencia transversal en el proceso de retorno, que comprende tanto el traslado, como la reintegración social. El retorno constituye un factor sustancial a los procesos migratorios, puesto que siempre, en mayor o menor medida, está presente el retorno de migrantes a sus países de origen. Sin embargo, no todas las personas pueden acometer estos procesos debido a los costes y a los efectos que dichas decisiones tienen en los proyectos de vida de las personas. No cabe duda de que la intensidad de dichos movimientos de retorno está condicionada por el contexto económico y social de origen y del país de destino, así como por los costes de retorno y por la facilidad para poder retornar al país de origen. Efectivamente, con el aumento del desempleo y la caída de los ingresos en los países de residencia, que se produce precisamente en los tiempos de crisis, se desencadena un presupuesto catalizador del retorno de los migrantes. No obstante, todo dependerá de las condiciones de vida del país de origen, que si son adecuadas, pueden constituir un factor de reclamo del retorno voluntario.

Los programas de retorno migrante se refieren al denominado retorno voluntario, promovidos por los países de origen. No obstante, dichos programas de retorno voluntario se han mostrado realmente poco efectivos en la práctica, cuya principal manifestación se encuentra en los programas de asistencia al retorno efectivo. El retorno voluntario es una opción que puede realizarse de forma autónoma o independiente, o bien de manera asistida con las ayudas del país de origen, así como con la colaboración y asistencia de países de tránsito o terceros países. La cuestión está en que la decisión corresponde para la libre voluntad del retornado o si se trata de una situación sobrevenida e impuesta la realidad económica y social.

El gobierno español ha venido desarrollando distintos programas que han pretendido la búsqueda de oportunidades en otros países a los migrantes, permitiéndoles el cobro anticipado de la prestación por desempleo que hubieran podido generar en España. En el año 2008, España adoptó una política favorable al retorno hacia la migración, que afectó muy especialmente a los inmigrantes latinoamericanos. Se aprobó el denominado plan de retorno voluntario, que permitió la posibilidad de los migrantes de capitalizar las prestaciones por desempleo a cambio de desistir del permiso de residencia y retornar al país de origen. Se trata de un programa orientado a las personas inmigrantes en España, que estando en situación de desempleo deciden capitalizar la prestación económica a la que tienen derecho y así poder retornar a su país de origen.

La OIT viene manifestando la necesidad de establecer programas de retorno en los que haya una cooperación efectiva entre los países de acogida y los países de origen. Precisamente, estas cuestiones de rigidez han sido en gran medida las que han imposibilitado un éxito efectivo de este programa de retorno, junto al hecho de que los países de origen suelen tener unas condiciones de empleo y de vida, así como unos sistemas de protección social mucho menos ventajosos en comparación con las condiciones y garantías de protección social que se ofrecen en España. Estos presupuestos explican la falta de efectividad de los programas de retorno voluntario de inmigrantes y manifiesta la necesidad de revisar dichas medidas de cara a su viabilidad futura y su conexión con el contexto actual.

Actualmente, se están dando respuesta a un contexto en el que los flujos migratorios y los intereses de retorno responden a otra situación completamente diversa. En el caso concreto del retorno laboral, evidentemente la crisis económica puede ser un auténtico reclamo para el regreso a los países de origen, si las condiciones de este país generan expectativas de retorno. En efecto, la incertidumbre económica y la falta de oportunidades se ha convertido actualmente en un problema global y afecta al propio futuro del trabajo protegido y con derechos.

Capítulo 2
Medidas para reducir la movilidad sin retorno y fomentar la reintegración sociolaboral de los trabajadores migrantes y estrategias para atraer talentos excelentes en los países de la UE

MARCO MOCELLA
Catedrático de Derecho del Trabajo
Università Mercatorum, Roma

1. INTRODUCCIÓN

Para delimitar el tema de la investigación, parece oportuno dar una definición de los temas de los que vamos a hablar y en particular el del emigrante y el del talento global.

La definición de emigrante es ciertamente más sencilla y clara, ya que está radicada desde siglos en nuestra tradición, no sólo en la jurídica. Desde la antigüedad, los pueblos se han trasladado fuera de su tierra natal a regiones donde les parecía posible una vida mejor. Estos hombres y mujeres que partían dejaron profundas raíces en sus países de origen, a los que regresaban siempre que podían.

Si, por tanto, la definición de emigrante parece sustancialmente inequívoca, la definición de "fuga de cerebros", o de talento global, parece más articulada, ya que son posibles diferentes definiciones, dependiendo de la perspectiva de la investigación.

De todos modos, no se trata de un fenómeno nuevo, ya que los Estados reconocen desde hace tiempo la importancia de retener a las personas altamente cualificadas en su país de origen y de formación, aunque La expresión "fuga de cerebros" fue creada por la Royal Society en 1963 para referirse al éxodo de científicos e investigadores europeos a Estados Unidos desde la inmediata posguerra[1].

---

[1] BELTRAME L., "Globalizzazione e fuga dei cervelli", *Rassegna Italiana di Sociologia*, 2008, 277.

En general, los talentos puedon definirse como aquellas personas altamente cualificadas, es decir, con un máster o un doctorado, tanto si están empleadas en el sector privado como en el público (universidades u organismos de investigación). Estas personas han costado a su país una considerable pérdida de tiempo, instalaciones y dinero, por lo que el desplazamiento de este recurso a otro país constituye una pérdida muy grave para el país de origen, donde se formó el talento.

Sin embargo, en una economía altamente globalizada, la circulación de trabajadores altamente especializados parece especialmente fisiológica y constituye, de hecho, un factor de riqueza cultural y profesional para toda la comunidad.

El problema para un país surge cuando no consigue atraer tantos talentos como los que se han ido, como es el caso de los países del sur de Europa, para los que el número de cerebros salientes parece coincidir en líneas generales con el de otros países europeos. Por lo tanto, el verdadero problema es la capacidad de atracción de algunos países.

2. LA IMPORTANCIA DEL CAPITAL HUMANO EN LA ECONOMÍA GLOBALIZADA

Puede decirse que la importancia de este fenómeno se estableció definitivamente cuando, tras el final de la Segunda Guerra Mundial, el flujo de personal altamente cualificado que emigraba de Europa aumentó bruscamente[2]. Es por tanto durante este periodo, y especialmente durante la recuperación económica de Europa, cuando se refuerza la creencia de que la educación y la formación son un factor esencial que sustenta el crecimiento económico de un país, forjándose el término "capital humano" para definir el conjunto de competencias y habilidades de los trabajadores[3].

---

2 BELTRAME L., *op. cit.*, 279; BROWN P., "Skill Formation in the Twenty-First Century", en BROWN P., GREEN A., LAUDER H., *High Skills. Globalization, Competitiveness and Skill Formation*, Oxford, Oxford University Press, 2001, 32.

3 Para entender bien la gravedad de la pérdida en términos de capital humano y económico, vale la pena recordar aquí un estudio del Instituto para la Competitividad (I-Com) que calculó el valor económico de la actividad de patentes de los 20 científicos italianos más productivos en el extranjero.
En ese estudio, valorando cada patente en 3 millones de euros, el valor del trabajo de estos científicos se estimó en 861 millones de euros, lo que multiplicado por el periodo de 20 años de protección de la patente lleva a 2.000 millones de euros. A continuación, hay que multiplicar esta cifra por el número de investigadores en el extranjero, con lo

Esta importancia ha ido creciendo exponencialmente en los últimos veinte años aproximadamente por dos razones principales: por un lado, el impulso de una economía cada vez más globalizada y, por otro, el creciente uso de tecnologías de vanguardia, plataformas digitales e inteligencia artificial, caracterizadas por una incesante investigación y evolución. Estos factores ponen cada vez más de relieve la estrecha relación que existe entre la educación y la investigación, el trabajo, el estudio, el aprendizaje, la innovación y el desarrollo económico de un país.

Se puede decir que en siglos pasados la capacidad productiva de un país se medía por su red de infraestructuras y transportes (carreteras, puentes, ferrocarriles, puertos y aeropuertos), hoy la capacidad de investigación ha pasado a ser fundamental, convirtiéndose en una verdadera infraestructura que, aunque intangible, es muy real.

En el centro de todo ello hay un elemento esencial, el saber y el cerebro.

Así pues, la competitividad económica de un país, tras la inevitable interacción entre los procesos de globalización y la aparición de una economía basada en el conocimiento, puede medirse sustancialmente a través de las actividades intensivas en conocimiento, en las que el papel de los recursos humanos altamente cualificados se considera fundamental.

3. LA GENERACIÓN ERASMUS

En Europa, este fenómeno afecta sobre todo a los jóvenes que hoy pueden incluirse en la primera generación de "nativos europeos", nacidos o crecidos sustancialmente en una Europa unida, familiarizados con el euro y los programas Erasmus: es la llamada "Generación Erasmus".

Estos jóvenes han madurado un habitus cultural transnacional, identificándose plenamente como ciudadanos europeos y menos ligados a sus estados de origen, con una visión más amplia del ámbito en el que planificar su vita[4].

A esta consideración hay que añadir otra.

---

que se obtienen cifras enormes. Por tanto, si ésta es la magnitud económica del fenómeno, una inversión sustancial para ayudar a mantener o atraer a esos investigadores a sus países de origen también parecería ampliamente justificada.

4 LATTES, G., BONTEMPI, M., *Generazione Erasmus? L'identità europea tra vissuto e istituzione.* Firenze, Firenze University Press, 2008.

Al mismo tiempo, en algunos países europeos, y en particular en los del sur de Europa, como Italia y España, se ha desarrollado una verdadera "generación precaria", con inevitables presiones emigratorias, dirigidas principalmente hacia los países europeos más deseables, gracias a la facilidad de los desplazamientos internos[5].

Las características son un desempleo muy superior a la media europea y, sobre todo, una precariedad del mercado laboral que empuja a los jóvenes más cualificados a trasladarse a otro país con mejores perspectivas laborales y vitales. Frente a un empleo no adecuado para las competencias hace que con el transcurrir del tiempo se invalide el valor su competenzias, los jóvenes, especialmente los de clases sociales más bajas que no les permiten una integración más fácil en el tejido productivo cualificado del país, tienden a rediseñar su trayectoria profesional y vital en un contexto transnacional[6].

Se trata de un fenómeno que presenta muchas diferencias respecto al tradicional fenómeno migratorio que caracterizó el siglo pasado: una composición social mucho más variada, una participación más significativa de las mujeres, un mayor nivel de escolaridad, un origen más urbano que rural y diferentes destinos (no sólo norte de Europa y Estados Unidos, sino también nuevos países emergentes)[7].

Una primera consideración es que no es posible aplicar ninguna medida contra la circulación de estas personas, al menos en los países de la UE, debido al principio de libre circulación de trabajadores y ciudadanos. Además, parece extremadamente difícil prever medidas que prohíban a los ciudadanos europeos desplazarse fuera de los países de la UE.

Por ello, es necesario desarrollar estrategias que, al menos, animen a los jóvenes europeos a no abandonar el espacio europeo y favorezcan una circulación equilibrada y provechosa en los distintos países de la UE.

---

5 RAFFINI, L., "Quando la generazione erasmus incontra la generazione precaria. la mobilità transnazionale dei giovani italiani e spagnoli", *Revista de Ciencias Sociales*, Vol. 9, n. 1, 2014, 142.

6 RAFFINI, L., *op. cit.*, 151

7 GJERGJI I., *Cause, mete e figure sociali della nuova emigrazione italiana*, Venezia, Ed. Ca' Foscari, 2015, 17; RAFFINI, L., *op. cit.*, 156.

4. ¿BRAIN DRAIN O BRAIN CIRCULATION?

En una economía globalizada, más que de fuga de cerebros, parece más correcto hablar de circulación de cerebros, caracterizada por movimientos policéntricos, temporales, circulatorios y de intercambio, en los que la creciente importancia del conocimiento hace que éste ocupe un lugar central.

Por tanto, el análisis de la circulación de cerebros debe tener en cuenta hoy las formas y la composición de los flujos, identificando también el concepto de alta cualificación pero, sobre todo, debe centrarse en la relación con los procesos de globalización y la nueva economía basada en el conocimiento[8].

Se ha dicho que una economía competitiva debería atraer a trabajadores altamente cualificados y deslocalizar la mano de obra no cualificada a países con costes más bajos[9].

Para comprender la amplitud del fenómeno, parece útil examinar los datos cuantitativos y cualitativos sobre el tipo de fuga de cerebros en la UE.

El principal indicador para estudiar la fuga de cerebros es la tasa de expatriación de personal altamente cualificado, o nivel de fuga[10]. Esto puede determinarse a través de la tasa de selección, el porcentaje de los extranjeros altamente cualificados sobre el total de inmigrantes[11].

Examinando estos datos sobre la atracción de talento extranjero, se pone de manifiesto una perfecta correspondencia entre la capacidad de

---

8 BROWN P., "Skill Formation in the Twenty-First Century", en Brown P., Green A. y Lauder H., *High Skills. Globalization, Competitiveness and Skill Formation,* Oxford, Oxford University Press, 2001, 40.

9 GAILLARD, J., GAILLARD A., "The International Mobility of Brains: Exodus or Circulation?", *Science, Technology and Society,* 1997 2, 2, 205; SAXENIAN, A.L., "Transnational Communities and the Evolution of Global Production Networks: The Cases of Taiwan, China and India", en *Industry and Innovation,* 2005, 9, 3, 199; BROWN, P., H. LAUDER, "Globalisation", *Societies and Education,* 2006, 4, 1, 34.

10 DOCQUIER, F., MARFOUK, A., "Measuring the International Mobility of Skilled Workers (1990-2000)", *World Bank Policy Research Working Paper,* 2004, 3381 en http://papers.ssrn.com/sol3/Delivery.cfm/38017.pdf.

11 Sólo el 15,4% de los inmigrantes en Italia tiene estudios superiores, mientras que en los países más atractivos esta tasa supera el 30%. Se calcula que 500.000 graduados universitarios italianos, 90.000 de ellos solo en 2017, han abandonado definitivamente Italia en los últimos años (2008-2017-Centro de Estudios e Investigación IDOS). De los 3,6 millones de extranjeros en Italia, sólo hay 390.000 graduados, con una incidencia del 10,7%.

atraer talento y la de retenerlo. Esto confirma lo que se ha dicho anteriormente, es decir, que la tasa de expatriación no es excesivamente alta, sino que el nivel de atracción de estos países es extremadamente bajo[12].

Esta es una primera conclusión: independientemente de las políticas de retorno de la fuga de cerebros, algunos países retienen más a sus propios ciudadanos del mismo modo que atraen a los de otros países.

Al examinar las razones de este fenómeno, surgen varios elementos sorprendentes.

En primer lugar, el aspecto salarial, aunque está presente entre las razones para trasladarse al extranjero, no es el fundamental. Las encuestas sobre las motivaciones para emigrar muestran que el principal factor de empuje es la posibilidad de trabajar en el frente de la investigación avanzada[13]. Mientras que el principal factor de empuje para estos últimos es esencialmente el económico, para los altamente cualificados es mayor atención a la investigación, la posibilidad de poder desarrollar sus actividades gracias a laboratorios avanzados, de recibir una financiación adecuada, las oportunidades de crecimiento profesional y de tener una carrera meritocrática y la atención prestada por el Estado a los derechos, económicos y de otro tipo. En última instancia, el factor crucial es una mayor atención a la investigación por parte del Estado.

Más sorprendente, ya antes del perfil económico, es el del medio ambiente entendido como la "calidad de vida" de una zona, habitable e integradora, no discriminatoria, sostenible. Fundamental es el respeto de los derechos sociales y personales, de la facilidad de integración familiar, de los servicios a los ciudadanos y a las madres trabajadoras.

Este último aspecto, además, es un factor crucial en la fuga de talentos femeninos al extranjero: la posibilidad de formar una familia y tener hijos sin perjuicio de la carrera profesional.

Por el contrario, la principal razón para regresar es el deseo de volver al país de origen cuando uno ya no está interesado en el frente de la investigación avanzada. Como consecuencia, se corre el riesgo de atraer a investigadores menos activos, impulsados a regresar por motivos familiares y personales.

---

12 Italia, como consecuencia de su baja capacidad de atracción, presenta un saldo negativo, según el cual, por cada extranjero altamente cualificado que entra en el país, unos 3 italianos cualificados abandonan Italia (Bertrame L., *op. cit.*, 283).

13 CENSIS, *Un capitale intellettuale da valorizzare: indagine conoscitiva sul fenomeno della fuga dei cervelli all'estero*, Roma, 2002, Fondazione Cassa di Risparmio Venezia; DELL'ANNO, P., "La Germania tra fuga e ricerca di cervelli", *Studi Emigrazione*, XLI, 2004n. 156, 973-984.

5. MEDIDAS ITALIANAS PARA FOMENTAR EL RETORNO Y LA ATRACCIÓN DE TALENTOS

5.1. Medidas para retener talentos

Sin embargo, como puede verse, los Estados centran sus políticas principalmente en el aspecto económico salarial.

Aunque este perfil parece estar sobrestimado, puede examinarse desde dos ángulos.

Por un lado, el de la remuneración de los investigadores, publicos o provados.

Por otro, los aspectos relacionados con la utilización económica de una posible invención del investigador.

Con respecto al primer perfil, debe destacarse como la remuneración de un joven investigador es significativamente mayor en los países señalados anteriormente como más atractivos. Pero, como se indica a continuación (párrafo 6), esta no es la causa del atractivo, sino la consecuencia de una mayor atención a la investigación, lo que conduce a estos países a invertir más en innovación y desarrollo, tanto en términos de salarios como también y sobre todo en términos de inversión en infraestructuras, trabajadores, meritocracia, etc.

Esto es una especie de bucle que se autoalimenta: el país muestra una mayor atención a la investigación, invierte en equipamiento y capital humano, y éste crea un marco más atractivo para los investigadores.

Por la valorización de las invenciones realizadas por el talento, primero hay que señalar que el investigador, que suele ser joven, no tienes espíritu empresarial y estará interesado principalmente en el efecto de reputación, en ser reconocido como autor de la invención, para ganar prestigio y reconocimiento dentro de la comunidad científica y, en consecuencia, asegurarse una rápida progresión en su carrera.

Sólo secundariamente, el inventor-investigador estará interesado en "monetizar" los frutos de su actividad inventiva y recibir una remuneración adicional[14].

---

14 ZANELLI, P., "Nuovi percorsi dalla ricerca all'impresa: l'esperienza di spin-off intrapresa dall'Università di Bologna", *Contratto e impresa*, n. 3/2000, 1461; DI CATALDO, V., "Le invenzioni delle università, Le invenzioni delle università. Regole di attribuzione dei di-

A este respecto, Italia ha actuado en contra de la mayoría de los sistemas de patentes europeos y del modelo norteamericano, en el sentido de que la propiedad de las invenciones realizadas en un marco universitario o en un organismo público de investigación corresponde directamente a los investigadores universitarios y no a las universidades[15]. Estos últimos sólo podrán adquirir una licencia no exclusiva para explotar gratuitamente la invención en caso de que el investigador no la lleve a la práctica. Por otra parte, en el caso de investigaciones financiadas por terceros, el art. 65(5) de la CIP introduce una excepción al establecer, en esencia, que sólo tienen derecho a la compensación equitativa prevista en el art. 64(2) de la CIP.

En la primera hipótesis, como consecuencia de los costes de patentamiento que el investigador individual normalmente no puede soportar, la posición de éste empeora drásticamente respecto al régimen anterior, ya que el investigador no tendrá derecho a los derechos sobre su invención, ni al 50% de los ingresos procedentes de la explotación económica de la invención. Así, aunque teóricamente el investigador que pudiera pagar los costes de la patente se beneficiaría de la reforma, en la mayoría de los casos no es así[16].

En la segunda hipótesis, en el caso de una invención realizada en el marco de un proyecto financiado, cuya explotación económica es más segura, el investigador no podrá percibir una remuneración adecuada[17].

5.2. Medidas para fomentar el retorno de talentos

En Italia, los primeros reglamentos de este tipo se remontan a los primeros años de este siglo, con el programa denominado "Rentro dei cervelli", dirigido a los investigadores que habían estado en el extranjero durante al menos tres años.

---

ritti, regole di distribuzione dei proventi, e strumenti per il trasferimento effettivo delle invenzioni al sistema delle imprese", *Rivista di Diritto Industriale*, 2002, I, 347 ss.

15 AREZZO, E., "La tutela e la valorizzazione della ricerca universitaria in tempi di crisi", *Rivista di Diritto Industriale*, 3, 2013, 148.

16 GALLI, C., "Le invenzioni dei dipendenti nel progetto di codice della proprietà industriale", *Il Codice della proprietà industriale*, Quaderni AIDA, 2004, Giuffrè, Milano, 36, 51; BAX, A., "Le invenzioni dei ricercatori universitari: la normativa italiana", *Rivista di Diritto Industriale*, n. 3/2008, 205.

17 AREZZO, E., *op. cit.*, 151.

Sin embargo, la medida no logró los resultados deseados, ya que en los cinco primeros años sólo 466 investigadores italianos de unos 50.000 habían regresado a su país.

Posteriormente, el legislador italiano introdujo una normativa de desgravación fiscal para los ciudadanos de la UE que se graduaran y decidieran establecerse en Italia durante al menos cinco años para trabajar allí tanto en el sector público como en el privado.

Por lo que respecta al personal académico, los profesores e investigadores que decidan devolver su residencia fiscal a Italia pueden disfrutar de una exención fiscal del 90% sobre los ingresos derivados de las actividades de enseñanza e investigación.

Otra medida han sido las "Cátedras Natta", destinadas a la contratación por convocatoria directa de profesores universitarios, seleccionados entre académicos de alto y reconocido mérito científico, como excepción a las disposiciones de la Ley 240/2010. Esta asignación de fondos fue finalmente suprimida

También para permitir el acceso de investigadores de especial prestigio al sistema universitario y a las instituciones de investigación italianas, la Ley nº 230 de 2005 dispuso que las universidades pueden proceder a convocatoria directa que hayan sido ocupados durante al menos tres años en otras Universidad o que hayan sido ganadores de prestigiosas financiaciones nacionales y internacionales durante al menos tres años o de académicos que hayan obtenido prestigiosas ayudas nacionales, de la Unión Europea o de otros organismos internacionales, identificados por decreto especial[18].

Desde mucho tiempo se contempla la posibilidad de la llamada "convocatoria por fama clara" de los académicos, incluidos los extranjeros, prevista en el párrafo 112 del artículo 17 de la Ley nº 127 de 1997, es decir, la posibilidad de que las facultades convoquen directamente a eminentes académicos italianos o extranjeros[19].

En todos estos casos, se trata de incentivos económico fiscal y, además, son requisitos que difícilmente podrían adaptarse a un joven talento, sino a individuos maduros.

---

18 Decreto Ministeriale 28 dicembre 2015 n. 963.

19 Para un análisis de estas disciplinas, DE LIDDO, S., "Deroghe al principio costituzionale dell'accesso per concorso alla docenza universitaria: la «chiamata per chiara fama» e l'insegnamento presso la Scuola Superiore dell'Economia e delle Finanze", *Lavoro nelle Pubbliche Amministrazioni.*, fasc. 2, 2003, 409.

Por otra parte, la posibilidad de que estos estudiosos, ganadores de prestigiosos premios o de notoriedad internacional, sean convocados sin participar en los procedimientos normales de selección nacional no hace sino poner de manifiesto la desconfianza del legislador en el sistema de selección universitaria, ya que debería presumirse que estos investigadores han podido seguir los procedimientos ordinarios de oposición y superarlos sin dificultad[20].

6. ATRACCIÓN DE TALENTOS EXTRANJEROS

El primer elemento fundamental para la consecución de este objetivo es que los procedimientos de admisión no sean tan largos y complejos que reduzcan sustancialmente el atractivo de la UE.

Con la Directiva 2005/71/CE se quería facilitar la admisión de la categoría de investigadores mediante un sistema específico basado en la expedición de un permiso de residencia únicamente (y no también de un permiso de trabajo).

Una vez obtenida la autorización e inscrito el organismo de investigación en una lista especial del Ministerio del Estado al que pertenece, el organismo de investigación puede firmar un convenio de acogida con el investigador, por el que el organismo se compromete a acoger al investigador y éste a realizar el proyecto de investigación evaluado y aceptado por el propio organismo[21].

Los sujetos afectados son los profesores universitarios que vayan a realizar una misión académica en Italia, así como todos aquellos que puedan definirse como investigadores en la medida en que estén en posesión de un título de enseñanza superior que en el país donde se ha obtenido dé acceso a los programas de doctorado[22].

---

20 Sobre las perspectivas de reforma del sistema universitario para potenciar el mérito académico, RICCI M., "Alcune osservazioni sul reclutamento della docenza universitaria: elementi costitutivi e criticità", *Lavoro nelle Pubbliche Amministrazioni*, 3-4, 2016, 323.

21 CANEPA, A., "Spazio europeo della ricerca e "permesso di soggiorno scientifico". La procedura d'ingresso per ricercatori extra-comunitari tra disciplina europea e attuazione nazionale", *Rivista italiana di diritto pubblico comunitario*, 5, 2010, 1183 y especialmente las notas 14-16.

22 Por otra parte, también con el fin de hacer más atractiva la entrada en Europa para los investigadores extranjeros, además de simplificar el procedimiento, se ofrecen más facilidades para hacer posible la reunificación familiar a corto plazo. Posteriormente, con

7. CONCLUSIONES

Las políticas examinadas hasta ahora para retener y atraer el talento global en los países de la UE se centran esencialmente en los perfiles económicos y salariales, y no prestan la debida atención a las diferentes necesidades que, en cambio, han demostrado ser elementos más importantes para atraer dicho talento.

Además, incluso estas políticas encuentran a menudo obstáculos en las restricciones normativas que impiden la concesión de salarios significativamente más altos que podrían influir en la elección del investigador.

Sin duda, una mayor atención a los salarios de los profesores e investigadores universitarios y de los organismos de investigación sólo podría tener efectos positivos en el atractivo de los distintos países para estos sujetos. Tambien la disciplina de incentivación de las invenciones de los investigadores debería ciertamente ser revisada, distinguiéndola de la de los trabajadores ordinarios, con el fin de animar al investigador-inventor a fomentar su creación con una institución nacional.

Sin embargo, la mejora de los aspectos económicos y salariales de los investigadores no es concebible sin una renovada apuesta por la investigación, que debería ir acompañada de un cambio en el sistema universitario y en la investigación pública en general que, por un lado, impulse una valorización efectiva del mérito y, por otro, suponga una inversión considerable en el sector, en línea con la de otros países. Al mismo tiempo, deberían reforzarse las políticas destinadas a la igualdad efectiva de género, lo que pondría de manifiesto la atención del Estado a la plena equiparación de derechos, garantizando a las mujeres una oportunidad real y concreta de desarrollar sus capacidades de investigación sin penalizar sus legítimas expectativas de maternidad.

Este perfil parece claramente vinculado a una mayor atención a los derechos de las personas, no sólo para los perfiles relacionados con el género, sino para todas las formas de discriminación para las que las medidas adoptadas en muchos países europeos parecen decididamente inferiores a las de los países más atractivos.

---

el fin de facilitar la entrada en la UE de trabajadores altamente cualificados, incluidos los que no pertenecen al ámbito académico, la Directiva 2009/50/CE, posteriormente sustituida por la Directiva 20/10/2021-nº 1883, introdujo un procedimiento específico para la expedición de permisos de residencia para trabajadores altamente cualificados que permite acceder a un sistema de admisión acelerada denominado "tarjeta azul".

Otra vez, el procedimiento para obtener un visado de entrada y un permiso de residencia para un investigador extracomunitario que quiera trabajar en UE debe agilizarse.

En definitiva, se puede decir que la operación que hay que realizar para atraer el talento, fomentar su retorno o evitar una fuga excesiva de cerebros es mucho más compleja que una mera política económica y salarial.

Por otra parte, esto es evidente si se tiene en cuenta que la atracción hacia países que remuneran a los investigadores mucho mejor que los europeos pero que no tienen en cuenta los aspectos de derechos humanos y medioambientales antes mencionados, aunque presente, es en conjunto reducida.

Por lo tanto, la verdadera revolución copernicana es una atención real y efectiva a la investigación por parte de los Estados europeos.

Esto dará lugar a los demás perfiles descritos: mejoras salariales, potenciación del mérito, mayor financiación de la investigación, reconocimiento en el sector público y privado del valor de las invenciones realizadas, mayor atención a los derechos de la persona y de la mujer (investigadora y no investigadora, por supuesto) y al medio ambiente.

Una revolución cultural necesaria para salvaguardar el futuro de toda Europa y garantizar su papel relevante en la escena mundial.

Capítulo 3

The effective and sustainable reintegration of return migrant workers with the labour market[1]

AGATA LUDERA-RUSZEL
University of Rzeszow

1. INTRODUCTION

This contribution tackles the topical issue of return migration with a special focus on the sphere of employment. In this study return refers to the situation of return of migrant workers from a country of destination to the country of origin. Following the definition of the Statistics Division of the United Nations Department of Economic and Social Affairs, in this study, return migrants are defined as a "persons returning to their country of citizenship after having been international migrants (whether short-term or long-term) in another country and who are intending to stay in their own country for at least a year"[2]. This study focuses on the reintegration of return migrant workers with abour market in Poland. The subject of this study was an reflection upon the matter of effective and sustainable reintegration of return migrants. Although this contribution focuses more specifically on polish labour market, this study will have a general value, since emigration and its social and economic challenges is a global phenomenon and a source of concern of a policy makers in a number of European countries. Therefore, the results of this study will be equally important for countries that suffer from the consequences of emigration for their labour market and thus are interested on how to attract back their citizens.

---

1 This publication was written as a part of the project "Pojęcie pracownika. Konieczność redefinicji granic stosunku pracy" [The concept of employee. The need for redefinition of the boundaries of the employment relationship], founded by the (Polish) National Science Centre on the basis of decision number DEC-2020/39/B/Hs5/00037.

2 United Nations Department of Economic and Social Affairs (UNDESA), Statistics Division. 1998. Recommendations on statistics of international migration: Revision 1, Statistical Papers Series M, No. 58, Rev. 1 (New York, NY), 94.

As an introduction, it should be noted that, in its contemporary history Poland has experienced three major waves of intensive emigration. The first wave was induced by the Second World War (later meaning as a WW2). Up until the mid-1940s, war emigration from Poland took the form of settlement emigration. The majority of emigrants taking up residence in the United States of America and to a lesser extent they were decided to move to other countries in Europe[3]. This wave of emigration was motivated by a political reasons —the fear of war, and thus it involved a people of different age, sex and occupational background who emigrated having no choice, for the save of their life. The war emigration was followed by a first wave of return migration. This has occurred straight after WW2 and concerned Polish nationals displaced during the war and those who remained abroad of Poland due to the subsequent changes in its national borders, sealed by the post-war order of Yalta. The second wave of emigration occurred during the time of communist regime in 1980s when lesser restrictions on emigration from a regime motivated polish nationals to emigrate to democratic countries that in addition offered a better standard of leaving[4]. This wave of emigration was a political emigration. However many times an economic reasons played an important factor in this regard. The second wave of returns took place in the 1990s, after the collapse of the communist regime and introduction of a market economy[5]. The last one an excessive wave of emigration took place just after the accession of Poland to the European Union (EU). The ease of movement within the EU based on the principle of free movement of persons, led many Polish nationals —just as citizens of other new EU Member States[6]— to move abroad in search for better employment opportunities. The post-accession emigration was the one of the largest emigration that Poland has experienced in its post-war history. Among the countries of so called "old EU member states", the top destination countries for polish emigrants involved Great Britain, Ireland, Germany and Netherlands[7]. Unlike the first and the second waves of emigration, the third one was basically an

---

3 ZUBRZYCKI, J., "Emigration form Poland in the nineteenths and twentieth centuries", *A Journal of Demography*, 1953, vol. 6, 3, pp. 248-272.

4 PLESKOT, P., "Polish Political Emigration in the 1980s: Current Research, Perspectives and Challenges", *Polish American Studies*, 2015, vol. 72, 2, pp. 49-64.

5 FIHEL, A., A. GÓRNY, "To Settle of to Leave Again? Patterns of Return Migration to Poland During the Transition Period", *Central and Eastern European Migration Review*, 2013, vol. 2, 1, p. 55.

6 This included Lithuania, Latvia, Estonia and in 2007 Bulgaria and Romania.

7 OKÓLSKI, M., J. SALT, "Polish Emigration to the UK after 2004; Why did So Many Come?", *Central and Eastern European Migration Review*, 2014, vol. 3, 2, pp. 11.

economic emigration. Therefore, the post-accession emigration most often included young people of reproductive age, which were mostly seeking for a better employment opportunities that improve their standard of leaving compared to that they may be expected, at that time in Poland. Despite the fact that some Polish migrants have yet returned to Poland, the return flow has not been as extensive as was initially expected by some policymakers. The significant wave of return migration has not been reported.

2. SOCIAL AND ECONOMIC CHALLENGES OF EMIGRATION

Nowadays, with a decreasing pool of qualified workers and imminent demographic challenges, related to ageing of population and lowing fertility rate, the consequences of large-scale emigration for sending EU Member States have become more evident.

There are a series of analysis that focuses on an economic effects of emigration. It has been argued that emigration of people in reproductive age with relevant qualifications has serious implications for development of sending country. With this regard, it is indicated that emigration has a negative impact on growth in sending countries and slowing per capita income convergence. "With this trend, emigration appears to have reduced competitiveness and increased the size of government, by pushing up social spending in relation to GDP, and made the budget structure less growth-friendly"[8]. The above negative effects of emigration for a national economy are related to the fact that permanent emigration of high-skilled persons is responsible for a brain drain in sending countries[9]. Labour shortages can seriously affect the supply and quality of services in specific sectors such as health, education, transport and construction. The shortages of labour supply may have significant negative impact on productivity and can worsen an overall business environment in sending country[10]. This

---

8 ATOYAN, R., L. CHRISTIANSEN, A. DIZIOLI Ch. EBEKE, N. ILAHI, A. IYINA, G. MAHREZ, H. QU, F. RAEI, A. RHEE, D. ZAHAROVAP, "Emigration and Its Economic Impact on Estern Europe," *IMF Staff Discussion Note*, July 2016, 5.

9 More on this issue see F. DOCQUIER, "The brain drain from developing countries", *IZA World of Labor*, 2014:31, pp. 1-10; DODANI, S., R. E. LaPorte, "Brain drain from developing countries: how can brain drain be converted into wisdom gain?", *Journal of the Royal Society of Medicine* 2005, 98 (11), pp. 487-491.

10 RATHA, D., *Impact of Migration on Economic and Social Development: Review of Evidence and Emerging Issues,* [online https://www.shram.org/uploadFiles/20171120121738.pdf] (2022), 5 (1/12/2022).

is because national and international companies invested in sending country, may encounter difficulty in recruitment qualified workers[11]. It has been indicated that brain drain deprives sending country of revenue and prevent them from gaining an early return on the investment they have made in the education and training of those people who then have decided to emigrate[12]. The supply gap puts pressure on wages, in particular in sectors affected by labour shortages, that in consequence, when not linked with the improvement with work productivity, leads to the increase in overall labour costs, that is driving in prices due[13].

Social effects of emigration are equally important and are —to some extend— linked to those economic one. Among different social effects of migration, the most important consists: change in family composition, family separations and the abandonment of old people, child outcomes in terms of labour, health and education[14]. Emigration when lowering population growth in sending country contribute to the already negative demographic trends related to the ageing of population and lower fertility rate[15]. It is argued, that in line with rising share of the elderly in the population of sending country the dependency ratios has elevated and the pressures for more generous retirement benefits may have increased. As a result, pension and healthcare outlays have increased in relation to lowering output[16].

Significant migrations in conditions of shortages on the labour market and the demographic situations, have —as can be see above— an impact on the economic and social development. The negative assessment of the effects of the phenomenon of emigration leads to the conclusion that in the long run this may bring more looses than benefits. Therefore in Poland like in some EU migrant-sending Member States, governments are considering their options to attract back citizens to the country. Since a wave of

---

11 MARKOVA, E., *Economic and Social Effects of Migration on Sending Countries: The Cases Albania and Bulgaria,* [online, https://www.oecd.org/dev/38528396.pdf], 2022, 4 (2/12/2022).

12 Y. KÜL, *Opportunities and Challenges Of International Migration For Sending And Receiving Countries,* [online, https://www.mfa.gov.tr/opportunuties-and-challenges-of-international-migration-for-sending-and-receiving-countries.tr.mfa, 2022 (1/12/2022).

13 PUZIO-WACŁAWIK B., Społeczno-ekonomiczne skutki migracji Polaków po akcesji Polski do Unii Europejskiej", *Zeszyty Naukowe. Polskie Towarzystwo Ekonomiczne,* 2010, 8, p. 183.

14 MARKOVA, E., *Economic..., op. cit.,* p. 7.

15 ATOYAN, R., L. CHRISTIANSEN, A. DIZIOLI Ch. EBEKE, N. ILAHI, A. IYINA, G. MAHREZ, H. QU, F. RAEI, A. RHEE, D. ZAHAROVAP, *Emigration..., op. cit.,* p. 8.

16 *Ibidem,* 25.

emigration that followed Poland's accession to the EU, return policies have become a prominent part of the political agenda of Poland.

Because of the severe social and economic consequences of emigration for national economy, return of migrants has received an increasing emphasis. In this regard, the prominence were given to the reintegration of return migrants with a country of origin considered as a tool to make a return more attractive and stable. According to the Return Migration and Development Platform of the European University Institute reintegration is defined as: "Process through which a return migrant participates in the social cultural, economic and political life of the country of origin"[17]. According to the International Organization for Migration (later as IOM), there are at least three dimensions of reintegration: social, economic, and psychosocial. Due to the economic aspect of post-accession emigration the actions addressed to return migration are taken at first within economic sphere and most often focus on employment.

3. REINTEGRATION OF MIGRANT WORKERS WITH THE LABOUR MARKET

A major question that arises around the matter of reintegration of migrant workers with labour market is: "How economic reintegration should be to stimulate migrants for return to their home country —on the one hand, and to allow them to cope with (re)migration drivers— on the other hand?" To meet these two requirements reintegration should be both effective and sustainable. The effective reintegration "means successful reintegration of returning workers into their families, communities, the economy, and society. From the viewpoint of the country of origin, effective return means that their migrant workers return in a safe and dignified manner after achieving their migration objectives overseas"[18]. According to the definition provided by IOM "Reintegration can be considered sustainable when returnees have reached levels of economic self-sufficiency, social stability within their communities, and psychosocial well-being that allow them to cope with (re)migration

---

17 CASSARINO, J.P. (ed.), *"Glossary"*, in Reintegration and development, CRIS Analytical Study, *Florence, European University Institute,* 2014, p. 184.

18 WICKRAMASEKRA, P., "Effective return and reintegration of migrant workers with special focus on ASEAN Member States", *International Labour Organization* 2019.

drivers"[19]. As indicated by K. Kuschminder "*Sustainable return is achieved by: economic reintegration whereby an individual can sustain a livelihood and is not in a situation of economic vulnerability; social and cultural reintegration whereby the returnee is actively incorporated into the receiving society, for example at the local community level; and political-security reintegration whereby the returnee feels they have access to safety and justice upon return*"[20]. According to the United Nations Network on Migration, reintegration is sustainable, when "enables individuals to secure and sustain the political, economic, social and psychosocial conditions needed to maintain life, livelihood and dignity in the country and community they return or are returned to, in full respect of their civil, political, economic, social and cultural rights. This should include targeted measures that enable returning migrants to have access to justice, social protection, financial services, health-care, education, family life, an adequate standard of living, decent work, and protection against discrimination, stigma, arbitrary detention and all forms of violence, and that allows returnees to consider that they are in an environment of personal safety, economic empowerment, inclusion and social cohesion upon return"[21]. As follows from the above definitions, effectiveness and sustainability are inter-related concepts, where sustainable reintegration should be seen as a condition of effective reintegration.

The meet the conditions of effectiveness and sustainability, we may agree that the reintegration of return migrants within the sphere of employment, at least:

1) Should not waste of a human capital as regards qualification and skills of returnee;

2) Guarantee returnee a job of a good quality (decent work), which means work that respect the autonomy of a worker to secure by work their material (economic) and non-material (social and psychological) needs; work that provides an individual with basic needs related to his self-esteem

---

19 International Organization for Migration, *Towards an INTEGRATED APPROACH TO REINTEGRATION in the context of return*, Geneva 2017, p. 3.

20 KUSCHMIDER, K., "Interrogating the relationship between remigration and sustainable return", *International Migration*, 2017, vol. 55, 6, pp. 110.

21 United Nations Network on Migration, *Ensuring Safe and Dignified Return and Sustainable Reintegration*, Position Paper, March 2021, [online, https://migrationnetwork.un.org/sites/g/files/tmzbdl416/files/docs/position_paper_-_ensuring_safe_and_dignified_return_and_sustainable_reintegration.pdf], 2021 (3/12/2022).

and self-respect, his health, economic, social and psychological security, protection against discrimination, poverty and social exclusion[22];

3) Makes it possible for returnee to find a work on conditions that are at least similar to those in a country of emigration.

There are not specific laws addressed to return migration at the national level in Poland. Therefore, the employment situation of return migrants from a perspective of their reintegration with a labour market in Poland, should be at first analyzed from the view point of general regulations addressed to persons who are searching for a job and regulations on employment.

4. REINTEGRATION OF MIGRANTS UNDER LABOUR MARKET POLICIES

The primary regulation that is addressed to a person searching for a job in Poland is the Act of 20 April 2004 on employment promotion and labour market institutions[23]. The regulation of this act id based on activation-related, and preventive activates aimed at full integration of unemployed person with the labour market, rather than passive forms of support[24]. Under this act the key concept around which concentrates the activation of unemployed person is a concept of 'suitable job'. On the concept of suitable job is conditioned the status of unemployed person and the right to unemployment benefit. The first and foremost eligibility requirement that has to fulfilled in order to get the access to unemployment benefit, is lack of suitable job that can be immediately offered to unemployed person for its professional activation by labour office. The acceptance of suitable job remains a key "activation' duty of unemployed person on which the unemployment benefit is conditioned on. At the same time, the concept of suitable job is decisive as regards the directions of activation measures that can be important for return migrants, such as job matching, occupational guidance, training that are addressed to unemployed person by labour office. These activation measures are only applied where it is not possible

22 SOBCZYK, A., *Prawo pracy w świetle Konstytucji RP. Tom I. Teoria publicznego i prywatnego indywidualnego prawa pracy*, Warszawa, 2013, p. 122.

23 Journal of Laws from 2013, item 674-hereinafter referred as u.p.z.

24 WIŚNEWSKI, A., "Podstawy aktywnej polityki rynku pracy", in: *Efektywność polityki rynku pracy w Polsce*, Z. Wiśniewski, K. Zawadzki (eds.), Toruń, 2019, p. 29.

to immediately ensure unemployed person with suitable job and which are aimed at obtaining suitable job by them.

Under detailed conditions indicated by the law, suitable job is defined as employment or other gainful work, subject to social insurance, and for the performance of which the unemployed person has sufficient qualifications or occupational experience, or which the unemployed person can perform after prior training or apprenticeship for adults; the health condition of the unemployed allows him/her to perform it, and the total time of commuting to the place of work and back by public transport does not exceed 3 hours, and for the performance of which the unemployed person collects monthly gross remuneration in the amount of at least the minimum remuneration for work calculated as the fulltime equivalent. As follows from the above the concept of suitable job is determined by four criteria: qualification, health, geographical, income. The concept of suitable job is relatively broad and flexible that has a twofold consequences. On the one hand, it ensures easier and faster professional activation of unemployed person, who are more difficult to reject a job offer from lrabour office. On the other hand, it may weaken social and professional position of the unemployed person[25]. This refers to the condition that suitable job may involve not only employment under an employment relationship, but also any other paid work, e.g. on the basis on civil-law contracts[26], that due to the qualification criterion may ignore both the educational level of unemployed person and the qualification required for his previous job[27], and which does not relate to the level of remuneration received by unemployed person before job loss.

The above considerations raises the question of "What kind of employment is preferred under the act on employment promotion"? The act on employment promotion is based on an approach of the fastest possible professional activation of unemployed person in line with the statutory objective of "full employment". The social security system in the case of unemployment is based towards an activation of recipients, rather than pro-

---

25 WŁODARCZYK, M., "Odpowiednie zatrudnienie" w ustawie o zatrudnieniu i przeciwdziałaniu bezrobociu", *Praca i Zabezpieczenie Społeczne*, 1998, 7-8, p. 36.

26 In this regard see the judgement of the Supreme Administrative Court in Poland (NSA) of Marz 1996, II SA 3163/95 and the judgement of the Province Administrative Court in Wrocław (WSA) of 30 July 2008, IV SA/Wr 457/07.

27 On re-employment quality see GRüN, C., W. HAUSER, T. RHEIN, "Is Any job Better than No Job? Life Satisfaction and Re-employment", *Journal of Labour Research*, 2010, vol. 31, 3, pp. 285-306.

viding them only with income support during the time of unemployment. In this regard, we may agree that this act prefers "any" job, not necessarily a job of a good quality (decent work). Following the concept of "suitable job", the system is putting on recipient a pressure to take up any —even low quality— job, instead of searching for the one that provides them with decent working conditions. This is due to the fact that a job offered to unemployed person may involve any work relations, not only work on employment contract under labour law provisions, but also work on work relationship under civil law and which is not related to both qualification required for a previous job and remuneration prior received by a person concerned. Therefore, the effectiveness of the system in bringing recipients into decent employment can be called into question.

5. REINTEGRATION OF MIGRANTS IN LIGHT OF THE REGULATION OF WORK RELATIONS

Among different instruments of the "achiever" type, available under Act on employment promotion and labour market institution, the most popular that is thought to speak to returnees are entrepreneurship programmes. Entrepreneurship programmes targeting returnees can include preferential access to loans to commence business activity, lessons on how to create a business plan and financial management skills and support in the bureaucratic steps necessary to start a business. Entrepreneurial activity is considered to be beneficial for both some returnees and the country of origin. At the same time, however, it is necessary to keep in mind that not all returnees are fit to become entrepreneurs. Returnees may be unable to access formal employment and may be pushed into self-employment out of choice.

The phenomenon of forced self-employment is closely related with the existing binary division of employment relations in Poland into employment contract —which is covered by labour law and on the other spectrum a very heterogenious category of other work relations which are— with some minor exceptions —excluded from labour law and uniformly covered by civil law regulations—. The coverage of work relations by civil law is based on an assumption that all self-employed perform on a labour market independently, which means that self-employed and their clients having equal economic power, legal expertise and political influence. It reflects the view that "*As long as workers and employers are equals —that is when neither party has an economic, legal or political advantage— then it is reasonable to assume that the terms and conditions of employment are voluntary rather than coerced*"[28]. It is then argued that the protection of the (equal) parties (client and independent contractor) is secured solely by the principle of freedom of contract and implemented by the will of the parties included in a contract of service[29].

The assumption on the independency of all self-employed persons does not take into account a real diversity within category of self-employment within which we may observe a category of so called dependent self-employed. The proliferation of the category of workers that are dependent on a specific client as regards economic, social and psychological needs[30], is accompanied with the relaxation of the criteria for determining the employment relationship followed by such a phenomenon of contemporary world, as: globalization, demographic shifts, environmental and climate change, rapid development of information and communication technologies leading to the development of service sector, with the growing market in shared services (sharing economy) and services provided over an internet platform (digital economy). The economic, psychological and social dependence of such workers on their clients makes their position comparable to the position of employee in the employment relationship, who therefore share the same vulnerabilities[31].

The category of dependent workers has already been set 'in between' employees and independent contractors, considered as composing a 'grey zone' in binary division of personal work relations. The growing number of countries have a third, intermediate, category in their legislation called 'employee-like' workers, 'parasubordinated' or 'dependent contractors'. Notwithstanding, the legislation of a majority of countries, including Poland, does not recognize the existence of this category, which is only perceived in academic discourse[32]. Consequently, these categories of workers

---

28 BEFORD, S.F., J.W. BUDD, *Invisible Hands, Invisible Objectives. Bringing Workplace Law & Public Policy Into Focus*, Stanford University Press, 2009, p. 25.

29 PIĄTKOWSKI, J., *Aksjologiczne i normatywne podstawy prawa stosunku pracy*, Toruń, 2017, p. 36.

30 More on this issue see DAVIDOV, G., "Setting Labour Law's Coverage: Between Universalism and Selectivity," *Oxford Journal of Legal Studies*, 2014, vol. 34, 3, pp. 543-566; DAVIDOV, G., *A Purposive Approach to Labour Law*, Oxford, 2016.

31 DAVIDOV, G. *A Purposive…, op. cit.*, 45.

32 WALCZAK, K., in: *System Prawa Pracy. Tom VII. Zatrudnienie niepracownicze*, K.W. Baran (ed.), Warszawa, 2015, p. 22.

are considered to be independent contractors, and thus operate on the free market subject to the same rules of private law-civil law[33].

With this in mind, any policies targeting return migrants should consider this relatively specific position of the self-employed in Poland, who may be engaged in their business activity out of choice, but also —which is quite commonly— out of necessity.

6. CONCLUSIONS

The question raised at the beginning of this study: Whether an economic reintegration of migrant workers with labour market in Poland can be successful, does not allow us for giving an optimistic answer. Taking into account the character of post-accession emigration that was most often motivated by the reasons of economic nature —the aim to improve standard of leaving by having decent work opportunities, in this study we have discovered a few shortages that may hamper the goals of return policies in Poland— make the return more attractive and stable.

As far as the situation of migrant workers in the sphere of employment is concerned, the effectiveness and sustainability of economic reintegration is challenged by two obstacles. Firstly, it is general low effectiveness of activation policies as regards providing decent work opportunities, related to the concept of suitable job on which this policy is based. The concept of suitable job prefers any job approach rather than decent work approach, therefore it increases risk of undeclared work and subsequently risk of poverty and social exclusion among returnees. Secondly, it is an existing binary model of work relations in Poland that does not take into account the category of dependent self-employment and their real situation on the labour market. Thus it very often push job seekers into forced self-employment that is associated with inferior working conditions and inadequate protection.

---

[33] TYC, A., "The position of workers in the on-demand economy: the need for increased protection", *Studia z Zakresu Prawa Pracy i Polityki Społecznej*, 2017, vol. 24, 1, pp. 20-24.

Capítulo 4

Sistema de fuentes y marco normativo de las políticas de retorno para emigrantes andaluces

JOSÉ ANTONIO FERNÁNDEZ AVILÉS
Catedrático de Derecho del Trabajo y de la Seguridad Social
Universidad de Granada

1. INTRODUCCIÓN

La problemática del retorno de emigrantes españoles —y más concretamente andaluces— desde una perspectiva político-social, como política integral y transversalizada necesaria para favorecer la libertad de movimiento de los ciudadanos nacionales, así como para la recuperación y atracción del talento global, no ha tenido —más allá de instrumentos y mecanismos puntuales— el protagonismo y el interés que debiera.

Es muy significativo que, cuando se habla de retorno de migrantes, solemos trasladar nuestro esquema comprensivo hacia las políticas y medidas de retorno, pero en relación a los inmigrantes que llegaron a nuestro país o a otros Estados miembros de la Unión Europea, con la finalidad de fomentar el retorno a sus países de origen, especialmente con ocasión de la crisis económica y con la finalidad de drenar nuestros mercados de trabajo y aliviar nuestros sistemas de protección social. En este plano, sí que existe una política "europeizada" de retorno de inmigrantes extracomunitarios hacia sus países de origen, mientras existe una indiferencia —en el marco de la política migratoria europea— hacia el fomento del retorno de los ciudadanos europeos que, por diversos motivos, llevaron a cabo un proyecto migratorio hacia países no pertenecientes a la Unión Europea.

Los cambios en el flujo migratorio y las nuevas emigraciones, bastante diferentes de las pasadas experiencias históricas de la emigración española, así como el posible retorno de emigrantes que son ciudadanos españoles y cuyas situaciones no presentan la tipicidad social de épocas pretéritas, hacen necesaria una revisión de los marcos normativos e institucionales, así como de las medidas concretas necesarias para abordar el fenómeno, en términos de acompañamiento y facilitación de los procesos de retorno de los ciudadanos españoles y sus familiares.

Lo cierto es que mantenemos instituciones y regulaciones jurídicas que no se adaptan adecuadamente a las nuevas realidades migratorias. La situación de cambio migratorio que hemos vivido en nuestro país, con un fenómeno emergente de emigración nada irrelevante, no cuenta de momento con unas políticas específicas, coherentes y estructuradas y, por ende, tampoco con un marco jurídico-normativo actualizado para dar una respuesta adecuada a esta nueva realidad desde el punto de vista jurídico-social, especialmente desde el enfoque de la promoción del retorno y la atracción de talento global. Es cierto que la retención es un ámbito de la acción política que está cobrando un cierto protagonismo en la agenda política y legislativa y tiene cierta incidencia en la ordenación de las políticas migratorias, como manifestaciones recientes, *v. gr.* la Ley 28/2022, de 21 de diciembre, de fomento del ecosistema de las empresas emergentes (Ley de *Startups*) trata de crear un marco que permita dar respuesta a las necesidades específicas de estas empresas, aprovechar las oportunidades y atraer talento (que contempla ciertos beneficios fiscales para estas empresas, sus inversores y trabajadores, reduce los trámites y costes administrativos e introduce facilidades para la obtención del visado y la residencia a trabajadores altamente cualificados); también en la línea de retención de talento, las reformas relativas a la facilitación de la entrada y permanencia en España por razones de interés económico, previstas en la Ley 14/2013, de 27 de septiembre, de apoyo a los emprendedores y su internacionalización, así como la regulación de un nuevo régimen de autorizaciones de residencia y trabajo de profesionales altamente cualificados (tarjeta azul UE) para atraer y retener talento internacional a España y así ayudar a satisfacer una creciente demanda de estos perfiles en sectores y ocupaciones concretos de la economía y favorecer la movilidad intracomunitaria (mediante la modificación de la Ley 14/2013, de 27 de septiembre, de apoyo a los emprendedores y su internacionalización, mediante la ya referida Ley 28/2022 y la Ley 11/2023, de 8 de mayo); las medidas para favorecer la incorporación al mercado laboral de las personas que se encuentran en España, así como reforzar las vías de migración regular y mejorar el sistema de gestión con la aprobación del Real Decreto 629/2022, de 26 de julio (por el que se modifica el Reglamento de la Ley Orgánica 4/2000, sobre derechos y libertades de los extranjeros en España y su integración social); por último, también la apuesta por el conocimiento y el ecosistema innovador se ha materializado con la aprobación de la Ley 17/2022, de 5 de septiembre, por la que se modifica la Ley 14/2011, de 1 de junio, de la Ciencia, la Tecnología y la Innovación, que puso el acento en las carencias relativas a la carrera y desarrollo profesional del personal investigador, así como con la puesta en marcha del "Plan de Medidas para la atracción y retención de talento científico e innovador a España", que pretende crear más oportunidades y mejores condiciones para el desarrollo de la carrera científica en universidades y organismos públicos de investigación, eliminar barreras y crear nuevos incentivos para la atracción de talento científico e innovador internacional (MCIN, 2022).

La "nueva cuestión emigratoria" se enfrenta a tres cuestiones centrales, sobre las que la asignatura —todavía pendiente— es diseñar una política, lo más coherente, integral y transversal posible, como para que abarque fundamentalmente tres elementos: en primer lugar, articular los mecanismos para retener talento y garantizar que la emigración sea una opción "verdaderamente voluntaria" en términos socioeconómicos; en segundo término, gestionar adecuadamente los procesos emigratorios, para que se realicen con las adecuadas garantías jurídico-sociales (el reforzamiento de los que podría denominarse la "ciudadanía social extra-territorial"); por último, en lo que aquí nos ocupa, diseñar una política de retorno lo suficiente atractiva para los flujos de emigración y el capital humano perdido. Solamente garantizando estas tres facetas podrá hablarse de una política para emigrantes que verdaderamente tutele y promueva la libertad de las personas para llevar a cabo sus proyectos de vida en el lugar más acorde a sus preferencias personales.

El cambio migratorio al que hemos asistido en España (con una creciente emigración e incluso, con la instalación en el "imaginario juvenil" de la idea, de que se hace ineludible buscar mejores oportunidades fuera de las fronteras de nuestro país) constituye, en realidad, aparte de otras motivaciones no desdeñables (formación, voluntariado, motivaciones familiares, etc.), un derivado de las dificultades presentes en nuestro sistema productivo para la generación de empleo (de calidad). Por lo tanto, en principio, plantea un nuevo reto de política normativa y de instrumentación técnico-jurídica de propuestas y modelos de regulación que ofrezcan la necesaria tutela jurídico-social a los españoles que emigran, así como a un diseño de políticas de retorno que permitan recuperar capital humano para nuestro sistema productivo, porque lo cierto es que, a pesar de las crisis económicas y de la pandemia que atravesamos, España sigue siendo un país más netamente receptor que emisor de flujos migratorios.

Una vez tenida en cuenta la perspectiva socio-demográfica, compete al plano de la político-jurídica atender al fenómeno de la emigración española —y andaluza— cuando retorna, así como a las posibles medidas de atracción del talento global para la economía española, en el contexto de las políticas autonómicas, nacionales y de la Unión Europea sobre la movilidad de personas.

En la faceta de retorno, se precisa abordar la necesaria tutela y acompañamiento de estos procesos cuando se trata del regreso a España, en clave de derechos socio-laborales y de protección social, incidiendo en los posibles factores de atracción inducidos por la formulación adecuada de las políticas públicas que inciden sobre el fenómeno. El estatuto jurídico-social para las personas retornadas, que se encontraba diseñado por el Estatuto de la Ciudadanía Española en el Exterior —y por la legislación de Andaluces por el Mundo— ha tenido un desarrollo dispar y poco coordinado. Las medidas político-sociales y regímenes jurídicos derivados presentan carencias y disfunciones de las para abordar los fenómenos migratorios de retorno de "nuevo cuño", por lo que deberían reformularse el conjunto de instrumentos predispuestos para la tutela político-social del fenómeno. Además, y ahora con mayor prioridad, se hace necesario implementar estrategias para tratar de recuperar el capital humano necesario para reactivar una economía más competitiva en el contexto global y hacer que nuestro país —y la Comunidad Autónoma de Andalucía— compitan por la atracción de talento global.

Una adecuada política de apoyo a los emigrantes no puede desatender la perspectiva de promover —o cuando menos "facilitar"— el retorno de los trabajadores españoles —y andaluces— que abandonaron nuestro país en la búsqueda de mejores oportunidades. Desde la teoría del capital humano, la salida de trabajadores cualificados se percibe como una pérdida de capital que serían necesarios para nuestro propio desarrollo económico y social. Ello solamente puede ser también beneficioso para el país de origen si se producen las condiciones necesarias para que retornen, ya que volverían con más experiencia, conocimientos y formación, aportando nuevas capacidades a la economía y los mercados laborales del país del que se era originario. La realidad dista mucho de encajar en el paradigma de las "migraciones circulares" —tal como durante algún tiempo se auspició por las instituciones internacionales— y de ser verdaderas realidades *win win* para los países emisores y receptores de flujos migratorios. En todo caso, el *brain drain* que puede comportar la pérdida de jóvenes cualificados —y formados en España y Andalucía— no es esperable que retorne bajo compensación alguna (elementos a considerar son que, en la práctica, no existen mecanismos de compensación o de retornos ni funcionan las "migraciones circulares" más que en el imaginario de ciertas instituciones; idea que ha sido abandonada como paradigma comprensivo de las migraciones en términos globales) en un balance que arroja una situación de pérdida de talento que actúa como desventaja para España —y Andalucía— como emisores de trabajadores cualificados. Una adecuada política de apoyo a los emigrantes no puede desatender la perspectiva de promover y facilitar el retorno de los trabajadores que abandonaron nuestro país en la búsqueda de mejores oportunidades.

Para los ciudadanos activos laboralmente, la principal dificultad que encuentran los ciudadanos españoles y andaluces que retornan es su desconexión con el mercado de trabajo local; así como, en algunos casos, también la carencia de apoyos y recursos suficientes para hacer frente a ciertas necesidades elementales, e incluso, no poder afrontar los gastos derivados del retorno. Por esta razón, las medidas de empleo deberían ir dirigidas a facilitar el acceso o reinserción laboral de las personas retornadas en el mercado de trabajo, a fin de favorecer su participación en la creación del producto social, al tiempo que se deben eliminar los obstáculos que dificultan su integración laboral plena (y ello afecta a vertientes que atinen a la seguridad social, sanidad, asistencia social, vivienda, educación, reconocimiento de títulos, etc.). Ciertamente, se precisa de una innovadora normativa que ordene adecuadamente y centre la orientación de esas políticas de empleo migratorias en un sentido más protector con los derechos de los trabajadores en situación de desempleo, con una mayor coordinación de los actores públicos —y privados— implicados en el desarrollo de la política de empleo, y con una necesaria conexión con las especificidades territoriales de los mercados de trabajo.

La política de retorno se conforma como un imperativo constitucional de la política migratoria (*ex* artículo 40.2 Constitución Española), y, como veremos, tiene sus bases jurídico-legislativas tanto en el Estatuto de la Ciudadanía Española en el Exterior como asimismo, a nivel autonómico —el marco de las ciudadanías autonómicas, incluida la andaluza—, en las que se trata de "facilitar" el retorno mediante ayudas y subvenciones, se han creado portales y elaborado de guías de retorno, así y otro tipo de medidas. Ante este escenario, resulta necesario fortalecer una política de retorno integral, para lo que resulta indispensable el compromiso de las instituciones a nivel estatal, sin dejar recaer todo el peso en la acción autonómica y local, lo que requiere de un especial esfuerzo de coordinación en materia de empleo y atención social.

Dada la atención dispar al fenómeno en el plano autonómico, se impone un análisis con enfoque *benchmarking* en esta cuestión, que ofrezca los modelos de regulación y las prácticas administrativas más adecuadas para el tratamiento del fenómeno en cada territorio (sin perder de vista el protagonismo que las organizaciones de la sociedad civil, especialmente las asociaciones de emigrantes retornados, pero también de los sindicatos y de las organizaciones empresariales, pueden tener en este terreno). En todo caso, se hace necesario dotar de mayor coordinación a los diversos servicios públicos que están implicados en una política tan "transversal" como es la referida a la ciudadanía española en el exterior y, específicamente, su retorno. Como veremos, ya no estamos huérfanos de previsiones legales que amparen una mayor coordinación interadministrativa y esta debiera ser una "cuestión" de la agenda social no "politizable".

Aunque la reciente emigración española es heterogénea en cuanto a su estructura y motivaciones, lo cierto es que en España se ha observado que la proporción de emigrantes cualificados ha aumentado significativamente en los últimos años, especialmente durante la crisis. Aunque ello puede tener algunos efectos positivos, como la transferencia de conocimientos y remesas, es también importante para nuestro propio desarrollo económico y social establecer incentivos para promover el retorno de los españoles más cualificados. Una prioridad debería ser el favorecimiento de la atracción del talento perdido como consecuencia de la crisis económica, necesarios para la modernización de nuestro sistema productivo. Los esfuerzos deberían dirigirse a asentar unas bases realmente sólidas que permitan ofrecer alternativas eficaces para encarar los nuevos desafíos a los que se enfrenta nuestra realidad económico-social (la transición hacia una economía más basada en el conocimiento y en sectores de alto valor añadido). El proceso de recuperación económica exigirá, sin duda, la contratación futura de trabajadores, de modo que la pérdida de un contingente de capital humano no debe ser infravalorada. En consecuencia, tanto la política nacional de emigración, como la específicamente autonómica, se encuentran en una difícil encrucijada. Se hace necesaria una real valoración de las políticas implementadas, si realmente queremos evitar el caudal de consecuencias negativas que la pérdida de capital humano puede acarrear en un futuro no muy lejano.

Resultan necesarias estrategias para tratar de recuperar el capital humano necesario para reactivar una economía más competitiva en el contexto global y hacer que nuestro país compita por la atracción del talento global. Además, el diseño de esta política integral —y su correlativa instrumentación normativa— que promueva el retorno de emigrantes a nuestro sistema productivo, puede nutrirse del método comparado de *benchmarking* para asumir las fórmulas más exitosas de atracción de talento global, previo análisis de la viabilidad de implementación de aquellas que se consideren más adecuadas para nuestro sistema institucional y socio-económico. Siendo "económica" la fisonomía prevalente de las salidas, el retorno es un fenómeno que se caracteriza por tener como protagonistas a personas en edades no activas (esto es, en edades de jubilación o cercanas a la misma), y que, en el contexto de ralentización de las llegadas a España, debe de considerarse el retorno de los españoles residentes en el exterior como una finalidad ineludible de nuestra política migratoria. Por lo tanto, junto a política jurídica que ofrezca la necesaria tutela jurídico-social para los ciudadanos que afrontan su retorno a España (desarrollo y reforzamiento del estatuto jurídico-protector de derechos socio-laborales de los retornados que dote de una efectividad plena a los mismos), adecuando y enriqueciéndola de manera que responda adecuadamente a las necesidades de la realidad social del fenómeno, así como también se hace necesaria la implementación estrategias para tratar de recuperar el capital humano necesario para reactivar una economía más competitiva en el contexto global y hacer que nuestro país compita por la atracción de talento global.

2. SISTEMA DE FUENTES JURÍDICAS REGULADORAS DE LAS POLÍTICAS DE RETORNO DE EMIGRANTES

2.1. Fuentes internacionales

El derecho de la libre circulación de la persona como "derecho a emigrar" no es considerado un derecho universal, lo que englobaría el conjunto de facetas siguientes: el derecho a no emigrar (en términos reales, a no tener la necesidad socio-económica de hacerlo), a emigrar (si esta es la opción verdaderamente voluntaria de la persona) o a inmigrar-asentarse en el territorio de elección de la persona. El Derecho internacional general no reconoce un verdadero "derecho de migración internacional", pues el mismo no tiene un reconocimiento completo en el artículo 13.2 Declaración Universal de los Derechos del Hombre 1948 (DUDH), que solamente consagra como derecho universal el de derecho a salir del propio Estado, pero también "a regresar" a ese mismo Estado ("*Toda persona tiene derecho a salir de cualquier país, incluso del propio, y a regresar a su país*").

Mientras que no hay derecho a asentarse en el Estado que una persona elija libremente, porque se admite que es competencia soberana de cada Estado permitir las condiciones para ese asentamiento (hay un "derecho a migrar" pero no derecho a ser "inmigrante"), el retorno o regreso al Estado de origen del que se es nacional sí que integra —sin ambages— el contenido del derecho recogido en el artículo 13.2 DUDH.

La libertad para el retorno en el marco de movilidades "internas" se ampara directamente en el artículo 13.1 DUDH, donde se reconoce el derecho de toda persona "*a circular libremente y a elegir su residencia en el territorio de un Estado*". El Pacto Internacional de Derechos Civiles y Políticos 1966 (PIDCP) refuerza esta conformación, pues también reconoce a toda persona "*que se halle legalmente en el territorio de un Estado*" tendrá derecho a circular libremente por él y a escoger libremente en él su residencia" (artículo 12.1 PIDCP), aunque aquí ya el reconocimiento queda restringido a la condición de "residente legal"; en todo caso las restricciones para la movilidad interna —incluido el retorno— solamente serán admisibles cuando éstas se hallen previstas en la ley, sean necesarias para proteger la seguridad nacional, el orden público, la salud o la moral públicas o los derechos y libertades de terceros, y sean compatibles con los demás derechos reconocidos en el propio PIDCP (artículo 12.3 PIDCP). Por su parte, el artículo 12.4 del PIDCP también es muy contundente al prescribir que: "*Nadie podrá ser arbitrariamente privado del derecho a entrar en su propio país*".

En el caso de las personas nacionales retornadas, la soberanía "territorial" de los Estados para decidir quiénes pueden o no acceder a su territorio se ve limitada por la condición de nacional ("nacionalidad") de las mismas y su derecho a regresar a ese Estado de origen, cosa que no sucedería con la variante del "derecho a la reinmigración" para los extranjeros residentes (ya sujetos a las normativas nacionales de admisión de extranjeros que, en ocasiones, premian al "buen inmigrante" que, tras una autorización de residencia temporal, retorna a su Estado de origen y asume períodos en los que no puede retornar al Estado de acogida o de empleo).

Ahora bien, la expresión del artículo 12.4 del PIDCP ("su propio país"), frente a una concepción restringida o *"ciudadana"* del reconocimiento de derechos vinculada a la nacionalidad (en base a la dicotomía jurídica entre nacional/extranjero), ha sido interpretada en un sentido ampliatorio CDH, través de la Observación General Nº. 27, *Comentarios generales adoptados por el Comité de los Derechos Humanos, Artículo 12-La libertad de circulación*, 67º período de sesiones [U.N. Doc. HRI/GEN/1/Rev.7 at 202 (1999)], donde el órgano de control pone de relieve que el "derecho de toda persona a entrar en su propio país reconoce los especiales vínculos de una persona con ese país" y tiene varias facetas pues supone el "derecho a permanecer en el propio país" y no faculta solamente a regresar después de haber salido del país, sino que "también puede permitir a la persona entrar por primera vez en el país si ha nacido fuera de él (por ejemplo si ese país es el Estado de la nacionalidad de la persona)" e implica también la prohibición de traslados forzosos de población o de expulsiones en masa a otros países. Pero el CDH sí que manifiesta que, en el texto del párrafo 4 del artículo 12 PIDCP no se hace diferencia entre nacionales y extranjeros (pues se utiliza la expresión "nadie"), de lo que concluye que los titulares de ese derecho sólo pueden determinarse interpretando las palabras "su propio país" y aclara que el alcance de la expresión "su propio país" es más amplio que el de "país de su nacionalidad". Para el CDH, la norma no se limita a la nacionalidad en el sentido formal, es decir, a la nacionalidad recibida por nacimiento o naturalización, sino que también "comprende, cuando menos, a la persona que, debido a vínculos especiales o a pretensiones en relación con un país determinado, no puede ser considerada como un simple extranjero". Este sería el caso, v. gr., de los nacionales de un país que hubieran sido privados en él de su nacionalidad en violación del derecho internacional y de las personas cuyo país se haya incorporado o transferido a otra entidad nacional cuya nacionalidad se les deniega. Así pues, según el CDH, el texto del párrafo 4 del artículo 12 permite "una interpretación más amplia que podría abarcar otras categorías de residentes a largo plazo, en particular, pero no exclusivamente, los apátridas privados arbitrariamente del derecho a adquirir la nacionalidad del país de residencia. Como es posible que otros factores, en ciertas circunstancias, puedan traducirse en el establecimiento de vínculos estrechos y duraderos entre una persona y un país, los Estados Partes deben incluir en sus informes datos sobre el derecho de los residentes permanentes a regresar a su país de residencia".

En todo caso, el CDH, a través de la Observación General Nº. 27, aclara también el alcance del artículo 12.4 del PIDCP, señalando que, "en ningún caso se puede privar arbitrariamente a una persona del derecho a entrar en su propio país"; advirtiendo que la referencia al concepto de arbitrariedad en este contexto "tiene por objeto subrayar que se aplica a toda actuación del Estado, legislativa, administrativa o judicial"; así como garantiza que, incluso las injerencias previstas por la ley estén en consonancia con las disposiciones, los propósitos y los objetivos del Pacto, y sean, en todo caso, "razonables en las circunstancias particulares". Concluyendo que el CDH considera que "hay pocas circunstancias, si es que hay alguna, en que la privación del derecho a entrar en su propio país puede ser razonable", pues un Estado Parte "no debe impedir arbitrariamente a una persona el regreso a su propio país por la vía de despojarla de su nacionalidad o de expulsarla a un tercer país".

En todo caso, se observa que la normativa internacional, aunque no exenta de previsiones, adolece de una falta de desarrollo para las cuestiones relativas al "retorno" de emigrantes, pues no parece que se quieran condicionar las posibilidades para el desarrollo de verdaderas las políticas sociales de acompañamiento en tales procesos, considerándose más bien un asunto "doméstico" de cada Estado la decisión de promover y apoyar o no la emigración de retorno de sus nacionales.

El desarrollo de la migración, como derecho universal de libre circulación, mediante la Resolución 45/158, 18 diciembre 1990 (*Convención Internacional sobre la protección de los derechos de todos los trabajadores migratorios y su sus familias*), adolece de un escaso número de ratificaciones (especialmente por parte de los países receptores de inmigración, España, en concreto, no lo tiene ratificado), aunque la Convención resulta también de aplicación a "durante todo el proceso de migración de los trabajadores migratorios y sus familiares", lo que comprende también la tutela en "*el regreso al Estado de origen o al Estado de residencia habitual*" (artículo 12 CIPDTM). A los trabajadores migratorios y sus familiares, la Convención les reconoce específicamente el derecho a la exención del pago de derechos e impuestos en concepto de importación y exportación por sus efectos personales y enseres domésticos, así como por el equipo necesario para el desempeño de la actividad remunerada para la que hubieran sido admitidos en el Estado de empleo, en el momento de su regreso definitivo al Estado de origen o al Estado de residencia habitual [artículo 46 d) CIPDTM]; obligando a los Estados Partes a mantener los servicios apropiados para atender las cuestiones relacionadas con la migración internacional de trabajadores y sus familiares, entre las que se incluye el suministro de información y asistencia apropiada a los trabajadores migratorios y sus familiares en lo relativo "*la salida y el regreso*" del Estado de empleo [artículo 65.1 d) CIPDTM]; así como se establece la obligación de los Estados Partes interesados a cooperar, de la manera que resulte apropiada, en la adopción de "*medidas relativas al regreso ordenado de los trabajadores migratorios y sus familiares al Estado de origen cuando decidan regresar, cuando expire su permiso de residencia o empleo, o cuando se encuentren en situación irregular en el Estado de empleo*" [artículo 67.1 CIPDTM].

Algo similar sucede con los Convenios de la OIT sobre la materia, pues el Convenio n. 97 OIT (1949) sobre los trabajadores migrantes (ratificado por España el 21 de marzo de 1967), que trata de garantizar la igualdad de trato en las condiciones de trabajo, libertad sindical y Seguridad Social, tan solo se refiere al regreso en el artículo 9 del Anexo II (sobre "Reclutamiento, colocación y condiciones de trabajo de los trabajadores migrantes que hayan sido contratados en virtud de acuerdos sobre migraciones colectivas celebrados bajo el control gubernamental"), donde se contempla que, si un trabajador migrante, introducido en el territorio de un Miembro en el marco del control gubernamental, no obtiene, por una causa que no le sea imputable, el empleo para el cual fue reclutado u otro empleo conveniente, "*los gastos de su regreso y del de los miembros de su familia que hayan sido autorizados a acompañarlos o a reunirse con él, comprendidos los impuestos admi-*

nistrativos, el transporte y la manutención hasta el lugar de destino y el transporte de los efectos de uso doméstico, no deberán correr a cargo del migrante"; así como se prevé que, si la autoridad competente del territorio de inmigración considera que el empleo para el cual el migrante fue reclutado ha resultado ser inadecuado, deberá tomar medidas apropiadas para ayudarle a conseguir un empleo conveniente que no perjudique a los trabajadores nacionales, y deberá adoptar disposiciones que garanticen su mantenimiento, en espera de la obtención de tal empleo, "*o su regreso a la región donde fue reclutado, si el migrante está de acuerdo o ha aceptado el regreso en esas condiciones al ser reclutado, o bien su establecimiento en otro lugar*" (artículo 10 Convenio n. 97 OIT). También se contempla, en artículo 2 del Anexo III, las reglas según las cuales, los efectos personales pertenecientes a los trabajadores migrantes y a los miembros de sus familias que hayan sido autorizados a acompañarlos o a reunirse con ellos deberán estar exentos de derechos de aduana al regreso de dichas personas a su país de origen y siempre que hayan conservado la nacionalidad de este país; por lo que respecta a las herramientas manuales portátiles y el equipo portátil de la clase que normalmente poseen los trabajadores para el ejercicio de su oficio, pertenecientes a los trabajadores migrantes y a los miembros de sus familias que hayan sido autorizados a acompañarlos o a reunirse con ellos, deberán estar exentos de derechos de aduana al regreso de dichas personas a su país de origen, siempre que hayan conservado la nacionalidad de este país y a condición de que al importarlos pueda probarse que las herramientas y el equipo en cuestión son efectivamente de su propiedad o de su posesión, que han sido durante un período de tiempo apreciable de su posesión y uso y que están destinados a ser utilizados por los migrantes en el ejercicio de su profesión. Por su parte, el Convenio n. 143 OIT (1975) sobre los trabajadores migrantes (disposiciones complementarias), que versa sobre las migraciones en condiciones abusivas y la promoción de la igualdad de oportunidades y de trato de los trabajadores migrantes, que no ha sido ratificado por España, en cuestiones de regreso tan solo se refiere a la expulsión derivada de ingreso y empleo ilegales, para garantizar que, en caso de expulsión del trabajador o su familia, no deberían correr éstos con los costos de la expulsión (artículo 9.3 Convenio n. 143 OIT).

2.2. Tratamiento ius-constitucional

Nuestra Constitución de 1978 contempla expresamente la realidad migratoria en diversos de sus pasajes, tanto la migración de entrada como la de salida de España. En principio, y para las realidades migratorias "internas", el artículo 19 CE reconoce el derecho de los españoles a elegir libremente residencia, a circular por el territorio nacional (derechos que han de garantizarse —*ex* artículo 139.2 CE— en todo el territorio español sin excepción), pero también a entrar y salir libremente de España.

Así pues, el artículo 19 reconoce el derecho de los españoles "*a entrar y salir libremente de España en los términos que la ley establezca*", así como establece que este derecho "*no podrá ser limitado por motivos políticos o ideológicos*". En su conformación jurídica se trata de un derecho subjetivo fundamental (anudado en exclusiva a los nacionales) que entronca directamente con el derecho natural del ser humano a no ser tratado como propiedad del Estado (ex artículo 13.2 DUDH y artículo 12 PIDCP), y que abarca el derecho de todo español a emigrar y a retornar.

En concordancia con este derecho, el artículo 42 CE encomienda al Estado velar especialmente por la "*salvaguardia de los derecho económicos y sociales de los trabajadores españoles en el extranjero y orientar su política hacia el retorno*". Precepto que ya se inserta dentro los principios rectores de la política social y económica, no exento de normatividad, pero ya como obligación tutelar del Estado. Por consiguiente, la política y la legislación en materia de emigración internacional de los españoles ha de estar presidida por el principio de tutela y de retorno.

Así pues, nuestra Carta Magna contempla un primario reconocimiento de la libertad individual —subjetiva— de movilidad, al margen de la tutela de la emigración de salida o retorno (con un enfoque ya más de corte económico-laboral).

La competencia estatal en materia de retorno de emigrantes se referiría tanto a las migraciones transnacionales como a las derivadas de los procesos migratorios internos.

El régimen competencial constitucional tiene su base jurídica central en el artículo 149.1.2.ª CE, donde se reconoce la competencia exclusiva del Estado en materia de "*nacionalidad, inmigración, emigración, extranjería y derecho de asilo*".

De hecho, el Estatuto de la Ciudadanía Española en el Exterior (ECEX) —que posteriormente analizaremos— se dicta al amparo de la referida base normativa. No obstante, la delimitación competencial se hace mucho más completa teniendo presente que las políticas de retorno vienen adquiriendo carácter transversal, afectando a otros títulos competenciales constitucionales en los que el papel atribuido a las Comunidades Autónomas, y también a las Administraciones Locales, adquiere especial relevancia (políticas de vivienda, prestaciones de asistencia social, etc.), lo que exige un marco de cooperación y cuyos eventuales conflictos competenciales exigirían la aplicación de la doctrina constitucional que atiende al "criterio de especificidad" (STC 71/1982).

2.3. La Ley de la Ciudadanía Española en el Exterior: Antecedentes inmediatos y tratamiento del retorno de emigrantes españoles

2.3.1. Antecedentes legislativos

El régimen jurídico-legal de la emigración se regulaba en nuestro ordenamiento por una Ley "preconstitucional" (la Ley 33/1971, de 21 de julio, de Emigración), que básicamente respondía a los principios y líneas de actuación de su antecesora, la Ley 93/1960, de 22 de diciembre, de Bases de Ordenación de la Emigración (cuyo texto articulado se aprobó mediante el Decreto-ley 1000/1962, de 3 de mayo). Dicha norma estuvo por largo tiempo vigente en el período postconstitucional sin que se planteara la necesidad de superación de un filtro de constitucionalidad, ni siquiera el de su interpretación conforme al texto constitucional. No obstante, en la doctrina sí que se planteó la idea de que la instauración de un Estado social y democrático de derecho cuestionaba la utilización de la emigración como un mero instrumento de la política económica, dirigida a equilibrar nuestros mercados de trabajo y nuestra balanza de pagos (de ahí su predominante enfoque económico-laboral), sin atender al conjunto de los derechos sociales de los emigrantes. En efecto, la Ley 33/1971 estaba predominantemente orientada al fomento de la emigración (que había sido el fenómeno dominante en el período franquista), mantenía el silencio sobre el exilio, pero lo cierto es que introdujo la novedad de poder acogerse a planes, operaciones y programas para facilitar el desplazamiento y el acceso al empleo en el país de acogida; así como introdujo ayudas de carácter social, educativo y cultural, junto con medidas dirigidas a la formación profesional e integración laboral tanto para los emigrantes, como para, en lo que aquí interesa, los retornados.

La Ley 33/1971 había quedado obsoleta constitucionalmente hablando, pero dado que emigración había pasado a ser un fenómeno mucho más limitado demográficamente, no se había hecho necesario —en clave de política jurídica— proceder a un desarrollo legal nuevo, ni tampoco se plantearon cuestiones respecto a su encaje en el texto constitucional.

Además, debe tenerse presente que la libertad de circulación de las personas, en el plano de la Unión Europea quizá eclipsaron largo tiempo la necesidad de una modernización legislativa en este ámbito de la política económica y socio-laboral vinculada a las nuevas realidades movilidad de los ciudadanos nacionales y que ya no solamente tenían una motivación de prevalentemente necesidad económica o socio-laboral, sino que se conjugaba con otras realidades migratorias con otras motivaciones personales, familiares, formativas, culturales, de promoción profesional, altruistas o de voluntariado, etc.).

Reténgase que, quien regrese a trabajar a su España, después de haber ejercido el derecho de libre circulación de trabajadores en la Unión Europea, no por ello pierde su condición de trabajador migrante para regresar en las mismas condiciones que, al menos, tendría de ejercer el derecho en otro Estado miembro de la UE [*vid.* Sentencia del Tribunal de Justicia de 7 de julio de 1992 (Asunto *Singh* C-370/90); y ello incluye también los derechos reconocidos a los familiares extracomunitarios del trabajador que retorna a su estado miembro de origen, Sentencia de 12 de marzo de 2014 (Asunto *O., B., S. y G./Minister voor Immigratie* C-456/12 y C-457/12)].

Ahora bien, los postulados constitucionales imponían una visión más amplia en este terreno de la acción pública, pues la propia lectura del artículo 42 CE, en conexión con los artículos 1.1 y 9.2 CE, nos enfrenta a la realidad —y a la exigencia— de que hoy la emigración de salida o de retorno a nuestro país no puede estar simplemente conectada con una visión utilitarista de la mano de obra y como mera válvula de escape para evitar los conflictos generados por el desempleo y la escasez de recursos.

En todo caso, en lo que aquí interesa, el artículo 42 CE vendría a suponer —aunque sea en una norma programática pero no exenta de "normatividad"— un reconocimiento del derecho al retorno de los españoles que se vieron obligados a buscar un medio de vida más allá de nuestras fronteras, y a la vez podría también entenderse como reprobación constitucional de la emigración "forzada" socio-laboralmente— de ciudadanos nacionales. Por consiguiente, nuestra CE —en el marco del Estado social y democrático de derecho— refleja con claridad la exigencia de poder tener un medido de vida digno en nuestro propio país, debiendo promover los poderes públicos la plenitud de integración de la ciudadanía en las diferentes facetas de la vida, incluida la económica, así como realizar una orientada al pleno empleo (en una visión sistemática de los artículos 9.2, 35.1 y 40.1 CE). Y ello sin perjuicio del derecho a la libre circulación y de la libertad de entrada y salida. En esta dirección, se ha llegado a afirmar que el artículo 42 CE trata de reconocer precisamente el "derecho a no emigrar" y lo califica de un derecho social que permite exigir de los poderes públicos una actividad conducente a hacer realidad que un ciudadano español no se vea obligado a expatriarse por razones económicas (Cases, 1984, p. 127).

Dado que la emigración "forzada" económicamente sigue siendo una realidad (aunque es cierto que la salida de españoles ha enriquecido notablemente sus modalidades en cuanto a sus finalidades y no todas requieran la misma necesidad de tutela), siguen plenamente vigentes las necesidades de atender —tutelar— ese proceso, así como de prestar más atención al conjunto de políticas públicas relacionadas con el proceso inverso —de "retorno"— de emigrantes españoles.

Lo cierto es que, a partir de finales de la década de los setenta y con la llegada de la democracia, comienza a producirse un fenómeno de signo contrario al de la emigración, consistente en el regreso o retorno de los españoles emigrantes y sus familias a nuestro país, debido, en gran medida, a la recesión económica que sufrió Europa en los años setenta, así como a la crisis económica que atravesaron determinados países de Iberoamérica. A pesar de que este proceso tiene lugar en un contexto económico favorable para España, sin embargo, no se adoptaron las medidas necesarias para atender integralmente a dicho retorno.

2.3.2. Tratamiento del retorno en la Ley del Estatuto de la Ciudadanía Española en el Exterior y normativa estatal concordante

La Ley 40/2006, de 14 de diciembre, del Estatuto de la ciudadanía española en el exterior (LECEX), realmente supuso un hito en el tratamiento de la emigración española y también trató de cubrir la carencia de cobertura legal para el apoyo público en los procesos de retorno. Como declara la propia Exposición de motivos de la misma, el Estatuto de la Ciudadanía Española en el Exterior constituye el marco básico para establecer el deber de cooperación entre el Estado y las Comunidades Autónomas en la materia, así como los mecanismos necesarios para la coordinación de sus actuaciones, en colaboración con la Administración Local, con los agentes sociales y con las organizaciones y asociaciones de emigrantes, exiliados y —en lo que aquí más interesa— retornados.

El eje central de la LECEX se inspira en la idea-fuerza de que la aplicación de la cláusula de Estado social —consagrada por la Constitución de 1978— ha de extenderse a todos los españoles, "también a aquellos que por sus circunstancias vitales han tenido que vivir fuera del territorio nacional", y por ende, la LECEX no sólo proclama por primera vez la relación de derechos sociales y el catálogo de prestaciones que el Estado ha de garantizar a los emigrantes, sino también que los mismos tendrán el mismo contenido y alcance que los que disfrutan los españoles residentes en el territorio nacional (Exposición de Motivos).

La propia LECEX recuerda que, en cumplimiento del artículo 42 CE, se hace preciso establecer una "política integral de emigración y de retorno para salvaguardar los derechos económicos y sociales de los emigrantes, de los exiliados y de los descendientes de ambos", y para "facilitar la integración social y laboral de los retornados", cuya regulación básica se establece en el ECEX. En este sentido, el ECEX trata de configurar, en materia de retorno, el marco de cooperación de las Administraciones Públicas que permita "coordinar sus actuaciones para un mejor y más eficaz aprovechamiento de los recursos públicos, garantizando el regreso a España en las condiciones más favorables".

El ámbito subjetivo de aplicación de la LECEX contempla la actual situación del movimiento migratorio y del retorno, superando el tradicional concepto de emigración recogido en la Ley 33/1971, de 21 de julio (que vinculaba la acción protectora a la existencia de una relación de trabajo o actividad lucrativa, e indirectamente, a los familiares a su cargo.), incluyendo en su ámbito subjetivo de aplicación expresamente a "*los españoles de origen que retornen a España para fijar su residencia, siempre que ostenten la nacionalidad española antes del regreso*" [artículo 1.1 c)], así como a los familiares de aquéllos, entendiendo por tales al "*cónyuge no separado legalmente o la pareja con la que mantenga una unión análoga a la conyugal, en los términos que se determinen reglamentariamente, y los descendientes hasta el primer grado, que tengan la condición de personas con discapacidad o sean menores de 21 años o mayores de dicha edad que estén a su cargo y que dependan de ellos económicamente*" [artículo 1.2 d)].

Dentro de sus objetivos fundamentales, en relación con la política de retorno, se establecen los siguientes: fomentar y consolidar el movimiento asociativo de los españoles en el exterior, apoyando fundamentalmente la creación y el mantenimiento de los Centros y asociaciones de españoles a través de las actividades que en ellas desarrollen, que tengan por objeto la previsión y la asistencia social y cultural de sus miembros y "*la información y asesoramiento para el retorno*", ello sin perjuicio de las actuaciones que en esos ámbitos sean desarrolladas por las Comunidades Autónomas con competencias en esas materias [artículo 3 d)]; "*apoyar a las asociaciones de españoles residentes en el exterior y a las de retornados constituidas en España con el fin de facilitar la información, orientación y asesoramiento necesarios a los españoles que deciden retornar*", como labor complementaria a la de las Administraciones Públicas [artículo 3 e)]; configurar conjuntamente con las Comunidades Autónomas, el "*marco en que deberán desarrollarse las actuaciones en materia de retorno para facilitar la integración social, cultural y laboral de los españoles que decidan regresar a España*" [artículo 3 g)]; así como establecer, junto con las Comunidades Autónomas y, en su caso, con las Administraciones Locales, los "*mecanismos adecuados para la coordinación de las actuaciones desarrolladas por las distintas Administraciones Públicas, en sus respectivos ámbitos de competencias, a fin de lograr una mayor eficiencia y eficacia en la aplicación de los recursos públicos destinados a mejorar las condiciones de vida de los españoles en el exterior y de los retornados*" [artículo 3 i)].

La LECEX viene inspirada por el principio de participación de todos los agentes sociales implicados en el fenómeno de la emigración y el retorno de personas de nacionalidad española y, en primer lugar, establece que los sindicatos y organizaciones empresariales participarán en aquellas materias que afecten a la representación y defensa de los intereses de los emigrantes y retornados, en los órganos de representación de la emigración en la forma que se determine reglamentariamente (artículo 14 LECEX). Pero además, la norma es consciente del especial protagonismo que también cobra el asociacionismo de personas emigrantes y retornadas e impone específicamente a los poderes públicos que, en el marco del artículo 105 de la Constitución Española, apoyarán el movimiento asociativo de los españoles en el exterior y retornados en España, fomentando especialmente aquellos centros y asociaciones que tengan por objeto la promoción sociocultural, así como a sus estructuras federativas; además, para garantizar la continuidad del movimiento asociativo se deberá fomentar "*la participación activa de los jóvenes en las organizaciones y asociaciones de españoles en el exterior y retornados*" (artículo 15.1 LECEX); así como se impone un deber, para las Administraciones Públicas, de coordinar sus actuaciones a fin de lograr un mejor y más eficaz aprovechamiento de los recursos públicos, favoreciendo además la agrupación de los centros y asociaciones a través de federaciones; y para ello deberán efectuar las oportunas evaluaciones de aquellos programas o actividades subvencionados con fondos públicos (artículo 15.2 LECEX). En cuanto al retorno, específicamente se prevé una obligación de apoyo a las asociaciones de españoles retornados en España, "*cuya finalidad sea la información, asesoramiento y orientación al retorno*" y a sus federaciones, así como aquellas "*iniciativas que el colectivo de emigrantes retornados estime necesarias para su integración e inserción laboral*" (artículo 15.3 LECEX).

En cuanto al contenido de derechos contemplados en la LECEX, relacionados con los proyectos de retorno de los emigrantes españoles, siempre en clave programática, nos encontramos los siguientes, en la línea de facilitar el acceso a determinadas prestaciones sociales, que pasamos a desglosar, como elementos centrales de la política de protección social de las personas españolas retornadas.

En materia de Seguridad Social, la LECEX, se impone al Estado velar por la conservación de los derechos en materia de Seguridad Social de los españoles residentes en el exterior a través de Convenios, Tratados o Acuerdos de Seguridad Social en materia de Seguridad Social y asimismo el Estado deberá establecer fórmulas que permitan a los trabajadores que residan en el exterior y "*a los que decidan retornar, el abono de las cotizaciones voluntarias al Sistema de Seguridad Social*" (artículo 18.2 LECEX); en la idea de poder mantener las carreras de seguro que permitan en el futuro acceder a las prestaciones contributivas de Seguridad Social a las que puedan tener derecho. Al efecto, se contempla la posibilidad de suscribir una modalidad "convenio especial" con la Seguridad Social por parte emigrantes españoles y los hijos de éstos que posean las nacionalidad española, sea cual fuese el país en el que trabajen, cuando acrediten su retorno a territorio español, siempre que no se hallen incluidos obligatoriamente en algún régimen público de protección social en España (*vid.* artículo 16 Orden TAS/2865/2003, de 13 de octubre, por la que se regula el convenio especial en el Sistema de la Seguridad Social), y que tiene por objeto el otorgamiento de las prestaciones de asistencia sanitaria, dentro del territorio español y en la extensión establecida para la misma, por las contingencias comunes de accidente no laboral, enfermedad común, maternidad y riesgo durante el embarazo en el Régimen General de la Seguridad Social; así como las prestaciones de asistencia sanitaria se harán extensivas a los tratamientos que fueren precisos por consecuencia de accidente de trabajo o enfermedad profesional acaecidos en el extranjero al emigrante retornado o desplazado titular del convenio

Además, se garantiza, a los españoles residentes en el exterior que perciban prestaciones por razones de necesidad, que puedan compatibilizar tales prestaciones con las ayudas que otorguen las Comunidades Autónomas para la ayuda al retorno de acuerdo con la legislación aplicable (artículo 19.1 LECEX).

Por lo que respecta a los servicios sociales para mayores y dependientes, se encomienda a los poderes públicos: que presten especial apoyo en particular económico a aquellos centros y asociaciones de españoles en el exterior y retornados en el Estado español que cuenten con infraestructuras adecuadas para la atención de personas mayores o en situación de dependencia; así como incentivar las redes que generen un mejor aprovechamiento de los recursos públicos (artículo 20.2 LECEX).

Dentro del conjunto de medidas estatales para favorecer el retorno de aquellos emigrantes españoles que atraviesen una situación de dificultad, y en una vertiente "pasiva" de la protección social, como preclara manifestación de la *acción extra-territorial* del Estado social que inspira la LECEX (Fernández Avilés, 2017) el Real Decreto 8/2008, de 11 de enero, regula una "*prestación por razón de necesidad*" a favor, tanto de los españoles residentes en el exterior, como de los retornados. En relación a las personas en situación de retorno, se recoge la pensión asistencial por ancianidad para los españoles de origen que retornen a España, y se reconoce su derecho a la asistencia sanitaria siempre que no lo tuviesen por otro título, derecho que se extiende a los pensionistas españoles de origen residentes en el exterior en sus desplazamientos temporales a nuestro país; además, de igual forma, se incluye en el texto normativo la asistencia sanitaria para los trabajadores por cuenta ajena españoles de origen residentes en el exterior que se desplacen temporalmente a España y a los familiares a su cargo (la ampliación de la cobertura de la asistencia sanitaria supuso una mejora considerable para estos colectivos, que hasta el momento debían costear total o parcialmente la prestación).

La pensión asistencial por ancianidad para españoles de origen retornados —cuya instrucción, reconocimiento y pago corresponde a la Dirección General de Migraciones— se contempla para aquéllos que provengan de países donde la precariedad del sistema de protección social justifique la existencia de la prestación por razón de necesidad, siempre que acrediten los requisitos exigidos para tener derecho a una pensión de jubilación en su modalidad no contributiva del sistema español de Seguridad Social, salvo el referido a los períodos de residencia en territorio español (artículo 25.2 Real Decreto 8/2008), y cuya cuantía será la que se fije para la misma en la LPGE, en cómputo anual y referida a doce mensualidades (artículo 25.5 Real Decreto 8/2008). De su régimen jurídico destaca también la regla por la que, para la declaración de ingresos imputables, no se considerarán ingresos imputables los derivados de subsidio de desempleo para retornados, FONAS, ayudas de las comunidades autónomas y cualquier otra prestación de tipo asistencial que hubiera percibido el solicitante (artículo 25.7 Real Decreto 8/2008).

Como se ha señalado, también en el Real Decreto 8/2008 se reconoce el derecho a la asistencia sanitaria para españoles de origen retornados y pensionistas españoles de origen residentes en el exterior desplazados temporalmente al territorio nacional cuando, de acuerdo con las disposiciones de la legislación de Seguridad Social española, las del Estado de procedencia o de las normas o Convenios Internacionales de Seguridad Social establecidos al efecto, no tuvieran prevista esta cobertura (artículo 26.1 Real Decreto 8/2008; el procedimiento para acceder a la misma se regula mediante la Resolución de 25 de febrero de 2008, conjunta de la Dirección General de Emigración y de la Dirección General del Instituto Nacional de la Seguridad Social). A tal efecto, también se añade una regla 3.ª bis al artículo 6.2 del Decreto 2766/1967, de 16 de noviembre por el que dictan normas sobre prestaciones de asistencia sanitaria y ordenación de servicios médicos en el Régimen General de la Seguridad Social [cuya vigencia se mantuvo por la disposición derogatoria única a) del Real Decreto 1192/2012, de 3 de agosto], mediante la cual se considera como situación asimilada al alta en la Seguridad Social, a efectos de la conservación del derecho a la asistencia sanitaria, la de los trabajadores por cuenta ajena españoles de origen residentes en el exterior que se desplacen temporalmente a España cuando, de acuerdo con las disposiciones de la legislación de Seguridad Social española, las del Estado de procedencia o de las normas o Convenios Internacionales de Seguridad Social establecidos al efecto, no tuvieran prevista esta cobertura (disposición final primera.Dos Real Decreto 8/2008).

Por su parte el Real Decreto 1493/2007, de 12 de noviembre, contempla las normas reguladoras de la concesión directa de *ayudas destinadas a atender las situaciones de extraordinaria necesidad de los españoles retornados*, por los gastos extraordinarios derivados del hecho del retorno, cuando se acredite insuficiencia de recursos en el momento de solicitud de la ayuda. La regulación subvencional diferenciada —mediante régimen de "concesión directa"— obedece a la concurrencia de razones de interés social y humanitario, pues están destinadas a remediar la situación de necesidad de los retornados, que deben afrontar gastos urgentes e inaplazables para atender sus necesidades más perentorias y las de sus familias, en el momento de la llegada a España. Las ayudas se conceden siempre y cuando se acredite "insuficiencia de recursos en el momento de solicitud de la ayuda" (artículo 1.1 Real Decreto 1493/2007), y que requiere, entre otros del requisito de un informe emitido por los servicios sociales del Ayuntamiento o de la Comunidad Autónoma correspondiente, para conocer la situación de necesidad del solicitante [artículo 8.2 d) Real Decreto 1493/2007]. La persona retornada (un solo miembro por unidad familiar) puede solicitarla dentro de los nueve meses siguientes a su retorno, siempre que quede acreditado que han residido en el exterior, de forma continuada, un mínimo de cinco años antes del retorno (artículo 3.1 Real Decreto 1493/2007) de manera que no todos los retornados en situación de dificultad pueden tener acceso a la misma. Por otra parte, los gastos que cubre la ayuda son limitados, pues: no se considerarán gastos extraordinarios derivado del hecho del retorno a España los correspondientes a los pasajes de vuelta, ni al traslado de muebles y enseres, salvo que concurran "circunstancias de absoluta excepcionalidad" (artículo 5.3 Real Decreto 1493/2007); mientras que también la ayuda, que es de cuantía variable en función de las causas que generan la solicitud y de la situación económica y familiar de los interesados (artículo 6.1 Real Decreto 1493/2007), cuantía máxima anual por cada beneficiario se topa en el importe anual del Indicador Público de Rentas Múltiples (IPREM), correspondiente a 12 pagas del año en curso (artículo 6.2 Real Decreto 1493/2007).

Por lo que respecta a la *protección por dependencia*, la Ley 39/2006, de 14 de diciembre, de Promoción de la Autonomía Personal y Atención a las personas en situación de dependencia, preveía que el Gobierno estableciera, previo acuerdo del Consejo Territorial del Sistema para la Autonomía y Atención a la Dependencia, las condiciones de acceso al Sistema de Atención a la Dependencia de los emigrantes españoles retornados (artículo 5.4 LD); en este sentido, el desarrollo se produjo inicialmente mediante Real Decreto 727/2007, de 8 de junio, y en la actualidad se contempla en el Real Decreto 1051/2013, de 27 de diciembre, por el que se regulan las prestaciones del Sistema para la Autonomía y Atención a la Dependencia, establecidas en la LD, cuya disposición adicional primera establece que, los emigrantes españoles retornados que no cumplan con el requisito de haber residido en territorio español durante, al menos 5 años, de los cuales 2 deberán ser inmediatamente anteriores a la presentación de la solicitud [requisito del artículo 5.1 c) LD], podrán acceder a prestaciones asistenciales con igual contenido y extensión que las prestaciones y ayudas económicas reguladas en la LD; en este sentido, corresponderá a la comunidad autónoma o Administración, que en su caso, tenga la competencia, de residencia del emigrante retornado la valoración de la situación de dependencia, el reconocimiento del derecho, en su caso, y la prestación del servicio o pago de la prestación económica que se determine en el programa individual de atención; el coste de los servicios y prestaciones económicas será asumido por la Administración General del Estado y la correspondiente comunidad autónoma (en la forma establecida en el artículo 32 LD); las personas retornadas beneficiarias participarán, según su capacidad económica, a la financiación de las mismas, que será también tenida en cuenta para determinar la cuantía de las prestaciones económicas; tales prestaciones se reconocerán siempre a instancia de los emigrantes españoles retornados y se extinguirán, en todo caso, cuando la persona beneficiaria, por cumplir el período exigido de residencia en territorio español, pueda acceder a las prestaciones del SAAD. Además, los convenios que, en el marco de cooperación interadministrativa previsto en el artículo 10 LD (suscritos entre la Administración General del Estado y cada una de las administraciones de las Comunidades Autónomas) determinarán las obligaciones asumidas por cada una de las partes para la financiación de los servicios y prestaciones del Sistema; tales convenios —anuales o plurianuales— recogerán criterios de reparto teniendo en cuenta la población dependiente, la dispersión geográfica, la insularidad, "*emigrantes retornados*" y otros factores, y podrán ser revisados por las partes (artículo 32.3 LD).

Para aquellos emigrantes que pretendan retornar o que sean retornados, y estén en activos en el mercado de trabajo, la LECEX, como mandatos a los poderes públicos que más que como derechos subjetivos de los retornados, contempla: tanto a) la obligación de que los servicios públicos de empleo fomenten la participación de los españoles residentes en el exterior y de los retornados en "*programas de formación profesional, a fin de facilitar su incorporación al mercado laboral o de mejorar su capacitación profesional*" (artículo 21.2 LECEX); como b) en materia de empleo y ocupación, la obligación de que el Estado promueva, a través del Sistema Nacional de Empleo, el "*acceso a la información que permita a los españoles demandantes de empleo residentes en el exterior y a los retornados, la búsqueda de empleo y la mejora de sus posibilidades de ocupación*" sin perjuicio de la información que, a los mismos efectos, sea suministrada por las agencias autonómicas de empleo y ocupación (artículo 22.1 LECEX).

El fomento del empleo es un eje central de la política integral del retorno, pues el art. 28 LECEX, establece que el Estado y las Comunidades Autónomas promoverán el desarrollo de un "*servicio específico*", que planifique "*acciones de información, orientación y asesoramiento encaminadas a facilitar la inserción social y laboral de los españoles retornados*", a través de los correspondientes programas de ayudas o de convenios con entidades públicas o privadas que tendrá como objetivo su inserción en el mercado de trabajo apoyando muy especialmente las iniciativas de inserción laboral, proyectos de empleo y auto-ocupación que promoverán las Asociaciones de Emigrantes Retornados. A tal efecto, en el marco de la política de empleo, el Plan Nacional de Reformas, "podrá" considerar *colectivo prioritario de actuación a los retornados y sus familiares*, a fin de potenciar sus posibilidades de encontrar empleo y mejora de su empleabilidad. En este sentido, se hace también una referencia específica en la LECEX al desarrollo de las reformas necesarias para "simplificar los trámites relativos a la homologación de titulaciones académicas y profesionales y de los permisos de conducir, así como el acceso a las ofertas de empleo del Sistema Nacional de Empleo y de los Servicios Europeos de Empleo y la posibilidad de inscribirse como demandante de empleo".

Los avances en este terreno han sido deficientes y tales previsiones no han tenido una efectiva traducción práctica, *v. gr.* el último Plan Nacional de Reformas 2023 no contiene alusión alguna a estos colectivos y las posibles previsiones referidas a los mismo no han tenido un encaje demasiado adecuado en la nueva Ley 3/2023, de 28 de febrero, de Empleo, donde se no contempla a los mismos específicamente, como colectivos vulnerables de atención prioritaria para la política de empleo, para que sean beneficiarios de programas específicos destinados a fomentar el empleo de las personas con especiales dificultades para el acceso y mantenimiento del empleo y para el desarrollo de su empleabilidad; y ello con el objeto de promover una atención específica hacia las personas integrantes de los mismos en la planificación, diseño y ejecución de las políticas de empleo. Tan solo podrían considerarse integrados, a los efectos de la misma, dentro del genérico colectivo de las "*personas migrantes*" o si encajan en alguno de los otros colectivos que se delimitan (o que puedan determinarse en el marco del Sistema Nacional de Empleo o que puedan concretarse a niveles territorial por los servicios de empleo autonómicos) en cuyo caso estaríamos ante hipótesis de "interseccionalidad" de situaciones necesitadas de un refuerzo en los programas específicos y en las medidas de acción positiva (cfr. artículo 50 LE).

Por lo que respecta a la protección por desempleo (en cuyo régimen jurídico se ha ido potenciando la vertiente pro-activa), el artículo 264.1 c) del Real Decreto Legislativo 8/2015, de 30 de octubre, por el que se aprueba el texto refundido de la Ley General de la Seguridad Social (LGSS), incluye en su ámbito subjetivo, siempre que tengan previsto cotizar por esta contingencia, a los trabajadores emigrantes que retornen a España, pero con determinadas condiciones, esto es, cuando los trabajadores retornen a España por extinguírseles la relación laboral en el país extranjero, siempre que no obtengan prestación por desempleo en dicho país y acrediten cotización suficiente antes de salir de España [artículo 267.1 e) LGSS]. En el nivel asistencial (no contributivo) de la protección por desempleo también tienen la consideración de beneficiarios del subsidio por desempleo los trabajador español emigrante que habiendo retornado de países no pertenecientes al Espacio Económico Europeo, o con los que no exista convenio sobre protección por desempleo, acredite haber trabajado como mínimo doce meses en los últimos seis años en dichos países desde su última salida de España, y no tenga derecho a la prestación por desempleo [artículo 274.1 c) LGSS] siempre que, figuren inscritos como demandantes de empleo durante el plazo de un mes, sin haber rechazado oferta de empleo adecuada ni haberse negado a participar, salvo causa justificada, en acciones de promoción, formación o reconversión profesionales y carezcan de rentas en los términos previstos por el artículo 275 LGSS.

El Título II de la LECEX se dedica a lo que denomina "política integral en materia de retorno", en la voluntad de unificar en el sentido de abarcar todos los aspectos relativos al fenómeno. La "política de retorno" se configura teleológicamente en torno a un conjunto de obligaciones que pesan sobre los poderes públicos, en los siguientes términos:

– En primer lugar se reafirma el carácter integral de esta política pública, pues se prescribe que el Estado, en colaboración con las Comunidades Autónomas y las Corporaciones Locales, promoverá una "*política integral para facilitar el retorno de los españoles de origen residentes en el exterior*"; y asimismo se refuerza la obligación de coordinación interadministrativa pues, al citado fin, los poderes públicos, para un eficaz y eficiente aprovechamiento de los recursos públicos, "*coordinarán sus actuaciones para que la integración social y laboral de los españoles que retornen se realice en las condiciones más favorables*" (artículo 26.1 LECEX).

– Se impone a los poderes públicos la adopción de "*las medidas necesarias para remover los obstáculos que dificulten a los españoles retornados el acceso a las prestaciones o beneficios sociales existentes, en las mismas condiciones que los españoles residentes en España*" (artículo 26.2 párr. 1° LECEX).

– El Estado en colaboración con las Comunidades Autónomas, las Corporaciones Locales y las Asociaciones de Emigrantes Retornados, tiene obligación de promover "*una política integral para facilitar el retorno de los españoles de origen residentes en el exterior*" (artículo 26.2 párr. 2° LECEX).

– En relación a la violencia de género, se encomienda específicamente a los poderes públicos el desarrollo de "*medidas dirigidas a facilitar la protección y el retorno de las españolas residentes en el exterior, y, en su caso, sus hijos, víctimas de situaciones de violencia de género cuando el país de residencia no ampare de manera suficiente a las víctimas de estos delitos*" (artículo 26.3 LECEX).

– Por lo que respecta al derecho a la vivienda, los poderes públicos tienen la obligación de promover "*el acceso a la vivienda de los emigrantes retornados, teniendo en cuenta las necesidades específicas de este colectivo, a través de las administraciones competentes y en colaboración con las asociaciones de retornados*" (artículo 26.4 LECEX).

Para incrementar las posibilidades de materializar su efectiva inserción social y laboral en España, la LECEX estableció la obligación de crear, en la Administración General de Estado, un mecanismo institucionalizado específico como es la "Oficina Española del Retorno" (adscrita en la actualidad al Ministerio de Inclusión, Seguridad Social y Migraciones), que es la oficina encargada de facilitar la orientación y el asesoramiento a los españoles que decidan retornar, a cuyo fin se establecerán los medios y recursos materiales y tecnológicos necesarios para integrar toda la información relativa a las normas, procedimientos administrativos y medidas de apoyo existentes en materia de retorno, y todo ello sin perjuicio de aquellos derechos o actuaciones que estén reconocidos por las Leyes o actuaciones sobre el retorno en vigor en las distintas Comunidades Autónomas (artículo 27.1 LECEX).

La LECEX trató también de fortalecer las posibilidades de actuación de la Administración General del Estado y del resto de Administraciones Públicas en la materia, sobre la base de las siguientes previsiones:

– Contemplando que la Administración General del Estado podría suscribir convenios o acuerdos con entidades públicas o privadas sin ánimo de lucro con objeto de facilitar los trámites que deban realizar los españoles para retornar a España, teniendo en especial consideración a las asociaciones de emigrantes retornados (artículo 27.2 LECEX).

– Estableciendo la garantía de que la Administración General del Estado en el exterior cuente con la dotación necesaria de medios humanos, materiales y técnicos, para facilitar a los españoles la planificación de su retorno a España, teniendo en especial consideración a la red asociativa en el exterior y a las asociaciones de retornados en España (artículo 27.3 LECEX).

– Asimismo, previendo que las Comunidades Autónomas y las corporaciones locales puedan crear en sus respectivos territorios entes o agencias equivalentes a la Oficina Española de Retorno, en cuyo caso las Administraciones afectadas intercambiarán la información que resulte pertinente a esos efectos.

Dada la heterogeneidad de títulos competenciales que concurren en el tratamiento "integral del retorno" de emigrantes españoles, las relaciones de cooperación entre las Administraciones Públicas implicadas son también un elemento central de la LECEX. Aunque la LECEX se promulga sobre la base jurídico-constitucional que contempla la competencia exclusiva del Estado en materia migratoria, el propio artículo 1.3 LECEX, atiende a la compleja realidad competencia y conforma la misma como el "*marco de actuación y las medidas específicas que deberán desarrollarse por el Estado, y por las Comunidades Autónomas en el ámbito de sus respectivas competencias, para facilitar tanto la atención a los españoles en el exterior, como la integración social y laboral de aquellos españoles que decidan retornar a España, sin perjuicio del derecho a la libre circulación de trabajadores*". Idea que se reitera en el artículo 1.4 LECEX, de manera precisa, al declarar que los objetivos y finalidades de la LECEX "*se entienden, en todo caso, sin perjuicio de las competencias que ostenten las Comunidades Autónomas ni de sus leyes*". Estableciéndose con claridad el deber del Estado y de las Comunidades Autónomas de cooperar entre sí para "*garantizar la efectividad de los derechos y deberes*" reconocidos por el ECEX, tanto a los españoles en el exterior como a los retornados a España; tal fin, los poderes públicos prestarán asistencia para mejorar la eficacia y eficiencia de sus actuaciones en el ámbito de la protección de los españoles en el exterior y, especialmente, "*en la atención a los españoles que retornan a España*", intercambiando la información precisa para una mejor coordinación de las respectivas actuaciones, debiendo garantizarse en todo caso, las competencias que tengan atribuidas cada Administración Pública de conformidad con el sistema de distribución competencial vigente (artículo 29.1 LECEX). En el ámbito del actual MISSM se instituyó una Comisión, como órgano de cooperación multilateral, de ámbito sectorial, de la que forman parte representantes de la Administración General del Estado y de las Comunidades Autónomas y en la que podrán participar representantes de la Administración Local cuando se traten temas que afecten al ámbito de sus competencias (artículo 29.2 LECEX).

La LECEX contempla la posibilidad de que la AGE pueda celebrar convenios de colaboración con los órganos correspondientes de las Administraciones de las Comunidades Autónomas en el ámbito de sus respectivas competencias y, "*particularmente, en lo relativo al retorno*", de conformidad con la normativa administrativa (artículo 30.1 LECEX); además, se prevé que las AAPP puedan acordar la realización de planes y programas conjuntos en materias de competencia concurrente (artículo 30.2 LECEX).

En todo caso, las actuaciones de los poderes públicos han de perseguir la complementariedad de sus actuaciones y evitar la duplicidad de los programas y medidas de apoyo a favor, tanto de los españoles residentes en el exterior como de los retornados, debiendo impulsar el establecimiento de "*mecanismos de coordinación entre las distintas Administraciones Públicas competentes*" (artículo 31 LECEX).

El conjunto de medidas estatales de retorno se contempla, de manera integral y sistematizada, en el "Plan de Retorno a España", aprobado por

Acuerdo de Consejo de Ministros y publicado mediante resolución de la Secretaría de Estado de Migraciones, en el BOE 30 de marzo de 2019, dirigido a facilitar el retorno de las personas españolas que, como consecuencia de la crisis económica, emigraron a otros países y se plantean regresar a España. Este Plan recoge cincuenta medidas de distintas áreas de todas las Administraciones Públicas y departamentos ministeriales, eso sí, cuya aplicabilidad quedaba condicionada a las disponibilidades presupuestarias existentes en cada ejercicio.

3. LA POLÍTICA DE RETORNO DE EMIGRANTES EN ANDALUCÍA: PREVISIONES ESTATUTARIAS, LEGISLATIVAS Y PRINCIPALES MEDIDAS DE DESARROLLO

3.1. Previsiones estatutarias

La política pública de retorno de emigrantes andaluces está erigida como un objetivo básico de Comunidad Autónoma y así se contempla en el artículo 10.3.6.º Ley Orgánica 2/2007, de 19 de marzo, de reforma del Estatuto de Autonomía para Andalucía (EAA), donde se establece que la Comunidad Autónoma de Andalucía, en defensa del interés general, ejercerá sus poderes con el siguiente objetivo básico: "*La creación de las condiciones indispensables para hacer posible el retorno de los andaluces en el exterior que lo deseen y para que contribuyan con su trabajo al bienestar colectivo del pueblo andaluz*"; a tal efecto, los poderes públicos de la Comunidad Autónoma de Andalucía deberán adoptar "*las medidas adecuadas para alcanzar* [tal objetivo básico], *especialmente mediante el impulso de la legislación pertinente, la garantía de una financiación suficiente y la eficacia y eficiencia de las actuaciones administrativas*".

De todos modos, al tener la política de retorno un carácter transversal (empleo, vivienda, educación, reconocimiento de títulos, prestaciones sociales, etc.) son múltiples los títulos competenciales que pueden estar en juego y habrá que estar a cada materia específica para determinar el alcance que pueda tener la acción autonómica y su relación con las competencias estatales.

En términos generales, podemos considerar a la política de retorno de emigrantes como una competencia "compartida" (*ex* artículo 42.2.º EAA), que comprende la potestad legislativa, la potestad reglamentaria y la función ejecutiva, en el marco de las bases que fije el Estado en normas con rango de ley, excepto en los supuestos que se determinen de acuerdo con la Constitución. Por consiguiente, en el ejercicio de esta competencia la

Comunidad Autónoma tiene una amplia libertad para establecer sus propias políticas, especialmente en las materias donde sus competencias son más amplias.

3.2. El Estatuto de los Andaluces por el Mundo y el retorno de emigrantes andaluces

La parte más importante del desarrollo legislativo andaluz relativo al retorno de emigrantes andaluces se encuentra en la Ley 8/2006, de 24 de octubre, del Estatuto de los andaluces en el mundo (LEAM), norma que sistematiza todo el conjunto de prestaciones y derechos que la Administración autonómica reconoce a los andaluces y andaluzas en el exterior, a las personas de origen andaluz, a las comunidades andaluzas y a las personas retornadas a Andalucía. Como señalaba en su Exposición de motivos, las principales novedades de esta Ley, en desarrollo de lo establecido en el artículo 42 CE (y en el antecedente artículo 12.3.4.º EAA), lo constituyen el título V de la misma, donde se contemplan "medidas sociales" para facilitar el retorno de los andaluces residentes en el exterior de Andalucía, así el importante papel que se reconoce a la actividad desarrollada por las asociaciones andaluzas de emigrantes retornados.

La LEAM ofrece una definición estipulativa de lo que se consideran "*personas retornadas*", entendiéndose por tales "*aquellos andaluces en el exterior y personas de origen andaluz que regresen a Andalucía para residir de manera estable*" (artículo 2.5 LEAM). Así pues, la situación protegida se caracteriza por un doble elementos:

Elemento *subjetivo*: debiendo tratarse de andaluces que hayan residido en el exterior y también personas de "origen andaluz". En primer término, por "*andaluces en el exterior*" se comprenden tanto a los andaluces residentes temporalmente fuera de Andalucía y que tengan su vecindad administrativa en cualquiera de los municipios de Andalucía (sin perjuicio de lo establecido en la Ley 7/1985, de 2 de abril, reguladora de las Bases del Régimen Local), como a los "andaluces residentes en el extranjero que determinen como municipio de inscripción en las oficinas o secciones consulares españolas cualesquiera de los municipios de Andalucía" (artículo 2.1 LEAM). De otra parte, tienen la consideración de personas de "*origen andaluz*", tanto las personas oriundas de Andalucía como sus descendientes, cuando residan en otros territorios de España o en el extranjero (artículo 2.4 LEAM). Por tanto, persona andaluza retornada puede ser tanto aquéllas que provengan del territorio de otros estados, como aquéllos que llevan a cabo un proyecto de retorno a Andalucía como migración "interna", esto es, provenientes del territorio de otra Comunidad Autónoma.

Elemento *teleológico*: la finalidad del regreso debe ser la residencia estable en el territorio de Andalucía.

En clave colectiva, el artículo 2.6 LEAM establece que tendrán la consideración de "*colectivos andaluces de emigrantes retornados*", aquellas "asociaciones domiciliadas en Andalucía que tengan como objetivo la asistencia e integración de las personas retornadas en Andalucía".

La Tarjeta de andaluz o andaluza en el exterior [creada y regulada en el Decreto 303/2011, de 11 de octubre; cuyo formulario de solicitud se ha adaptado por la Orden de la Consejería de la Presidencia, Administración Pública e Interior publicada el 3 de noviembre de 2021 a las exigencias procedimentales en vigor y a las obligaciones sobre protección de datos personas, así como se adecúa al Decreto de administración electrónica, simplificación de procedimientos y racionalización organizativa de la Junta de Andalucía] es un documento personal e intransferible, gratuito y sin valor acreditativo (no sustitutivo del DNI ni al pasaporte) que podrán solicitar los andaluces y andaluzas residentes temporalmente fuera de nuestra Comunidad Autónoma que tengan su vecindad administrativa en cualquiera de los municipios de Andalucía, los andaluces y andaluzas residentes en el extranjero que determinen como municipio de inscripción en las oficinas o secciones consulares españolas cualesquiera de los municipios de Andalucía y cualquier andaluz o andaluza en el exterior o persona de origen andaluz, incluyendo en este caso a descendientes hasta el segundo grado de consanguinidad o afinidad, que regresen a Andalucía para residir de manera estable [en este caso la Tarjeta Andaluz o Andaluza en el Exterior llevará incluida la indicación: "Retornado" o "Retornada"]. Tiene como beneficios la información y asistencia por las Administraciones públicas para el ejercicio de derechos y el cumplimiento de obligaciones (conocer el estado de tramitación de los procedimientos en los que sea titular de derechos o intereses legítimos individuales o colectivos); no aportar documentos ya presentados y que se hallan en poder de la Administración; no tener que acreditar la inscripción en el Padrón de Españoles Residentes en el Extranjero (PERE) en los procedimientos administrativos; posibilidad para solicitar certificación de las declaraciones presentadas; así como cualquier otro beneficio que se reconozca por el Consejo de Gobierno de la Junta de Andalucía o que se determine en convenios suscritos con otras Comunidades Autónomas.

Como principio general de la LEAM se contempla que: "*La Administración de la Junta de Andalucía facilitará el regreso y la inclusión social de las personas retornadas*" (artículo 3.4 LEAM); así como, dentro de sus objetivos más específicos, se prescribe que las instituciones públicas andaluzas encauzarán sus actuaciones para la satisfacción del objetivo de promover "*medidas especiales*" que hagan posible el regreso a Andalucía de los andaluces en el exterior y personas de origen andaluz, así como contribuir al fortalecimiento de los colectivos andaluces de emigrantes retornados y la eficacia de su acción asociativa [artículo 4 b) LEAM]. De nuevo, más concretamente, el artículo 15 LEAM encomienda a la Administración de la Junta de Andalucía, en el ámbito de sus competencias, el desarrollo de "*actuaciones específicas para facilitar el regreso y la integración social de las personas retornadas*".

En el ámbito de la búsqueda de empleo, que resulta clave para el retorno de emigrantes andaluces "activos" en el mercado de trabajo, el artículo 14 LEAM contempla el acceso a la participación en programas del servicio público de empleo de la Junta de Andalucía (SAE) en condiciones de igualdad: "*Los andaluces en el exterior tendrán derecho a la inscripción como demandantes de empleo en el servicio público de empleo de la Junta de Andalucía, a conocer las ofertas de empleo que éste gestione y a acceder a las mismas en condiciones de igualdad con los demás andaluces*"; asimismo, pero ya "*en las condiciones que reglamentariamente se determinen*", tendrán "*derecho a la participación en los programas de este servicio público*".

Por lo que respecta a la educación, el artículo 17.1 LEAM contempla la obligación de la Administración de la Junta de Andalucía de potenciar "*el acceso de los andaluces en el exterior a la educación a distancia, mediante el empleo de las tecnologías de la información y la comunicación*"; y, más específicamente, pero solamente a los andaluces en "edad escolar" que retornen a Andalucía el "*acceso a los planes de compensación educativa para prevenir las posibles situaciones de desigualdad en la educación derivadas del retorno*" (artículo 17.2 LEAM); asimismo, tan solo a tales andaluces se les reconoce el derecho a recibir asesoramiento respecto de la posible homologación de títulos y estudios oficiales universitarios y no universitarios del país que corresponda con títulos y estudios oficiales, de acuerdo con la normativa vigente (artículo 17.3 LEAM). La asistencia en materia de homologación de títulos, dada su importancia para el ejercicio de actividades profesionales por cuenta propia o ajena, y habida cuenta de las dificultades burocráticas que plantean, debería haberse extendido a todos los andaluces retornados, al margen de si se encuentran o no en edad escolar.

El Título V de la LEAM se destina concretamente a las "*medidas sociales para facilitar el retorno de los andaluces en el exterior*"; en el mismo se prevén un conjunto, ciertamente muy programático, pero nada desdeñable, de prestaciones y servicios. En concreto, se contempla que las personas retornadas que "cumplan con los requisitos exigidos en los programas correspondientes", podrán acceder a *prestaciones educativas, sanitario-asistenciales y de asistencia social*, quedando exonerados de la necesidad de acreditar un período de residencia previa en Andalucía, siempre que (artículo 48.1 LEAM): a) hayan residido fuera de Andalucía durante un período, continuado e inmediatamente anterior al retorno, igual o mayor al de residencia previa exigido a los no emigrantes, en función de los programas que arbitren al efecto las diferentes Administraciones Públicas andaluzas; b) hayan fijado su residencia en Andalucía tras el retorno.

En materia de acceso a la vivienda, igualmente, se prevé que, en las convocatorias de adjudicación de viviendas de promoción pública no se exigirá a tales personas, que hayan retornado a Andalucía y que cumplan con el resto de las condiciones de la convocatoria, la acreditación de ningún período de residencia previa como requisito para la solicitud; además, cuando se trate de atender a "personas especialmente desprotegidas, por razones socioeconómicas, de edad o de salud", la convocatoria de adjudicación de viviendas de promoción pública podrá establecer la "condición de retornado" como un mérito a efectos de baremación de las solicitudes o reservar un porcentaje de dichas viviendas para estos colectivos (artículo 48.2 LEAM).

Más genéricamente, también las personas comprendidas en el artículo 48.1 LEAM podrán acceder a "*medidas de apoyo*" que pudieran adoptarse para facilitar su "inserción social en Andalucía" (artículo 48.3 LEAM), sin mayor precisión en cuanto a cuáles puedan ser estas medidas ni su alcance, regla de excesivo carácter programático y de salvaguarda del "posibilismo económico" para la adopción de tales medidas, poco vinculante y que deja un margen amplísimo a la Administración de la Junta de Andalucía tanto la determinación como el alcance de tales medidas (previsión prototípicamente conformada jurídicamente por una práctica falta de condicionamiento de "asistencialismo público", por lo tanto, muy alejada del lenguaje más propio de derechos sociales más perfectos como derechos subjetivos del ciudadano).

Para la facilitación del retorno de los andaluces que lo deseen, también la LEAM encomienda a la Junta de Andalucía —si así lo estima, pues la norma se expresa en los términos de que "podrá adoptar"— las siguientes medidas (por lo tanto, es una norma meramente programática sujeta a la discrecionalidad o conveniencia "política", y que no establece propiamente unas obligaciones concretas para el poder público andaluz, ni derechos concretos para el emigrante andaluz retornado) que se prevén en el artículo 49 LEAM):

a) La LEAM contempla la posibilidad, en clave de política de apoyo al emprendimiento, de desarrollar "*programas especiales que faciliten el establecimiento de todo tipo de empresas creadas por las personas retornadas*".

b) El establecimiento de "*incentivos para aquellas empresas que contraten a personas retornadas*", señalándose específicamente que estos incentivos podrán comprender también planes de formación profesional específicos.

c) Establecer también "*facilidades para estudiantes andaluces en el exterior y personas de origen andaluz que decidan cursar estudios en Andalucía*".

d) Promover el "*retorno del personal investigador para que desarrolle sus proyectos en Andalucía*".

e) Cualesquiera otras que "*se consideren convenientes*".

La Consejería competente en materia de coordinación de las políticas de la Junta de Andalucía respecto a los "andaluces en el mundo" adoptará las medidas oportunas para facilitar la "*orientación y el asesoramiento*" a los andaluces que decidan retornar, a cuyo fin "*se establecerán los medios y recursos materiales y tecnológicos necesarios para integrar toda la información relativa a las normas, procedimientos administrativos y medidas de apoyo existentes en materia de retorno, en el ámbito de las Administraciones Públicas*" (artículo 50 LEAM).

Por último, también se contempla que la Junta de Andalucía pueda establecer los mecanismos de colaboración, con el Gobierno de España, para la celebración de acuerdos de cooperación o tratados internacionales con otros Estados donde residan andaluces en el exterior o personas de origen andaluz, con el objetivo de evitar la pérdida o debilitamiento de su vinculación a Andalucía y, en su caso, "*facilitarles el ejercicio del derecho al retorno*" e impulsar la plena integración en los territorios de destino (artículo 51.1 LEAM).

El otro gran objetivo declarado de la LEAM, en materia de retorno, era el reconocimiento y potenciación del importante papel desarrollado por las asociaciones andaluzas de emigrantes retornados. En esta dirección, a los efectos de la LEAM, la propia consideración de "*colectivos andaluces de emigrantes retornados*" se personifica en las "*asociaciones domiciliadas en Andalucía que tengan como objetivo la asistencia e integración de las personas retornadas en Andalucía*" (artículo 2.6 LEAM); señalando entre sus objetivos con claridad el de "*contribuir al fortalecimiento de los colectivos andaluces de emigrantes retornados y la eficacia de su acción asociativa*" (artículo 4 b) LEAM); teniendo tales colectivos un miembro en el seno del Pleno del Consejo de Comunidades Andaluzas [artículo 41.2 l) LEAM], órgano con competencia, entre otras, para: "*Proponer al Consejo de Gobierno de la Junta de Andalucía que adopte las iniciativas oportunas para la promulgación o modificación de normas con rango de ley que afecten directa o indirectamente a los andaluces en el mundo, así como informar sobre las propuestas presentadas en esta materia*"; así como "*Participar en la formulación del Plan Integral para los Andaluces en el Mundo*" [artículo 40.1 c) y d) LEAM]. De conformidad con el Decreto 2/2008, de 8 de enero, por el que se aprueba el Reglamento de Organización y Funcionamiento del Consejo de Comunidades Andaluzas, las entidades en representación de los colectivos andaluces de personas emigrantes retornadas se encuentran institucionalmente representadas. Por ello, la Administración de la Junta de Andalucía, en colaboración con las entidades representantes de las personas retornadas, de la población andaluza en el exterior y de los agentes económicos y sociales, debe establecer los mecanismos necesarios que posibiliten el retorno de la población andaluza en el exterior que lo desee.

3.3. Plan de retorno de la población andaluza en el exterior y otras medidas específicas

El principal instrumento de la Junta de Andalucía para abordar la cuestión de retorno de la población andaluza en el exterior es el *Plan de Acción para el Retorno de la Población Andaluza en el Exterior 2020-2022*, cuya regulación se aprobó por Acuerdo de Consejo de Gobierno de 21 de mayo de 2019 (BOJA número 98, de 24 de mayo de 2019), que todavía no ha sido sustituido por un nuevo Plan de Acción.

"El Plan" se plantea con un marcado *carácter transversal*, pues tiene como objetivo principal integrar en un único instrumento de planificación estratégica todas las políticas, estrategias, programas y acciones de la Junta de Andalucía para el impulso de las medidas destinadas a facilitar las condiciones necesarias para hacer el posible la vuelta de las personas andaluzas que actualmente residen fuera de Andalucía y deseen retornar (acuerdo Primero). Por ello mismo, el Plan se relaborará de acuerdo con el *principio de "integralidad"* [acuerdo Tercero a)], pues debe tratarse de una iniciativa que persigue, la integralidad, entendida como una "capacidad del sector público andaluz para responder de forma conjunta, coherente y armonizada ante las múltiples necesidades y demandas por parte de las personas retornadas en diversos ámbitos de actuación"; dado que se parte del reconocimiento de "un entorno complejo y de la multicausalidad en el origen de aquellos aspectos a mejorar".

En este sentido, el Plan asume que la población andaluza retornada presenta una serie de demandas y necesidades específicas en ámbitos tan diversos como la educación, la sanidad, los servicios sociales, la vivienda o el empleo. Por lo tanto, los departamentos con competencias en dichas áreas "han de prever en su actividad ordinaria una atención especial al citado colectivo". Esta naturaleza transversal de las políticas de retorno requiere la oportuna labor de "enlace y coordinación" por parte del centro directivo al que se asignan las competencias relativas a la coordinación de las políticas de la Junta de Andalucía respecto a los andaluces y andaluzas en el exterior.

Además, la formulación del Plan se encuadra dentro de las medidas puestas en marcha por el Gobierno andaluz relativas al apoyo a los autónomos y la dinamización de la economía andaluza, para el impulso de la formación y el capital humano, así como para la cohesión y la inclusión social y que también están destinadas a la población andaluza en el exterior que retorne a la Comunidad Autónoma de Andalucía.

Dada la necesidad de una respuesta coherente y conjunta, el Plan se inspira en el *principio "de coordinación"*, pues resulta imprescindible coordinar la acción del Gobierno y la Administración andaluces, especialmente en aquellos ámbitos de actividad que afecten de alguna forma a las necesidades y demandas de la población retornada, se prevé que la coordinación interadministrativa deba desarrollarse tanto en los servicios centrales de la Administración autonómica como en los servicios periféricos [acuerdo Tercero b)].

A nivel orgánico, el Decreto 99/2019, de 12 de febrero, por el que se establecía la estructura orgánica de la Consejería de la Presidencia, Administración Pública e Interior, creó *ex novo*, como órgano directivo de esta, la Dirección General de Relaciones con los Andaluces en el Exterior. En la actualidad, las funciones de dicha Dirección General se atribuyen a la "Dirección General de Andalucía Global", regulada por el Decreto 152/2022, de 9 de agosto, por el que se establece la estructura orgánica de la Consejería de la Presidencia, Interior, Diálogo Social y Simplificación Administrativa, mediante cuyo artículo 15.1 se le atribuye la coordinación de las competencias relacionadas con los andaluces y andaluzas que residen fuera de la Comunidad Autónoma de Andalucía, y en particular, en su apartado j), se le encomienda el: "*Apoyo y atención a la población andaluza retornada al objeto de facilitar el regreso y la integración social de las personas que vuelven a Andalucía*".

El acuerdo Segundo del Plan desglosa más pormenorizadamente todos los objetivos cuya consecución debe perseguirse: promover "*medidas especiales*" que hagan posible el regreso a Andalucía de la población andaluza en el exterior y de las personas de origen andaluz; mejorar la "*atención específica y la información ofrecida a la población retornada a Andalucía*", tanto desde el sector público como desde el sector privado, facilitando así el proceso de retorno de la población andaluza en el exterior y personas de origen andaluz; "*favorecer el emprendimiento y la incorporación al mercado de trabajo andaluz*" por parte de aquellas personas en edad laboral que hayan regresado a Andalucía o tomen la decisión de regresar; facilitar el "*acceso de las personas retornadas a todos los niveles educativos, agilizando los trámites de convalidación y homologación de títulos, así como la valoración de la experiencia profesional en el extranjero*"; favorecer la "*atención, asistencia y protección de las personas andaluzas retornadas, especialmente aquellas que se encuentren en situaciones de vulnerabilidad*", en el marco del EAA y el resto del ordenamiento jurídico vigente; contribuir al "*fortalecimiento de los colectivos andaluces de personas emigrantes retornadas*" y a la eficacia de su acción asociativa para mejorar la participación e integración de estas personas en los ámbitos cívico, social, cultural, económico y político; "*mejorar el conocimiento de la realidad sociodemográfica, los medios y condiciones de vida, la percepción y opinión de la población andaluza retornada*", especialmente de las personas mayores, de la infancia, la juventud, y las personas con discapacidad, fomentando la actividad investigadora.

A pesar de la heterogeneidad de situaciones o proyectos de retorno que tienen los emigrantes andaluces retornados, el Plan parte en buena medida de la premisa de que una buena parte de las personas que retornan se encuentran en edad laboral y, por consiguiente, la iniciativa de la Junta de Andalucía centra su interés en los tres aspectos clave para mejorar su integración social, como son los siguientes:

– Asistencia en situación de vulnerabilidad y mejora de la atención específica, ayuda e información que reciban.

– Favorecimiento del emprendimiento y la incorporación al mercado de trabajo.

– Acceso a la educación en todos los niveles de enseñanza, con especial hincapié en la convalidación y homologación de títulos.

Es cierto que los que no se encuentran en edad laboral pueden venir protegidos por el sistema nacional de pensiones en que hayan generado el derecho a una pensión digna; aunque también personas retornadas que ya no están en edad laboral activa pueden no disponer de dicha protección y aquí deben entrar especialmente en juego todas las medidas de protección social, incluida la protección de corte asistencial de Seguridad Social (estatal), la protección por dependencia (en su caso) y el resto de medidas de asistencia social previstas a nivel autonómico.

En todo caso, la *equidad* se incorpora como un principio básico, garantizando la oferta y el acceso de las personas a los recursos que se definen en el Plan, tomando en cuenta en todas las fases de la elaboración y aplicación "la perspectiva de género, la diversidad, así como la consideración de las necesidades de las personas mayores y las personas con discapacidad" [acuerdo Tercero d)].

Pero también el Plan se inspira en los *principios de eficiencia y eficacia*, pues el mismo deberá estar "adaptado a la actual situación económica, proporcionando respuestas eficientes y eficaces a las necesidades y demandas actuales de las empresas andaluzas para la internacionalización de la economía andaluza" [acuerdo Tercero e)].

El Acuerdo establece un "contenido mínimo" del Plan, que se integra por los siguientes Aspectos (acuerdo Cuarto):

a) Un diagnóstico de la situación actual: protagonistas, necesidades, medios y competencias; analizando todos los ámbitos relacionados como son los sectores de actividad económica, el tejido social y el empleo.

b) Identificación de la población objetivo de acuerdo con la definición de emigración de retorno en la ley.

c) Cuantificación y cualificación de dicha población objetivo, así como establecer una base metodología para poder realizar el seguimiento en el futuro de su realidad.

d) Identificación de necesidades y demandas de la población andaluza retornada. Mapa conceptual de necesidades y demandas.

e) Marco normativo a nivel estatal, autonómico y local con un análisis de políticas comparadas.

f) Los objetivos a conseguir durante la vigencia del Plan; concretando los objetivos temáticos y objetivos específicos.

g) Definición de estrategia a seguir para alcanzar los objetivos.

h) La programación de las actuaciones necesarias para la ejecución y aplicación del Plan, con indicación de los plazos, costes y fuentes de financiación.

i) Compromiso financiero vinculado a las estrategias definidas.

j) Los mecanismos adecuados para el seguimiento y verificación, tanto de manera intermedia como final, del grado de cumplimiento de sus objetivos.

k) Los supuestos y condiciones de revisión y de modificación del Plan.

Corresponde a la Consejería de la Presidencia, Administración Pública e Interior la coordinación de las actuaciones dirigidas a la elaboración del Plan a través de la Secretaría General de Acción Exterior, contando con la dirección técnica de la Dirección General de Relaciones con los Andaluces en el Exterior [acuerdo Quinto.1]. A tal fin, se iniciará un proceso para posibilitar la participación de todas las Consejerías en la redacción del Plan, a través de los grupos de trabajo técnico de carácter temático o monográfico que sean necesarios para facilitar el logro de los objetivos marcados y de las entidades representantes de las personas retornadas, de la población andaluza en el exterior y de los agentes económicos y sociales. En este sentido, procedimentalmente la elaboración del Plan se inspira en el *principio de participación*, pues se deberá brindar a todos los sectores implicados la oportunidad de colaborar en la redacción del mismo, atendiendo especialmente la canalización de las aportaciones de las personas retornadas, a través de su movimiento asociativo sobre sus necesidades y demandas, en la consideración de que esta participación es fundamental para cualquier política pública pues facilita el conocimiento por parte de los departamentos prestadores de servicios acerca de cuáles son las principales áreas de interés para el público objetivo, contribuyendo a definir de modo más eficiente en qué ámbitos ha de concentrarse la actividad de la Administración [acuerdo Tercero c)]. La propuesta inicial del Plan será consensuada con las entidades representantes de las personas retornadas, de la población andaluza en el exterior y de los agentes económicos y sociales, en el marco del Consejo de Comunidades Andaluzas [acuerdo Quinto.3]. Asimismo, la propuesta del Plan será sometida a información pública para que telemáticamente se puedan presentar alegaciones en el plazo de un mes [acuerdo Quinto.5].

Corresponde a la Dirección General de Relaciones con los Andaluces en el Exterior el seguimiento de los trabajos necesarios para el impulso de la aprobación del Plan, así como el análisis de las alegaciones e informes emitidos y la elaboración de las correspondientes propuestas [acuerdo Quinto.2]; la Secretaría General de Acción Exterior propondrá a la persona titula de la Consejería de la Presidencia, Administración Pública e Interior la propuesta definitiva del Plan [acuerdo Quinto.5]; a aprobación definitiva del Plan corresponderá al Consejo de Gobierno, previo examen del Consejo de Comunidades Andaluzas, a propuesta de la persona titular de la Consejería de la Presidencia, Administración Pública e Interior [acuerdo Quinto.6].

En materia de información y asistencia jurídica a emigrantes andaluces retornados, destaca también la labor que realizan las asociaciones de emigrantes retornados, con un a apoyo público que se canaliza a través del correspondiente Convenio de Colaboración entre la Consejería de la Presidencia, Interior, Diálogo Social y Simplificación Administrativa de la Junta de Andalucía y la Federación Andaluza de Asociaciones de Emigrantes y Retornados (FAER), por el que se instrumenta una subvención excepcional para el establecimiento de un punto de información y asistencia jurídica a emigrantes retornados (el último firmado es de 18 de octubre de 2022). Este Convenio tiene por objeto establecer una actuación coordinada entre la referida Consejería, a través de la Dirección General de Andalucía Global, y la FAER, para el establecimiento de un punto de información y asistencia jurídica dirigido a la población andaluza retornada, con el objetivo de proporcionarle asesoramiento sobre los beneficios sociales a que tenga derecho por haber emigrado y retornado. Igualmente, se pretende informar a este colectivo tanto de las novedades legislativas que se vayan produciendo en los países de acogida como de las ya existentes, con la finalidad de conseguir la integración social, económica y laboral de las personas emigrantes retornadas.

La Junta de Andalucía, mediante la Orden de 2 de junio de 2021, aprobó las bases reguladoras para la concesión de subvenciones, cuyas beneficiarias pueden ser entidades sin ánimo de lucro que desarrollen actividades fuera de territorio español, destinadas a atender necesidades asistenciales y situaciones de extrema necesidad de personas con la condición política de andaluz o andaluza *ex* artículo 5 EAA, residentes en el extranjero. Para este ejercicio se han convocado mediante la Orden de 30 de mayo de 2023; aunque su financiación, en los últimos ejercicios tiene tan sólo un importe máximo de 40.000 euros y debe tenerse presente que no cubren específicamente gastos relativos a los procesos de retorno.

El VII Acuerdo de Concertación Social, firmado por la Junta de Andalucía y los agentes económicos y sociales más representativos, con fecha 24 de noviembre de 2009 recogía en su eje 3, como medida de actuación específica, fomentar el retorno a Andalucía de investigadores y profesionales cualificados de personal investigador y profesionales con cualificación, con especial atención a las personas beneficiarias del programa de becas "Talentia".

El programa "Talentia Máster" ha venido actualizando con el objetivo de contribuir a la mejora de la competitividad y a la internacionalización de la economía andaluza, y con la idea de seguir sirviendo como un estímulo para favorecer la movilidad y al mismo tiempo la atracción y retención del talento en Andalucía. Por lo que respecta a la captación de talento, la Junta de Andalucía puso en marcha un Programa que ofrece la posibilidad de reclutar al mejor talento, titulados en las mejores universidades del mundo, con contactos internacionales, y con un compromiso de trabajar como mínimo cuatro años en Andalucía o en una empresa andaluza en el exterior. Las empresas y organismos (incluidos los agentes del Sistema Andaluz del Conocimiento) pueden solicitar acceso a los perfiles profesionales de los becarios "Talentia" con el fin de incorporarlos a su organización. Teniendo en cuenta las preferencias de los candidatos, identificando los sectores y empresas donde los beneficiarios pueden adquirir mayor valor y facilitando el acceso al talento con tiempo suficiente para preparar su incorporación, el Programa atiende a las demandas empresariales de perfiles profesionales que se ajusten a sus necesidades y a los plazos de tiempos requeridos para dicha incorporación. Igualmente, el Programa de Becas Talentia da la oportunidad a emprendedores de contactar con un determinado perfil profesional, también emprendedor, con la intención de llevar a cabo juntos un determinado proyecto. El programa Talentia se apoya en otros instrumentos de la Consejería de Conocimiento, Investigación y Universidad para el desarrollo de sus actividades, como "Andalucía Emprende" para dar apoyo a iniciativas emprendedoras y "Extenda" para la conexión con empresas andaluzas con perfil internacional, entre otras.

En concreto, "Extenda" tiene habilitada una plataforma para facilitar el retorno de talento a Andalucía (Extenda-Agencia Andaluza de Promoción Exterior, es una entidad dependiente de la Consejería de Economía, Innovación, Ciencia y Empleo. Este portal forma parte del programa para el "Retorno del Talento" de la Junta de Andalucía que tiene como objetivo propiciar el regreso de aquellos andaluces que trabajan en el extranjero y desean incorporarse al mercado laboral andaluz. Este instrumento permite a los talentos andaluces en el exterior inscribir su perfil profesional y currículo en una plataforma a la que podrán acceder empresas radicadas en Andalucía que estén interesadas en incorporar el talento de estos jóvenes profesionales. Con esta plataforma Extenda promueve el contacto entre los profesionales andaluces que trabajan en el extranjero y quieren volver a Andalucía, con las empresas andaluzas que buscan perfiles talentosos y con experiencia internacional, facilitando posteriormente de esta manera que empresas y trabajadores puedan acogerse a las dos líneas de ayudas previstas por este programa: una línea de incentivos a la contratación para las empresas y otra línea para facilitar el traslado de residencia de los trabajadores a Andalucía. Una vez contratados los talentos por las empresas andaluzas, la gestión de las ayudas se realizará a través del SAE.

El Programa de "Retorno del Talento" incluía dos modalidades:

a) Una para las empresas de un incentivo de 40.000 euros para las firmas que contraten a los trabajadores retornados, y otra para los trabajadores que facilite la vuelta a su residencia en Andalucía. En cuanto a las condiciones de acceso a este programa, el contrato laboral que realice la empresa deberá tener carácter indefinido y a jornada completa, en la categoría profesional correspondiente a la titulación oficial del retornado, y además deberá mantenerse con carácter ininterrumpido durante un mínimo de 24 meses y llevar implícito el traslado efectivo de la residencia habitual a Andalucía.

b) Otra para trabajadores: para beneficiarse del programa los trabajadores andaluces retornados deben cumplir los siguientes requisitos: tener hasta 45 años; estar en posesión de un título universitario oficial de grado o equivalente; y estar en situación de alta laboral en la categoría correspondiente a dicha titulación; y, además, residiendo en el extranjero, en ambos casos durante al menos los dos últimos años inmediatamente anteriores a la formalización del contrato. Los andaluces retornados podrán solicitar, para facilitar su traslado, una ayuda de desplazamiento, que incluye a los familiares a su cargo y que cubre el coste del traslado de mobiliario y enseres hasta un máximo de 5.000 euros. Por otra parte, también se incluyen ayudas para cubrir los gastos de alojamiento durante el primer año del retorno por un valor no superior a 12.000 euros y para cubrir los gastos de escolarización de los hijos que podrá alcanzar un máximo de 5.000 euros.

Estas ayudas e incentivos previstos en el marco de las ayudas para la contratación de personas titulares de los incentivos al retorno del talento del Título III de la Ley 2/2015, de 29 de diciembre, de medidas urgentes para favorecer la inserción laboral, la estabilidad en el empleo, el retorno del talento y el fomento del trabajo autónomo, fueron derogados por la Ley 3/2020, de 28 de diciembre, del Presupuesto de la Comunidad Autónoma de Andalucía para el año 2021, aunque las convocadas y solicitadas con anterioridad a la entrada en vigor de la misma, serían tramitados y resueltos de acuerdo con la norma vigente en el momento de su solicitud [Disposiciones transitoria cuarta y derogatoria única.1.2.b) de la Ley 3/2020]. El marco normativo para la adopción de este tipo de medidas se encuentra ahora tan solo en el antecedente *Programa de Fomento del Empleo Industrial y*

Medidas de Inserción Laboral en Andalucía (aprobado por Decreto 192/2017, de 5 de diciembre) donde, en materia de retorno, tan solo se incluye a las "*personas andaluzas emigrantes retornadas a Andalucía con graves necesidades personales o familiares*" dentro de los colectivos "en riesgo de exclusión social" (previstos en el artículo 3.3 del Decreto 85/2003, de 1 de abril, por el que se establecen los Programas para la Inserción Laboral de la Junta de Andalucía).

4. CONCLUSIONES

De los vigentes fundamentos jurídicos constitucionales y legislativos, tanto a nivel estatal como de la Comunidad Autónoma de Andalucía, se desprende nítidamente la necesidad de adoptar una específica posición activa intervencionista y tutelar, que garantice de forma efectiva el retorno de los emigrantes andaluces que así lo deseen.

El punto de partida para las —hasta ahora infra-desarrolladas— políticas de retorno tienen su anclaje constitucional en el mandato del art. 42 de la Constitución Española, en la LECEX, donde se establece también con claridad que el Estado está obligado a promover una política integral para facilitar el retorno de los españoles de origen residentes en el exterior y también se impone específicamente a nivel autonómico andaluz, tanto en el EAA como en la LEAM. A tal fin, los poderes públicos, para un eficaz y eficiente aprovechamiento de los recursos públicos, coordinarán sus actuaciones para que la integración social y laboral de los españoles que retornen se realice en las condiciones más favorables, así como deberán remover de obstáculos que dificulten a los españoles retornados el acceso a prestaciones o beneficios sociales existentes.

Se trata de una política transversal e integral que debe desarrollarse —dentro de los respectivos títulos competenciales— tanto el Estado, en colaboración con las Comunidades Autónomas y las Corporaciones Locales, así como especialmente con las Asociaciones de Emigrantes Retornados cuya finalidad debe ser facilitar el retorno de los españoles de origen residentes en el exterior que lo deseen. Y ello afecta a muy diversos ámbitos de la acción pública, especialmente en materia de empleo, protección social, vivienda, educación, reconocimiento de títulos, etc., así como requiere reforzar todos los mecanismos de asesoramiento e información para una plena efectividad de las medidas establecidas. Especial atención merece, en clave de género, el mandato para que los poderes públicos desarrollen medidas dirigidas a facilitar la protección y el retorno de las españolas residentes en el exterior, y, en su caso, sus hijos, víctimas de situaciones de violencia de género cuando el país de residencia no ampare de manera suficiente a las víctimas de estos delitos.

Por otra parte, es necesaria de atracción del talento —el perdido con ocasión de las crisis económicas— mediante la implementación de políticas jurídicas específicas al respecto. Todo ello, sin obviar el hecho de que es la falta de oportunidades para acceder de un modo efectivo al mercado de trabajo, a un empleo y, en suma, la imposibilidad de materializar el derecho al trabajo reconocido constitucionalmente y las garantías en su ejercicio, uno de los principales obstáculos con los que se puede encontrar el emigrante que desee retornar a Andalucía.

La existencia de un claro "reto social", en este contexto normativo de imperativos de actuación hacia los poderes públicos requiere de un mayor análisis de la conformación de "*los nuevos flujos migratorios*" y las nuevas realidades y escenarios que plantean, especialmente en materia de retorno, en términos de promoción del bienestar y de servicios públicos más eficientes y eficaces, en los ámbitos del empleo, la sanidad, la protección social, etc.) y de mejora también de la competitividad de la economía andaluza. Resulta evidente que un buen indicador del potencial inclusivo es la atracción de emigrantes que abandonaron nuestro país y, en general, del talento global. Y ello requiere de la instrumentación normativa de políticas públicas que orienten este objetivo, cuyas medidas siguen siendo algo deslavazadas y bastante dispersas (tanto en el marco estatal como autonómico).

La "nueva cuestión migratoria" se enfrenta a retos centrales, sobre los que debiera diseñarse una política normativa, lo más coherente y transversal posible, de retorno de emigrantes —y de atracción de talento global— lo suficientemente atractiva para los flujos de emigración y de capital humano perdido durante las crisis económica o simplemente para facilitar el regreso de andaluces que —por los motivos que fueren— desean volver a nuestra Comunidad. La necesaria tutela jurídico-social y de acompañamiento (información, asesoramiento e incluso formación) en estos procesos, cuando nuestros conciudadanos andaluces desarrollan un proyecto de regreso, en clave de derechos sociolaborales, empleo y de protección social, entre otras. Bien diseñadas y eficaces, dicha políticas deberían erigirse, por sí mismas, en un potente factor de atracción migratoria.

Capítulo 5
Evolución demográfica española reciente sobre retorno de emigrantes andaluces

JUAN ANTONIO MARMOLEJO MARTÍN
Departamento de Estadística e I.O.
Universidad de Granada

1. INTRODUCCIÓN

Aunque parezca un fenómeno actual debido a distintos acontecimientos acaecidos, en todo el mundo, en España y en Andalucía en particular, la emigración española es un fenómeno del que se tienen precedentes ligados al proceso repoblador peninsular que fue siguiendo a la Reconquista en la Edad Media. En el siglo XX la dirección principal de este fenómeno fue Europa e incluso América, con un punto y aparte, en término de cifras similares, consecuencia de la crisis de 1973. Gracias a la entrada en la Unión Europea y el auge económico que generó en España desde 1986[1] no volvimos a tener movimientos importantes relacionados con la emigración española hasta hace unos años con motivo de la importante crisis económica que se vivió en Europa en general y en España en particular desde 2008, con una duración en España de hasta diez años. Finalizada la crisis nos encontramos con una pandemia mundial que también afectó de manera clara al fenómeno migratorio.

Cuando nos referimos a la evolución demográfica española reciente consideramos que es necesario aclarar el título de este capítulo. ¿Qué queremos analizar con la evolución demográfica sobre retorno de emigrantes andaluces? Lo que realmente queremos decir es que realizaremos un estudio estadístico de una población, en este caso de la población emigrante española que ha retornado a Andalucía, según su estado y distribución en un momento determinado o según su evolución histórica, en este caso, basándonos en los datos más recientes de los que disponemos, datos oficiales publicados por el Instituto Nacional de Estadística (INE)[2].

---

1 MARMOLEJO MARTÍN, J. A.: *Perfil demográfico de la emigración española desde la crisis económica de 2008,* Aranzadi, Pamplona, 2017, pp. 73-94

2 Dirección web: www.ine.es

La demografía estudia estadísticamente la estructura y la dinámica de las poblaciones, así como los procesos concretos que determinan su formación, conservación y desaparición. Realmente nos basaremos en lo que se conoce como demografía dinámica puesto que la emigración pertenece a este tipo de demografía.

Si consultamos el diccionario de la Real Academia de la lengua española, en adelante RAE, podemos comprobar las distintas denominaciones del término emigrar puesto que para la RAE emigrante es quien emigra. Esas tres definiciones aunque sólo se enmarcan en este trabajo las dos primeras, son las siguientes:

1. Dicho de una persona:

Abandonar su propio país para establecerse en otro extranjero.

2. Dicho de una persona:

Abandonar la residencia habitual en busca de mejores medios de vida dentro de su propio país.

3. Dicho de algunas especies animales o vegetales:

Cambiar de lugar por exigencias de la estación, de la alimentación o de la reproducción.

No podemos olvidar que este capítulo queda enmarcado en una obra completa relacionada con la atracción del talento global.

¿Qué significa el término talento? Según la RAE nos encontramos con cuatro denominaciones aunque, en este caso, sólo las tres primeras se enmarcan en el objetivo de este libro:

1. Inteligencia (capacidad de entender).

2. Aptitud (capacidad para el desempeño de algo).

3. Persona inteligente o apta para determinada ocupación.

4. Moneda de cuenta de los griegos y de los romanos.

Es importante conocer que la Secretaría de Estado de Migraciones, del Ministerio de Trabajo y Economía Social del Gobierno de España, aprobó el Plan de retorno a España "un país para volver" el 29 de marzo de 2019. Esta Plan recoge, tal y como se puede observar en la página Web del Servicio Público de Empleo Estatal (SEPE), lo siguiente:

El Plan de Retorno a España nace bajo la consideración de una nueva política pública, gestionada por la Secretaría de Estado de Migraciones, con el objetivo de crear y dinamizar una comunidad de emigrantes que quieren volver. Mostrarles que no están solos, que son un colectivo social con necesidades especiales que la administración quiere atender.

Este Plan incluye un total de 50 medidas encaminadas a facilitar el retorno de los emigrantes españoles, agrupadas en 6 grandes categorías:

– Apoyo para definir un proyecto profesional.

– Ayuda para planificar la vuelta e instalarse.

– Creación de espacios para la participación.

– Creación del ambiente positivo para el retorno.

– Acompañamiento psicológico del proceso migratorio.

– Gestión colaborativa y evaluación continua del Plan.

Asimismo, el Plan de Choque por el Empleo Joven 2019-2021 incluye entre sus medidas, "Programas de retorno de talento y de apoyo a la movilidad" dirigidos a personas jóvenes en el exterior, que prevén el apoyo a la contratación, al autoempleo, ayudas para gastos de desplazamiento y de primer alojamiento, así como un proceso de acompañamiento. Estas medidas se promoverán desde el ámbito del empleo y por las administraciones competentes de las comunidades autónomas, con la participación del Instituto de la Juventud y entidades que trabajan con los trabajadores que desean retornar a España. Se constituirán redes de apoyo de asistencia a los trabajadores retornados, con puntos únicos de información, intercambio de experiencias, recursos disponibles para apoyar el retorno, ofertas de empleo, documentación administrativa y toda información que pueda ser de interés para los jóvenes que quieran volver a España. Se potenciará la participación activa en dicha red de las empresas interesadas en atraer talento de jóvenes en el extranjero con ofertas de empleo de calidad. Esta red se enmarcará en el proyecto del Gobierno para atraer trabajadores y trabajadoras actualmente en el extranjero y que desean volver. Las comunidades autónomas también tienen medidas y ayudas en sus Planes de Retorno a los que se puede acceder desde este Portal.

También se puso en marcha una dirección Web denominada "Volvemos – Programa de Retorno a España" en la que nada más acceder se puede leer "desde nuestra puesta online un total de 12967 emigrantes nos han manifestado su deseo de volver. Si aún no lo has hecho, puedes hacerlo aquí". Ese "puedes hacerlo aquí" es un enlace[3] que te redirige a un cuestionario.

---

3 https://volvemos.org/candidate/register

En la Web "Volvemos" hay un menú con los siguientes ítems:

– Servicios para emigrantes.

– Servicios para empresas.

– Vuelve y emprende.

– Wikipedia del retorno.

– Blog.

– Regístrate.

– Prensa.

– Quiénes somos.

– Contacto.

– Inicia sesión.

No obstante, y tal y como se señala en el Plan de Retorno a España, hay ocasiones en las que no es fácil el retorno al país de origen debido, entre otras cuestiones, al arraigo que se puede tener con el país de acogida. Existen aspectos que hacen más complicado el retorno como haber formado una familia, tener ya una carrera profesional o la integración en la vida social y cultural del país de acogida entre otros.

En este capítulo, vamos a analizar qué perfil tiene el emigrante de nacionalidad española, basándonos en los datos publicados por el INE para el periodo comprendido entre 2008 y 2021, que ha retornado a Andalucía indicándolo desde el resto de lugares de España y estudiando la serie temporal del saldo migratorio también desde el extranjero.

2. ANÁLISIS DEL PERFIL DEMOGRÁFICO DE LA EMIGRACIÓN ESPAÑOLA QUE RETORNA A ANDALUCÍA DESDE 2008 HASTA 2021

Para poder entender el perfil demográfico analizaremos una seri de tablas y gráficos estadísticos que nos permitan obtener conclusiones. Comenzaremos con un análisis del flujo de personas con nacionalidad española que han retornado a Andalucía. En primer lugar, presentaremos un estudio de ese flujo desde y hacia otros lugares de España para, a continuación, analizar el saldo migratorio por año con el extranjero y por provincia andaluza.

2.1. Flujo migratorio de personas con nacionalidad española que han retornado a Andalucía

Tal y como indicábamos, para obtener conclusiones sobre los movimientos migratorios de españoles que han retornado a Andalucía tenemos que basarnos en datos oficiales publicados por el INE el 18/11/2022 y que son estadísticas de acceso público. Estos datos nos permitirán entender estos movimientos migratorios, pero no podrán indicarnos si el Plan de Retorno a España ha tenido algún efecto en Andalucía puesto que no tenemos suficientes datos para interpretar ese efecto.

Como indican Faura Martínez y Gómez García[4] "una medición de la migración se puede obtener utilizando los censos de población desde el momento que se conoce la localización de los individuos en una fecha anterior al momento de la observación, como lugar de nacimiento, lugar de residencia en el momento del censo precedente (o en un momento dado cualquiera anterior al censo) y de la duración de la residencia".

Para ello, la serie temporal que podemos analizar se encuentra entre los años 2008 y 2021, es decir, ya incluye los datos relacionados con la pandemia del Covid 19 por lo que tendremos que tener en cuenta ese sesgo. Ya adelantamos que un futuro estudio, en el sentido de éste, debería ser analizar cómo se ha comportado la serie antes, durante y después de la pandemia principalmente por el importante número de puestos de trabajo que se han destruido durante la misma. Sin embargo, sí se refleja el efecto de la crisis económica que comenzó en 2008 y que, en España tuvo una duración de prácticamente diez años.

2.1.1. Saldo migratorio interautonómico por año, comunidad autónoma y país de nacimiento

Llamamos saldo migratorio a la diferencia entre recepción y emisión de población. Si es positivo, supone atracción migratoria. En nuestro caso, un dato positivo significa que han vuelto a Andalucía más españoles de los que han iniciado una migración. En caso contrario el dato será negativo.

Como se puede observar tanto en la tabla 1, como en el gráfico 1, el saldo migratorio interautonómico de personas por año, comunidad

---

4 FAURA MARTÍNEZ, U. y GÓMEZ GARCÍA, J., "¿Cómo medir los flujos migratorios?", *Papers, n. 66, 2002, pp. 15-44.*

autónoma, siendo el país de nacimiento España, que retornan a Andalucía ha tenido un comportamiento irregular desde el año 2008 muy probablemente debido a la crisis económica antes referida y al efecto de la pandemia. Si bien es cierto que desde el año 2010 hay un descenso y el número de personas que vuelven a Andalucía pasa a tener un saldo negativo. Esto significa que aumenta el número de personas que salen de Andalucía en relación a los que vuelve. La serie sigue descendiendo hasta el año 2018 pero (aún no ha comenzado la pandemia en España y ya finaliza la crisis económica) el descenso disminuye de una manera destacada. Desde el año 2019, el número de españoles que retornan a Andalucía presenta, como se puede observar en la curva, un importante aumento hasta el año 2021, último dato conocido. Consideramos que hay que destacar que los datos de los años 2019, 2020 y 2021 recogen el efecto de la pandemia pero, a nuestro entender, también los del fin de la crisis económica antes mencionada. Los datos vuelven a ser positivos durante esos tres últimos años objeto de este estudio, datos que indican un claro retorno a Andalucía siendo éste más elevado durante los dos últimos años.

Para finalizar, si comparamos los años 2008 y 2021 existe un importante aumento (196.78%) en el flujo total de personas que retornan a Andalucía y también queremos destacar que el flujo más importante entre años se produce en el rango 2019-2020 con un incremento del 988,8% (dato que recoge claramente los efectos de la pandemia). Los datos que mayor saldo negativo presentan corresponden a los años 2016 y 2017 (años en los que mayor número de andaluces inician una migración).

Tabla 1. Flujo de personas a Andalucía procedentes del resto de España por año. Personas con nacionalidad española (todas las edades)

Año	2021	2020	2019	2018	2017	2016	2015
Total	6112	5310	537	-3824	-8572	-7994	-5458

Año	2014	2013	2012	2011	2010	2009	2008
Total	-5147	-6576	-5917	-3861	-1614	815	3106

Fuente: Elaboración propia en base a datos del INE

Gráfico 1. Flujo de personas a Andalucía desde otros lugares de España

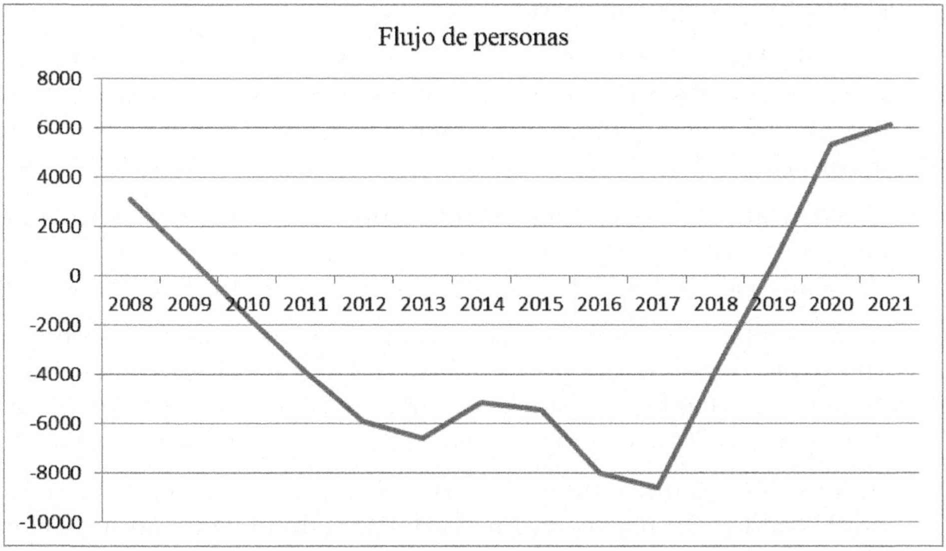

Flujo de personas

Elaboración propia

2.2. Saldo migratorio con el extranjero de personas, con nacionalidad española, que han retornado a cada provincia andaluza

En la tabla 2, presentamos un análisis de las personas que tienen nacionalidad española que retornan a cada provincia andaluza, desde el extranjero, según los datos del INE.

Como se puede observar sólo existen tres datos positivos: uno para la provincia de Córdoba (2008) y dos para la provincia de Málaga (2019 y 2021) lo que significa que salvo en esos tres casos el resto de datos de la serie indican que es mayor el número de andaluces que migran al extranjero que los que vuelven.

Si analizamos el comportamiento por provincias, éste es desigual pero estudiémoslo provincia a provincia:

1. Sevilla: Desde 2008 y hasta 2016 el incremento negativo va aumentando. En 2017 este incremento disminuye año tras año pero en 2020 y 2021 vuelve a aumentar.

2. Málaga: Desde 2018 hasta 2013 existe un incremente negativo. En el año 2014 éste es incremento disminuye, de manera leve, pero en 2015 sufre una importante caída a pesar de seguir siendo negativo. En 2016 vuelve a incrementarse sensiblemente y, a partir, de 2017 disminuye de manera

constante, siendo positivo en 2019, negativo en 2020 y, de nuevo, positivo en 2021. Es una serie muy irregular.

3. Jaén: Toda la serie es negativa desde 2008 pero el incremento es muy suave e incluso disminuyendo en algún año de manera puntual. No obstante, en 2015 hay un fuerte incremento negativo estabilizándose la serie a partir de 2016.

4. Huelva: En este caso, la serie tiene una tendencia suave pero negativa en todo el periodo estudiado. No obstante, durante los años 2016 a 2021 el incremento es inferior al del año 2017 aunque a partir de 2020 aumenta.

5. Granada: Entre 2008 y 2015 el comportamiento de la serie es más bien estable (incremento suave y constante) a pesar de que en el año 2012 hay un comportamiento distinto. A partir de 2016, la serie comienza a disminuir pero en 2021 se refleja un importante incremento negativo.

6. Córdoba: El único dato positivo aparece en 2008, a partir de ese año todos los saldos son negativos. En Córdoba, es donde encontramos el comportamiento más desigual de todas las provincias puesto que se suceden los incrementos y descensos de manera casi consecutiva entre años. El mayor incremento negativo se produce entre 2014 y 2015 siendo el mayor descenso entre 2015 y 2016. Desde 2017 la serie disminuye hasta que en 2020 vuelve a aumentar, siendo inferior el dato en 2021.

7. Cádiz: Existe un comportamiento muy parecido (aumentos en saldos negativos suaves y constantes) entre 2008 y 2014. En 2015, mayor saldo negativo de la serie, hay un importante incremento comenzando a disminuir al año siguiente hasta que, en 2019, vuelve a aumentar año tras año.

8. Almería: Entre 2008 y 2014 existe un comportamiento muy parecido (aumentos en saldos negativos suaves y constantes). En 2015, el dato es inferior al del año anterior, pero aumenta, de nuevo, en 2016. Los datos de 2016 a 2019 son muy similares (se estaciona la serie). En 2019 disminuye el saldo negativo que vuelve a aumentar en 2020 con un dato muy similar al de 2021.

Tabla 2. Saldo migratorio con el extranjero por provincia andaluza, año y ciudadanos con nacionalidad española

Año	*2021*	*2020*	*2019*	*2018*	*2017*	*2016*	*2015*
Total	-2800	-2515	-1665	-2206	-3412	-5021	-5452
Almería	-376	-372	-299	-407	-425	-467	-323
Cádiz	-355	-313	-227	-173	-576	-663	-1087

Córdoba	-207	-242	-75	-194	-276	-326	-795
Granada	-485	-297	-345	-263	-405	-612	-822
Huelva	-111	-159	-96	-138	-195	-226	-336
Jaén	-265	-210	-195	-172	-193	-286	-557
Málaga	96	-105	194	-234	-427	-1202	-331
Sevilla	-1097	-817	-622	-625	-915	-1239	-1201

Año	**2014**	**2013**	**2012**	**2011**	**2010**	**2009**	**2008**
Total	**-5124**	**-4812**	**-3085**	**-2751**	**-1596**	**-1142**	**-437**
Almería	-552	-523	-258	-229	-159	-144	-29
Cádiz	-681	-572	-404	-299	-214	-163	-86
Córdoba	-362	-420	-184	-134	-53	-60	**14**
Granada	-735	-604	-365	-418	-235	-133	-80
Huelva	-257	-159	-146	-115	-69	-34	-32
Jaén	-283	-208	-131	-133	-84	-56	-80
Málaga	-1140	-1215	-909	-776	-447	-335	-10
Sevilla	-1114	-1111	-688	-647	-335	-217	-134

Fuente: Elaboración propia en base a datos del INE.

En las siguientes figuras, presentamos un mapa en el que se puede analizar el saldo global por provincias en Andalucía desde 2008 y hasta 2021. También se indica una leyenda para una mejor comprensión de los mapas.

Figura 1. Comparativa de saldos migratorio con el extranjero por provincia andaluza y nacionalidad española. Años 2008-2021

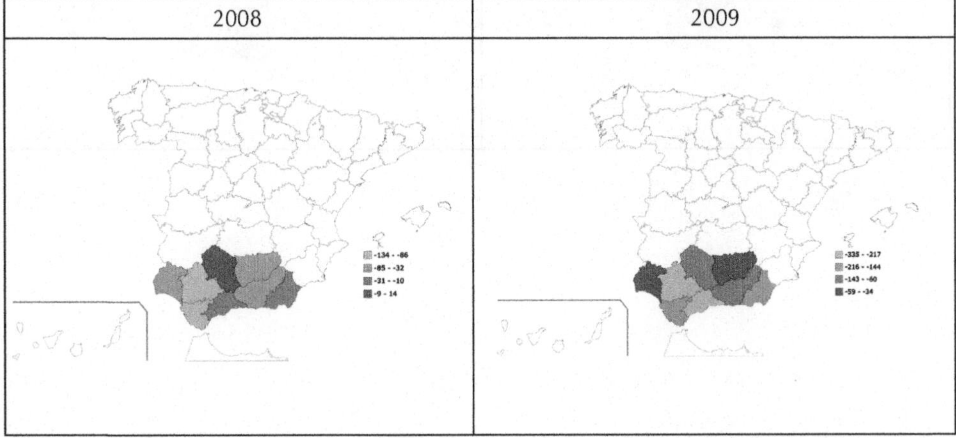

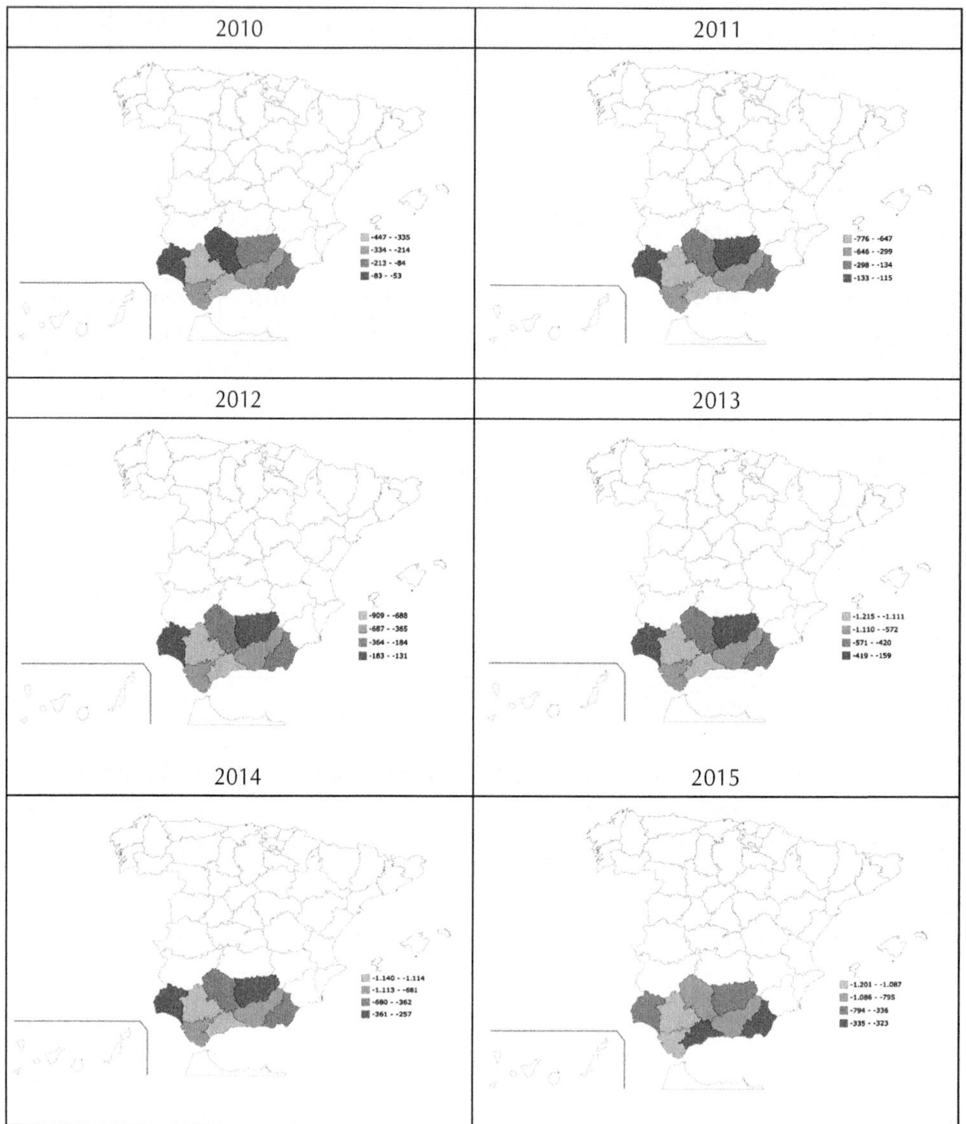
2010
-447 - -335
-334 - -214
-213 - -84
-83 - -53
2011
-776 - -647
-646 - -299
-298 - -134
-133 - -115
2012
-909 - -688
-687 - -365
-364 - -184
-183 - -131
2013
-1.215 - -1.111
-1.110 - -572
-571 - -420
-419 - -159
2014
-1.140 - -1.114
-1.113 - -681
-680 - -362
-361 - -257
2015
-1.201 - -1.087
-1.086 - -795
-794 - -336
-335 - -323

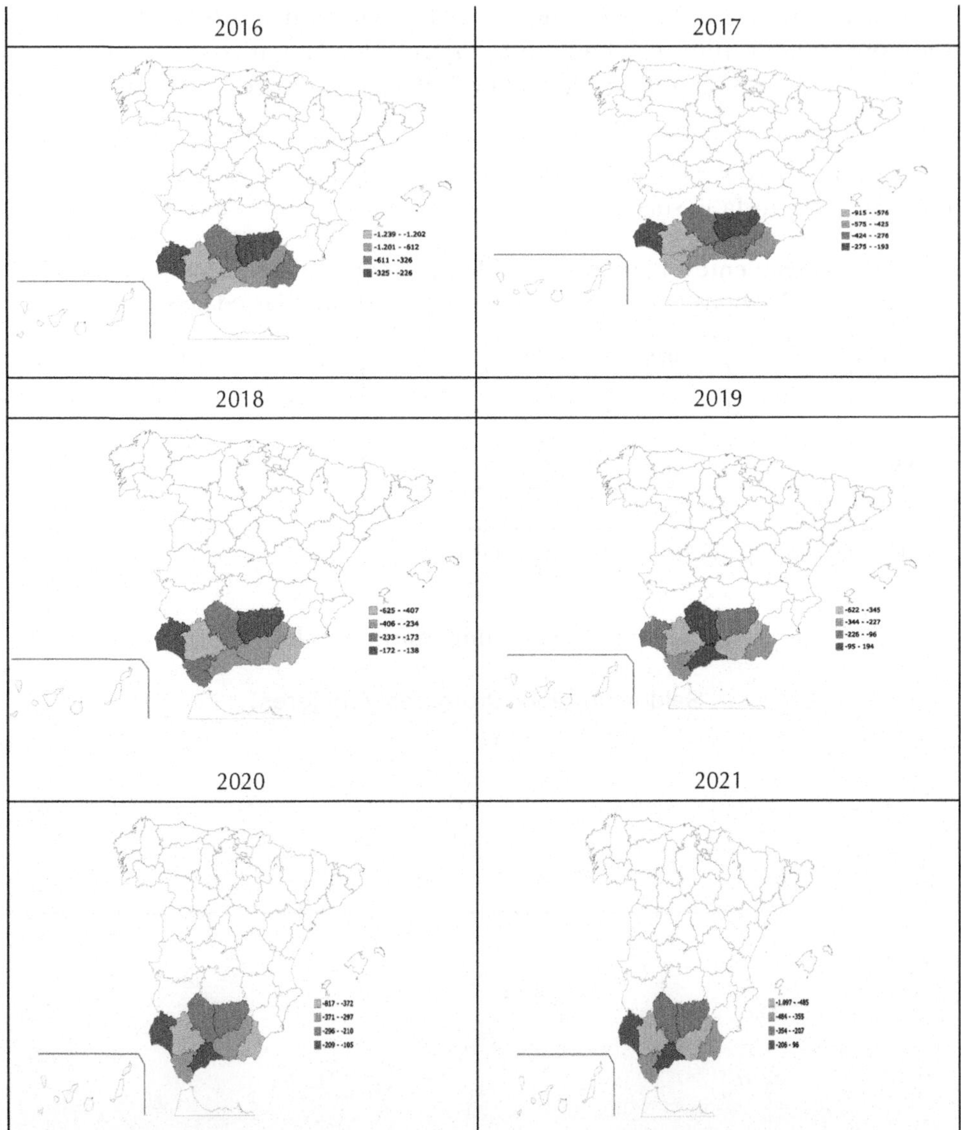

Fuente: Instituto Nacional de Estadística

Si nos fijamos en la serie que incluye los datos de todas las provincias, todos los años de la serie Andalucía ha tenido un flujo negativo. Este flujo es constante entre 2008 y 2015. El dato de 2016 es similar aunque, a partir de 2017, el saldo negativo comienza a descender (ver tabla 3 y gráfico 2) coincidiendo con el final de la crisis económica. El saldo se incrementa a partir de 2020.

Es importante destacar también que la serie indica que en 14 años (serie temporal completa) se ha pasado de un saldo negativo de —437 (2008) a un saldo negativo también de —2800 (2021) andaluces que han salido de Andalucía, es decir casi un 640%.

El gráfico 2, en este caso, refleja de manera clara y visual los cambios de tendencia en toda la serie.

Tabla 3. Movimientos migratorios. Saldo migratorio con el extranjero por año. Personas con nacionalidad española (todas las edades)

Año	2021	2020	2019	2018	2017	2016	2015
Total	-2800	-2515	-1665	-2206	-3412	-5021	-5452

Año	2014	2013	2012	2011	2010	2009	2008
Total	-5124	-4812	-3085	-2751	-1596	-1142	-437

Fuente: Elaboración propia en base a datos del INE.

Gráfico 2. Saldo migratorio (totales)

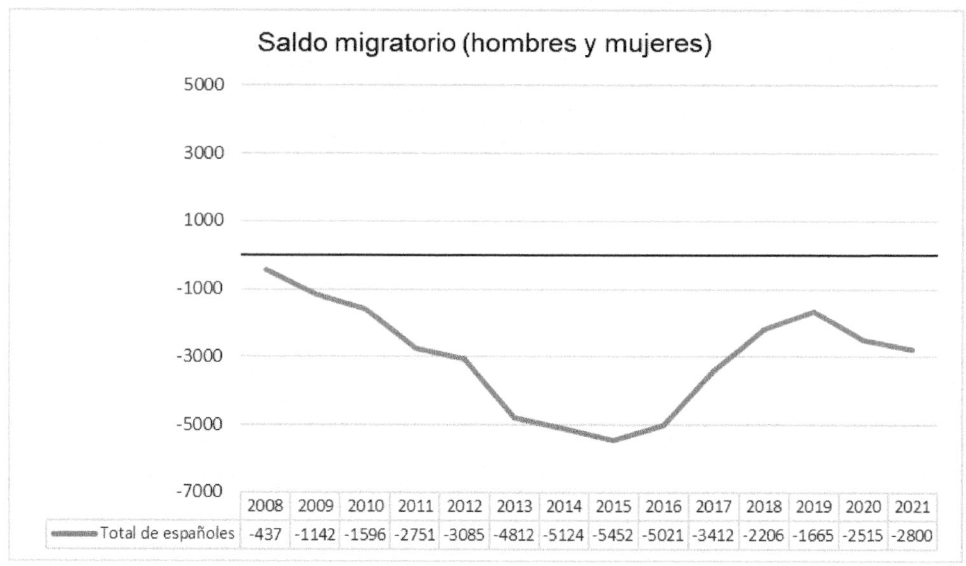

Elaboración propia (comparativa 2008-2019 hombres y mujeres)

Las tablas 4 y 5 indican los datos para el saldo migratorio por sexo. También se presentan estos datos en los gráficos 3 y 4 y una comparativa en el gráfico 5.

Sí es cierto que en todos los casos y es una de las conclusiones más interesantes, el cambio de tendencia, a partir de 2015, es evidente y la pendiente de la serie es muy acusada, no es tan sinuosa como ocurre en años previos. Esto indica una importante y rápida recuperación (disminución de población que se marcha de Andalucía en relación a la que retorna). No obstante, también se aprecia que, una vez pasado el período más difícil de la pandemia, la tendencia, de nuevo, tiende a incrementar el número de andaluces que sale de Andalucía.

Tabla 4. Movimientos migratorios en Andalucía por provincias y total. Saldo migratorio con el extranjero por año. Personas con nacionalidad española (todas las edades) y sexo hombre

Año	**2021**	**2020**	**2019**	**2018**	**2017**	**2016**	**2015**
Total	-1612	-1507	-827	-1394	-1886	-2527	-2857
Almería	-204	-193	-175	-233	-228	-217	-187
Cádiz	-199	-206	-115	-126	-314	-339	-572
Córdoba	-119	-150	-29	-105	-134	-159	-432
Granada	-273	-161	-163	-189	-247	-276	-414
Huelva	-65	-103	-64	-86	-131	-128	-175
Jaén	-133	-114	-83	-98	-112	-156	-293
Málaga	-28	-65	**115**	-177	-260	-651	-144
Sevilla	-591	-515	-313	-380	-460	-601	-640

Año	**2014**	**2013**	**2012**	**2011**	**2010**	**2009**	**2008**
Total	-2785	-2590	-1690	-1556	-893	-621	-269
Almería	-312	-288	-138	-136	-88	-78	-4
Cádiz	-377	-312	-232	-179	-119	-97	-51
Córdoba	-205	-221	-111	-73	-44	-38	-8
Granada	-409	-357	-198	-251	-123	-74	-46
Huelva	-132	-82	-60	-64	-30	-13	-26
Jaén	-138	-113	-63	-65	-46	-40	-52
Málaga	-595	-624	-484	-464	-260	-166	**28**
Sevilla	-617	-593	-404	-324	-183	-115	-110

Fuente: Elaboración propia en base a datos del INE.

Gráfico 3[5]. Saldo migratorio (hombres) en Andalucía

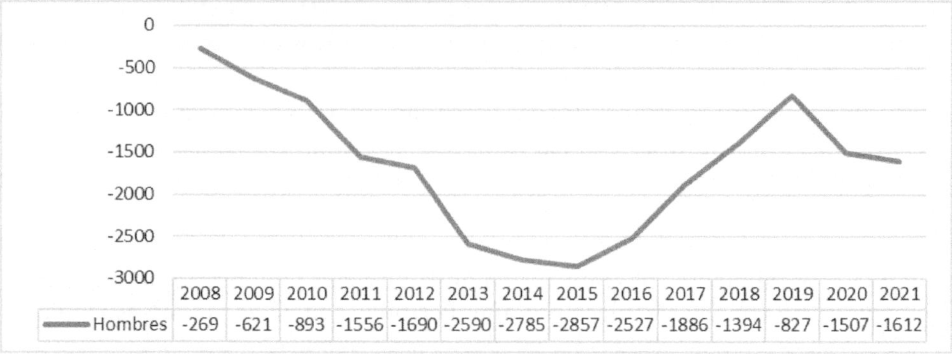

	2008	2009	2010	2011	2012	2013	2014	2015	2016	2017	2018	2019	2020	2021
Hombres	-269	-621	-893	-1556	-1690	-2590	-2785	-2857	-2527	-1886	-1394	-827	-1507	-1612

Fuente: Elaboración propia (comparativa 2008-2021 hombres)

En el caso de sexo hombre, los datos nos indican un constante incremento del saldo negativo desde 2008, incremento que se suaviza entre los años 2013 y 2015 siendo el saldo es muy similar lo que es una pequeña diferencia con el total. También se aprecia con claridad que desde 2015 disminuye de una manera considerable el saldo negativo de número de andaluces que migran desde Andalucía. Después de 2019 hay una vertiginosa caída (debida a la pandemia) en la serie que se suaviza en 2021.

Tabla 5. Movimientos migratorios en Andalucía por provincias y total. Saldo migratorio con el extranjero por año. Personas con nacionalidad española (todas las edades) y sexo mujer.

Año	2021	2020	2019	2018	2017	2016	2015
Total	-1188	-1008	-838	-812	-1526	-2493	-2594
Almería	-172	-179	-124	-174	-197	-250	-136
Cádiz	-156	-107	-112	-47	-262	-324	-515
Córdoba	-88	-92	-46	-89	-142	-166	-363
Granada	-212	-136	-182	-74	-158	-336	-407
Huelva	-46	-56	-32	-52	-64	-98	-161
Jaén	-132	-96	-112	-74	-81	-130	-264
Málaga	**124**	-40	**79**	-57	-167	-551	-187
Sevilla	-506	-302	-309	-245	-455	-638	-561

5 Se ha utilizado una escala menor en el gráfico 3 por la naturaleza de los datos y para poder realizar mejor la comparativa por sexos.

Año	2014	2013	2012	2011	2010	2009	2008
Total	-2338	-2223	-1397	-1195	-706	-522	-168
Almería	-240	-235	-120	-93	-72	-66	-25
Cádiz	-304	-260	-172	-121	-95	-66	-35
Córdoba	-157	-199	-73	-61	-9	-22	**22**
Granada	-326	-248	-167	-166	-112	-59	-34
Huelva	-125	-77	-87	-51	-40	-21	-6
Jaén	-144	-95	-68	-68	-38	-16	-28
Málaga	-545	-591	-426	-312	-188	-170	-38
Sevilla	-497	-518	-284	-323	-152	-102	-24

Fuente: Elaboración propia en base a datos del INE.

Gráfico 4. Saldo migratorio (mujeres) en Andalucía[6]

Fuente: Elaboración propia (comparativa 2008-2021 mujeres) en base a datos del INE

En el caso de sexo mujer, los datos nos indican que hay un pronunciado aumento entre 2018 y 2013 del saldo negativo que se suaviza entre los años 2013 y 2015. En 2015, varía la tendencia pero vuelve a observarse un nuevo

6 Se ha utilizado una escala menor en el gráfico 4 por la naturaleza de los datos y para poder realizar mejor la comparativa por sexos.

cambio de tendencia en 2018. Después de 2018 hay un nuevo incremento del saldo negativo pero más suave hasta el dato de 2021.

Finalmente, el gráfico 5 ofrece una comparativa por sexo en la que se puede comprobar un comportamiento muy parecido ya sea el sexo hombre o mujer. Si bien es cierto que los datos de retorno a Andalucía cuando miramos con detalle esta comparativa, nos indican que inician la migración un número siempre inferior de mujeres y retornan a Andalucía generalmente más mujeres que hombres (datos basados en el saldo año por año).

Gráfico 5. Saldo migratorio (comparativa hombres y mujeres)[7]

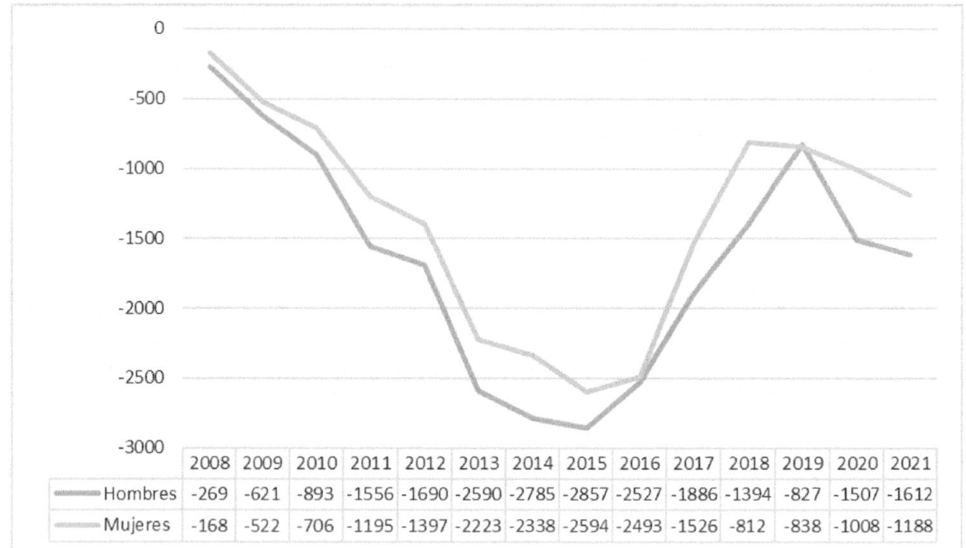

	2008	2009	2010	2011	2012	2013	2014	2015	2016	2017	2018	2019	2020	2021
Hombres	-269	-621	-893	-1556	-1690	-2590	-2785	-2857	-2527	-1886	-1394	-827	-1507	-1612
Mujeres	-168	-522	-706	-1195	-1397	-2223	-2338	-2594	-2493	-1526	-812	-838	-1008	-1188

Elaboración propia (comparativa por sexo 2008-2021) en base a datos del INE

2.3. Saldo migratorio con el extranjero de personas, con nacionalidad española, que han retornado a cada provincia andaluza

A continuación, realizaremos un estudio por rango de edades teniendo en cuenta el saldo migratorio con el extranjero por año y considerando a personas con nacionalidad española. Presentaremos una tabla (tabla 6)

7 Se ha utilizado una escala menor en el gráfico 5 por la naturaleza de los datos y para poder realizar mejor la comparativa por sexos.

que incluya grupos de edad y que son muy próximos a los que se suelen analizar cuando estudiamos el mercado laboral. Esta tabla nos permitirá obtener nuevas conclusiones gracias a los gráficos asociados a ella.

Tabla 6. Saldo migratorio con el extranjero por año y por provincias. Personas con nacionalidad española por grupos de edad reducidos (ambos sexos)

Tabla 6.1. Provincia de Almería.

Año	**2021**	**2020**	**2019**	**2018**	**2017**	**2016**	**2015**
Total	-376	-372	-299	-407	-425	-467	-323
0-14 años	-72	-65	-51	-44	-71	-69	-68
15-19	-22	-27	-1	-8	-14	-14	2
20-24	-30	-34	-14	-27	-24	-32	-27
25-54	-259	-253	-264	-302	-329	-369	-276
55-69	-4	1	23	-40	11	14	29
70 ó más	11	6	8	14	2	3	18

Año	**2014**	**2013**	**2012**	**2011**	**2010**	**2009**	**2008**
Total	-552	-523	-258	-229	-159	-144	-29
0-14 años	-99	-103	-52	-60	-27	-57	-14
15-19	-10	-15	-10	-5	0	-6	2
20-24	-40	-30	-17	-11	1	-5	-5
25-54	-379	-354	-194	-175	-105	-104	-34
55-69	-21	-16	18	24	-17	13	31
70 ó más	0	-5	-4	-1	-11	17	-11

Fuente: Elaboración propia en base a datos del INE.

Tabla 6.2. Provincia de Cádiz.

Año	**2021**	**2020**	**2019**	**2018**	**2017**	**2016**	**2015**
Total	-355	-313	-227	-173	-576	-663	-1087
0-14 años	30	67	56	70	-10	-12	-133
15-19	-9	-1	5	10	21	-16	-28
20-24	-28	-29	-44	-20	-52	-64	-71
25-54	-374	-345	-299	-289	-564	-621	-863
55-69	32	4	47	39	14	28	-4
70 ó más	-6	-9	8	17	15	24	13

Año	2014	2013	2012	2011	2010	2009	2008
Total	-681	-572	-404	-299	-214	-163	-86
0-14 años	-98	-42	-4	-14	37	4	4
15-19	-12	-4	8	-1	-6	-16	0
20-24	-63	-43	-43	-19	-33	-12	-16
25-54	-545	-482	-389	-331	-226	-187	-133
55-69	31	2	35	43	26	39	58
70 ó más	6	-5	-11	24	-13	10	2

Fuente: Elaboración propia en base a datos del INE

Tabla 6.3. Provincia de Córdoba.

Año	2021	2020	2019	2018	2017	2016	2015
Total	-207	-242	-75	-194	-276	-326	-795
0-14 años	2	-4	45	16	-5	0	-72
15-19	-1	-10	6	-9	-12	7	-23
20-24	-23	-7	-22	-26	-20	-33	-58
25-54	-199	-220	-145	-209	-246	-303	-638
55-69	0	4	23	19	-2	6	-2
70 ó más	14	-5	18	15	9	-4	-3

Año	2014	2013	2012	2011	2010	2009	2008
Total	-362	-420	-184	-134	-53	-60	14
0-14 años	-12	-60	-24	8	18	-7	31
15-19	-9	-8	-10	-1	0	-8	6
20-24	-28	-30	-20	-6	-3	-4	0
25-54	-308	-317	-167	-156	-103	-74	-49
55-69	-9	1	29	15	16	24	21
70 ó más	4	-9	9	5	18	10	7

Fuente: Elaboración propia en base a datos del INE

Tabla 6.4. Provincia de Granada.

Año	2021	2020	2019	2018	2017	2016	2015
Total	-485	-297	-345	-263	-405	-612	-822
0-14 años	25	16	63	59	30	-19	-86

Año	2021	2020	2019	2018	2017	2016	2015
15-19	-2	-2	-7	20	3	-10	-15
20-24	-28	-27	-6	-22	-48	-48	-66
25-54	-421	-300	-430	-327	-420	-563	-693
55-69	-40	23	44	8	7	19	32
70 ó más	-19	-7	-9	-1	23	11	6

Año	2014	2013	2012	2011	2010	2009	2008
Total	-735	-604	-365	-418	-235	-133	-80
0-14 años	-124	-54	-8	-45	-20	-45	-14
15-19	-8	2	-7	-7	3	-2	-1
20-24	-44	-47	-31	-32	-20	-18	6
25-54	-575	-506	-336	-351	-229	-133	-155
55-69	12	1	9	19	20	54	63
70 ó más	7	0	9	-1	11	12	23

Fuente: Elaboración propia en base a datos del INE

Tabla 6.5. Provincia de Huelva.

Año	2021	2020	2019	2018	2017	2016	2015
Total	-111	-159	-96	-138	-195	-226	-336
0-14 años	7	4	-14	10	-36	-27	-45
15-19	-5	0	1	-22	-5	-11	-14
20-24	-15	-12	-14	-2	-13	-27	-16
25-54	-98	-144	-92	-141	-151	-169	-266
55-69	-11	-9	16	10	-4	-5	-1
70 ó más	11	2	7	7	14	14	7

Año	2014	2013	2012	2011	2010	2009	2008
Total	-257	-159	-146	-115	-69	-34	-32
0-14 años	-26	-22	-20	-9	-10	-3	-3
15-19	-5	-2	-10	-3	-5	-1	0
20-24	-15	-16	-8	-9	-10	-3	-1
25-54	-202	-122	-116	-94	-53	-35	-51
55-69	-8	2	12	3	11	8	22
70 ó más	0	2	-4	-3	-2	0	2

Fuente: Elaboración propia en base a datos del INE

Tabla 6.6. Provincia de Jaén.

Año	2021	2020	2019	2018	2017	2016	2015
Total	-265	-210	-195	-172	-193	-286	-557
0-14 años	-35	-5	22	13	10	-36	-57
15-19	-18	-10	-3	-8	-5	-5	-3
20-24	-12	-24	-24	-3	-27	-20	-38
25-54	-203	-172	-199	-176	-170	-237	-450
55-69	-3	-9	-2	-2	-8	8	-4
70 ó más	6	10	11	4	7	6	-3

Año	2014	2013	2012	2011	2010	2009	2008
Total	-283	-208	-131	-133	-84	-56	-80
0-14 años	-51	-24	-9	-1	3	3	-7
15-19	-3	0	-2	0	-10	1	-4
20-24	-20	-19	-19	-10	-9	-7	-8
25-54	-220	-170	-114	-118	-73	-55	-63
55-69	8	8	11	-1	8	1	3
70 ó más	3	-3	2	-3	-2	2	-2

Fuente: Elaboración propia en base a datos del INE

Tabla 6.7. Provincia de Málaga.

Año	2021	2020	2019	2018	2017	2016	2015
Total	96	-105	194	-234	-427	-1202	-331
0-14 años	173	113	263	89	42	-134	31
15-19	45	3	51	-14	10	-21	-11
20-24	-11	-17	-8	-32	-54	-122	-20
25-54	-256	-256	-324	-422	-544	-974	-486
55-69	108	54	144	90	54	28	96
70 ó más	37	-2	68	55	65	19	60

Año	2014	2013	2012	2011	2010	2009	2008
Total	-1140	-1215	-909	-776	-447	-335	-10
0-14 años	-150	-185	-173	-74	-75	-82	23
15-19	-50	-49	-29	-43	6	-21	3
20-24	-77	-83	-68	-46	-46	-16	9
25-54	-967	-881	-693	-642	-369	-257	-192
55-69	58	2	61	26	50	35	102
70 ó más	47	-18	-7	3	-14	6	45

Fuente: Elaboración propia en base a datos del INE

Tabla 6.8. Provincia de Sevilla.

Año	2021	2020	2019	2018	2017	2016	2015
Total	-1097	-817	-622	-625	-915	-1239	-1201
0-14 años	-32	-2	65	27	-26	-128	-62
15-19	5	-25	19	-7	-8	-7	7
20-24	-84	-24	-54	-53	-56	-94	-80
25-54	-821	-679	-648	-638	-828	-1010	-1119
55-69	-79	-53	20	33	0	-18	33
70 ó más	-86	-34	-24	13	3	16	20

Año	2014	2013	2012	2011	2010	2009	2008
Total	-1114	-1111	-688	-647	-335	-217	-134
0-14 años	-87	-151	2	-51	4	16	8
15-19	-34	0	-9	-9	-8	-19	9
20-24	-72	-69	-54	-56	-10	-17	-5
25-54	-950	-899	-624	-560	-316	-231	-219
55-69	17	11	-10	28	-3	31	59
70 ó más	12	-3	8	2	-2	4	16

Fuente: Elaboración propia en base a datos del INE.

Analizaremos ahora los gráficos que indicábamos antes. Presentamos siete diagramas de barras[8] para cada uno de los subgrupos reducidos que hemos considerado teniendo en cuenta los datos de las ocho provincias de manera conjunta. En todos los gráficos, se representan las ocho provincias andaluzas año tras año y en sentido descendiente (2021 a 2008). A cada provincia se le ha dotado de un color para poder identificar, con mayor precisión, el comportamiento a lo largo de la serie temporal.

---

8 Los cambios de escala, en los distintos gráficos, están motivados por el volumen de los datos en cada diagrama. Se presentan así para que las conclusiones se observen con mayor claridad.

Gráfico 6.1. Edad comprendida entre 0 y 14 años

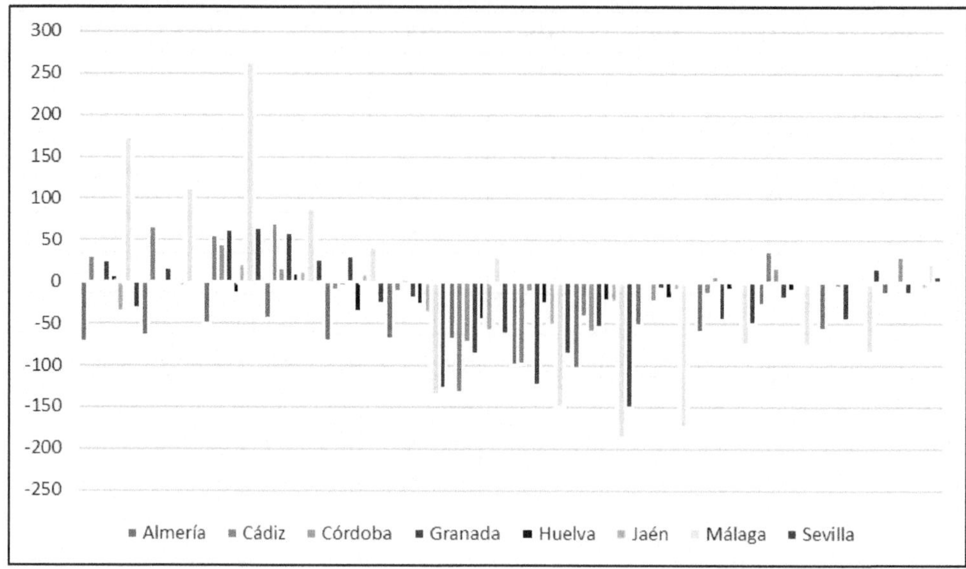

Fuente: Elaboración propia

Como se puede observar la serie de Almería presenta todo su saldo negativo en toda la serie. También se puede apreciar que prácticamente toda la serie es negativa hasta el año 2017 donde se vuelve positiva con la salvedad, ya indicada, de Almería. Esto significa, en términos generale, que entre 2008 y 2017 se desplazaban de Andalucía más niños con una edad entre 0 y 14 años de los que regresaban. Esta tendencia cambia en 2017.

Gráfico 6.2. Edad comprendida entre 15 y 19 años

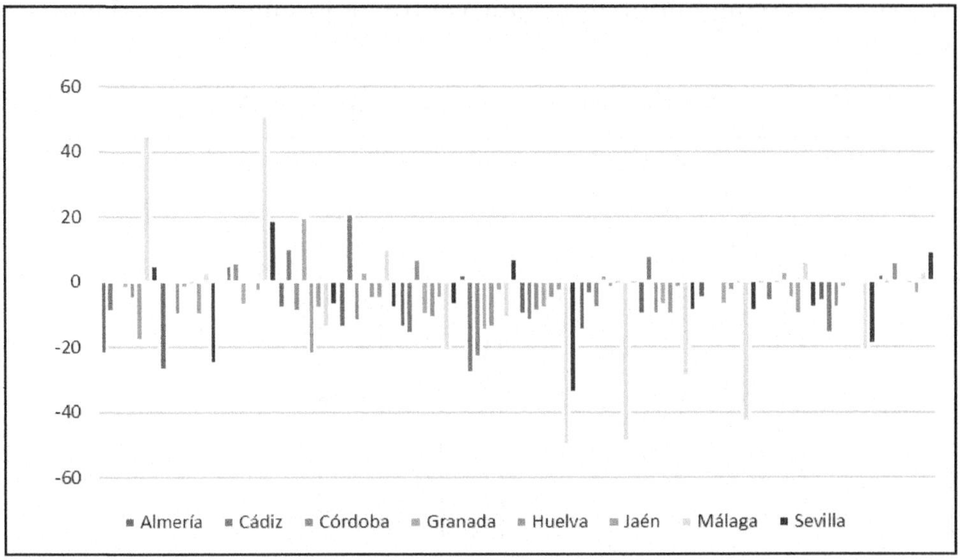

60
40
20
0
-20
-40
-60
Almería
Cádiz
Córdoba
Granada
Huelva
Jaén
Málaga
Sevilla

Fuente: Elaboración propia

El comportamiento de los adolescentes es prácticamente el mismo durante toda la serie y en todas las provincias, es decir saldo negativo. Cabe destacar el saldo positivo de Sevilla en 2019 y 2021.

Gráfico 6.3. Edad comprendida entre 20 y 24 años

20
0
-20
-40
-60
-80
-100
-120
-140
Almería
Cádiz
Córdoba
Granada
Huelva
Jaén
Málaga
Sevilla

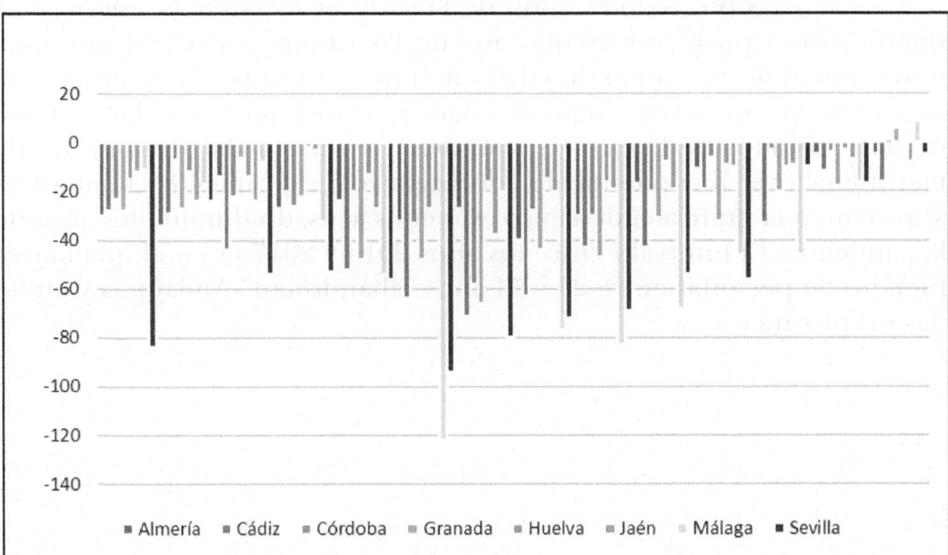

Fuente: Elaboración propia

Destaca, con claridad, que durante casi toda la serie y en todas las provincias el saldo migratorio es negativo entre los jóvenes con edad entre 20 y 24 años.

Gráfico 6.4. Edad comprendida entre 25 y 54 años

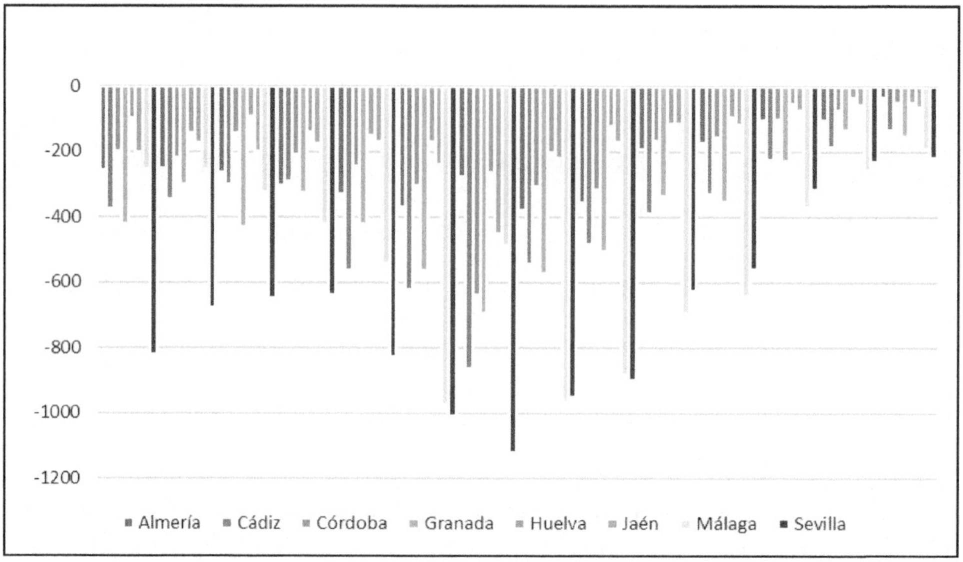

0
-200
-400
-600
-800
-1000
-1200
Almería Cádiz Córdoba Granada Huelva Jaén Málaga Sevilla

Fuente: Elaboración propia

En esta ocasión, todo el saldo de la serie es negativo lo que es muy significativo. Consideramos que una de las causas podría ser que estamos estudiando un rango de edad en el que la búsqueda de empleo es más activa que en otros rangos de edad. Se comprueba con claridad que durante los años de la crisis económica y, en particular durante los de mayor efecto, se incrementa el saldo negativo. Lógicamente y también se aprecian en la gráfica el descenso es menos acusado durante los años de la pandemia. El intervalo entre los años 2013 y 2017 es en el que mayor número de personas entre 25 y 54 años "abandonan" Andalucía y en todas sus provincias.

Gráfico 6.5. Edad comprendida entre 55 y 69 años

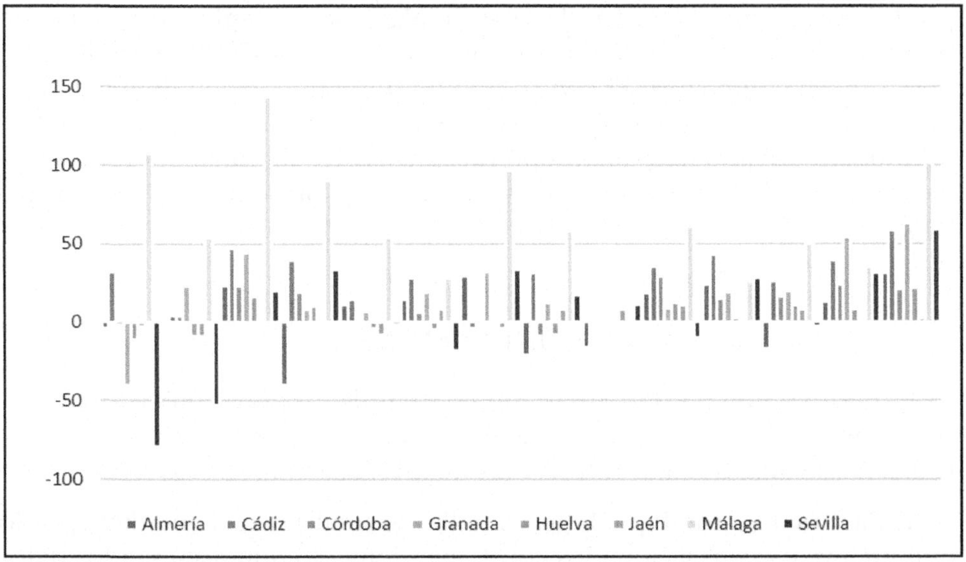

150
100
50
0
-50
-100
Almería
Cádiz
Córdoba
Granada
Huelva
Jaén
Málaga
Sevilla

Fuente: Elaboración propia

En esta ocasión, ocurre prácticamente lo contrario al gráfico anterior, prácticamente todos los datos del gráfico son de saldo positivo a excepción de algunos datos del año 2021. Si debemos destacar que, en las provincias de Almería, Huelva y Jaén, en más de un año, el saldo es negativo.

Gráfico 6.6. Personas con más de 70 años de edad

80
60
40
20
0
-20
-40
-60
-80
-100
Almería
Cádiz
Córdoba
Granada
Huelva
Jaén
Málaga
Sevilla

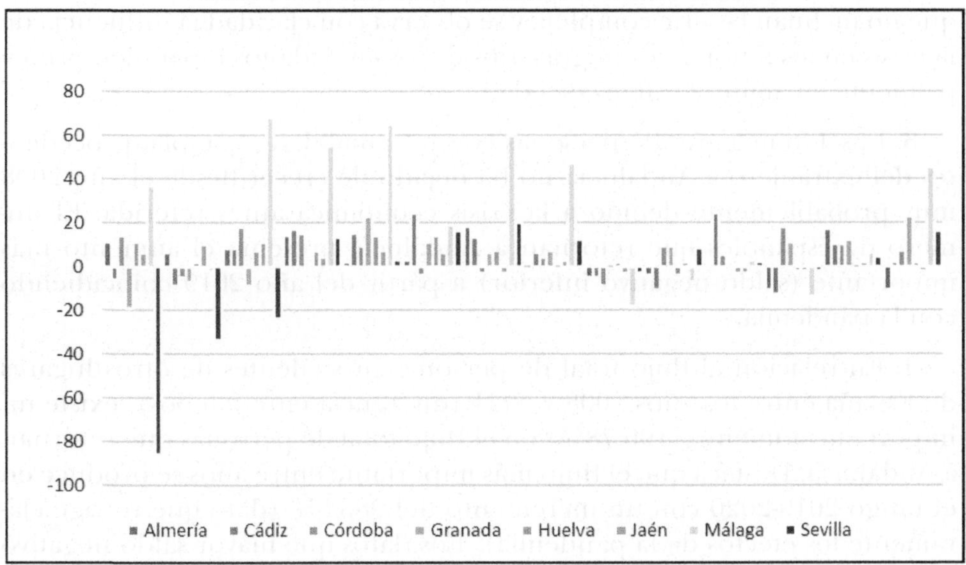

Fuente: Elaboración propia

En esta última serie, las personas con 70 años ó más presentan un saldo positivo prácticamente en toda la serie algo que es lógico al tratarse de personas de una cierta edad que ya retornan a su provincia de origen. No obstante, es significativo el comportamiento de este grupo de edad en la provincia de Sevilla puesto que arroja un saldo negativo durante los tres últimos años objeto de este estudio (2019 a 2021). También queremos destacar que en 2020 cinco provincias más también presentan un saldo negativo.

3. CONCLUSIONES

El periodo que ha sido analizado contempla los años 2008 a 2021, ambos inclusive. Las principales conclusiones que se pueden extraer de este trabajo, así como algunas futuras vías de investigación, son las siguientes:

1. La serie temporal que hemos analizado finaliza en el año 2021 por lo que incluye datos relacionados con la pandemia lo que no sesga los datos analizados. No obstante, sería muy conveniente analizar los datos de 2022 e incluso 2023 para comprobar de qué manera ha afectado esta pandemia a los fenómenos migratorios en Andalucía, una vez superada ésta.

2. En este estudio se refleja también el efecto de la crisis económica que comenzó en 2008 y que, en Andalucía igual que en el resto del país, tuvo una duración de prácticamente diez años. Completa estudios anteriores que no incluían la serie completa y se observa con claridad la influencia de la crisis en los fenómenos migratorios de los ciudadanos españoles, principalmente en algunos rangos de edad.

3. El saldo negativo de personas con nacionalidad española, procedentes del extranjero a Andalucía no ha dejado de crecer desde el año 2008 muy probablemente debido a la crisis económica antes referida. El número de españoles que retornan a Andalucía presenta el aumento más importante (saldo negativo inferior) a partir del año 2019 coincidiendo con la pandemia.

4. En relación al flujo total de personas procedentes de otros lugares de España entre los años 2008 y 2021 (diferencia entre ambos), existe un importante aumento (196.78%) en el flujo total de personas que retornan a Andalucía. Destaca que el flujo más importante entre años se produce en el rango 2019-2020 con un incremento del 988.8% (dato que recoge claramente los efectos de la pandemia). Los datos que mayor saldo negativo presentan corresponden a los años 2016 y 2017.

5. Los datos globales analizados indican que es mayor el número de andaluces que migran al extranjero que los que vuelven.

6. En términos globales, los datos relacionados con el flujo de personas, de nacionalidad española, procedentes del extranjero presenta un cambio de tendencia, a partir de 2015. Esto indica una importante y rápida recuperación (disminución de población que se marcha de Andalucía en relación a la que retorna). Después de 2019 la tendencia cambia.

7. En relación a los datos relacionados con el flujo de personas de nacionalidad española, sin distinción de sexo, procedentes del extranjero analizado por provincias y grupos de edad, queremos destacar que los ciudadanos entre 20 y 54 años presentan una serie de saldo negativo constante prácticamente durante todos los años. Es siempre negativa en los años (25 a 54) en los que la búsqueda de empleo es más activa que en otros rangos de edad.

8. A partir de los 55 años, en términos generales, el saldo es positivo, es decir, el número de andaluces que retornan supera a los que migran.

9. Debería realizarse, en trabajos futuros, un análisis de rangos de edad por sexo para comprobar si existe un comportamiento distinto.

10. Debería realizarse también un análisis para comparar qué provincias españolas atraen a más migrantes andaluces y cuáles son las que menos atracción producen. Sería importante, de igual forma, hacer un análisis similar entre los países de la Unión Europea.

Capítulo 6
Retorno de andaluces en el contexto de las ciudadanías autonómicas

MARÍA DEL CARMEN BURGOS GOYE
Profesora Contratada Doctora
Departamento de Derecho del Trabajo y de la Seguridad Social
Universidad de Granada

"En aquel Imperio, el Arte de la Cartografía logró tal perfección que el Mapa de una sola provincia ocupaba toda una ciudad, y el Mapa del Imperio toda una provincia. Con el tiempo, estos Mapas Desmesurados no satisficieron y los Colegios de Cartógrafos levantaron un Mapa del Imperio, que tenía el tamaño del Imperio y coincidía puntualmente con él. Menos adictas al estudio de la Cartografía, las generaciones siguientes entendieron que ese dilatado Mapa era inútil y no sin impiedad lo entregaron a las inclemencias del sol y de los inviernos. En los desiertos del Oeste perduran despedazadas ruinas del Mapa habitadas por animales y por mendigos; en todo el País no hay otra reliquia de las Disciplinas Cartográficas".
Suárez Miranda (De *Viajes de Varones Prudentes*, LIBRO CUARTO, CAP. XLV, Lérida, 1658)[1]

1. CONSIDERACIONES PREVIAS

Resulta paradójico que nuestro país propenso desde siglos a emigrar haya intensificado su actuación legislativa en materia migratoria y no emigratoria como hubiera sido quizás lo más congruente. Esta incoherencia es debida a un elenco de factores entre los que destacan entre otros: ausencia de un tratamiento conjunto de la inmigración y emigración que ofrezca información fiable sobre magnitud real de los nuevos flujos emigratorios, así como el perfil sociodemográfico de esta nueva emigración, motivada a su vez, por la escasa utilización debida a la escasa información que proporcionan los emigrantes españoles a través del Padrón de Españoles Residentes en el Extranjero (PERE), que se articula en el Real Decreto 3425/2000 de 15 de diciembre, sobre inscripción de los españoles en los Registros de Matrícula de las Oficinas Consulares en el extranjero,

1 BORGES, J. L., *Del rigor en la Ciencia,* en la sección Museo El hacedor, Buenos Aires, 1960.

que según reza su art. 2, tienen el deber de inscribirse tanto los españoles que residan habitualmente en el extranjero asi como aquellos que trasladen allí su residencia habitual, estos deberán inscribirse en el Registro de Matrícula de la Oficina Consular o de la Sección Consular de la Misión Diplomática que corresponda a la circunscripción donde se encuentren bien como residentes(en cuyo caso, dicha inscripción llevará aparejada su inscripción en el PERE y, en su caso, en el CERA de dicha Oficina Consular y su correspondiente baja en el padrón municipal y en el censo electoral de residentes en España[2] o en el PERE y el CERA de la Oficina Consular en que se hallase inscrito anteriormente) o no residentes (facultativo para los españoles que se hallen en el extranjero con carácter temporal, sin ánimo de fijar allí su residencia habitual). En este sentido según Estadística del Padrón de Españoles Residentes en el Extranjero[3] (PERE) a fecha de 1 de enero de 2022, el número de personas con nacionalidad española que residen en el extranjero alcanzó los 2.742.605, cuyos destinos fueron principalmente Europa (45.313 más) y América (36.948 más), cuyo grupo etario en la fecha señalada tenía menos de 16 años, de los que el 62,3% tenía una edad comprendida en el intervalo de 16 a 64 y el 22,2% tenía 65 o más años. Esta cifra supone un incremento del 3,3% (87.882 personas). Lo cual nos plantea la cuestión de la escasa inscripción en el mismo y cuya respuesta obedece a que frente este deber del emigrante, los beneficios que se obtienen por dicho acto de inmatriculación son escasos, entre otros: se obstaculiza el derecho al voto en España debido a las enormes trabas administrativas que tiene el voto rogado que lo desvirtúan y conllevan a su escasa utilización (retraso la documentación o que esta no llegue ni tan siquiera a recibirse, o bien, envío de voto y recepción tardía en las oficinas consulares, perdida de la asistencia sanitaria gratuita, de ayudas sociales, etc.) operando esta actuación registral de forma contraria a lo dispuesto en el art. 30.2 del Estatuto de Autonomia de Andalucía (ETAA) que establece el deber de la Junta de Andalucía de establecer los mecanismos adecuados para hacer extensivos estos derechos "a los ciudadanos de la Unión Europea y a los extranjeros residentes en Andalucía", si bien, como el propio artículo indica, "en el marco constitucional y sin perjuicio de los derechos de participación que les garantiza el ordenamiento de la Unión Europea".

---

[2] Sin embargo, el hecho de no estar inscrito en el Registro de Matrícula Consular no menoscaba, en ningún caso, el derecho de protección consular que corresponde a todos los españoles en el extranjero art. 2.3 del citado cuerpo legislativo.

[3] Instituto Nacional de Estadística. Notas de prensa de 17 de mayo de 2022, pp. 1-3. en línea] (2020), [Consulta: 28/09/2021.]

Este apartado concuerda con el art. 12 del mismo *corpus* estatutario que reconoce la especialidad del derecho de participación del art. 30, en el que se fijan quienes son los titulares de estos derechos exigiendo para ello, tener vecindad civil en dicha Comunidad. Mientras que los beneficios se reducen en la praxis a evitar el desplazamiento a España en la tramitación de documentación oficial (pasaporte, DNI, permiso de conducir, etc.).

En este escenario nada halagüeño de opacidad e inseguridad estadística, se añade el desconocimiento sobre el origen de esta inversión de los flujos migratorios, para de este modo poder determinar si estas migraciones se insertan en un marco de circulación de talentos o si más bien, resultan inducidas por determinadas circunstancias estructurales, es decir, su génesis es el "empuje" *(push)*, en el país de origen, o de "atracción" (*pull*), en el país de destino, o bien la sinergia de ambos, que influyen en el proyecto migratorio del emigrante español en el presente siglo XXI, y en concreto, en la segunda década del mismo para de este modo, examinar su situación en el estado autonómico focalizándonos en materia de retorno, en concreto tomando como eje vertebrador objeto de estudio, la Comunidad Autónoma Andaluza, y en consecuencia, el retorno de andaluces en el contexto de las poliédricas ciudadanías autonómicas en las que se organizan y distribuyen la encrucijada multinivel de políticas administrativas-territoriales.

2. RADIOGRAFÍA DE LA EMIGRACIÓN ANDALUZA

Andalucía ha sido tradicionalmente un territorio propenso a emigrar debido a las dificultades económicas y desempleo estructural en el que se encuentran una parte importante de las 8 provincias que componen dicha comunidad. Y es que las cifras no engañan, según el INE[4] el porcentaje de población desempleada en Andalucía en el primer trimestre de 2022, fue del 16,21% de hombres y 23,21% de mujeres, es decir, el 39,42% de su población se encontraba en desempleo a principios del año en curso, si estas cifras la desglosamos por edad, se observa como el 36,7% era menor de 25 años(mayoritariamente jóvenes cuya edad se encuentra en la cohorte de 16 a 19 años, la más elevada del país) frente al 18,28% que se encuentra por encima de esta horquilla de edad. Si nos circunscribimos a las provincias que la componen se aprecia según datos de la Encuesta de Población

---

4 INE, Tasas de paro por distintos grupos de edad, sexo y comunidad autónoma. Primer trimestre 2022. [en línea] (2020), [Consulta: 19/09/2021].

Activa[5] correspondiente al primer trimestre de 2022, como por orden decreciente la distribución del porcentaje de paro en el periodo referenciado fue el siguiente: Almería 62,4%, Sevilla 58, Granada 56,6%, Málaga 56,4%, Córdoba 55,8%, Huelva 54,6%, Jaén 53,2% y Cádiz 53,1%.Si comparamos estas cifras con otras CCAA, se observa como solo Extremadura la supera, y le siguen a Andalucía en orden decreciente en cuanto a dicho porcentaje: Ceuta, Melilla, Canarias, Castilla la Mancha y Comunidad Valencia, entre otras.

Si atendemos a la tipología de contratación en Andalucía, se aprecia como solo en el primer trimestre del año 2022, se han creado 1824 contratos indefinidos(cuyo número total asciende en abril de 2022 a 904.209) a pesar de la reforma laboral mientras que a tiempo parcial han sido 865 los contratos formalizados(siendo la cifra alcanzada en abril de este año en curso 264.249), mientras que los contratos celebrados de fijos discontinuos también en abril había 69.258 y eventual tiempo completo fue de 483.436 y eventual a tiempo parcial la cifra alcanzada ascendió a 288.200 trabajadores. De lo que se deduce que, aunque la tasa de temporalidad ha disminuido, el elevado número de contratos temporales realizados muestran la robustez de la práctica de utilización de la contratación temporal que no ha parado de crecer en nuestro país en general desde 2013, y en particular, en Andalucía. Asi pues, a través de modalidad contractual temporal las empresas pueden acometer sus costes laborales de forma barata. De forma que para muchas empresas es fácil mantener un grupo de personas en rotación, que se contratan en bonanza y se dejan marchar en recesión. De lo que se deduce que de nuevo, la salida de la crisis se realiza mediante el abuso de la temporalidad y la rotación, subempleo, exceso de horas no cotizadas y sus consecuencias en el campo de la protección social (dificultades extremas para la consecución de carreras profesionales en el tiempo, etc.) de ahí que, no resulte extraño el desapego que tiene el sistema público de Seguridad Social entre los jóvenes[6].

Y como contrapartida la tipología de contrato fijo discontinuo no es más que contratos temporales encubiertos que se han "desestacionaliza-

---

5 https://www.juntadeandalucia.es/institutodeestadisticaycartografia/epa/notaprensa.htm [en línea] (2020), [Consulta: 18/09/2021].

6 AA.VV., "El reto de ofertar una protección adecuada a colectivos precarizados en un sistema constituido sobre la estabilidad en el empleo: Acceso a una ocupación de calidad y apuesta por una campaña pedagógica clara", en *Perspectivas jurídicas y económicas del Informe de Evaluación y reforma del Pacto de Toledo* (2020), Aranzadi, [en línea] (2020), [Consulta: 12/10/2021].

ción", además consideramos que sería recomendable en aras a la transparencia del registro del paro que las estadísticas laborales incorporen datos de "demandantes de empleo excluidos del paro registrado por ser fijos discontinuos", como se hizo en su día con los ERTE.

A la vista de lo expuesto, no resulta extraño que los andaluces se vean obligados a emigrar, en principio esta movilidad es interregional a otras Comunidades Autonomas, siendo cuantativamente elevada aproximadamente más de 1.300.000 andaluces han emigrado a otros territorios nacionales, siendo Madrid el destino preferido por una cuarta parte de los andaluces que emigran, seguida de Cataluña (13%), Murcia, Castilla-La Mancha (12%) y la Comunidad Valenciana (11%).Sin embargo, la tendencia actual es emigrar fuera del país, en concreto esta opción crecen un 37% en la última década, mientras caen los que viven en el resto de España[7].En todo caso, el perfil ha variado en relación a los que emigraron debido a la crisis económica de 2008, ahora ya no se trata mayoritariamente de jóvenes sin estudios ni formación, sino que son jóvenes con nivel de estudios medios o superiores, ingresos altos y parados en busca de un primer empleo. Ahora al desencadenante económico hay que sumar, el efecto negativo en relación al mercado de trabajo generado tras la pandemia mundial, en ambos casos, resulta evidente que el factor crisis económica es que propicia la salida de España y tiene claras repercusiones con la idea o no de volver. Los jóvenes no terminan de tener claro cuánto tiempo van a permanecer fuera, sobre todo, porque en su mayor parte supeditan el fin del proyecto migratorio a la recepción de noticias positivas sobre la actividad económica de España. En este sentido, los jóvenes andaluces en el extranjero tienen una percepción más negativa que los residentes en España sobre la pasada, actual y futura situación económica del país y de su territorio, cuestión que también podría afectar su decisión de retorno.

En todo caso, para estos jóvenes cualificados, la emigración puede ser una ocasión para reforzar y especializar el propio perfil profesional a través de más ciclos educativos y de formación (sobre todo máster). El objetivo de esta estrategia es mejorar la propia empleabilidad, es decir, ganar valor competitivo en el mercado de trabajo y obtener mayores oportunidades de empleo. Sin lugar a dudas, en la actualidad la situación laboral en el extranjero de los jóvenes españoles es que el mundo laboral es más accesible, en mejores condiciones y con mayor seguridad laboral que en España.

---

7 DIARIO ABC ANDALUCIA, "Joven con formación e idiomas, el nuevo perfil de la emigración andaluza", 15 de abril de 2022. [en línea] (2020), [Consulta: 12/09/2021.]

Asimismo, este objetivo supone transiciones coherentes entre el sistema formativo y el mercado de trabajo porque son indicadores de una búsqueda del empleo que sea acorde con los estudios cursados y de calidad. Las prioridades de trabajo que los jóvenes emigrantes esperan lograr en el extranjero se refieren a las posibilidades concretas de inserción laboral y promoción profesional. Sirva de paradigma que los emigrantes andaluces altamente cualificados se integran en su mayoría en el sector del terciario avanzado (técnicos científicos e intelectuales), en el extranjero.

Y es que queramos o no, más que una cuestión de fuga de cerebros se trata de un problema de sobrecualificación de los mismos, es decir, que una gran cantidad de trabajadores que aceden a su primer trabajo están sobrecualificadas para los empleos ofrecidos. Y es que la migración internacional se ha convertido en un plus de formación para poder facilitar el acceso al mundo laboral en nuestra sociedad competitiva. Son migraciones cíclicas formativas. Así pues, la juventud andaluza puede inmigrar por diversas razones y con diversas expectativas con respecto al regreso, y su proyecto migratorio no solo se basa en la búsqueda de mejores oportunidades de desarrollo profesional, sino que en muchos casos no buscan una mejora, sino lo que es verdaderamente doloroso, es que se marchan buscando la oportunidad de un primer empleo digno acorde a su formación.

En este sentido conviene recordar que, según el Censo electoral de Españoles Residentes en el Extranjero (CERA) a junio de 2021, son unas 2.200.000 personas las que se encuentran en el extranjero. En cambio, según el Instituto Nacional de Estadística (INE), 18 de marzo de 2021, los datos del Padrón de Españoles Residentes en el Extranjero (PERE) a 1 de enero de 2021, el número de personas con nacionalidad española que residen en el extranjero alcanzó los 2.654.723. Lo que supone un incremento del 1,4% respecto a los datos a 1 de enero de 2020.

3. POLÍTICAS DE RETORNO

Para poder analizar esta cuestión conviene precisar la indefinición del término "retorno", retomamos la clasificación realizada por Bovenkerk (1974: 5), en la que distingue las siguientes tipologias que a su juicio existen:" [...] cuando la gente retorna por vez primera a su país —o región— de origen, solo en este caso se usará el término migración de retorno; cuando la gente se traslada a un segundo destino, emplearemos el término migración de tránsito; cuando se emigra de nuevo al mismo destino después de haber retornado por primera vez, lo denominaremos reemigración; cuando se emigre a un nuevo destino tras haber retornado, lo llamaremos nueva emigración; cuando los movimientos de ida y vuelta entre dos lugares incluyan más de un retorno llamaremos a esto migración circular ".

En cualquiera de los casos, el fomento del retorno de los españoles residentes en el extranjero es una obligación legal, recogida tanto en la Constitución Española como en la legislación estatal y autonómica, que trata de dar respuesta a la convicción de los beneficios sociales y económicos que aporta el retorno de personas con experiencia migratoria. Como señalaba el Boletín del Consejo Superior de Emigración de 1916 en su Exposición[8]: "[...] el ideal sería que la situación económica fuera tal que todos los españoles encontraran siempre trabajo suficientemente recompensado y en armonía con sus aptitudes; en ese caso la emigración obedecería a móviles individuales y sería seguramente lo bastante escasa para no constituir, como en los últimos años viene ocurriendo, un problema del mayor interés".

Cuya base jurídico constitucional se encuentra *ex* el art. 42 de la CE, que conmina al Estado a velar por los derechos económicos y sociales de los trabajadores españoles en el extranjero y a orientar su política hacia su retorno, mandato que se cumplió con la promulgación del Estatuto de la Ciudadanía Española en el Exterior articulado en la Ley 40/2006, de 14 de diciembre de 2006, que en su art. 26.1, señala cuales son las finalidades de la política de retorno cuya realización será fijada por el Estado en colaboración con las Comunidades Autónomas y las Corporaciones Locales, mediante una política integral para facilitar el retorno de los españoles de origen residentes en el exterior. Para ello, se deberán remover los obstáculos que dificulten a los retornados el acceso a las prestaciones o beneficios sociales en las mismas condiciones que los españoles residentes en España, se desarrollaran medidas de protección de las españolas víctimas de violencia de género y se facilitara el acceso a la vivienda de los emigrantes retornados en colaboración con las asociaciones de retornados. Por este motivo y cumpliendo el mandato contenido en el art. 27 del referenciado Estatuto la Administración General del Estado, se ha creado la Oficina Española del Retorno, adscrita al Ministerio de Inclusión, Seguridad Social y Migraciones, encargada de proporcionar información sobre normas, procedimientos administrativos y medidas de apoyo existentes en materia de retorno y coordinándose para ello, con las otras instancias de ámbito autonómico o local a las que el fenómeno afecta de igual manera, de acuerdo con la actual distribución competencial y administrativa en nuestro país. Por todo

---

8 *Gaceta de Madrid* núm. 270, 2016, 637-638.

ello, en cumplimiento de referenciado deber las Comunidades Autónomas han articulado sus propios Planes junto a los Planes nacionales.

En relación a la solución ofrecida a nivel nacional ante la crisis económica el Estado ha procedido a aprobar varios planes de actuación. De ellos debemos destacar principalmente tres.El primero, el Plan de Retorno a España aprobado por Resolución de 27 de marzo de 2019, de la Secretaría de Estado de Migraciones, publicada en el Acuerdo del Consejo de Ministros de 22 de marzo de 2019, en él se establece como objetivo fomentar el regreso de españoles al país en las mejores condiciones y facilitar su proceso de vuelta fijando para ello, un total de cincuenta medidas destinadas a facilitar dicho retorno, agrupadas en 6 grandes categorías. Segundo, el Plan de Choque por el Empleo Joven 2019-2021, se refiere en sus medidas al programa de retorno de talento y de apoyo a la movilidad[9]. Y por último y más actual, el Plan Garantía Juvenil Plus 2021-2027, de trabajo digno para las personas jóvenes[10]. A la vista de lo expuesto, una vez desterrada el eslogan ficticio y malicioso del gobierno central de 2012, en que se esgrimía como razones por las que los jóvenes españoles emigran eran debidas no sólo a la crisis económica sino a la globalización, a libre circulación de trabajadores en Europa, al reclamo de profesionales por su buena preparación técnica y al "*impulso aventurero*".

Nos detenemos en examinar las políticas de retorno que se han realizado en Andalucía para frenar este fenómeno globalizado de emigrar sobre todo focalizando nuestro examen en la situación de los andaluces que quieren regresar a su territorio. En primer lugar, conviene precisar que, nos encontramos ante un fenómeno relativamente reciente que, por consecuencia, ha implicado un nuevo marco de problemas específicos para lo que las Administraciones Públicas, en general, no tenían previsiones políticas, porque las sucesivas oleadas migratorias habían sido planificadas desde las instancias de los poderes públicos pensando en una traslación definitiva de la población, sin que en ningún caso se hubiesen estudiado las condiciones para su retorno.

---

9 Para un estudio en profundidad sobre el tema, GARCÍA VALVERDE, M. D. Y GARCÍA GÓMEZ, I., "La realidad del Plan de Choque por el Empleo Joven 2019-2021", *Trabajo y Derecho,* nº 60, 2019, 31-45.

10 Resolución de 24 de junio de 2021, de la Secretaría de Estado de Empleo y Economía Social, por la que se publica el Acuerdo del Consejo de Ministros de 8 de junio de 2021, por el que se aprueba este Plan.

Circunscribiéndonos a Andalucía, el ETAA, en su art. 12.3.4, establece que corresponde al gobierno andaluz: "La superación de las condiciones económicas, sociales y culturales que determinan la emigración de los andaluces, y mientras ésta subsista, la asistencia a los emigrantes para mantener su vinculación con Andalucía. En todo caso, se crearán las condiciones indispensables para hacer posible el retorno de los emigrantes y que éstos contribuyan con su trabajo al bienestar del Pueblo Andaluz". Es decir, se señala que la Administración autonómica está obligada a crear las condiciones necesarias para facilitar el retorno de sus ciudadanos si esa es su voluntad, asi como prestar los medios precisos para que se mantenga su vinculación con dicho territorio tengan o no vocación de regresar definitivamente a su comunidad.

En la actualidad las políticas de retorno se encuentran sistematizadas en el "Plan de Acción para el Retorno de la Población Andaluza en el Exterior 2020-2022", que pretende implicar a todas las consejerías (de ahí su carácter transversal) con el objetivo favorecer el emprendimiento entre la población retornada y su incorporación al mercado de trabajo andaluz, así como mejorar la atención específica, la asistencia y la información que se le ofrece, en especial a personas en situación de vulnerabilidad y acceso a la educación en todos los niveles de enseñanza, con especial hincapié en la convalidación y homologación de títulos.

3.1. Guía del Emigrante Andaluz Retornado

Debido a la manifiesta vocación permanente de los andaluces de emigrar cuando no pueden subsistir, la primera actuación que efectúa su órgano político administrativo, será una" Guía del Emigrantes Andaluz Retornado[11]", a través de una Orden de 1995 de la Consejería de Trabajo y Asuntos Sociales, que abarca un amplio arco normativo socio-laboral, incluyendo directivas comunitarias, legislación de otros países y disposiciones nacionales y autonómicas, dirigidas a proporcionar la información disponible para lograr un mayor bienestar a los emigrantes que retornan o desean retornar a esta Comunidad Autónoma, asi como también dirigida a los técnicos de los Servicios Sociales, Asociaciones y profesionales interesa-

---

11 De contenido similar pero con ámbito sectorial a la Guía de Retorno elaborada por el Ministerio de Trabajo, Migraciones. Para un estudio más en profundidad del tema, DURAN BERNARDINO, M., *Estudio multinivel de las políticas de empleo juvenil*, Dykinson, 2021, 179-210.

dos en los temas del retorno de emigrantes, elaborando para ello, un compendio informativo integral donde puedan sus usuarios consultar, entre otros asuntos, los derechos sociales perfeccionados en España, así como en el extranjero en materias de: Desempleo, Pensiones, Asistencia Sanitaria, Educación, Legislación Social Comunitaria, Convenios Bilaterales, etc. Sin embargo, las ayudas económicas tardan en cristalizar un año más tarde 1995, fijándose de forma periódica anual su articulación en programas y ayudas destinados a los emigrantes retornados y sus familias, a través de Órdenes, cumpliendo de este modo, lo dispuesto en la Orden de la Consejería de Trabajo y Asuntos Sociales, de 22 de enero de 1996[12] (por la que se regulan y convocan ayudas públicas en materia de Asuntos Sociales relativas al ámbito competencial de la Consejería para 1996, en concreto en el Capítulo VII bajo la nomenclatura" Ayudas para la atención de emigrantes" y en particular, conforme a lo articulado en el art. 46, que se refiere en particular, a las ayudas que va a prestar la Junta para emigrantes andaluces retornados. Siendo su finalidad, prestar asistencia social e integración socio-laboral para los que lo requieran, sufragando los siguientes gastos: gastos extraordinarios derivados del hecho del retorno siempre y cuando carezcan de recursos económicos o no tengan derecho a percibir ningún tipo de pensión o bien, facilitando la integración laboral mediante su establecimiento como trabajadores autónomos, en cooperativas o en cualquier otra modalidad de trabajo asociado. En cualquier caso, la actividad deberá desarrollarse en Andalucía y constatarse la viabilidad del proyecto presentado. Para ello, deben cumplir su condición de emigrante retornado mediante la correspondiente hoja consular, alta/baja en el Padrón Municipal o cualquier otro documento que lo justifique y ademas deberá observar un requisito dual. Uno, acreditar la residencia fuera de este territorio al menos tres años continuados o cinco alternos y, de ellos, los dos últimos inmediatamente anteriores al retorno. Y dos, que la permanencia en su territorio no se haya prolongado más de tres años desde su regreso definitivo. Asimismo de forma paralela, tambien se presta esta tipología de ayudas a las Corporaciones Locales y las Entidades Privadas sin ánimo de lucro siempre y cuando estas se dirijan a uno de los siguientes objetivos: a) prestar asistencia, asesoramiento e información; b) perfeccionar y conservar el idioma adquirido en el país de emigración mediante cursos dirigidos a los hijos de emigrantes retornados; y, c) realizar estudios y jornadas técnicas dirigidas al colectivo de emigrantes andaluces retornados.

---

[12] *BOJA* núm. 23 de 17 de febrero de 1996 de la Consejería de Trabajo y Asuntos Sociales.

En la actualidad, desde hace más de una década no se conceden ayudas individuales para los emigrantes que por razones de necesidad quieran retronar a su Comunidad(a excepción de ayudas para promover la inclusión sociolaboral de los colectivos en situación de exclusión dirigido exclusivamente a empresas de inserción, a la que destinará a lo largo de este año un total de 2,4 millones de euros, si bien, sus destinatarios son un colectivo amplio y heterogéneo entre los que se incluyen los emigrantes retornados: víctimas de violencia de género, emigrantes retornados a Andalucía con graves necesidades personales o familiares; desempleados mayores de 50 años que hubiesen permanecido inscritos de forma ininterrumpida como demandantes de empleo durante, al menos, doce meses; y personas con discapacidad física, intelectual o sensorial, en un grado igual o superior al 33%, entre otros o bien, acudir a Consulado de España y solicitar el regreso en el que solo se abona el pasaje de ida pero no incluye gastos de mobiliario ni enseres)[13], debiendo acudir quienes quieran solicitarla a las subvenciones individuales que se conceden a nivel institucional nacional, debiendo producirse el binomio concurrencia de la situación de necesidad objeto de protección y acreditar insuficiencia de recursos para atenderla—, para su demanda el plazo que se fija es perentorio y breve en los nueve meses siguientes a su retorno, siempre que quede acreditado que han residido en el exterior, de forma continuada, un mínimo de cinco años antes del retorno (estando la convocatoria abierta durante todo el año natural). Subsidiariamente en caso de fallecimiento del beneficiario, podrán solicitar las ayudas, dentro de los seis meses siguientes al fallecimiento, los familiares a cargo del solicitante. Si bien, sólo podrá solicitar esta ayuda uno de los miembros de la unidad familiar, entendiendo como tal la que abarca hasta el primer grado de consanguinidad o afinidad. Con respecto a los requisitos las ayudas se conceden son destinadas a sufragar los costos del desplazamiento a España para retornar, situación que se acreditará mediante informe de los Servicios Sociales del lugar de residencia del solicitante o, en su caso, mediante informe de las Áreas o Dependencias Provinciales de Empleo y Seguridad Social, de las Delegaciones y Subdelegaciones del Gobierno. Para valorar dicha situación de necesidad, se tendrán en cuenta, entre otras, las siguientes circunstancias:

– La percepción de ingresos mensuales en cuantía igual o inferior al importe del Indicador Público de Renta de Efectos Múltiples (IPREM), del año en curso.

---

13 Servicio Andaluz de Empleo, *BOJA* 29 de abril de 2022 [En línea]. https://juntadeandalucia.es/eboja/2022/81/BOJA22-081-00029-6895-01_00260146.pd

– El número de personas a cargo del solicitante, especialmente si se trata de menores, personas con discapacidad, mayores y/o dependientes.

– Las dificultades de inserción en el mercado laboral en función de la edad u otras circunstancias del solicitante.

– Los gastos por vivienda habitual.

Para valorar la situación de necesidad se tendrán en cuenta los familiares a cargo del solicitante, considerándose como tales el cónyuge o persona ligada de forma estable con aquel por una relación de afectividad análoga a la conyugal y los parientes, por consanguinidad, afinidad o adopción en primer grado, que convivan y dependan económicamente de aquel. En relación a la cuantía de dichas ayudas, estas tienen un importe variable en función de las causas que generan la solicitud y de la situación económica y familiar de los interesados. En todo caso, se fija la cuantía máxima anual por cada beneficiario en el importe anual del Indicador Público de Rentas Múltiples (IPREM), correspondiente a 12 pagas del año en curso.

Ante esta paralización prolongada de estas ayudas individuales que concede la Junta de Andalucía a sus retornados, la vía expedita de demanda autonómica actualmente esta se canalizan a través de entidades sin ánimo de lucro que se encuentran en el exterior, la última convocatoria destinadas a atender necesidades asistenciales y situaciones de extrema necesidad para este colectivo a través de entidades que desarrollen actividades fuera de territorio español, data de 9 de mayo de 2022, el plazo para su solicitud se debe realizar ante Dirección General de Andalucía Global que también es la encargada de resolver en un plazo brevísimo veintiocho días (el silencio tiene carácter negativo), la cuantía que se presta es de 35.000 € a dichas asociaciones para que los distribuyan entre los solicitantes, exigiéndose a éstos últimos reunir los siguientes requisitos:

1) Encontrarse en situación de necesidad en el extranjero carentes de recursos

2) Residir de forma permanente en el extranjero y poseer o estar en disposición de obtener la Tarjeta de Andaluz/a en el Exterior, conforme a lo establecido en el Decreto 303/2011, de 11 de octubre, por el que se crea la Tarjeta de Andaluz o andaluza en el exterior y se regula el procedimiento para su concesión.

3) Carecer de bienes e ingresos que permitan hacer frente a necesidades asistenciales o a situaciones de extrema necesidad (menos del 30% del IPREM en PPA del país correspondiente).

Es necesario no olvida la importancia que tienen las asociaciones de emigrantes de andaluces retornados, cuya labor se articula desde 1996 a través de la Federación Española de Asociaciones de Emigrantes y Retornados (FEAER), que nació de la unión de seis de ellas y hoy integra a once. Su principal problema es la financiación, debido a que la Administración estatal suele focalizar más su atención y la financiación de sus esfuerzos presupuestarios en las asociaciones de emigrantes propiamente dichos en lugar de las de retornados.

3.2. Subvenciones destinadas a actividades de promoción y orientación cultural a la población andaluza en el exterior

De conformidad con lo dispuesto en la Orden de 11 de mayo de 2022[14], nos encontramos de nuevo ante una acción institucional cuya finalidad es proyectar la imagen e identidad de Andalucía en el exterior para que la vinculación entre el emigración y su comunidad permanezca vivo, sistematizando para ello, las prestaciones y derechos que la Administración autonómica reconoce a los ciudadanos andaluces en el exterior y personas de origen andaluz residentes fuera de la Comunidad Autónoma, labor que se encomienda a las Coordinadoras o Federaciones de Comunidades Andaluzas en el exterior que cumplan con lo dispuesto en la Ley 8/2006, de 24 de octubre, del Estatuto de los Andaluces en el Mundo, y se encuentren inscritas como tales en el Registro Oficial de Comunidades Andaluzas. Sobre este punto conviene precisar la clarificación y avance que ha supuesto el Estatuto de 2006 de Andaluces por el Mundo, al ampliar la definición de andaluces en el exterior para recoger también a los "andaluces residentes temporales fuera de Andalucía". Como novedad el estatuto clasifica y define también a las comunidades, a los residentes en otros territorios de España, a los retornados-personas de origen andaluz que vienen del extranjero o de otras regiones a fijar su residencia en Andalucía-ya las asociaciones de retornados[15].

A lo expuesto hay que sumar, que además de recoger este mandato a los poderes públicos, el Estatuto de 1981, establecía que las Comunidades Andaluzas asentadas fuera de Andalucía podían solicitar, como tales, el

---

14 *BOJA* de 13 de mayo de 2022.

15 OIARZÁBAL, P. J., UZCANGA, C. Y BARTOLOMÉ, E., "Análisis comparativo del español políticas de las comunidades autónomas sobre emigración y ciudadanía en el exterior, 1983-2012", *Migraciones* 38, 2015, 148.

reconocimiento de la identidad andaluza, entendida como el derecho a colaborar y compartir la vida social y cultural del pueblo andaluz, estableciendo otro mandato, en esta ocasión dirigido al legislador autonómico, para que mediante ley, regulara el alcance y contenido de este reconocimiento (en la actualidad, el Gobierno de Andalucía reconoce la existencia de trescientas cincuenta y una de estas Comunidades, a las que están vinculados más de ochenta mil en todo el planeta). A estos propósitos atendió la aprobación por el Parlamento de Andalucía de la Ley 7/1986, de 6 de mayo, de reconocimiento de las Comunidades Andaluzas asentadas fuera del territorio andaluz, cuyo reconocimiento figura recogido en la Exposición de Motivos entre cuyos principios se basaba en el principio de favorecimiento del retorno de los emigrantes previsto igualmente en el art. 42 de la CE de 1978. Sin embargo, no articulaba medidas concretas tendentes a facilitar el retorno de la población residente en el extranjero a pesar de dedica su Título V a medidas sociales para facilitar el retorno de los andaluces en el exterior. En este sentido, conviene señalar que en relación al empleo, la Junta podrá adoptar medidas tendentes a facilitar el retorno como programas especiales para facilitar el establecimiento de empresas; fijar incentivos para aquellas empresas que contraten a personas retornadas y establecer facilidades para estudiantes andaluces en el exterior y personas de origen andaluz que decidan cursar estudios en Andalucía; asi como promover el retorno del personal investigador (art. 49).

Retomando lo previsto en la vigente Orden de 2022 sobre esta cuestión, sus actuaciones se vertebran en 4 líneas. La primera, destinada acciones culturales sobre la identidad andaluza, así como proyección de la imagen de Andalucía en el exterior, realizadas por comunidades andaluzas asentadas en el exterior. La segunda, acciones culturales sobre la identidad andaluza, así como proyección de la imagen de Andalucía en el exterior, realizadas por Coordinadoras o Federaciones de Comunidades Andaluzas. La tercera, ayudas para el sostenimiento de la actividad ordinaria de las entidades mediante la financiación de gastos corrientes de sus sedes. Y la cuarta y última, acciones destinadas a favorecer la interacción entre las comunidades andaluzas en el exterior, como representantes de la emigración andaluza, y las personas que deciden emigrar actualmente. En relación a la cuantía el importe máximo subvencionable es de 816.060,85€, que se distribuye de la siguiente manera: Línea 1: 494.060,85 €; Línea 2: 225.000,00 €; Línea 3: 90.000,00 €; y, Línea 4: 7.000,00 €.La presentación y resolución asi como los plazos establecidos para su desestimación por silencio corresponde igualmente a la Dirección General de Andalucía Global de Andalucía.

3.3. *Subvenciones dirigidas a descendientes de los andaluces y andaluzas afectados por procesos de inmersión lingüística*

Su finalidad según reza la Orden 4 de junio de 2021, que la regula es subvencionar las actividades culturales a realizar por las Comunidades Andaluzas en el Exterior y sus Federaciones, destinadas a sus programas y actividades, que permitan evitar en los descendientes de los andaluces y andaluzas afectados por procesos de inmersión lingüística un abandono paulatino de sus raíces, y/o cualquier otra actividad que colabore con el mantenimiento y difusión de la cultura, valores y tradiciones de Andalucía l cuantía destinada a las mismas es de un importe máximo de 100.000 €.

3.4. Subvenciones dirigidas a descendientes de los andaluces y andaluzas afectados por procesos de inmersión lingüística

El objetivo de estas subvenciones es impulsar el mantenimiento, promoción y difusión de las raíces culturales y lingüísticas andaluzas. A estas ayudas se pueden acoger las comunidades andaluzas asentadas en el exterior (y sus federaciones) incluidas las que se encuentren en otras regiones españolas, actualmente solo se han dirigido en este ámbito interregional exclusivamente a Cataluña[16]. Entre las actividades subvencionables, que se especifican en la Orden del BOJA que regula las ayudas, figuran los "concursos de redacción", la "lectura de clásicos andaluces", el "cante y baile tradicional" ejercidos por jóvenes y los "juegos infantiles de origen andaluz".

3.5. Becas de formación e investigación

La Junta de Andalucía, también concede becas de formación, investigación dirigidas a personas físicas para formación, información y divulgación dirigidas a la sociedad andaluza sobre la actividad de la Unión Europea y la acción exterior, relacionadas con la Unión Europea y con las Comunidades Andaluzas en el Exterior. Las becas se desarrollarán en los centros de trabajo siguientes: A) Las becas sobre materias relacionadas con la Unión

16 Sirva de paradigma, la realidad del bilingüismo vehicular que existe en dicha Comunidad que a pesar de que el TS lo rechaza e impone el uso del castellano en al menos el 25% de la enseñanza en todos los niveles, en la práctica no se cumple con el fallo de esta sentencia.

Europea, en la Delegación de la Junta de Andalucía en Bruselas y en la Secretaría General de Acción Exterior de la Consejería de la Presidencia, Administración Pública e Interior. B) Las becas sobre materias relativas a Comunidades Andaluzas en el Exterior, en la Secretaría General de Acción Exterior de la Consejería de la Presidencia, Administración Pública e Interior (las ultimas subvenciones que se concedieron de esta naturaleza corresponden al ejercicio económico 2021)

Con respecto a los requisitos exigidos para su otorgamiento son los siguientes:

– No ser mayor de 35 años

– Poseer la nacionalidad española o de algún Estado miembro de la Unión Europea

– Empadronamiento en un domicilio de Andalucía (art. 5.2 ETAA)

– Estar en posesión de la Tarjeta de Andaluz/a en el Exterior o miembro de Comunidad Andaluza registrada (para becas de CAE)

– Requisitos mínimos de titulación y formación específica (máster)

Asimismo de forma paralela la Junta de Andalucía instrumentaliza a través del programa "Talentía", la movilidad internacional de titulados universitarios andaluces, o vinculados a Andalucía, que desean mejorar su formación en el extranjero con compromiso de vuelta, cuya dependencia funcional es de la Consejería de Economía y Conocimiento de la Junta de Andalucía cuya regulación se efectúa por una Orden de 5 de abril de 2017[17], dirigido a titulados universitarios andaluces, o vinculados a Andalucía, que desean mejorar su formación en el extranjero. Esta actuaciones tienen como objetivo favorecer el regreso a Andalucía de los beneficiarios en su incorporación al tejido productivo andaluz mediante la puesta a disposición de sus perfiles a las empresas andaluzas y los agentes del Sistema Andaluz del Conocimiento, así como la derivación hacia los servicios de orientación, empleo, internacionalización, transferencia del conocimiento y apoyo al emprendimiento de la Junta de Andalucía. La dotación económica se dirige a financiar los gastos de matrícula y tasas obligatorias del programa, ademas de una dotación económica para viaje, instalación y estancia. Constituye un requisito *sine qua non* para su otorgamiento, haber nacido en Andalucía y tener la vecindad administrativa en la misma y va

[17] Orden de la Consejería de Economía y Conocimiento publicada en el núm. 69 del *BOJA*, del 11 de abril de 2017.

exclusivamente dirigido a los alumnos que han finalizado un grado o master o posgrado. En el primer caso, "Talentia grado", se exige como mínimo tener dicha vecindad administrativa tres años antes de la fecha de publicación de cada convocatoria o haber obtenido una titulación de grado o equivalente en una universidad pública andaluza.

Mientras que en segundo caso, "Talentia Máster", se debe haber obtenido un título oficial que habilite para la realización de estudios de posgrado debe encontrarse en posesión de título de grado o equivalente, en los diez años anteriores al de la convocatoria y permite cursar Máster, MBA y Doctorado, que podrá realizar con una dedicación a tiempo completo (Para los doctorados solo a tiempo completo conforme a contrato laboral) o parcial (en el caso de programa de especialización profesional aquellos cuya duración sea inferior a 6 meses o que no requieran dedicación a tiempo completo).En caso de doctorado, éstos deberán ser parte de un programa que pertenezca a una universidad andaluza. En este caso, el período en el extranjero será una o varias estancias de al menos un total de 12 meses. Deberá llevar aparejado el otorgamiento del título que se pretende alcanzar por parte del centro extranjero en cotutela, al igual que la mención internacional. Todo ello reflejado en el correspondiente acuerdo o convenio entre las partes andaluza y extranjera. Si se solicita un programa de Doctorado, deberás contar con vinculación a Andalucía a través de un Grupo o Proyecto de Investigación en un agente del Sistema Andaluz del Conocimiento.

En cambio en "Talentia "Postdoc", sus destinarios son personal investigador con experiencia, que desee desarrollar actuaciones en el ámbito de la investigación internacional avanzada a través de un agente de generación del conocimiento del Sistema Andaluz del Conocimiento en conexión con el Espacio Europeo de Investigación, este programa está financiado por fondos del "Programa marco Horizonte de investigación e innovación (I+I) de la Unión Europea (UE) para el período 2021-2027", se orienta y ayuda en la elección de un proyecto de investigación adecuado al perfil del solicitante, se materializa en ayudas económicas para sufragar dicha investigación tanto científica como no científica, ofreciendo contratación por un agente andaluz del Sistema Andaluz del Conocimiento 24 meses en óptimas condiciones laborales asi como cobertura de gastos indirectos de investigación en conexión con el Espacio Europeo de Investigación.

Se establecen dos regímenes de movilidad:

– Al comienzo, la persona investigadora estará 24 meses en España en un agente de generación del conocimiento del Sistema Andaluz del Conocimiento en el que desarrollará su proyecto de investigación.

– Al finalizar, la persona investigadora estará un primer período de 12-18 meses en el extranjero en una entidad anfitriona y el resto, hasta completar los 24 meses, en España en un agente de generación del conocimiento del Sistema Andaluz del Conocimiento con los que desarrollará su proyecto de investigación.

También resulta obligado aludir al programa de movilidad internacional "*Andalucía Talent Hub*", dependiente de la Consejería de Economía, Innovación, Ciencia y Empleo de la Junta de Andalucía, su objetivo es que el personal investigador con experiencia, pueda desarrollar actuaciones en el ámbito de la investigación internacional avanzada a través de una entidad agregada a un Campus de Excelencia Internacional con sede en Andalucía (en concreto con los siguientes campus de excedencia internacional:Andalucía Tech, CEIBiotic, CEIMar, ceiA3 y CEI CamBio) y registrada como agente de generación del conocimiento del Sistema Andaluz del Conocimiento en conexión con el Espacio Europeo de Investigación.

Este proyecto también recibe fondos del referenciado "Programa Horizonte 2021-2027", ofrece (al igual que el señalado *ut supra*), ayuda económica para realizar la investigación durante 24 meses de contratación por un agente andaluz del Sistema Andaluz del Conocimiento, óptimas condiciones laborales y cobertura de gastos indirectos de investigación. Su finalidad es que estos investigadores realicen actividades en conocimientos científicos y no científicos asi como apoyo y estímulo al trabajo de investigadores en conexión con el Espacio Europeo de Investigación.

Se establecen dos regímenes de movilidad:

– De entrada: La persona investigadora estará 24 meses en España en una entidad agregada a un Campus de Excelencia Internacional con sede en Andalucía y registrada como agente de generación del conocimiento del Sistema Andaluz del Conocimiento en el que desarrollará su proyecto de investigación.

– De salida: La persona investigadora estará un primer período de 12-18 meses en el extranjero en una entidad anfitriona y el resto, hasta completar los 24 meses, en España en una entidad agregada a un Campus de Excelencia Internacional con sede en Andalucía y registrada como agente de generación del conocimiento del Sistema Andaluz del Conocimiento con los que desarrollará su proyecto de investigación.

¿Y qué ocurre con los andaluces emigrantes que se encuentran fuera de Andalucía y quieren retornar? Desde 2017, la Junta de Andalucía, concede ayudas tanto a empresas como a trabajadores que quieran regresar a su territorio pero la crisis económica y la pandemia han provocado que la tendencia manifiesta en los últimos años, se haya circunscrito a los investigadores, técnicos y personal altamente cualificado. Paralelamente al programa referenciado *ut supra*, de "Andalucía Talent "descrito anteriormente, se viene desarrollando el Programa para el Retorno del Talento" de la Junta de Andalucía", cuya finalidad es promover el regreso de trabajadores andaluces (universitarios menores de 45 años) que estén desarrollando su actividad laboral en el extranjero y deseen incorporarse al mercado laboral en Andalucía. Para ello, las ayudas se prestan de forma heterogénea tanto para tanto al trabajador como al empresario. Para el primero, el trabajador, los requisitos exigidos son los siguientes:

– Menor de 45 años,

– Título universitario oficial de grado o equivalente

– Alta laboral en los dos años previos a la formalización del contrato.

La cuantía es un incentivo a tanto alzado de 40.000 € por cada contrato laboral formalizado, debiendo aportar la entidad beneficiaria una cuantía igual o superior al incentivo concedido, que cubra el coste salarial bruto en los 24 meses siguientes a la contratación. Tambien se prestan ayudas por traslado de residencia. Se admite solicitar ayuda asimismo por:

– Gastos de desplazamiento en transporte público o vehículo particular así como el traslado de mobiliario y enseres hasta un máximo de 5.000 €.

– Gastos de alojamiento. Alquiler u otros gastos en los primeros 12 meses cuya cuantía máxima es de 12.000 €.

– Gastos de escolarización. Cuantía máxima de 2.000 € por cada menor, total máximo 5.000 €.

Mientras que, para el segundo, empresario, su finalidad es que estas contraten a personas andaluzas que se encuentren residiendo y trabajando en el extranjero. Con respecto a los requisitos que debe reunir el contrato son los siguientes: formalización por escrito de carácter indefinido a jornada completa, en la categoría profesional correspondiente a la titulación del trabajador, debiendo mantenerse ininterrumpidamente por un periodo mínimo de 24 meses.

Y en esta labor de retorno cabe plantearse ¿Qué papel desempeñan las entidades locales? Estatuto de Andalucía de1981, alude en varios preceptos a la emigración y retorno de sus ciudadanos. En este sentido, en el art. 12.3.4 declaraba como objetivo básico la superación de las condiciones económicas, sociales y culturales que determinaban la emigración de los andaluces; la asistencia a los emigrados al objeto de que no perdieran su vinculación con Andalucía; y la creación de las condiciones para facilitar el retorno. Por su parte, los arts. 23.3 y 72.2 del citado texto, se referían a la posibilidad de que la Junta de Andalucía instara al Gobierno de la Nación a la celebración de convenios con otros países de recepción de emigrantes andaluces o con otras comunidades autónomas al objeto de que los andaluces emigrantes estuvieran bien atendidos; y, el art. 58.1.g) señalaba la tasa de emigración como un criterio a tener presente a la hora de determinar la participación de la Comunidad Autónoma en los ingresos impositivos del Estado. Ahora bien, este papel corresponde a la Administración Multinivel (estatal y subestatal), es decir, se extiende ademas del Estado este deber a la Administración autonómica y a los entes locales) pero las corporaciones locales y municipios, debido a sus exiguos presupuestos, no suelen como regla general crear programas específicos para los emigrantes retornados sino que éstos se suelen incluir como beneficarios de programas destinados a grupos vulnerables. En Andalucía, excepcionalmente la provincia de Córdoba viene desarrollando esta labor de forma aislada y residual desde 2017, a través del Programa "Volvemos a Córdoba", en el que se presta asesoramiento laboral vía *skype* que les permita poner en valor su experiencia internacional y crear una candidatura atractiva para las empresas, a las que con el objetivo de incentivar la participación de empresas en el programa y dar reconocimiento a las entidades que apoyan la vuelta de talento cordobés, se dota a éstas del "Sello de Empresa Comprometida con el Retorno", se trata de una marca de excelencia que supone un plus en su estrategia de Responsabilidad Social Corporativa.

3.6. Bono Turístico para emigrantes andaluces en el exterior

En el ejercicio económico de 2020 Andalucía implanto en su Comunidad el "Bono Turístico Andaluz", esta bonificación tiene como objetivo de "fomentar la movilidad turística en Andalucía, ayudar a las familias a que puedan viajar y sostener al sector turístico en un momento muy complicado" y en la actualidad sigue vigente cuya convocatoria se cerró el 31 de Mayo. Con respecto a los requisitos exigidos son entre otros:

– Tener vecindad administrativa en Andalucía

– Ser titulares de la Tarjeta de Andaluz/a en el Exterior

– El viaje debe realizarse desde fuera del lugar de residencia

– Pernoctar fuera de su municipio de residencia en alojamientos turísticos ubicados en el territorio de la Comunidad Autónoma al menos dos noches

– Contratar a través de agencias de viajes con el distintivo 'Andalucía Segura' y se elegir alojamientos turísticos también que tengan este sello.

Para sufragar los costes de esta bonificación se ha dotado una partida presupuestaria de 9 millones de euros. Y se aplica del siguiente modo:

a) una reducción del 25% de la factura, con un máximo de 300€, a los servicios turísticos de alojamiento que se realicen por la comunidad con un mínimo de tres noches por reserva.

b) Se incrementa el importe de la bonificación anterior en un 50% para las familias con rentas inferiores a 20.000€.

3.7. Tarjeta de Andaluz/a en el Exterior

Se creó en virtud del Decreto 303/2011, de 11 de octubre de 2011. El objetivo de esta medida consiste en facilitar a la población andaluza en el exterior y a la población andaluza retornada un único documento que les permita acreditar su condición de andaluz/a en los diferentes procedimientos administrativos en los que participen. Se pretende así eliminar la necesidad de obtener diferentes documentos en distintos registros u organismos públicos, cada vez que resulta necesario acreditar la condición de andaluz en el exterior para realizar algún trámite y de este modo, unificar en un documento identificativo dicha condición autonómica

Con respecto a los requisitos exigidos para su expedición son los siguientes:

– Ser andaluz residente temporalmente fuera de Andalucía y tener su vecindad administrativa (que estén empadronados) en cualquiera de los municipios de Andalucía, sin perjuicio de lo establecido en la Ley 7/1985, de 2 de abril, reguladora de las Bases del Régimen Local.

– Ser andaluces residentes en el extranjero que determinen como municipio de inscripción en las oficinas o secciones consulares españolas cualquiera de los municipios de Andalucía.

– Cualquier andaluz en el exterior o persona de origen andaluz, incluyendo en este caso a los descendientes hasta el segundo grado de consanguinidad o afinidad, que regresen a Andalucía para residir de manera estable, por lo que tendrán la consideración de persona retornada conforme al artículo 2.5 de la Ley 8/2006. En este caso la Tarjeta Andaluz/a en el Exterior llevará incluida la indicación: "*retornado o retornada*".

Se trata de un documento personal e intransferible, gratuito y sin valor acreditativo. Es decir, no sustituye al DNI ni al pasaporte.

Los beneficios de este documento son:

– Información y asistencia por las Administraciones públicas para el ejercicio de derechos y el cumplimiento de obligaciones. Conocer el estado de tramitación de los procedimientos en los que sea titular de derechos o intereses legítimos individuales o colectivos.

– No aportar documentos ya presentados y que se hallan en poder de la Administración.

– No acreditar la inscripción en el Padrón de Españoles Residentes en el Extranjero (PERE) en los procedimientos administrativos.

– Solicitar certificación de las declaraciones presentadas.

– Cualquier otro que se reconozca por el Consejo de Gobierno de la Junta de Andalucía o que se determine en convenios suscritos con otras Comunidades Autónomas.

4. CONCLUSIONES

Es un hecho incontestable que la Administración estatal desde que se intensificó el fenómeno emigratorio en nuestro país, ha prestado más atención a la inmigración que a la emigración y a su vez, dentro de esta última, a la emigración *per se,* que al retorno de los ciudadanos, haciendo una dejación de funciones en espera de que las Comunidades Autonomas asuman el papel de protagonistas y relegando sus funciones a la dirección y coordinación de las políticas emigratorias, a pesar de que se trata de competencias que debiera desarrollar el Estado pero que *tunc et nunc* son inexistentes o insuficientes. En este escenario la Comunidad Andaluza con escasos medios ha venido realizando desde siempre una labor ejemplar y no siempre reconocida en instancias superiores. La crisis económica y la pandemia del Covid han supuesto una fuerte reactivación de la emigración y la financiación de sus actuaciones esta condicionada sus exiguos presupuestos y las cantidades variables y perentorias que se entregan a las asociaciones de retornados andaluces, cuya actuación debe ser utilizada convenientemente como instrumento de efectiva colaboración con los servicios exteriores del

Estado y el resto de Comunidades Autonomas, en la elaboración y puesta en marcha de proyectos de retorno planificados en todo caso lo que se pretende es potenciar las políticas activas de retorno a través de incentivos fiscales y sociales a la empresa privada la contratación de retornados, potenciar el emprendimiento, conceder beneficios fiscales o programas y conceder becas de investigación en la universidades públicas y centros de investigación andaluza. En este sentido, el gobierno central realiza un flaco favor a los emigrantes retornados, sino elimina las trabas administrativas y recorte de derechos socio-económicos que tiene todo ciudadano español(sea andaluz o no).Sirva en este sentido de paradigma, la doble tributación de pensiones, como ocurre con la invalidez permanente absoluta cuya tendencia parece que tiende a revertir tras la STSJUE de 5 de diciembre de 2019, asuntos acumulados C-398/18 y C-428/18 que obliga a una reconfiguración la tributación de esta pensión que a todas luces discrimina a los españoles emigrantes retornados de forma injustificada y que nos hace repensar que la regresión socio-económica a la que colegimos a nuestros retornados es contraria no solo al principio de igualdad proclamada hasta la saciedad en las diferentes instancias instituciones, sino también a la falacia del manido slogan sobre "facilitar y promover el retorno", cuando en realidad estamos realizando unas *políticas de pull* para que no regresen o sesgada, que solo regresen los que nos interesan los altamente cualificados y técnicos y los no cualificados los obviamos o vapuleamos con ayudas residuales y no con políticas activas de empleo como es de justicia les corresponde. Andalucía está de moda y hay mucho talento y ganas de hacer las cosas bien es preciso que de forma urgente se realicen cambios y eso implica reformular las políticas activas de empleo e integración socio-laboral de los retornados y aprovechar ese buen hacer y conocimientos en su tierra de la que se vieron obligados a emigrar y a los que se les debe tanto…

Capítulo 7
Interrogantes críticos de ordenación jurídica y de acción política institucional en el retorno de talento por andaluces en el exterior

LUIS ÁNGEL TRIGUERO MARTÍNEZ
Profesor Titular de Universidad
Departamento de Derecho del Trabajo y de la Seguridad Social
Universidad de Granada

1. PLANTEAMIENTO DE PARTIDA

Las migraciones en Andalucía son inherentes a su realidad social presente y pasada. Forman parte de su historia. El derecho y su política resultante así lo vienen reflejando. La particularidad es que ambos lo hacen con una atención desequilibrada.

Siempre se viene dedicando más atención a la inmigración extranjera que llega a la Comunidad Autónoma que a la emigración. Es decir, al proceso de los que, teniendo nacionalidad española, nacidos en Andalucía, descendientes o con especial vínculo con la misma, un día emigraron a cualquier otra Comunidad del país o fuera de sus fronteras nacionales.

A esta situación, se le ha de sumar la residual regulación jurídica y política en materia del retorno para el caso concreto de aquéllos que nacieron en Andalucía y se marcharon de ella. Incluso, es más, puede ser calificada mejor de una política que es relegada a un segundo plano por el derecho.

Como datos cuantitativos que vienen a reforzar este punto de arranque es relevante destacar cómo en el 2023, en el padrón de residentes españoles en el extranjero, a 1 de enero de 2023 hayan inscritos 2.790.317 emigrantes españoles. Ilustrativamente, personas andaluzas en el exterior por provincias: Granada, 61128; Sevilla, 46976; Huelva, 9969; Cádiz, 36538; Córdoba, 22119; Málaga, 73426; Jaén, 16048; Almería, 51338.

2. REGULACIÓN JURÍDICA

La existencia de un marco jurídico regulador sienta las bases para el sentido y alcance de la política resultante de su aplicación, sus controversias y los interrogantes que se puedan originar.

2.1. Marco jurídico-legal andaluz: la Ley Orgánica 2/2007, de 19 de marzo, de reforma del Estatuto de Autonomía para Andalucía

El Estatuto de Autonomía de Andalucía deja constancia de un hecho muy significativo. En el contexto de un desarrollo amplio y ambicioso, afectante a contenidos de fondo y de forma separada, siempre dentro del marco de competencias constitucionalmente establecido, no existe un solo precepto exclusivo en materia de emigración.

A pesar de ello, en la regulación que esta Ley ordinaria fija al respecto, aparece difuminada la misma, obligando a una interpretación conectada, a la fuerza, muy transversalmente y de conjunto. De una forma muy especial, el retorno. Se puede concretar que, hoy, con carácter general, sólo se queda en prestar atención a los que ya están fuera. Pero no a los que pretenden volver o, directamente, ya han retornado.

2.2. Revisión crítica por una efectiva regulación jurídica para el retorno andaluz ¿con talento?

El que la Comunidad Autónoma de Andalucía se dotase de una norma estatutaria referente y siempre respetando las competencias constitucionales, supuso la apertura al establecimiento de un marco que regulase los aspectos esenciales que le caracterizan y son intrínsecos a ella, como la emigración. Ahora bien, muchas de las mismas no se pensaron en su momento o lo hicieron desde otra perspectiva.

2.2.1. El Estatuto de Autonomía de Andalucía

Es viable que el carácter excepcional y de casi mera declaración político-jurídica, en el artículo décimo, como objetivo básico de la Comunidad y ejerciendo su poder, se recoge como uno de los mismos, en su apartado tercero, punto sexto, la afirmación de intenciones por la que se ha de velar por crear condiciones mínimas facilitadoras del retorno de personas andaluzas en el exterior con la misión de contribuir, con el trabajo a prestar, al bienestar del pueblo andaluz.

Genera más atención el hecho de que sea un precepto titulado de una forma llamativa y al que se acude con esperanzas, pero que, sin embargo, decepciona. La referencia a unas condiciones mínimas manifiesta que no hay una aspiración de máximos. Se le suma el interrogante de qué se ha de entender por el pueblo andaluz: si sólo los que viven formal o materialmente en la Comunidad Autónoma o si a todos los que son andaluces, bien sean residentes en el territorio o fuera del mismo. Estamos, pues, hasta el momento, en el contexto de una regulación muy vaga.

Dando un paso más, si se relaciona con el artículo sexto, andaluces y andaluzas en el exterior, se concretan tres aspectos que, *stricto sensu*, no conectan con la dimensión anterior. Ahora bien: sí puede ser calificado como ejemplo manifiesto de lo identificado. El primero, los asentados en el exterior tienen el derecho a participar y compartir la vida del pueblo andaluz, con el interrogante a suscitar del cómo; el segundo, la formalización de acuerdos, con otras Comunidades Autónomas o Estados, para asistirlos y garantizarles el ejercicio (con buena lógica) de sus derechos e intereses; y, tercero, establecer la posibilidad de que se pueda instar al propio Estado a la formalización de acuerdos directos y concretos, o en su caso, con proyección de aplicación.

2.2.2. Ley 8/2006, de 24 de octubre, del Estatuto de los andaluces en el mundo. Paradojas sobre la emigración

En consonancia con lo regulado en el Estatuto de Autonomía de Andalucía, se aprobó el Estatuto de los andaluces en el mundo. En seguimiento de la tendencia, no presta la atención debida al retorno de las personas que se encuentran fuera. No se les reconoce como derecho la posibilidad que tienen.

Es paradójico que el mismo, en su artículo segundo, comience relacionando una serie de definiciones. De interés para el tema que nos ocupa destacan dos que hay que interpretar conjuntamente desde su consideración individual. Si, *ex* apartado cuatro, por andaluz se entiende la persona que es oriunda de la Comunidad y su familia como la que reside en cualquier territorio de España o del extranjero, *ex* apartado cinco, los retornados andaluces son los que, estando en el exterior, vuelven para residir establemente. Esta concepción de residencia es abierta, pues no refiere ninguna duración temporal por la que se deba considerar así. ¿Existe un carácter abierto a la recepción e inclusivo?

Con una visión colectiva en materia de retorno, atención merece el apartado sexto del mismo artículo. Pueden ser parte de asociaciones de emigrantes retornados las personas que, estando domiciliadas, tienen como finalidad la asistencia e integración de éstas (siendo indiferente su ciudadanía o nacionalidad) sólo con la condición a corroborar de que han de ser visibles los vínculos que le unen a la Comunidad Autónoma, bien sean culturales, económicos o de progreso. Pero, para ello, se ha de observar *sine qua non* no sólo el cumplimiento de la finalidad de la norma, sino también la defensa o promoción de Andalucía fuera de sus fronteras. Se entiende, sorpresivamente, que, para las personas que vuelven, primero se ha tenido que "defender y dar a conocer" Andalucía en el exterior si se quiere pasar a formar parte de una asociación de emigrantes retornados.

Avanzando, en el artículo cuarto, queda establecida la base para cumplir dos de los objetivos de la Ley de interés particular. De nuevo, una visión individual y otra colectiva. La individual: la promoción de medidas de regreso. La colectiva: la eficacia en la actuación de las asociaciones de emigrantes retornados.

Un paso adelante distintivo cualitativo es cómo resalta el interés en que reporte en Andalucía las aportaciones realizadas por los andaluces en el mundo. Quiere ello decir implícitamente: el regreso con el talento que haya podido ser desplegado. La cuestión es por qué sólo se precisa el realizado al nivel citado y no a nivel de menor escala. De deber mirarse positivamente, el primero, automáticamente, implica los de alcance geográfico menor.

Cierra esta, cuanto menos, controvertida regulación jurídico-política una que, sin duda, suma a su carácter plenamente abierto e, incluso, falto de coherencia. En el artículo quince se incide más en el ámbito político y sus actores: compete a la Junta de Andalucía, el desarrollo de medidas particulares orientadas al retorno e integración social de las que decidan volver. Se puede calificar que la Ley da un paso atrás para desviarlo al poder político, incrementando así la apertura.

Queda reforzado el planteamiento por el que el tratamiento jurídico y político del retorno de emigrantes y del talento que han podido adquirir en el exterior no interesa en la medida que debiera serlo. El presente Estatuto está focalizado en los que emigraron en su momento y permanecen en el lugar al que lo hicieron o migraron hacia otro, frente a los que quieren volver con toda la experiencia de talento que han podido ir adquiriendo progresivamente.

2.2.3. El Decreto 152/2022, de 9 de agosto, por el que se establece la estructura orgánica de la Consejería de la Presidencia, Interior, Diálogo Social y Simplificación Administrativa. La ubicación particular de la competencia sobre emigración

Este Decreto realza el cómo la emigración se encuentra incluida en la Consejería citada en el título mediante una forma un tanto borrosa. El artículo primero, dedicado a sus competencias, fija en su letra f) *la coordinación de las políticas respecto a los andaluces y andaluzas en el mundo.* Por tanto, de nuevo, se continua en idéntica línea: atención primordial a las personas emigrantes andaluzas y, en muy menor medida, hacia su retorno.

Llama la atención en este mismo artículo y letra el que se referencie a la atracción de la inversión directa exterior que sea susceptible de ayudar al desarrollo y estabilización del tejido productivo andaluz. La cuestión de fondo que surge es si se valora que quien hay detrás de ellas son personas que pueden ser andaluzas y que, de esta forma, sumen positivamente al tejido productivo de Andalucía.

3. SIMILITUD Y CONEXIÓN DEL ALCANCE DE LA REGULACIÓN JURÍDICO-POLÍTICA ANDALUZA EN COMPARACIÓN CON EL MARCO CONSTITUCIONAL Y LEGAL NACIONAL

La competencia exclusiva estatal fijada constitucionalmente en materia migratoria hace que la regulación andaluza con respecto a la emigración respete sus términos. Sin embargo, estos límites no se constituyen en barreras.

3.1. La Constitución Española

El artículo cuarenta y dos de la Constitución señala directamente al Estado como el responsable principal de la realización y desarrollo de una política de emigración. No concisa de qué tipo. Es resultado de ser un principio rector de la política social y económica.

Establece, de una forma clara y directa, las tres dimensiones esenciales que ha de componerla:

1°) La protección de los derechos sociales.

2°) La condición trabajadora de la persona emigrante.

3º) La orientación hacia el retorno.

Estos ejes requieren una necesaria flexibilidad y, para ello, no se han de entender como una mera relación taxativa. Hay definido legalmente un estatuto de ciudadanía en el exterior.

En este sentido, desde la consideración de las personas emigrantes como un colectivo que requiere una especial atención, el Estado amplía sus fronteras puntualmente.

Igual sucede en materia autonómica andaluza cuando se refiere a la atención de las necesidades, intereses y derechos de los andaluces que residen fuera de la propia Comunidad. Se ha de entender particularmente que para el caso andaluz se canaliza por medio de su Estatuto y para los andaluces en el exterior se canalizan a través de este en conexión con la propia norma constitucional.

En cualquier caso, el rol central del Estado queda reforzado unos artículos más adelante. Es el artículo ciento cuarenta y nueve, apartados primero y segundo, el que fija expresamente su competencia exclusiva en materia de emigración (junto a otras también incluidas en el mismo precepto). Se deduce formalmente que la política puesta en marcha por el Gobierno atendiendo al marco jurídico-político correspondiente es única estatal. La Comunidad Autónoma de Andalucía se sujeta a ellos.

A priori, para los actores públicos puede parecer asequible su implementación y desarrollo. Sin embargo, no lo es. Sobre todo, si se toma como criterio la potencial efectividad que ha de perseguir. *Stricto sensu*, el verbo orientar conjugado en futuro —orientará— que aparece en el artículo cuarenta y dos del texto constitucional es totalmente abierto. Pero, simultáneamente, complejo.

En ello influye la configuración de España como un Estado social y democrático de derecho, *ex* artículo uno, apartado primero, de la Carta Magna y, adicionalmente, el ser un Estado conformado por Comunidades Autónomas. Éstas, directamente, no van a tener competencia sobre la emigración, aunque *de facto* sí pueden llegar a alcanzarlas transversalmente a través de las que se encuentran descentralizadas: educación, sanidad, etc. De ahí la importancia del empadronamiento.

Así pues, es clave comprender que la propia Constitución es la que ha dibujado una organización territorial a cuyos entes dota de autonomía y les atribuye competencias propias en unos casos o les hace beneficiarios de competencias estatales susceptibles de ejecución o de delegación.

3.2. La Ley 40/2006, de 14 de diciembre, del Estatuto de la Ciudadanía Española en el Exterior

Como precedente, la Ley 33/1971, si bien con rango reglamentario, estuvo vigente hasta el año 2006. Su justificación: el hecho de que, poco a poco y progresivamente, la emigración de personas españolas se estancó. La Comunidad Autónoma de Andalucía y de los andaluces es el claro ejemplo. Fue en los años 80 del siglo pasado donde se produjo un cambio de tendencia. España comienza a ser, de un modo muy incipiente aún, destino de personas. Hoy en día, las personas migrantes nacionales de terceros Estados constituyen una realidad. De forma análoga, no se ha de olvidar que Andalucía es frontera sur de la Unión Europea con los efectos que ello implica a nivel migratorio.

A comienzos del siglo XXI fue aprobada la Ley 40/2006, de 14 de diciembre, del Estatuto de la Ciudadanía Española en el Exterior. En su redacción se hace patente y refleja el momento histórico en el que se elaboró y aprobó. Una fecha, 2006, en la que España era claramente un país receptor de inmigración extranjera y en la que la emigración —particularmente la laboral— se contemplaba desde la óptica de una opción del pasado que no volvería a repetirse. Así se desprende de la concepción de esta en la exposición de motivos en cuanto fenómeno de la historia española hasta más allá de mediados del siglo pasado.

El reflejo: la consideración en el texto jurídico-legal de tres tipos de emigración: una, política; dos, económico-laboral; y tres, personas trabajadoras desplazadas. Estas categorías, claramente, se pueden reducir o reconducir a dos: la política (resultante todavía de motivaciones político-ideológicas con fundamento en la Guerra Civil) y la económico-laboral en sentido clásico, en la que perfectamente se puede incluir tanto la tradicional ante la carencia de oportunidades en el mercado de trabajo nacional como la de trabajadores desplazados al exterior como vía de ascenso y progreso personal y profesional.

Quedó demostrado en este último subtipo la influencia del contexto socioeconómico vigente en el año 2006 en España. En el texto legal aparece como novedad destacada del mismo y la que le precede como la producida en la posguerra, ya entendiéndola a modo de historia pasada.

Esta concepción ha fracasado. Así lo demuestra el momento actual y la evolución real del mercado de trabajo español a lo largo de los últimos años. Es la falta de oportunidades para acceder de un modo efectivo al mercado de trabajo y la imposibilidad de materializar el derecho al trabajo reconocido constitucionalmente, el principal resorte y la motivación nuclear existente en la población española que emigra bien formada que no se plantea el retorno con la formación y talento adquirido. Situación ésta que viene a plantear retos políticos a afrontar el Gobierno de turno de la mano de las instituciones públicas.

Desde esta perspectiva, es viable el plantearse coherentemente la reforma de la propia Ley, en consonancia con las Comunidades Autónomas, y la política que genera y/o puede desarrollarse. Finalidad: una mayor solvencia y eficiencia con la que afrontar la emigración adaptada a los tiempos actuales. Especialmente, la que implica un retorno del talento, que tanto se olvida. Constituiría esta concepción el resorte a la realidad más inmediata.

Pese a ello, es significativo que la regulación se oriente más a ordenar la permanencia de aquellas personas en su día emigrantes y, por ende, residentes españoles en el exterior, que a regular su retorno a España de una forma atractiva y cualitativa. Pero, especialmente, llama la atención el que la política jurídica institucional relegue la atención a posibles medidas, muy necesarias, a adoptar para el colectivo que, estando en España, tiene la intención inmediata de emigrar, frenando así el proceso de emigración antes de que acontezca.

Es necesario, en este sentido, no sólo repensar este texto jurídico-legal desde la realidad presente, sino adecuarlo, con o sin reforma, a la emigración española de estos años del siglo veintiuno y conectarla con una política efectiva de empleo que apueste decididamente por el retorno, valorándolo, en líneas generales, como talento.

Marco jurídico y realidad social han de conectar de un modo eficiente, precisamente para la adecuada regulación de ésta última. La primera ha de sentar las bases adecuadas para la segunda y no al contrario. No ha de plegarse la ley a la realidad y sí la realidad a la ley. Especialmente cuando, desde el ámbito político, no se trata de crear las oportunidades de trabajo ni cuantitativas (adecuadas al nivel de demanda) ni cualitativas, en términos de empleo estable, seguro y de calidad para la población que se ve obligada a emigrar. Y, más aún, atendiendo a su considerable cuantía.

4. ACCIÓN POLÍTICA INSTITUCIONAL ANDALUZA: SU ¿ORIGINALIDAD?

De toda la ordenación jurídica de la emigración a nivel estatal y andaluz, deriva un modelo de acción política que se viene desarrollando en los últimos años, con avances y retrocesos en forma de medidas, cuanto menos, cuestionables.

4.1. La Tarjeta de Andaluz o Andaluza en el exterior. ¿Documento para conformar un estatuto personal?

Es de relevancia, cuanto menos mostradora de la relevancia de la emigración andaluza, la existencia de una "Tarjeta de andaluz o andaluza en el exterior". Es un documento totalmente político de reconocimiento, con lo que carece efecto jurídico y su uso para cualquier trámite al respecto. Su ámbito subjetivo es para cualquier persona andaluza en el exterior o cuyos orígenes se encuentren en Andalucía, estando incluidos los familiares de hasta segundo grado de consanguinidad.

Aunque, de nuevo, tiene un alcance mayor para, simplemente, el emigrante, el que le suma la condición de retornado queda relegado y casi que señalado. A la propia Tarjeta se le pone de forma expresa escrita la palabra *retornado* o *retornada.*

Controversia intrínseca: si la misma es para los que se hallan fuera, carece de sentido que se siga teniendo la misma cuando han retornado. La persona vuelve a vivir establemente en tierras andaluzas. De nada le sirve, ni si quiera de reconocimiento. Fue emigrante y ha vuelto, ha retornado. En el momento en el que se califica expresamente así en la tarjeta, ¿se puede entender que es un mero recuerdo de un pasado?

Otra cuestión que surge es si la persona vuelve a emigrar. ¿Se solicita una nueva Tarjeta? ¿La misma se modifica y se le quita el calificativo de retornado o retornada? Ninguna regulación o, si quiera, aclaración, existe al respecto.

En cualquier caso, tanto la emigración como el retorno se debe de comunicar al Instituto Nacional de Estadística para que sea incluida en el padrón de españoles residentes en el extranjero. Lógica y coherencia para una adecuada y pertinente ordenación jurídica y política de la emigración andaluza y las personas que retornaron.

4.2. Las becas Talentia

De especial mención es el programa de becas *Talentia.* Está impulsado institucionalmente por la Junta de Andalucía desde la Consejería del ramo competente. Tiene su consolidación en el tiempo. Es de trascendencia y relevancia, por el significado expreso que posee para la atracción del talento al que se le incita a emigrar para, posteriormente, retornar.

Tiene la intención de materializarlo a través de una forma un tanto particular o diferente a lo que se pueda venir produciendo en la ordenación de la emigración. Está diseñado políticamente como un plan de movilidad formativo cuyos destinatarios son: titulados universitarios andaluces con la obtención de un título en los últimos diez años (se ha de sobreentender que de diplomatura, licenciatura o grado); andaluces; personas que tengan una vinculación con la Comunidad Autónoma; y controvertido o carente de lógica alguna (puede incluso tratarse de un error) el que aparezca en sus bases que pueden ser también personas andaluzas en el exterior.

No se está ante una medida desarrollada por actores políticos con un ámbito subjetivo universal, dado que éste lo perfila adicionalmente: personas estudiantes de Máster, Doctorado o cualquier otra de estudios especializados a nivel internacional. Eso sí, siempre en Universidades de acreditado prestigio internacional a nivel mundial. Se particulariza en que son ciento treinta y tres, en más de veinticuatro países. Interrogantes: ¿qué criterios se han seguido para su selección y los países en los que se hallan? ¿rankings? ¿no se da la adecuada formación académica en las instituciones universitarias andaluzas para una integración sociolaboral en la propia Comunidad sin necesidad de emigrar, aunque sea temporalmente y retornar? Sin duda alguna, se debería ofertar más como una oportunidad brillante o destacada, que a pensar en el hecho de que se trate de la cobertura de una deficiencia de aperturas de puerta a un retorno con talento.

Análogamente, en conexión, es diferente el modo en el que se realiza: la persona que emigra no lo hace con una finalidad y un plan conocido o por conocer tanto de emigración como de retorno. Su justificación se puede comprender para este caso de una forma clara: la persona está en proceso de formación superior, se desplaza para seguir adquiriéndola y/o completarla de una forma relevante. Para ello, dispone de un asesoramiento; una ayuda económica (dependiendo de los ingresos) orientada a su formación: una cantidad que oscila entre los trescientos a mil euros para su viaje, otra cuantía de entre mil doscientos y mil seiscientos euros para la manutención, previa aportación inicial de mil quinientos euros) y un impulso a su regreso.

En esta dirección, su retorno sigue unos pasos muy sencillos: poner institucionalmente el *currículum vitae* y perfil profesional para potenciar su conocimiento por las empresas andaluzas y el conjunto de los agentes del Sistema Andaluz de Conocimiento. También es importante el que tengan conocimiento de que, llegado el caso, puedan ser ayudados por los elencos de los servicios de orientación, empleo, internacionalización, transferencia de conocimiento y apoyo al emprendimiento de los que dispone la Junta de Andalucía.

5. UN EJEMPLO DESTACADO DEL ASOCIACIONISMO QUE INCLUYE AL RETORNO CON O EL TALENTO: LA ASOCIACIÓN FEDERACIÓN ANDALUZA DE EMIGRANTES Y RETORNADOS

Entre todo el enmarañado de impulso y apoyo jurídico y político a las asociaciones andaluzas existentes fuera de las fronteras de la Comunidad Autónoma de Andalucía, especial mención merece, por prestar atención destacada al retorno y a las personas retornadas, la Asociación Federación Andaluza de Emigrantes y Retornados.

Dentro del elenco de objetivos que marcan su actuación, destacan dos en materia de retorno.

El primero de ellos: la coordinación de sus proyectos particulares orientados a la integración social del colectivo de personas emigrantes y de sus descendientes que han decidido volver y residir en Andalucía. Aquí radican dos particularidades muy significativas: de una parte, se amplía el colectivo a otro conectado al mismo, como es el de los descendientes familiares; y, a priori, se puede entender que no es sólo para los de origen andaluz, si no que también puede incluir en su ámbito subjetivo cualquier persona española que cumpla siempre el requisito del retorno para establecerse de nuevo en el territorio andaluz.

La cuestión controvertida de fondo es muy simple: cómo se conectan institucional, jurídica y políticamente sus proyectos de actuación con la escasa y tan particular regulación de esta realidad del retorno. Nada se especifica al respecto. Realmente, ¿se puede conectar y encajar esta asociación con el impulso al asociacionismo que la ordenación jurídico-política establece para los andaluces residentes en el exterior y sus objetivos entre los que no figuran, precisa y destacadamente, el retorno?

El segundo objetivo de ellos sí es más conciso: la ayuda administrativa para el retorno. Ahora bien, esta consiste en, sólo para los emigrantes andaluces, la facilitación de los trámites oportunos de la naturaleza señalada, así como facilitar el conocimiento de los programas formativos e informativos que existan. Eso sí, siempre encajado en el ordenamiento jurídico. Implícitamente, se puede señalar para este objetivo que el retorno reglado será aquí de difícil encaje, por la escasa regulación existente en conexión con un fin muy claro identificado.

Ambos objetivos particulares se realizan en el marco de convenios de colaboración con la Junta de Andalucía. Éstos pueden ser tan abiertos que incorporen más de uno de los objetivos señalados en materia específica de retorno. Se abre la puerta así a que su efectividad también se limite.

Igualmente, especial mención merece el cómo éstos son atendidos por los actores encargados de implementar la política jurídica al respecto. A priori, valorando la ordenación jurídica vigente, se puede dar lugar a entender que no son tomados con la consideración que merecen.

En cualquier caso, las personas que persiguen su concreción con efectos prácticos son técnicos cuyo fin, en el marco apuntado, es asesorar a los propios de la provincia a la que se persiga regresar. Por ende, se ha de comprender que, por lo menos, existen ocho. La cuestión de fondo que subyace al no particularizar cuantitativamente: ¿son suficientes en cada provincia valorando las cifras de personas emigrantes retornadas concretadas al comienzo del presente estudio? Hay que recordar que, más aún en este caso, el asociacionismo es totalmente voluntario.

6. CONCLUSIONES

En la Comunidad Autónoma de Andalucía es muy difícil identificar, con criterio y rigor, la existencia de una ordenación jurídica del retorno de emigrantes y la política resultante de aplicarla. No hay una atención oportuna al colectivo. No se es consciente del valor que supone e implica. Más concretamente aún y dentro del colectivo, aquéllas que, en esencia, puedan representar una vuelta, estabilización, inclusión y, con seguridad, un fomento e impulso del talento. Este puede ser recuperado o ser uno nuevo.

No vale el que todo esté orientado a mantener el sentimiento andaluz de pertenencia (individual y colectivo) a una Comunidad de la que, en su momento, se partió. Cierto es que se apueste socialmente por ello, garantizando derechos y medios económicos.

Sin embargo, se hace necesario bien un cambio de lógica o bien un reequilibrio entre la defensa del emigrante en el exterior y el apoyo al emigrante que decide retornar. Si para la primera hay una política jurídica susceptible de ser calificada como correcta y/o consolidada, para la segunda no la hay. Desde el propio marco regulador es más que residual, confusa y obligada a interpretaciones de conjunto.

En esencia, esta desigualdad existente entre las dos caras de un mismo hecho no hace más que representar una más que posible pérdida de talento. Por ende, el aportar valor a la sociedad y, a su vez, enriquecerla para que la emigración no sea una opción susceptible de crecer cuantitativamente.

Como ya se ha apuntado, el hecho de que todo el entramado regulador esté desequilibrado o no sea nada claro para y con el retorno de emigrantes suscita una serie de interrogantes y controversias que vienen a plantear sobre qué base, qué sentido y qué alcance llega a tener. O qué realidad social se ha tomado como referente, si actual, estabilizada o pasada. Los tiempos cambian, las sociedades evolucionan, las dinámicas se transforman, los aspectos particulares han de considerarse, las novedades atenderse.

Sin duda alguna, las cuestiones complejas de orden jurídico y político generadas han de ser vistas por los operadores jurídicos para resolverlas y aclararlas a efectos de una eficaz y eficiente implementación en el terreno político. Si realidad social y derecho no confluyen en cada momento, la regulación del retorno de emigrantes y el talento que potencialmente pueden aportar, realmente representan una pérdida de valor en una coyuntura nacional, como la actual, en el que se hace muy necesario. Hay que avanzar desde el presente mirando al futuro y no al pasado o quedar anclado en él.

Capítulo 8
Análisis político-jurídico del retorno de emigrantes andaluces y la problemática del empleo

OLIMPIA MOLINA HERMOSILLA
Profesora Titular de Derecho del Trabajo y de la Seguridad Social
Universidad de Jaén

1. PLANTEAMIENTO GENERAL

La vertiente de retorno de la política migratoria es quizás una de las corrientes menos estudiadas y, por tanto, más desconocidas de esta amplia materia. Algunas de las razones que explican este hecho es posible encontrarlas en la falta de fuentes estadísticas fiables y, por ende, la complejidad para conocer, con el rigor que exige acercarse a una realidad desde el método científico, el alcance cuantitativo real de quiénes llevan a cabo un proceso migratorio de retorno, así como las motivaciones que subyacen a estas decisiones, las cuales, se hace necesario conocer, con el fin de valorar la capacidad de intervención pública para dar adecuada respuesta a las mismas. Por otro lado, el menor número de personas afectadas por estos proyectos de retorno, en comparación con las que emigran o inmigran, puede también haber ejercido una influencia notable a la hora de despertar un menor interés político y científico por este ámbito de la política migratoria.

El efecto combinado de estas circunstancias explica en parte el "olvido" que durante mucho tiempo ha mostrado nuestra política y doctrina científica frente a esta realidad y al mismo tiempo, da idea del reto que supone acercarse a la misma, con el fin de entender el proceso migratorio de retorno, las motivaciones que subyacen al mismo y los obstáculos y dificultades que conlleva para sus protagonistas. Todo ello con el propósito de acompañar en todo este complejo proceso a los andaluces y andaluzas que deciden regresar a esta Comunidad Autónoma, tras su experiencia en el extranjero. Esta intervención pública y específica dirigida a atender a estas personas que deciden regresar a la CCAA andaluza, encuentra su fundamentación, como tendremos ocasión de analizar en las páginas siguientes, en la propia profundización de la dimensión social de nuestro ordenamiento jurídico, en cuanto que estas personas pueden verse sometidas a nuevas formas de inseguridad social[1], tanto en sus países de destino como, lo que puede llegar a ser incluso aún más grave, dentro de nuestras propias fronteras nacionales y autonómicas, una vez que deciden materializar su proceso retorno.

En los últimos años hemos estado asistiendo a lo que podríamos considerar un germen del cambio de tendencia en el tratamiento de esta vertiente de la política migratoria, en el que el objetivo de lograr el retorno de determinados emigrantes que se encuentran en el exterior, puede pasar a ocupar un primer lugar en las agendas políticas de los distintos Estados y gobiernos autonómicos de nuestro país. Y es que, con un colectivo cada vez menor de trabajadores cualificados dentro de las fronteras nacionales, que se hace más patente en el caso de determinadas regiones de nuestro país, y los desafíos demográficos a los que nos enfrentamos en el conjunto de Europa, las consecuencias de la emigración para los países miembros resultan cada vez más difíciles de gestionar, representando un grave riesgo para el objetivo de transformación del sistema productivo[2].

Pese a la importancia que revisten estos objetivos en la actualidad, nuestro país sigue a día de hoy sin contar con una política integral de retorno de emigrantes, y ello a pesar de que el objetivo de dispensar este apoyo público a nuestros compatriotas que se encuentran en el exterior, acompañándolos en el complejo entramado de circunstancias que coexisten en el proceso que conlleva su decisión de regresar a nuestro país, forma parte de los mandatos que nuestra Carta Magna encomienda a los poderes públicos.

Por tanto, lo primero que echamos en falta en nuestro país es un conjunto de políticas específicas en materia de retorno de emigrantes, de carácter integral, coherentes y estructuradas, así como un marco ju-

---

1 MONEREO PÉREZ, J.L., "La garantía de los derechos sociales en la Carta Social Europea como Constitución Social de la Europa amplia", *Revista Crítica de Relaciones de Trabajo Laborum.* Nº 4, 3º trimestre 2022. P. 215-326.

2 En este sentido, conviene tener presente que el objetivo de atracción de talento adquiere un protagonismo destacado y dotado de carácter transversal en las distintas iniciativas legislativas que se están presentando recientemente en nuestro país, como pueden ser entre otras y a simple título de ejemplo, el Proyecto de Ley Orgánica del Sistema Universitario (BOCG de 1 de julio de 2022), cuyo artículo 28 reconoce el papel fundamental de cooperación que el Estado, las CCAA y las propias universidades deben desarrollar para fomentar la atracción de talento internacional al sistema universitario español.

rídico normativo actualizado, capaz de ofrecer una respuesta adecuada a esta nueva cuestión social del retorno de emigrantes, desde el punto de vista de la tutela jurídico y social que es necesario ofrecer a estos nacionales, en temas que resultan básicos en este proceso, como son entre otros, el acompañamiento en el diseño de sus proyectos migratorios de retorno, los cuales variarán en función de su carácter individual o familiar, o la instrumentalización de medidas de política de empleo específicas dirigidas a atender la singularidad de este colectivo y todo ello con el fin de evitar que su retorno a nuestro país o CCAA de origen, vuelva a convertirse en un nuevo proceso de emigración para las personas afectadas.

2. LA DIFÍCIL COMPRENSIÓN DEL FENÓMENO DE RETORNO COMO CENTRO DE IMPUTACIÓN NORMATIVA

El presupuesto ineludible de cualquier análisis jurídico político es conocer la realidad social al que aparece referido y que aspira a convertirse en su centro de imputación normativa. Sin embargo, uno de los principales problemas que encontramos a la hora de valorar la magnitud de estos flujos migratorios de retorno que se están produciendo hacia nuestro país y, más en concreto, hacia la Comunidad Autónoma andaluza, con el fin de poder así aspirar a llevar a cabo una intervención pública eficaz y efectiva en relación a los mismos, consiste en determinar en primer lugar, el número de personas emigrantes andaluzas que se encuentran en el extranjero y que, por tanto, son susceptibles de convertirse en protagonistas de estos proyectos de retorno. Posteriormente, será necesario conocer la realidad que envuelve a estas en los países de destino y las motivaciones que, llegado el caso, puedan sentir para iniciar su proyecto de retorno hacia Andalucía, y ello con el fin de que estas motivaciones resulten satisfechas con las respuestas que desde una política autonómica de retorno puedan ser diseñadas.

2.1. Dificultades derivadas de la debilidad de las fuentes oficiales de los flujos migratorios de salida

Lo primero que puede llamar la atención, a la hora de abordar el estudio de estos flujos migratorios, consiste en la amplia variedad de fuentes oficiales existentes para el cálculo de estas salidas, por lo que esta incertidumbre estadística, tanto en la cobertura como en la fiabilidad de los datos registrados, no hace más que añadir interrogantes a la hora de acercaros al estudio de esta realidad.

En este sentido, no existe por el momento en España un registro de emigrantes propiamente dicho, al que fuera posible acudir para conocer, con relativa certeza, este dato, y menos aún existen fuentes oficiales que se acerquen a esta realidad desde la perspectiva de la CCAA de origen. Por el contrario, contamos básicamente con tres fuentes oficiales que suministran datos de salidas hacia el exterior: Padrón de Españoles Residentes en el Extranjero (PERE), el Censo Electoral de Residentes Ausentes (CERA) y la Estadística de Variaciones Residenciales (EVR).

Todas estas estadísticas nos ofrecen datos que están basados exclusivamente en las bajas producidas en el padrón de habitantes. El problema es que estas bajas sólo quedan registradas si los emigrados se dan de alta en los Consulados de España en los países de destino y, en muchos casos, esta inscripción en el Consulado español no llega a producirse[3]. De esta forma, la comparación con el registro de los principales países de destino de nuestros nacionales emigrados en los últimos años, pone de relieve la existencia de un subregistro de la emigración española[4]. Sin embargo, la escasa información que estos ofrecen, junto con la diversa naturaleza y criterios de clasificación adoptados en cada uno de los países que aparecen actualmente como destino principal de los emigrados andaluces, dan idea de la dificultad de acoger estas fuentes estadísticas como fiables[5]. De esta forma, la disminución de los incentivos que encuentran los nacionales que emigran, y por lo que interesa a nuestro objeto de estudio, en concreto las personas andaluzas emigrantes, para darse de alta en los Consulados, está teniendo un efecto perturbador en las estadísticas de

---

3 En este sentido, diversos estudios desarrollados desde el ámbito de la Sociología y la Geografía Humana han constatado que esta inscripción en los Consulados españoles en el exterior no se produce de forma automática ni inmediata, sino sólo en aquellos casos en que la persona de nacionalidad española residente en el extranjero tiene un interés relevante para formalizar esta inscripción, como pueden ser entre otros, la renovación del pasaporte o el interés por ejercer el derecho al voto desde el exterior. ROMERO VALIENTE, J. M., "Motivos por los que los emigrantes españoles se inscriben en el registro consular". *Arxius.* Nº 39. 2018. P. 37-54.

4 DOMINGO, A. BLANES, A. "Inmigración y emigración en España: estado de la cuestión y perspectivas de futuro". *Anuario de la inmigración en España 2014.* Barcelona. Cidob. 2015. P. 94-122.

5 ROMERO VALIENTE, J.M HIDALGO CAPITÁN, A.L. "El subregistro consultar. Magnitudes y efectos en las estadísticas de emigración española". *Revista de Ciencias Sociales.* V. 9.N 2. 2014. P. 377-407.

migraciones, ya que está oscureciendo y subestimando las cifras españolas sobre emigración[6].

Todas estas circunstancias nos dan idea de la dificultad de conocer de forma fiable el alcance real de la población española en general y más en particular, de la población andaluza que se encuentra residiendo en el extranjero y que, por tanto, se convierte en posible destinataria de las medidas de retorno que puedan diseñarse desde Andalucía.

Pese a estas dificultades iniciales para conocer realmente el alcance real del fenómeno de la emigración en nuestros días, los datos oficiales publicados por la Junta de Andalucía señalan una cifra aproximada de dos millones de personas andaluzas que residen fuera de esta CCAA, de las cuales, al menos 200.000 se encuentran residiendo fuera de España[7]. Estas cifras son el resultado del aumento paulatino de población andaluza o de origen andaluz que decide emigrar desde esta CCAA al extranjero, aumento que se mantuvo de forma constante hasta el año 2013. En los años posteriores se registró un retroceso en esta población emigrante de Andalucía, debido sobre todo a la menor proporción de hombres que decidieron emigrar, a pesar de que siguió aumentando la emigración femenina. Tras un periodo de recuperación en los niveles de esta emigración registrada en ambos sexos, en 2018 y 2019 se registró de nuevo un descenso en el volumen de proyectos migratorios de personas andaluzas, si bien en 2020, y pese a las graves limitaciones a la movilidad derivadas de la crisis sanitaria internacional, aumentó el número de mujeres de origen andaluz que protagonizaron estos procesos de emigración desde la CCAA andaluza hacia el extranjero[8].

---

6 GONZÁLEZ FERRER, A. "La nueva emigración española. Lo que sabemos y lo que no". *Zoom Político.* Nº 18. 2013. https://www.researchgate.net/publication/265390138_La_nueva_emigracion_espanola_Lo_que_sabemos_y_lo_que_no/link/540d685b0cf2f2b29a384594/download (Consultada el 4 de diciembre 2022). Considera la autora que las cifras de emigrantes nacionales españoles durante los años 2008-2012, serían cercanas a los 700.000, en lugar de las 225.000 estimadas por fuentes oficiales.

7 Fuente: https://www.juntadeandalucia.es/temas/familias-igualdad/inmigracion/emigracion.html (consulta a 1 de diciembre 2022).

8 En concreto, los datos oficiales registran un total de 4.110 habitantes andaluces, con edades comprendidas entre los 25 a 44 años, que emigraron al extranjero en 2020, un 25,9% menos que en 2019, lo que da idea de la pérdida de capital humano que representa para esta CCAA, y para el conjunto de España esta progresiva emigración de jóvenes hacia el extranjero. Datos obtenidos del *Informe sobre la situación socioeconómica de Andalucía 2021.* Consejo Económico y Social de Andalucía. 2022. Disponible en

2.2. *Motivaciones para retornar a Andalucía. Especial consideración de las vinculadas al mercado de trabajo*

Pueden ser múltiples y muy variadas las motivaciones que llevan a una persona a tomar la decisión de regresar a su CCAA de origen, en nuestro caso a Andalucía, tras haber establecido durante un periodo temporal su residencia en un país extranjero. En una amplia proporción de casos, ese anhelo de regresar algún día, está presente desde el mismo momento de la partida. Serán aquellos casos en que el proyecto de emigración se percibe con carácter temporal desde su inicio y se busca el momento o las circunstancias adecuadas para retornar.

Entre las motivaciones que llevan al individuo a adoptar la decisión de retornar a su CCAA de origen, destacan las vinculadas a las oportunidades que ofrece en cada momento el mercado de trabajo. De esta manera, al igual que la falta de estas oportunidades forzó en la mayoría de los casos, las decisiones de emprender un proyecto de emigración, una mejora considerable de estas mismas oportunidades puede llevar a muchos de nuestros emigrados, a plantearse la decisión de regresar a Andalucía.

En este sentido, los proyectos migratorios de las personas andaluzas han venido caracterizándose por una mayor debilidad, entendida esta como salarios más bajos y afectados en mayor proporción por situaciones de desempleo, en comparación con el resto de nacionales y migrantes procedentes de países europeos[9]. Esta mayor debilidad es debida a la ausencia de una política, tanto nacional como autonómica, de apoyo a estos proyectos, dirigida a facilitar la inserción social y laboral de las personas andaluzas en los países de destino[10].

---

formato digital https://www.juntadeandalucia.es/empleoformacionytrabajoautonomo/ces/informe_socioeconomico_online/informe2021/HTML_Informe_standar/index. P. 245 y ss. (Consulta 12 de diciembre 2022).

9 Esta mayor debilidad se desprende del estudio realizado por cuatro instituciones europeas bajo el título *Emigrando en tiempo de crisis* referenciado por GONZÁLEZ ENRÍQUEZ, C. MARTINEZ ROMERA, J. P., "Debilidades de la emigración española". Real Instituto Elcano. http://www.realinstitutoelcano.org/wps/portal/rielcano_es/contenido?WCM_GLOBAL_CONTEXT=/elcano/elcano_es/zonas_es/demografia+y+poblacion/ari6-2018-gonzalezenriquez-martinezromera-debilidades-emigracion-espana (Consultada el 6 de diciembre 2022).

10 MOLINA HERMOSILLA, O., "Retos derivados de los nuevos movimientos migratorios: ¿Contamos con una política en materia de emigración?", *Revista de Derecho Migratorio y Extranjería.* Nº 48.2018. p. 77-44. Un conjunto completo y coherente de propuestas de ordenación para esta política de emigración, tanto desde el punto de vista del

Junto a estas condiciones generales que les han venido afectando, derivadas en muchos casos de la falta de una adecuada respuesta política a estos movimientos emigratorios que se venían produciendo desde la CCAA andaluza, es necesario también tener en cuenta las condiciones personales que concurrían en los propios sujetos que iniciaban un proyecto de estas características, los cuales, en muchos casos, partían de una mayor vulnerabilidad y precariedad laboral ya en esta CAAA, y un escaso nivel de conocimiento del idioma del país de destino. El efecto combinado de ambas circunstancias arroja como resultado que hayan tenido que afrontar mayores dificultades vitales, en comparación con el resto de nacionales y las personas nacionales de otros países europeos que han llevado a cabo estos mismos proyectos migratorios.

Como consecuencia de ambas circunstancias, el proyecto migratorio de muchos andaluces ha sido menos exitoso en términos de inserción laboral o desarrollo profesional, lo cual, puede resultar determinante a la hora de valorar el éxito o fracaso en términos generales de estos proyectos, y en su caso, ejercer una enorme influencia en la decisión de retorno de los andaluces y andaluzas que se encuentran residiendo fuera de nuestro país.

Junto a estas circunstancias, vinculadas a la debilidad del propio proyecto de emigración, coexisten también una serie de motivaciones personales nada desdeñables, conectadas a los lazos afectivos que dejaron atrás y a las emociones positivas vinculadas a la decisión de regresar a su CCAA de origen. Estas motivaciones tienen, como decimos, un gran peso en la toma de esta decisión, lo cual, puede ejercer una mayor influencia incluso en el caso de aquellos nacionales en que el proyecto de emigración en sí resultó exitoso y se encuentran plenamente integrados social y laboralmente en el país de destino[11].

---

empleo como desde el ámbito de la protección social, puede consultarse en AA.VV., *Nuevas políticas jurídicas para el cambio migratorio. Tutela jurídico social para los trabajadores emigrantes.* FERNÁNDEZ AVILÉS, J.A. (Dir.), DURÁN BERNARDINO, M. (Coord). Aranzadi. Navarra. 2017.

[11] "Emigrantes de Regreso a España. La pandemia nos ha tocado la fibra. Vuelvo porque aquí está mi red de apoyo". Noticia publicada en el Diario El País, el 29 de junio de 2021, la cual resulta bien ilustrativa para conocer estas motivaciones explicadas por los propios protagonistas de los proyectos de retorno.

3. CONFIGURACIÓN FORMAL Y SUSTANTIVA PARA EL DESARROLLO DE UNA POLÍTICA INTEGRAL DE APOYO AL RETORNO DE EMIGRANTES

3.1. En el ámbito nacional

En el caso de España[12], nuestra Constitución en su artículo 42, establece un deber especial del Estado de velar por la salvaguardia de los derechos económicos y sociales de los trabajadores españoles en el exterior, orientando su política hacia su retorno. Su reconocimiento, entre los principios rectores de la política social y económica, garantiza a los españoles en el exterior que los poderes públicos de nuestro país, han de adoptar un conjunto de medidas concretas orientadas a garantizar su regreso al territorio nacional y el pleno ejercicio de los derechos que, como nacionales del Estado español, le corresponden. Se trata por tanto, de un mandato dirigido a garantizar la igualdad entre los nacionales en el extranjero y los que residen en territorio español, todo ello con el fin último de conseguir la plena integración de los españoles retornados[13].

Pese a este mandato constitucional, no fue hasta la Ley 40/2006, de 14 de diciembre, de Estatuto de la Ciudadanía Exterior[14] (en adelante LECEX), cuando se aborda por primera vez en nuestro país, el derecho de los nacionales en el extranjero a gozar de una política integral que favorezca su retorno a España (art. 26.1), que contemple todos los aspectos que inciden en esta decisión. Para ello se prevé la creación de la Oficina Española de Retorno, adscrita actualmente al Ministerio de Inclusión, Seguridad Social y Migraciones, a la que le corresponde orientar, asesorar y apoyar a los españoles que decidan volver a nuestro país, enfocando su actuación al objetivo de lograr su plena inserción social y laboral en España, con el fin último de evitar que el emigrante retornado pueda llegar a sentirse como un extraño en su propio país.

Esta política integral de apoyo al retorno de nuestros nacionales en el exterior se estructura fundamentalmente en dos ámbitos: por una parte,

---

12 A nivel internacional, tanto la Declaración Universal de Derechos Humanos, en su artículo 13.2, como en el artículo 12 del Pacto Internacional de Derechos Civiles y Políticos de 1966, aparece reconocido el derecho de retorno.

13 MELÉNDEZ MORILLO-VELARDE, L., "La política de retorna para los emigrantes españoles. Reflexiones sobre la exportabilidad del modelo español a otros Estados", *Revista Ministerio de Empleo y Seguridad Social.* N° 5. 2013. P. 199-222.

14 BOE 15 de diciembre de 2006.

por medidas de apoyo y fomento del empleo y, por otra, por la instrumentalización de ayudas y subsidios que compensen, al menos parcialmente, la falta de este bien a los nacionales que retornan a nuestro país, tras un proceso migratorio.

Precisamente, es el art. 28 LECEX el que aparece dedicado al fomento del empleo de los españoles retornados, para lo cual, se encomienda al Estado y a las CCAA que promuevan el desarrollo de un servicio específico, distinto al Servicio Público de Empleo, que planifique acciones concretas encaminadas a facilitar la integración social y laboral de estos ciudadanos españoles.

Pero lo cierto es que, pese a este mandato legal destinado a apoyar el emigrante retornado a nuestro país, en su objetivo de desarrollarse profesionalmente en el mercado de trabajo español, hasta hace escaso tiempo, no contábamos en nuestro ordenamiento jurídico con medidas concretas destinadas a atenuar la vulnerabilidad que en el ámbito de la empleabilidad, puede llegar a afectar a este colectivo[15].

En efecto, en fechas recientes han ido proliferando en las distintas CCAA de nuestro país, la aprobación de planes y líneas de subvención destinadas a apoyar el retorno de sus ciudadanos desde el extranjero hacia el territorio de las respectivas CCAA. Del análisis de estas medidas adoptadas en el ámbito autonómico podemos observar que presentan en general un marcado carácter fragmentado, programático e informativo y están desprovistas de una planificación coherente y de una evaluación rigurosa de los objetivos perseguidos con su puesta en práctica[16]. Son una manifestación evidente de las distintas sensibilidades y vinculación de los territorios con el fenómeno de la emigración. Por ello, resulta necesario contar con una política de retorno integral, como manifestación del principio de justicia

---

15 DURÁN BERNARDINO, M., "Inserción Sociolaboral de emigrantes españoles. Políticas públicas de retorno", *Revista de Derecho Migratorio y Extranjería.* 2017. Nº 44. P. 117-134. RIVAS VALLEJO, P. "Migración Española del siglo XXI y políticas migratorias públicas*", Revista General de Derecho del Trabajo y de la Seguridad Social.* Nº 40. 2015. p. 1-30.

16 Esta falta de evaluación es un déficit estructural que han venido presentando las distintas medidas de política pública en nuestro país, el cual, trata de solucionarse definitivamente a través de la reciente aprobación de la Ley de Institucionalización de la Evaluación de Políticas Públicas en la Administración General del Estado, con la cual nuestro país trata de avanzar en el proceso de institucionalización de la evaluación de estas políticas, dotándonos de un marco normativo que regule esta materia. En el momento de cierre de este capítulo se encuentra pendiente de su publicación en BOE, tras ser aprobada por el Congreso el 1 de diciembre de 2022.

social[17], destinada a brindar este apoyo a los nacionales que deciden regresar a nuestro país, como expresión de los derechos sociales fundamentales asociados al empleo y al trabajo, entre cuyas manifestaciones no puede faltar el derecho de toda persona a acceder a políticas activas y servicios de empleo de calidad tendentes a asegurarles el disfrute de oportunidades reales y efectivas de empleo[18]. Por tanto, no es posible hacer recaer toda la responsabilidad en la realización del mandato constitucional y legal en la actuación autonómica. Y es que, una política coherente y coordinada de retorno de nuestros emigrantes no puede hacerse depender de los programas dispares que puedan desarrollar en cada momento cada una de las Comunidades Autónomas[19].

Podemos preguntarnos llegados a este punto, cuáles son las causas que podrían explicar este evidente retrasado en el desarrollo de este mandado constitucional y el consiguiente "olvido" de nuestros poderes públicos por desarrollar esta política integral orientada a lograr el retorno de nuestros nacionales en el exterior, brindándole el apoyo necesario para lograr su plena integración social y laboral en nuestro país. Quizás la explicación para ello debamos buscarla en la propia situación que tradicionalmente ha venido caracterizando a nuestro mercado de trabajo. En este sentido, es bien sabido que nuestro mercado de trabajo viene presentando como características estructurales la temporalidad y la precariedad en el empleo, junto a un problema de desempleo que afecta especialmente al colectivo de personas jóvenes y que ha convertido a España en el país de la Unión Europea que tradicionalmente presenta las peores tasas de desempleo en el colectivo de menores de 25 años. Por desgracia, las generaciones más jóvenes viven en nuestro país en un régimen permanente de incertidumbre y provisionalidad, lo que ha motivado que, especialmente, integrantes de este colectivo de jóvenes hayan emprendido el éxodo en épocas de extrema dificultad vividas en nuestro país y ante la falta de oportunidades que les ofrecía nuestro mercado de trabajo.

---

17 MONEREO PÉREZ, J. L., "Refundar el ordenamiento laboral para juridificar plenamente el principio de justicia social y el trabajo decente", *Lex Social. Revista Jurídica de los Derechos Sociales.* 2021. V. 9. Nº 1. P. 220-294.

18 MOLINA NAVARRETE, C., "Los servicios de colocación: contenido esencial del nuevo derecho social fundamental del empleo. Claves para su garantía constitucional efectiva", *Revista Tiempo de Paz.* Verano 2018.Nº 129. P. 136-143.

19 FERNÁNDEZ AVILÉS, J. A., "¿Hay una política social para los trabajadores emigrantes?", *Revista Trabajo y Seguridad Social. Centro de Estudios Financieros.* Nº. 416. noviembre. 2017. P. 1-10.

Desde un punto de vista proteccionista y como tal, con una visión extremadamente reducida, podría representar un contrasentido que, al mismo tiempo que nuestro mercado de trabajo presentaba estas debilidades estructurales, se pusieran en marcha por parte de nuestros poderes públicos políticas de retorno de aquellos que en su día tuvieron que abandonar nuestro país, por las mencionadas faltas de oportunidades. Quizás ha sido éste precisamente uno de los argumentos que expliquen el retraso con que, en nuestro país, se ha abordado esta materia.

3.2. En el ámbito de la CCAA de Andalucía

En el caso de Andalucía, es la Ley 8/2006, de 24 de octubre[20], del Estatuto de los Andaluces en el Mundo, la encargada de recoger el conjunto de prestaciones y derechos que en Andalucía se reconoce a favor de las personas andaluzas residentes en el exterior, a las personas de origen andaluz, las comunidades andaluzas y a las personas retornadas a Andalucía. En concreto, en su artículo 4 establece que las instituciones públicas andaluzas habrán de encauzar sus actuaciones para la satisfacción del objetivo de promover medidas especiales que posibiliten el regreso a Andalucía de los andaluces y personas de origen andaluz que se encuentren en el exterior, así como contribuir al fortalecimiento de los colectivos andaluces de emigrantes retornados y la eficacia de su acción asociativa.

Posteriormente, el artículo 15 de esta norma es el encargado de atribuir a la Administración andaluza, en el ámbito de sus competencias, el desarrollo de actuaciones específicas para facilitar el regreso y la integración social de las personas retornadas.

Es evidente que esta población andaluza retornada presenta una serie de demandas y necesidades específicas en ámbitos esenciales para su integración social y laboral en esta CCAA, y que afectan, por lo que aquí nos interesa, a las políticas de empleo. Por tanto, sería de esperar una contemplación específica por parte de los poderes públicos competentes en este ámbito, que tuviera como destinatarias específicas a estas personas retornadas, que establecieran los mecanismos y medidas necesarias para posibilitar el retorno de aquellas personas andaluzas que se encuentren en el extranjero, que así lo deseen.

---

20 BOJA 7 de noviembre de 2006.

4. PRINCIPALES MEDIDAS PÚBLICAS DE APOYO AL RETORNO DE PERSONAS EMIGRANTES EN ANDALUCÍA

Resulta de interés, por tanto, comprobar cómo se ha materializado por el momento este apoyo público de la Administración autónoma andaluza al retorno de las personas con origen en esta CCAA, que se encuentran residiendo en el extranjero.

4.1. Programa para el retorno del Talento en Andalucía

En el caso concreto de Andalucía, a esta finalidad respondió inicialmente la aprobación del Programa para el retorno del talento en Andalucía, contenido en la Ley de Presupuestos de la CCAA para el año 2016, Ley 2/2015, de 29 de diciembre, de medidas urgentes para favorecer la inserción laboral, la estabilidad en el empleo, el retorno del talento y el fomento del trabajo autónomo[21].

El objetivo de esta Ley, por lo que al ámbito del retorno se refiere, aparecía concretado en su propia Exposición de Motivos, en conseguir el retorno de aquellas personas que, como consecuencia de la crisis, tuvieron que buscar oportunidades laborales fuera Andalucía, recuperando de esta forma "los esfuerzos invertidos en su formación, aprovechando la experiencia adquirida por ellas y evitando el desarraigo que se genera por estancias prolongadas".

A la consecución de este objetivo aparecía dedicado el Título III de esta Ley, que comprendía los artículos 54 a 59 de la misma, en los que se desarrollaba el programa de retorno del talento, consistente básicamente en la convocatoria de dos líneas de ayudas específicas: una primera, destinada a las entidades empleadoras que contratasen con carácter indefinido y a jornada completa a personas andaluzas retornadas y una segunda línea de actuación, que tenía en esta ocasión como destinatarias a las propias personas contratadas en el marco de la primera línea de estas ayudas, con el fin de facilitarles el traslado de su residencia a Andalucía.

En el primer caso, la ayuda consistía en un incentivo a tanto alzado de 40.000 euros por cada contrato laboral que formalizase la entidad, debiendo aportar dicha entidad beneficiara una cuantía igual o superior al incentivo concedido, destinado a cubrir el coste salarial bruto durante el

---

[21] BOJA 12 de enero de 2016.

periodo mínimo de vigencia del contrato de trabajo indefinido, que quedaba fijado en la propia norma en 24 meses de duración.

Las personas con quienes se formalizasen estos contratos, además de la condición de andaluzas, debían reunir una serie de requisitos para que su contratación fuera susceptible de generar este incentivo al que poder acogerse la empresa contratante. En concreto se les exigía:

a) Tener hasta 45 años.

b) Estar en posesión de título universitario oficial de Grado o equivalente.

c) Estar en situación de alta laboral en la categoría correspondiente a su titulación o equivalente y residiendo en el extranjero, en ambos casos, durante al menos los dos últimos años inmediatamente anteriores a la fecha de formalización del contrato en Andalucía.

En la delimitación de este ámbito subjetivo resultaba por tanto evidente el marcado carácter selectivo que presentaba el diseño de esta línea de incentivo al retorno de emigrantes andaluces, en cuanto que, a la exigencia de la edad máxima para participar en estos programas de retorno incentivados, se unía la de contar con título universitario o superior y la de estar al menos en los dos años anteriores en situación de alta en el extranjero, en la categoría laboral para la que le capacitaba ese título o equivalente.

De esta forma, quedaba eliminada la posibilidad de acogerse a este plan de retorno por parte de aquellas personas andaluzas residentes en el extranjero carentes de titulación universitaria y aquellos que pese a tenerla, su proyecto migratorio no hubiera sido exitoso en términos de su inserción laboral o promoción profesional. Podríamos pensar que ello suponía en la práctica que quedasen abandonados a su suerte, precisamente, aquellos andaluces residentes en el extranjero que más necesitados podían estar, en principio, de acogerse a este tipo de líneas incentivadas de retorno.

De esta forma, la condición de menor de 45 años, alta cualificación, medida en términos de titulación universitaria o equivalente y el éxito conseguido en la inserción laboral o profesional en el país extranjero, adquirían carta de naturaleza sustancial en la delimitación subjetiva del ámbito de aplicación de este tipo de medidas, al mismo nivel que la condición de andaluz, la cual, por sí sola no resultaba suficiente para convertirse en destinatario de estas medidas de apoyo al retorno hacia la CCAA de Andalucía.

Por su parte, estas personas cuyos contratos hubieran sido incentivados, tenían derecho también a acogerse a la ayuda prevista en la segunda línea de actuación que contemplaba este plan, la cual, aparecía desglosada en diferentes partidas, con las que hacer frente a los gastos que les podía ocasionar su cambio de residencia hacia Andalucía. En concreto, en concepto de desplazamiento se les permitía optar a una ayuda cuantificada hasta un máximo de 5000€, por alojamiento hasta un máximo de 12.000€ y para ayudas por escolarización de hijos e hijas en etapa de infantil durante el primer año de vigencia de su contrato, hasta un máximo de 5000€.

Este programa autonómico de apoyo al retorno de andaluces en el extranjero, al igual que ha ocurrido con la mayoría de programas autonómicos inspirados en este mismo objetivo y que fueron aprobados de manera coetánea en nuestro país, adolece de un déficit de evaluación de los resultados conseguidos con su puesta en práctica[22], cifrados en personas beneficiarias de estos programas, que decidieron establecerse en Andalucía como resultado de su puesta en práctica. Sin estos elementos de evaluación de los programas de retorno, es difícil valorar su grado de éxito o fracaso y, sobre todo, obtener algunas lecciones valiosas de cara a la puesta en práctica de nuevos programas inspirados en estos mismos objetivos. Por último, estas evaluaciones son también necesarias para comprobar el adecuado uso que se ha dado a los recursos públicos invertidos en los distintos programas autonómicos de fomento del retorno, más allá de las abultadas asignaciones presupuestarias con que inicialmente aparecían dotados y que no llegaron a ejecutarse en la mayoría de los casos.

4.2. Plan de Acción para el retorno de la población andaluza en el Exterior 2020-2022

Precisamente a cumplir con estos mandatos que desde el Estatuto de Autonomía de los andaluces en el mundo se dirigen a nuestros poderes públicos, se encaminaba la propuesta de elaboración del Plan de Acción para el Retorno de la población Andaluza en el Exterior, cuyo plazo de vigencia inicialmente previsto era 2020-2022.

---

[22] En efecto, no existe evaluación pública de los resultados conseguidos con la puesta en práctica de estos planes autonómicos, sino más bien, planteamientos a futuro de los distintos dirigentes políticos, ante las solicitudes de información de políticas activas diseñadas para lograr el retorno de esta población emigrada. Así en el caso concreto andaluz, puede consultarse el Diario de Sesiones del Parlamento de Andalucía, sesión nº 7, de 25 de junio de 2019, disponible en https://www.parlamentodeandalucia.es/webdinamica/portal-web-parlamento/pdf.do?tipodoc=diario&id=139854 (Consulta 10 de diciembre de 2022).

Para ello, se adoptó un Acuerdo del Consejo de Gobierno de 21 de mayo de 2019[23], en el que se instaba la formulación de este plan, concebido con el principal objetivo de integrar en un único instrumento de planificación estratégica todas las políticas, programas y acciones de la Junta de Andalucía destinadas a lograr el impulso de las medidas encaminadas a facilitar la posible vuelta de las personas andaluzas que residen fuera de Andalucía y que desean retornar a esta CCAA.

Para ello, el diseño de este Plan se orientaba a la consecución de los siguientes objetivos:

1. Promover medidas especiales que hagan posible el regreso a Andalucía de la población andaluza en el exterior y de las personas de origen andaluz.

2. Mejorar la atención específica y la información ofrecida a la población retornada a Andalucía, tanto desde el sector público como desde el sector privado, facilitando su proceso de retorno.

3. Favorecer el emprendimiento y la incorporación al mercado de trabajo andaluz por parte de aquellas personas en edad laboral que hayan regresado a Andalucía o tomen la decisión de regresar.

4. Facilitar el acceso de las personas retornadas a todos los niveles educativos, agilizando los trámites de convalidación y homologación de títulos, así como la valoración de la experiencia profesional que han adquirido en el extranjero.

5. Favorecer la atención, asistencia y protección de las personas andaluzas retornadas, especialmente aquellas que se encuentren en situaciones de vulnerabilidad.

6. Contribuir al fortalecimiento de los colectivos andaluces de personas emigrantes retornadas y a la eficacia de su acción asociativa para mejorar la participación e integración de estas personas en los ámbitos cívico, social, cultural, económico y político.

7. Instrumentar mecanismos específicos de ayuda a este colectivo en circunstancias de grave conflicto cívico en sus países de residencia[24].

---

[23] Puede consultarse en https://www.juntadeandalucia.es/organismos/consejo/sesion/detalle/172677.html#toc-acuerdos-adoptados

[24] En este caso, este objetivo se orientaba especialmente a conseguir el mejorar las condiciones de la población andaluza en el Reino Unido que se pudiera ver afectada por las consecuencias del BREXIT, así como a atender la situación de especial vulnerabilidad

8. Mejorar el conocimiento de la realidad sociodemográfica, los medios y condiciones de vida, la percepción y opinión de la población andaluza retornada, especialmente de las personas mayores, de la infancia, la juventud, y las personas con discapacidad, fomentando la actividad investigadora.

Por desgracia, pese haberse agotado ya el plazo inicialmente previsto para la vigencia de este plan, el mismo no ha visto la luz y no existe información pública accesible que nos permita comprobar el grado de materialización en que se encuentra a día de hoy este objetivo. Por el contrario, todo parece indicar que esta CCAA seguirá sin brindar este apoyo público e integral a las personas que inicien su proyecto de retornar a Andalucía.

4.3. Subvenciones de la CCAA andaluza destinadas a las entidades de emigrantes retornados

En este caso, la acción pública andaluza se orienta al reconocimiento de una serie de subvenciones destinadas a entidades privadas, con el fin de que lleven a cabo la realización de programas de acción social encaminadas al desarrollo de determinadas acciones que tengan como destinatarias a las personas andaluzas emigrantes retornadas. Estas actuaciones consisten en: Detección, atención e intervención; Talleres y cursos formativos; Formación de personal técnico y voluntarios; Formación, capacitación e inserción sociolaboral; Diseño y elaboración de campañas de sensibilización y concienciación; Información y asesoramiento integral; Fomento de la participación social, asociacionismo y voluntariado social.

Así mismo, se reconoce a estas entidades privadas la posibilidad de obtener subvenciones para el mantenimiento de sus sedes, dedicadas a la atención de estas personas andaluzas retornadas.

Sin embargo, este apoyo institucional diseñado a partir de la obtención de subvenciones públicas, no se corresponde con la materialización que se ha llevado a cabo en Andalucía mediante la Orden de 1 de agosto de 2022 (BOJA 8 de agosto), por la que se convocan las subvenciones, en régimen de concurrencia competitiva, destinadas a entidades privadas para la realización de actuaciones de interés general, para atender fines sociales con cargo a la asignación tributaria del 0,7% del Impuesto sobre la Renta de

---

de la población andaluza residente en Venezuela, situaciones estas que eras las que mayor atención reclamaban en las fechas en que se alcanzó este acuerdo.

las Personas Físicas y del Impuesto sobre Sociedades, en el ámbito de las competencias de la Consejería de Integración Social, Juventud, Familias e Igualdad, para el ejercicio 2022. En concreto, mediante esta Orden se convocan con base en su artículo primero, para el ejercicio 2022, en la modalidad de concesión en régimen de concurrencia competitiva, las tres líneas de subvenciones reguladas en el marco de la Orden de 9 de junio de 2021, de la anterior Consejería de Igualdad, Políticas Sociales y Conciliación, cuyas competencias en materia de retorno de emigrantes en Andalucía corresponden en la actualidad a la citada Consejería de Integración Social.

Precisamente una de estas tres líneas, la primera en concreto, hace referencia a las "subvenciones destinadas a entidades privadas para la realización de programas de interés general para atender fines sociales con cargo a la asignación tributaria del 0,7% del Impuesto sobre la Renta de las Personas Físicas", a la que se destina una cuantía máxima de 37.816.371,73 euros, con arreglo a la distribución funcional que aparece especificada en la propia orden y en la que no aparece contemplada con carácter específico el colectivo de personas andaluzas retornadas. Por tanto, no deja de resultar sorprendente que en ninguno de los programas subvencionados mediante esta Orden de 1 de agosto de 2022, se contemple los programas de intervención que puedan ir destinados al colectivo de personas andaluzas retornadas[25].

La intervención específica para este colectivo, ha preferido instrumentalizarse a través de entidades privadas que lo representan, mediante la firma de un convenio de colaboración entre la Federación Andaluza de Asociaciones de Emigrantes y Retornados (FAER) y la Administración an-

[25] En concreto, la distribución que aparece es la siguiente:

1. Programas de interés social-Infancia, adolescencia y juventud.	5.880.445,80
2. Programas de interés social-Promoción de la igualdad entre mujeres y hombres y prevención de la violencia de género.	1.478.620,13
3. Programas de interés social-Personas mayores.	5.396.396,25
4. Programas de interés social-Personas con discapacidad.	4.537.964,61
5. Programas de interés social-Personas con adicciones y personas con VIH-SIDA.	2.389.994,69
6. Programas de interés social-Comunidad gitana.	775.235,62
7. Programas de interés social-Urgencia e inclusión social.	15.894.221,04
8. Programas de interés social-Garantía de los derechos, la igualdad de trato y no discriminación de las personas LGTBI y sus familiares.	397.071,90
9. Programas de interés social-Intervención del voluntariado.	1.066.421,69

daluza, en concreto, a través de la Consejería de la Presidencia, Administración Pública e Interior.

Este convenio tiene por objeto la concesión de una subvención nominativa de 70.000€ anuales, dedicada en exclusiva al establecimiento de un punto de información y asistencia jurídica a emigrantes retornados[26].

De esta forma, este Convenio de colaboración resulta expresivo de la colaboración público-privada con entidades y asociaciones que nacen con el propósito de servir de apoyo para estos ciudadanos puedan volver a su CCAA de origen, después de su experiencia en el extranjero. En este sentido, resulta destacable la atención institucional que reciben las asociaciones de emigrantes retornados en términos generales en nuestro país, y de forma particular en el caso de la CCAA andaluza, al reconocerles el estatus de sujetos intermediarios privilegiados en las relaciones entre los poderes públicos y los destinatarios finales de las medidas diseñadas para lograr su retorno. Desde esa posición, canalizan demandas del colectivo, actualizan y prestan información sobre la situación económico social de la CCAA y territorios andaluza como destino de los proyectos de retorno. Al mismo tiempo, se convierten en beneficiarios directos de ayudas y subvenciones para la promoción y desarrollo de sus funciones, en una suerte de "externalización" de lo que debería ser un servicio público prestado a nuestros nacionales en general, y a las personas andaluzas en particular residentes en el extranjero, que desean regresar a su CCAA de origen y como tal, asumible por los poderes de esta naturaleza[27].

Este tipo de iniciativas se nutren con la propia experiencia migratoria de sus promotores, los cuales, han experimentado en primera persona todos los conflictos vitales que rodean la decisión de emigrar y la consiguiente emoción de cuando, tras esta experiencia, se logra el ansiado retorno. Este tipo de iniciativas público-privadas que han ido surgiendo de forma parale-

---

26 Este instrumento de colaboración fue firmado inicialmente el 9 de septiembre de 2021 y posteriormente ha sido renovado el 18 de octubre de 2022. Se encuentra disponible en https://www.juntadeandalucia.es/sites/default/files/2021-09/N%C2%BA%20870%20CONVENIO%20CPAI%20Y%20FEDERACION%20AND%20ASOC%20EMIGRANTES%20Y%20RETORNADOS%20%28%20FAER%29_Censurado.pdf (Consulta 10 de diciembre de 2022).

27 Para un análisis en profundidad de la responsabilidad directa de los poderes públicos en el ámbito de la política de empleo, como integrante del estatuto jurídico protector de la ciudadanía Vid. MONEREO PÉREZ, J. L., "¿Qué sentido jurídico-político tiene la garantía del derecho "al trabajo" en la "sociedad del riesgo?", *Temas Laborales. Revista andaluza de trabajo y bienestar social.* Nº 126. 2014. P. 47-90.

la al incremento de las experiencias de emigración de nuestros nacionales nacen, en definitiva, con el propósito de colmar las propias lagunas de una política pública integral de emigración y de retorno, y ante la ausencia, en muchos casos, de una eficaz intervención pública tanto nacional como autonómica de acompañamiento a los protagonistas de estos procesos vitales.

5. A MODO DE CONCLUSIONES FINALES

Los movimientos de retorno de emigrantes son uno de los elementos menos estudiados y, por tanto, más desconocidos de la política migratoria. Ello puede deberse a las dificultades que presenta el tratar de abarcar esta realidad desde las fuentes estadísticas oficiales, ya que aún hoy siguen sin aportar datos fiables, que nos permitan conocer el alcance real del volumen de personas que llevan a cabo procesos de emigración y posteriormente, estos procesos de retorno a sus países o CCAA de origen.

Por otro lado, el menor número de personas afectadas por estos proyectos de retorno, en comparación con las que emigran o inmigran, puede también haber ejercido una influencia notable a la hora de despertar un menor interés político y científico por este ámbito de la política migratoria.

Por el momento no contamos, en el concreto ámbito de la CCAA andaluza, con una política integral de apoyo al retorno de las personas andaluzas que se encuentran residiendo en el extranjero. La materialización de este objetivo, al que respondía el anunciado Plan de retorno de personas andaluzas 2020-2022, finalmente no ha visto la luz. Ello se traduce en una paralización de los programas de apoyo público a los proyectos personales de retorno que tienen como destino esta CCAA, sin que tampoco se haya producido hasta el momento, una evaluación de los programas anteriores que fueron puestos en práctica en Andalucía con esta misma finalidad[28], que permita conocer las debilidades y fortalezas de los mismos, para su mejor desarrollo futuro.

---

28 En efecto, no existe evaluación pública de los resultados conseguidos con la puesta en práctica de estos planes autonómicos, sino más bien, planteamientos a futuro de los distintos dirigentes políticos, ante las solicitudes de información de políticas activas diseñadas para lograr el retorno de esta población emigrada. Así en el caso concreto andaluz, puede consultarse el Diario de Sesiones del Parlamento de Andalucía, sesión nº 7, de 25 de junio de 2019, disponible en https://www.parlamentodeandalucia.es/webdinamica/portal-web-parlamento/pdf.do?tipodoc=diario&id=139854 (Consulta 10 de diciembre de 2022).

El panorama es incierto en el plano internacional y esta misma incertidumbre se reproduce en las medidas públicas de apoyo a nuestros emigrados, con el fin de acompañarlos en sus proyectos de retorno.

En Andalucía, no contamos por tanto una política específica, coherente y estructurada, y tampoco con el desarrollo de un marco jurídico actualizado capaz de dar respuesta a las demandas que plantea esa nueva cuestión del retorno de emigrantes, desde un punto de vista jurídico y social. Es por ello que representa un nuevo reto de política normativa y de instrumentalización técnico jurídica de propuestas y modelos de regulación, con el fin de ofrecer una adecuada tutela jurídica a las personas andaluzas que deciden emprender su proyecto de retorno a esta CCAA, encaminada a lograr plena integración social y laboral en este mercado de trabajo, contribuyendo con ello al progreso económico y social de Andalucía,

Es necesario que nuestros poderes públicos asuman su compromiso con la realización de esta política de apoyo al retorno de emigrantes a Andalucía, una política que es deseable que se diseñe de forma realmente integral y sólida, que permita ofrecer respuestas a los retos demográficos, sociales y económicos a los que se enfrenta nuestra CCAA. Para ello, debemos partir del análisis y evaluación de las medidas implementadas hasta el momento en este ámbito. De esta forma, estaremos en condiciones de valorar si el futuro desarrollo de estas medidas será capaz de ofrecer cumplida respuesta a estos retos y demandas.

En este sentido, podemos destacar como común denominador de estas medidas que han venido aplicándose en la CCAA andaluza, el hecho de que todas ellas presentan un fuerte carácter selectivo desde el punto de vista subjetivo, que se traduce en la exigencia de que las personas beneficiarias de estos programas, cuenten con una alta cualificación, entendida ésta como formación universitaria o equivalente. De este modo, la cualidad del origen andaluz de la persona residente en el extranjero, no resulta suficiente para acogerse a este tipo de medidas de apoyo público al retorno que hasta el momento se han se han estado ensayando en este ámbito del retorno. Comprobamos así, como nuestros poderes públicos, han venido abandonado a su suerte a aquellos que no cuentan con esta alta cualificación, haciéndolos responsables del éxito o fracaso de su proyecto de retorno a Andalucía.

Pese a que como hemos visto, son tímidas, por el momento, las incursiones que nuestros poderes públicos, tanto a nivel estatal como a nivel autonómico andaluz han realizado en el ámbito de las medidas de apoyo al retorno de emigrantes, las actuales circunstancias parecen anunciar que asistiremos en los próximos tiempos a un mayor desarrollo de este ámbito de actuación. En este sentido, nuestro mercado de trabajo se está viendo ya sometido a una profunda transformación, que se dejará sentir aún más en un corto periodo de tiempo, y que hará necesario contar con perfiles profesionales altamente cualificados, con competencias profesionales cada vez más digitales, que no siempre resultará fácil encontrar dentro del territorio de Andalucía, entre otros motivos, porque nuestras políticas de empleo hasta el momento no han estado orientadas a formar a este tipo de perfiles profesionales. Por ello, asistiremos a la atracción de estos perfiles mediante la profundización en políticas selectivas de inmigración y de retorno de nuestros emigrantes con talento. Al mismo tiempo, quedarán desplazadas habilidades y competencias tradicionales, que se consideran ahora de escaso valor añadido y que, por tanto, resultan fácilmente sustituibles por procesos de digitalización y robotización, corriendo los titulares de estas habilidades de escaso valor esta misma suerte.

Son sin duda nuevos retos y desafíos los que, desde un punto de vista jurídico y social, plantea esta nueva cuestión social del retorno de emigrantes, que deben ser abordados desde políticas específicas, integrales y estructuradas, que cuenten con marco jurídico normativo actualizado y homogéneo, capaz de dar respuesta a los mismos. El desarrollo de una política integral de retorno de emigrantes reclamará en Andalucía, en un breve espacio de tiempo, esfuerzos y recursos de todo tipo, para su implementación.

Capítulo 9
Políticas activas de empleo de los emigrantes andaluces

MANUELA DURÁN BERNARDINO
Profesora contratada doctora de Derecho del Trabajo y de la Seguridad Social
Universidad de Granada

1. CONSIDERACIONES PREVIAS

En los últimos años los españoles volvieron a ser emigrantes. Entre los años 2009-2017 España sufrió una grave crisis migratoria, viéndose obligados miles de españoles a buscar empleo lejos de nuestro territorio a consecuencia de las políticas de austeridad y de las medidas estructurales adoptadas en el marco de la crisis económica mundial. Esta emigración ha vuelto a tener una incidencia notoria en el empleo juvenil[1], que constituyen actualmente el 26,7% de parados[2], cifra que sería más elevada si no fuera por la fuerte emigración juvenil, alentada por la falta de ofertas de empleo y por la precariedad laboral.

Actualmente, la emigración de los jóvenes españoles ya no obedece sólo a motivaciones como la de ampliar las expectativas personales y profesionales o mejorar la calidad de vida, sino que se trata de una emigración forzada en la búsqueda de una oportunidad laboral, aquella que no tuvieron en España. Además, los recortes que se han hecho en educación e investigación han convertido lo que antes era una oportunidad para formarse en el extranjero en una obligación, por lo que España se enfrenta a una auténtica "fuga de cerebros" que, sin duda, repercutirá a largo plazo en el país, tanto social como económicamente.

A 1 de enero de 2022 la población española residente en el extranjero ascendía a 2.742.605 personas, localizándose principalmente en América

---

1 VV.AA. NAVARRETE MORENO, L. (Coord.): *La emigración de los jóvenes españoles en el contexto de la crisis. Análisis y datos de un fenómeno difícil de cuantificar,* Observatorio de la juventud de España. Disponible online en http://www.injuve.es/observatorio/economia-consumo-y-estilos-de-vida/emigracion-de-jovenes-en-la-crisis.

2 Datos estadísticos de Euroestat, noviembre 2022.

y Europa[3]. Si se comparan estos datos con los existentes en 2009, primer año de la crisis, se comprueba que la población española en el exterior aumentó en más de un millón y medio de personas (1.574.038)[4], no viéndose frenado este crecimiento por la pandemia, aunque si ralentizado.

Lo peor de esta situación es la incertidumbre, al no saber cuánto tiempo se va a prolongar esta situación y la constatación, según datos estadísticos, de que pese a las restricciones de movilidad ocasionada por la pandemia, en el año 2020 emigraron un total de 66.293 ciudadanos españoles y retornaron al país 52.511, lo que supone un saldo negativo de 13.782 personas, que volvía a convertir a España en un país de emigrantes, después de dos años saldo migratorio positivo de ciudadanos españoles[5].

Esta situación exige centrar la atención en aquellos jóvenes, sobrecualificados, que durante la crisis económica emigraron en busca de una oportunidad para ganarse la vida en otro país, ya que las perspectivas laborales que tenían en España se limitaban al desempleo o la precariedad. Ello permitirá recuperar su talento, teniendo en cuenta, por un lado, los beneficios sociales y económicos que aporta el retorno de personas que vuelven con ideas nuevas, dominando idiomas, capacidad de adaptación a diferentes metodologías de trabajo, más modernas e inclusivas, mentalidades más abiertas y ganas de generar cambio en nuestro país[6] y, por otro, que la opción por una experiencia migratoria debe ser una decisión voluntaria y

---

3 El número de personas con nacionalidad española que residían en el extranjero alcanzó los 2.482.808 a 1 de enero de 2018. Instituto Nacional de Estadísticas. Estadística del Padrón de Españoles Residentes en el Extranjero (PERE) a 1 de enero de 2018. Puede consultarse en http://www.ine.es/jaxi/Datos.htm?path=/t20/p85001/serie/l0/&file=01001.px

4 Téngase en cuenta que los datos oficiales sobre emigración española no son un indicador preciso ni de cuántos españoles se marchan ni de en qué momento lo hicieron. Son sólo una muestra pequeña y sesgada de la gente que se ha ido en los últimos años ya que están basados exclusivamente en las bajas padronales, que se producen solo si los emigrados se dan de alta en los consulados de España en el exterior hay un porcentaje importante de emigrantes españoles que por diferentes causas (lejanía del consulado, baja en el padrón en España, desconocimiento de las ventajas, etc.) no se registra en su consulado. Véase el análisis realizado en González-Ferrer, A.: "La nueva emigración española. Lo que sabemos y lo que no", *Zoom Político*, n. 18, 2013.

5 En base a los datos de la Estadística de Migraciones publicados por el Instituto Nacional de Estadística (INE).

6 VV.AA. NAVARRETE MORENO, L. (Coord.) *Balance y futuro de la migración de los jóvenes españoles: Movilidad, emigración y retorno*, 2019, pp. 175-177. (Puede consultarse en http://www.injuve.es/sites/default/files/adjuntos/2019/06/balance_y_futuro_de_la_migracion.pdf).

no forzada. Por ello, es una obligación de la administración pública y de nuestras políticas migratorias promover su regreso a España, a través de recursos y herramientas que acompañen al español emigrante en su proceso de retorno para que éste sea lo más positivo posible y motive el regreso de quienes desean volver a su país para trabajar en unas condiciones de calidad.

Se trata de una obligación recogida en la Constitución Española, que establece en su artículo 42 que "el estado velará especialmente por la salvaguardia de los derechos económicos y sociales de los trabajadores españoles en el extranjero y orientará su política hacia su retorno". Con la aprobación de la Ley 40/2006, de 14 de diciembre, del Estatuto de Ciudadanía Española en el Exterior[7], se le da una regulación legal a este derecho a la protección del retorno de nuestros emigrantes. Concretamente, en su artículo 26.1 se insta al Estado a que, de forma coordinada con las Comunidades Autónomas y con las Corporaciones Locales, promueva una política integral para facilitar el retorno de los españoles de origen residentes en el exterior. Esta política incluye la coordinación de sus actuaciones para que la integración social y laboral de los españoles que retornen se realice en las condiciones más favorables (art. 26.1); la remoción de obstáculos que dificulten a los españoles retornados el acceso a prestaciones o beneficios sociales existentes, en las mismas condiciones que los residentes en España, con la finalidad de facilitar el retorno de los españoles de origen residentes en el exterior (art. 26.2); facilitar la protección y retorno de las españolas residentes en el exterior, y, en su caso, sus hijos, víctimas de situaciones de violencia de género cuando el país de residencia no ampare de manera suficiente a las víctimas de estos delitos (art. 26.3); y a promover el acceso a la vivienda de los emigrantes retornados, teniendo en cuenta las necesidades específicas de este colectivo, a través de las administraciones competentes y en colaboración con las asociaciones de retornados (art. 26.4).

En el diseño de estas actuaciones y medidas se debe tener en cuenta que aquellos que desean regresar a su tierra natal experimentan en su retorno una nueva emigración, con dificultades aún mayores de las que tuvieron en su día para salir al extranjero. Estas dificultades están motivadas, en parte, por los trámites administrativos que necesitan realizar, por el desconocimiento de sus derechos sociolaborales, y por sus dificultades para encontrar un empleo que le garanticen desarrollar su proyecto de vida en España.

---

7 BOE núm. 299, de 15 de diciembre de 2006.

En este contexto, las políticas activas de empleo para la integración sociolaboral del emigrante retornado adquieren especial relevancia, a sabiendas de que su principal objetivo migratorio fue encontrar trabajo. Así, representan un mecanismo clave para propulsar y facilitar el retorno y su integración social y laboral[8], especialmente si se implementan a medio plazo para que no se produzca el arraigo, pudiéndose aprovechar la oportunidad para transformar la experiencia migratoria de los españoles emigrantes en un aporte al desempeño profesional de estos jóvenes y un aporte también a la cultura de España[9]. Para conseguirlo, resulta fundamental que se destinen los recursos y medios necesarios para facilitar el retorno de los diferentes perfiles de emigrantes que quieren volver, tanto a nivel nacional como autonómico. Los beneficios económicos, familiares y sociales para España son evidentes.

Sin embargo, durante los primeros años de emigración, periodo 2008-2018, las políticas migratorias se encontraban en una fase incipiente, centradas principalmente en el estatus de nuestros ciudadanos en el exterior, olvidándose de la tutela económico-social de retorno, lo que evidenciaba una importante carencia de respaldo público a nuestros nuevos emigrantes. Solo a nivel autonómico se emprendieron algunas actuaciones de interés, especialmente en Galicia, Asturias, Cataluña, Extremadura y Andalucía. No fue hasta el año 2019 cuando se adoptó una nueva política pública en esta materia, al aprobarse la iniciativa más ambiciosa en materia de retorno elaborada por el Gobierno español en los últimos años, el "Plan de Retorno a España, un país para volver", siendo un programa piloto de un año de duración (julio 2019-junio 2020) en el que se incluían un total de 50 medidas agrupadas en 6 categorías diferentes, de las cuales, más de la mitad se centraban en el apoyo para definir el proyecto profesional en España, entre las que cabe destacar el servicio de mediación laboral, la construcción de redes de apoyo de asistencia a trabajadores retornados, facilidades para el acceso al empleo público, el fomento de la carrera investigadora, o del emprendimiento.

---

8 BENEDICTO, J., FERNÁNDEZ DE MOSTEYRIN, L., GUTIÉRREZ SASTRE, M., MARTÍN PÉREZ, A., MARTÍN COPPOLA, E. Y MORÁN, Mª. L.: *Transitar a la intemperie. Jóvenes en busca de integración,* Observatorio de la juventud de España. Disponible online en http://www.injuve.es/observatorio/valores-actitudes-y-participacion/transitar-a-la-intemperie-jovenes-en-busca-de-integracion.

9 Así lo puso de manifiesto NAVARRETE MORENO, L.: La emigración de los jóvenes españoles en el contexto de la crisis. Análisis y datos de un fenómeno difícil de cuantificar, *INJUVE,* 2014, p. 177. (Puede consultarse en http://www.injuve.es/sites/default/files/adjuntos/2019/05/emigracion_jovenes_2014.pdf).

El resultado del proyecto piloto fue positivo, de los 200 participantes volvieron a España 58 y 33 usuarios habían fijado ya una fecha de regreso a España. Sin embargo, este programa experimental finalizó hace más de dos años al decidirse por parte de la Dirección General de Migraciones no continuar con el Plan de retorno a España, lo que supuso renunciar a la inversión de más de 24 millones de euros realizada y a todo el conocimiento y experiencia acumulados en este tiempo.

Esta iniciativa se vio respaldada por programas de retorno diseñados en el marco del Plan de Choque por el Empleo Joven 2019-2021, en los que se prevé el apoyo a la contratación y al autoempleo, y por otras que, aunque no se centran específicamente en los emigrantes españoles, si son sujetos beneficiarios, como el Plan de Garantía Juvenil. Asimismo, se han construido redes de apoyo de asistencia a los trabajadores retornados, con puntos únicos de información, intercambio de experiencias, recursos disponibles para apoyar el retorno, ofertas de empleo, documentación administrativa y toda información que pueda ser de interés para los jóvenes que quieran volver a España.

Se da muestra así de que en los últimos años se está produciendo un avance en el diseño e implementación de políticas activas de empleo, siendo razonable a sabiendas de que el éxito en el proceso de retorno de los emigrantes depende en gran medida de que se produzca su efectiva integración en el mundo laboral.

En 2020, las restricciones internacionales de movilidad a consecuencia de la pandemia provocada por la Covid-19, tuvieron un notable impacto en los flujos migratorios, ya que por un lado muchos extranjeros no han podido emprender o continuar su periplo migratorio ni retornar a sus países de origen y, por otro, los españoles que en su día emigraron a otro país en busca de una oportunidad laboral, no han podido regresar a España ya que además este retorno no se ve favorecido por la situación de destrucción masiva de empleo y por la precariedad en las condiciones laborales, siendo dos factores que tienen una especial incidencia en los jóvenes[10]. Los datos así lo confirman, en 2020 el número total de emigrantes descendió casi un 15% respecto al registrado en 2019[11] y el retorno descendió en casi

[10] GARCÍA VALVERDE, Mª. D.: "El retorno de trabajadores emigrantes españoles en tiempos de COVID", *El notario del siglo XXI: revista del colegio Notarial de Madrid*, Nº. 99, 2021, pp. 70-74.

[11] Por comunidades autónomas, Madrid la que ha registrado un mayor número de emigrantes, 15.697, seguida de Cataluña (13.170), Andalucía (8.362), Comunidad Valen-

un 38%, pasando de 84.458 españoles que regresaron al país a los 52.511 registrados en 2020, descenso que ha continuado hasta la actualidad[12]. Por ello, adquieren mayor relevancia la implementación de políticas de retorno, siendo preciso que las medidas que ya se han puesto en marcha sean reforzadas.

Teniendo en cuenta la información que precede, resulta de interés analizar las políticas activas para la integración sociolaboral que actualmente están a disposición de las personas que quieren volver y las que ya han retornado, centrando la atención en la Comunidad Autónomo de Andalucía, siendo éste el objetivo principal del presente capítulo. A tal fin, en primer lugar, se identifican las principales necesidades y barreras de retorno de emigrantes andaluces desde la perspectiva social y laboral. En segundo lugar, se examinan las políticas de fomento de empleo de españoles retornados con carácter genérico. En tercer lugar, se analiza la panorámica autonómica general y comparativa para después centrar la atención en las políticas activas adoptadas por la Comunidad Autónoma de Andalucía para la integración sociolaboral de los emigrantes andaluces retornados. Se cierra este capítulo con un bloque de conclusiones aportando diferentes propuestas de mejora dirigidas a promover la aprobación de medidas concretas orientadas al fin anunciado, atenuar la vulnerabilidad del emigrante retornado y conseguir su plena integración.

El resultado permitirá valorar si las políticas activas de retorno juegan un papel importante en la decisión migratoria de los trabajadores españoles en el exterior, favoreciendo y promoviendo su retorno, o si, por el contrario, están políticas llegan tarde, resultando más ventajoso continuar en el país de acogida.

2. PRINCIPALES NECESIDADES Y BARRERAS AL RETORNO DE EMIGRANTES ANDALUCES

Como se pone de manifiesto en la investigación realizada en el marco del Plan de Retorno, los emigrantes que se plantean volver a España se

---

ciana (6.740), Canarias (3.395) y Galicia (3.276). (Según datos de la Estadística de Migraciones publicados por el Instituto Nacional de Estadística (INE)).

12 Las comunidades autónomas que han recibido un mayor número de retornados han sido Madrid (13.554), Cataluña (9.422), Andalucía (5.772) Comunidad Valenciana (5.204) y Galicia (3.835). (Según datos de la Estadística de Migraciones publicados por el Instituto Nacional de Estadística (INE)).

enfrentan a diferentes dificultades en relación a su acceso al empleo, que frenan su proceso de retorno, entre las que los propios emigrantes españoles destacan[13]:

a. Su satisfacción en el país de acogida. Durante los años de emigración las personas generan arraigo en el país de acogida al haber construido en el mismo su proyecto de vida, habiendo factores que dificultan especialmente su regreso a España, como haber formado una familia, la carrera profesional, el entorno social, el dominio del idioma o su integración en la vida social y cultural del país. Además, en algunos países encuentran gran facilidad para encontrar y cambiar de trabajo y en otros como Alemania y Reino Unido se sienten valorados por su dedicación y experiencia más allá de sus titulaciones, lo que se complementa con mejores salarios, trabajo por objetivos, sentirse apoyados por sus superiores en su promoción profesional y con mayor flexibilidad en la conciliación de la vida laboral, familiar y personal.

b. Dificultades en el acceso a oportunidades laborales que sean de su interés después de años sin actividad profesional en España. Están desconectados de la realidad de sus sectores y carecen de una red actualizada de contactos, por lo que cuando afrontan la búsqueda de nuevas oportunidades se sienten perdidos. Esto afecta a personas con perfiles muy diversos, interesadas en trabajar en ámbitos del sector público (académico, científico, educación, servicios sociales, etc.), privado o que tienen una idea de negocio y quieren emprender.

c. La discriminación por edad que habitualmente se hace en la selección de personal en España, lo que preocupa a los mayores de 30 y especialmente a los mayores de 45.

d. La escasez de oportunidades en el ámbito investigador, que motivan el éxodo del talento científico.

e. Los procesos de convalidación u homologación de títulos.

f. El escaso reconocimiento de la experiencia internacional tanto en el sector público como en el privado. Por el contrario, las empresas manifiestan su dificultad para encontrar determinados perfiles de profesionales, con competencias en idiomas, capacidad de adaptación, potencial de crecimiento, conocimientos de otros mercados y experiencia internacional.

---

13 Puede consultarse la Resolución de 27 de marzo de 2019, de la Secretaría de Estado de Migraciones, por la que se publica el Acuerdo del Consejo de ministros de 22 de marzo de 2019, por el que se aprueba el Plan de Retorno a España.

Se trata de perfiles para los que tienen que realizar un especial esfuerzo en sus procesos de contratación. Estas dificultades encuentran su origen principalmente en las diferencias salariales entre el extranjero y España (especialmente en comunidades como Andalucía), el plazo de preaviso exigido por las empresas en las que trabajan los emigrantes españoles y las dificultades para incorporarse en un corto periodo de tiempo una vez que ya han construido su vida en otro país, pero también evidencia las debilidades de las políticas activas implantadas hasta el momento. De ahí la importancia de las políticas de intermediación laboral, que pueden poner en contacto a los profesionales andaluces que quieren volver con las empresas españolas que necesitan estos perfiles.

g. El desequilibrio existente entre las expectativas y necesidades de las empresas y la de los emigrantes que desean volver. Los españoles emigrantes han sido conocedores de nuevas formas de prestar servicios no estando dispuesto a renunciar a determinados ambientes de trabajo, a trabajar en proyectos que no sean interesantes, a que no se favorezca la conciliación de la vida laboral y familiar. Esta desconexión influye negativamente en los procesos de selección y limita las posibilidades de retorno, debiéndose aprovechar esas fórmulas de trabajo en la que los trabajadores se sienten valorados y motivados, para implantarlas en las empresas españoles de forma que en lugar de ser un obstáculo para el retorno se conviertan en una oportunidad para cambiar y avanzar hacia unas fórmulas de producción más eficientes y en las que los trabajadores se sientan más motivados. Además, la contratación de españoles retornados supone contar con la experiencia internacional adquirida, lo que representa un factor que facilitará nuestro acercamiento a modelos laborales avanzados, conocidos y demandados por los emigrantes que quieren volver. La participación de las empresas en el retorno de emigrantes a nuestro país es necesaria para que aquellos que desean volver puedan descubrir oportunidades laborales acordes a su experiencia internacional.

Ante estas barreras al retorno resulta preciso emprender actuaciones que minimicen o eliminen las principales dificultades a las que se enfrentan los emigrantes españoles que se plantean regresar a su país a medio o largo plazo o que han tomado ya la decisión de retorno para estudiar o trabajar en España. A continuación, se analizan las medidas que se han adoptado y los programas diseñados hasta la fecha con la finalidad de facilitar el retorno de los emigrantes españoles centrando la atención en las políticas activas de integración social, laboral y educativa primero, a nivel nacional y, a continuación, centrando la atención en la Comunidad Autónoma de Andalucía.

3. POLÍTICAS DE FOMENTO DE EMPLEO DE ESPAÑOLES RETORNADOS

La Ley 40/2006, dedica su artículo 28 al fomento del empleo, estableciendo que el Estado y las Comunidades Autónomas promoverán el desarrollo de un servicio específico, que planifique acciones de información, orientación y asesoramiento encaminadas a facilitar la inserción social y laboral de los españoles retornados, a través de los correspondientes programas de ayudas o de convenios con entidades públicas o privadas que tendrá como objetivo su inserción en el mercado de trabajo apoyando muy especialmente las iniciativas de inserción laboral, proyectos de empleo y autoocupación que promoverán las Asociaciones de Emigrantes Retornados.

A tal efecto, en el marco de la política de empleo, el Plan Nacional de Reformas, podrá considerar colectivo prioritario de actuación a los retornados y sus familiares, a fin de potenciar sus posibilidades de encontrar empleo y mejorar su ocupabilidad. Se considera esencia que a través de dichas reformas se simplifiquen los trámites relativos a la homologación de titulaciones académicas y profesionales y de los permisos de conducir, así como el acceso a las ofertas de empleo del Sistema Nacional de Empleo y de los Servicios Europeos de Empleo y la posibilidad de inscribirse como demandante de empleo.

Pese a este mandato, lo cierto es que hasta el año 2019 no han existido prácticamente medidas concretas dirigidas a cumplir lo encomendado, atenuar la vulnerabilidad del emigrante retornado[14].

No obstante, el retorno se ha venido protegiendo con diferentes ayudas, como las que se describen a continuación:

a. Las ayudas extraordinarias para retornados, reguladas en el RD 1493/2007, de 12 de noviembre, por el que se aprueban las normas reguladoras de la concesión directa de ayudas destinadas a atender las situaciones de extraordinaria necesidad de los españoles retornados[15], por los gastos extraordinarios derivados del retorno, cuando se acredite insuficiencia de recursos en el momento de la solicitud de la ayuda. Pueden ser beneficiarios de las mismas los españoles de origen retornados, dentro de los nueve meses siguientes a su retorno, siempre que quede acreditado que han residido en el exterior, de forma continuada, un mínimo de cinco años antes del retorno.

---

[14] En el mismo sentido, RIVAS VALLEJO, P.: "Migración española del siglo XXI y políticas migratorias públicas", *Revista General de Derecho del Trabajo y de la Seguridad Social*, n. 40, 2015, p. 140.

[15] BOE núm. 283, de 26 de noviembre de 2007.

Se conceden a los retornados que se encuentren en situación de necesidad económica en relación con los gastos que deben afrontar en el momento del retorno, situación que se acreditará mediante informe de los Servicios Sociales del lugar de residencia del solicitante o, en su caso, mediante informe de las Áreas o Dependencias Provinciales de Empleo y Seguridad Social, de las Delegaciones y Subdelegaciones del Gobierno. Para valorar dicha situación de necesidad, se tendrán en cuenta, entre otras, las siguientes circunstancias: la percepción de ingresos mensuales, el número de personas a cargo del solicitante, las dificultades de inserción en el mercado laboral en función de la edad u otras circunstancias del solicitante, y los gastos por vivienda habitual.

Las ayudas serán de cuantía variable en función de las causas que generan la solicitud y de la situación económica y familiar de los interesados, pero en todo caso, se fija la cuantía máxima anual por cada beneficiario en el importe anual del Indicador Público de Rentas Múltiples (IPREM), correspondiente a 12 pagas del año en curso.

b. Programas de subvenciones, reguladas en la Orden ESS/1613/2012, de 19 de julio, por la que se establecen las bases reguladoras de la concesión de subvenciones destinadas a los programas de actuación para la ciudadanía española en el exterior y retornados[16].

Actualmente los programas de actuación regulados en la normativa vigente son seis: programa de Asociaciones, programa de Centros, programa de Proyectos e Investigación, programa de Comunicación, programa de Mayores y Dependientes y programa de Jóvenes, siendo la finalidad de este último la de Subvencionar iniciativas destinadas a favorecer la integración social y laboral de los jóvenes españoles residentes en el exterior mediante actuaciones específicas que les permitan continuar con su formación en el exterior o, en su caso, el aprovechamiento de su experiencia para el retorno a España (desarrollado en una Orden independiente, la 1650/2013, de 12 de septiembre, por la que se establecen las bases reguladoras y se convoca para 2013 la concesión de subvenciones destinadas al programa de Jóvenes de la Dirección General de Migraciones)[17].

Pueden solicitarlas las empresas y entidades sin ánimo de lucro, radicadas en el exterior y en España, que tengan entre sus fines la realización de las actividades objeto del programa.

---

[16] BOE núm. 174, de 21 de julio de 2012.

[17] Entre sus objetivos figuran los programas que faciliten el retorno, así como la participación en proyectos emprendedores en España (art. 2.1.d).

Existen otras ayudas para fomentar el empleo autónomo y la formación de cooperativas y sociedades anónimas laborales que gestionan y conceden tanto la Administración General del Estado como las Administraciones de las Comunidades Autónomas. Estas ayudas, aunque no son específicas para emigrantes retornados, también pueden solicitarse por éstos. Consisten en una serie de subvenciones en concepto de: rentas de subsistencia, apoyo a la creación de nuevas actividades empresariales, reducción del principal o de los intereses de los créditos otorgados por las entidades de crédito, asistencia técnica y formación profesional o empresarial[18].

Para dar aplicación a estas previsiones, la Oficina Española de Retorno[19], en cada Consejería de Empleo y Seguridad Social, se viene ocupando de las políticas de retorno respecto de los emigrantes españoles en el país de destino, así mismo, el Ministerio de Trabajo, Migraciones y Seguridad Social edita una Guía del Retorno[20] con la que se pretende cubrir todos los aspectos a tener en cuenta para retornar (trámites civiles, ayudas económicas, asistencia sanitaria, protección social, educación, etc.) y, al mismo tiempo, las consejerías de las embajadas publican en sus webs otro tipo de guías de retorno.

También podrán ser beneficiarios de las prestaciones del Sistema de Seguridad Social que tienen por destinatarios a colectivos con especiales necesidades económicas y con gran dificultad para encontrar empleo, entre los que pueden encontrarse los emigrantes retornados, siendo posibles beneficiarios de las mismas.

Asimismo, el retorno también se ha venido protegiendo con diferentes ayudas y programas que hasta la fecha han demostrado una escasa eficacia en la remoción de obstáculos y en el impuso del retorno. No obstante, en

---

18 Así se recoge en la Guía del Retorno (Edición actualizada febrero 2019). Ministerio de Trabajo, Migraciones y Seguridad Social.

19 El Estatuto de la Ciudadanía Española en el Exterior, Ley 40/2006, de 14 de diciembre, prevé la creación de una Oficina Española del Retorno que, en el ámbito del Ministerio, dé cumplida respuesta a los diversos aspectos relacionados con el hecho de retorno, coordinándose para ello con las otras instancias de ámbito autonómico o local a las que el fenómeno afecta de igual manera, de acuerdo con la actual distribución competencial y administrativa en nuestro país.

20 Su amplio texto trata de resolver la mayor parte de las dudas generales que se les pueden plantear a las personas a las que antes nos referíamos al regresar a España, proporcionando asimismo indicaciones sobre las prestaciones económicas o, en su caso, ayudas a las que pudieran tener derecho con ocasión de ese retorno. Puede consultarse en Microsoft Word-GUIA DEL RETORNO 2019 modif. nueva direccion 14-06-19.doc (documentacion.eu).

2019 se produjo un cambio en las políticas públicas en materia de retorno, lo que se refleja en la aprobación del Plan de Retorno a España, un país para volver, así como en otras medidas que, aunque no se centran específicamente en los emigrantes españoles si incluyen programas de retorno de talento y de apoyo a la movilidad, como el Plan de Choque para el Empleo Joven, o facilitan la inserción de los jóvenes en el mercado laboral o en el sistema educativo, como el Plan de Garantía Juvenil Plus.

4. PANORÁMICA AUTONÓMICA GENERAL Y COMPARATIVA

No todas las Comunidades Autónomas han aprobado y promovido políticas de retorno para la inserción laboral de los emigrantes retornados, aunque lo cierto es que en esta materia las comunidades autónomas han sido pioneras, frente a la respuesta tardía del gobierno central, que no parece haber entendido la relevancia de las políticas activas para conseguir la integración sociolaboral de los españoles emigrantes retornados, pudiéndose apreciar en las medidas anteriormente analizadas, un ligero cambio en la promoción del retorno.

En este apartado se destacarán las mejores prácticas en esta materia, centrando la atención en las políticas más representativas a nivel autonómico y en las comunidades más implicadas con el retorno, como son Galicia, Extremadura y Andalucía, comunidad en la que se centrará la atención especialmente. Previamente, cabe destacar algunos aspectos compartidos por la mayoría de las Comunidades Autónomas[21], como son sus objetivos principales, centrados en la ciudadanía y en la protección económica y social de su retorno, a través de la concesión de ayudas o subvenciones a emigrantes retornados para sufragar los primeros gastos de estancia y manutención derivados del retorno al país de origen[22]. Éste es el caso de las ayudas para traslado de enseres y desplazamiento de retornados, prestadas por todas las Comunidades Autónomas, aunque en desigual cuantía, con

21 RIVAS VALLEJO, P.: "Migración española del siglo XXI y políticas migratorias públicas", *Revista General de Derecho del Trabajo y de la Seguridad Social*, n. 40, 2015, p. 142.

22 Este es el caso, por ejemplo, de Canarias. El Comisionado de Acción Exterior del Gobierno de Canarias concede ayudas a emigrantes canarios retornados con el fin de sufragar los primeros gastos de estancia y manutención derivados del retorno a las Islas. Sus características y cuantía se aprueban con carácter anual y se debe acreditar la insuficiencia de recursos en el momento de la solicitud. Puede consultarse en www.gobiernodecanarias.org.

la finalidad de cubrir los primeros gastos de estancia y manutención[23] así como los derivados de la integración social y laboral[24].

Del mismo modo, son comunes las medidas de actuación (prestaciones económicas o de servicios), que se materializan a través de "Guías de retorno" (Madrid, Galicia, Andalucía, Asturias, Castilla y León, entre otras), de similar contenido que la Guía de retorno elaborada por el Ministerio de Trabajo, Migraciones y Seguridad Social, con las que se pretende orientar a los emigrantes en su proceso de retorno a España proporcionándoles información sobre los trámites previos y posteriores al retorno, la asistencia sanitaria, políticas (pasivas) de empleo, sistema de pensiones, sistema educativo, dependencia y otras ayudas y programas.

En términos generales, no se puede afirmar que el eje central de las políticas autonómicas de retorno haya sido el fomento y promoción de la inserción sociolaboral en el país de origen, aunque lo cierto es que en los últimos tres años se ha venido centrando la atención en esta esfera. La gran mayoría de comunidades autónomas han aprobado sus propios planes de retorno específicos a través de los que se ofrecen distintas ayudas y servicios que son de gran utilidad, si se ha decidido retornar a una Comunidad concreta. Se trata de ayudas a la contratación, al emprendimiento y a los gastos de traslado, y servicios como el de mediación, guía del retorno o plataforma donde acceder a la información y recursos de cada plan.

A continuación, se centra la atención en las prácticas autonómicas que han prestado mayor atención a las políticas de integración social y laboral:

En Extremadura, se convocan anualmente ayudas para facilitar el retorno de los extremeños en el exterior y sus familias[25]. Desde hace años, esta Comunidad cuenta con el Estatuto de los Extremeños en el Exterior (Ley 6/2009, de 17 de diciembre), como marco jurídico que regula, entre otras, la concesión de ayudas para facilitar el retorno a Extremadura de los extre-

---

23 Artículo 5.3 de la ORDEN 4/2006, de 1 de septiembre, por la que se regulan las ayudas extraordinarias a riojanos residentes en el extranjero y retornados a la Comunidad Autónoma de La Rioja (BOR núm. 117, de 5 de septiembre de 2006).

24 ORDEN PRE/285/2016, de 7 de abril, por la que se establecen las bases reguladoras para la concesión de ayudas dirigidas a emigrantes castellanos y leoneses para facilitar su retorno e integración en la Comunidad de Castilla y León, *BOCYL núm.* 71,14 de Abril, pp. 15558-155566.

25 La última de ellas convocadas por Resolución de 3 de diciembre de 2020, de la Secretaría General, por la que se convocan ayudas del programa I para facilitar el retorno a Extremadura de las personas extremeñas en el exterior y sus familias, para el ejercicio 2021.

meños en el exterior y de los familiares a su cargo que integren la unidad familiar. En su artículo 7, relativo al derecho de retorno, establece, a mero título informativo que "la Junta de Extremadura adoptará, cuando las circunstancias lo aconsejen, medidas específicas para favorecer el retorno de extremeños residentes en el exterior y con el fin de que fijen su residencia en el territorio de la Comunidad Autónoma de Extremadura", por su parte, el artículo 14, relativo al empleo, reconoce a los extremeños residentes en el exterior el derecho a participar en programas de empleo de la Junta de Extremadura, así como a conocer las ofertas de empleo que gestione su servicio público de empleo y a acceder a las mismas en condiciones de igualdad con respecto a los ciudadanos residentes en Extremadura, mediante el Certificado acreditativo de la condición de extremeño retornado y extremeño en el exterior. Para que el reconocimiento de estos derechos sea efectivo, el programa de Retorno a Extremadura cuenta con ayudas económicas para traslado, ayudas para emprender y ayudas a la contratación de profesionales.

Al igual que otras Comunidades Autónomas, entre las que se encuentran Asturias y Galicia, Extremadura tiene un programa de atención al emigrante retornado, el cual fue aprobado por Decreto 26/2011, de 18 de marzo, por el que se regula la organización y el funcionamiento del Consejo de Comunidades Extremeñas en el Exterior y la expedición de certificados de Extremeños Retornados y Extremeños en el Exterior.

En base a la información que precede, se puede afirmar que si bien durante el primer periodo (2008-2018) las actuaciones a nivel autonómico eran básicamente previsiones de carácter programático e informativo, en las que básicamente se enaltecía el derecho a la igualdad en el acceso al empleo entre españoles residentes en España y españoles residentes en el exterior, en los últimos años se han ido aprobando diferentes medidas con las que se promueve la integración social y laboral de los españoles retornados, apreciándose una evolución muy positiva que cuenta actualmente con el respaldo de las políticas públicas de retorno a nivel nacional.

Unas políticas más orientadas al retorno se han venido desarrollando en Galicia, Asturias y País Vasco[26]. Galicia es la Comunidad Autónoma que ha demostrado una mayor implicada con el retorno de emigrantes. Ha diseñado su propia Estrategia de retorno 2020, estando entre sus áreas es-

[26] Véase el análisis realizado por RIVAS VALLEJO, P.: "Migración española del siglo XXI y políticas migratorias públicas", *Revista General de Derecho del Trabajo y de la Seguridad Social*, n. 40, 2015, pp. 144 y 145.

tratégicas el trabajo y el emprendimiento. Con esta estrategia se pretender cubrir cinco objetivos claves, que merecen una especial atención:

a) Informar a los emigrantes españoles de las medidas específicas dirigidas a favorecer su integración en el mercado laboral e incentivar el autoempleo o la creación de empresas, para lo que se ha creado la Oficina Integral de Asesoramiento al Retorno que facilita información de gran utilidad (búsqueda de trabajo a través del servicio público de empleo, creación del canal Retorna Profesional, apoyo al traslado de empresas, etc.);

b) Promover la formación de las personas retornadas para favorecer su integración en el mercado laboral, introduciéndolas tanto en los cursos de formación para desempleados como en los programas de talleres y unidades formativas, implantando protocolos de atención específicos en los sistemas públicos de empleo, diseñando un programa para la financiación de acciones formativas con el compromiso de contratación, ofreciendo talleres duales de empleo y cursos de formación profesional para el empleo. Además, para la consecución de este objetivo, a través del programa Talento Joven se facilita la incorporación de las personas jóvenes, menores de 30 años, proporcionándoles las herramientas, ayudas y conocimientos necesarios para mejorar su empleabilidad y capacitación para acceder a un puesto de trabajo;

c) Promover la integración laboral de las personas gallegas retornadas mediante incentivos a la contratación en la empresa ordinaria, favoreciendo el empleo estable y facilitando la empleabilidad con subvenciones a la contratación cuyas ayudas se incrementarán en un 25% para los emigrantes retornados, siendo la cuantía máxima de 8.000 euros. Con la misma finalidad se han diseñado diferentes programas como el de fomento y consolidación del empleo en las pymes de nueva creación, Emplea Parados de Larga Duración o Emplea mujer;

d) Promover el autoempleo y la creación de pymes por los gallegos retornados del exterior, a través de ayudas, con las que podrán tener una aportación de hasta 10.000 euros para gastos corrientes derivados de su puesta en marcha, línea de apoyo, ayudas a desempleados que desarrollen su actividad empresarial o profesional en Galicia como trabajadores autónomos, que se incrementan en un 25% en el caso de emigrantes retornados (con el límite de 8.000 euros), o por ejemplo, el desarrollo del programas como Emega, que comprende un conjunto de ayudas dirigidas a apoyar la puesta en marcha, la mejora y la reactivación de iniciativas empresariales constituidas por mujeres y a favorecer la conciliación familiar o el programa de apoyo a las Iniciativas de Empleo de Base Tecnológica;

e) Promover el retorno de empresarios y grandes inversores gallegos del exterior ofreciéndoles oportunidades de inversión en Galicia, asesoramiento y vías de financiación como "Business Angels" a los proyectos de emprendedores con más posibilidades de salir adelante.

Al igual que Asturias[27], cuenta con un Plan integral de emigración 2014-2016[28], habiéndose aprobado recientemente diferentes subvenciones y ayudas en materia de retorno como las ayudas extraordinarias y de refuerzo COVID-19 a personas emigrantes gallegas retornadas para el año 2021 o las subvenciones COVID-19 para el mantenimiento del autoempleo de las personas emigrantes gallegas retornadas en la Comunidad Autónoma gallega para el año 2021[29]. Las primeras, centran su línea de actuación en las ayudas de retorno, con carácter general, para aliviar la carencia de recursos de emigrantes gallegos retornados y sus familias y las segundas van destinadas a promover el autoempleo y la actividad emprendedora de las personas gallegas retornadas, mediante su constitución como trabajadores/as autónomos/as a sabiendas de que el éxito en el proceso de retorno de los emigrantes depende en gran medida de que se produzca su efectiva integración en el mundo laboral. Por ello, se considera de gran importancia contribuir, por un lado, a hacer realidad las iniciativas empresariales de los emigrantes gallegos y, por otro lado, el desarrollo del tejido empresarial gallego. La Guía de retorno para la emigración asturiana facilita información sobre ayudas y prestaciones a las que el emigrante retornado puede acogerse en territorio español, entre las que se encuentran las ayudas individuales para emigrantes retornados y el salario social básico. En su Plan integral de emigración se apoya a la población emigrante retornada facilitando información, asesoramiento y asistencia. Se ha creado igualmente el programa "Sumar talento", que cuenta con ayudas para fomentar la contratación indefinida de trabajadores, para lo que se exige poseer titulación universitaria oficial de grado y tener experiencia en el extranjero en el

[27] El principado de Asturias va ya por la elaboración de su V Plan de Emigración, en el que se definen las políticas de apoyo a los asturianos que residen fuera de la comunidad durante el periodo 2021-2024.

[28] Puede consultarse en http://emigracion.xunta.gal/files/publicacion/2014/09/23819-plan-integral-emigracion-2014-2016.pdf

[29] Resolución de 12 de marzo de 2021, de la Secretaría Xeral da Emigración, por la que se aprueban las bases reguladoras para la concesión, en régimen de concurrencia no competitiva, de subvenciones para promover el autoempleo y la actividad emprendedora y de subvenciones COVID-19 para el mantenimiento del autoempleo en la Comunidad Autónoma gallega de las personas emigrantes gallegas retornadas, y se procede a su convocatoria para el año 2021.

desarrollo de actividades de I+D+i (dos años, dentro de los últimos cuatro) y estar residiendo en el extranjero (nueve meses, de los últimos doce)[30].

En Castilla y León, la Ley 8/2013, de 29 de octubre, de la Ciudadanía Castellana y Leonesa en el Exterior, dedica los Capítulos IV y V al empleo y al retorno sucesivamente. Concretamente, el artículo 21, titulado "política integral de retorno", establece que los poderes públicos promoverán una política integral para facilitar el retorno y removerán los obstáculos que dificulten su integración social y laboral, prestando especial atención a las situaciones de especial necesidad, a los menores desprotegidos y a las víctimas de violencia de género (art. 21.1). Las previsiones se centran en proporcionar asesoramiento y orientación sobre la política integral de retorno a la Comunidad (art. 21.2) y establecer medidas y programas de apoyo, que serán especificadas en el plan estratégico plurianual, para facilitar el retorno de aquellos que se encuentren en situación de especial necesidad por razones socioeconómicas, de edad o de salud (art. 22.3). Sin embargo, solo se trata de medidas meramente programáticas en las que no se contempla de forma expresa ninguna ayuda económica de la comunidad de Castilla y León, sino que su contenido económico-asistencia forma parte del marco estatal de protección del retorno. No obstante, actualmente cuenta con un programa de Retorno en el que se contempla la ayuda económica por motivo de traslado, debiéndose reunir una serie de requisitos para tener derecho a su cuantía, que será de 3.000 euros como máximo. Además, se creó una Oficina de Retorno, que cuenta con una plataforma virtual, con el objetivo de facilitar el retorno a la Comunidad Autónoma de aquellos castellanos y leoneses residentes en el exterior que lo deseen, para lo que tiene entre sus funciones las de informar, orientar y asesorar[31].

En Cataluña, la Ley 25/2002, de 25 de noviembre, de medidas de apoyo al regreso de los catalanes emigrados y sus descendientes, regula el Plan de Ayuda al Retorno (PAR)[32], cuyo objetivo es el de apoyar a los emigrantes catalanes y descendientes que quieran regresar a Cataluña y que se encuentren en situación de necesidad o desprotección, para atender sus necesidades básicas y favorecer su integración social y laboral. A tal fin, se facilita información y orientación sobre un conjunto de actuaciones, entre las que

---

30 Puede consultarse en http://www.ficyt.es/retorno-talento/.

31 Para más información, consulte: https://www.tramitacastillayleon.jcyl.es/web/jcyl/AdministracionElectronica/es/Plantilla100Detalle/1251181050732/_/1284864531801/Propuesta.

32 Puede consultarse en http://web.gencat.cat/es/tramits/tramits-temes/Pla-dAjuda-al-Retorn-PAR-reconeixement-i-prestacions

destacan: la inserción laboral, mediante el Servicio de Ocupación de Cataluña, y el acceso a planes de ocupación; el trabajo por cuenta propia y el autoempleo mediante cooperativas y sociedades laborales en Cataluña; y las acciones formativas establecidas por la Ley 10/2010, de 7 de mayo, de acogida de las personas inmigradas y de las regresadas a Cataluña.

La previsión más destacable en el ámbito de empleo se encuentra en la Disposición Adicional cuarta, en la que se establece una reserva de puestos de trabajo. Concretamente, se encomienda al Gobierno, con carácter obligatorio, "reservar un 5% de los puestos de trabajo enmarcados en las ayudas destinadas a la contratación de trabajadores desocupados para ejecutar obras y servicios de interés general y social, para la subvención de los costes salariales de los trabajadores que lo deseen y que cumplan los requisitos fijados por la presente Ley para acogerse al Plan de ayuda al regreso o bien que ya disfruten de la condición de regresado o regresada". Sin embargo, se ha venido demostrando que este mandato al ejecutivo no se está cumplido de forma rigurosa, lo que sería deseable para facilitar la contratación de quienes, reuniendo las condiciones exigidas para ser beneficiarios, lo deseen[33]. En el marco de su Plan para el Retorno se incluyen ayudas económicas para el retorno de personas sin recursos económicos y se ofrece un servicio de mediación y reorientación laboral.

A nivel provincial, cabe destacar en Barcelona, un proyecto pionero en el fomento del retorno del talento, denominado "Welcome Back Reloaded", desarrollado por la Fundación Cecot Persona i Treball, que cuenta con la financiación de la Secretaria General de Inmigración y Emigración, dependiente del Ministerio de Trabajo, migraciones y Seguridad Social. Nació con la finalidad de dar respuesta a las inquietudes de las personas jóvenes —16 a 35 años— de nacionalidad española residentes en el extranjero, y que se plantean el retorno, a sabiendas de que sus necesidades son muy parecidas a las de un inmigrante, ya que aunque se conozca el idioma y la cultura, hay elementos que se han modificado durante la estancia en el exterior. En referencia al ámbito laboral, la red de contactos, así como sus conocimientos previos se habrán modificado considerablemente, requiriéndose una actualización. Parte de la idea de que redescubrir y recopilar datos útiles en torno al mercado de trabajo requiere de tiempo y en este sentido una orientación profesional adquiere una vital importancia.

---

[33] RIVAS VALLEJO, P.: "Migración española del siglo XXI y políticas migratorias públicas", *Revista General de Derecho del Trabajo y de la Seguridad Social*, n. 40, 2015, p. 147.

Del mismo modo, se han creado plataformas virtuales, como el proyecto "Volvemos", puesto en marcha el 2 de febrero de 2016 con el objetivo de facilitar el retorno del talento a España, generando oportunidades para que las personas que están fuera puedan volver y desarrollar su potencial profesional y su proyecto vital en España. A tal fin, centra los esfuerzos en conectar a profesionales, empresas y administraciones para hacer posible el regreso de españoles que emigraron. Se trata de un proyecto pionero de retorno de talento a España con el que se ha puesto el retorno de talento en la agenda pública, incentivando a las diferentes administraciones públicas a desarrollar políticas para favorecer la vuelta de emigrantes, y sensibilizado a las empresas sobre las ventajas de contratar profesionales con experiencia internacional. Los servicios que prestan (asesoramiento laboral, mediación con las empresas para generar oportunidades de retorno, resolución de dudas sobre temas legales y administrativos, entre otros) no tienen ningún coste para los emigrantes.

No puede cerrarse este epígrafe sin destacar la importante y necesaria labor desarrollada por las diferentes Asociaciones de Emigrantes Retornados, que proporcionan asesoramiento e información tanto a españoles residentes en el extranjero como a españoles que han retornado. Principalmente se les asesora sobre los derechos adquiridos en el país de emigración y sobre las obligaciones y derechos que se generen en el retorno, sobre los trámites previos al retorno, traducciones de documentos (diplomas, partidas de nacimiento, de defunción, etc.), ayuda en la gestión de convalidación de títulos y orientación sociolaboral, información técnico-jurídica sobre derechos adquiridos durante su período migratorio y ayuda en la gestión y tramitación de prestaciones.

5. MEDIDAS DIRIGIDAS A ANDALUCES PARA PROMOVER SU RETORNO E INTEGRACIÓN

5.1. I Plan Integral de Andaluces en el Mundo

Una de las Comunidades más implicadas con el retorno es Andalucía, a sabiendas de que la población andaluza retornada presenta una serie de demandas y necesidades específicas en ámbitos tan diversos como la educación, la sanidad, los servicios sociales, la vivienda o el empleo, que han de ser previstas por los departamentos con competencias en dichas áreas para ofrecer una atención especial al citado colectivo. Esta naturaleza transversal de las políticas de retorno requiere la oportuna labor de enlace y coordinación por parte del centro directivo al que se asignan las competencias relativas a la coordinación de las políticas de la Junta de Andalucía respecto a los andaluces y andaluzas en el exterior, considerando, además que el VII Acuerdo de Concertación Social firmado por la Junta de Andalucía y los agentes económicos y sociales más representativos con fecha 24 de noviembre de 2009 recoge en su eje 3, como medida de actuación específica, fomentar el retorno a Andalucía de investigadores y profesionales cualificados de personal investigador y profesionales con cualificación, con especial atención a las personas beneficiarias del programa de becas Talentia.

En este sentido, el Estatuto de Autonomía de Andalucía, en su artículo 10.3. 6º establece como objetivo básico de la Comunidad la creación de las condiciones indispensables para hacer posible el retorno de los emigrantes andaluces en el exterior que lo deseen y para que contribuyan con su trabajo al bienestar colectivo de la comunidad. En la misma línea, la Ley 8/2006, de 24 de octubre, del Estatuto de los Andaluces en el Mundo, sistematiza el conjunto de prestaciones y derechos que la Administración autonómica reconoce a los andaluces y andaluzas en el exterior, las personas de origen andaluz, las comunidades andaluzas y las personas retornadas a Andalucía y establece en su artículo 4 que las instituciones públicas andaluzas encauzarán sus actuaciones para la satisfacción del objetivo de promover medidas especiales que posibiliten el regreso a Andalucía de los andaluces y andaluzas en el exterior y personas de origen andaluz, así como contribuir al fortalecimiento de los colectivos andaluces de personas emigrantes retornados y retornadas y la eficacia de su acción asociativa. Por otro lado, en el artículo 15 establece que la Administración de la Junta de Andalucía, en el ámbito de sus competencias, desarrollará actuaciones específicas para facilitar el regreso y la integración social de las personas retornadas, en cuyo desarrollo se aprobó el I Plan Integral para los Andaluces en el Mundo (PIPAM)[34], que dedica su Título V a medidas sociales para facilitar el retorno de los andaluces en el exterior.

En lo que respecta al empleo, la Junta de Andalucía podrá adoptar medidas tendentes a facilitar el retorno como: programas especiales para facilitar el establecimiento de empresas; fijar incentivos para aquellas empresas que contraten a personas retornadas y establecer facilidades para

---

[34] Disponible en http://www.juntadeandalucia.es/salud/export/sites/csalud/galerias/documentos/c_4_c_5_andaluces_en_el_mundo/estatuto_andaluces_en_el_mundo_2006.pdf

estudiantes andaluces en el exterior y personas de origen andaluz que decidan cursar estudios en Andalucía; y promover el retorno del personal investigador (art. 49).

A través de este Plan se ha fomentado la dinamización del movimiento asociativo en torno a las comunidades andaluzas en todo el mundo y se ha facilitado el acceso a los servicios de información e instrumentos de participación relacionados con la prestación de servicios públicos de la Junta de Andalucía a través de la utilización de las tecnologías de la información y la comunicación (programa Guadalinfo). Además, ha contribuido a incrementar la difusión de la historia y de la situación actual de Andalucía, mediante la presencia de acciones culturales en aquellos territorios que cuenten con un número significativo de personas de origen andaluz. A los andaluces emigrantes retornados que se encontraban en situación de vulnerabilidad, se le han felicitado unos recursos mínimos para cubrir sus necesidades básicas. En lo que respecta a la educación, se viene promoviendo la formación profesional online con el fin de mejorar la cualificación profesional entre la población de andaluces en el exterior y la creación del Instituto de Enseñanzas a Distancia de Andalucía (IEDA, 2011).

Además, la especial vulnerabilidad de los emigrantes españoles retornados viene justificando que sean considerados colectivos de atención preferente para el servicio público de empleo en Andalucía[35].

En el plano social, el I Plan Integral para los Andaluces en el Mundo establece el acceso a prestaciones educativas, sanitario-asistenciales y de asistencia social de las personas retornadas (art. 48.1) y facilidades para los retornados en la adjudicación de viviendas (art. 48.2).

5.2. Programa de Retorno de Talento Joven

En Andalucía cabe destacar, por su relevancia en el tema tratado, el Programa de Retorno de Talento Joven[36], cuyo objetivo es facilitar el regreso de personas andaluzas que estén desarrollando su actividad laboral en el

---

35 Decreto 192/2017, de 5 de diciembre, por el que se aprueba el Programa de Fomento del Empleo Industrial y Medidas de Inserción Laboral en Andalucía (BOJA 238 de 15 de diciembre de 2017).

36 Regulado por la Ley 2/2015, de 29 de diciembre, de medidas urgentes para favorecer la inserción laboral, la estabilidad en el empleo, el retorno del talento y el fomento del trabajo autónomo, derogada por la Ley 3/2020, de 28 de diciembre, del Presupuesto de la Comunidad Autónoma de Andalucía para el año 2021.

extranjero y deseen incorporarse al mercado laboral en Andalucía[37]. A tal fin, se establecen dos tipos de ayudas para facilitar el retorno:

a. Incentivos a la contratación dirigidos a empresas que contraten a personas andaluzas que se encuentren trabajando y residiendo en el extranjero. Serán beneficiarias las empresas que contraten con carácter indefinido y a jornada completa a personas trabajadoras andaluzas que reúnan los siguientes requisitos: hasta 45 años de edad, título universitario oficial de grado o equivalente, situación de alta laboral en la categoría correspondiente a su titulación o equivalente, residencia en el extranjero durante al menos los dos últimos años inmediatamente anteriores a la fecha de formalización del contrato[38], residencia habitual en Andalucía a consecuencia de la contratación.

La ayuda consistía en un incentivo a tanto alzado de 40.000 euros por cada contrato laboral formalizado, debiendo aportar la entidad beneficiaria una cuantía igual o superior al incentivo concedido, que cubra el coste salarial bruto durante el periodo mínimo de mantenimiento del contrato de trabajo (art. 56).

Como consecuencia de la contratación debe producirse un incremento neto del número de contrataciones indefinidas de la entidad beneficiaria respecto del año anterior a la formalización de la contratación incentivada y un traslado efectivo de la residencia habitual de la persona trabajadora, que deberá fijarse en Andalucía (art. 58).

b. Ayuda al traslado de residencia para las personas contratadas con cargo del Programa, siendo su cuantía de un máximo de 22.000 euros por los siguientes conceptos: gastos de desplazamiento, gastos de alojamiento (generados durante los primeros 12 meses de vigencia del contrato de

---

37 Siempre que se encuentren en los ámbitos de oportunidad incluidos en las prioridades de especialización de la Estrategia de Innovación de Andalucía 2020. Puede consultarse en http://ris3andalucia.es/wp-content/uploads/2015/02/Documento-Ris3-version-final-8-27-02-15.pdf

38 La gran mayoría de las Comunidades Autónomas exigen un periodo de residencia en el extranjero como condición indispensable para tener derecho a las ayudas de retorno. Éste es el caso de Galicia, donde se exige haber residido legalmente en el extranjero un mínimo de 3 años ininterrumpidos inmediatamente anteriores a la fecha de su retorno a España. RESOLUCIÓN de 3 de febrero de 2021, de la Secretaría General de la Emigración, por la que se aprueban las bases reguladoras para la concesión de las ayudas extraordinarias y las de refuerzo COVID-19 a personas emigrantes gallegas retornadas y se procede a su convocatoria para el año 2021.

trabajo), gastos de escolarización (para primer ciclo de educación infantil durante los doce primeros meses de vigencia del contrato).

5.3. Plan de Acción para el Retorno de la Población Andaluza en el Exterior 2020-2022

En 2019, se aprobó el Plan de Acción para el Retorno de la Población Andaluza en el Exterior, para el periodo 2020-2022[39], con el que se pretendía dar un nuevo impulso a las políticas de retorno al unificar todas las políticas, estrategias, programas y actuaciones de la Junta de Andalucía tendentes a facilitar la vuelta de los andaluces y andaluzas que viven fuera de Andalucía y desean regresar. Dado que la mayoría de las personas que retornan se encuentran en edad laboral, la iniciativa centra su interés en diferentes aspectos claves para mejorar su integración social:

a. Asistencia en situación de vulnerabilidad y mejora de la atención específica, a través de ayuda e información tanto desde el sector público como desde el sector privado, facilitando así el proceso de retorno de la población andaluza en el exterior y personas de origen andaluz.

b. Favorecer el emprendimiento y la incorporación al mercado de trabajo andaluz por parte de aquellas personas en edad laboral que hayan regresado a Andalucía o tomen la decisión de regresar.

c. Facilitar el acceso de las personas retornadas a todos los niveles educativos, agilizando los trámites de convalidación y homologación de títulos, así como la valoración de la experiencia profesional en el extranjero.

d. Favorecer la atención, asistencia y protección de las personas andaluzas retornadas, especialmente aquellas que se encuentren en situaciones de vulnerabilidad, en el marco del Estatuto de Autonomía para Andalucía y el resto del ordenamiento jurídico vigente.

e. Contribuir al fortalecimiento de los colectivos andaluces de personas emigrantes retornadas y a la eficacia de su acción asociativa para mejorar la participación e integración de estas personas en los ámbitos cívico, social, cultural, económico y político.

f. Instrumentar mecanismos específicos de ayuda a este colectivo en circunstancias de grave conflicto cívico en sus países de residencia.

---

39 Mediante el Acuerdo de 21 de mayo de 2019, del Consejo de Gobierno, por el que se aprueba la formulación del Plan de Acción para el Retorno de la Población Andaluza en el Exterior 2020-2022.

g. Mejorar el conocimiento de la realidad sociodemográfica, los medios y condiciones de vida, la percepción y opinión de la población andaluza retornada, especialmente de las personas mayores, de la infancia, la juventud, y las personas con discapacidad, fomentando la actividad investigadora.

La formulación de este plan se encuadró dentro de las medidas puestas en marcha por el nuevo Gobierno andaluz relativas al apoyo a los autónomos y la dinamización de la economía andaluza, para el impulso de la formación y el capital humano, así como para la cohesión y la inclusión social, destinadas todas ellas a la población andaluza en el exterior que retorne a Andalucía.

5.4. Renta mínima de inserción social en Andalucía

La Renta mínima de inserción social en Andalucía es una prestación económica del Sistema Público de Servicios Sociales de Andalucía que tiene por finalidad la erradicación de la marginación y la desigualdad y la lucha contra la exclusión social. Incorpora un itinerario a través de un Plan de inclusión sociolaboral para aquellas personas que cumplan los siguientes requisitos:

a. Las unidades familiares cuyos miembros tengan vecindad administrativa en Andalucía, se encuentren en situación de pobreza, exclusión social o riesgo de estarlo, y cumplan los requisitos. Así como aquellas que, aun no cumpliendo alguno de los requisitos, se encuentren en situación de urgencia o emergencia social.

b. Estar inscrito en el Servicio Andaluz de Empleo como demandante de empleo no ocupado.

c. No disponer cualquier persona miembro de la unidad familiar, o como sumatorio del conjunto de personas que conforman la unidad familiar de dinero efectivo, o bajo cualquier título, valor, derecho de crédito o depósito bancario de un importe superior a 10 veces el IPREM.

d. Aquellos/as que tengan la condición de persona emigrante andaluza retornada en el año inmediatamente anterior a la presentación de la solicitud, quedan exentas del requisito del periodo de un año de empadronamiento de forma estable previo a la fecha de presentación de la solicitud.

Para su tramitación, la solicitud debe ir acompañada de los documentos preceptivos, que se presentará preferentemente en los servicios sociales comunitarios de la localidad en donde se encuentre empadronada y resida efectivamente la persona solicitante.

La prestación se devengará a partir del día primero del mes siguiente al de la fecha de entrada de la solicitud en el órgano competente para resolver, y su duración inicial será de 12 meses. A partir de 2019 es posible solicitar la ampliación por periodos de 6 meses sucesivos, las víctimas de violencia de género y las unidades familiares con menores a cargo, mientras persistan las circunstancias que lo motivaron y se mantenga la concurrencia de requisitos y condiciones exigidas para su concesión.

Se trata de una prestación económica mensual del 78% del Indicador Público de Renta de Efectos Múltiples (IPREM), calculada en doce mensualidades, vigente en la fecha de resolución de la solicitud.

Estas prestaciones se completan con las prestaciones reconocidas con carácter nacional, en el ámbito de nuestro sistema de Seguridad Social a emigrantes retornados, como la pensión contributiva por jubilación, las pensiones no contributivas de jubilación e invalidez, la pensión asistencial por ancianidad para españoles de origen retornados, la prestación económica por ancianidad o la prestación económica por incapacidad absoluta para todo tipo de trabajo.

Con las medidas adoptadas por los poderes públicos andaluces en los últimos años se pone de manifiesto la implicación de Andalucía con el retorno de emigrantes andaluces, atendiendo a las especiales circunstancias y dificultades adicionales para conseguir su efectiva integración social y laboral.

6. CONCLUSIONES

Los españoles que se plantean su retorno a España se encuentran en una situación muy similar a la de un inmigrante ya que, aunque se conozca la cultura y el idioma, durante el tiempo de residencia en el exterior hay muchos aspectos que cambian, teniendo que enfrentarse a ellos, tanto en el ámbito social como en el laboral. Respecto a este último, la red de contactos y referencias cambian considerablemente, siendo necesaria una actualización y recopilación de información útil en torno al mercado laboral, cuestión nada desdeñable si además tenemos en cuenta la distancia.

Si se centra la atención en Andalucía la situación es muy similar. Más de dos millones de personas de origen andaluz viven fuera de la comunidad andaluza, de las cuales casi 200.000 residen en el extranjero, siendo necesario que el sector público andaluz se comprometa, con quienes tuvieron que marcharse y luego decidieron regresar; con quienes ayudaron desde lejos y se proponen volver para seguir ayudando.

Por este motivo, las políticas activas de retorno para emigrantes españoles juegan un papel fundamental en este sentido, como propulsoras y facilitadoras del retorno y de la integración social y laboral[40] de aquellos españoles que, en la mayoría de los casos, con una altísima formación académica *tuvieron* que emigrar en la búsqueda de un empleo ante las escasas posibilidades que su país les ofrecía.

El gran sacrificio personal y social invertido en su altísima formación (en la mayoría de los casos) y en su huida forzada a otro país con economías más florecientes, merece que nuestras instituciones y nuestras políticas migratorias promuevan su retorno a España, siendo de justicia facilitar a todos aquellos emigrantes españoles que así lo quieran, construir su proyecto individual en España, con lo que a su vez se contribuirá al desarrollo de nuestra economía y de nuestra sociedad.

Durante el periodo comprendido entre 2018-2020 las políticas migratorias han tenido una tímida evolución, superando una primera fase incipiente, en la que se centraban principalmente en el estatus de nuestros ciudadanos en el exterior, y comenzando otra en la que se empezaron a aprobar medidas y a implantar mecanismos en los que se presta atención a la tutela económico-social a su retorno y a su inserción en el mercado laboral, lo que evidenciaba un leve progreso en lo que respecta al necesario respaldo público a nuestros nuevos emigrantes. Sin embargo, lo cierto es que actualmente se desconoce la dirección clara que se quiere seguir en materia de retorno, existiendo indicios de que se ha optado por no diseñar medidas específicamente dirigidas a emigrantes españoles retornados, sino que se confía en que por un lado, con la nueva reforma laboral, mejoren las condiciones laborales, haciendo más atractivo el regreso a España y, por otro, con la nueva Ley de empleo, se fortalezcan las políticas activas de empleo, facilitando y promoviendo el retorno de los emigrantes españoles y su integración laboral.

No obstante, atendiendo a las diferentes dificultades a las que se enfrentan los emigrantes españoles y andaluces en el proceso de retorno,

---

40 BENEDICTO, J., FERNÁNDEZ DE MOSTEYRIN, L., GUTIÉRREZ SASTRE, M., MARTÍN PÉREZ, A., MARTÍN COPPOLA, E. Y MORÁN, Mª. L.: *Transitar a la intemperie. Jóvenes en busca de integración*, Observatorio de la juventud de España. Disponible online en http://www.injuve.es/observatorio/valores-actitudes-y-participacion/transitar-a-la-intemperie-jovenes-en-busca-de-integracion.

resulta necesario y urgente diseñar y ejecutar una política activa de retorno integral, con el compromiso de las instituciones y organismos de empleo nacional, sin dejar recaer todo el peso en los gobiernos autonómicos, teniendo en cuenta no solo los beneficios que aporta a nuestra economía el retorno de jóvenes españoles con experiencia internacional, sino también que las políticas activas de emigración en favor de los españoles residentes en el exterior pueden ser fundamentales para dar respuesta a la necesidad de mano de obra en los próximos años.

En definitiva, lo fundamental es la voluntad política de visibilizar y entender el fenómeno, así como de intervenir sobre él, para lo que resulta fundamental atender a las propuestas que se describen a continuación:

a. Mejorar la calidad de nuestro empleo, combatiendo la precariedad y apostando por un modelo de relaciones laborales de calidad para incentivar el retorno de los jóvenes españoles emigrantes, en la línea de las últimas recomendaciones de la Comisión Europea. El desempleo, la temporalidad y los bajos salarios caracterizan desde hace años el empleo juvenil en España y especialmente en Andalucía, lo que dificulta que los emigrantes se planteen regresar al tener en el país de acogida un trabajo más estable, con un salario más elevado, donde la conciliación de la vida laboral y familiar se promueve y se sienten valorados profesionalmente.

b. En relación con la propuesta anterior, es necesario acometer un cambio en nuestro modelo productivo, especializando nuestra economía en productos de alto valor añadido, apostando por la economía verde y azul, la investigación y el emprendimiento. Igualmente debe adaptarse nuestro modelo laboral y las políticas de conciliación a los países europeos más avanzados, pues son aspectos muy valorados por los emigrantes españoles que están trabajando en otro país actualmente y además tienen una incidencia notoria en la motivación de los trabajadores y, por ende, en su producción.

c. Hay que apostar sin mayor dilación por el retorno del talento de los jóvenes destinando los recursos y medios que sean necesarios para conseguir el diseño y la aplicación efectiva de unas políticas activas que promuevan el retorno y favorezcan su integración en el ámbito laboral y/o educativo. En esta apuesta se debería tener en cuenta, por un lado, los beneficios sociales y económicos que aporta el retorno de personas que vuelven con ideas nuevas, dominando idiomas, capacidad de adaptación a diferentes metodologías de trabajo, más modernas e inclusivas, mentalidades más abiertas y ganas de generar cambio en nuestro país y, por otro, que la opción por una experiencia migratoria debe ser una decisión voluntaria y no "forzada".

d. Diseñar medidas específicamente dirigidas a los jóvenes españoles emigrantes pues su situación no es la misma que la de los jóvenes que han optado por continuar en España. Aunque las medidas que se han ido poniendo en marcha en los últimos años enfocadas a la promoción del empleo juvenil son sin duda de gran utilidad para los jóvenes emigrantes, no se ajustan a sus peculiaridades ni atienden sus dificultades concretas para insertarse en el mercado laboral o en el sistema educativo.

e. Fomentar la participación de las empresas, así como la colaboración público-privada en el retorno de emigrantes a nuestro país para conocer las realidades de las empresas y sus necesidades y para que aquellos que desean volver puedan descubrir oportunidades laborales acordes a su experiencia internacional.

f. Identificar las buenas prácticas laborales en la experiencia profesional internacional de los emigrantes españoles y evaluar cuáles pueden ser aplicadas en España de forma que se pueda aprovechar esta experiencia y se facilite la evolución de nuestras condiciones laborales, aproximándonos a otros países con modelos más avanzados.

g. Proporcionar información sobre el mercado laboral, sobre los servicios para la búsqueda de empleo y sobre los recursos para el emprendimiento y la creación de empresas.

h. Incentivar la contratación de personas retornadas, favoreciendo el empleo estable.

i. Favorecer el acceso a la educación en todos los niveles de enseñanza, con especial hincapié en la convalidación y homologación de títulos.

Todas ellas parecen mejoras razonables a sabiendas de que el éxito en el proceso de retorno de los emigrantes depende en gran medida de que se produzca su efectiva integración en el mundo laboral, siendo precisa la coordinación de las políticas nacionales y autonómicas para responder de forma conjunta, coherente y armonizada ante las múltiples necesidades y demandas por parte de las personas retornadas en los diversos ámbitos de actuación.

Capítulo 10

Análisis político-jurídico del retorno de emigrantes y la problemática del empleo: la recuperación de personas en edad activa y su inserción en nuestros mercados de trabajo

Mª CRISTINA AGUILAR GONZÁLVEZ
Profesora Titular de Derecho del Trabajo
Universidad de Cádiz

1. CONSIDERACIONES GENERALES

El retorno de emigrantes o ser emigrante retornado una vez materializado el proceso migratorio inverso, de vuelta a su tierra de origen, nos sitúa ante un proceso complejo, lleno de tomas de decisiones y búsqueda de recursos, para un futuro personal, familiar y profesional incierto.

Si atendemos a la terminología implicada en tan complejo proceso, que se plantea en la vida de las personas que se fueron, en un momento determinado, por distintas razones[1]: "emigrar" es "abandonar la residencia habitual en busca de mejores medios de vida dentro de su PROPIO país", o "abandonar su propio país para establecerse en otro extranjero"; "retornar" significa, según el diccionario de la RAE, "volver al lugar o a la situación en que se estuvo", "hacer que algo retroceda o vuelva atrás".

Según el art. 2.5 Ley 8/2006, de 24 de octubre, del Estatuto de los andaluces en el mundo, "tendrán la consideración de personas retornadas

---

1 Sobre las motivaciones para el retorno, veánse AA.VV., DELGADO NIEBLA, M.L., RUBIO GUTIÉRREZ, M.J., GÓMEZ ARGUDO, B., y ABOLAFIO MORENO, M.E., "Primera aproximación a la realidad de los emigrantes retornados residentes en la provincia de Cádiz", *Acciones e investigaciones sociales*, nº Extra 1, 2006, p. 12: por motivos familiares, por añoranza, por haber conseguido lo que se habían propuesto, por haberse jubilado o por haber perdido el trabajo, como motivaciones principales. AA.VV., JIMÉNEZ-BAUTISTA, F. y SANDOVAL-FORERO, E.A., "Los migrantes españoles retornados a Granada", *Papeles de población*, nº 66, 2010, p. 96, señalan que la mayoría son personas jubiladas y que han regresado por alguna enfermedad a Andalucía.

aquellos andaluces en el exterior y personas de origen andaluz que regresen a Andalucía para residir"[2].

Como objetivo, su art. 4, b) atribuye a las instituciones públicas andaluzas actuaciones para "promover medidas especiales que hagan posible el regreso a Andalucía de los andaluces en el exterior y personas de origen andaluz, así como contribuir al fortalecimiento de los colectivos andaluces de emigrantes retornados y la eficacia de su acción asociativa". Es este mandato a los poderes públicos el que genera este estudio: una aproximación a las políticas activas que contribuirán a la reinserción laboral de los andaluces que retornan a su tierra. Adelantamos que no nos ceñiremos a las medidas andaluzas; con la finalidad de presentar el abanico general de recursos en vigor de los que disponen, abarcaremos asimismo las medidas estatales, tanto para una vuelta al trabajo por cuenta ajena, como al trabajo autónomo o en empresas de economía social.

Según datos del Instituto de Estadística y Cartografía de Andalucía, el 83,1% de las personas nacidas en Andalucía residen en la Comunidad, el 15,5% en el resto de España y el 1,4% en el extranjero.

Detalla los datos sobre la población andaluza residente en el resto de España a 1 de enero de 2022: 313.785 personas inscritas en Andalucía, un 1,7% menos que el año anterior. De ese total, el 53,2% eran mujeres. La mayoría de estos andaluces nacieron en Jaén (20,7%), Córdoba y Granada (ambos con un 17,0%). En el otro extremo, Huelva aportó el 3,9%[3].

En España, Barcelona y Madrid concentran el 49,3% de esta población. El 49,0% tiene 65 o más años; dato que nos interesa en este estudio, si se plantearan su retorno.

Sin embargo, los andaluces en el extranjero tanto a principios de 2022 como de 2023 crecieron un 2,9% respecto a 2021 y un 1,2% respecto a 2022. Se repartieron entre el resto de Europa (49,4%) y América (46,2%). Los países de residencia elegidos fueron Argentina (19,9%), Francia (14,3%) y Alemania (11,8%). Respecto a la edad, el 22,4% tenía 65 años o más.

Por otro lado, España registró una tasa de desempleo en 2022 del 13.0%, siendo el desempleo en menores de 25 años del 29.6% y en mayo-

---

2 BOJA nº 215, de 7 de noviembre.

3 https://www.juntadeandalucia.es/institutodeestadisticaycartografia/andrestesp/notaprensa.htm (Consulta: 22/12/2022). https://www.juntadeandalucia.es/institutodeestadisticaycartografia/dega/andaluces-en-el-exterior/nota-divulgativa-datos-a-1-de-enero-2023 (Consulta a 29/11/2023).

res de 24 del 11.8%. Según datos del SEPE, en enero de 2023 el 44,16% de los nuevos contratos registrados son indefinidos. Por CC.AA., el paro registrado en enero de 2023 baja en la Comunidad Autónoma de Illes Balears (-297), pero sube en el resto de Comunidades, encabezadas por Andalucía (21.048), Comunidad de Madrid (11.140) y Comunidad Valenciana (6.776)[4]. A octubre de 2023 el número total de parados en Andalucía se situó en 719.605 personas[5].

Por tanto, el número de españoles que residen fuera de las fronteras de nuestro país es una cifra al alza desde los últimos años. Según los datos del Padrón de Españoles Residentes en el Extranjero (PERE), hasta el 1 de enero de 2022, la cantidad total era de 2.742.605. La población española residente en el extranjero aumentó un 3,3% durante el año 2021 y un 1,7% durante el año 2022. Reino Unido, Francia y Cuba son los países con mayor incremento de población de nacionalidad española. Dos de cada tres nuevas inscripciones al PERE durante 2021 correspondieron a nacidos fuera de España[6].

También es cierto que se ha observado un proceso creciente de retorno de emigrantes hacia España, incluyendo a descendientes de españoles que en su día emigraron o emigración de retorno transgeneracional[7]. Es difícil cuantificar el colectivo y encontrar datos al respecto.

Sucede que cuando leemos la expresión "persona migrante" pensamos en quien se va, quien emigra; pero engloba también tanto a quien llega, como al que retorna, el que vuelve. "Migrar" es "trasladarse desde el lugar en que se habita a otro diferente" (diccionario RAE). Según la Organización Internacional para las Migraciones (OIM), no ha sido definido en Derecho Internacional el término "migrante"; por uso común, designa a toda persona que se traslada fuera de su lugar de residencia habitual, ya sea dentro de un país o a través de una frontera internacional, de manera

---

4 https://datosmacro.expansion.com/paro/espana (Consulta: 29/11/2023).

5 https://www.epdata.es/datos/paro-registrado-comunidad-datos-graficos/41/andalucia/290#:~:text=El%20n%C3%BAmero%20total%20de%20parados,%2C%20es%20decir%2C%207.401%20desempleados (Consulta: 29/11/2023).

6 https://www.ine.es/prensa/pere_2023.pdf (Consulta: 29/11/2023).

7 AA.VV., RODICIO-GARCÍA, M.L. y SARCEDA-GORGOSO, M.C., "Inserción sociolaboral de mujeres emigrantes retornadas: Desde Venezuela a España", *Revista de Ciencias Sociales*, nº 4, 2019, p. 12. Estudio enfocado a la Comunidad de Madrid.

temporal o permanente, por diversas razones[8]. Entendemos que se trata de un concepto amplio, onmicomprensivo de todo aquel que traslada su residencia por motivos laborales u otros.

A los efectos de las políticas de empleo, las personas migrantes figuran en la enumeración expresa del art. 50.1 de la nueva Ley de Empleo, 3/2023, sobre colectivos de atención prioritaria para la política de empleo; mientras que el art. 30.1 Real Decreto Legislativo 3/2015, de 23 de octubre, por el que se aprueba el texto refundido de la Ley de Empleo se refería exclusivamente a los "inmigrantes"[9].

Como "persona migrante" nos pudiera generar una confusión de políticas el "Plan de Retorno Voluntario" que, sin embargo, tiene como destinatarios a personas inmigrantes, solicitantes de asilo, o personas con protección internacional, que se encuentren en situación de vulnerabilidad, carencia y precariedad social, sean víctimas de trata o tengan problemas de integración social, que deseen regresar de manera voluntaria a su país de origen y carezcan de recursos económicos para hacerlo. Se trata de un Plan que responde a un doble objetivo: garantizar el retorno digno de las personas y favorecer su asentamiento en la sociedad de la que partieron[10].

Precisamente esta es asimismo la finalidad de un retorno a Andalucía-España de quienes emigraron en su día. Y pareciera que las políticas migratorias "olvidan" de la integración sociolaboral a estos antes emigrantes-ahora inmigrantes nacionales, que llegan a nuestro entorno, que en su día fue el suyo, como si de migrantes extranjeros se tratasen.

En este sentido de la ampliación subjetiva, el Real Decreto 378/2022 de 17 de mayo, por el que se regula la concesión directa de subvenciones del Ministerio de Inclusión, Seguridad Social y Migraciones, al tratar las actuaciones a financiar, considera a las personas migrantes como colectivos en situación o riesgo de exclusión social prioritarios, que podrán ser beneficiarias de los itinerarios, sean o no beneficiarias del Ingreso Mínimo Vital o de las rentas mínimas autonómicas. (art. 5.1)[11].

---

8 https://www.iom.int/es/definicion-de-la-oim-del-termino-migrante (Consulta: 22/02/2023).

9 BOE nº 51, de 1 de marzo, y BOE nº 255, de 24 de octubre, respectivamente.

10 https://www.inclusion.gob.es/web/migraciones/retorno-voluntario (Consulta: 29/11/2023).

11 BOE nº 118, de 18 de mayo.

Al sujeto de nuestro estudio le es de aplicación el Plan de Retorno a España, aprobado por la Resolución de 27 de marzo de 2019, de la Secretaría de Estado de Migraciones[12] que, con el lema "hacer de España un país para volver", trata de fomentar el retorno de emigrantes a España en las mejores condiciones, y facilitar su proceso de vuelta a través de 50 medidas impulsadas por diez Ministerios diferentes, con la cooperación institucional de Comunidades Autónomas y Ayuntamientos, de las asociaciones de emigrantes retornados[13], y de los agentes sociales. De las 50 medidas, agrupadas en seis categorías, destacamos las 27 relativas al apoyo para definir proyecto profesional, que se clasifican en los siguientes grupos: Conexión entre emigrantes y empresas. Acceso a empleo público. Fomento de la carrera investigadora. Incentivar la vuelta para emprender.

En la *web* de la Oficina Española del Retorno, adscrita al Ministerio de Inclusión, Seguridad Social y Migraciones, como parte de sus funciones de información sobre normas, procedimientos administrativos y medidas de apoyo, se accede a la "Guía del Retorno", que acerca al colectivo las medidas antes citadas y contiene, entre otras interesantes, que se facilitará el acceso desde el extranjero a la oferta de empleo público, y a las personas que hayan trabajado para la Administración en otros países, se les convalidará esa experiencia[14].

No cabe duda que entre las dificultades inherentes al retorno destaca la búsqueda de empleo y encontrarlo, como primer obstáculo, siendo considerado acceder a un puesto de trabajo como lo más importante para sentirse integrado en la sociedad[15]. El nivel de formación que traen consigo

---

12 Que publica el Acuerdo del Consejo de Ministros de 22 de marzo de 2019 (BOE nº 77, de 30 de marzo), https://ciudadaniaexterior.inclusion.gob.es/oficina-espanola-del-retorno (Consulta: 12/02/2023). Como proyecto integral incorpora otros bloques de medidas: 2. Ayuda para planificar la vuelta e instalarse (14 medidas). 3. Creación de espacios para la participación (1 medida). 4. Creación de ambiente positivo (1 medida). 5. Acompañamiento psicológico (1 medida). 6. Gestión colaborativa y evaluación continua del Plan (6 medidas).

13 En este sentido de su papel tan relevante que desarrollan, véase FERNÁNDEZ AVILÉS, J.A., cit., p. 60. BURGOS GOYE, M.C., "Retorno de andaluces en el contexto de las ciudadanías autonómicas", en esta obra, p. 148.

14 https://www.federacionespanola.com.ar/440-el-plan-de-retorno-a-espa%C3%B1a-facilitar%C3%A1-el-acceso-desde-el-extranjero-a-la-oferta-de-empleo-p%C3%BAblico.html (Consulta: 5/02/2023).

15 AA.VV., DELGADO NIEBLA, M.L., RUBIO GUTIÉRREZ, M.J., GÓMEZ ARGUDO, B., y ABOLAFIO MORENO, M.E., cit., pp. 14-15; y VARIOS, JIMÉNEZ-BAUTISTA, F. y SANDOVAL-FORERO, E.A., cit., p. 6.

los emigrantes que vuelven es determinante para conseguir de forma más rápida su inserción en el mercado de trabajo. También el haber mantenido contactos en la zona destinataria del retorno, es crucial para su posterior inserción sociolaboral.

Los que se han planteado volver, tras años sin actividad profesional en nuestro país, están desconectados de la realidad de sus sectores y del mercado de trabajo andaluz en general. La búsqueda de oportunidades desde su país de acogida, dificulta encontrar empleo. Cierto es que desde su última residencia, antes del retorno, pueden hacer uso de la red EURES para la búsqueda de empleo en su lugar de origen, a la que se puede acceder desde la página del Servicio Andaluz de Empleo (SAE)[16].

La expresión "personas en edad activa" es excesivamente amplia, en el sentido de que tienen cabida tanto jóvenes, menores de 30 años, como personas de mayor edad que, a los efectos de las políticas de empleo, supera los 45-52 años. En relación a los jóvenes, los poderes públicos lo identifican con "retorno del talento" por ser trabajadores muy cualificados. En la otra franja, a los emigrantes mayores de 45 años que deciden volver, les preocupa la discriminación por edad, que saben les afectará en los procesos de selección en España.

En cualquier portal de información sobre ayudas para emigrantes retornados, parece que presumen que, a quien decide volver a España, le aguarda un período largo de desempleo, o se encuentra en situación de jubilación. Es por ello que la información que contienen se limita a la solicitud del paro, del subsidio para emigrantes retornados, o a la solicitud de la Renta Activa de Inserción (RAI) en tanto que prestaciones parar paliar la situación de desempleo[17].

La recuperación de personas para el empleo solo puede conseguirse a través de la formación y actualización de conocimientos, habilidades y competencias; y reconociendo el papel fundamental que juegan las em-

---

[16] https://www.juntadeandalucia.es/organismos/sae/areas/ofertas-empleo/red-eures.html (Consulta:21/02/2023). Según noticia del MITES, "Trabajo lidera la constitución de la Red Iberoamericana de Servicios Públicos de Empleo", 23/05/2023, https://prensa.mites.gob.es/WebPrensa/noticias/laboral/detalle/4220 (Consulta: 29/11/2023).

[17] https://migracionesandalucia.ccoo.es/Retorno/Preguntas_frecuentes; https://www.mites.gob.es/es/mundo/consejerias/chile/retorno/archivos/subsidio_emigrante.htm. (Consulta: 5/02/2023).

presas en el retorno, desde una política pública de subvenciones para el fomento de la contratación indefinida y del emprendimiento.

No cabe duda de que es necesaria una política de retorno integral, por el carácter transversal que, para la persona que ha emigrado y ahora decide retornar, tiene todo lo que implica su vuelta a Andalucía, lugar del que se fue hace años[18]. Sin embargo observamos que, en la actualidad, son escasas las medidas dirigidas de forma específica al colectivo, que no han venido disfrutando hasta el momento de un política articulada de forma coherente y omnicomprensiva de todos los aspectos que implica el necesario carácter "integral"[19]. Ello se traduce en poco interés en que retornen y en brindarles, caso de que así lo decidan, los apoyos que, por mandato constitucional o de los Estatutos autonómicos, tanto el Estado como las Comunidades Autónomas debieran rendirles[20].

Siendo determinante el factor "edad" de la persona que retorna, de un lado, y el tipo de empleo que se quiere fomentar, vamos a organizar nuestro estudio en función de las políticas activas previstas, si no de forma específica para el colectivo, ante su ausencia, en aquellas en las que los emigrantes retornados pueden incardinarse como destinatarios; por tanto, haremos referencia a las previsiones en atención a si la persona que retorna es joven, y distinguiremos las medidas de política activa de empleo en función de si fomentan el trabajo por cuenta ajena o el emprendimiento.

2. POLÍTICAS ACTIVAS DE EMPLEO, DESTINATARIOS: EMIGRANTES RETORNADOS ANDALUCES

La Ley 8/2006, de 24 de octubre, del Estatuto de los andaluces en el mundo, en particular su art. 14 sobre el acceso a la participación en pro-

---

18 FERNÁNDEZ AVILÉS, J. A., "¿Qué tutela jurídico-social para los trabajadores emigrantes?", en "Nuevas políticas jurídicas para el cambio migratorio", Aranzadi, 2021, p. 68.

19 En este sentido MOLINA HERMOSILLA, O., "Hacia la conformación de una política integral de retorno de emigrantes con talento", *Revista General de Derecho del Trabajo y de la Seguridad Social,* nº 61, 2022, p. 164, y DURÁN BERNARDINO, M., "Políticas de retorno para emigrantes españoles", en "Nuevas políticas jurídicas para el cambio migratorio", Aranzadi, 2017, p. 44.

20 AA.VV., GONZÁLEZ-MARTÍN, B. y PUMARES, P., "De vuelta a casa: el retorno de los jóvenes españoles desde Europa", *Revista Española de Sociología,* 2021, p. 1, destacan que se ha "prestado menos atención a la ganancia de capital humano que puede entrañar que retornen", sin que se haga una puesta en valor de las posibilidades de uso de lo aprendido.

gramas del Servicio Público de Empleo de la Junta de Andalucía, dispone que "los andaluces en el exterior tendrán derecho a la inscripción como demandantes de empleo en el SAE en condiciones de igualdad con los demás andaluces. Asimismo, en las condiciones que reglamentariamente se determinen, tendrán derecho a la participación en los programas de este servicio público".

En España, las Comunidades Autónomas de fuerte tradición migratoria han sido Andalucía, Galicia, Cataluña y País Vasco. De los Planes de Retorno de las Comunidades Autónomas, Andalucía destacaba con dos: retorno del talento dirigido a empresas y retorno del talento de personas trabajadoras, en virtud de la Ley 2/2015, de 29 de diciembre, de medidas urgentes para favorecer la inserción laboral, la estabilidad en el empleo, el retorno del talento y el fomento del trabajo autónomo ya derogada. Sin embargo, a febrero de 2023, la página de la Junta de Andalucía, una vez que pinchas el enlace, solo te indica que te suscribas "para recibir novedades sobre este trámite o servicio" y cuando intentas hacerlo, no te lo permite. Entendemos se corresponde con que han dejado de estar en vigor, por lo que la plataforma www.extenda.es/retorno "no existe"[21].

No obstante, resulta interesante analizar las condiciones que permitían el acceso a estos programas, no sin antes destacar que solo se impulsa "el retorno del talento". Partían de que se produjese el traslado efectivo de la residencia habitual a Andalucía. Por su parte, a la empresa se le exigía que el contrato laboral a realizar fuera indefinido y a jornada completa, en el grupo profesional correspondiente a la titulación oficial del retornado, y debía mantenerse con carácter ininterrumpido durante un mínimo de 24 meses.

Por otra, los trabajadores andaluces, para beneficiarse del programa, debían cumplir los siguientes requisitos: tener hasta 45 años; estar en posesión de un título universitario oficial de Grado o equivalente; estar en situación de alta laboral en la categoría correspondiente a dicha titulación;

---

[21] "Extenda habilita una plataforma para facilitar el retorno del talento a Andalucía", Agencia Andaluza de Promoción Exterior, juntadeandalucia.es/organismos/presidenciainteriordialogosocialysimplificacionadministrativa/servicios/actualidad/noticias/detalle/103175.html (Consulta: 12/02/2023). Compárese con los enlaces a otras CC.AA. como la gallega y su Estrategia Retorna 2000 (https://emigracion.xunta.gal/es/actividad/retorna), la extremeña (extremaduraenelmundo.juntaex.es) o catalana (http://moncat.gencat.cat/es/web/guest/del-mon-a-catalunya/suport-al-retorn/pla-d-ajuda-al-retorn-de-la-generalitat). Al menos los enlaces, funcionan; si bien en ocasiones te derivan a la página de inicio, o te indican que la página está en construcción (Consulta: 30/11/2023).

y haber estado residiendo en el extranjero durante, al menos, los dos últimos años inmediatamente anteriores a la formalización del contrato.

Los andaluces podían solicitar, para facilitar su traslado de retorno, una ayuda de desplazamiento, que incluía a los familiares a su cargo, y que cubría el coste del traslado de mobiliario y enseres hasta un máximo de 5.000 euros. Incluía también ayudas para cubrir los gastos de alojamiento durante el primer año del retorno, por un valor no superior a 12.000 euros, y para cubrir los gastos de escolarización de los hijos, hasta un máximo de 5.000 euros. Estas ayudas e incentivos se solicitaban a través del Servicio Andaluz de Empleo, mediante formulario oficial, dirigido a la Dirección General de Políticas Activas de Empleo, a través de la Plataforma habilitada por el propio SAE.

Veremos que, a nivel nacional, está previsto un "Programa para el apoyo a la movilidad geográfica" que contempla, entre varias modalidades, el retorno de talento, regulado en el RD 818/2021, de 28 de septiembre, por el que se regulan los programas comunes de activación para el empleo del Sistema Nacional de Empleo[22].

Hemos de destacar que hubo un I Plan Integral de andaluces por el mundo, para el período 2009-2012[23] y, más recientemente, un Plan de Acción para el Retorno de la Población Andaluza 2020-2022[24], como programación integral que tiene por contenido todas las políticas, estrategias, programas y actuaciones de la Junta de Andalucía, dirigidas a facilitar la vuelta de los andaluces y andaluzas que viven fuera de nuestra Comunidad Autónoma y desean regresar. Entre sus objetivos, son de destacar "favorecer el emprendimiento y la incorporación al mercado de trabajo andaluz por parte de aquellas personas en edad laboral que hayan regresado a Andalucía o tomen la decisión de regresar"; así como "facilitar el acceso de las personas retornadas a todos los niveles educativos, agilizando los trámites de convalidación y homologación de títulos, así como la valoración de la experiencia profesional en el extranjero".

Dado que la mayoría de personas que retornan se encuentran en edad laboral, la iniciativa centra su interés en tres aspectos clave para mejorar

---

22 BOE nº 233, de 29 de septiembre.

23 Decreto 306/2009, de 21 de julio, por el que se aprueba el Primer Plan Integral para los Andaluces y Andaluzas en el Mundo (BOJA de 11 de agosto de 2009).

24 Aprobado por el Acuerdo de 21 de mayo de 2019, del Consejo de Gobierno (BOJA nº 98, de 24 de mayo), juntadeandalucia.es/organismos/inclusionsocialjuventudfamiliaseigualdad/areas/familias/familias-retornadas.html (Consulta: 21/02/2023).

su integración social: asistencia en situación de vulnerabilidad y mejora de la atención específica, ayuda e información que reciban; favorecimiento del emprendimiento y la incorporación al mercado de trabajo; acceso a la educación en todos los niveles de enseñanza, con especial hincapié en la convalidación y homologación de títulos.

En cualquier colectivo, se presenta como recurso "Andalucía Orienta"[25], que remitirá al Mapa de empleabilidad del Servicio Andaluz de Empleo[26] en el que se muestran los puntos que ofrecen servicios en su territorio, y se podrá solicitar una cita con la finalidad de participar en un Itinerario Personalizado de Inserción (IPI)[27], debiendo estar en situación de alta como persona demandante de empleo desempleada en el Servicio Andaluz de Empleo.

En este sentido de la importancia del desarrollo de IPIs, dado el desarraigo que implica haber vivido y trabajado años fuera del lugar de origen de la persona, programas como EmpleaIN, en ACCEM[28], agencia de colocación estatal desde 2012, con presencia en 13 Comunidades Autónomas y 23 centros autorizados (de Andalucía en Almería, Córdoba, Jerez de la Frontera, Málaga y Sevilla), que impulsa acciones tendentes a la integración en el mercado de trabajo de las personas "inmigrantes" que se encuentren en situación o en riesgo de exclusión social a través del desarrollo de itinerarios de inserción laboral individualizados, nos lleva a la posibilidad de hacerlos extensivos para los emigrantes que retornan, y aliviar de este modo que puedan sentirse como extranjeros en su tierra[29].

De este programa nos resulta muy destacable su técnica de facilitar espacios de relación y colaboración con los diferentes agentes sociolaborales —empresariado, formadores/as y el propio colectivo inmigrante—, tanto para analizar y proponer actuaciones conjuntas para las personas inmigrantes que buscan empleo, en atención a sus capacidades y conocimientos, como para atender a los empresarios/as que necesitan personas con un perfil profesional para satisfacer sus necesidades laborales, y a las

25 https://www.juntadeandalucia.es/organismos/sae/areas/mejora-empleabilidad/andalucia-orienta.html (Consulta: 29/11/2023).

26 https://www.juntadeandalucia.es/servicioandaluzdeempleo/web/mapaEmpleabilidad/(Consulta: 17/02/2023).

27 https://www.juntadeandalucia.es/organismos/sae/areas/mejora-empleabilidad/itinerarios-insercion.html (Consulta: 29/11/2023).

28 https://www.accem.es/ (Consulta: 20/02/2023).

29 https://www.accem.es/programa-insercion-laboral-personas-inmigrantes-empleain/ (Consulta: 17/02/2023).

entidades de formación que proponen cómo adecuar los conocimientos a las necesidades del mercado de trabajo. Entendemos que como agencia de colocación "especializada", su labor sería extrapolable y de aplicación al colectivo de emigrantes retornados.

Ante la ausencia de programas de fomento del empleo específicos, que tengan como destinatario a emigrantes retornados, a continuación, pasamos a exponer las distintas medidas de política activa de empleo a las que pueden acogerse los emigrantes andaluces que retornan, sumando a las autonómicas, las nacionales.

2.1. Medidas para colectivos de atención prioritaria en las que son encuadrables

Por entrar en el concepto de alguno de los "colectivos de atención prioritaria" (utilizando la denominación de la nueva Ley de Empleo en su art. 50.1), en tanto que destinatarios de medidas de fomento del empleo, los emigrantes retornados, al margen o además de programas específicos de empleo, pueden beneficiarse de "otros programas" que tienen como destinatarios a colectivos más generales, no caracterizados por una circunstancia personal o social, sino más bien circunstancial, como llevar más de doce meses en situación de desempleo y entrar por tanto en el colectivo de desempleados de larga duración.

En el ámbito autonómico andaluz, los emigrantes retornados pueden participar en los "Proyectos Territoriales para el reequilibrio y la equidad en colectivos vulnerables", configurado como Línea 4 en el art. 1.2, d) Decreto-ley 27/2021, de 14 de diciembre, por el que se aprueban con carácter urgente medidas de empleo en el marco del Plan de Recuperación, Transformación y Resiliencia para Andalucía (en concreto en la Inversión 4, "Nuevos proyectos territoriales para el reequilibrio y la equidad", comprendida en el Componente 23 "Nuevas políticas públicas para un mercado de trabajo dinámico, resiliente e inclusivo")[30], siendo gestionados los programas y subvenciones que implica, con carácter general, por el Servicio Andaluz de Empleo, puesto que se desarrollarán en el territorio de la Comunidad Autónoma de Andalucía.

Es por tanto el SAE quien podrá derivar a personas que pertenecen a colectivos vulnerables, a las entidades beneficiarias, para su participación

---

[30] BOJA nº 241, de 17 de diciembre, modificado por el Decreto-ley 1/2022, de 15 de marzo.

en el programa. Igualmente, las entidades gestoras podrán proponer dicha participación a las que cumplan los requisitos, siempre con el visto bueno de aquél.

Entre las personas destinatarias, el art. 43.1, b incluye a las personas paradas de larga duración, esto es, aquellas que hayan permanecido en situación de desempleo durante 12 meses dentro de los 18 meses anteriores al momento en que inicien su participación en proyecto, habiendo estado inscritas como demandantes de empleo durante ese mismo periodo.

Pero también cabría la inclusión de los emigrantes retornados en otros apartados, en función de si son personas demandantes de empleo mayores de 45 años (d); personas desempleadas en riesgo de exclusión social (g); o personas perceptoras de prestaciones, subsidio por desempleo o Renta Activa de Inserción (h)[31].

El objeto del programa es promover la inserción laboral y la atención personalizada de colectivos vulnerables, mediante el desarrollo de proyectos integrados de inserción laboral, que deben incluir acciones de orientación y de formación.

Estos proyectos consistirán, por tanto, en el diseño e implementación de itinerarios personalizados de inserción laboral[32], con una duración máxima de nueve meses (siendo de 18 meses el plazo de ejecución del proyecto integrado de inserción, compuesto por los distintos itinerarios a realizar), que incluyan acciones de orientación y acompañamiento en la búsqueda de empleo y de formación, y otras acciones facilitadoras de la inserción laboral, como ayudas para la conciliación y el cuidado de familiares, ayudas de formación o de transporte y alojamiento, adaptación de la persona a los puestos de trabajo, y otras que la entidad beneficiaria considere precisas dentro del itinerario (art. 45.5). La cuantía de la subvención será de 6.000 euros a percibir por cada persona participante que concluya el itinerario personalizado que se le haya diseñado (art. 46.2 Decreto-ley 27/2021).

Para considerar un itinerario personalizado completado y finalizado en este programa, la persona desempleada de larga duración, deberá tener la

---

31 El apartado e) se ciñe a las personas inmigrantes, sin permitirnos la inclusión en las políticas migratorias extensivas, tal y como hemos interpretado en le Introducción de este estudio.

32 En aplicación de la Orden ESS/381/2018, de 10 de abril, por la que se aprueba la Guía técnica de referencia para el desarrollo de los protocolos de la Cartera Común de Servicios del Sistema Nacional de Empleo.

condición de persona atendida y de persona insertada, según la descripción del art. 47.3: "se incorpore al mercado laboral por cuenta propia o por cuenta ajena cotizando en el correspondiente régimen de la Seguridad Social, a partir de la fecha en la que disponga de su diagnóstico de empleabilidad y del correspondiente itinerario para el acceso al empleo".

Por otra parte, pasando al ámbito nacional, el Real Decreto 818/2021 por el que se regulan los programas comunes de activación para el empleo del Sistema Nacional de Empleo, contiene varios programas en los que nuestro colectivo objeto de estudio puede ser incardinado como destinatario.

En principio, de todos los colectivos protegidos en la norma, los emigrantes españoles que quieran volver, solo son destinatarios de ayudas a la movilidad geográfica vinculadas al empleo si entran en el concepto de "retorno de talento" (apartado a, art. 65), por lo que parece está enfocado a personas jóvenes o, al menos de edad no muy alta para el mercado de trabajo, o a personas emprendedoras. En cualquier caso, hemos de señalar que dicho art. 65, en su apartado d) atribuye a los Servicios Públicos de Empleo la potestad de ofrecer este programa a determinados colectivos en atención a la especial atención que requieren, o por las circunstancias territoriales en sus ámbitos de actuación. Es por ello interpretable que este apartado podría funcionar como ampliación del colectivo a los emigrantes retornados merecedores de medidas de apoyo, según la valoración que realicen los Servicios Públicos de Empleo en su momento, al margen del talento que aporten al mercado de trabajo andaluz.

El Programa consiste en que se subvencionan los gastos de desplazamiento (desde el municipio de su última residencia hasta el municipio de su nueva residencia, con indicación de cuantías de referencia en el art. 66), siempre que hubieran obtenido una titulación oficial en España y que se hubieran desplazado a un país extranjero por motivos laborales, y regresen para ser contratadas con carácter indefinido o para el inicio de una actividad emprendedora por cuenta propia (dos modalidades). No se requerirá la inscripción previa como personas desempleadas en el Servicio Público de Empleo, siempre que el retorno se haya producido en el mes inmediatamente anterior a la fecha de la contratación o al inicio de los trámites para la constitución como personas trabajadoras por cuenta propia.

Con el fin de fomentar la contratación de las personas que han decidido retornar e implican talento, podrán incentivarse los contratos indefinidos que se les realicen en España por empresas, personas trabajadoras autónomas y entidades privadas sin ánimo de lucro, con una cuantía de referencia de 5.500 euros cada contratación indefinida a tiempo completo (6.000 euros si la persona contratada es mujer, mayor de 45 años en el caso de personas con discapacidad o perteneciente a cualquier otro colectivo vulnerable que determine el Servicio Público de Empleo), o bien 7.000 euros o 7.500 euros, respectivamente, si el Servicio Público de Empleo competente incluye este supuesto entre los que requieren una mayor atención. Estas subvenciones podrán incrementarse hasta en 2.000 euros cuando la contratación se realice por trabajadora o trabajador autónomo, o por una cooperativa o sociedad laboral, que contrate a su primer empleado o empleada (art. 67).

Apelando a lo indicado al inicio de este apartado, esto es, al carácter inclusivo del colectivo en otros programas, una mujer emigrante retornada puede acogerse al Programa para la igualdad entre hombres y mujeres, según el art. 68.2, c) RD 818/2021, con la finalidad de participar en programas de orientación y de mejora de la empleabilidad financiados por los Servicios Públicos de Empleo, de forma garantizada en el porcentaje, al menos, del 50% según el art. 70, o como incentivo a la contratación indefinida, en virtud del art. 71.

Del mismo modo, una persona emigrante retornada mayor de 45 años, tendrá el recurso al Programa para evitar la discriminación por razón de edad (art. 75 RD), y podrá participar en los siguientes programas: a) Programa de orientación profesional para el empleo y el autoempleo, b) Programa de colaboración para las actividades de prospección empresarial e intermediación laboral, c) Programa de proyectos integrales de empleo, d) Programas experienciales de empleo y formación, salvo que se dirijan específicamente a personas desempleadas menores de 30 años, e) Otros programas públicos de empleo-formación, f) Programa de inserción laboral a través de obras o servicios de interés general y social, g) Programas de integración laboral de personas en riesgo o situación de exclusión social (art. 74.1 por remisión desde el art. 76.1, como colectivo prioritario).

La preocupación por el factor "edad alta", y su incidencia en las posibilidades de acceso al mercado de trabajo siempre ha estado presente a nivel normativo en relación al colectivo. Ya el Real Decreto 1493/2007, de 12 de noviembre, por el que se aprueban las normas reguladoras de la concesión directa de ayudas destinadas a atender las situaciones de extraordinaria necesidad de los españoles retornados[33], en relación con los gastos que deben afrontar en el momento del retorno, entre las circunstancias a valorar

---

[33] BOE nº 283, de 26 de noviembre.

destacan las dificultades de inserción en el mercado laboral en función de la edad u otras circunstancias del solicitante (Guía de Retorno, punto 4.1).

Como otra norma actual en políticas activas de empleo, el art. 1.5 Real Decreto-ley 1/2023, de 10 de enero, de medidas urgentes en materia de incentivos a la contratación laboral y mejora de la protección social de las personas artistas[34], prevé que el Gobierno podrá regular subvenciones, desgravaciones y otras medidas para fomentar siempre un empleo estable "de grupos específicos de personas trabajadoras que encuentren dificultades especiales para acceder al empleo", previa consulta a las organizaciones sindicales y asociaciones empresariales más representativas, y tras una evaluación previa sobre su necesidad y oportunidad por el departamento ministerial proponente. En cualquier caso, tiene un ámbito subjetivo de aplicación muy amplio: cualquier persona incluida en uno de los colectivos de atención prioritaria según la Ley de Empleo, esto es, como "persona migrante" (art. 6, a), que figure registrada en los Servicios Públicos de Empleo como demandante de servicios de empleo en situación laboral de desempleada.

Ello se completa con que el art. 4.1, a) exime directamente del requisito de inscripción en los servicios públicos de empleo, entre otros, a personas inscritas en el Sistema Nacional de Garantía Juvenil; tampoco si en cualquier otra norma legal o reglamentaria se excepcione de tal requisito.

Los beneficiarios de los incentivos serán las empresas u otros empleadores, las personas trabajadoras por cuenta propia o autónomas, las sociedades laborales o cooperativas por la incorporación de personas socias trabajadoras o de trabajo y algunas entidades públicas y privadas sin ánimo de lucro, siempre que mantengan a la persona destinataria en situación de alta, o asimilada a la de alta con obligación de cotizar, en el régimen correspondiente de la Seguridad Social, al menos tres años desde la fecha de inicio del contrato, transformación o incorporación bonificado (art. 9.1).

Con carácter general, los destinatarios últimos de los incentivos deberán disfrutar de servicios de información de calidad sobre las modalidades de contratación y las ayudas a las mismas, de formación (incluyendo servicios de tutorización, asesoramiento continuado y atención personalizada para reforzar la mejora de su empleabilidad y favorecer su estabilidad en el empleo) y acompañamiento al fomento del empleo a ser ofrecidos por los Servicios Públicos de Empleo en sus respectivos ámbitos de actuación (art. 3).

---

34 BOE nº 9, de 11 de enero.

Como incentivos concretos, si se encontraran en exclusión social o por ser desempleados de larga duración, su contratación indefinida daría lugar a una bonificación en la cotización de 128 euros/mes durante 4 años, en el primer supuesto (art. 20.1); de 110 euros/mes durante tres años, en el segundo. Cuando estos contratos con personas desempleadas de larga duración se concierten con mujeres o con personas de 45 o más años, la bonificación será de 128 euros/mes durante tres años (art. 21).

2.2. *Políticas activas de empleo para emigrantes retornados jóvenes*

Muchos de los trabajadores más jóvenes se incardinan en la categoría de los *outsiders* en una economía globalizada, y en la búsqueda de empleos más afines a la cualificación que aportan al mercado de trabajo[35].

Las altas tasas de desempleo juvenil[36], el difícil acceso a un primer empleo, de calidad, que llevan al hastío y la desesperanza en tiempos de crisis y según la situación política del país, incitan a una migración voluntaria pero necesaria; en ocasiones el perfil es de "emigrante formativo", que busca mejorar sus competencias y habilidades; incluso de personas que quieren vivir nuevas experiencias, y su emancipación e independencia. El viaje de ida está justificado, el de vuelta se encuentra carente de la cobertura de convenios bilaterales de migración, al margen de los de Seguridad Social, con los países de recepción de españoles fuera de las fronteras de la Unión Europea, del Espacio Económico Europeo y Suiza[37].

El perfil del nuevo emigrante español se caracteriza por la alta cualificación, incluso la sobrecualificación que define la "fuga de cerebros", y por ser mujer. Salen al exterior en busca de su desarrollo profesional y, quizás, con planes de retorno pero, en todo caso, no a corto plazo[38].

---

35 "Los jóvenes españoles, entre los más dispuestos de la UE a emigrar para trabajar", https://elpais.com/economia/2018/03/27/actualidad/1522143381_401957.html (Consulta: 20/02/2023).

36 Tasa de paro juvenil en Andalucía: 35,81% (4º trimestre 2022), https://www.epdata.es/datos/paro-cada-comunidad-autonoma-epa-ine/11/andalucia/290 (Consulta 30/11/2023).

37 RIVAS VALLEJO, P., "Migración española del siglo XXI y políticas migratorias públicas", *Revista General de Derecho del Trabajo y de la Seguridad Social*, nº 40, 2015, pp. 116-117. AA.VV., GONZÁLEZ-MARTÍN, B. y PUMARES, P., "De vuelta a casa: el retronó de los jóvenes españoles desde Europa", *Revista Española de Sociología*, 2021, pp. 6 y ss.

38 NAVARRETE MORENO, L., "La emigración de los jóvenes españoles en el contexto de la crisis. Análisis y datos de un fenómeno difícil de cuantificar", http://www.injuve.

En el ámbito nacional, el Plan Garantía Juvenil Plus 2021-2027 de trabajo digno para las personas jóvenes, en el Eje 1, orientación, prevé la configuración de servicios de orientación especializados en temas concretos, entre otros, en la orientación para el desarrollo de acciones integrales de empleo para el colectivo joven migrante. Desde la Garantía Juvenil, con la finalidad de fomentar su mejor orientación e inserción laboral, se establece una medida nº 10 que, como instrumento, recurre al apoyo en la figura de una persona mediadora u orientadora sociolaboral que incidirá especialmente en la necesaria formación y cualificación específica de las personas orientadoras en este ámbito[39].

Encontramos previsto el recurso a la Mediación para el Retorno en Extremadura, si bien no centrada en jóvenes[40]. Nos interesa conocer esta técnica que consiste, de un lado en prestar servicios a profesionales en el exterior con voluntad de volver; de otro, presta servicios a empresas, que quieren atraer talento y profesionales en el exterior.

En el primer supuesto ofrecen servicios generales, de información sobre el mercado de trabajo y sectores específicos, asesoramiento y orientación para la búsqueda de empleo y apoyo en la búsqueda de empleo o el autoempleo, e información sobre actividades formativas u otro tipo de oportunidades para el retorno; y servicios específicos, de intermediación con empresas de su sector profesional o propuesta de ofertas específicas para su perfil profesional.

Por otro lado, el Plan de Acción de Juventud 2022-2024, del Instituto de la Juventud (INJUVE)[41], del Ministerio de Derechos Sociales y Agenda 2030 a través del Instituto de la Juventud (INJUVE)[42], señala que en la

---

es/sites/default/files/adjuntos/2019/05/emigracion_jovenes_2014.pdf, 20, pp. 125 y ss. En sentido contrario, AA.VV., GONZÁLEZ-MARTÍN, B. y PUMARES, P., cit., pp. 10 y 17: son más numerosos los jóvenes que vuelven “quemados” que los jóvenes “exitosos”.

39 Resolución de 24 de junio de 2021, de la Secretaría de Estado de Empleo y Economía Social, por la que se publica el Acuerdo del Consejo de Ministros de 8 de junio de 2021, que lo aprueba (BOE nº 151, de 25 de junio).

40 https://extremaduraenelmundo.juntaex.es/mediadores (Consulta: 20/02/2023).

41 https://www.lamoncloa.gob.es/consejodeministros/resumenes/Paginas/2023/310123-rp-cministros.aspx Texto del Plan en https://www.injuve.es/sites/default/files/adjuntos/2023/03/20230330_injuve_pj2024_web2.pdf (Consulta: 20/02/2023).

42 https://www.lamoncloa.gob.es/consejodeministros/resumenes/Paginas/2023/310123-rp-cmihttps://www.injuve.es/conocenos/noticia/plan-de-accion-de-juventud-2022-2024 (Consulta: 30/11/2023).

actualidad, es menor emigración hacia el exterior en jóvenes españoles de 15-29 años (8,18 %).

Dedica su Eje 7 sobre "movilidad juvenil: emigración y retorno", en el que marca el objetivo de fomentar el retorno de la juventud española emigrada, visibilizando y mejorando los servicios de información y acompañamiento para el retorno, incluyendo ofertas de empleo, redes de *networking*, información sobre trámites y ayudas para el traslado o el emprendimiento en el territorio español.

En concreto, dentro del objetivo 7.2. Impulsar y facilitar el retorno de la juventud emigrada y recuperar para nuestro país su talento, las líneas de actuación, medidas y acciones previstas son:

– Línea de actuación 7.2.1. Planificación de la vuelta. Servicios de apoyo e información de jóvenes emigrados.

– Actualización de la Guía del Retorno (medida).

– Actualización de la información en la guía y en la *web* sobre procedimientos administrativos previos y posteriores al retorno, certificado de emigrante retornado, prestaciones por desempleo, asistencia sanitaria, fiscalidad, etc. (actuación).

– Línea de Actuación 7.2.2. Ofrecer ayuda y apoyo a la juventud que quiera retornar.

– Red de *mentoring* profesional para el retorno (medida).

– Asesoramiento y ayuda a las/los jóvenes españoles que deseen retornar (actuación): trámites administrativos, documentación laboral, prestaciones por desempleo, homologación de títulos, reconocimiento de estudios, escolarización, etc.

Volviendo al citado RD 818/2021 sobre programas comunes de activación para el empleo, remitimos a lo expuesto sobre el programa de ayudas para la movilidad geográfica vinculada al empleo del art. 65,a), configurado para el retorno del talento.

Otra medida la encontramos en el art. 28.2 Real Decreto-ley 1/2023, de 10 de enero, de medidas urgentes en materia de incentivos a la contratación laboral y mejora de la protección social de las personas artistas, bonifica la incorporación como socias trabajadoras o de trabajo a cooperativas y sociedades laborales, de personas trabajadoras desempleadas jóvenes menores de 30 años, o personas menores de 35 años que tengan reconocido un grado de discapacidad igual o superior al 33%, con 147 euros/mes durante el primer año, y de 73 euros/mes durante los dos años restantes.

Por otro lado, como programas de subvenciones, la web de la Oficina Española del Retorno prevé la posibilidad de financiar iniciativas destinadas a favorecer la integración social y laboral de los jóvenes españoles residentes en el exterior mediante actuaciones específicas que les permitan continuar con su formación en destino o, en su caso, el aprovechamiento de su experiencia para el retorno a España. Podrán solicitarlas las empresas y entidades sin ánimo de lucro, radicadas en el exterior y en España, que tengan entre sus fines la realización de las actividades objeto del programa[43].

Por su parte, el Programa Nacional de Reformas del Reino de España para el año 2022[44], definido como instrumento de coordinación del Sistema Nacional de Empleo en la Ley de Empleo, en su Anexo 6 sobre medidas de las Comunidades y Ciudades Autónomas, dentro del apartado dedicado a la cohesión social y políticas para las generaciones futuras, trata de la atención a la contratación de personas pertenecientes a colectivos con especiales dificultades para encontrar un empleo, destacando que el País Vasco apoya a las empresas que contratan jóvenes retornados a la Comunidad.

Sin embargo esta Comunidad Autónoma, en 2021, tenía en revisión su Plan de Retorno Juvenil, gestionado por Lanbide, el Servicio Vasco de Empleo, que facilitaba el regreso a Euskadi de las personas menores de 35 años. Dicho Plan comprendía subvenciones a las empresas de una parte significativa del salario de las personas contratadas a través de este programa. Ofrecía un contrato de una duración mínima de 12 meses, con mayor subvención si es indefinido; y ayudas para sufragar los gastos de desplazamiento que implica el retorno[45].

En la actualidad, en el año 2023, podrán acogerse a las subvenciones previstas para jóvenes desempleados a ser contratados por empresas vascas, siempre y cuando cumplan los requisitos exigidos, sin que el ser emigrante retornado implique ninguna prioridad de participación en el programa[46].

---

43 ciudadaniaexterior.inclusion.gob.es/web/ciudadania/actuaciones-prestaciones-y-ayudas (Consulta: 12/02/2023).

44 hacienda.gob.es/es-ES/CDI/Paginas/EstrategiaPoliticaFiscal/ProgramaNacionalReformas.aspx (Consulta: 12/02/2023), p. 185.

45 https://www.lanbide.euskadi.eus/destino/-/retorno_juvenil/ (Consulta: 20/02/2023).

46 https://www.euskadi.eus/ayuda_subvencion/2023/lak-2023/web01-tramite/es/ (Consulta: 20/02/2023). En otras Comunidades, encontramos noticias como esta “El

En cuanto a la Comunidad Autónoma Andaluza, puesto que no encontramos programas específicos destinados al fomento del empleo de jóvenes-emigrantes retornados, del mismo modo, en la línea expuesta a lo largo de este estudio, podrán acogerse a los escasos programas generales que la Junta de Andalucía tiene en vigor para mejorar el empleo juvenil y que derivan del mencionado Decreto-ley 27/2021, por el que se aprueban con carácter urgente medidas de empleo en el marco del Plan de Recuperación, Transformación y Resiliencia para Andalucía, desde el requisito de su inscripción en el fichero del Sistema Nacional de Garantía Juvenil[47], como es su Línea 2, "Programa Investigo" en entidades que desarrollen proyectos de investigación; o con otro tipo de iniciativas en el marco del Programa Operativo de Empleo Juvenil 2014-2020, prorrogado a 2023, como la que lleva por nombre "para la promoción del empleo juvenil en el ámbito local, Joven ahora"[48].

2.3. *Medidas de fomento del autoempleo*

El autoempleo, individual o colectivo, tanto como forma de salir de la situación de desempleo, o como continuación o puesta en marcha de un proyecto de emprendimiento que la persona traiga consigo en su vuelta a Andalucía-España, se presenta como otra opción de acceso al mercado de trabajo que disfruta de medidas de fomento en el marco de la Estrategia Nacional de Impulso al Trabajo Autónomo 2022-2027 (ENDITA)[49] y de la convocatoria de ayudas para proyectos innovadores para los años 2022 y 2023, en el Plan Integral de Impulso a la Economía Social para la Generación de un Tejido Económico, Inclusivo y Sostenible[50].

Plan Retorno Joven de Aragón ha facilitado en cuatro años el regreso de 361 jóvenes a la Comunidad", noticia de 17 de febrero de 2023, https://www.espanaexterior.com/plan-retorno-joven-de-aragon/ (Consulta: 21/02/2023).

47 garantiajuvenilandalucia.es/iniciativas-y-programas/ (Consulta: 10/02/2023).

48 https://www.juntadeandalucia.es/temas/trabajar/busqueda/jovenes/paginas/medidas.html y https://www.juntadeandalucia.es/organismos/sae/areas/servicios-empresas/ayudas-contratacion/paginas/joven-ahora.html (Consulta: 10/02/2023). Consúltese asimismo la convocatoria de ayudas en sepe.es/HomeSepe/Personas/encontrar-trabajo/Garantia-Juvenil/convocatorias-garantia-juvenil/convocatorias-andalucia.html

49 https://www.mites.gob.es/ficheros/ministerio/inicio_destacados/ENDITA-2022-2027.pdf (Consulta: 5/03/2023).

50 Extracto de la Resolución del 5 de diciembre de 2022 del Ministerio de Trabajo y Economía Social, por la que se establecen las bases reguladoras de las ayudas para el Plan

En el Plan de Retorno 2019 destaca una Red de *Mentoring* profesional para el retorno, formada por personas retornadas que ayudan a los emigrantes que están en su proceso de vuelta, creando una red de contactos para conocer las características de su sector, de su localidad, y cualquier otra información de interés para su retorno e instalación en España.

Como ejemplo, la Red de *Mentoring* empresarial de Extremadura es una iniciativa que proporciona apoyo práctico y acompañamiento personalizado a empresas de reciente creación, por parte de empresarios que cuentan con una consolidada trayectoria. Actualmente esta red está formada por 45 mentores activos, entre empresarios, directivos, profesores de Universidad e investigadores[51].

Por su parte la Guía del Retorno, en su punto 4.2. se refiere a ayudas de apoyo a la creación de empleo, para fomentar el empleo autónomo y la formación de cooperativas y sociedades anónimas laborales, que gestionan y conceden tanto la Administración General del Estado como las Administraciones de las Comunidades Autónomas y los Municipios. Se trata de ayudas no específicas para emigrantes retornados, pero que pueden solicitar. Consisten en la reducción del principal o de los intereses de los créditos otorgados por las entidades correspondientes, y en prestar asistencia técnica y formación profesional o empresarial.

La Guía remite a las Cámaras de Comercio de España, que cuentan con asesoramiento para nuevos autónomos y emprendedores: llevan el Programa *España Emprende* como programa nacional que pretende contribuir a la puesta en marcha de nuevas actividades empresariales, con el apoyo financiero del Fondo Social Europeo[52].

Volviendo al Decreto-Ley 27/2021, de 14 de diciembre, por el que se aprueban con carácter urgente medidas de empleo en el marco del Plan de Recuperación, Transformación y Resiliencia para Andalucía, contiene un programa para trabajadores autónomos en el que pueden participar

---

Integral de Impulso a la Economía Social para la Generación de un Tejido Económico, Inclusivo y Sostenible y por la que se aprueba la convocatoria de ayudas para proyectos innovadores para los años 2022 y 2023, en el marco del Plan de Recuperación, Transformación y Resiliencia (BOE nº 298, de 13 de diciembre).

51 https://www.extremaduraavante.es/events/iv-encuentro-de-trabajo-2023-de-la-red-de-mentores-as-de-extremadura-2/ (Consulta: 30/11/2023). Entre sus reconocimientos especiales, destaca a la mejor práctica de Mentoring "Retorno del Talento e Impulso Empresarial 2022".

52 https://emprende.camara.es/ (Consulta: 6/03/2023).

los emigrantes retornados, siempre y cuando a la fecha en que se inicie el plazo de presentación de solicitudes de la correspondiente convocatoria de subvenciones tengan domicilio fiscal en Andalucía.

En la Sección 2.ª, la línea 6, sobre "Transición del trabajo autónomo y de la economía social hacia una economía verde y digital", tiene por objeto el impulso de actuaciones emprendedoras, tanto en la constitución de trabajadores autónomos y de entidades de economía social, como en la transición de la actividad económica ya constituida, que contribuyan a la consecución de ello (art. 61).

Es subvencionable, con una ayuda a tanto alzado de 4.500 euros, tanto el inicio de actividades económicas de las personas trabajadoras autónomas, mediante su alta en el Régimen Especial de la Seguridad Social de los Trabajadores por Cuenta Propia o Autónomos, al objeto de realizar una actividad profesional o empresarial por cuenta propia, como el inicio de actividades económicas de las entidades de economía social, que contribuyan a facilitar la consecución de una economía verde o de una economía digital, así como, la transición de la actividad que realicen las personas trabajadoras autónomas o entidades ya constituidas hacia dicha economía verde o digital (art. 63).

Quedan obligadas a mantener de forma ininterrumpida su condición de persona trabajadora autónoma y de sociedad cooperativa, respectivamente, al menos, durante seis meses, a contar desde el día siguiente al de presentación de la solicitud (art. 64).

Como otro de los programas, en este caso nacional y dedicado de forma especial al colectivo objeto de estudio, siempre que entre en el concepto de "talento", figura el ya mencionado "Programa para el apoyo a la movilidad geográfica", regulado en el art. 65, a) Real Decreto 818/2021 por el que se regulan los programas comunes de activación para el empleo del Sistema Nacional de Empleo, en su modalidad de regreso para el inicio de una actividad emprendedora por cuenta propia (siendo asimismo prevista la contratación con carácter indefinido). Como ya indicamos, consiste en la subvención de los gastos de desplazamiento de personas que hubieran obtenido cualquier titulación oficial en España y que se hubieran desplazado a un país extranjero por motivos laborales.

Además, cuando las personas retornadas del extranjero quieran iniciar una actividad emprendedora por cuenta propia, pueden acceder también, a los beneficios de los programas del Eje 5 "Emprendimiento" (Sección 5.ª) Real Decreto 818/2021, esto es, a las subvenciones del programa de fomento del empleo autónomo.

En el programa de fomento del empleo autónomo se subvencionan las medidas destinadas a facilitar el tránsito de personas desempleadas en trabajadoras o trabajadores autónomos y, en su caso la constitución y consolidación de los proyectos emprendedores que tengan su origen en un proyecto anterior que sea objeto de transformación, relevo o sucesión por parte de la persona ocupada o desempleada, por sí sola o en asociación con otras (art. 77 RD 818/2021).

A modo de ejemplo, la subvención para el establecimiento como persona trabajadora autónoma disfruta de una cuantía de referencia de hasta 7.500 euros, graduándose en función de las dificultades para el acceso al empleo de la persona según su inclusión en los colectivos que determinen los Servicios Públicos de Empleo, que contemplarán, entre otros, el colectivo de personas con discapacidad, las personas en desempleo de larga duración, las personas desempleadas mayores de 45 años, las personas jóvenes desempleadas menores de 30 años y las personas perceptoras del Ingreso Mínimo Vital o renta mínima de inserción o figura análoga regulada por las comunidades autónomas, así como las personas en situación o riesgo de exclusión social no previstas anteriormente. La subvención que resulte de aplicar la graduación anterior podrá incrementarse en 500 euros si la persona beneficiaria es mujer (art. 78).

Como otra norma que contiene alguna medida de apoyo, el art. 28.1 Real Decreto-ley 1/2023, de 10 de enero, de medidas urgentes en materia de incentivos a la contratación laboral y mejora de la protección social de las personas artistas, bonifica la incorporación de personas trabajadoras desempleadas como socias trabajadoras o de trabajo a cooperativas y sociedades laborales con un importe de 73 euros/mes durante tres años, cuando dichas entidades hayan optado por un régimen de Seguridad Social propio de personas trabajadoras por cuenta ajena (ya señalamos el incremento previsto en el apartado relativo a los jóvenes, también para personas con discapacidad).

Por su parte, la Ley 28/2022, de 21 de diciembre, de fomento del ecosistema de las empresas emergentes[53], conocida como Ley de *Starts up,* que nace con el objeto de establecer un marco normativo específico para apoyar la creación y el crecimiento de empresas emergentes en España, responde, entre otros objetivos generales, a atraer talento y capital internacional para el desarrollo del ecosistema español de empresas emergentes, y

53 BOE nº 306, de 22 de diciembre.

a favorecer la interrelación entre empresas, agentes financiadores y territorios para aumentar las posibilidades de éxito de las empresas emergentes, con especial atención al fomento de polos de atracción de empresas emergentes en entornos rurales, y especialmente, en aquellas zonas que están perdiendo población, en aras de una mayor cohesión social y territorial (arts. 1 y 2). Esta Ley puede fomentar el retorno de autónomos españoles que se integren en empresas emergentes[54].

Por último, como experiencia práctica, hemos de destacar la labor que desarrolla el IMDEEC (Instituto Municipal de Desarrollo Económico y Empleo de Córdoba), con el programa "Volvemos a Córdoba", en su sexta edición[55], que ofrece a más de 300 cordobeses y cordobesas en el extranjero interesados en volver, servicios de orientación laboral, resolución de consultas administrativas relacionadas con el retorno y apoyo al emprendimiento, y un nuevo servicio de apoyo psicológico para quienes hayan retornado a Córdoba en los últimos meses o tengan intención de hacerlo, mediante sesiones de terapia *online* con un/a terapeuta experto en migración.

3. CONCLUSIONES

En primer lugar, invocamos la necesidad de programas específicos para facilitar el retorno de emigrantes andaluces a su entorno, como destinatarios exclusivos, al margen de que el volumen de afectados no sea numeroso pero sí relevante, tanto cuando se trata de jóvenes muy cualificados gracias a la inversión en formación que Andalucía-España ha hecho previamente, como de trabajadores mayores que aportarán su experiencia, reforzada por el dato de la internacionalización, que volcarán en nuestro mercado de trabajo.

Los fundamentos jurídicos para exigir de los poderes públicos políticas encaminadas a facilitar el retorno son tan sólidos como que derivan de los arts. 42 Constitución Española, que encomienda al Estado "velar especialmente por la salvaguardia de los derechos económicos y sociales de los trabajadores españoles en el extranjero" y en el mandato de "orientar su política hacia su retorno", el art. 10.3.6º Ley Orgánica 2/2007, de 19 de marzo,

---

[54] MOLINA HERMOSILLA, O., op. cit., p. 181; https://elpais.com/economia/2022-12-19/la-ley-de-start-ups-fomenta-el-retorno-de-autonomos-espanoles-si-se-integran-en-empresas-emergentes.html (Consulta: 4/03/2023). https://volvemos.org/ley-startups-emigrantes (Consulta: 5/02/2023).

[55] https://volvemos.org/cordoba-sexta-edicion (Consulta: 5/02/2023).

de reforma del Estatuto de Autonomía para Andalucía[56], que entre los objetivos básicos de la Comunidad Autónoma, contempla "la creación de las condiciones indispensables para hacer posible el retorno de los andaluces en el exterior que lo deseen y para que contribuyan con su trabajo al bienestar colectivo del pueblo andaluz"; y el art. 3, a) Ley 40/2006 del Estatuto de la ciudadanía española en el exterior[57], que promulga la igualdad en el ejercicio de sus derechos y deberes constitucionales tanto de los españoles en el exterior como de los residentes en España. En este sentido, dicho Estatuto contiene un art. 28 que lleva por título "fomento del empleo", y prevé que el Estado y las Comunidades Autónomas promoverán el desarrollo de un servicio específico, que planifique acciones de información, orientación y asesoramiento encaminadas a facilitar la inserción social y laboral de los españoles retornados, a través de los correspondientes programas de ayudas o de convenios con entidades públicas o privadas, que tendrá como objetivo su inserción en el mercado de trabajo apoyando muy especialmente las iniciativas de inserción laboral, proyectos de empleo y auto-ocupación que promoverán las Asociaciones de Emigrantes Retornados; añadimos el antes mencionado art. 4, b) Estatuto de los andaluces en el mundo, que encomienda a las instituciones públicas andaluzas actuaciones para "promover medidas especiales que hagan posible el retorno, y el fortalecimiento de los colectivos andaluces de emigrantes retornados y de su acción asociativa".

En este sentido, a nivel práctico, resulta de interés la nueva Estratexia Galicia Retorna 2023-26, iniciativa que contará con 480 millones de euros para conseguir el retorno de 30.000 gallegos en los próximos cuatro años. En concreto el objetivo es que 400 gallegos del exterior retornen a Galicia con un contrato indefinido en la mano[58]. Apliquemos el intercambio de buenas prácticas, desde la intención decidida de facilitar el retorno de andaluces.

Como segunda conclusión, derivada de la anterior puesto que, en el momento actual, faltan políticas de empleo para el colectivo específico tanto en Andalucía como en España, han de ser de aplicación indirecta medidas previstas para colectivos más generales, como personas desem-

---

56 BOE nº 68, de 20 de marzo.

57 BOE nº 299, de 15 de diciembre.

58 https://www.exteriores.gob.es/Consulados/salvadordebahia/es/Comunicacion/Noticias/Paginas/Informaci%C3%B3n-Estrategia-Galicia-Retorno-2023-2026.aspx (Consulta 30/11/2023).

pleadas de larga duración o en exclusión social, o bien en atención a sus características personales: mujeres, mayores de 45 años, jóvenes y, en su caso, si padecen alguna discapacidad. De este modo restamos posibilidades a otros colectivos, y no contienen medidas adecuadas por completo a las necesidades de nuestro colectivo objeto de estudio.

Como tercera conclusión, derivada de las dos anteriores, si existen y se aplican programas específicos que respondan a las necesidades del colectivo, ello evitará el recurso a medidas de protección social por padecer la contingencia de desempleo, llegando incluso a la prestación por razón de necesidad a favor de los españoles retornados del Real Decreto 8/2008, de 11 de enero, por el que se regula la prestación por razón de necesidad a favor de los españoles residentes en el exterior y retornados[59], el Ingreso Mínimo Vital, la Renta Activa de Inserción o las Rentas Mínimas de Inserción autonómicas.

Como cuarta conclusión, el impulso de la economía social como fórmula de proyecto de retorno. Para ello es decisivo el recurso a subvenciones para el fomento del empleo en cooperativas y sociedades laborales del Programa de Apoyo a la Promoción y el Desarrollo de la Economía Social para el Empleo. (Línea 1), de apoyo a la incorporación de personas socias trabajadoras o de trabajo en Cooperativas y Sociedades Laborales[60]. Contribuyen a fomentar el empleo estable, cualificado y de calidad en cooperativas y sociedades laborales, así como a apoyar la realización de actividades de promoción de la economía social, y el desarrollo de proyectos que contribuyan a lograr una economía social innovadora, competitiva, emprendedora y mejor dimensionada en el marco del tejido productivo andaluz, en línea con uno de los objetivos a los que responde el 1/2023 (art. 2.1): fomentar la creación de empleo en el ámbito de la economía social.

Como conclusión quinta, es de vital importancia, en especial hoy en día, el mantenimiento actualizado de las *webs* oficiales de la Junta de Andalucía para la difusión de las ayudas y recursos disponibles para los ciudadanos y los operadores jurídicos. Generan una impresión muy negativa, además de problemas de seguridad jurídica, los enlaces "rotos" y las dudas acerca de si los programas continúan estando o no en vigor.

---

59 BOE nº 21, de 24 de enero, actualizado a 29/07/2015.

60 https://www.juntadeandalucia.es/organismos/empleoempresaytrabajoautonomo/servicios/procedimientos/detalle/6465.html (Consulta: 4/03/2023).

Como sexta conclusión, en cumplimiento del art. 4,b) Ley 8/2006, de 24 de octubre, del Estatuto de los andaluces en el mundo, que señala que las instituciones públicas andaluzas habrán de promover medidas especiales que fortalezcan la eficacia de la acción asociativa de los colectivos andaluces de emigrantes retornados, el Convenio de colaboración entre la Consejería de la Presidencia, Interior, Diálogo Social y Simplificación Administrativa de la Junta de Andalucía y de la Federación Andaluza de Asociaciones de Emigrantes y Retornados (FAER) instrumenta la subvención nominativa para el establecimiento de un punto de información y asistencia jurídica a emigrantes retornados[61], de 18 de octubre de 2022, como subvención excepcional, mediante Convenio. FAER, entre otras funciones, se compromete a "7. Proporcionar, mediante ese punto de información y asistencia jurídica a la población andaluza retornada, el asesoramiento sobre los beneficios sociales a que tenga derecho por haber emigrado y retornado. Igualmente se pretende informar a este colectivo tanto de las novedades legislativas que se vayan produciendo en los países de acogida como de las ya existentes, con la finalidad de conseguir la integración social, económica y laboral de las personas emigrantes retornadas".

Sin ser nuestra intención restar importancia al Convenio, los recursos no pueden limitarse a los instrumentos de apoyo al empleo definidos en el art. 1.4 Real Decreto-ley 1/2023 de medidas urgentes en materia de incentivos a la contratación laboral y mejora de la protección social de las personas artistas: servicios de información, formación y acompañamiento. Dicho artículo invoca asimismo a los acuerdos por el empleo adoptados en el marco de la negociación colectiva, la reserva de empleo, las cláusulas sociales en la contratación pública, los planes de igualdad en las empresas y los pactos locales o comarcales de empleo, en los términos previstos en la sección 2.ª del capítulo II. Por ser estos los instrumentos desde los que fomentar el empleo, de forma específica y como uno de los destinatarios concretos, de los emigrantes retornados.

Por último, como séptima conclusión, queremos destacar el papel tan relevante que desempeñan las Asociaciones de Emigrantes Retornados, que funcionan de enlace con los poderes públicos y los servicios exteriores del Estado en el diseño y ejecución de las políticas de retorno, porque son quienes tienen la experiencia y llevan décadas haciéndolo. Materializan el principio de la colaboración público-privada en el ámbito del retorno de

---

61 https://www.juntadeandalucia.es/sites/default/files/inline-files/2022/10/Convenio_FAER_2022_0.pdf (Consulta: 30/11/2023).

emigrantes, y desarrollan una labor encomiable con los emigrantes retornados de su provincia, para quienes constituyen su punto de referencia, siendo más conocidas que las instituciones oficiales, al prestar información, asesoramiento y ofrecer ayudas de tipo social, laboral, y asistencial[62].

Los recursos existen, las Asociaciones están constituidas y acompañando en el proceso a quienes retornan: resta focalizar el objetivo específico del retorno, de todos los andaluces-españoles, en las políticas de empleo, y la articulación de todo el sistema previsto, disperso y, en ocasiones, no actualizado, que permita definirlo como "política integral" de retorno que facilita, en todos los aspectos relevantes para la vida, el movimiento de vuelta.

---

62 I Congreso Internacional sobre el retorno de emigrantes y la atracción de talento global, celebrado en la Universidad de Granada, 27 y 28 octubre 2022, Mesa Redonda sobre la nueva emigración con representantes de las Asociaciones gaditana AGADER y granadina AGEyR.

Capítulo 11
Políticas públicas con incentivos al autoempleo del emigrante andaluz retornado

SELINA SERRANO ESCRIBANO
Profesora Colaboradora Indefinida
Departamento de Derecho Mercantil y Derecho Romano
Universidad de Granada

"El mundo hay que fabricárselo uno mismo, hay que crear peldaños que te suban, que te saquen del pozo. Hay que inventar la vida porque acaba siendo verdad". Ana María Matute (1926-2014)

1. CONSIDERACIONES PREVIAS

En las dos últimas décadas un gran número de emigrantes andaluces regresaron a su tierra natal después de años viviendo en el extranjero. Esto se debió a varios factores, incluyendo una mejora en la economía española, el aumento de la edad de jubilación, la necesidad de estar cerca de la familia y el deseo de volver a las raíces culturales. Disponer de una política migratoria eficiente y bien gestionada se enfrenta a unos desafíos crecientes, como son la inestabilidad existente en muchas partes del mundo, la tendencia demográfica hacia envejecimiento progresivo y la necesidad de retorno de muchos emigrantes a su lugar de origen. Por ello la inmigración bien gestionada estimula el desarrollo económico y social, al tiempo que mejora y fortalece las regiones de origen, contribuyendo de este modo a reducir los incentivos a la migración irregular. La agenda europea de migración[1] reconoce la migración como una responsabilidad común y un desafío para los países de origen y de destino, de tal forma que ningún estado puede abordar por sí mismo y de forma aislada una política migratoria.

El retorno de los emigrantes andaluces ha tenido un impacto significativo en la región. Por una lado aportaron capital y experiencia adquirida en el extranjero, lo que ayudó a impulsar la economía local. Por otro lado el regreso de tantos emigrantes también generó presión en el mercado inmobiliario y en la demanda de servicios públicos como la atención médica

---

[1] https://eur-lex.europa.eu/legal-content/ES/TXT/?uri=CELEX%3A52015DC0240

y la educación. El gobierno español y las autoridades autonómicas implementaron medidas para facilitar el retorno de los emigrantes andaluces.

Con la crisis económica de los últimos años se ha intensificado la preocupación de los distintos gobiernos por corroborar la eficacia y eficiencia de las políticas públicas de incentivo al emprendimiento, con la finalidad de optar por modelos de desarrollo socioeconómicos más sostenibles y responsables. Como programas de ayuda para la reubicación y la creación de nuevas oportunidades de empleo, dentro de las cuales se ha aprovechado la economía local para crear ayudas al autoempleo, fomentando de ese modo el emprendimiento.

Desde el año 2000 Andalucía ha experimentado un aumento en el número de emprendedores impulsado por la creación de programas y ayudas destinados a fomentar la creación de empresas y el desarrollo económico de la región. Esto ha permitido a los emigrantes andaluces regresar a su tierra y desarrollar sus proyectos empresariales aprovechando su experiencia adquirida en el extranjero. Además el auge de sectores como el turismo y la agricultura, así como la creación de entornos de desarrollo empresarial han propiciado un entorno favorable para el emprendimiento en Andalucía. Así los emigrantes han podido integrarse en la economía local y contribuir al crecimiento y desarrollo de la región generando empleo y riqueza. El retorno del emigrante andaluz ha sido una tendencia positiva para la economía de la región, la combinación de un entorno favorable para el emprendimiento y la experiencia adquirida en el extranjero ha permitido a muchos regresar a su tierra y contribuir al desarrollo económico de Andalucía.

Sin embargo este flujo migratorio hizo que las autoridades también tuvieran que enfrentarse a desafíos como la integración de los emigrantes en la sociedad y el mantenimiento de la identidad de la cultura andaluza. El dilema que se le plantea en la mayoría de los casos a un emigrante retornado, consiste en la necesidad de rentabilizar el esfuerzo realizado en la emigración y conseguir que el ahorro disponible genere las rentas necesarias para garantizar una calidad de vida digna en el país de origen.

Una de las posibles soluciones a la cuestión planteada es el autoempleo mediante la creación una pequeña o mediana empresa. Con la puesta en marcha de esta iniciativa el emigrante retornado empeñará en la aventura mucho esfuerzo y la mayoría del capital disponible. Pero la conjunción de estos dos factores no siempre garantiza el éxito de la empresa, conduciendo en algunos casos al absoluto fracaso o al ejercicio de un negocio de comprometida rentabilidad.

Un importante factor que debe tenerse en cuenta a la hora de crear una empresa, es la posibilidad de disponer de financiación ajena. Dentro de esta, es de destacar el conjunto de subvenciones y ayudas a la inversión empresarial que se ponen en práctica desde distintas administraciones (Europea, Estatal y Autonómica) y que mejoran notablemente las condiciones financieras. El aprovechamiento de las mismas proporciona una mayor rentabilidad a la empresa, permitiendo en muchos casos superar la fase de lanzamiento con mayor facilidad. Por ello las ayudas a la integración del inmigrante retornado tienen que ir enfocadas también a la creación de empresas y el trabajo autónomo mediante políticas de financiación y de asesoramiento en el planteamiento del proyecto empresarial, así como de la oportunidad de negocio.

En el desarrollo del emprendimiento la Administración Pública juega un papel determinante orientado a propiciar los cambios, la renovación y el impulso de un modelo productivo basado en la sostenibilidad económica, ambiental y social, estableciendo sectores prioritarios de actuación, coordinando el entorno, facilitando trámites administrativos y apoyando a cualquier persona emprendedora que quiera poner en marcha una idea, prestándole asesoramiento, formación y acompañamiento para que su proyecto empresarial se consolide, crezca y genere nuevos empleos de calidad. El emigrante retornado también se puede ver favorecido por esas políticas de desarrollo del emprendimiento que le pueden ser útiles para llevar a la práctica los conocimientos y la experiencia adquirida durante su estancia en el extranjero.

2. EMPRENDIMIENTO Y DESARROLLO ECONÓMICO Y SOCIAL EN ANDALUCÍA

Los conceptos de "emprendimiento" y "emprendedor" son difusos y poco delimitados. La propia Ley 3/2018, de 8 de mayo, Andaluza de Fomento del Emprendimiento (en adelante, LAFE), define a éste de manera genérica como el "*conjunto de actuaciones que se realizan para transformar una propuesta económica, social y ambientalmente viable en una actividad profesional o empresarial, que puede concluir con la constitución jurídica de una nueva empresa*". Además, esta Ley acota el concepto de emprendimiento a una actividad no superior a 4 años desde su inicio; por tanto, un proyecto emprendedor se considera una empresa madura a partir de los 4 años de antigüedad, quedando fuera del marco de servicios de apoyo a personas emprendedoras[2].

---

2 El crecimiento económico y el emprendimiento van de la mano por ellos es necesario un análisis de la eficiencia de las políticas públicas de promoción del emprendimiento, ver CASADO RUIZ, J., *Políticas públicas en emprendimiento: una referencia a la economía social.* 2017. https://ruja.ujaen.es/jspui/bitstream/10953/902/3/9788491591245.pdf

Podemos ver que bajo el concepto de "emprendimiento" y "emprendedor" se aglutina cualquier tipo de iniciativa sin distinguir forma jurídica, modelo de negocio, sector, escalabilidad o posibilidades de crecimiento del proyecto, si son servicios profesionales o si es un autoempleo. Esta generalidad y ambigüedad es habitual dentro del marco doctrinal y jurídico, concretamente:

– La Ley 11/2013, de 26 de julio, de medidas de apoyo al emprendedor y de estímulo del crecimiento y de la creación de empleo, aplica el término a múltiples situaciones: trabajadores autónomos, empresas con menos de 10 trabajadores, etc.

– La Ley 14/2013, de 27 de septiembre, de apoyo los emprendedores y su internacionalización define al emprendedor en su artículo 3 como aquella persona (física o jurídica) que desarrolle una actividad económica empresarial o profesional.

La Dirección General de Mercado Interior, Industria, Emprendimiento y PYME de la Comisión Europea define emprendimiento como "la capacidad de un individuo para convertir ideas en acción. Incluye creatividad, innovación, toma de riesgos, capacidad de planificar y gestionar proyectos para lograr objetivos". La UE ha puesto en marcha diversas iniciativas para el fomento del emprendimiento, podemos destacar entre las más recientes:

– Next Generation: se conoce con este nombre al instrumento temporal de recuperación de los daños económicos y sociales inmediatos causados por la pandemia de coronavirus. A través de diferentes fondos o mecanismos de financiación, entre otras líneas de actuación contempla el fortalecimiento del tejido emprendedor[3].

– Europa 2020 es la estrategia elaborada en el año 2010 como hoja de ruta que permitiese a la UE salir fortalecida de la crisis. La emblemática iniciativa "Unión por la innovación" se refería a la "promoción del espíritu emprendedor apoyando a jóvenes empresas innovadoras". Se desarrolló

---

[3] Dentro de los ejes, políticas palanca y componentes del Plan de Recuperación Transformación y Resiliencia de los fondos Next Generation, la política palanca V. Modernización y digitalización del ecosistema de nuestras empresas, destacamos los puntos 13. Impulso a la pyme y 14. Plan de modernización y competitividad del sector turístico. Para conocer más sobre las políticas activas de empleo ver MOLINA BELMONTE, J. y otros "Los fondos Next Generation UE y las políticas activas de empleo en las regiones españolas: un análisis comparativo" *Revista Internacional de Política Económica*, vol. 4 nº1, 2022, pp. 99-124.

el Plan de acción sobre emprendimiento 2020 que respondía a los retos del futuro restableciendo las bases del crecimiento y la competitividad. En el mismo se plantea una visión renovada y varias medidas de apoyo al emprendimiento. Se basa en tres pilares: desarrollar la educación y formación en materia de emprendimiento; crear un buen entorno empresarial, y establecer modelos para llegar a grupos específicos.

– La iniciativa Startup Europe de la Comisión Europea persigue conectar en red a startups, scaleups, inversores, redes de negocio, Universidades y medios de comunicación con el objetivo de generar entornos de emprendimiento y promover la aceleración de la creación de startups a nivel europeo[4].

– La iniciativa Startup Manifesto tiene como objetivo es lograr convertir Europa en un polo que atraiga y canalice la innovación, el talento y el emprendimiento sobre el que deberá basarse la economía del futuro.

A nivel nacional las medidas que se han adoptado para el fomento del emprendimiento podemos señalar:

– Plan España Digital 2025: la Agenda Digital incluye cerca de 50 medidas agrupadas en diez ejes estratégicos con los que, durante los próximos cinco años, se pretende impulsar el proceso de transformación digital del país. El sexto de los ejes contemplados es la transformación digital de la empresa y emprendimiento digital, incluye una serie de medidas tractoras de la creación de riqueza basadas en la capacidad emprendedora de la población. Entre estas medidas destaca:

• La culminación el programa España Nación Emprendedora de apoyo al emprendimiento digital y startup.

• La Ley 28/2022, de 21 de diciembre, de fomento del ecosistema de las empresas emergentes. En ella se suaviza la tributación inicial de las empresas emergentes. Hay una bonificación en las cuotas de la Seguridad Social para fundadores de *startups*. Se crea la Empresa Nacional de Innovación, S.A (ENISA) que tendrán como función valorar para la consideración como startup el grado de innovación, grado de atractivo de mercado, la fase de vida de la empresa, la escalabilidad del modelo de negocio, la competencia, el equipo o el volumen de clientes o usuarios, de las empresas que opten por la consideración como empresa emergente.

---

4 Las startups y scaleups juegan un papel clave en la economía y la sociedad de Europa, antes y durante la crisis de la covid-19, y lo será aún más en la era poscovid. Declaración sobre el estándar de excelencia de las naciones emergentes de la UE.

– El Plan de Choque por el Empleo Joven 2019-2021, desarrollado por el Ministerio de Trabajo y Economía Social, persigue una transformación del modelo productivo, centrada en la innovación, la competitividad y la generación de valor añadido y, a su vez, que pueda enfrentar los problemas específicos de los jóvenes en materia laboral[5].

– Seguidamente el Plan Garantía Juvenil Plus 2021-2027, de trabajo digno para las personas jóvenes[6]. El objetivo de este plan es mejorar la empleabilidad y el emprendimiento de las personas jóvenes mediante la orientación y el seguimiento personalizado de los jóvenes, la formación para la adquisición de competencias y mejora de la experiencia profesional, mejorar las oportunidades de empleo con incentivos, emprendimiento y fomento de la iniciativa empresarial y mejora de la gestión. El eje 5 dedicado al emprendimiento desarrolla una serie de medidas que se agrupan en tres bloques:

• Impulso a la economía social: apoyo a la promoción y desarrollo de la economía social solidaria e inclusiva y economía social desde las zonas rurales.

• Impulso a los proyectos empresariales mediante el apoyo personas jóvenes emprendedoras afectadas por la crisis en sanitaria, Apoya el emprendimiento social juvenil y programa "emprende con microcréditos".

• Iniciativas innovadoras: metodologías innovadoras de emprendimiento individual y colectivo y espacios colaborativos para el emprendimiento.

– De más reciente actualidad es la Ley 28/2022, de 21 de diciembre, de fomento del ecosistema de las empresas emergentes, que se encuentra entre las medidas articuladas por la Estrategia España Nación Emprendedora. En ella se define la categoría de empresa startup como aquella que reúna condiciones tales como que no supere los cinco años de antigüedad (siete para sectores estratégicos), que tenga la sede o domicilio social permanente en España, que desarrolle un proyecto de emprendimiento innovador con un modelo de negocio escalable o que no cotice en bolsa ni distribuya dividendos. Podemos encontrar similitud con el concepto de emprendi-

---

5 Aprobado por el Consejo de Ministros el 7 de diciembre de 2018 (BOE de 8 de diciembre). Un comentario en GARCÍA VALVERDE, M. D. Y GARCÍA GÓMEZ, I., "La realidad del Plan de Choque por el Empleo Joven 2019-2021", *Trabajo y Derecho*, nº 60, 2019, pp. 31-45.

6 Resolución de 24 de junio de 2021, de la Secretaría de Estado de Empleo y Economía Social, por la que se publica el Acuerdo del Consejo de Ministros de 8 de junio de 2021, por el que se aprueba este Plan.

miento en el requisito temporal que en este último caso se encontraba en cuatro años. Será la Empresa Nacional de Innovación S.A. (ENISA) la que valore los criterios enumerados para la consideración como empresa emergente y así poder beneficiarse de las medidas desarrolladas en esta norma. Entre los beneficios que podrán obtener los emprendedores podemos destacar: la reducción del tipo impositivo en el Impuesto sobre Sociedades; la posibilidad de extender el aplazamiento del pago de las deudas tributarias; Bonificación en las cuotas de la Seguridad Social para fundadores de*startups* y la creación de la Oficina Nacional de Emprendimiento (ONE).

A nivel autonómico en Andalucía se han desarrollado una serie de estrategias para fomentar el emprendimiento, podemos señalar las siguientes:

La Estrategia de Innovación de Andalucía 2014-2020 (RIS3), tiene como finalidad impulsar la innovación como factor de crecimiento y como base para una reorientación del modelo productivo en Andalucía. En ella se contempla un conjunto de instrumentos relacionados con el emprendimiento como servicios avanzados entre los que se incluyen la sensibilización para la innovación y el emprendimiento además de la formación. Así como el asesoramiento, el mentoring y el networking. Se prevé la creación de aceleradoras e incubadoras entre las Infraestructuras para la innovación y el emprendimiento.

El Plan General de Emprendimiento de Andalucía 2021-2027 formulado para siete años tiene como objetivos estratégicos: 1. Fomentar el emprendimiento en Andalucía en un marco de igualdad de oportunidades. 2. Reconocer y poner en valor la actividad emprendedora, la innovación y la creatividad como un proceso de desarrollo personal y profesional. 3. Fomentar el emprendimiento de segunda oportunidad, apoyando de manera expresa a las personas emprendedoras que han tenido experiencias fallidas y optan por emprender nuevas iniciativas empresariales. 4. Potenciar la innovación empresarial en Andalucía. 5. Definir los instrumentos y servicios para el impulso de la actividad emprendedora a través del Sistema Andaluz para Emprender. 6. Evitar solapes y duplicidad de funciones entre todos los agentes que formen parte del Sistema Andaluz para Emprender, es decir, la Administración de la Junta de Andalucía, Entidades Locales y otras entidades públicas y privadas.

Estos objetivos se van a desarrollar mediante una líneas de actuación entre las que podemos destacar aquellas relacionadas con el objeto de nuestro estudio:. L2. Asesoramiento y apoyo especializado a través de diferentes itinerarios en función de las diferentes características y necesidades de los proyectos de emprendimiento. L3. Emprendimiento genérico: atenderá a todo tipo de emprendimiento inicial (autónomo, social o rural) que, independientemente de su forma jurídica, requiere de servicios de apoyo cercanos y facilitadores del uso de la innovación y las nuevas tecnologías. L4. Emprendimiento de base tecnológica para el apoyo a las empresas de base tecnológica y el impulso a las startups. L6. Financiación: Repensar y racionalizar la financiación pública y privada para el apoyo al emprendimiento y para la optimización de su impacto. L8. Gobernanza del Sistema Andaluz para Emprender: establecer mecanismos efectivos de coordinación entre agentes del ecosistema andaluz para emprender

La Agenda por el Empleo-Plan Económico de Andalucía 2014-2020, es un proyecto de planificación integral cuyo propósito es definir el planteamiento estratégico que permita impulsar el crecimiento económico y el empleo. La Agenda tiene como una de sus líneas estratégicas el impulso de la actividad empresarial y el emprendimiento. Se plantean una serie de actuaciones orientadas a incrementar el número de empresas en Andalucía:

– La aprobación y desarrollo de la iniciativa '@mprende+', el apoyo al emprendimiento, desarrollando acciones específicas según sus perfiles; el apoyo al desarrollo de instrumentos y actividades formativas y prácticas relacionadas con la creación y gestión de empresas sociales y de emprendimiento colectivo, dirigidas a mejorar la capacidad de las personas desempleadas;

– La promoción de la cultura y la actividad emprendedora a través de una Ley de Emprendedores y Emprendedoras, la elaboración de un Plan de emprendedores y emprendedoras de Andalucía y diversas acciones enfocadas a la promoción de la cultura y la actitud emprendedora así como la actividad empresarial;

– El fomento del autoempleo y de la creación de empresas de trabajo autónomo, la facilitación de acceso a la financiación a personas emprendedoras (pymes, autónomos o economía social);

– El impulso de la internacionalización de iniciativas emprendedoras y la formación profesional para el empleo dirigida a fomentar el emprendimiento.

La capacidad de desarrollo económico y social de una región está estrechamente ligada al dinamismo y calidad del tejido empresarial. Así mismo numerosas investigaciones relacionan crecimiento económico con emprendimiento[7]. Por ello tal y como se recoge en el informe GEM 2022

---

7 AUDRETSCH, GRILO Y THURIK. *Handbook of Research on Entrepreneurship Policy*. 2007. https://econpapers.repec.org/bookchap/elgeebook/3856.htm

de Andalucía, que ofrece una visión general de los principales indicadores reportados para analizar el contexto emprendedor de esta región, se presenta una densidad empresarial similar a la del conjunto nacional, predominando las microempresas, esto es, las empresas compuestas por un máximo de nueve trabajadores (96,2%). Así las pequeñas empresas y los trabajadores autónomos constituyen la mayor parte del tejido empresarial[8].

El análisis del perfil de las personas que emprenden permite identificar rasgos característicos para cada uno de los distintos grupos. En 2021, la motivación principal de las personas que emprenden continúa obedeciendo a la necesidad de conseguir una alternativa laboral estable (70,6%).

Respecto a las condiciones del entorno español para emprender, según el grupo de expertos del informe GEM hay que incidir en los siguientes aspectos:

– Continuar favoreciendo la financiación de los proyectos emprendedores,

– Fortalecerlo mediante la educación y formación y

– Continuar con las políticas públicas de apoyo al emprendimiento.

El emprendimiento está muy relacionado con el entorno institucional y cultural en el que se desarrolla y como los gobiernos pueden influir en los recursos y las capacidades de los individuos, mediante servicios de información y asesoramiento subvencionados, garantías de préstamos y otros regímenes de ayuda directa que lo posibilite[9].

Otro desafío importante es la falta de formación y habilidades empresariales entre los emprendedores. Según un informe de la Fundación Andalucía Emprende, el 67% de los emprendedores andaluces no ha recibido formación en habilidades empresariales[10]. Esta falta de formación puede limitar la capacidad de los emprendedores para hacer crecer sus empresas y asegurar su sostenibilidad a largo plazo.

---

8 https://www.gem-spain.com/informes-regionales/

9 El análisis de las oportunidades para la creación de nuevas empresas ha contribuido a que las administraciones públicas empezaran a interesarse por establecer medidas de apoyo a la creación de empresas en base al diagnóstico de las oportunidades, vid. Brunet, I. y Alarcón, A. "Teorías sobre la figura del emprendedor", *Papers*, 73, 2004, 81-103.

10 https://www.andaluciaemprende.es/wp-content/uploads/2019/01/INFORME-DE-GESTION-ANDALUCIA-EMPRENDE-2018-web.pdf

Entre los obstáculos que encuentran los emprendedores a la hora de montar su negocio y mantenerlo, los más relevantes son la financiación y las políticas gubernamentales según los encuestados en el informe GEM. En cuanto a las políticas gubernamentales, según los expertos existe demasiada burocracia que impide la agilidad en el proceso de creación de empresa, ya sea autónomo o sociedades. Además de unos elevados impuestos y diferencias en regulación según las comunidades que dificulta la inversión exterior. En lo referente a la financiación, aunque si es cierto que existen diversas maneras de conseguirla en nuestro país, en la mayoría de los casos no es suficientemente significativa conforme a los objetivos que tienen los nuevos empresarios. Además, son de difícil acceso por la competencia existente[11].

Las recomendaciones de los expertos, en el caso de Andalucía, son el establecimiento de políticas públicas de apoyo al emprendedor y el fomento de la cultura emprendedora en la educación y la capacitación del emprendedor. En el informe GEM 2021 se valora más negativamente las condiciones del entorno para emprender que sus homólogos españoles y europeos, concretamente la financiación suministrada para emprender, las políticas gubernamentales de prioridad y apoyo para el emprendimiento, la transferencia en I+D y la dinámica del mercado interno. La motivación de las personas emprendedoras se ve reducida por la crisis sanitaria durante el año 2020, sin embargo los emprendedores andaluces recuperan esa ambición en el año 2021 incrementándose sobre todo el deseo de marcar una diferencia con el mundo, siendo ésta la motivación dominante para los emprendedores recientes que son más ambiciosos que los que lideran empresas consolidadas. En el informe GEM el análisis por provincia indica que el proceso emprendedor es liderado por la provincia de Sevilla con un porcentaje de emprendedores potenciales de 11,3% situándose junto a la provincia de Málaga por encima de la media andaluza. Por debajo de la media andaluza pero por encima de la media nacional se sitúan las provincias de Cádiz y Granada (9,7%) y finalmente las provincias de Córdoba y Huelva presentan un porcentaje de emprendedores potenciales de 8,3% y 7,5% respectivamente.

Desde el año 2000, Andalucía ha implementado una serie de medidas y políticas para fomentar el autoempleo y el emprendimiento en la región. Algunas de las medidas más destacadas son las siguientes:

---

11 ROMERO MARTÍNEZ, A. M. y MILONE, M., "El Emprendimiento en España: Intención 95 Emprendedora, Motivaciones y Obstáculos". *Revista Globalización, Competitividad y Gobernabilidad.* 2016. Vol. 10 núm. 1, pp. 95-109.

– Creación de agencias y programas de apoyo: se han creado diversas agencias y programas de apoyo a los emprendedores y a los autónomos, como el Instituto de Desarrollo Económico y Competitividad (IDEA), la Fundación Andalucía Emprende[12], o la Red de Centros Andaluces de Emprendimiento (CADE).

– Financiación: se han puesto en marcha diversas líneas de financiación para apoyar a los emprendedores y a los autónomos, como el programa de microcréditos para emprendedores, el programa de préstamos para autónomos y emprendedores, o el programa de ayudas a la inversión empresarial. Con el objetivo de inyectar la liquidez necesaria a pymes, personas autónomas y mutualistas y favorecer la vuelta a la actividad en la desescalada, estos colectivos pueden solicitar, con grandes ventajas, microcréditos de 9.000 a 15.000 euros avalados por la Sociedad de Garantía Recíproca Garántia y con una duración entre 3 y 5 años[13].

– Formación y asesoramiento: se han creado programas de formación y asesoramiento para los emprendedores y los autónomos, con el objetivo de mejorar sus habilidades y capacidades empresariales. Estos programas incluyen cursos de formación, asesoramiento personalizado, o servicios de mentoría.

– Simplificación administrativa: se han llevado a cabo diversas medidas para simplificar la tramitación administrativa y reducir las cargas burocráticas que afectan a los emprendedores y los autónomos. Por ejemplo, se han creado ventanillas únicas para la creación de empresas, se han agilizado los trámites para la obtención de licencias, o se han establecido medidas para reducir los plazos de pago a proveedores.

– Fomento del emprendimiento social: se han desarrollado medidas específicas para fomentar el emprendimiento social, con el objetivo de promover iniciativas empresariales que generen impacto social y mejoren la calidad de vida de la población. Estas medidas incluyen programas de

---

[12] Para un análisis del coste-beneficio de los retornos generados por Andalucía Emprende en la ejecución de las políticas de emprendimiento encomendadas por la Junta de Andalucía ver CASADO RUIZ, J.M. y otros "Medición del impacto social y económico: políticas públicas de emprendimiento en Andalucía". *Revista de Economía Pública, Social y Cooperativa.* núm. 90. 2017, pp. 75-102.

[13] Además Andalucía Emprende tiene firmados convenios de colaboración con distintas entidades que ofrecen un servicio financiero integral de financiación en forma de microcréditos a autónomos y pyme, como Líneas ICO 2022, MicroBank, Caja Rural de Granada, Banco Sabadell S.A., Unicaja Banco S.A.

formación y asesoramiento para emprendedores sociales, así como ayudas y financiación específicas para este tipo de iniciativas[14].

3. EL RETORNO DE INMIGRANTES EN ANDALUCÍA: UNA VISIÓN CONTEXTUALIZADA

El principal destino de emigración de los andaluces es interregional a otras Comunidades Autónomas, siendo cuantativamente elevada, aproximadamente más de 1.300.000 andaluces han emigrado a otros territorios nacionales. Así Madrid es el destino preferido por una cuarta parte de los andaluces que emigran, seguida de Cataluña (13%), Murcia, Castilla-La Mancha (12%) y la Comunidad Valenciana (11%).Sin embargo, la tendencia actual es emigrar fuera del país, en concreto esta opción crece un 37% en la última década, mientras caen los que viven en el resto de España[15]. El perfil del nuevo emigrante es totalmente distinto al que venía siendo habitual. Tradicionalmente se trataba de un colectivo más heterogéneo y con una fuerte base de mano de obra no cualificada. Ahora son estudiantes y recién graduados el perfil que se ajusta al de la sobre cualificación, y afecta más a mujeres que a hombres. La emigración joven tiene como principales destinos los países europeos y americanos. Los países de nuestro entorno europeo (Reino Unido y Alemania, los primeros destinos; y también Dinamarca, Francia y Suecia) son los preferidos y las grandes ciudades los destinos más demandados[16].

La emigración de jóvenes andaluces sigue siendo una preocupación importante en la región. En los últimos años, se ha producido un aumento en el número de jóvenes que abandonan Andalucía en busca de mejores oportunidades en otros lugares. Según los datos del Instituto Nacional de Estadística (INE), en 2021 la población de Andalucía se redujo en más de 15.000 personas debido a la emigración, y la mayoría de estos migrantes fueron jóvenes menores de 30 años. El Instituto de Estadística y Cartografía de Andalucía detalla los datos sobre la población andaluza residente en el extranjero a 1 de enero de 2022, son 313.785 personas inscritas en Anda-

---

14 Un estudio de la evolución de los Pactos Andaluces por la Economía Social y su impacto en la región ver CASADO RUIZ, J.M. y otros "Medición del impacto social y económico…op. cit.

15 DIARIO ABC ANDALUCIA. "Joven con formación e idiomas, el nuevo perfil de la emigración andaluza", 15 de abril de 2022. [en línea] (2020).

16 Vid. GARCÍA VALVERDE, M.D., Anuario de la Facultad de Derecho. Universidad de Extremadura. 38 (2022): 457-477

lucía las que residían en el extranjero a principios de ese año, suponiendo un 2,9% más que en 2021[17].

Los jóvenes que emigran al extranjero no tienen una idea preconcebida del tiempo que van a permanecer allí, sobre todo, porque en su mayor parte supeditan el fin del proyecto migratorio a la recepción de noticias positivas sobre la actividad económica de España. En este sentido, los jóvenes andaluces en el extranjero tienen una percepción más negativa que los residentes en España sobre la pasada, actual y futura situación económica del país y de su territorio, cuestión que también podría afectar su decisión de retorno.

Las causas de la emigración de jóvenes andaluces son diversas y complejas. Uno de los factores clave es la falta de oportunidades de empleo. La tasa de desempleo en Andalucía es una de las más altas de España, con una tasa de desempleo juvenil del 46,4% en el primer trimestre de 2022, según el INE[18]. Esta falta de trabajo afecta particularmente a los jóvenes, que tienen menos experiencia y conexiones en el mercado laboral. Además, muchos empleos en Andalucía son temporales o mal remunerados, lo que dificulta que los jóvenes puedan establecerse y formar una familia. Según el informe de CCOO Andalucía, el 93% de los contratos firmados en Andalucía en 2021 fueron temporales[19], lo que sugiere que los jóvenes tienen pocas perspectivas de encontrar trabajo estable.

Otro factor que contribuye a la emigración de jóvenes andaluces es la falta de inversión y desarrollo en la región. A pesar de que Andalucía es una de las regiones más pobladas de España, recibe menos inversión por habitante que la media nacional. La falta de inversión en infraestructura, tecnología y educación puede limitar el crecimiento económico y las oportunidades de empleo en la región. Además, la falta de inversión y desarrollo puede hacer que los jóvenes se sientan desconectados de su comunidad y de su cultura. Según el informe de la Fundación BBVA, el 40% de los jóvenes andaluces considera que su región no tiene suficiente influencia en la toma de decisiones políticas y económicas[20].

---

17 https://ws089.juntadeandalucia.es/institutodeestadisticaycartografia/blog/2022/03/andaluces-residentes-en-el-extranjero-2022/

18 https://www.ine.es/daco/daco42/daco4211/epa0122.pdf

19 Secretaría Confederal de Acción Sindical y Empleo de CCOO. Evolución de la contratación en España. Informe 2021. https://www.ccoo.es/cb881245c1f5f2ca4d1108809bb561e0000001.pdf

20 Fundación BBVA. La competitividad de las regiones españolas ante la Economía del Conocimiento. Valencia. 2016. https://www.fbbva.es/wp-content/uploads/2016/11/Informe_final_Economia_Conocimiento.pdf

En este sentido existen varios factores económicos y sociales que explican esta situación. Entre ellos destacamos el capital humano, la formación de jóvenes se ha mejorado, pero no lo suficiente. A esto hay que sumar la inversión reducida porque existe menor ahorro y riesgo[21]. La economía en Andalucía está centrada en sectores de bajo valor añadido, como servicios, agricultura y construcción[22]. No obstante, aunque estos datos no sean los más convenientes para el desarrollo del emprendimiento, las situaciones de inestabilidad económica despiertan el ingenio y la imaginación de todos aquellos que no renuncian a encontrar su sitio en un mercado global, apoyándose en ideas innovadoras, en el trabajo duro y creativo, en la asunción de riesgos y, como futuros empresarios, en la búsqueda del beneficio económico.

La emigración va unida al retorno, así aquéllos jóvenes que salieron al exterior a partir de la crisis económica de 2008 y otros emigrantes que se plantean regresar a España necesitan asesoramiento y acompañamiento en ese proceso, para que las condiciones de estabilidad profesional y personal sean óptimas. La importancia que reviste la problemática del retorno ha dado lugar a una necesidad de mayor conocimiento sobre ello. De ahí han surgido diversas líneas de estudio sobre los procesos de movilidad y migración internacional, así como sobre los impactos económicos y políticos de las distintas formas de retorno y la heterogeneidad de situaciones comprendidas bajo esa denominación[23]. La emigración de retorno, aunque ha estado presente desde siempre en las políticas migratorias, en la actualidad, está suscitando una especial atención de las instancias comunitarias y nacionales[24]. Y en desarrollo de esa política nacional sobre retorno las Comunidades Autónomas tienen también sus propios instrumentos de desarrollo de las prestaciones públicas de acompañamiento y apoyo a los emigrantes que tienen intención de volver.

El art. 42 de la CE conmina al Estado a velar por los derechos económicos y sociales de los trabajadores españoles en el extranjero y a orientar

---

21 FERRARO, F., 2019. https://www.oeandalucia.com/portfolio-item/04-03-2019-porque-la-economia-andaluza-se-aleja-de-la-media-espanola-y-europea/

22 FACES, F., 2019 https://www.diariodesevilla.es/opinion/analisis/Andalucia-desigual_0_1441656291.html

23 Al respecto véase, GALLEGO LOSADA, R., "La inmigración marroquí⊠ y su retorno en el contexto de la crisis económica", *Revista de derecho migratorio y extranjería*, núm. 29, 2012. 308 y ss.

24 Ver https://www.consilium.europa.eu/es/press/press-releases/2019/06/07/migration-policy-council-agrees-partial-negotiating-position-on-return-directive/

su política hacia su retorno, mandato que se cumplió con la promulgación del Estatuto de la Ciudadanía Española en el Exterior articulado en la Ley 40/2006, de 14 de diciembre de 2006, que en su art. 28 lo dedica al fomento del empleo, estableciendo que el Estado y las Comunidades Autónomas promoverán el desarrollo de un servicio específico que planifique acciones de información, orientación y asesoramiento encaminadas a facilitar la inserción sociolaboral de los españoles retornados, a través de los correspondientes programas de ayudas o de convenios con entidades públicas o privadas, que tendrá como objetivo su inserción en el mercado de trabajo apoyando muy especialmente las iniciativas de inserción laboral, proyectos de empleo y autoocupación que promoverán las asociaciones de emigrantes retornados[25].

Por todo ello derecho al retorno reconocido constitucionalmente quedaría vacío de contenido si no fuese acompañado de un conjunto de medidas concretas, que garantizasen tanto su efectividad como el conjunto de derechos que deben reconocerse a quienes decidan retornar a sus países. La tutela económico-social en el proceso de retorno lleva al diseño de una política integral con la implicación de las instituciones a nivel estatal sin que recaiga todo el peso en la labor de las Comunidades Autónomas, ya que esto conlleva una disparidad en el desarrollo de las ayudas[26].

Nos encontramos ante diferentes tipologías de retorno cuya clasificación obedece a las causas, la situación legal y social y la existencia o no de apoyos al retorno, así como el objeto de estos. En términos generales, las diferentes tipologías de retorno vienen determinadas por la voluntariedad de la persona inmigrante frente al retorno, su situación legal y social y la existencia o no de apoyos al retorno, así como el objeto de estos.

En cualquier caso, se trata de una cuestión compleja que cubre un gran número de situaciones que resulta obligado delimitar y las cuales pueden clasificarse en diversas categorías:

---

[25] Con anterioridad no se habían desarrollado medidas concretas para atenuar la vulnerabilidad del emigrante retornado, las ayudas estaban dirigidas a cualquier persona que quisiera orientarse hacia el autoempleo o la formación de cooperativas y sociedades anónimas laborales, vid. DURÁN BERNARDINO, M., Políticas de retorno para emigrantes españoles, Fernández Avilés, J. A. (dir.), Durán Bernardino, M. (coord.), Aranzadi, Cizur Menor, 2017, pp. 639-661.

[26] FERNÁNDEZ AVILÉS, J.A. "Estudio introductorio. ¿Qué tutela jurídico-social para los trabajadores emigrantes?" en *Nuevas políticas jurídicas para el cambio migratorio. Tutela jurídico-social de los trabajadores migrantes"*, Fernández Avilés, J. A. (dir.), Durán Bernardino, M. (coord.), Aranzadi, Cizur Menor, 2017, pp. 25-69.

– Un primer tipo de retorno voluntario sería aquel en el que la persona inmigrante toma libremente la decisión de regresar a su país de origen y lo hace sin ningún tipo de apoyo institucional. Es lo que se suele tipificar como retorno escogido, espontáneo o voluntario.

– Un segundo tipo lo constituye el retorno voluntario asistido que hace referencia a las personas que, independientemente de su situación legal, deciden voluntariamente regresar y lo hacen con el apoyo (logístico, financiero o material) de algún organismo.

4. Políticas públicas de integración al emigrante español retornado

La Ley 40/2006 de 14 de diciembre, del Estatuto de la ciudadanía española en el exterior dedica su título II a la política integral en materia de retorno, destacando el artículo 28 que trata el fomento del empleo. Dicho artículo establece que el Estado y las Comunidades Autónomas promoverán el desarrollo de un servicio específico, que planifique acciones de información, orientación y asesoramiento encaminadas a facilitar la inserción social y laboral de los españoles retornados, a través de los correspondientes programas de ayudas o de convenios con entidades públicas o privadas que tendrá como objetivo su inserción en el mercado de trabajo apoyando muy especialmente las iniciativas de inserción laboral, proyectos de empleo y autoocupación que promoverán las Asociaciones de Emigrantes Retornados. A tal efecto, en el marco de la política de empleo, el Plan Nacional de Reformas, podrá considerar colectivo prioritario de actuación a los retornados y sus familiares, a fin de potenciar sus posibilidades de encontrar empleo y mejora de su ocupabilidad.

En este sentido, se llevarán a cabo especialmente, las reformas necesarias para simplificar los trámites relativos a la homologación de titulaciones académicas y profesionales y de los permisos de conducir, así como el acceso a las ofertas de empleo del Sistema Nacional de Empleo y de los Servicios Europeos de Empleo y la posibilidad de inscribirse como demandante de empleo.

En desarrollo de esta norma la política del gobierno de apoyo al retorno de los emigrantes españoles se ha plasmado en el Plan de Retorno a España, publicado en 2019, en el que se recogen 50 medidas agrupadas en seis grandes categorías:

– Apoyo para definir un proyecto profesional.

– Ayuda para planificar la vuelta e instalarse.

– Creación de espacios para la participación.

– Creación del ambiente positivo para el retorno.

– Acompañamiento psicológico del proceso migratorio.

– Gestión colaborativa y evaluación continua del Plan.

El objetivo del Plan Retorno a España era identificar programas y medidas dirigidos a la atención a los emigrantes y a facilitar su retorno, personal destinado a labores de información y asesoramiento con los trámites y la búsqueda de empleo, y procesos que afectan a la experiencia migratoria y a la vuelta a casa.

El Plan recoge cincuenta medidas impulsadas por diez ministerios diferentes que en muchos casos requieren la cooperación institucional de Comunidades Autónomas y Ayuntamientos, así como el concurso de las asociaciones de emigrantes y retornados y de los agentes sociales. Estas cincuenta medidas están agrupadas en seis grandes categorías:

– Apoyo para definir proyecto profesional:

- Conexión entre emigrantes y empresas
- Acceso al Empleo Público
- Fomento de la Carrera Investigadora
- Incentivar la vuelta para emprender. (27 medidas)

– Ayuda para planificar la vuelta e instalarse (14 medidas)

– Creación de espacios para la participación (1 medida)

– Creación del ambiente positivo para el retorno (1 medida)

– Acompañamiento psicológico del proceso migratorio (1 medida)

– Gestión colaborativa y evaluación continua del plan (6 medidas)

Entre las medidas recogidas destacaremos aquellas que están relacionadas con el emprendimiento o el trabajo autónomo, así:

– Facilitar el acceso de emigrantes al programa de garantía juvenil, que ofrece a las personas de hasta 29 años oportunidades de empleo, formación, prácticas y apoyo al emprendimiento. Destacando la necesidad también informar a las empresas y autónomos de las ventajas que este programa les podría proporcionar a la hora de contratar profesionales.

Dentro del Plan Retorno a España se recogen otras medidas como:

– Asesoramiento y formación al emprendimiento. En esta medida se recoge la iniciativa emprendedora como vía de retorno, bien por la imposibilidad de cubrir sus expectativas trabajando por cuenta ajena o por su espíritu emprendedor. Se plantean los primeros obstáculos con los que se encuentra un emprendedor, así el acceso a la información, pero también la formación básica y adecuada para dar los primeros pasos.

– Facilitar acceso a espacios de coworking en todo el territorio El inicio de la actividad empresarial se ve limitada por la necesidad de encontrar un espacio físico de bajo coste para el desarrollo del mismo. Con este instrumento se pretende dar un espacio en el que también se puedan compartir experiencias con otros emprendedores.

– Información sobre financiación para emprender debido a que uno de los grandes obstáculos de un proyecto emprendedor es disponer de vías de financiación para el desarrollo de la actividad[27].

– Facilitar el emprendimiento en el medio rural y así detectar oportunidades para emprender en el medio rural y crear condiciones para ello (acceso a conexión digital, formación en desarrollo local, recursos, financiación), tanto en sectores considerados estratégicos en cada territorio como en proyectos de carácter tecnológico que, por sus características, puedan ser desarrollados en cualquier parte del país.

– Apoyo para el traslado de empresas a España de los españoles que emigraron han desarrollado un proyecto empresarial en sus países de acogida

– Entre las ayudas para planificar la vuelta, el plan incluye una bonificación de la cuota de autónomos para emigrantes que retornan para emprender, a quienes se les ofrecerá una tarifa plana de 60 euros mensuales, con la finalidad de reducir los costes que asumen para poner en marcha la actividad empresarial en España después de su regreso.

No todas las Comunidades Autónomas han desarrollado políticas de retorno para la inserción laboral de los emigrantes retornados en las que de forma específica se atienda al trabajador autónomo o se oriente al emprendedor. Pero podemos destacar algunos aspectos compartidos por la mayoría de las Comunidades Autónomas, como son sus objetivos principales, centrados en la ciudadanía y en la protección económica y social de

---

[27] Las fuentes de financiación pueden proceder de varias vías como son la financiación obtenida de fuentes privadas (aceleradoras o incubadoras, lo que se conoce como triple F —family (familia), fools ("locos") and friends (amigos)— o directamente financiación bancaria). A esto hay que sumarle la formación financiera del emprendedor que le facilitará el hallazgo de recursos financieros, vid. DÍAZ CAMPOS, J.A. "Los factores determinantes del emprendimiento" en *Extoikos*, nº 21, 2018, pp. 13-16.

su retorno, a través de la concesión de ayudas o subvenciones a emigrantes retornados para sufragar los primeros gastos de estancia y manutención derivados del retorno al país de origen[28]. A continuación nos centraremos en las políticas públicas de inserción al emigrante andaluz retornado en el desarrollo de una actividad de autoempleo o emprendimiento.

5. POLÍTICAS DE INCENTIVO AL TRABAJO AUTÓNOMO EN ANDALUCÍA E INSERCIÓN AL EMIGRANTE RETORNADO

La Ley 8/2006, de 24 de octubre, del Estatuto de los Andaluces en el Mundo, establece en su artículo 15 que la Administración de la Junta de Andalucía, en el ámbito de sus competencias, desarrollará actuaciones específicas para facilitar el regreso y la integración social de las personas retornadas. En este sentido el Acuerdo de 21 de mayo de 2019, del Consejo de Gobierno, por el que se aprueba la formulación del Plan de Acción para el Retorno de la Población Andaluza en el Exterior 2020-2022. El Plan tiene como objetivo principal integrar en un único instrumento de planificación todas las políticas, estrategias, programas y acciones de la Junta de Andalucía para el impulso de las medidas destinadas a facilitar las condiciones necesarias para hacer el posible la vuelta de las personas andaluzas que actualmente residen fuera de Andalucía y deseen retornar.

De entre los objetivos marcados, destacamos el objetivo tercero "Favorecer el emprendimiento y la incorporación al mercado de trabajo andaluz por parte de aquellas personas en edad laboral que hayan regresado a Andalucía o tomen la decisión de regresar". Sin embargo el resto de objetivos también están relacionados con la materia que nos ocupa, así podemos citar el objetivo segundo, "Mejorar la atención específica y la información ofrecida a la población retornada a Andalucía, tanto desde el sector público como desde el sector privado, facilitando así el proceso de retorno de la población andaluza en el exterior y personas de origen andaluz". El objetivo cuarto "Facilitar el acceso de las personas retornadas a todos los niveles educativos, agilizando los trámites de convalidación y homologación de títulos, así como la valoración de la experiencia profesional en el extranjero". Y el objetivo quinto "Favorecer la atención, asistencia y protección de las personas andaluzas retornadas, especialmente aquellas que se

---

28 RIVAS VALLEJO, P., "Migración española del siglo XXI y políticas migratorias públicas", *Revista General de Derecho del Trabajo y de la Seguridad Social,* n. 40, 2015, p. 142.

encuentren en situaciones de vulnerabilidad, en el marco del Estatuto de Autonomía para Andalucía y el resto del ordenamiento jurídico vigente". Se recoge así mismo una referencia a situaciones especiales como es la surgida a raíz del Brexit o la de los andaluces residentes en Venezuela.

En Andalucía, existen diversas políticas públicas destinadas a facilitar la inserción laboral y social de los emigrantes retornados. Algunas de las más relevantes son:

– El Programa de Retorno del Talento impulsado por la Consejería de Economía, Conocimiento, Empresas y Universidad de la Junta de Andalucía fue regulado por la Ley 2/2015, de 29 diciembre, de Medidas urgentes para favorecer la inserción laboral, la estabilidad en el empleo, el retorno del talento y el fomento del trabajo autónomo, para facilitar el regreso de personas andaluzas que estén desarrollando su actividad laboral en el extranjero y deseen incorporarse al mercado laboral andaluz. La ley establecía la convocatoria de dos líneas de ayudas: una destinada a las entidades empleadoras que contraten a personas andaluzas retornadas y otra destinada a las propias personas contratadas para facilitarles el traslado de residencia.

– El Programa de Orientación y Asesoramiento para el Retorno. Este programa, impulsado por la Consejería de Empleo, Formación y Trabajo Autónomo de la Junta de Andalucía, tiene como objetivo orientar y asesorar a los emigrantes retornados en su búsqueda de empleo y en su integración en la sociedad andaluza. Entre las medidas que contempla se encuentran la orientación laboral, la formación y el asesoramiento para la creación de empresas.

No podemos dejar de hacer referencia a los programas para incentivar el trabajo autónomo como el Programa de estímulo a la creación y consolidación del Trabajo Autónomo en Andalucía, regulado con la Orden de 27 de junio de 2019, apoyando la cotización a la Seguridad Social de las personas autónomas, de modo que se reduzca la carga de gastos que supone dicha cotización en los estadios iniciales de su actividad, cuya finalidad es ampliar la temporalidad de la ayuda concedida en la resolución del gobierno central. La Resolución de 31 de marzo de 2023, de la Dirección General de Trabajo Autónomo y Economía Social, por la que se amplían los créditos presupuestarios recogidos en la Resolución de 27 de septiembre de 2021, por la que se convoca las subvenciones reguladas en la Orden de 27 de junio de 2019, ha ampliado el crédito disponible para que puedan ser efectivas las solicitudes recientes de esta ayuda.

Los colectivos específicos que ser benefician de esta ayuda son:

– Personas trabajadoras autónomas acogidas a la reducción en la cotización a la Seguridad Social prevista en el apartado 1 del artículo 31 de la Ley 20/2007, de 11 de julio, a excepción de las personas beneficiarias de los apartados 3 y 4. Se dispone una nueva ayuda destinada a financiar los costes derivados del pago de las cuotas a la Seguridad Social durante 12 meses, contados a partir del siguiente a aquel en que finalice el período de disfrute de la reducción estatal, de tal manera que solo tengan que asumir 60 euros en los primeros 24 meses en total de actividad.

– Personas trabajadoras autónomas agrarias acogidas a la reducción en la cotización a la Seguridad Social prevista en el apartado 1 del artículo 31 bis de la Ley 20/2007, de 11 de julio. Para este colectivo se dispone de una nueva ayuda para sufragar costes derivados del pago de las cuotas a la Seguridad Social durante los 12 meses consecutivos a los previstos por la normativa estatal, de forma que asuman tan solo 50 euros en los primeros 24 meses en total de actividad.

– Mujeres trabajadoras autónomas residentes en municipios de menos de 5.000 habitantes, acogidas a los beneficios en la cotización a la Seguridad Social previstos en los apartados 1 y 3 del artículo 31 de la Ley 20/2007, de 11 de julio.

– Personas trabajadoras autónomas menores de 30 años, acogidas a los beneficios en la cotización a la Seguridad Social previstos en los apartados 1 y 4 del artículo 31 de la Ley 20/2007, de 11 de julio.

– Mujeres trabajadoras autónomas que han cesado su actividad por maternidad, adopción, guarda con fines de adopción, acogimiento y tutela, en los términos legalmente establecidos, acogidas a las bonificaciones en la cotización a la Seguridad Social previstas en el artículo 38 bis de la Ley 20/2007, de 11 de julio.

Del mismo modo el emigrante retornado se puede beneficiar de las ayudas generales para favorecer el emprendimiento, así por ejemplo con el objetivo de apoyar la solvencia de empresas y autónomos tras el impacto de la pandemia se pone en marcha, a través de los Fondos estatales COVID, una línea de subvenciones de 3.000 a 200.000 euros para satisfacer deudas y pagos a proveedores y acreedores que se hayan generado entre el 1 de marzo de 2020 y el 31 de marzo de 2021. De forma simultánea el Programa de Fomento y Consolidación del Trabajo Autónomo desarrollado con el Decreto-ley 2/2015, de 3 de marzo, de medidas urgentes para favorecer la inserción laboral, la estabilidad en el empleo, el retorno del talento y el fomento del trabajo autónomo se iniciaron las ayudas destinadas a trabajadores y trabajadoras autónomos destinadas a sufragar o compensar los gastos económicos que suponen el establecimiento, la consolidación y la mejora en las condiciones de los trabajadores y trabajadoras autónomos.

Destacar a nivel local la experiencia del ayuntamiento de Málaga a través del Área de Participación Ciudadana, Migración, Acción Exterior, Cooperación al Desarrollo, Transparencia y Buen Gobierno, ha financiado la iniciativa denominada 'Volvemos a Málaga', con la colaboración de la asociación Volvemos, para favorecer el retorno de la ciudadanía malagueña en el exterior, así como la atracción de otros profesionales, mediante el asesoramiento laboral y administrativo y apoyo a emigrantes y personas retornadas. Con una línea específica de apoyo al emprendimiento través de varios servicios:

- Asesoramiento gratuito para nuevas empresas
- Servicio gratuito de constitución de empresas
- Herramienta para la creación de un plan de empresa
- Herramienta para realizar una auditoría de marketing
- Red Municipal de Incubadoras (RMI)
- Programa de promoción de empleo y fomento del autoempleo

Con subvenciones a fondo perdido de hasta 9.000 euros dirigida tanto a empresas de nueva creación y empresarios autónomos recientemente dados de alta, como a empresas y empresarios autónomos en activo. Estas no son gestionadas por Promálaga sino por IMFE, el Instituto Municipal para la Formación y el Empleo.

6. CONCLUSIONES

El objetivo migratorio no es otro que el de encontrar un trabajo que proporcione estabilidad económica y la posibilidad de iniciar un proyecto de vida, con la intención inicial de regresar en un tiempo no muy lejano al país de origen, una vez que la situación económica haya mejorado y contando con un currículum más amplio. Tras la crisis económica de 2008 se produjo un aumento en el flujo migratorio de españoles, sin embargo la mejora en las condiciones económicas motivó el regreso de muchos de los que habían emigrado. Por ello el gobierno español y las autoridades autonómicas implementaron medidas para facilitar el retorno de los emigrantes andaluces, facilitando su integración social y laboral. El éxito del retorno de los emigrantes depende en gran medida de que se produzca su efectiva integración en el mundo laboral, el cual puede ser a través del ejercicio de una actividad profesional o empresarial de forma autónoma.

El crecimiento económico de una región va ligado al emprendimiento por ello las políticas públicas de inserción del emigrante retornado incluyen una línea de actuación en este sentido. El Plan Retorno a España recoge por primera vez medidas específicas para el talento emprendedor y el trabajo autónomo, así como el establecimiento de empresas en España de emigrantes afincados en el exterior. Para la reinserción laboral del emigrante retornado que desea emprender se facilitan una serie de herramientas como un asesoramiento personalizado, facilitando espacios de coworking y el acceso a líneas de financiación. Así mismo el emigrante retornado se puede beneficiar de las ayudas generales al emprendimiento como el Plan de Recuperación, Transformación y Resilencia (Fondos Next Generation) que ampara el apoyo al Apoyo al Emprendimiento Industrial. Y el Plan de Garantía Juvenil Plus que tiene como uno de sus objetivos el impulso a la economía social, convirtiéndose en una de las herramientas para el desarrollo económico de las zonas rurales. La inclusión en este plan de una serie de ayudas financieras a través del programa "emprende con microcréditos" ofrece uno de los elementos base para la creación de una empresa. Todas estas líneas de actuación son de reciente desarrollo y aunque no destacan entre sus beneficiarios a los emigrantes retornados, cualquier emprendedor que cumpla los requisitos de la ayuda podrá solicitarla. Por ello en los casos de emprendimiento, el acceso a la información sobre las prestaciones existentes se convierte en soporte principal para iniciar la actividad, las asociaciones de ayuda a los emigrantes retornados como Volvemos cumple esta función.

Las Comunidades Autónomas han asumido un papel protagonista en algunos casos en las políticas de ayuda al emigrante retornado. En el caso de la Comunidad Andaluza se ha implantado el Plan de Acción para el Retorno de la Población Andaluza en el Exterior 2020-2022 que recoge una línea de actuación para el apoyo al emprendimiento. Sería necesario la continuidad de este plan que finalizó con el desarrollo de las ayudas tras la pandemia de COVID, ya que muchos emigrantes andaluces siguen retornando tal y como demuestra las cifras del censo de andaluces en el extranjero.

Al igual que a nivel nacional, en el caso andaluz el emigrante retornado también se puede favorecer de las ayudas al emprendimiento, entre las líneas de actuación podemos destacar el Plan General de Emprendimiento de Andalucía 2021-2027. Así mismo dentro de las ayudas al trabajador autónomo se ha desarrollado el Programa de estímulo a la creación y consolidación del Trabajo Autónomo en Andalucía, regulado con la Orden de 27 de junio de 2019, apoyando la cotización a la Seguridad Social de las personas autónomas, de modo que se reduzca la carga de gastos que supone dicha cotización en los estadios iniciales de su actividad. Acogiéndose a estas ayudas el emigrante retornado andaluz puede encontrar instrumentos útiles en el desarrollo de su actividad empresarial, si bien siempre es susceptible de mejora y ampliación el materia del que pueda disponer para el éxito de su negocio.

Capítulo 12

El retorno de emigrantes andaluces y las medidas de protección social. visión de conjunto

MARÍA DOLORES GARCÍA VALVERDE
Profesora Titular de Derecho del Trabajo y de la Seguridad Social
Subdirectora del Instituto de Migraciones
Universidad de Granada

"Mientras avanzan, Lalita alza los ojos hacía su madre, inquieta. Lo que la asusta no son los camiones, sino ese mundo nuevo, desconocido para sus padres, en el que tendrá que entrar sola. Smita siente la mirada suplicante de su hija. Sería fácil dar media vuelta, coger el cesto de juncos y llevársela con ella… Pero no, no verá a Lalita vomitando en la cuneta. Su hija irá a la escuela. Aprenderá a leer, escribir y contar…
A Smita le gustaría decirle tantas cosas… Alégrate, tu vida no será como la mía, tendrás salud, no toserás como yo, vivirás mejor y más tiempo, te respetarán… Serás digna".
Colombani, Laetitia[1]

1. LA EMIGRACIÓN. EL ESTABLECIMIENTO EN EL EXTERIOR Y EL RETORNO

El año 2023 viene lleno de retos para el mundo del trabajo, la Organización Internacional del Trabajo (OIT), acaba de publicar un informe: "Perspectivas sociales y del empleo en el mundo: Tendencias 2023". Del mismo se deduce que habrá un crecimiento del desempleo y una significativa ralentización del crecimiento del empleo. Además, la elevada inflación ha tenido como consecuencia una pérdida de poder adquisitivo real para los trabajadores. Son muchos los meses en los que se ha producido un incremento de los costes energéticos, a ello se une la desaceleración económica, todo dificultan la capacidad de competir de las empresas, poniendo

1 Colombani, Laetitia, La Trenza. Traducción del francés de José Antonio Soriano. Narrativa Salamandra, Barcelona, 2018 pp. 44 y 45.

en riesgo la cantidad, pero también la calidad de los empleos[2]. En este escenario situamos, siguiendo al sociólogo López de Lera, la emigración, la inmigración y el retorno como tres etapas de un mismo proceso[3].

La Secretaría de Estado de Migraciones, del Ministerio de Trabajo y Economía Social, aprobó el Plan de Retorno a España "un país para volver" el 29 de marzo de 2019. El Plan de Retorno a España nace bajo la consideración de una nueva política pública, gestionada por la Secretaría de Estado de Migraciones, con el objetivo de crear y dinamizar una comunidad de emigrantes que quieren volver[4].

En Andalucía se firma el Acuerdo de 21 de mayo de 2019, del Consejo de Gobierno, por el que se aprueba la formulación del Plan de Acción para el Retorno de la Población Andaluza en el Exterior 2020-2022[5]. Hay que recordar que ya el Estatuto de Autonomía para Andalucía, tanto el texto de 1981 como tras la reforma de 2007, establece como unos de los objetivos básicos "la creación de las condiciones indispensables para hacer posible el retorno de los andaluces en el exterior que lo deseen y para que contribuyan con su trabajo al bienestar colectivo del pueblo andaluz". Junto a este Acuerdo también en Andalucía se ha aprobado, más recientemente, el Acuerdo de 8 de marzo de 2022, del Consejo de Gobierno, por el que se aprueba el Plan Estratégico para la Igualdad de Mujeres y Hombres en Andalucía 2022-2028[6].

En el plano nacional, también hay que traer a colación El "Plan de Choque por el Empleo Joven 2019-2021", aprobado por el Consejo de Ministros el 7 de diciembre de 2018[7]. Con este Plan se intenta dar respuesta al gravísimo problema del desempleo juvenil, dado que, si bien las "personas

---

2 Véase OIT Informe: "Perspectivas sociales y del empleo en el mundo: Tendencias 2023". Consultado en: https://www.ilo.org/wcmsp5/groups/public/—dgreports/—dcomm/—publ/documents/publication/wcms_865368.pdf

3 LOPEZ DE LERA, D., "Emigración, Inmigración y Retorno: tres etapas de un mismo proceso". POLÍGONOS, Revista de Geografía, n. 20, 2010, pp. 9-27.

4 Este Plan incluye un total de 50 medidas encaminadas a facilitar el retorno de los emigrantes españoles, agrupadas en 6 grandes categorías. GARCÍA VALVERDE, M. D., "La emigración de retorno en España en los años veinte del siglo XXI". Anuario de la Facultad de Derecho. Universidad de Extremadura, n. 38, 2022, pp. 457-477.

5 Publicado en BOJA n. 98, 24 de mayo de 2019.

6 Publicado en el BOJA n. 48, de 11 de marzo de 2022.

7 BOE de 8 de diciembre. Un comentario en GARCÍA VALVERDE, M. D. Y GARCÍA GÓMEZ, I., "La realidad del Plan de Choque por el Empleo Joven 2019-2021", *Trabajo y Derecho, nº 60,* 2019, pp. 31-45.

jóvenes son el capital humano más valioso que posee una sociedad moderna", pues facilitan el "potencial personal para el desarrollo y progreso del país (...) padecen singularmente los vaivenes del ciclo económico y los efectos de la rotación, y son víctimas de un modelo de flexibilidad laboral que conlleva precarización, con efectos devastadores que los marginan y los excluyen del empleo"[8].

El 8 de junio de 2021 se aprobó en Consejo de Ministros el Plan de Garantía Juvenil Plus 2021-2027. Con este plan se pretende conseguir trabajo digno para las personas jóvenes. Este plan sigue el camino iniciado por el Plan de Garantía Juvenil original manteniendo sus elementos característicos, principalmente en materias de financiación y principios básicos de gestión, incorpora algunos cambios con la finalidad de aumentar la eficacia del plan y adaptarlo a las nuevas circunstancias. El objetivo de este plan es mejorar la empleabilidad y el emprendimiento de las personas jóvenes mediante la orientación y el seguimiento personalizado de los jóvenes, la formación para la adquisición de competencias y mejora de la experiencia profesional, mejorar las oportunidades de empleo con incentivos, emprendimiento y fomento de la iniciativa empresarial y mejora de la gestión.

La historia de España reflejaba que había sido un país emisor de emigración, pero a partir de la primera década del siglo XXI, pasa a ser un país receptor de inmigrantes. Hubo años en los que existía un relativo equilibrio en los flujos migratorios de salida y de retorno de nacionales. Ahora bien, la crisis económica que comienza en 2008 viene a acabar con dicho equilibrio. La pérdida de empleo masiva en sectores como la construcción primero, arrastrando a muchos otros sectores después, da lugar a que salgan de España casi 3 millones de inmigrantes. Seguidamente, la política de recortes de empleo público y la precarización del mercado laboral provocaron que el fenómeno cobrara relevancia en la emigración española. Así, desde 2009 comienzan a salir de manera notoria más españoles de los que retornan, hecho que se intensifica rápidamente en los años posteriores y que persiste a día de hoy.

Es relevante determinar los motivos que llevan a los españoles y, en particular, a los andaluces a emigrar. El mercado de trabajo español ha venido

8 El Plan fija, para conseguir sus objetivos, hasta doce principios rectores. De dichos principios destaca el nueve: "9. Situar a España dentro de los países con una oferta de empleo competitiva para incluirla dentro de las movilidades cualificadas (circuito de emigración-inmigración), así como contribuir al retorno de jóvenes emigrantes que salieron de nuestro país por no encontrar una salida profesional en España".

presentando como características estructurales la temporalidad y la precariedad en el empleo, junto a un problema de desempleo que afecta especialmente al colectivo de personas jóvenes y que ha convertido a España en el país de la Unión Europea que presenta las peores tasas de desempleo de menores de 25 años[9].

Una cuestión innegable es que nuestro mercado de trabajo presenta una fuerte dependencia del sector servicios, de sectores como el turismo, que han quedado paralizados con la crisis sanitaria motivada por la Covid-19. Es el momento de una profunda transformación.

Esta fuerte dependencia provocará que este sector actué en los próximos meses como motor de recuperación económica y de creación de empleo, a medida que vayan relajándose las restricciones de carácter socio sanitario, pero en gran medida, será de nuevo un empleo temporal y de escaso valor añadido.

Pero al mismo tiempo, puede provocar el efecto de retrasar la profunda transformación que necesitan afrontar nuestras políticas de empleo, creando la falsa ilusión de que las recetas tradicionales funcionan. Sin embargo, seguir haciendo lo mismo nos conducirá directamente al más absoluto fracaso[10].

Las políticas de empleo que se encargarán de estimular esta profunda transformación sobre nuestro mercado de trabajo, conformarán la Nueva Estrategia Española de Apoyo activo al empleo 2021-2024, que se nos presenta como una "nueva generación de políticas activas de empleo para el siglo XXI orientadas hacia lo digital".

Uno de los objetivos principales a los que se orienta esta Estrategia es el de contribuir a la transformación de nuestro tejido productivo, contando para ello con los fondos comunitarios. De esta forma se pretende orientar y formar a los desempleados y a los trabajadores que puedan ver amenazada su participación en el mercado de trabajo, hacia a aquellos sectores que presentan mayores proyecciones de futuro, como son todos los sectores relacionados con la transición ecológica y los sectores emergentes relacionados con la transformación digital. Y es que, no cabe duda de que estamos

---

9 Según los datos oficiales publicados por el Instituto Nacional de Estadística (INE) el paro juvenil asciende a un 32,3%, en enero de 2023.

10 GARCÍA VALVERDE, M. D., "El retorno de trabajadores emigrantes españoles en tiempos de COVID". *El notario del siglo XXI: revista del Colegio Notarial de Madrid*, n. 99, 2021, pp. 70-74.

siendo testigos de una profunda transformación de nuestra sociedad en general, y de forma particular, de nuestro mercado de trabajo, una transformación que la pandemia no ha hecho más que acelerar, para presentarnos de forma abrupta demandas de nuevos perfiles y competencias profesionales cada vez más digitales, provocando al mismo tiempo, que queden desplazadas habilidades y competencias tradicionales, que se consideran de escaso valor añadido y que por tanto, resultan fácilmente sustituibles por procesos de digitalización y robotización.

La historia de los avances y bienestar social siempre ha estado ligada, de una u otra forma, a los avances tecnológicos. La transformación digital y la inteligencia artificial serán las causantes de que desaparezcan en un corto plazo, de nuestro panorama laboral empleos tradicionales, pero también serán las que motiven la aparición de grandes oportunidades de nuevos empleos. El reto para las políticas activas de empleo será orientar la formación y ocupación de la población activa, tanto empleados como desempleados, hacia estas nuevas oportunidades de empleo, a través de una política de formación integral, que ahora necesariamente ha de adquirir un protagonismo mucho mayor que en anteriores etapas de la evolución de las políticas de empleo en nuestro país. Una política que se oriente claramente a formar en aquellos sectores en los que no existe actualmente personal disponible o formado adecuadamente para asumir todos los retos que la actual transformación digital imprime a nuestra sociedad, en la que es evidente que se requieren nuevas habilidades de carácter técnico, pero también en la misma medida, habilidades que impliquen un cambio social, cultural, en definitiva, un cambio que llega a comprometer nuestro propio comportamiento, como son la habilidad de trabajar en equipo, la empatía, la comunicación efectiva, la creatividad, la ética, habilidades que se conocen como *soft skills.*

El momento es ahora, tenemos la experiencia y el conocimiento adquirido y tenemos también las herramientas y la financiación necesarias para asumir esta profunda reforma que requiere nuestras políticas de empleo para hacer frente a la transformación del mercado de trabajo. Si no emprendemos esta reforma, y nos dedicamos únicamente a parchear nuestro sistema de política de empleo o a seguir prescribiendo las viejas recetas de siempre, en poco tiempo, la digitalización se habrá convertido en la principal causa de expulsión del mercado de trabajo y de exclusión social en nuestro país.

2. PROYECTO MIGRATORIO EN ANDALUCÍA

España y, en particular, Andalucía, después de una larga historia como país emisor de emigración en las sucesivas olas de los siglos XIX y XX, se había convertido, a partir de la primera década del siglo XXI, en un país receptor de personas.

La Constitución Española de 1978 (CE), en su artículo 42, señala: "El Estado velará especialmente por la salvaguardia de los derechos económicos y sociales de los trabajadores españoles en el extranjero y orientará su política hacia su retorno"[11]. La Constitución no incluye, expresamente, un derecho a emigrar. La emigración, ya sea considerada como elección individual o como fenómeno social, es una consecuencia lógica del "derecho a entrar y salir libremente de España". Derecho que si está reconocido en la CE (artículo 19).

El fenómeno de la emigración de la época de elaboración del texto constitucional ha ido cambiando y evolucionando poco a poco a lo largo de las más de cuatro décadas de vida de la CE. Los constituyentes tenían presente, en el momento de elaborar la Constitución, la tradición histórica de España como país de emigración, la importancia del exilio que siguió a la Guerra Civil, como hecho histórico relativamente reciente, y la crisis económica de los años setenta.

Ahora bien, desde mediados de la década de los 90 del siglo XX la situación cambió radicalmente y España hubo de afrontar, como uno de sus principales retos políticos, el fenómeno inverso: la inmigración. Esta tendencia se vio corregida a raíz de la crisis económica y financiera iniciada en 2007-2008, ya que durante los años inmediatamente posteriores al inicio de la misma fue mayor el número de emigrantes que de inmigrantes según los datos del Instituto Nacional de Estadística. Ya en el año 2016, como consecuencia de la recuperación económica, el saldo migratorio volvió a arrojar cifras positivas.

La Constitución Española de 1978 motiva un cambio en el tratamiento de los emigrantes españoles, imponiendo a los poderes públicos su protección y el establecimiento de una política integral de retorno.

---

11 En el Anteproyecto de la vigente Constitución no existía precepto referido a la emigración. Se introduce en el Informe de la Ponencia de la Comisión constitucional del Congreso de los Diputados. Desde la primera aparición a la redacción definitiva, acordada por la Comisión Mixta Congreso-Senado, el cambio más importante afecta al "retorno", que era referido en redacciones previas con los términos, menos acertados, de "reingreso y reinserción de los trabajadores españoles emigrados"

La Ley 40/2006, de 14 de diciembre, del Estatuto de la ciudadanía española en el exterior establece el marco jurídico y los instrumentos básicos para garantizar a la ciudadanía española en el exterior el ejercicio de los derechos y deberes constitucionales, en términos de igualdad con los españoles residentes en el territorio nacional. Aunque el mandato constitucional estaba hecho desde 1978, hubo que esperar casi tres décadas para que se promulgara la Ley que vino a regularlo.

El Plan de Acción para el Retorno de la Población Andaluza en el Exterior 2020-2022 se instituye en un único instrumento que integre la planificación de todas las políticas, estrategias y programas y acciones de la Junta de Andalucía para impulsar las medidas para mejorar las condiciones precisas para el retorno de los andaluces que están en el exterior[12].

Los andaluces retornados tienen necesidades en los ámbitos de: la educación, los servicios sociales, la sanidad, la vivienda o el empleo. Por ello, los departamentos que tienen competencia para cada uno de esos ámbitos, tendrán presente en su actividad la atención a los emigrantes retornados[13].

---

12 Con dicho Plan se pretende conseguir una serie de objetivos que son:
- Promover medidas para que se pueda hacer posible que los andaluces retornen.
- Mejorar la atención y la información a los retornados ya que hay mucha desinformación sobre el plan de retorno.
- Favorecimiento del emprendimiento y la incorporación en el mercado laboral ya que cuando se retorna a veces es complicado conocer como está en mercado laboral y la forma de acceder a él.
- Facilitar el acceso a cualquier nivel educativo. También hay andaluces que retornan con formación y titulación adquirida en el extranjero por lo que se agilizará los trámites para convalidar y homologar.
- Se favorecerá la atención y la asistencia a los retornados y se protegerá a aquellos andaluces que se encuentren en situaciones más vulnerables.
- Contribuir a fortalecer los colectivos andaluces de personas emigrantes retornadas y mejorar su integración en ámbitos cívicos, sociales, culturales, económicos y políticos.
- Se mejorará el conocimiento de la realidad sociodemográfica, los medios y condiciones de vida, la percepción y opinión de la población andaluza retornada.

13 Mención expresa se debe hacer a la tarjeta de andaluz o andaluza en el exterior. Se trata de un documento único que permite acreditar dicha condición en los distintos procedimientos administrativos en los que participen, eliminando la necesidad de obtener diferentes documentos en distintos registros u organismos públicos. La pueden solicitar: primero, las personas andaluzas residentes temporalmente fuera de nuestra Comunidad Autónoma que tengan su vecindad administrativa en cualquiera de los municipios de Andalucía; segundo, las residentes en el extranjero que determinen como municipio de inscripción en las oficinas o secciones consulares españolas cualesquiera de los municipios de Andalucía y, tercero, cualquier persona andaluza en el exterior o persona de origen andaluz, incluyendo en este caso a descendientes hasta el segundo grado de consanguinidad o afinidad, que regresen a Andalucía para residir

3. LA REALIDAD DE LA EMIGRACIÓN Y EL RETORNO EN LAS PROVINCIAS ANDALUZAS

Como se ha puesto de manifiesto en sede de la Organización Internacional para las Migraciones (OIM) hoy, más que nunca, la migración no se circunscribe a un fenómeno lineal que comienza con la emigración y termina con el asentamiento permanente en un nuevo país. Al contrario, la migración es cada vez más multidireccional y a menudo implica el retorno a los países de origen por periodos cortos o largos de estancia, seguidos con frecuencia por movimientos de ida y vuelta entre dos o más países, o hacia nuevos destinos[14].

Actualmente casi dos millones de andaluces viven fuera de nuestra Comunidad Autónoma y casi doscientos mil andaluces residen en el extranjero[15]. Su permanencia fuera de Andalucía ha contribuido a un fuerte desarrollo de su identidad y ha consolidado un importante fenómeno asociativo del que participan más de 80.000 sujetos en la extensa red de comunidades andaluzas en el mundo[16].

Los andaluces y, en general, los españoles que pretenden regresar a España sufren con el retorno importantes dificultades, incluso en algunas ocasiones de mayor calado que las sufridas al emigrar. Dichas dificultades son debidas, principalmente, a los trámites administrativos. Pero también derivan de la falta de conocimiento de sus derechos laborales. Es en esta faceta dónde deben volcarse la administración andaluza y la nacional.

Con carácter general se observa que la globalización está dejando en evidencia las carencias del marco normativo internacional sobre la protección de los derechos de los trabajadores migrantes. Y sin duda las trabajadoras migrantes configuran el colectivo más vulnerable para ser las destinatarias de las peores condiciones laborales y de vida en los países de recepción.

---

de manera estable. En ningún caso sustituye al NIF o pasaporte. Solo es un documento personal e intransferible, gratuito y sin valor acreditativo.

14 Consúltese El Retorno y la Reintegración | International Organization for Migration (iom.int)

15 Véase: https://andalucia.world/retorno-de-la-poblacion-andaluza-en-el-exterior/ Si se reparten por provincias la inscripción, Málaga, Granada y Almería concentraban el 22,8%, 19,4% y 16,3% de los andaluces residentes en el extranjero, respectivamente. Huelva, con el 3,1%, fue la que menor número de inscripciones presentaba.

16 Los últimos dados de andaluces en el exterior se pueden consultar en ieca_export.pdf

Además, la precariedad y la explotación laboral se hacen patentes en el sector de cuidados y tareas del hogar[17].

Ley 40/2006, reguladora del Estatuto de la Ciudadanía Española en el Exterior, prevé la creación de una Oficina Española del Retorno que, en el ámbito del Ministerio, dé cumplida respuesta a los diversos aspectos relacionados con el hecho de retorno, coordinándose para ello con las otras instancias de ámbito autonómico o local a las que el fenómeno afecta de igual manera, de acuerdo con la actual distribución competencial y administrativa de España.

La Federación andaluza de emigrantes y retornados (FAER)[18], pone de manifiesto que el flujo de andaluces de entre 18 y 55 años, con distintos perfiles formativos, que abandonan nuestra región en busca de una oportunidad laboral fuera de nuestras fronteras no cesa año tras año, desde que comenzó la crisis económica de los primeros años del siglo XXI.

Resulta interesante traer a colación el número de retornados a Andalucía en el período 2007-2021, todo ello según los datos publicados por el Instituto de Estadística y Cartografía de Andalucía[19].

	Lugar de destino								
Anual	**Almería**	**Cádiz**	**Córdoba**	**Granada**	**Huelva**	**Jaén**	**Málaga**	**Sevilla**	**Andalucía**
2021	638	950	276	986	229	191	2.931	1.482	7.683
2020	529	882	276	724	167	191	1.872	1.225	5.866
2019	758	1.127	463	1.126	275	284	3.018	1.644	8.695
2018	759	1.030	391	1.054	243	248	2.585	1.593	7.903
2017	579	868	347	941	156	242	2.459	1.362	6.954
2016	585	927	341	828	216	219	2.094	1.304	6.514
2015	469	735	266	788	211	158	1.804	1.225	5.656
2014	364	642	237	531	143	136	1.521	895	4.469
2013	263	547	168	450	107	114	1.223	644	3.516
2012	306	522	216	455	102	128	1.050	630	3.409

17 Así lo ha puesto de manifiesto de forma reiterada DOZO MOUGÁN, I., *La protección laboral mínima de los trabajadores migrantes en el orden público internacional*. Aranzadi, Navarra, 2022, pp. 397 y 398.

18 En Andalucía ver FAER-FAER-Feferación Andaluza de Emigrantes y Retornados (webfaer.es)

19 Andaluces en el Exterior | Instituto de Estadística y Cartografía de Andalucía (juntadeandalucia.es). Consulta realizada en marzo de 2023.

	Lugar de destino								
Anual	Almería	Cádiz	Córdoba	Granada	Huelva	Jaén	Málaga	Sevilla	Andalucía
2011	320	587	245	475	133	155	1.114	729	3.758
2010	233	547	187	379	105	94	966	587	3.098
2009	258	497	194	363	95	95	929	560	2.991
2008	321	623	243	417	112	64	1.046	663	3.489
2007	442	679	301	571	144	130	1.094	666	4.027

Según los datos obtenidos del Instituto de Estadística y Cartografía de Andalucía que quedan reflejados en la gráfica anterior se puede concluir que las personas con nacionalidad española inscritas en Andalucía que residían en el extranjero a enero de 2022 crecieron un 2,9% respecto a 2021. Y los principales países de residencia fueron Argentina (20,2%), Francia (14,3%) y Alemania (11,8%).

Así, en el año 2022 residían en el extranjero 313.785 personas con nacionalidad española inscritas en Andalucía. El porcentaje de mujeres (50,6%) es ligeramente superior al de hombres. También hay que señalar que si se atiende al lugar de nacimiento, predomina el número de nacidos en el extranjero, fueron 199.427 personas, mientras que en Andalucía nacieron 103.347 personas, quedando un resto que han nacido en otras Comunidades Autónomas.

Junto a estos datos se han consultado lo publicados por el Instituto Nacional de Estadística (INE) (15 de marzo de 2023). En el ámbito nacional el INE pone de manifiesto que la población española residente en el extranjero a 1 de enero de 2023 asciende a 2.790.317 personas, lo que supone un incremento del 1,7 % frente a la que se registró el 1 de enero de 2022. Y Estados Unidos, México y Francia fueron los países con mayor incremento de población de nacionalidad española.

4. LAS MEDIDAS GENERALES DE PROTECCIÓN SOCIAL PARA LOS RETORNADOS

A estos efectos Especial atención merece el Certificado de Emigrante Retornado (CER), sirve para poder disfrutar de las ventajas que se otorgan al adquirir dicha certificación encaminadas a facilitar la inserción social de los ciudadanos que tuvieron que emigrar. Se trata de un documento que acredita la condición de ciudadano español que ha emigrado y ha regresado definitivamente a España, tras haber trabajado en el extranjero. Ahora bien, se es emigrante retornado cuando se vuelve a España para residir permanentemente. El simple hecho de volver a vivir no se considera emigrante retornado, salvo que el certificado lo señale expresamente.

Este certificado debe solicitarse ante el Área o Dependencia de Trabajo e Inmigración de la Delegación o Subdelegación del Gobierno de la provincia de residencia[20], los españoles que regresen de países distintos de los de la UE o EEE, Suiza o Australia. Pero sólo deben solicitarlo en el caso de que vayan a pedir alguna de las prestaciones establecidas por nuestro sistema, ya que en dichos países existen convenios específicos para el reconocimiento de prestaciones de los sistemas de Seguridad Social y desempleo.

La información reflejada en el certificado es: la fecha de la última salida de España, la fecha en que se retornó a España, el tiempo trabajado en el país en el que se emigró, el período de ocupación cotizado, y que el trabajador retornado no tiene derecho a una prestación por desempleo en el país al que emigró.

4.1. La protección del desempleo

El desempleo ha sido, es y será el principal problema que plantea el retorno de los trabajadores españoles emigrantes.

Para protegerlo se han articulado medidas protectoras. Así, por un lado, está la prestación por desempleo de nivel contributivo y, por otro lado, el subsidio por desempleo y el subsidio para mayores de 52 años.

---

20 Para obtener el certificado se debe contactar con la Consejería de Trabajo, Migraciones y Seguridad Social del país de emigración, o con el Consulado correspondiente si en dicho país no existe Consejería de Trabajo. Una vez en España, puede solicitarlo ante el Área o Dependencia de Trabajo e Inmigración de la Delegación o Subdelegación del Gobierno de su provincia de residencia. También se tendrá que presentar una amplia documentación: 1. Identidad, presentando DNI, o pasaporte en vigor, certificando la nacionalidad española. 2. Fecha de retorno a España, acreditado mediante billete de avión y pasaporte con los sellos de salida y de entrada. La baja en el Registro de Matrícula Consular no constituirá por sí sola un medio de prueba suficiente para acreditar la fecha del retorno. 3. Certificado laboral que acredite la fecha de inicio y fin de la relación laboral, junto con el contrato de trabajo, registrado y sellado por la Consejería de Trabajo, Migraciones y Seguridad Social del país de emigración. En el caso de que en el país no haya Consejería de Trabajo, el registro y sellado se realizar en el Consulado correspondiente. 4. Justificación de no haber recibido prestaciones por desempleo en el país de emigración mediante declaración responsable.

La LGSS se refiere, en su art. 264.1, a las personas protegidas contra el desempleo, siempre que tengan previsto cotizar por esta contingencia. Concretamente, en el apartado c) del precepto, recoge a los trabajadores emigrantes que retornen a España.

Se encuentra en situación legal de desempleo el emigrante retornado, así lo establece el art. 267.1, e) LGSS[21]. Por tanto, puede acceder a la prestación contributiva de desempleo. La situación legal de desempleo del emigrante retornado se acredita de distinta forma, depende del país del que regrese. Si regresa de un país de la Unión Europea o del Espacio Económico Europeo o Suiza, será mediante un Formulario específico (U1). Si retorna de Australia, lo hará en el documento AUS/E1. Y si ha vivido en un país que no sea miembro de la Unión Europea o del Espacio Económico Europeo o con el que no exista convenio sobre protección por desempleo, deberá aportar el Certificado de emigrante retornado.

Tendrá que cumplir los mismos requisitos que el resto de los trabajadores. Ahora bien, se flexibiliza el período que se tiene en cuenta para cumplir dicha cotización. Se exige un período mínimo cubierto de cotización, en concreto, debe acreditar como período de ocupación cotizada de un mínimo de 360 días en los últimos 6 años anteriores a la situación legal de desempleo.

Hay que recordar que la regla general es contabilizar este período hacia atrás desde el momento en que el sujeto se encuentra en situación legal de desempleo. En cambio, en el supuesto del emigrante retornado se tiene en cuenta el período de 6 años desde el momento que cesó la actividad de forma involuntaria, o lo que es lo mismo, desde que dejó de cotizar en el sistema español.

La regla particular analizada no es de aplicación cuando los emigrantes retornados acrediten cotizaciones computables en virtud de convenio legalmente suscrito, puesto que en este caso el período se computará de acuerdo con los principios generales.

El período de 6 años también es el que se valora para computar todas las cotizaciones con el objeto de computar la duración de la prestación. Para este supuesto también se aplicará la regla excepcional señalada.

La cuantía de la prestación estará en función de la base reguladora que tenga el trabajador. Para determinar la base reguladora diaria se sumarán

---

21 Consúltese con carácter general: https://www.sepe.es/HomeSepe/Personas/distributiva-prestaciones/quiero-cobrar-el-paro/soy-emigrante-retornado.html

las bases de los últimos ciento ochenta días cotizados a la Seguridad Social. El importe mensual de la prestación por desempleo sigue las reglas generales (el 70 % de la base reguladora mensual de la prestación en los seis primeros meses de derecho (180 días), pasando a ser el 60 % a partir de dicho período).

Los emigrantes retornados que vayan a solicitar la prestación contributiva por desempleo pueden encontrarse en alguna de las cuatro situaciones posibles. Primera, retornados de países de fuera del EEE o Suiza, que cotizaron 360 días o más antes de salir de España y no hicieron uso de la prestación en su momento. En este caso, el cálculo de la prestación se realiza con los periodos cotizados antes de salir de España. Se aplica la escala establecida en el art. 269.1 LGSS. Segunda, los que han retornado de países del EEE o Suiza que acumularon 360 días o más antes de salir de España, no hicieron uso de la prestación, y han generado nuevas cotizaciones en países de la Unión Europea sin hacer uso de ellas. Ahora, a lo cotizado en España se le sumaría las cotizaciones realizadas en otro/s países de la UE, que figuren en el formulario U1, siguiendo la escala establecida en el art. 269.1 LGSS. Tercera, los retornados de países del EEE o Suiza, que acumularon 360 días o más de cotización antes de salir de España, y que consumieron parte de la prestación en España. En este caso puede ocurrir: a) Que la persona se marchase al extranjero, comunicándolo al SEPE, y se le suspendiese la prestación contributiva. Entonces dispone de 1 año para poder activarla de nuevo, pero si pasan 12 meses sin reactivarla, perdería esta prestación contributiva para siempre. Y, además, otra consecuencia que se deriva es que, aunque haya cotizado el emigrante en otro país europeo, tendrán que generar nuevas cotizaciones para poder recibir una prestación contributiva en España. Y b) Que la persona se marche al extranjero, comunicándolo al SEPE, pero que regrese de nuevo a España antes de 12 meses. En estas circunstancias puede reactivar la prestación donde la dejó y seguir recibiéndola. Cuarta, los que retornen de países del EEE o Suiza, que acumularon 360 días o más de cotización antes de salir de España, han cotizado en algún de país de la UE y consumido parte de la prestación generada por esas cotizaciones. La duración de la prestación se calcula sumando las cotizaciones en España con las cotizaciones en países de la UE, pero se reduce la duración de la prestación en España el tiempo que se haya percibido la prestación en cualquier otro país de la UE.

También el trabajador retornado tiene posibilidad de solicitar el subsidio por desempleo de nivel asistencial y, en el caso concreto, el subsidio para mayores de 52 años.

Estará protegido bajo esta modalidad el emigrante español que haya retornado desde países no pertenecientes al Espacio Económico Europeo, o con los que no exista convenio sobre protección por desempleo[22]. También debe estar en una situación de necesidad por carencia de renta[23].

Además, se le exige al emigrante que acredite que ha trabajado como mínimo 12 meses en los últimos 6 años en esos países, a contar desde su última salida de España. Y también tiene que probar que esta actividad no ha causado el derecho a prestación por desempleo en esos Estados.

Para probar los requisitos que debe cumplir tiene que aportar certificación del Instituto Español de Emigración. En dicha certificación constará: a) la fecha del retorno; b) el tiempo trabajado en el país extranjero; c) el período de ocupación cotizada; y d) la atestiguación de que no tienen derecho a prestación por desempleo en dicho país.

Tras el regreso del emigrante a España tiene un plazo de 30 días para registrarse como demandante de empleo, tras el cual debe de pasar un plazo de 30 días en búsqueda activa de trabajo[24]. Y después, se abre un plazo de 15 días para solicitar la ayuda.

El subsidio se concede durante seis meses, prorrogables por otros dos períodos de igual duración, hasta un máximo de 18 meses. Todo ello, siempre que se mantengan los requisitos que debe cumplir el español retornado.

La cuantía del subsidio es el 80% del Indicador Público de Renta de Efectos Múltiples (IPREM) mensual vigente en cada momento.

Por otro lado, el retorno del emigrante español también abre el derecho al subsidio para mayores de 52 años, siempre que cumpla el resto de las condiciones exigidas por la ley.

---

22 Consúltese el art. 274.1, c) LGSS.

23 Carecer de rentas que superen el 75% del SMI (sin incluir la parte proporcional de las dos pagas extra).

24 Según la Disposición Adicional 4ª del RD-Ley 2/2021, de 26 de febrero, de refuerzo y consolidación de medidas sociales en defensa del empleo, se prorroga, hasta el 31 de mayo de 2021, la medida regulada en la disposición adicional primera del Real Decreto-ley 32/2020, de 3 de noviembre, por el que se aprueban medidas sociales complementarias para la protección por desempleo y de apoyo al sector cultural, por la que se suspende de forma temporal el requisito de acreditación de la búsqueda activa de empleo en el acceso a la renta activa de inserción y al subsidio extraordinario por desempleo.

4.2. La renta activa de inserción

Cabe recordar que el objetivo fundamental de este programa es incrementar las oportunidades de retorno al mercado de trabajo de los trabajadores desempleados con especiales necesidades económicas y dificultad para encontrar empleo. Por ello, está destinado para atender las necesidades de los desempleados de larga duración mayores de 45 años y menores de 65 años, en general. Pero se puntualiza en su normativa reguladora que también atiende a los emigrantes retornados mayores de 45 años; a las víctimas de violencia de género o de violencia doméstica; y a los discapacitados.

Así, podrán ser beneficiarios de este programa los trabajadores emigrantes que, habiendo retornado a España en los doce meses anteriores a su solicitud, hubieran trabajado, como mínimo, 6 meses en el extranjero desde su última salida, y estén inscritos como demandantes de empleo, siempre que reúnan los siguientes requisitos a la fecha de solicitud de incorporación al mismo:

a) Ser desempleado mayor de 45 años y menor de 65 años.

b) Estar inscrito como demandante de empleo en los Servicios Públicos de Empleo.

c) No ser beneficiario de pensiones o prestaciones económicas de la Seguridad Social que sean incompatibles con el trabajo. No tener derecho a las prestaciones o subsidios por desempleo o a la renta agraria.

d) No haber accedido tras el retorno del extranjero a ninguna prestación o subsidio por desempleo acreditando el mismo retorno como situación legal de desempleo.

e) Carecer de rentas de cualquiera naturaleza superiores, en cómputo mensual, al 75 % de la cuantía del salario mínimo interprofesional vigente, excluida la parte proporcional de las pagas extraordinarias. Si tiene cónyuge y/o hijos menores de veintiséis años, o mayores discapacitados o menores acogidos, únicamente se entenderá cumplido el requisito de carencia de rentas cuando la suma de las rentas de todos los integrantes de la unidad familiar así constituida, incluido el solicitante, dividida por el número de miembros que la componen, no supere el 75 por ciento del SMI, excluida la parte proporcional de dos pagas extraordinarias.

Además, el trabajador no puede haber sido beneficiario del programa de renta activa de inserción en los 365 días naturales anteriores a la fecha de solicitud. De igual forma, no podrá haber sido beneficiario de tres programas de renta activa de inserción anteriores.

Además de los requisitos necesarios para ser beneficiarios del programa, los trabajadores deberán solicitarlo y suscribir un compromiso de actividad[25], en virtud del cual realizarán las distintas actuaciones que se acuerden con los Servicios Públicos de Empleo o, en su caso, con las Entidades que colaboren con los mismos, mediante un plan personal de inserción, que se desarrollará mientras el trabajador se mantenga incorporado al programa (tutorías, entrevistas, itinerarios de inserción, gestión de ofertas, planes formativos, etc.).

La cuantía será el 80 por 100 del Indicador Público de Renta de Efectos Múltiples (IPREM) mensual vigente en cada momento. La duración máxima de la percepción de la renta será de 11 meses. El pago se realizará por mensualidades de treinta días dentro del mes inmediato siguiente al que corresponda el devengo.

La renta activa de inserción es un subsidio que reconoce además la cobertura sanitaria de la persona retornada y de los familiares a su cargo.

4.3. La prestación económica por ancianidad

Apoyándose en la LGSS, concretamente en la Disposición Adicional 2ª, se fueron articulando un sistema de prestaciones económicas de carácter asistencial a favor de los emigrantes[26]. Hay que diferenciar dos colectivos: los emigrantes españoles residentes en el extranjero y los emigrantes españoles retornados.

Estas prestaciones económicas asistenciales por razón de necesidad están previstas en el extenso y confuso art. 19 Ley 40/2006. Así, se recoge el derecho de los españoles en el exterior que se hubieran trasladado por cualquier razón a recibir una prestación económica por razón de necesidad si, siendo mayores de 65 años o estando incapacitados para el trabajo, se encuentran en una situación de necesidad por carecer de rentas o in-

---

25 Igual que se ha comentado en el subsidio extraordinario por desempleo, por aplicación de la Disposición Adicional 4ª del RD-Ley 2/2021, de 26 de febrero, de refuerzo y consolidación de medidas sociales en defensa del empleo, se prorroga, hasta el 31 de mayo de 2021, la medida de suspensión de forma temporal del requisito de acreditación de la búsqueda activa de empleo en el acceso a la renta activa de inserción.

26 Un detallado comentario en VICENTE PALACIO, A., "La protección social de los españoles en el exterior y de los emigrantes retornados. Actuaciones normativas estatales y autonómicas", *Revista General del Derecho del Trabajo y de la Seguridad Social*, n. 23, 2011, pp. 22 y ss., principalmente.

gresos suficientes para cubrir sus necesidades básicas. Es el Estado central quien debe garantizar la prestación. Además, resultan compatibles dichas prestaciones con las ayudas que las Comunidades Autónomas otorguen para fomentar el retorno.

Las ayudas asistenciales están previstas en el RD 8/2008, de 11 de enero, por el que se regula la prestación por razón de necesidad a favor de los españoles residentes en el exterior y retornados[27].

La pensión asistencial por ancianidad para españoles de origen retornados está regulada en el art. 25 RD 8/2008. Esta pensión protege a los españoles residentes en el exterior que opten por regresar a territorio español de origen retornados[28]. Se trata de una pensión pública, pero no es considerada como una prestación de la Seguridad Social. Al tener carácter asistencial la jurisdicción contencioso-administrativa es la competente.

Se trata de ayudas asistenciales. Por tanto, las ayudas extraordinarias para personas retornadas están previstas para atender las situaciones de necesidad de las personas españolas retornadas, por los gastos extraordinarios derivados del hecho del retorno. Pero para poder percibirlas es preciso que se demuestre la insuficiencia de recursos. El régimen jurídico aplicable está establecido en el RD 1493/2007, de 12 de noviembre[29]

Se pueden beneficiar de estas ayudas los españoles de origen retornados, dentro de los nueve meses siguientes a su retorno, siempre que quede acreditado que han residido en el exterior, de forma continuada, un mínimo de cinco años antes del retorno. Si fallece el beneficiario, podrán solicitar las ayudas, dentro de los seis meses siguientes al fallecimiento, los familiares a cargo del solicitante. Sólo podrá solicitar esta ayuda uno de los miembros de la unidad familiar, entendiendo como tal la que abarca hasta el primer grado de consanguinidad o afinidad.

Las ayudas serán de cuantía variable en función de las causas que generan la solicitud y de la situación económica y familiar de los interesados.

---

27 Publicada en el BOE de 24 de enero de 2008. Ha sido reformada ampliamente con posterioridad, el texto consolidado es de 29 de julio de 2015. Repárese que esta norma desarrolla lo previsto en el art. 19 Ley 40/2006. Incluye tres prestaciones: la prestación económica por ancianidad; la prestación por incapacidad absoluta para todo tipo de trabajo y la prestación sanitaria.

28 Repárese que esta pensión se diferencia de la denominada prestación por razón de necesidad que regula el art. 19 Ley 40/2006.

29 BOE de 26 de noviembre de 2007.

En todo caso, se fija la cuantía máxima anual por cada beneficiario en el importe anual del IPREM, correspondiente a 12 pagas del año en curso.

Estas ayudas se conceden para atender los gastos que deben afrontar en el momento del retorno. La situación de necesidad se acreditará mediante informe de los Servicios Sociales del lugar de residencia del solicitante o, en su caso, mediante informe de las Áreas o Dependencias Provinciales de Empleo y Seguridad Social, de las Delegaciones y Subdelegaciones del Gobierno. Para valorar dicha situación de necesidad, se tendrán en cuenta, entre otras, las siguientes circunstancias: a) La percepción de ingresos mensuales en cuantía igual o inferior al importe del IPREM, del año en curso[30]. b) El número de personas a cargo del solicitante, especialmente si se trata de menores, personas con discapacidad, mayores y/o dependientes. c) Las dificultades de inserción en el mercado laboral en función de la edad u otras circunstancias del solicitante. d) Los gastos por vivienda habitual. e) Los familiares a cargo del solicitante (el cónyuge o persona ligada de forma estable con aquel por una relación de afectividad análoga a la conyugal y los parientes, por consanguinidad, afinidad o adopción en primer grado, que convivan y dependan económicamente de aquel).

4.4. Las prestaciones de servicios sociales

Atención a la dependencia y protección de los emigrantes retornados son materias reguladas por dos normas distintas (Ley 39/2006 y Ley 40/2006), aprobadas el mismo día: el 14 de diciembre. La Ley 39/2006 no señala ninguna puntualización para los españoles residentes en el exterior. En cambio, la Ley 40/2006 si incluye el art. 20 dedicado a los servicios sociales para mayores y dependientes.

Según se deduce de la Ley 39/2006, de 14 de diciembre, de Promoción de la Autonomía Personal y Atención a las personas en situación de dependencia, entre los titulares de los derechos reconocidos en la misma están los españoles que cumplan varios requisitos[31]. Es preciso destacar el

---

30 En 2023 el IPREM asciende a 600 euros al mes.

31 Se ha de tener presente que la pandemia causada por el coronavirus ha sacado a la luz las deficiencias del sistema de atención a la dependencia y ha agudizado sus problemas estructurales. Era patente la necesidad de adoptar unas medidas urgentes. Ello llevó al Gobierno, interlocutores sociales y Comunidades Autónomas a aprobar en enero de 2021 el Acuerdo sobre el Plan de Choque en Dependencia 2021-2023.

requisito de residir en territorio español, habiéndolo hecho durante cinco años, dos de los cuales deberán ser inmediatamente anteriores a la fecha de presentación de la solicitud.

El Real Decreto 1051/2013, de 27 de diciembre, viene a fijar el régimen jurídico aplicable a las prestaciones del Sistema para la Autonomía y Atención a la Dependencia, establecidas en la Ley 39/2006. En definitiva, su objeto es la regulación de los servicios y las prestaciones económicas por grado de dependencia, y los criterios para determinar las intensidades de protección de los servicios del catálogo establecidos en la Ley 39/2006.

Entre las cuestiones que regula el RD 1051/2013 (los traslados de personas beneficiarias entre comunidades autónomas y las Ciudades de Ceuta y de Melilla, el régimen de incompatibilidades de prestaciones, el reintegro de prestaciones), especial atención merece, a los efectos de la materia analizada, la protección de los españoles emigrantes retornados que podrán acceder a prestaciones asistenciales con igual contenido y extensión que las prestaciones y ayudas económicas reguladas en la misma, aun cuando no cumplan el requisito establecido en el artículo 5.1.c) de la Ley 39/2006, por no haber residido en territorio español en los términos establecidos en el citado artículo[32]. Para ello, la Comunidad Autónoma de retorno habrá de valorar la situación de dependencia, reconocer el derecho, si procede,

---

[32] Disposición Adicional 1ª del RD 1051/2013 señala que las personas en situación de dependencia que, como consecuencia de su condición de emigrantes españoles retornados no cumplan este requisito de residencia en territorio español establecido en la letra c del artículo 5.1 de la Ley 39/2006, podrán acceder a prestaciones asistenciales con igual contenido y extensión que las prestaciones y ayudas económicas reguladas en la misma, en estos términos: a) Corresponderá a la Comunidad Autónoma o Administración, que en su caso tenga la competencia, de residencia del emigrante retornado la valoración de la situación de dependencia, el reconocimiento del derecho, en su caso, y la prestación del servicio o pago de la prestación económica que se determine en el programa individual de atención. b) El coste de los servicios y prestaciones económicas será asumido por la Administración General del Estado y la correspondiente Comunidad Autónoma, en la forma establecida en el artículo 32 de la Ley 39/2006. c) La persona beneficiaria a que se refiere la presente disposición participará, según su capacidad económica, en la financiación de las mismas, que será también tenida en cuenta para determinar la cuantía de las prestaciones económicas. d) Las prestaciones se reconocerán siempre a instancia de los emigrantes españoles retornados y se extinguirán, en todo caso, cuando la persona beneficiaria, por cumplir el período exigido de residencia en territorio español, pueda acceder a las prestaciones del Sistema para la Autonomía y Atención a la Dependencia. Para los menores de cinco años el período de residencia se exigirá a quien ejerza su guarda y custodia.

y prestar el servicio o realizar el pago de la prestación económica que se determine en el programa individual de atención[33].

También los españoles que habiendo residido en el extranjero retornen a España, podrán acceder a las plazas residenciales de la red pública de Centros para personas mayores. Los requisitos exigidos para el acceso a estas residencias varían en función de la Comunidad Autónoma de que se trate. Generalmente se requiere ser mayor de 65 años (en algunos casos, 60 años) y ser residente en esa Comunidad Autónoma durante un tiempo determinado, que oscila entre uno y cinco años. En el caso de españoles emigrantes, se exige ser originario de dicha Comunidad o algún tipo de vinculación o relación de arraigo con ella.

4.5. Los convenios especiales de Seguridad Social

El Convenio Especial es un instrumento mediante el cual los emigrantes retornados que lo suscriban pasan a estar integrados voluntariamente en la Seguridad Social española, quedando en situación asimilada a la de alta en el Régimen General, a fin de mantener o adquirir el derecho a las prestaciones de jubilación, incapacidad permanente o muerte y supervivencia, debidas a cualquier contingencia, mediante el abono de las cuotas establecidas al efecto[34].

El derecho a la suscripción fue establecida por el Real Decreto 996/1986, de 25 de abril, por el que se regula la suscripción de Convenio Especial de los emigrantes e hijos de emigrantes. El régimen jurídico aplicable está contenido en el art. 15 de la Orden TAS 2865/2003, de 13 de octubre, por la que se regula el convenio especial en el Sistema de la Seguridad Social[35].

---

33 Hay que recordar, en este sentido, que el beneficiario participará, según su capacidad económica, en la financiación de las prestaciones. Esa capacidad económica será también tenida en cuenta para determinar la cuantía de las prestaciones económicas.

34 Se ha de advertir que son varias las modalidades de Convenio Especial que contemplan la peculiar situación del emigrante español. Pero sólo la que aquí es objeto de estudio se refiere al acceso al sistema de Seguridad Social. Las otras dos modalidades son: Convenio especial para la cobertura de asistencia sanitaria cuando retornan a España. Y la otra modalidad de convenio especial también está referida a la cobertura de la asistencia sanitaria en el caso de los trabajadores emigrantes que tenga la consideración de trabajadores por cuenta propia a efectos de su inclusión en el Régimen Especial de Trabajadores Autónomos o en el Régimen Especial de Trabajadores del Mar.

35 El texto consolidado es de 31 de enero de 2023, que se produjo la última modificación introducida por la Orden de cotización para 2023 (74/2023).

Son beneficiarios todos los emigrantes españoles y sus hijos siempre que tengan la nacionalidad española. Es indiferente el país en el que trabajen, en el momento de su retorno a territorio español, pero es necesario que no se hallen incluidos obligatoriamente en algún régimen público de protección social en España.

Para solicitar el Convenio Especial es preciso presentar el Modelo TA-0040. Se puede presentar en cualquier fecha después del retorno o del fallecimiento en el caso de familiares. La presentación puede realizarse por vía presencial (Dirección Provincial de la Tesorería General de la Seguridad Social o Administración correspondiente al domicilio del solicitante) o por vía telemática (con el certificado digital se accede a la Sede Electrónica). También se debe presentar una documentación (original y copia). Primero, Documento Nacional de Identidad, Tarjeta de Extranjero o Pasaporte, según el caso. Y segundo, certificado expedido por la Delegación o Subdelegación de Gobierno de la provincia de residencia del solicitante. Los efectos del Convenio son a partir del día primero del mes siguiente a la fecha de presentación de la solicitud.

Es preciso abonar las cuotas. Para determinar la cuantía a ingresar por mes, en primer lugar, se calcula la cuota íntegra, que será el resultado de aplicar el tipo de cotización vigente en el Régimen General de la Seguridad Social para estas contingencias a la base mínima de cotización establecida para trabajadores mayores de 18 años. El importe así obtenido se multiplicará por el coeficiente que a tal efecto se establezca y el producto que resulte constituirá la cuota a ingresar. El suscriptor del Convenio se compromete a abonar a su exclusivo cargo la cuota correspondiente.

Se extingue el Convenio por: 1. Falta de abono de las cuotas correspondientes a tres mensualidades consecutivas o cinco alternativas. 2. Quedar comprendido el interesado en el campo de aplicación de cualquier Régimen de la Seguridad Social. 3. Adquirir la condición de pensionista de jubilación o incapacidad permanente. 4. Decisión del interesado comunicada por escrito a la Tesorería General de la Seguridad Social. 5. Por fallecimiento del interesado.

4.6. Consideración de los accidentes sufridos durante el viaje de salida o regreso a España por los emigrantes

La vigente Ley General de la Seguridad Social (LGSS) señala que los accidentes que se produzcan durante el viaje de salida o de regreso de los emigrantes y las enfermedades que tengan su causa directa en dichos viajes, en las operaciones realizadas por la Dirección General de Migraciones, o con su intervención, tendrá la consideración de accidente de trabajo, siempre que concurran las condiciones que reglamentariamente se determinen, a cuyo efecto dicho centro directivo establecerá con la Administración de la Seguridad Social los correspondientes conciertos para la protección de esta contingencia. Las prestaciones económicas que correspondan por el accidente serán compatibles con cualesquiera otras indemnizaciones o prestaciones a que el mismo pudiera dar derecho[36].

5. CONCLUSIONES

La emigración se presenta como una de las características predicables de la historia del pueblo andaluz. La misma ha marcado el desarrollo de Andalucía. Ha constituido un fenómeno político, social y económico. En los estudios sobre migraciones existe una dicotomía entre emigración y retorno, que lleva a disociar estos dos procesos en dos discursos separados, distintos. Ahora bien, se considera que se trata de dos fenómenos totalmente conectados. La emigración española ha constituido un fenómeno constante. Y la legislación sobre emigración ha evolucionado paralelamente a la evolución del proceso.

Como ya se ha afirmado en más de una ocasión, el Plan de Retorno vigente está plagado de buenas intenciones y proyectos para el futuro. Sin embargo, no tiene una dotación económica suficiente para poner en práctica las medidas precisas. Y no se han plasmado en legislación concreta y especial mención merece lo relativo al subsidio de emigrantes retornados. Sobre éste también sería precisa una atención para mejorar su cuantía y simplificar la engorrosa burocracia a cumplir para poder percibirlo.

También hay que tener presente la discriminación jurídico-social y económica que existe entre las diferentes Comunidades Autónomas en materia de emigración. Para eliminar, o al menos reducir dicha discriminación, será precisa no solo una reformulación constitucional sino también del Estatuto de la Ciudadanía Española en el Exterior, para adaptarse a la nueva realidad emigratoria.

---

36 Todo ello fijado por la Disposición Adicional 2ª LGSS, que lleva por título "Protección de los trabajadores emigrantes". También está vigente y regula esta materia la Orden de 23 de diciembre de 1971 (Trabajo) sobre protección de la Seguridad Social a los emigrantes españoles por los accidentes sufridos durante los viajes de emigración. (BOE núm. 313, de 31 de diciembre de 1971).

No cabe duda que la normativa de Seguridad Social ha previsto mecanismos o fórmulas para facilitar el acceso a la protección del sistema de Seguridad Social en el exterior o retornados. Pero queda mucho por andar, de ahí que la propia Ley 40/2006 encargue a los poderes públicos la necesidad de buscar medidas y soluciones. Sin duda, existen aspectos susceptibles de ser mejorados, en todas las ramas de la protección social.

La preocupación por la emigración de trabajadores españoles andaluces y, especialmente, de los más jóvenes y cualificados tiene fundamento, y una causa directa, en la alta tasa de desempleo y la amplia destrucción de empleo que se ha venido produciendo en los momentos crisis económica o crisis sanitaria.

Por último, cabe concluir que ante el reto que supone la existencia de unas nuevas demandas sociales derivadas de cambios estructurales profundos en nuestros hábitos de convivencia y en los comportamientos sociales y económicos, y a pesar de la importancia de las medidas adoptadas para adaptar nuestro sistema de protección a la nueva situación, siguen hoy más que nunca siendo necesarios el debate y la reflexión sobre las políticas de protección social, a la búsqueda de soluciones que permitan avanzar en la consecución de una sociedad cada vez más justa, que asegure a todos los ciudadanos un adecuado nivel de bienestar.

Capítulo 13
Nómadas digitales, "EoR", "AoR" y "PEO" en Portugal: ¿movilidad internacional y captación de talento?

DAVID CARVALHO MARTINS[1]
INÊS GODINHO[2]
JOÃO VILLAÇA[3]
TIAGO SEQUEIRA MOUSINHO[4]

1. INTRODUCCIÓN[5]

Este informe se basa en un análisis laboral de los nuevos planes de "atracción de talentos" en Portugal. Al pasar la página más oscura de la movilidad laboral, en relación con la pandemia de COVID-19; con eso, Portugal asumió el compromiso de potenciar los diferentes mercados de trabajo a nivel interno, interconectándolos en la medida de lo posible con los objetivos perseguidos por la Unión Europea.

Dado el bajo flujo de movilidad (laboral y social) que se percibe desde el primer trimestre de 2020. Por lo tanto, reanudar los flujos migratorios a un ritmo más rápido para hacer frente a: (i) la falta de mano de obra interna; (ii) y valorar a los trabajadores tanto a nivel nacional como internacional.

Se considera, para el efecto, todo tipo de trabajadores, en particular aquellos que, con la pandemia, han revelado su importancia y posibilidad de trabajar a distancia, o sin lugares de trabajo asignados o fijos. Se reco-

---

1 Abogado y Maestro en Derecho del Trabajo.

2 Jurista y estudiante en el Máster en Derecho Civil, en la Facultad de Derecho de la Universidad de Lisboa.

3 Jurista y estudiante en el Máster en Derecho Administrativo, en la Facultad de Derecho de la Universidad de Lisboa.

4 Becario y estudiante en el Máster en Derecho Laboral, en la Facultad de Derecho de la Universidad de Lisboa.

5 I Congreso Internacional sobre el Retorno de Emigrantes y la Atracción de Talento Global, realizado en Granada los días 27 y 28 de octubre de 2022.

noce el impacto de los nómadas digitales en el progreso de la economía portuguesa en tiempo de crisis. Para ello, era necesario adoptar, (re)crear o adaptar los regímenes de contratación, circulación (entrada y salida) de trabajadores en el territorio nacional.

El objetivo del Gobierno portugués era estimular el trabajo y los servicios en Portugal, atrayendo la inversión extranjera. Para ello, pretendía renovar los regímenes de visados, teletrabajo o trabajo a distancia, y "flexibilizar" los trámites para que los procesos de contratación fueran menos largos.

Junto a las "mutaciones jurídicas", la práctica empresarial, también influida por las nuevas orientaciones de los agentes del mercado, se vio profundamente influenciada por los distintos ordenamientos jurídicos europeos. En este sentido, han surgido nuevos conceptos o modelos de contratación que no están respaldados (al menos directamente) por la legislación portuguesa. Estos retos han dado lugar a controversias de pleno interés.

Los "EoR", "AoR" y "PEO" son nomenclaturas anglosajonas que han adquirido un estatus casi universal y forman ya parte del vocabulario social de los recursos humanos, sobre todo de los que practican la contratación global por medios a distancia.

Todos estos retos merecen nuestra atención y un breve comentario. Un compromiso que hemos asumido y que pretendemos explorar.

2. LOS NÓMADAS DIGITALES EN PORTUGAL

2.1. ¿Quiénes son?

"Nómadas digitales" es el nombre que se ha atribuido a los trabajadores que, prescindiendo de la presencia física en el lugar de trabajo determinado, realizan su labor en distintas ubicaciones, potencialmente en cualquier parte del mundo. La mayoría de las veces, todo lo que necesitan es acceso a *Internet*[6].

---

[6] En este sentido COLLINS, E.C., "International Employment Challenges and Adaptations to the Covid-19 Pandemic, en *The Employment Law Review*, 13ª edición, 2022: "*[d] igital nomads are remote, location-independent individuals who either are employed by a foreign company or own their own foreign company. Digital nomads are not based in any one office or work site and instead rely on information and communications technology to complete their work remotely. They may work out of cafes, on beaches or in hotel rooms —indeed, almost anywhere— because they have no set physical workplace*".

Sin embargo, siguen siendo un concepto legal y socialmente atípico, ya que no existe una definición genérica de ellos, porque no son una comunidad homogénea[7]. Sin embargo, es posible enmarcarlos en una definición amplia, considerándolos como *"[p]eople who choose to embrace a location-independent, technology-enabled lifestyle that allows them to travel and work remotely, anywhere in the Internet-connected world"*[8]. En el mismo sentido, *"[d]igital nomadism refers to a mobile lifestyle through which individuals can combine work with continuous travel, as they are not tied to a fixed place of residence"*[9].

La expresión "nómadas" sugiere siempre la inexistencia de un lugar fijo de residencia (o de ubicación de trabajo)[10]. En la práctica, esta es exactamente la realidad: al poder trabajar a distancia, estos trabajadores no necesitan tener una residencia fija (desde la que se desplazan al lugar de trabajo) y, por tanto, pueden vivir (y trabajar) en cualquier parte del mundo.

En Portugal[11], según datos de InvestPorto, publicados por el periódico *Expresso* a principios de octubre, este año llegarán 145 mil a Lisboa y 40 mil a Porto, lo que representa un crecimiento, respecto a 2021, del 95% para Lisboa y del 129% para Porto.

En este sentido, el desarrollo del derecho laboral en relación con estos nómadas digitales es esencial, teniendo en cuenta que es un fenómeno en plena expansión. De forma preventiva, para que ellos y sus empleadores no se vean perjudicados y, por otro lado, para que se pueda potenciar el

---

7 El Decreto Reglamentario nº. 4/2022, de 30 de septiembre, conocido como Ley de nómadas digitales, que modificó la Ley de extranjería y el régimen de visados, no establece un concepto o delimitación de la figura de los nómadas, ni hace referencia alguna a este aspecto. Solo determina las condiciones en las que pueden trabajar en territorio portugués.

8 MBO PARTNERS, "*Covid-19 and the Rise of Digital Nomad*" (2020) [en línea]: https://s29814.pcdn.co/wp-content/uploads/2021/05/MBO-Partners-Digital-Nomad-Report-2020.pdf. [Consulta 13/12/2022].

9 BONNEAU, C. y AROLES, J., "*Digital nomads: A New Form of Leisure Class?*", en *Experiencing the new world of work, Cambridge University Press*, 2021, pp. 157-178.

10 Tal y como lo expresa de forma caricaturesca, en un curioso artículo del *New York Times*: "*If you're going to work from home indefinitely, why not make a new home in an exotic place? This tiny cohort gathered their MacBooks, passports and N95 masks and became digital nomads*", *cfr.* GRIFFITH, E., "*The Digital Nomads Did Not Prepare for This*" (2020) [en línea]: https://www.nytimes.com/2020/11/08/business/digital-nomads-regret.html. [Consulta 13/12/2022.]

11 *Vid.* el comunicado del Gobierno portugués: "Portugal es un país atractivo para los nómadas digitales y la inversión extranjera". [En línea]: https://www.portugal.gov.pt/pt/gc23/comunicacao/noticia?i=portugal-e-um-pais-atrativo-para-nomadas-digitais-e-investimento-estrangeiro. [Consulta 13/12/2022.]

impacto de estos profesionales en la inversión internacional. Cuanto más regulado, mayor seguridad para los profesionales a la hora de trasladarse a Portugal y, por tanto, mayor inversión, mayor la atracción.

En los Estados Unidos de América, por ejemplo, ya se ha realizado un estudio sobre estos profesionales, en relación con el tipo de contrato que tienen, y se ha llegado a la conclusión de que "*[m]ost are full or part-time independent workers (freelancers, independent contractors, self-employed, etc.), but some have traditional jobs*"[12].

Aunque en Portugal no se ha realizado un estudio de este tipo, lo cierto es que es pertinente como punto de partida, para tomar conciencia de la diversidad de contratos que pueden observarse. Sin embargo, analizaremos las diferencias ante los trabajadores ordinarios y el posible régimen aplicable.

2.2. *Diferencias frente a los trabajadores "comunes"*

Del capítulo anterior se desprenden las diferencias entre estos trabajadores (nómadas) y los ordinarios (trabajadores comunes), destacando la inexistencia de un lugar o ubicación fija de trabajo y, la mayoría de las veces, la falta de "contacto cara-a-cara entre las partes". Sin embargo, la diferencia no es tan clara cuando analizamos la figura del teletrabajo, que también nos suscita la necesidad de diferenciación de régimen.

Como se ha dicho, la diferencia más expresiva entre los trabajadores "nómadas" y los llamados "ordinarios o comunes" es la configuración del lugar o ubicación de trabajo. El lugar de trabajo es, en principio, un elemento relevante en la relación laboral, al ser el lugar por excelencia en el que el trabajador desarrolla su actividad. No obstante, en este nuevo concepto, el lugar donde se realiza la actividad pierde toda su relevancia, ya que se realiza de forma meramente digital y sin estar asociada a una ubicación física.

Sin embargo, la realidad del trabajo a distancia no es nueva y ha cobrado una importancia diferente con COVID-19, estableciendo en gran medida

---

12 MBO PARTNERS, "*A State of Independence in American Research Brief, Digital Nomadism: A Rising Trend*" (2020) [en línea]: https://www.mbopartners.com/wp-content/uploads/2019/02/StateofIndependence-ResearchBrief DigitalNomads.pdf. [Consulta 13/12/2022].

el teletrabajo, trabajo remoto y trabajo a distancia[13]. Sin embargo, aunque se practique el teletrabajo, el lugar o ubicación de trabajo es relevante. Es en el lugar de trabajo donde el trabajador realiza su actividad en los días de no teletrabajo, ya que, en la mayoría de los casos, el teletrabajo no es absoluto, sino relativo a unos pocos días a la semana. Por otra parte, todas las interacciones entre el empresario y el trabajador, cuando son necesarias y/o legalmente obligatorias, se siguen llevando a cabo en el lugar de trabajo acordado, por lo que este elemento no ha pasado a ser prescindible. Por el contrario, en el trabajo desempeñado por los llamados "nómadas digitales", el lugar de trabajo es totalmente o, en principio, prescindible, ya que la realización del trabajo se lleva a cabo íntegramente a través de medios digitales a distancia (equipos y sistemas digitales). Debemos ser conscientes, pues, de que no todos los trabajos pueden realizarse en estos términos, ya que requieren una interacción "cara-a-cara" entre las partes, por imperativo de la ley o por la naturaleza de la prestación de trabajo.

3. TRABAJO Y SERVICIOS

3.1. Cualificación

Ya se ha establecido que los nómadas digitales pueden ser tanto empleados como trabajadores autónomos (es decir, proveedores de servicios). No obstante, según creemos, la calificación jurídica de cada caso no plantea dificultades esencialmente distintas de las planteadas tradicionalmente en cuanto a la diferenciación de los trabajadores y de los prestadores de servicios [artículo 12 del Código de Trabajo portugués (CT)], o parasubordinados (artículo 10 del CT)[14].

Sin embargo, es importante preguntarse si, en abstracto, es posible calificar, en Portugal, a los nómadas digitales como trabajadores por cuenta ajena y, por lo tanto, someterlos a las normas laborales, que proporcionan una mayor protección y supuesta adecuación social.

---

[13] En este sentido, PALMA RAMALHO, M.R., "*Delimitação do teletrabalho, âmbito de aplicação do regime legal e acordo de teletrabalho: Breves reflexões sobres alguns problemas colocados pelas alterações ao regime do teletrabalho introduzidas pela Lei n.º 83/2021, de 6 de dezembro*", *Revista do Supremo Tribunal de Justiça*, Social,1, 2022.

[14] Más recientemente y merecedor de destaque, MONTEIRO FERNANDES, A., "*Nótula sobre o ónus da prova nos litígios laborais*", en *Prontuário de Direito do Trabalho*, II, *Centro de Estudos Judiciários*, Portugal, 2021, pp. 95-111.

La cuestión más problemática se refiere a la subordinación jurídica, que es siempre el factor decisivo (o criterio primordial) para la calificación (o reclasificación) jurídica del contrato[15]. Según bien firma María Amparo García Rubio: "[e]n el marco de la Unión Europea, los conceptos de trabajador por cuenta ajena y por cuenta propia manejados por el TJUE (...) siendo la nota de subordinación clave principal en la diferenciación"[16].

No es fácil plantear la cuestión de si existe o no subordinación jurídica en este tipo de contratos, teniendo en cuenta la distancia (física) entre las partes de la relación laboral y la inexistencia de un lugar de trabajo fijo y concreto del "empleador" (las típicas instalaciones de la compañía). Salvo mejor opinión, y en función del caso concreto, cuando se trata de servicios digitales (dominante en "*freelancers*"), que por regla general presuponen una amplia autonomía (técnica, económica y jurídica), es relativamente más seguro avanzar una solución tendente a la prestación de servicios.

Hay que subrayar, siempre, que podemos tener un contrato de trabajo con trabajadores con "ampla atipicidad" y muy distintos de trabajadores comunes; esto no impide, así, la adopción de modalidades de trabajo de guardia o prevención (trabajo a llamada o *"on-call"*), ni la posible exención de la jornada laboral, típicamente aplicada a los contratos de teletrabajo. Por lo tanto, es esencial realizar un análisis previo.

Cabe señalar, sobre todo, en este caso, que es posible conciliar la autonomía técnica del trabajador con su vínculo de (tele)trabajo. Ayún que, en regla, los teletrabajadores y nómadas no necesiten muchas orientaciones o contacto presencial en los espacios físicos de la compañía. Esto se debe, en grande parte, a la autonomía técnica —como un dato que no es en absoluto ni incompatible— con la subordinación jurídica, como demuestra el artículo 116 del CT, en ejemplo.

En este sentido, puede existir un alto grado de autonomía técnica del trabajador sin que ello determine la inexistencia de subordinación jurídica.

En relación con esta cuestión, debe tenerse en cuenta, por lo que respecta a Portugal, el Programa de Trabajo Decente ("Agenda do Trabalho Digno"), cuya entrada en vigor está prevista para enero de 2023. Este

---

15 MENEZES CORDEIRO, A., *Direito do Trabalho, Volume II-Direito Individual*, Almedina, Lisboa, 2019, p. 160.

16 GARCÍA RUBIO, M. A., "Plataformas digitales y relación laboral: delimitación y régimen jurídico", en *Derecho del trabajo y nuevas tecnologías-Estudios en homenaje al Profesor Francisco Pérez de los Cobos Orihuel*, Tirant lo Blanch, Valencia, 2020, pp. 113-160.

diploma supondrá, entre otros, un cambio en el artículo 12 del Código de Trabajo (relativo a la presunción de laboralidad), a partir del cual se instituirá un *"[p]resunção da existência de contrato de trabalho com operadores de plataformas quando se verifiquem indícios de relação entre plataformas e prestador de atividade e entre este e os clientes"*[17]. A través de este diploma, se amplía la protección social y jurídica concedida a los trabajadores de plataformas digitales y, por tanto, se promueve la regulación de los nómadas digitales (en parte), otorgándoles mayor estabilidad.

Es cierto que en estos contratos falta un elemento esencial del contrato de trabajo: el lugar o ubicación de trabajo. Sin embargo, se puede observar que en estas situaciones existe una situación igual al contrato de trabajo llamado "normal o común", pero sólo sin la existencia de un lugar de trabajo, lo que inevitablemente disminuye la relación personal entre ambas partes.

Esto no significa, categóricamente, que no exista subordinación jurídica. Habrá que observar caso por caso sí, en concreto, existe subordinación jurídica y, por tanto, si se califica el contrato como de trabajo.

Aunque el contrato celebrado por un nómada digital se pueda calificar como contrato de trabajo, lo cierto es que todavía existe una atipicidad legal y reglamentaria (ausencia de *nomen juris* y de un régimen proprio), ya que la normativa laboral no se adecua plenamente a los nómadas digitales, por cuanto se destina ampliamente a teletrabajadores y trabajadores remotos, ayún con algunas limitaciones —como se observa *infra.*

Cabe preguntarse si tiene sentido, tomando en cuenta las similitudes, aplicar el régimen de teletrabajo a esta situación. Sin embargo, el régimen no siempre es compatible. En primer lugar, este régimen presupone, aunque con importancia reducida, la existencia de un lugar o ubicación de trabajo, al que el trabajador acude periódicamente, y puede, en particular, tener que acudir al menos 24 horas (en los términos del artículo 169-A, nº 2, del CT).

Por otro lado, también existe una norma bastante problemática en cuanto a la aplicación de este régimen, el artículo 169-B, no 1, c) del CT, ya que exige que, para combatir el aislamiento del empleado, el empresario

---

17 *Cfr. Agenda do Trabalho Digno e de Valorização dos Jovens no Mercado de Trabalho-Principais Medidas,* disponible en *https://www.portugal.gov.pt/download-ficheiros/ficheiro.aspx?v=%3d%3dBQAAAB%2bLCAAAAAAABAAzNDI2MgUAmp2vnQUAAAA%3d.* [Consulta 13/12/2022.].

promueva el contacto cara a cara entre el empleado y los supervisores y otros empleados.

Este deber implica que no es posible no tener lugar de trabajo y, al mismo tiempo, no tener contacto cara a cara. En este sentido, el deber del contacto periódico contradice directamente la esencia del nomadismo digital, *i.e.*, la idea de que es posible que el trabajador trabaje en cualquier lugar y durante el tiempo que desee.

Otro punto muy importante tiene que ver con las formalidades del teletrabajo en el CT, *v.g.*, especificaciones obligatorias (*v.g.*, lugar o ubicación, periodo normal de trabajo diario y semanal, horario de trabajo), necesidad de acuerdo formal (o regulación interna de la compañía publicada) para implementación o modificación del teletrabajo, que constituyen trabas a la prestación de trabajo nómada que se pretende flexible y menos burocrático, *cfr.* artículo 166, nº 4, a), b), c), d), y nº 5 y 6 del CT.

3.2. Riesgos

El capítulo anterior nos permite concluir que, en relación con los nómadas digitales, existen riesgos de calificación jurídica que debilitan la posición legal de los trabajadores en este registro. Si existe un posible debilitamiento de la subordinación jurídica, también existe el riesgo de descalificación o reclasificación del contrato como contrato de trabajo.

La menor seguridad laboral del nómada digital determina una menor motivación para que se aleje demasiado de su país de origen, ya que no puede tener una visión de estabilidad a largo plazo que le permita asumir riesgos. Esto conduce inevitablemente a una disminución de la demanda de Portugal como lugar para vivir y trabajar.

Por lo tanto, aunque este pueda ser un riesgo mitigado por la Agenda de Trabajo Decente ("*Agenda do Trabalho Digno*"[18]), los esfuerzos para garantizar la seguridad a estos agentes siguen siendo una de las prioridades, para que Portugal siga siendo un país deseado por los nómadas digitales.

---

[18] Un sumario consultable en la plataforma del Gobierno portugués, disponible en: https://www.portugal.gov.pt/download-ficheiros/ficheiro.aspx?v=%3d%3dBQAAAB%2bLCAAAAAAABAAzNDI2MgUAmp2vnQUAAAA%3d [Consulta 13/12/2022].

4. TRABAJO A LA DISTANCIA EN PORTUGAL

4.1. Datos iniciales

Ya hemos dedicado una descripción del trabajo a distancia en Portugal, que aquí replicamos[19]. Definido como la prestación de trabajo en régimen de subordinación jurídica en un lugar no determinado por el empleador, habitualmente fuera de la empresa, a través del recurso a tecnologías de información y comunicación[20], el trabajo a la distancia se ha convertido en una realidad debido a la emergencia de la pandemia COVID-19, resultando en necesidades de expansión legislativa de su régimen laboral, con el propósito de una mayor correspondencia con el actualmente presenciado en el mundo del trabajo.

En particular, la subordinación jurídica, representada por los poderes de dirección y control de la actividad laboral por el empleador y el deber de obediencia por parte del trabajador, no es concretada en los moldes habituales de una relación presencial en que el primero tiene la posibilidad, en cada momento, de acompañar la actividad del trabajador, transmitirle órdenes y direcciones y realizar, de modo instantáneo, acciones correctivas.

En efecto, cuando hay trabajo a la distancia, la intensidad de la subordinación es inferior a la existente en el trabajo presencial, por el hecho de que inevitablemente hay un distanciamiento en la relación entre las partes del trabajo.

No obstante, aunque la subordinación jurídica tenga un grado menor en el ámbito del trabajo a la distancia, no puede olvidarse el hecho de que sigue estando presente en la relación, aunque a través de otros medios. En efecto, el uso de tecnologías de la información y la comunicación acredita al empleador a tener un control de la actividad del trabajador, ya que ésta viene a ser susceptible de captación por el empleador, lo que posibilita la existencia de un mínimo poder de dirección y control frente al trabajador.

De este modo, para los casos de nómadas digitales, en particular para los trabajadores que presten su trabajo a empleadores con instalaciones o

---

19 CARVALHO MARTINS, D., "Teletrabajo en Portugal" en *El trabajo a distancia: Una Perspectiva Global*, Alzaga Ruiz, I, Sánchez Trigueros, C. y Hierro Hierro, F.J. (Dirs.), Aranzadi, Navarra, 2021, pp. 857-900.

20 Se sigue, en términos próximos, el concepto de teletrabajo dispuesto en el Código de Trabajo portugués. Para mayores desarrollos, véase MONTEIRO FERNANDES, A., *Direito do Trabalho*, 21, Almedina, Coimbra, 2022, pp. 243 y ss.

sede en otro país, es necesario concluir que la subordinación jurídica se mantiene, aunque resulta claro que su modo de realización se diferencia de la situación normal de trabajo presencial.

Por consiguiente, frente a sus especificidades, el trabajo a la distancia —en particular, para los nómadas digitales— tiene ventajas y desventajas que deben destacarse aquí.

4.2. Ventajas

Entre las principales ventajas, cabe destacar las siguientes:

a. Una fuerte disminución de los costes para el empleador, ya que no necesita —ni está obligado a hacerlo— garantizar un lugar de trabajo en sus locales o sede para los trabajadores remotos;

b. Reducción de los costes para los trabajadores, ya que no necesitan residir cerca de los locales o de la sede del empleador, pudiendo elegir el lugar considerado más adecuado y beneficioso y sin inquietudes acerca de desplazamientos y perturbaciones urbanísticas;

c. Una mayor calidad de vida para el trabajador, ya que así podrá conciliar su vida profesional con la vida personal, de forma más saludable y sencilla, lo que promoverá un estilo de vida caracterizado por un buen nivel de *Work-Life-Balance.*

4.3. Desventajas

Aunque posee una menor visibilidad, el régimen del trabajo a la distancia tiene desventajas que no merecen ser olvidadas, sino que deben ser ponderadas y analizadas para el encuentro de un equilibrio con sus principales ventajas, arriba destacadas.

Por lo tanto, las desventajas básicas del trabajo remoto pueden resumirse en las siguientes afirmaciones:

a. Dado que no está cerca —físicamente— al empleador o superior jerárquico, resultando en un menor control y supervisión, el trabajador remoto podrá ver aumentado el riesgo de disminución de su productividad, aunque ello no pueda afirmarse como norma general aplicable a la totalidad de los trabajadores que ejercen su actividad fuera de las instalaciones o sedes del empleador;

b. En línea con la afirmación anterior, se producirá una pérdida de relación personal entre el empleador y el trabajador, lo que no solo aumentará la sensación de aislamiento de este último dentro de la empresa, como también la propia organización del trabajo sufrirá, por la falta o debilidad de los lazos personales entre los trabajadores y entre éstos y las jerarquías de la empresa

4.4. Teletrabajo en Portugal: Un año de experiencia

Aportando algunas trazas de lo que fue la experiencia del teletrabajo en Portugal, en menos de un año de vigencia, podemos concluir que: (i) la Ley nº 83/2021 de 6 de diciembre (que cambia el Código del Trabajo portugués) se queda por comprender la realidad del trabajo a distancia (*v.g.*, modelos híbridos, menos formales, más flexibles, con menos burocracia); (ii) dadas las excesivas formalidades prescritas por la ley, las empresas, tras la encuesta COVID-19, se mostraron reacias a adoptar planes de teletrabajo más amplios (prefiriendo soluciones más restringidas) —tornar la "solución teletrabajo" en un problema efectivo y con razón.

En primer lugar, el legislador ha adoptado una posición conservadora exacerbada que, en aras de proteger al trabajador acaba por asfixiarlo en las exigencias de la comparación de nóminas del trabajador. Veamos. La adopción del legislador portugués al imponer una compensación del teletrabajador "hasta el último céntimo" es perjudicial para el propio teletrabajador, que se encuentra en un estado de prueba muy difícil o casi diabólica ya que requiere un registro constante de información a medio y largo plazo[21].

---

21 La técnica legislativa es cuestionable. Nos dice el artículo 168, nº 1 y 2: "[e]l empleador es responsable de proporcionar al trabajador los equipos y sistemas necesarios para la realización del trabajo y para la interacción trabajador-empleador, y en el acuerdo a que se refiere el artículo 166 se especificará si son suministrados directamente o adquiridos por el trabajador, con el acuerdo del empresario sobre sus características y precios (...) Se indemnizará íntegramente, a responsabilidad del empleador, todos los gastos adicionales en que incurra el trabajador como consecuencia directa de la adquisición o utilización de los equipos y sistemas informáticos o telemáticos necesarios para el desempeño del trabajo, en los términos del número anterior, incluidos los costes adicionales de energía y de la red instalada en el centro de trabajo en condiciones de velocidad compatibles con las necesidades del servicio de comunicaciones, así como los costes de mantenimiento de los mismos equipos y sistemas". Más, el nº 3 nos dice que: "[a] los efectos de este artículo, se consideran gastos adicionales los correspondientes a la adquisición de bienes y/o servicios de los que no disponía el trabaja-

En segundo lugar, ha impuesto diferentes obligaciones que resultan, por un lado, excesivas desde el punto de vista de la burocracia (y formalidad), asfixiando los medios de las compañías, a saber: (i) en lo que se refiere a la exigencia de asegurar sucesivas renovaciones, por limitaciones máximas de periodos de teletrabajo, de los acuerdos de teletrabajo (en su gran mayoría, dispares) [artículo 167, nº 2 del CT]; (ii) al exigir una exhaustiva comparación de los gastos del trabajador, junto con la dificultad de éste para hacer prueba (artículos 168, nº 1, 2 y 3 del CT); (iii) exigiendo exámenes médicos diferenciados en cuanto al tiempo en que se realizan, de conformidad con el artículo 170-A, nº 3 del CT, anualmente (por contraposición a la regla de 2 años para trabajadores comunes).

La oportunidad de cambiar los regímenes de acceso al teletrabajo —para la protección de los bienes sociales, en concreto (e incluso) con fines de protección penal— se desperdició.

De hecho, hoy existe una conversión al teletrabajo en los casos de violencia doméstica de los (las) trabajadores(as), cfr. artículo 166-A, nº 1, del CT. Había la oportunidad de modificar expresamente la ley para incluir los supuestos de "*stalking*" de trabajadores(as). Una solución para la que, a la vista de la inercia legislativa, mantenemos nuestra opinión de aplicar analógicamente el régimen de violencia doméstica para la protección de trabajadores(as).

Se trata de un fenómeno cada vez más relevante y que se está convirtiendo progresivamente en una sensibilidad del Derecho laboral, dado que la espera en el lugar o ubicación de trabajo es tradicionalmente un ejemplo de "*stalking*".

5. EL RÉGIMEN PORTUGUÉS DE VISADOS

5.1. Ley de los extranjeros en 2022

El pasado 25 de agosto, fue publicada en Diario de la República la Ley nº 18/2022[22], modificando por novena vez la Ley nº 23/2007, de 4 de julio, la cual establece el régimen jurídico de entrada, permanencia, salida y expulsión de extranjeros del territorio nacional, comúnmente denominada "Ley de los Extranjeros".

---

dor antes de la celebración del convenio a que se refiere el artículo 166, así como los determinados por comparación con los gastos homólogos del trabajador en el mismo mes del último año anterior a la aplicación de dicho acuerdo".

[22] Rectificada, el 21 de octubre, por la Declaración de Rectificación nº 27/2022.

Entre las principales innovaciones presentes en la dicha Ley aprobada en 2022 está la consagración de la nueva tipología de visados para individuos que buscan entrar en territorio nacional portugués con el objetivo de prestar trabajo, a personas con domicilio o sede fuera de Portugal, de manera remota (en adelante, "Visado para Nómadas Digitales")[23|24].

El legislador portugués aprobó dos modalidades de visados para la situación en cuestión, dependiendo de la duración de la estancia en territorio portugués:

a. Visado de estancia temporal, destinado a permitir la entrada y estancia en territorio nacional por período inferior a un año, dispuesto en el artículo 54, nº 1, letra i), de la Ley de los Extranjeros;

b. Visado de residencia, destinada a permitir a su titular la entrada en territorio portugués a fin de solicitar permiso de residencia, válido por un período de dos años, aunque renovable, dispuesto en el artículo 61-B de la Ley de los Extranjeros.

En ambos casos, después de la aprobación administrativa del visado o del permiso de residencia, su titular tendrá derecho al acompañamiento de familiares que se encuentren fuera del territorio portugués, que hayan vivido con él en otro país, que dependan de él o que convivan con él, independientemente del momento de realización de los vínculos familiares, con vistas a promover la reagrupación familiar del titular del visado.

Este nuevo régimen viene en línea con el programa gubernamental del actual ejecutivo, el cual afirmó como objetivo sustancial de su mandato, para promover el desarrollo económico y demográfico del país, la búsqueda de nuevos medios y posibilidades para una mayor apertura de la política de inmigración[25], siendo cierto que la iniciativa fue elogiada

---

23 Los principales cambios introducidos por la Ley 18/2022 son: (i) la creación del visado para la búsqueda de trabajo; (ii) la simplificación de los visados para los ciudadanos de los países miembros de la Comunidad de Países de Lengua Portuguesa; (iii) la eliminación de las cuotas para la atribución de visados para el ejercicio de actividad profesional subordinada; y (iv) la simplificación de los procedimientos administrativos y aumento de la validez de los visados y permisos de residencia.

24 En COLLINS, E. C., *op. cit.* y *loc. cit.* [Consulta 13/12/2022.]: "*[w]ith a digital nomad visa, workers can explore international destinations during the pandemic without competing with local people for jobs. Digital nomad visas also may initiate crucial economic recovery activity by heightening a country's international presence in the business and technology sectors and, in particular, moving smaller countries forward in those sectors*".

25 Programa del XXIII Gobierno Constitucional: "Portugal necesita la contribución de la inmigración para sostener su desarrollo económico y demográfico. Es necesario

y destacada como altamente positiva por institutos colaboradores en materia de política migratoria[26].

5.2. Las nuevas reglas acerca de los visados

Una apreciación global del régimen del Visado para Nómadas Digitales debe tener en cuenta, además de la Ley de los Extranjeros, con las modificaciones de la Ley nº 18/2022, el Decreto Reglamentario nº 4/2022, de 30 de septiembre, que modificó la Reglamentación de la Ley de los Extranjeros, aprobada inicialmente por el Decreto Reglamentario nº 84/2007, de 5 de noviembre.

Por lo tanto, aunque la Ley de los Extranjeros establezca cláusulas generales sobre la materia, su realización práctica se realiza teniendo mayoritariamente por base lo dispuesto en su reglamentación. Por lo tanto, la solicitud de visado —tanto temporal como de residencia— tiene como requisitos:

a. En caso de que el solicitante sea trabajador subordinado[27], deberá demostrarse la relación laboral, mediante (i) contrato de trabajo, (ii) promesa de contrato de trabajo, o (iii) declaración del empleador o del empleador que acredite la relación laboral[28];

---

proseguir con políticas de inmigración, que deben orientarse hacia una inmigración regulada e integrada, en pro del desarrollo y la sostenibilidad del país, no solo en el plano demográfico, sino también como expresión de un país tolerante, diverso y abierto al mundo" (traducción nuestra), disponible en: https://www.portugal.gov.pt/gc23/programa-do-governo-xviii/programa-do-governo-xviii-pdf.aspx?v=%C2%ABmlkvi%C2%BB=54f1146c-05ee-4f3a-be5c-b10f524d8cec [Consulta 9/12/2022].

26 Como puede verse en el Dictamen emitido por el Alto Comisionado para las Migraciones, clasificando las medidas como "muy positivas atento al hecho de que Portugal es cada vez más buscado por los llamados nómadas digitales". Disponible en: https://app.parlamento.pt/webutils/docs/doc.pdf?path=6148523063484d364c793968636d356c6443397a6158526c63793959566b786c5a793944543030764d554e425130524d5279394562324e316257567564447397a5357357059326c6864476c3259554e7662576c7a633246764c7a-4a69596a63354e6a59324c5745324e5445744e44526b4f533035595449784c57566a597a-4535596d557759325a6a4e7935775a47593d&fich=2bb79666-a651-44d9-9a21-ecc19be-0cfc7.pdf&Inline=true [Consulta 11/12/2022].

27 En el ordenamiento jurídico portugués es considerado trabajador subordinado a persona —singular— que se obliga, mediante retribución específica, a prestar su actividad a otra u otras personas, en el marco de su organización y bajo la autoridad de éstas.

28 Dado que las partes han celebrado el contrato en un país extranjero, se cuestiona la ley aplicable a la relación entre las partes. Visto el Reglamento (CE) nº 593/2008 del Parlamento Europeo y del Consejo, de 17 de junio de 2008 ("el Reglamento Roma I"), vinculante para Portugal, la ley aplicable será, en primer lugar, la elección de las partes, en segundo

b. En caso de que el solicitante ejerza una actividad profesional independiente, la prestación de servicios deberá acreditarse mediante (i) contrato de sociedad, (ii) contrato de servicios, (iii) oferta escrita de contrato de servicios o (iv) demostración de los servicios prestados a una o varias entidades;

c. En cualquier caso, el solicitante deberá obtener rendimientos medios mensuales —en los últimos tres meses contados en la fecha de la solicitud— de valor igual o superior a cuatro remuneraciones mínimas mensuales atribuidas en Portugal[29];

d. Finalmente, deberá certificar su residencia fiscal, mediante documento justificativo a tal efecto[30].

6. "EOR", "AOR" Y "PEO" EN PORTUGAL

6.1. Punto de situación

Los fenómenos de *Employer of Record* ("EoR")[31] están adquiriendo una dimensión considerable en la práctica empresarial de Portugal (y no se limita

---

lugar, la ley del país en el que el trabajador realiza habitualmente su trabajo y, en tercer lugar, la ley del país desde el cual el trabajador realiza habitualmente su trabajo. Cuando no haya sido posible determinar la ley aplicable sobre la base de las normas antes mencionadas, la relación se regirá por la ley del país en el que esté situado el establecimiento que haya contratado al trabajador y, si da lugar a un vínculo más estrecho con un país distinto del indicado, la ley de este país. En cualquier caso, la elección de la ley aplicable no priva al trabajador de la protección que le proporcionan las disposiciones no derogables por acuerdo, en virtud de la ley que le sería aplicable a falta de elección.

29 En la actualidad, la remuneración mínima mensual en Portugal es de 705 EUR, lo que da lugar a un valor mínimo necesario para el solicitante del visado de 2.820 EUR. Para el año 2023, se fijó el valor de 760 EUR como mínimo mensual, lo que resultará en un mínimo de 3.040 EUR para poder solicitar el visado para nómadas digitales.

30 Los miembros de la familia acompañantes del titular del visado para nómadas digitales solicitarán un visado para fines de acompañamiento, con (i) justificante de la relación familiar y (ii) prueba de la disponibilidad de recursos estables y regulares, suficientes para sus necesidades durante el período solicitado, no inferior a la retribución mínima mensual.

31 El "Empleador de Registro" es una entidad (por regla general, establecidos en el territorio de un país en el que vayan a celebrarse y ejecutarse el contrato) que se ocupa de las obligaciones normalmente asociadas a un empresario o compañía que: (i) negocia; (ii) contrata efectivamente; (iii) registra (a efectos fiscales y contributivos); [entre otros...], trabajadores, a solicitud de otra entidad (empresario o compañía que, por regla general, contrata un servicio especializado y seguro para los fines mencionados).

a la práctica empresarial extranjera en territorio nacional[32]), como consecuencia de la influencia del mercado mundial o global y de la apertura de diversos ordenamientos jurídicos a la inversión económica extranjera[33].

La contratación dentro de este tipo de fenómeno surge, en el punto de vista de las compañías internacionales, como alternativa: (i) a la celebración de contratos de prestación de servicios (contratación directa de proveedores de servicios) y como alternativa a la denominada externalización ("*outsourcing*") de profesionales; (ii) así como a la posible contratación por contrato de trabajo y registro de la compañía internacional en Portugal, de acuerdo con todas las formalidades de la ley portuguesa.

Adelante explicamos las dos posibilidades de contratación a través de "EoR", en Portugal, que son objeto de este punto[34].

Como tal, requiere un encuadramiento anterior adecuado de la figura, a nivel (i) conceptual; (ii) de su régimen; y (iii) de su naturaleza jurídica. Para que pueda establecerse cierta seguridad y estabilidad jurídica.

Dejando, sin embargo, un reto de derecho por constituir (*de jure condendo*), que pone de manifiesto la necesidad de establecer una ley reguladora expresa. Ello se debe, esencialmente, porque se plantean serias dudas sobre la determinación: (i) de la ley aplicable y la ley del tribunal competente; (ii) así como sobre el alcance de los deberes de información; y (iii) la delimitación del estatuto del empleador que se transfiere (en concreto, a nivel de las obligaciones que se transfieren y las que se mantienen en el "EoR")[35].

---

32 Ya existen servicios en Portugal, compañías constituidas en territorio portugués y a la luz de este marco jurídico, para prestar un servicio de contratación especializado y altamente cualificado a compañías extranjeras que no dispongan de tal dominio en el citado ámbito territorial. Sin embargo, las empresas portuguesas también están empezando a buscar otras oportunidades de contratación en el extranjero.

33 A diferencia de la situación anterior, en la que el Estado portugués promovía activamente la atracción de trabajadores e inversiones extranjeras a través de medidas legislativas, en este caso, esta práctica empresarial surge sin acompañamiento legislativo.

34 Estos modelos de "EoR" constituyen una alternativa en la medida en que permiten la contratación internacional, a distancia, sin necesidad de que la entidad esté registrada en la jurisdicción en la que tendrá lugar la contratación.

35 El mismo problema ocurre acerca de otras disciplinas funcionales al derecho del trabajo, como en el caso de la propiedad intelectual, cada vez más incorporada a los contratos de trabajo, *cfr.* MOURA VICENTE, D., *A tutela internacional do da propriedade intelectual*, 2.ª Ed., Almedina, 2019, pp. 396 y ss.; REMÉDIO MARQUES, J.P.F., *Direito processual civil da propriedade industrial*, Almedina, 2022, pp. 179 y ss.

No obstante, conviene hacer dos observaciones preliminares. La primera —que es intrínseco a la noción del fenómeno "EoR"— se refiere al carácter sumamente atípico del fenómeno (tanto jurídico o legal como social[36]), y la segunda se deriva del hecho de que ninguna ley regula específicamente este fenómeno (de carácter transfronterizo[37] o internacional[38]), lo que conduce a la aplicación (*mutatis mutandis*) de otros institutos que requieren precaución particular.

A pesar de las dificultades, a falta de comprenderlo mejor, intentamos definir este fenómeno como: (i) una contratación de un trabajador (nacional o extranjero); (ii) realizada por una persona intermediaria, en regla nacional del país donde tenga lugar la contratación (que actúa como empleador); y (iii) que garantiza la celebración y ejecución de un contrato de trabajo con el mismo trabajador. Por regla general, se asocia a situaciones jurídicas laborales de "ubicación plural-mundial" o internacionales.

Es común la referencia de que el intermediario asume la posición de "empleador formal", a paso de que la compañía contratante asume la toga de "empleador material", delante del trabajador.

Así, asume un posicionamiento triangular, en el plano de las relaciones jurídicas —véase *infra*

---

36 Si no hay ley aplicable, no hay por tanto nomenclatura jurídica (*nomen juris*) ni requisitos prescritos por la ley. Del mismo modo, no existe un régimen jurídico que determine o limite la actuación de los "EoR", por lo que los comportamientos de la práctica empresarial han sido variados-aquí sólo pretendemos explorar algunas de las que han constituido la mayor parte de la práctica. Acerca del tipo contractual legal y social, *cfr.* PAIS DE VASCONCELOS, P. y PAIS de VASCONCELOS, P.L., *Teoria geral do Direito civil*, 9.ª Ed., Almedina, 2019, pp. 530 y ss.

37 Al haber importado esta figura del extranjero al territorio portugués, las influencias son también de lo más variadas.

38 El contrato laboral internacional es una figura especialmente destacada en este curso. Nos remitimos a su debida concreción, sin perjuicio de los aspectos más destacados a los que dejaremos constancia. Cfr. MOURA RAMOS, R.M., "*A lei aplicável ao contrato individual de trabalho na jurisprudência do Tribunal de Justiça da União Europeia*" en *Direito e Justiça, Estudos Dedicados ao Professor Doutor Bernardo da Gama Lobo Xavier*, Vol. III, *Universidade Católica Editora*, 2015, pp. 441-478; CARVALHO MARTINS, D., *Mobilidade de trabalhadores no âmbito da UE: Lei aplicável, destacamento e competência internacional*, Documentación Laboral, 2015, pp. 95-117.
En la jurisprudencia, *vid.* Acuerdo del STJ de 12.05.2016 (PINTO HESPANHOL), proc. 2998/14.2TTLSB.L1.S1; y Acuerdo del TRL de 04.11.2015 (LEOPOLDO SOARES), proc. 2998.14.2TTLSB.L1-4, todos disponibles en http://www.dgsi.pt/.

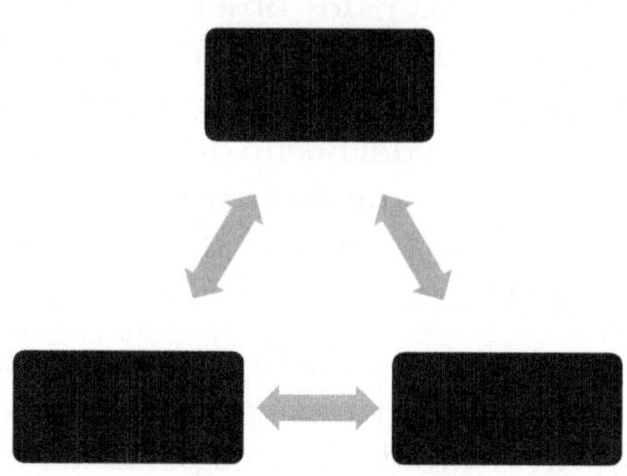

Desde el punto de vista del régimen aplicable, a falta de ley expresa[39], se imponen dos perspectivas generales, sin perjuicio de las debidas especificaciones según el caso.

Son destacables dos (de entre otras) soluciones, con base en el trabajo temporal y en las prestaciones de servicio altamente atípicas, tal como se caracterizan.

El primer enfoque consiste en aplicar el régimen de trabajo temporal constituyendo la "EoR" como una empresa de trabajo temporal ("ETT"), cfr. artículos 172 y siguientes del Código de Trabajo portugués (CT), así como del Decreto-Ley nº 260/2009, 25 de septiembre[40].

Existen algunas similitudes que justifican este primer enfoque, a saber: (i) debido a la relación triangular establecida [la ETT ("EoR"), el utilizador (compañía contratante) y el trabajador]; (ii) con un contrato de prestación de servicios (a título oneroso) entre las compañías (ETT y utiliza-

39 Curiosamente, la ley regladora del trabajo temporal anterior (Decreto-Ley 358/89) mencionaba brevemente el trabajo temporal realizado en el extranjero (artículo 12), *cfr.* MOREIRA, A.J., *Trabalho temporário, Regime juridico anotado,* 2ª Ed., Almedina, 2001, p. 42, ya señalaba que la solución potenciaba los escenarios de "nomadismo". Podemos enunciar un breve punto de comparación extranjera. En Alemania se aplica el *Arbeitnehmerüberlassungsgesetz-AÜG.* En Francia, el régimen de trabajo temporal francés (artículos 1251-1 hasta L 1255-18 del Código del Trabajo Francés) y el régimen *Portage* (artículos L1254-1 hasta L1254-31 del Código del Trabajo Francés). A similitud de España en que se aplica la Ley 14/1994, para el trabajo temporal. En Italia se aplica los Decretos nº 276/2003 y nº 81/2015, para el "*contratto di somministrazione*". El régimen de Holanda, no obstante, refiere su aplicación en el Código Civil holandés (artículo 7:692) y en el *Waadi* a propósito de intermediarios (artículo 1, D).

40 *Cfr.* MONTEIRO FERNANDES, A., *Direito do trabalho, op. cit.*, 2022, pp. 213 y ss.

dor); (iii) la existencia de una cesión del trabajador entre compañías; y (iv) la inserción del trabajador en otra organización, con la división de las posiciones jurídicas de las compañías, como empleadores (ETT y utilizador).

Sin embargo, existen diferencias significativas, entre las que destacan las siguientes: (i) mientras que en el trabajo temporal se trata de relaciones laborales de carácter transitorio (asociadas a contratos de trabajo a plazo fijo), precarias y marcadas por una base (justificación) específica, en el trabajo (de o buscado por) "EoR" lo que está en juego es la búsqueda de una relación laboral duradera, especializada y altamente cualificada; (ii) además, es la empresa contratante (empleador material) y no el "EoR" (entidad formal) quien realiza la elección concreta (elección final) del trabajador (candidato), mientras que esta tarea correspondería normalmente al ETT en el caso del trabajo temporal.

Cabe señalar que el instituto del trabajo temporal está pensado para un desdoblamiento de la figura del empleador con naturalezas que, en su génesis, no tomaron como paradigma el trabajo en "EoR". El trabajo temporal está configurado para el trabajo nacional y no contempla una disposición relativa a los contratos de trabajo internacionales[41].

Además, el trabajo temporal está orientado a la protección de los trabajadores más precarios, de cualificación media o baja. La relación de trabajo temporal se basa, por tanto, en la protección contra la precariedad del trabajo transitorio o de corta duración.

El régimen de trabajo temporal, de derecho laboral, tiende a ser más formal, rígido (o incluso limitado), lento y costoso para la entidad que desea contratar en Portugal, bajo este régimen[42]. Sin embargo, se ha presentado como una solución más segura desde el punto de vista de las conse-

---

41 Tanto es así que las propias normas sancionadoras sólo están previstas para las empresas nacionales (competencia territorial de la autoridad de control). Por lo tanto, las empresas extranjeras que puedan entrar en un escenario de trabajo temporal ilícito no parecen estar penalizadas en términos de sanciones administrativas. Por ejemplo, el artículo 173, nº 7 del CT.

42 La adopción del "EoR", por este régimen, impone varios plazos que deben tenerse en cuenta [*v.gr.*, artículos 175, nº 2 y 5 (admisibilidad del contrato de trabajo temporal, 12 meses para actividad excepcional de la compañía), artículo 178, nº 2 (duración del contrato de utilización trabajo temporal, 6 o 12 meses o 2 años), artículo 182, nº 4 (duración del contrato de trabajo temporal, 6 o 12 meses o 2 años), todos del CT]. La adopción del "EoR", por este régimen, impone, también, trámites o formalidades, así como la obtención de una licencia o autorización administrativa por IEFP (*Instituto do Emprego e Formação Profissional)* y respectivo registro, prescribiendo, además, las entida-

cuencias y contingencias (sanciones administrativas). Por el momento, no existen resoluciones judiciales de Tribunales superiores que nos permitan un análisis más profundo desde el punto de vista decisional[43].

La aplicación de este tipo de régimen pretende, desde el principio, superar cualquier riesgo o eventualidad de fraude de ley. Sin embargo, el argumento del fraude parece debilitarse por las características ya *supra* evidenciadas, dado que el trabajador contratado a través de "EoR", por regla general, no se encuentra en la misma posición de debilidad que el trabajador temporal[44].

Se verá con más claridad, *infra*, la segunda opción.

En un segundo modo (o secundo régimen), por aplicación del régimen contractual del contrato de servicios[45] [hay quién aboga la aplicación de los artículos 443 y siguientes del Código Civil portugués (CC)] —es un caso que merece los debidos apuntamientos y estudio, en determinados casos puede justificarse; con el régimen civil, el "EoR" actúa como consultor especializado o cualificado para otras compañías. Algunas compañías pueden encontrar, prontamente, una gran dificultad en compatibilizar esa solución con la determinación de cedencia ilícita o ilegal. En este caso, será el tercero quien asuma el verdadero papel de empleador (material) y se le otorgará el estatuto necesario.

Existe, en base a ello, un compuesto de argumentos que, por el contrario, garantizan un plan paradigmático de control normativo (*compliance* laboral)[46|47] si se considera que un "EoR" existe como empresa de consul-

---

des que deben hacer estas menciones en todos los contratos de trabajo temporal, cfr. artículo 173, nº 1 y 3, 177, nº 1, a), 181 nº 1, a), 183, nº 1, a), todos del CT.

43 No obstante, se puede establecer un paralelismo con el Acuerdo del STJ de 20.06.1996 (LOUREIRO PIPA), proc. JSTJ00030039, disponible (solo en sumario) en http://www.dgsi.pt, que pone de relieve la simulación contractual, al celebrar un contrato de comisión (mercantil) en detrimento de un contrato de trabajo al que podemos adaptarnos, en contraste con el sistema de trabajo temporal ilegal, o encubierto.

44 Según GOMES REDINHA, M.R., *A relação laboral fragmentada: estudo sobre o trabalho temporário, Stvdia Ivridica 12, Coimbra Editora, Universidade Coimbra,* 1995, p. 123, la protección de los trabajadores en el marco de la cesión temporal de trabajadores consiste en prevenir los comportamientos potencialmente abusivos de los empresarios que hacen proliferar el trabajo temporal; que amenazan la seguridad en el empleo y favorecen el fenómeno del "vagabundeo profesional".

45 Es un contrato en el que una de las partes —el promitente— se obliga frente a la otra (el estipulante) a realizar una prestación a favor de otra parte, ajena al negocio (el tercero).

46 Acerca, DRAY, G., *Corporate social responsibility & labour compliance,* RIT, Nº 1, A. 1, 2021, pp. 837 y ss.

47 Por tanto, puede erigirse en un instrumento especialmente pertinente para el pleno cumplimiento de todos los requisitos subyacentes al contrato de trabajo internacional.

toría, especializada o cualificada en la contratación por cuenta ajena. Esto se debe a que dicha empresa especializada o cualificada garantizará: (i) el correcto registro ante la autoridad fiscal, la seguridad social y la adhesión a los fondos; (ii) cumplirá a lo largo de la ejecución del contrato con todas las obligaciones inherentes a la "*payroll*" (nómina); (iii) informa de las regulaciones internas obligatorias e informaciones que deben ser prestadas o fijadas en la ubicación de trabajo; (iv) informa de otros requisitos de *compliance* comercial e de trabajo.

En términos de análisis económico, se garantiza un óptimo de eficiencia dentro del mercado laboral, en la asignación de esfuerzos, potencializando contrataciones más adecuadas y tendentes a acercarse (en cuanto al perfil del candidato) al interés empresarial de cada compañía, en la gestión de sus recursos humanos.

Por un lado, garantiza la eficacia y racionalización de los procesos de contratación. Por otro lado, dinamiza el mercado laboral más cualificado, junto con la valorización de los perfiles de los trabajadores a nivel nacional e internacional.

En sentido estricto, el "EoR" aparece como un auxiliar del empleador material, en un régimen similar a la externalización (*outsourcing*), que acompaña la vida laboral de todos los trabajadores contratados dentro de este fenómeno. Un régimen de "EoR", elaborado de acuerdo con los fines antes mencionados; con mejora, además, del cumplimiento normativo en conformidad con las directrices europeas, concretamente en lo que respecta al mercado único, la libre circulación de personas y mercancías y, sobre todo, la movilidad laboral internacional.

El Acuerdo de STJ de 12.05.2016 (PINTO HESPANHOL), proc. 2998/14.2TTLSB.L1.S1, disponible en http://www.dgsi.pt, nos recuerda que el Código de Trabajo portugués puede imponer su interpretación-aplicación en determinadas materias, a saber, cuando se trata de normas imperativas. Y el artículo 6 del CC también nos dice que "[l]a ignorancia o interpretación errónea de la ley no justificará su incumplimiento, ni eximirá de las sanciones previstas en ella".

En este caso, imaginando el escenario de una empresa extranjera que pretende tener una actividad laboral en Portugal: ¿no estaría justificado determinar un "EoR" especializado y cualificado, máxime cuando en la "*due diligence*" (DD), la empresa internacional asume el compromiso de cumplir la normativa elaborada en Portugal? (v.g., contra el incumplimiento ante las autoridades administrativas del Estado, reduciendo también los riesgos de acoso o trato discriminatorio entre trabajadores). De hecho, ¿no sería una forma de aumentar el cumplimiento de la normativa, generando más bienestar social para los propios trabajadores?

Estas máximas no parecen cumplirse —de lo contrario— en la determinación por el régimen de empresas de trabajo temporal. No obstante, en nuestra opinión, ambas soluciones son posibles. Todo dependerá de cómo se establezca la relación "triangular", entre compañías y trabajadores. En particular, sobre "quién" asume la "toga" de empleador material.

Un "AoR" ("*Agent of Record*") actúa de forma muy similar a un "EoR", sin embargo, se contrata como prestador de servicios [puede adoptar la forma de un contrato de comisión mercantil, cfr. art. 266 del Código Comercial portugués (C. Com.)[48]]. Este régimen es sustancialmente diferente, ya que el proveedor de servicios contratado está obligado a contratar a otros proveedores de servicios (contratistas independientes).

La *supra* citada decisión [Ac. del STJ de 20.06.1996 (Loureiro Pipa), proc. JSTJ00030039, disponible (solo en sumario) en http://www.dgsi.pt] destaca los riesgos asociados a la determinación por "AoR" (riesgo de cualificación del "AoR" o de los proveedores de servicios contratados por el "AoR"). En esta decisión estaba en crisis la cualificación de un contrato de "comisión comercial". El criterio predominante, utilizado de nuevo, fue el de la subordinación jurídica, cfr. el actual artículo 12 del CT.

El "PEO" ("*Professional Employer Organization*") es un modelo similar a "EoR", adaptado o diferenciado, y constituye un servicio externo[49]. De este modo, proporciona apoyo y asesoramiento en la contratación de trabajadores. Al igual que el "EoR", este modelo está especialmente orientado a apoyar la contratación remota o a larga distancia a escala mundial. No obstante, un "PEO" exige, a diferencia del "EoR", que las compañías sean registradas en el país donde tiene lugar la contratación.

Otro rasgo distintivo del "PEO" es que este modelo supone que sus clientes "comparten" trabajadores ("*co-employment*"), lo que puede generar algunos problemas en el ordenamiento portugués debido a requisitos formales y reglas proprias de responsabilidad[50/51]. El papel del "PEO" será agregar alos trabaja-

---

[48] De entrada, si se aplica este régimen, el mandante (comitente) tiene poder de gestión para actuar y contratar.

[49] En estos casos, también se prestan servicios de apoyo en materia de fiscalidad, seguridad social y formación profesional de los trabajadores.

[50] Esta figura, en sentido estricto, comparte los riesgos comerciales (el acto de contratar trabajadores), ya que el acto de contratar trabajadores es un acto comercial, *cfr.* artículos 2 y 4 del C. Com. Hay que tener en cuenta que la figura de la pluralidad de empleadores está regulada en el CT, *cfr.* artículo 101, nº 1 del CT: "[e]l trabajador puede aceptar trabajar para varios empresarios entre los que exista una relación societaria de participación recíproca, de dominio o de grupo, o que tengan estructu-

ras organizativas comunes". El presente contrato está sujeto a la forma escrita y a las especificaciones obligatorias (nº 2) y los empleadores responden solidariamente del cumplimiento de las obligaciones derivadas del contrato de trabajo, cuyo acreedor es el trabajador o un tercero. El régimen de responsabilidad se refuerza aún más, sobre la base del "controvertido" artículo 334 del CT: "[d]e la reclamación derivada de un contrato de trabajo, o de su incumplimiento o extinción, que lleve vencida más de tres meses, responden solidariamente el empresario y la empresa en relación de participación recíproca, dominio o grupo, en los términos de los artículos 481 y siguientes del Código de Sociedades Comerciales (CSC)". Según el Ac. del Tribunal Constitucional portugués (TC), nº 272/2021, disponible en www.tribunalconstitucional.pt, ""la inconstitucionalidad, con fuerza general obligatoria, de la interpretación conjunta de las normas contenidas en el artículo 334 del Código del Trabajo y en el artículo 481, nº 2, frase introductoria, del Código de Sociedades Comerciales, en la parte en que impide la responsabilidad solidaria de una sociedad con sede fuera del territorio nacional, en relación de participación recíproca, dominio o de grupo con una sociedad portuguesa, por los créditos derivados de la relación de trabajo subordinado establecida con esta última, o de su ruptura". Esto significa que las empresas con sede fuera de Portugal, que mantienen una relación de participación recíproca, de dominio o de grupo con una empresa portuguesa, no están exentas de responsabilidad (solidaria) por créditos laborales, de incumplimiento o de rescisión (debida por más de 3 meses), siempre que el trabajador tenga una relación laboral con esta última. Esta es una solución que garantiza la posición del trabajador, operando un refuerzo material en el pago de los créditos laborales. De esta forma, se elimina un obstáculo o una inmunidad que se confería a las empresas con sede fuera del territorio nacional, pero que se encontraban en una relación de participaciones recíprocas, de dominio o de grupo con una empresa portuguesa. El Tribunal Constitucional ha aclarado así la dificultad de interpretación (y de aplicación concreta) resultante de la articulación entre las normas del Código de Trabajo y del Código de Sociedades Mercantiles. Mientras que el derecho laboral persigue un objetivo de garantía de los créditos del trabajador, en el universo de los grupos (regla general), el derecho mercantil-empresarial restringe el abanico de sujetos a los que responsabilizar (sólo empresas nacionales) [también regla general]. ¿Influencia (y riesgo) común, responsabilidad común? ¿Sólo para empresas con domicilio social en territorio nacional? ¿Y qué pasa con los otros que están en una relación de participaciones recíprocas, dominio o grupo con estos últimos? ¿Cuál es el motivo que sirve de base y que permite un trato diferenciado? ¿El trabajador sólo tiene más garantías en relación con las empresas con domicilio social en territorio nacional y que se encuentren en esa situación? El Tribunal no dio mayor peso al argumento de la atracción de inversiones extranjeras, no sólo por la falta de correspondencia con el concepto de empresas de capital extranjero, sino también por la situación material de desigualdad generada entre trabajadores en situación de igualdad y dignidad social. En este caso, el Tribunal estableció que es esencial conferir las mismas garantías salariales a la luz del principio de igualdad [artículo 13 de la Constitución de la República Portuguesa (CRP)]. Desde luego, no es un tema fácil. Esta decisión fue acompañada de declaraciones de opinión disidente—de los Jueces del Tribunal— basadas en los siguientes motivos (i) la existencia de una intención legislativa de conferir una mayor protección a los casos en los que existe un mayor contacto con el ordenamiento jurídico portugués (iii) la posibilidad de autolimitar la responsabilidad solidaria de las empresas vinculadas a nivel de jurisprudencia del Tribunal de Justicia de la Unión

dores, por entre empleadores, negociando sus condiciones contractuales (o incluso una protección social adicional).

Aunque menos pronunciada, esta modalidad puede generar otra preocupación jurídica y económica. Lo "PEO" se agregar trabajadores de clientes y actuar de un modo uniforme y agregado, en representación de diversas compañías, puede plantear dudas al nivel de decisiones conjuntas de compañías o decisiones de asociaciones de compañías, o un *H&S* ("*Hub-and-Spoke*") prohibido [artículos 101, nº 1, a), del Tratado de Funcionamiento de la Unión Europea (TFUE) 9, nº 1, a), de la Ley de Competencia portuguesa (LdC)] por fijación de salarios ("*wage-fixing*")[52|53]. Sin embargo, esta situación será difícil en la práctica, debido a la complejidad de las relaciones que deben establecerse y a la prueba de la colusión o de las prácticas concertadas. No obstante, se trata de una situación que merece un estudio y una incidencia oportunos, sobre todo teniendo en cuenta que lo "PEO" se comporta como un "director de recursos humanos" efectivo de una (o varias) compañía(s).

La naturaleza de cada una de estas figuras es, en nuestro creer, de dominancia civil o mercantil, en su esencia —una vez que se procura una solución muy cercana del *"outsourcing"*. Lo "EoR" cuando contracta con los utilizadores (en régimen de trabajo temporal), o con los empleadores materiales (en régimen de consultoría), esto es hecho como un contra-

---

Europea (TJUE) [y primacía del Derecho de la Unión Europea (UE)]; (iv) porque no tiene sentido abordar una cuestión de igualdad cuando el Derecho portugués no es aplicable a ambas situaciones (situaciones desiguales).

51 Acerca de la defesa de trabajadores frente a compañías comerciales extranjeras, *cfr.* VASCONCELOS, P.L.P., *Sociedades comerciais estrangeiras, o art. 4.º do Código das Sociedades Comerciais,* Almedina, Reimp. 2020, pp. 238-239. *V.*, artículos 4 del CSC, 13, nº 2 del Código del Proceso de Trabajo portugués (CPT), 13 del Código de Proceso Civil portugués (CPC) *ex vi* artículo 1, nº 2 del CPT. La protección frente a compañías comerciales extranjeras puede ser requerida por trabajadores o asociaciones sindicales.

52 Acerca de este fenómeno, *v.g.*, POSNER, E. A. and MARINESCU, I., *Why has antitrust law failed workers,* University of Chicago Law School, 2020, pp. 1343 y ss.; MASUR, J. S. and POSNER, E.A., *Horizontal collusion and parallel wage-setting in labor markets,* University of Chicago, Institute for Law and Economics, Nº 941, 2022. Disponible en: https://papers.ssrn.com/sol3/papers.cfm?abstract_id=4008687 [Consulta 13/12/2022].

53 En la práctica, sin embargo, se requiere (i) que exista colusión entre las distintas empresas; (ii) que intercambien información sensible desde el punto de vista comercial; y (iii) que establezcan condiciones contractuales uniformes (a nivel salarial y/o de prestaciones complementarias) para los trabajadores; (iv) que ello provoque cambios apreciables en el mercado laboral.

to de prestación de servicios. Entre estos sujetos, la contratación se opera siempre dentro de las normas civiles y mercantiles.

En la relación con el trabajador, ya sea por parte del "EoR" o de la empresa que lo utiliza, siempre cabe la posible interpretación-aplicación del artículo 12 del CT. El artículo 12 del CT es, así, un normativo esencial en la calificación de las relaciones de trabajo —no sólo para la determinación del empleador real, sino también para la determinación de relaciones laborales encubiertas o falsos proveedores de servicios. Lo mismo es decir para la contratación con el "AoR" y con las contrataciones (civiles o mercantiles) hechas por "AoR" en nombre de las compañías contratantes.

7. ALGUNAS CONSIDERACIONES FINALES

Es claro el cambio en el ordenamiento portugués, en la temática laboral. Por acción del Gobierno portugués, o por práctica de los agentes de mercado que actúan en territorio nacional y/o extranjero (por ejemplo, compañías comerciales extranjeras en actuación colaborativa con compañías nacionales).

Los nómadas (laborales o no) no tienen un régimen proprio, sin embargo, de la más reciente ley de inversión extranjera (y la creación de un visado proprio con el objetivo de "fijar" nómadas en Portugal), para que sea posible crear condiciones de mantener nómadas digitales en territorio nacional. La ausencia de régimen jurídico proprio potencializa la aplicación de regímenes aproximados que no san compatibles (*v.g.*, teletrabajo, trabajo remoto y trabajado a distancia).

Además, el teletrabajo en Portugal necesita mayor y más profunda adecuación de los modelos de trabajo a distancia, *v.g.*, en la determinación de trabajo "híbrido". En efecto, esto es un riesgo que motiva los agentes de mercado a modelos de trabajo alternativos y que pueden vulnerar derechos de trabajadores (por ejemplo, los fenómenos de falsos trabajadores autónomos).

Sin la acción del legislador del trabajo, se crean las posibilidades de interpretación-aplicación de otros institutos del derecho laboral, como es el caso del teletrabajo y de trabajo temporal para los nómadas y para los escenarios de "EoR" y otros similares.

Particularmente en el caso de "EoR", es posible clarear que lo régimen de trabajo temporal no es adecuado al modelo contractual y, más importante, puede vulnerar derechos de trabajadores (v.g., estabilidad, valoración de su especialidad y cualificación profesional).

Capítulo 14

Actuaciones autonómicas y medidas asistenciales para la atención de personas emigrantes retornadas: una visión desde Andalucía

RAQUEL VELA DÍAZ
Profesora Titular de Derecho del Trabajo y de la Seguridad Social
Universidad de Jaén

1. INTRODUCCIÓN: LA PUESTA EN MARCHA DE PROGRAMAS DE RETORNO PARA FOMENTAR EL REGRESO DE PERSONAS EMIGRANTES

Como consecuencia de los procesos de emigración vividos en Andalucía durante finales del siglo XX y especialmente durante parte del siglo XXI, y a pesar de que Andalucía se ha confirmado en los últimos años como tierra de acogida, todavía mantiene una importante población de origen andaluz residente en otros lugares de España y del extranjero. En la actualidad, alrededor de un millón trescientas mil personas de origen andaluz viven fuera de esta Comunidad Autónoma, de las cuales más de trescientas mil residen en el extranjero[1]. Su permanencia fuera de Andalucía ha contribuido a un fuerte desarrollo de su identidad y ha consolidado un importante fenómeno asociativo, viniendo a integrar la extensa red de comunidades andaluzas en el mundo.

A raíz de la crisis económica que comenzó a finales de la primera década del presente siglo, se produjo un importante descenso de los movimientos de inmigración hacia España y hacia Andalucía, y a su vez, un significativo aumento de los flujos de emigración de personas españolas y andaluzas al extranjero, especialmente entre los años 2009 y 2017, con un perfil predo-

---

1 Instituto de Estadística y Cartografía de Andalucía. Andaluces en el Exterior (2022). Disponible en: https://www.juntadeandalucia.es/institutodeestadisticaycartografia/andrestesp/index.htm.

minante de personas jóvenes que no habían encontrado un empleo estable ni de calidad en este país. No obstante, desde finales de la segunda década del siglo XXI se está produciendo un cambio en esta tendencia como consecuencia, entre otros factores, de la recuperación de la economía local, de la falta de perspectivas laborales o incluso de la existencia de problemas políticos en determinados países de acogida, como es el caso del Brexit en el Reino Unido. A ello hay que unir la puesta en marcha por parte de las Administraciones de diversas políticas públicas y ayudas en materia de retorno dirigidas a los nacionales que han emigrado al exterior.

No obstante, como ha apuntado un sector de la doctrina, la vertiente de retorno de la política migratoria es una de las corrientes menos analizadas, entre otras cuestiones, por el menor número de personas afectadas por un proyecto de retorno en comparación con las que emigran o inmigran, lo que también ha supuesto un menor interés político y científico por este ámbito de la política migratoria. El efecto combinado de estas circunstancias explica en parte el "olvido" que durante mucho tiempo ha mostrado nuestra política y doctrina científica frente a esta realidad y al mismo tiempo, pone de manifiesto el reto que supone acercarse a la misma, con el fin de entender el proceso migratorio de retorno, las motivaciones que subyacen al mismo y los obstáculos y dificultades que conlleva para sus protagonistas. Todo ello con el propósito de acompañar en todo este complejo proceso a los nacionales que deciden regresar a nuestro país tras su experiencia en el exterior[2].

En la Resolución de 27 de marzo de 2019, de la Secretaría de Estado de Migraciones, por la que se publica el Acuerdo del Consejo de Ministros de 22 de marzo de 2019, se aprobó el Plan de Retorno a España[3]. El objetivo de dicho Plan se orienta a "hacer de España un país para volver, un país atractivo para desarrollar un proyecto de vida personal y profesional". Se ha pretendido así fomentar el retorno de personas emigrantes a España en las mejores condiciones y facilitar su proceso de vuelta. Para ello, el Plan ha recogido 50 medidas impulsadas por diez ministerios diferentes que en muchos casos han requerido la cooperación institucional de Comunidades Autónomas y Ayuntamientos, así como de las asociaciones de emigrantes retornados y de los agentes sociales. Sus iniciativas se reparten en seis cate-

---

[2] MOLINA HERMOSILLA, O.: "Hacia la conformación de una política integral de retorno de emigrantes con talento", *Revista General de Derecho del Trabajo y de la Seguridad Social*, 61, 2022, 154.

[3] BOE núm. 77, de 30 de marzo de 2019.

gorías, de las que dos de ellas se dirigen a las personas emigrantes retornadas en los siguientes términos:

– Apoyo para definir un proyecto profesional: se trata de un conjunto de medidas centradas en conectar a la persona emigrante retornada con el mundo laboral, a través de formación, asesoramiento, incentivos para las empresas que contraten trabajadores emigrantes o para que ellos mismos emprendan, facilidades para optar al empleo público o recursos concretos para fomentar el regreso de investigadores y científicos.

– Ayuda para planificar el retorno e instalarse en España: entre estas medidas se incluyen una ventanilla única para trámites y permisos, una bonificación en la cuota de autónomos, la mejora del registro consular, asesoramiento en la búsqueda de vivienda o programas específicos para el asentamiento de las familias de las personas retornadas.

El citado Plan de Retorno a España también está compuesto por acciones para la creación de un ambiente positivo para el retorno, el acompañamiento psicológico del proceso migratorio y la creación de espacios para la participación. No obstante, tal y como han señalado algunos estudios, se trata de un plan "plagado de buenas intenciones y proyectos para el futuro", pero que no ha cumplido todas las expectativas que había suscitado[4].

En esta misma línea, la Guía del Retorno publicada por la Dirección General de Migraciones recoge todos los trámites previos y posteriores al retorno, la posibilidad de acceso a la prestación y subsidio por desempleo y al programa de renta activa de inserción, las diversas ayudas para los emigrantes retornados, así como el acceso a la asistencia sanitaria, pensiones y otras formas de protección social[5]. Algunas CCAA han publicado también sus propias Guías de retorno, ofreciendo así información complementaria a esta Guía General, que se circunscriben al ámbito de sus respectivas competencias autonómicas.

---

4 GARCÍA VALVERDE, Mª D.: "El retorno de trabajadores emigrantes españoles en tiempos de Covid", *El Notario del siglo XXI*, 99 (2021) [en línea]: https://www.elnotario.es/hemeroteca/revista-99/10927-el-retorno-de-trabajadores-emigrantes-espanoles-en-tiempos-de-covid.

5 MINISTERIO DE INCLUSIÓN, SEGURIDAD SOCIAL Y MIGRACIONES: *Guía del Retorno*, Subdirección General de la Ciudadanía Española en el Exterior y Políticas de Retorno. Disponible en: https://ciudadaniaexterior.inclusion.gob.es/web/ciudadania/guia-de-retorno.

Asimismo, el Plan de Choque por el Empleo Joven 2019-2021[6] incluyó entre sus medidas "Programas de retorno de talento y de apoyo a la movilidad" dirigidos a personas jóvenes en el exterior, orientadas al apoyo a la contratación, al autoempleo, ayudas para gastos de desplazamiento y de primer alojamiento, así como un proceso de acompañamiento. Estas medidas se han promovido desde el ámbito del empleo y por las administraciones competentes de las Comunidades Autónomas, con la participación del Instituto de la Juventud y entidades que trabajan con las personas trabajadoras que desean retornar a España. Se incluye la constitución de redes de apoyo de asistencia a los trabajadores retornados, con puntos únicos de información, intercambio de experiencias, recursos disponibles para apoyar el retorno, ofertas de empleo, documentación administrativa y toda información que pueda ser de interés para los jóvenes que quieran volver a España. Se ha pretendido también potenciar la participación activa en dicha red de las empresas interesadas en atraer talento de jóvenes en el extranjero con ofertas de empleo de calidad.

En el marco de la política de retorno de emigrantes y la atracción del talento global en Andalucía, este capítulo aborda las actuaciones autonómicas y las medidas asistenciales para la atención y la acogida de las personas emigrantes retornadas por parte de los agentes implicados en la Comunidad Autónoma andaluza.

2. MARCO NORMATIVO PARA EL RETORNO DE PERSONAS EMIGRANTES EN ESPAÑA Y ANDALUCÍA

2.1. La necesaria coordinación en materia de retorno entre el Estado y las Comunidades Autónomas: las directrices de la Ley 40/2006, del Estatuto de la Ciudadanía Española en el Exterior

Poner en marcha un proyecto migratorio supone un aprendizaje personal y profesional, y optar por esta opción debe ser una decisión voluntaria y no forzada por las circunstancias. Pese a ello, desde las propias administraciones públicas se debe acompañar el proceso migratorio con herramientas para que sea lo más positivo posible, facilitando además en cada

[6] Resolución de 7 de diciembre de 2018, de la Secretaría de Estado de Empleo, por la que se publica el Acuerdo del Consejo de ministros de 7 de diciembre, por el que se aprueba el Plan de Choque por el Empleo Joven 2019-2021. BOE núm. 296, de 8 de diciembre de 2018.

momento la posibilidad de retorno de las personas que decidan volver a España. Por ello, resulta de especial trascendencia instaurar medidas de atención a dichas personas una vez que han retornado, tratándose de un cometido recogido tanto en la Constitución Española, como en la legislación estatal y autonómica[7].

A este respecto, el art. 42 CE, que está incluido entre los principios rectores de la política social y económica abarca dos vertientes. En primer lugar, encomienda al Estado velar por los derechos de los trabajadores españoles en el extranjero, tanto económicos como sociales. En segundo lugar, hace una indicación específica de que el Estado debe orientar su política hacia el retorno de dichas personas.

Por su parte y en línea con esta orientación marcada, la Ley 40/2006, de 14 de diciembre, del Estatuto de la ciudadanía española en el exterior, se configura, por un lado, como el marco jurídico que garantiza a la ciudadanía española residente en el exterior el ejercicio de sus derechos y deberes constitucionales, en términos de igualdad con las personas residentes en España; y por otro lado, y en cumplimiento del citado art. 42 CE, indica la necesidad de establecer una "política integral de emigración y de retorno", no sólo para salvaguardar los derechos económicos y sociales de las personas emigrantes, de las personas exiliadas y de las descendientes de ambas, sino para facilitar también la integración social y laboral de las personas retornadas[8].

De igual modo y desde una perspectiva autonómica, el Estatuto de la Ciudadanía Española en el Exterior constituye también el marco básico para establecer el deber de cooperación entre el Estado y las Comunidades Autónomas, y los mecanismos necesarios para la coordinación de sus actuaciones, en colaboración con la Administración Local, con los agentes sociales y con las organizaciones y asociaciones de personas emigrantes, exiliadas y retornadas. Así, de acuerdo con su Exposición de motivos, el Estatuto configura, en materia de retorno, el marco de cooperación de las Administraciones Públicas que permita coordinar sus actuaciones para un

---

7 A nivel internacional, tanto en la Declaración Universal de Derechos Humanos (art. 13.2), como en el Pacto Internacional de Derechos Civiles y Políticos de 1966 (art. 12), viene reconocido el derecho de retorno.

8 Un estudio exhaustivo de la norma en AA.VV., SEMPERE NAVARRO, A.V. (dir.) y BENLLOCH SANZ, P. (coord.): *El Estatuto de la Ciudadanía Española en el Exterior. Comentarios a la Ley 40/2006, de 14 de diciembre, del Estatuto de la Ciudadanía Española en el Exterior*, Aranzadi, Thomson Reuters, Cizur Menor, 2009.

mejor y más eficaz aprovechamiento de los recursos públicos, garantizando el regreso a España en las condiciones más favorables.

Para ello, el Título II de dicho Estatuto regula la política integral en materia de retorno, configurándose el mismo, de acuerdo con el art. 3 g) como uno de los objetivos fundamentales de la norma en los siguientes términos: "*Configurar conjuntamente con las Comunidades Autónomas, el marco en que deberán desarrollarse las actuaciones en materia de retorno para facilitar la integración social, cultural y laboral de los españoles que decidan regresar a España*".

Entre las directrices de puesta en marcha de políticas de retorno por parte de las Comunidades Autónomas contenidas en el Título II del Estatuto de la Ciudadanía Española en el Exterior (arts. 26 a 28), cabe destacar las siguientes:

– El Estado en colaboración con las Comunidades Autónomas y las Corporaciones Locales, promoverá una política integral para facilitar el retorno de los españoles de origen residentes en el exterior, coordinando sus actuaciones para que la integración social y laboral de los españoles que retornen se realice en las condiciones más favorables.

– Las Comunidades Autónomas y las corporaciones locales podrán crear en sus respectivos territorios entes o agencias para facilitar la orientación y el asesoramiento a las personas españolas que decidan retornar. Para ello, las Administraciones afectadas intercambiarán la información que resulte pertinente a esos efectos.

– El Estado y las Comunidades Autónomas promoverán el desarrollo de un servicio específico, que planifique acciones de información, orientación y asesoramiento encaminadas a facilitar la inserción social y laboral de los españoles retornados, a través de los correspondientes programas de ayudas o de convenios con entidades públicas o privadas.

Además y de conformidad con el art. 31 del Estatuto de la Ciudadanía Española en el Exterior, todo lo anterior deberá llevarse a cabo mediante una adecuada coordinación de las actuaciones entre las distintas Administraciones Públicas competentes, con el fin de conseguir la complementariedad de las mismas, evitando la duplicidad de programas y medidas de apoyo dirigidas a las personas españolas retornadas.

2.2. El Estatuto de Autonomía para Andalucía

En relación con la tutela de la persona andaluza que emigra al extranjero y con la finalidad de mejorar sus condiciones de vida y facilitar su retorno voluntario, la política autonómica en esa materia se proyecta también en los títulos que tiene atribuidos en su correspondiente Estatuto de Autonomía y en las políticas de desarrollo de este, entre cuyos destinatarios se encuentra el ciudadano andaluz que reside en el exterior.

Ello implica que en el momento actual, no se puede analizar la emigración española sin tener en cuenta las funciones y competencias de las Comunidades Autónomas, que con independencia de la mayor o menor incidencia de este colectivo en su territorio, deben detraer parte de sus recursos para organizar y planificar servicios dirigidos a estas personas[9].

Respecto a la condición de persona andaluza, el art. 5.2 de la Ley Orgánica 2/2007, de 19 de marzo, de reforma del Estatuto de Autonomía para Andalucía señala que como andaluces y andaluzas, gozan de los derechos políticos definidos en este Estatuto "*los ciudadanos españoles residentes en el extranjero que hayan tenido la última vecindad administrativa en Andalucía y acrediten esta condición en el correspondiente Consulado de España*". Del mismo modo, gozarán también de estos derechos sus descendientes inscritos como españoles, si así lo solicitan, en la forma que determine la ley del Estado.

En esta misma línea y en relación con la población andaluza residente en el exterior, el art. 6 del Estatuto de Autonomía para Andalucía establece que las personas andaluzas tendrán derecho a participar en la vida del pueblo andaluz y a compartirla, en los términos que, en cada caso, establezcan las leyes. Asimismo, las comunidades andaluzas asentadas fuera de Andalucía podrán solicitar el reconocimiento de la identidad andaluza, con los efectos que dispongan las leyes. Por su parte, la Comunidad Autónoma podrá formalizar acuerdos con las instituciones públicas y privadas de los territorios y países donde se encuentren, o instar al Estado a suscribir tratados internacionales.

Cabe destacar que entre los objetivos básicos recogidos en el art. 10 de dicho Estatuto de Autonomía, la Comunidad Autónoma de Andalucía promoverá las condiciones para que la libertad y la igualdad del individuo y de los grupos en que se integra sean reales y efectivas; removerá los obstáculos que impidan o dificulten su plenitud y fomentará la calidad de la democracia facilitando la participación de todos los andaluces en la vida política, económica, cultural y social. A tales efectos, adoptará todas las

---

9 BURGOS GOYE, Mª C.: "El papel de las Comunidades Autónomas en el apoyo a la emigración española", en *Nuevas políticas jurídicas para el cambio migratorio. Tutela jurídico-social de los trabajadores emigrantes,* AA.VV., Fernández Avilés, J.A. (dir.), Durán Bernardino, M. (coord.), Aranzadi, Cizur Menor, 2017, p. 306.

medidas de acción positiva que resulten necesarias, entre ellas, "la creación de las condiciones adecuadas para hacer posible el retorno de las personas andaluzas en el exterior".

En este sentido, debemos mencionar que ya desde el Estatuto de Autonomía de Andalucía de 1981 se incluía entre los objetivos básicos de la Comunidad Autónoma la creación de las condiciones indispensables para hacer posible el retorno de las personas emigrantes.

Dicho compromiso se ha mantenido tras la reforma estatutaria mediante Ley Orgánica 2/2007, de 19 de marzo, de reforma del Estatuto de Autonomía para Andalucía, cuyo art. 10.3.6° establece como uno de los objetivos básicos "*la creación de las condiciones indispensables para hacer posible el retorno de los andaluces en el exterior que lo deseen y para que contribuyan con su trabajo al bienestar colectivo del pueblo andaluz*".

2.3. El fomento del retorno de emigrantes andaluces como uno de los objetivos de la Ley 8/2006, de 24 de octubre, del Estatuto de los andaluces en el mundo

La Ley 8/2006, de 24 de octubre, del Estatuto de los andaluces en el mundo, sistematiza el conjunto de prestaciones y derechos que la Administración autonómica reconoce a las personas andaluzas en el exterior, las personas de origen andaluz, las comunidades andaluzas y las personas retornadas a Andalucía, señalando expresamente en su artículo 4 b) que las instituciones públicas andaluzas encauzarán sus actuaciones para la satisfacción del objetivo de "*promover medidas especiales que hagan posible el regreso a Andalucía de los andaluces en el exterior y personas de origen andaluz, así como contribuir al fortalecimiento de los colectivos andaluces de emigrantes retornados y la eficacia de su acción asociativa*". En esta línea de actuación, el tenor literal del artículo 15 del citado Estatuto establece que "*la Administración de la Junta de Andalucía, en el ámbito de sus competencias, desarrollará actuaciones específicas para facilitar el regreso y la integración social de las personas retornadas*".

Por su parte, en desarrollo de lo establecido en el art. 42 CE y en el art. 10.3.6° del Estatuto de Autonomía para Andalucía, el título V del Estatuto de los andaluces en el mundo establece diversas medidas sociales para facilitar el retorno de los andaluces residentes en el exterior de Andalucía, reconociéndose el importante papel desarrollado por las asociaciones andaluzas de emigrantes retornados.

Entre las medidas dirigidas a facilitar el retorno, el art. 49 señala expresamente las siguientes:

a. Programas especiales que faciliten el establecimiento de todo tipo de empresas creadas por las personas retornadas.

b. Establecer incentivos para aquellas empresas que contraten a personas retornadas. Estos incentivos podrán comprender planes de formación profesional específicos.

c. Establecer facilidades para estudiantes andaluces en el exterior y personas de origen andaluz que decidan cursar estudios en Andalucía.

d. Promover el retorno del personal investigador para que desarrolle sus proyectos en Andalucía.

El art. 50 del citado Estatuto señala también la posibilidad de adoptar medidas para facilitar la orientación y el asesoramiento a las personas andaluzas que decidan retornar, estableciéndose para ello los medios y recursos materiales y tecnológicos necesarios para integrar toda la información relativa a las normas, procedimientos administrativos y medidas de apoyo existentes en materia de retorno, en el ámbito de las Administraciones Públicas.

En relación con el acceso a las prestaciones educativas, sanitario-asistenciales y de asistencia social, las personas andaluzas retornadas que cumplan con los requisitos exigidos en los programas correspondientes podrán acceder a dichas prestaciones sin necesidad de acreditar un periodo de residencia previa en Andalucía, cuando se cumplan los siguientes requisitos, de conformidad con el art. 48.1 del Estatuto de los andaluces en el mundo:

– Que hayan residido fuera de Andalucía durante un período, continuado e inmediatamente anterior al retorno, igual o mayor al de residencia previa exigido a los no emigrantes, en función de los programas que arbitren al efecto las diferentes Administraciones Públicas andaluzas.

– Que hayan fijado su residencia en Andalucía tras el retorno.

Por otro lado, en relación con las convocatorias de adjudicación de viviendas de promoción pública, no se exigirá a las personas que hayan retornado a Andalucía y que cumplan con las condiciones anteriormente mencionadas y con el resto de las condiciones de la convocatoria, la acreditación de ningún período de residencia previa como requisito para la solicitud.

Incluso, tal y como señala el propio art. 48.2, cuando se trate de atender a personas especialmente desprotegidas, por razones socioeconómicas, de edad o de salud, la convocatoria de adjudicación de viviendas de promoción pública podrá establecer la condición de retornado como un mérito a efectos de baremación de las solicitudes o reservar un porcentaje de dichas viviendas para estos colectivos.

Respecto a la participación de las personas andaluzas en el exterior en programas del servicio público de empleo autonómico, el art. 14 del Estatuto de los andaluces en el mundo establece que las mismas tendrán derecho a la inscripción como demandantes de empleo en el servicio público de empleo de la Junta de Andalucía, a conocer las ofertas de empleo que éste gestione y a acceder a las mismas en condiciones de igualdad con los demás andaluces. Tendrán derecho también, en las condiciones que reglamentariamente se determinen, a la participación en los programas de este servicio público de empleo.

Al hilo de este precepto, hay que tener en cuenta que entre las motivaciones que llevan a la persona a adoptar la decisión de retornar a su país de origen, destacan las vinculadas a las oportunidades que ofrece en cada momento el mercado de trabajo nacional. Al igual que la falta de estas oportunidades ha sido el desencadenante en la mayoría de los casos de las decisiones de emprender un proyecto de emigración, una mejora considerable de dichas oportunidades de empleo puede llevar a muchas de estas personas emigradas a plantearse la decisión de regresar a su tierra natal.

Finalmente, en materia de retorno cabe también indicar, que tal y como recoge el art. 51 del mencionado Estatuto, la Junta de Andalucía podrá establecer los mecanismos de colaboración con el Gobierno de España para la celebración de acuerdos o tratados internacionales con otros Estados donde residan andaluces en el exterior o personas de origen andaluz, con el objetivo de evitar la pérdida o debilitamiento de su vinculación a Andalucía "*y, en su caso, facilitarles el ejercicio del derecho al retorno...*"

3. EL DESARROLLO DE UNA POLÍTICA DE RETORNO DE EMIGRANTES: UNA VISIÓN DESDE LAS COMUNIDADES AUTÓNOMAS

En los últimos años se han potenciado las medidas de apoyo al retorno de personas emigrantes, tanto por parte del Estado como de las Comunidades Autónomas, enfocadas de una manera especial a su integración en el mercado de trabajo. En el caso de estas últimas, estas medidas presentan una estrecha vinculación con el territorio hacia el cual se trata de dirigir este retorno, es decir, estas medidas de carácter autonómico están orientadas a que las personas beneficiarias establezcan su residencia en el ámbito concreto de la CCAA que las concede, con el objetivo de que el retorno de estas personas emigrantes pueda contribuir al desarrollo económico y social de la misma.

Las principales características de las nuevas manifestaciones de emigración de personas españolas al exterior en los últimos años engloban realidades, finalidades, motivaciones y perfiles diversos y con particularidades completamente diferentes respecto a otros periodos de intensa emigración de españoles a otros países. Sin lugar a duda, incluye la salida de personas por motivos laborales, pero también aglutina otras realidades distintas, que responden a fines no necesariamente laborales, por lo que impera una importante casuística al respecto[10]. De este modo, puede considerarse que la expresión más acertada para englobar todos estos movimientos, que pueden incluirse en lo que se ha denominado nueva emigración, es la de "movilidad internacional"[11], que incluye el carácter multidimensional y multidisciplinar de este fenómeno.

No obstante, el perfil más reciente del ciudadano español en el exterior, especialmente en la segunda década de este siglo, se caracteriza por los siguientes rasgos predominantes[12]:

– Destino preferente a Europa y a Latinoamérica: especialmente al Reino Unido, Francia y Alemania. La emigración a países latinoamericanos (en especial Ecuador, Argentina y México) está vinculada mayoritariamente a españoles nacionalizados que retornan de nuevo a sus países de origen.

– Predominio de población joven masculina y femenina.

---

10 CHARRO BAENA, P. y BENLLOCH SANZ, P.: "Adecuación del estatuto de la ciudadanía en el exterior a la luz de la nueva realidad emigratoria española", en *Nuevas políticas jurídicas para el cambio migratorio. Tutela jurídico-social de los trabajadores emigrantes*, AA.VV., Fernández Avilés, J.A. (dir.), Durán Bernardino, M. (coord.), Aranzadi, Cizur Menor, 2017, p. 299.

11 ALEMÁN PÁEZ, F.: *La movilidad geográfica. Problemática social y régimen jurídico*, Tecnos, Madrid, 2001, p. 50.

12 GONZÁLEZ FERRER, A.: "La nueva emigración española. Lo que sabemos y lo que no", *Fundación Alternativas*, Políticas públicas, 18 (2013) [en línea]: https://fundacionalternativas.org/publicaciones/la-nueva-emigracion-espanola-lo-que-sabemos-y-lo-que-no-2/.

– Emigración eminentemente cualificada: la mayoría de los jóvenes que han emigrado cuentan con un nivel de estudios medio o superior, aunque eso no siempre garantiza que el acceso al mercado de trabajo exterior se ajuste a la titulación y al nivel formativo.

– Emigración claramente laboralizada.

– Patrones de retorno sin determinar.

Para la puesta en marcha de medidas de fomento y de medidas asistenciales por parte de las CCAA para la atención y acogida de emigrantes retornados, es preciso tener en cuenta estos rasgos predominantes que conforman el perfil más reciente de las personas emigrantes, para un adecuado diseño de las políticas públicas de atención y asistencia a dichas personas. A este respecto, diversas CCAA están centrando sus políticas en la atracción del talento joven que abandonó su lugar de residencia durante los años de crisis económica y también en la atracción de talento investigador. Otras, por el contrario, también están poniendo en marcha medidas para la atención de población emigrante retornada de cualquier edad.

Incluso, es posible encontrar iniciativas surgidas en el ámbito local, que tratan de estimular el regreso de aquellos ciudadanos que se encuentran en el exterior. Así, algunos Ayuntamientos cuentan con sus propios programas de ayuda a las personas emigrantes que han retornado o desean retornar (como el Ayuntamiento de Llanes en Asturias[13], el de Valladolid[14], el de Cartagena[15] o el programa de la provincia de Córdoba[16] promovido por la Diputación cordobesa y la Fundación universitaria para el desarrollo de la provincia de Córdoba —FUNDECOR—).

En definitiva, la mayoría de las CCAA han impulsado y puesto en marcha planes de retorno y de atención a personas retornadas con una variedad de medidas, dependiendo de cada región, entre las que destacan las siguientes:

---

13 Ayudas individuales a emigrantes retornados del Ayuntamiento de Llanes, Principado de Asturias. Disponible en: https://www.ayuntamientodellanes.com/ayudas-emigrantes-retornados.

14 Plan de Retorno del Talento del Ayuntamiento de Valladolid. Disponible en: https://www.mites.gob.es/es/mundo/consejerias/canada/retorno/contenidos/valladolid.htm.

15 Retorno de Talento a Cartagena, Ayuntamiento de Cartagena. Disponible en: https://www.retornoacartagena.es/.

16 Retorno del Talento a Córdoba. Diputación Provincial de Córdoba y FUNDECOR. Disponible en: https://fundecor.es/index.php/novedades/7-novedades/563-retorno-del-talento-a-cordoba-2021.

– Medidas para fomentar el retorno de personas emigradas, en especial, para la atracción de talento joven

– Impulso de planes de retorno en el ámbito de la investigación

– Servicios de información, orientación y asesoramiento a personas retornadas: la creación de oficinas de retorno

– Servicios de intermediación laboral para personas retornadas

– Concesión de subvenciones para el autoempleo

– Incentivos a las empresas por la contratación de personas emigrantes retornadas

– Ayudas extraordinarias a personas retornadas para facilitar el traslado de residencia

– Conexión de personas emigrantes con empresas para impulsar su retorno

– Atención de víctimas de violencia de género retornadas

Sin embargo, es difícil valorar el éxito o fracaso de estos, puesto que la mayoría de estos programas autonómicos se caracterizan por un déficit de evaluación de los resultados conseguidos con su puesta en práctica, mediante una estimación de las personas beneficiarias que se han establecido en las distintas Comunidades Autónomas. Sin estos elementos de evaluación, no se puede comprobar la efectividad de estos, las cuestiones a mejorar ni el uso que se ha otorgado a los recursos públicos asignados a los diferentes programas autonómicos de fomento del retorno.

4. MEDIDAS ASISTENCIALES EN ANDALUCÍA PARA LA ATENCIÓN DE PERSONAS EMIGRANTES RETORNADAS

El Acuerdo de 20 de julio de 2021, del Consejo de Gobierno, por el que se aprueba la Estrategia Andaluza para la Inmigración 2021-2025: Inclusión y convivencia[17], es el instrumento general de planificación de la Comunidad Autónoma Andaluza para las políticas que promueven la integración social de las personas migrantes y solicitantes y beneficiarias de protección internacional, como respuesta al art. 62.1a) del Estatuto de Autonomía para Andalucía y al art. 2.ter.2 de la Ley Orgánica 4/2000, de

---

[17] BOJA núm. 141, de 23 de julio de 2021.

11 de enero, sobre derechos y libertades de los extranjeros en España y su integración social.

Entre los objetivos generales de dicha Estrategia, destacan los siguientes: impulsar la coordinación en la gestión de las políticas públicas de la Junta de Andalucía dirigidas a la inclusión social de la población migrante en dicha CCAA; mejorar la respuesta de los servicios públicos y su impacto en la calidad de vida y niveles de integración de la población migrante en Andalucía; garantizar el acceso en igualdad a los servicios básicos comunes y evitar la discriminación y la segregación espacial, laboral, educativa y social, incluyendo las segundas generaciones; proteger los derechos de los menores y adolescentes de la población inmigrante y refugiada para prevenir situaciones de vulneración de sus derechos y discriminación; y establecer una estrategia de sensibilización y comunicación sobre las migraciones que fomenten el principio de igualdad de oportunidades y de trato, rechazando toda forma de racismo y xenofobia, trabajando la visibilidad social de las personas migrantes.

A su vez, la Estrategia Andaluza para la Inmigración 2021-2025 establece que las líneas de actuación generales recogidas en dicha planificación estratégica se articularán mediante la realización de Planes Operativos Anuales, con el fin de adaptarse a las diferentes realidades y horizontes situacionales que se vayan originando durante su vigencia, habiéndose aprobado de manera más reciente el Plan Operativo de 2021[18]. Debemos añadir también que en los años anteriores se han ido aprobando Planes Integrales para la Inmigración en Andalucía con un horizonte temporal que abarcaba dichos periodos.

Sin embargo, en dichos planes integrales, así como en la reciente Estrategia Andaluza para la Inmigración 2021-2025 no hay ninguna mención a la vertiente de los flujos de emigración de personas andaluzas hacia el exterior, por lo que ni la emigración ni las políticas de retorno han tenido atención en estos instrumentos autonómicos principales vinculados a las migraciones, centrándose exclusivamente en la atención a la inmigración en Andalucía.

Al hilo de esta realidad, no podemos dejar de mencionar el olvido que durante mucho tiempo ha mostrado nuestra política y doctrina científica frente a los proyectos de retorno, cuya atención ha sido habitualmente mucho más residual, lo que pone de manifiesto el reto que supone acercarse a los mismos con el fin de entender el proceso migratorio de retorno, los

---

[18] Disponible en: https://www.juntadeandalucia.es/export/drupaljda/PO_2021.pdf.

motivos que lo impulsan y las dificultades que encuentran sus protagonistas. De hecho, la mayoría de los países de la Unión Europea no cuentan con una política integral de retorno de sus emigrantes, y si bien en España el objetivo de dispensar un política de apoyo integral a estos compatriotas que se encuentran en el exterior forma parte de los mandatos de nuestro texto constitucional, no podemos afirmar que se haya producido un adecuado desarrollo de este mandato por parte de los poderes públicos[19].

Hemos adolecido así durante mucho tiempo de un conjunto integral de políticas específicas en materia de retorno de emigrantes, junto con un marco legislativo actualizado capaz de dar una respuesta adecuada a esta realidad social del retorno de personas emigrantes, que articulara las actuaciones y medidas dirigidas al acompañamiento en el diseño de sus proyectos migratorios de retorno, al apoyo en la búsqueda de empleo en nuestro país incluyendo, entre otros, derechos de Seguridad Social.

Esta ausencia de medidas o la puesta en marcha de políticas públicas en materia de retorno desde una perspectiva más marginal, se ha extendido también al ámbito de acción de las diferentes Comunidades Autónomas, incluida Andalucía.

No obstante, en los últimos años parece estar cambiando esa tendencia, tanto desde una perspectiva nacional como autonómica, en el tratamiento de esta vertiente de la política migratoria dirigida a potenciar el retorno de las personas emigrantes que se encuentran en el exterior[20], especialmente de aquellas que presentan un perfil más cualificado, puesto que ante los desafíos demográficos de los países europeos y la necesidad de mano de obra cualificada, las consecuencias de la emigración son perjudiciales para el territorio nacional.

En este sentido y como ya se ha señalado en los apartados anteriores, se están poniendo en marcha, tanto a nivel nacional como autonómico, algunas iniciativas de apoyo al retorno de personas emigrantes orientadas en la mayoría de las ocasiones a lograr su integración sociolaboral.

Se analizan así a continuación las medidas que en los últimos años se han puesto en marcha en Andalucía desde la perspectiva del retorno de las personas emigrantes y la atención de las mismas.

---

19 MOLINA HERMOSILLA, O.: "Hacia la conformación de una política integral de retorno de emigrantes con talento", op. cit., 155.

20 No podemos olvidar que esa tendencia se ha visto afectada por las consecuencias económicas y sociales provocadas por la pandemia de Covid-19.

4.1. Plan de acción para el Retorno de la Población Andaluza en el Exterior 2020-2022

Con la puesta en marcha del Plan de Acción para el Retorno de la Población Andaluza en el Exterior 2020-2022[21] se ha tratado de dar un impulso a las políticas de retorno al unificar todas las acciones de la Junta de Andalucía tendentes a facilitar el regreso de los andaluces que viven fuera de la CCAA y deseen volver.

La mayoría de las personas que regresan se encuentran en edad laboral, por lo que una de las prioridades contenidas en dicho Plan está orientada a intentar dar respuesta al colectivo de jóvenes que salieron de Andalucía en busca de trabajo y desean retornar. Con este fin, el plan de acción pretende favorecer el emprendimiento entre la población retornada y su incorporación al mercado de trabajo andaluz, así como mejorar la atención específica, la asistencia y la información que se le ofrece, en especial a personas en situación de vulnerabilidad.

Junto a ello, se tratará de facilitar al colectivo el acceso a todos los niveles educativos, agilizando los trámites de convalidación y homologación de títulos.

En este sentido, la integración en un único instrumento de planificación estratégica de las distintas políticas y acciones de Andalucía para el impulso de las medidas destinadas a facilitar el retorno mediante el citado Plan de Acción, persigue la consecución de los siguientes objetivos:

a) Promover medidas especiales que hagan posible el regreso a Andalucía de la población andaluza en el exterior y de las personas de origen andaluz.

b) Mejorar la atención específica y la información ofrecida a la población retornada a Andalucía, tanto desde el sector público como desde el sector privado, facilitando así el proceso de retorno de la población andaluza en el exterior y personas de origen andaluz.

c) Favorecer el emprendimiento y la incorporación al mercado de trabajo andaluz por parte de aquellas personas en edad laboral que hayan regresado a Andalucía o tomen la decisión de regresar.

---

[21] Acuerdo de 21 de mayo de 2019, del Consejo de Gobierno, por el que se aprueba la formulación del Plan de Acción para el Retorno de la Población Andaluza en el Exterior 2020-2022. BOJA núm. 98, de 24 de mayo de 2019.

d) Facilitar el acceso de las personas retornadas a todos los niveles educativos, agilizando los trámites de convalidación y homologación de títulos, así como la valoración de la experiencia profesional en el extranjero.

e) Favorecer la atención, asistencia y protección de las personas andaluzas retornadas, especialmente aquellas que se encuentren en situaciones de vulnerabilidad, en el marco del Estatuto de Autonomía para Andalucía y el resto del ordenamiento jurídico vigente.

f) Contribuir al fortalecimiento de los colectivos andaluces de personas emigrantes retornadas y a la eficacia de su acción asociativa para mejorar la participación e integración de estas personas en los ámbitos cívico, social, cultural, económico y político.

g) Instrumentar mecanismos específicos de ayuda a este colectivo en circunstancias de grave conflicto cívico en sus países de residencia. En especial, dentro de la estrategia general del Gobierno de Andalucía, impulsar medidas con el objetivo de mejorar las condiciones de la población andaluza en el Reino Unido que se pueda ver afectada por las consecuencias del BREXIT, sin olvidar, además, la situación de especial vulnerabilidad de la población andaluza en Venezuela.

h) Mejorar el conocimiento de la realidad sociodemográfica, los medios y condiciones de vida, la percepción y opinión de la población andaluza retornada, especialmente de las personas mayores, de la infancia, la juventud, y las personas con discapacidad, fomentando la actividad investigadora.

4.2. Programa Retorno del Talento

El Programa Retorno del Talento fue regulado por la Ley 2/2015, de 29 diciembre, de Medidas urgentes para favorecer la inserción laboral, la estabilidad en el empleo, el retorno del talento y el fomento del trabajo autónomo. Fue diseñado para facilitar el regreso de personas andaluzas que estuvieran desarrollando su actividad laboral en el extranjero y desearan incorporarse al mercado laboral andaluz.

Para ello, la ley ha establecido la convocatoria de dos líneas de ayudas:

1. Una ayuda destinada a las entidades empleadoras que contrataran a personas andaluzas retornadas (incentivo a tanto alzado para contratos indefinidos y a jornada completa durante un mínimo de dos años de trabajadores andaluces de hasta 45 años que se encontraran residiendo en el extranjero)

2. Una ayuda destinada a las propias personas contratadas para facilitarles el traslado de residencia (gastos de desplazamiento, gastos de alojamiento durante los primeros doce meses de vigencia del contrato de trabajo y gastos de escolarización de los hijos de la persona beneficiaria en el primer ciclo de educación infantil, también durante los primeros doce meses de vigencia del contrato de trabajo).

Los incentivos contenidos en este programa de Retorno del Talento se han mantenido en el tiempo, incluso en los meses más duros de pandemia, tal y como recoge el art. 5 del Decreto-ley 10/2020, de 29 de abril, por el que se establecen medidas extraordinarias y urgentes de flexibilización administrativa en materia de ayudas en el ámbito del empleo y medidas complementarias con incidencia en el ámbito económico, local y social como consecuencia de la situación ocasionada por el coronavirus (COVID-19).

En la actualidad, el Servicio Andaluz de Empleo ha tratado de redefinir el contenido de este programa con objeto de mejorar su efectividad, dado que tras más de tres años desde su puesta en funcionamiento ha tenido un impacto muy inferior al inicialmente previsto.

4.3. Programa Talentia

Talentia es un programa de movilidad internacional dirigido a titulados universitarios andaluces que deseen mejorar su formación en el extranjero. La peculiaridad de estas ayudas es que llevan aparejado un compromiso de retorno a Andalucía para que las personas beneficiarias, una vez finalizada su formación, se incorporen al tejido productivo de la comunidad y su experiencia y conocimientos reviertan en la mejora de la competitividad y la capacidad de innovación de las empresas andaluzas, mediante la puesta a disposición de sus perfiles a dichas empresas y a los agentes del Sistema Andaluz del Conocimiento, así como la derivación hacia los servicios de orientación, empleo, internacionalización, transferencia del conocimiento y apoyo al emprendimiento de la Junta de Andalucía.

Está regulado por la Orden de 5 de abril de 2017, por la que se aprueban las bases reguladoras para la concesión de subvenciones en régimen de concurrencia competitiva de los programas Talentia Máster y Talentia Doctorado para la realización de estudios de posgrado con movilidad internacional[22].

---

22 BOJA núm. 69 de 11 de abril de 2017.

Entre los principales requisitos personales y académicos exigidos, la persona solicitante deberá haber nacido en Andalucía, ser residente o andaluz en el exterior; estar en posesión de una titulación universitaria dentro de los últimos diez años desde la solicitud de la beca; y conseguir la admisión en la universidad elegida para la realización de los estudios. Se valorará la titulación de idiomas y que la rama de estudios elegidos se encuentre dentro de las nueve áreas de Estrategia en Especialización Inteligente de Andalucía.

4.4. Colaboración público-privada en materia de retorno: El papel de las Asociaciones de emigrantes retornados

El art. 2.6 de la Ley 8/2006, de 24 de octubre, del Estatuto de los Andaluces en el Mundo establece que tendrán la consideración de colectivos andaluces de personas emigrantes retornadas aquellas asociaciones domiciliadas en Andalucía que tengan como objetivo la asistencia e integración de las personas retornadas en Andalucía.

Los colectivos de emigrantes retornados en Andalucía han desempeñado una labor muy importante en materia de migraciones durante los últimos años, desarrollando actividades enfocadas a la acogida y acompañamiento de la población retornada y siendo también un referente en materia de información y formación para la nueva emigración. De ahí que, para conseguir la plena integración de las personas emigrantes retornadas, se hayan establecido canales de colaboración público-privada con este tipo de entidades.

A este respecto, con fecha 18 de octubre de 2022 se ha firmado el último Convenio de Colaboración entre la Consejería de la Presidencia, Interior, Diálogo Social y Simplificación Administrativa de la Junta de Andalucía y la Federación Andaluza de Asociaciones de Emigrantes Retornados (FAER), para el establecimiento de un punto de información y asistencia jurídica a emigrantes retornados[23], siendo así beneficiaria directa de una subvención para poder promocionar y desarrollar las funciones contenidas en dicho Convenio.

Con este convenio se pretende promover un marco de colaboración orientado al retorno de las personas andaluzas en el exterior y a la vez

---

[23] Disponible en: https://www.juntadeandalucia.es/sites/default/files/inline-files/2022/10/Convenio_FAER_2022_0.pdf.

contribuir al fortalecimiento de los colectivos andaluces de emigrantes retornados así como a la eficacia de su acción asociativa, tratándose de una iniciativa que se viene articulando desde hace varios años[24].

Dentro de su objeto también se pueden entender incluidos el asesoramiento y la atención de consultas por parte del colectivo de personas andaluzas retornadas con motivo de la culminación del proceso de salida del Reino Unido de la Unión Europea. Este tipo de iniciativas además se refuerzan con la propia experiencia migratoria de sus promotores, que han experimentado por ellos mismos todos los obstáculos y dificultades que comprende la culminación de un proyecto migratorio de retorno.

Entre las principales actuaciones que llevará a cabo la Federación Andaluza de Asociaciones de Emigrantes y Retornados en el marco del citado convenio destacan las siguientes:

a) Poner a disposición de las personas miembros de las Asociaciones de Emigrantes y Retornados adheridas la información necesaria relativa al presente Convenio.

b) Destinar parte del espacio de la sede, infraestructuras y de sus recursos humanos, tanto de la FAER como de sus entidades asociadas, a disposición del establecimiento de un punto de información y asistencia jurídica a la población andaluza retornada.

c) Poner a disposición de la población andaluza retornada un número de teléfono de atención e información al que puedan dirigirse para hacer llegar sus preguntas, propuestas, sugerencias, así como extender al canal de Internet y redes sociales dicho servicio.

d) Poner a disposición de la población andaluza retornada los servicios profesionales de personas con conocimientos jurídicos suficientes, especialmente en aquellos aspectos que más puedan interesar a este colectivo. Estas personas, que ejercerán la asesoría jurídica del punto de atención e información, podrán ser contratadas por la Federación Andaluza de Asociaciones de Emigrantes y Retornados (FAER) o por sus entidades asociadas.

e) Proporcionar, mediante ese punto de información y asistencia jurídica a la población andaluza retornada el asesoramiento sobre los beneficios

---

24 Convenio de colaboración con la Federación Andaluza de Asociaciones de emigrantes retornados (FAER) para el establecimiento de un punto de información y asistencia jurídica a emigrantes retornados de 19 de junio de 2017; de 22 de julio de 2020; y de 9 de septiembre de 2021.

sociales a que tenga derecho por haber emigrado y retornado. Igualmente, se pretende informar a este colectivo tanto de las novedades legislativas que se vayan produciendo en los países de acogida como de las ya existentes, con la finalidad de conseguir la integración social, económica y laboral de las personas emigrantes retornadas.

4.5. Las Empresas de Inserción como medida de inclusión sociolaboral de personas emigrantes retornadas a Andalucía en riesgo de exclusión social

Las empresas de inserción son aquellas entidades, sociedad mercantiles o cooperativas que realizan una actividad económica o prestación de servicios con el fin primordial de integrar y formar socio-laboralmente a personas que se encuentran en situación de exclusión social.

Para que una entidad sea reconocida como tal empresa de inserción, debe cumplir los requisitos establecidos en el Decreto 193/2010, de 20 de abril, por el que se regula la calificación y se crea el Registro de Empresas de Inserción de Andalucía, modificado por el Decreto 155/2017, de 3 de octubre (en desarrollo de la Ley 44/2007, de 13 de diciembre, para la regulación del régimen de las empresas de inserción), y solicitar su calificación y registro por la administración competente. En el caso de Andalucía, el Servicio Andaluz de Empleo es el organismo responsable de estas actuaciones[25].

De acuerdo con lo establecido en el art. 5 del citado Decreto 193/2010, de 20 de abril, aquellas personas que se encuentren en situación de desempleo y pertenezcan a alguno de los colectivos que la norma considera en riesgo o situación de exclusión social, pueden ser candidatas a ocupar un puesto de trabajo en una empresa de inserción, en la actividad económica que sea objeto de la entidad[26].

Entre los colectivos recogidos en dicho precepto, se considerarán personas en situación de exclusión social a efectos de esta norma, y por tanto

---

[25] Véase el directorio de Empresas de Inserción de Andalucía en https://www.juntadeandalucia.es/organismos/sae/areas/mejora-empleabilidad/empresas-insercion/paginas/directorio-empresas.html.

[26] En la Resolución de 12 de abril de 2022 se convocaron para el ejercicio 2022 las subvenciones públicas reguladas en la Orden de 17 de noviembre de 2018 para la concesión de subvenciones en régimen de concurrencia no competitiva, dirigidas a la integración sociolaboral de las personas pertenecientes a colectivos en situación de exclusión social a través de Empresas de Inserción.

podrán ser contratadas como trabajadoras por una empresa de inserción "las personas emigrantes retornadas a Andalucía con graves necesidades personales o familiares". La situación de exclusión social de las personas pertenecientes a los colectivos a los que hace referencia esta norma será acreditada por la Consejería competente en materia de servicios sociales.

5. CONCLUSIONES

Durante mucho tiempo, nuestro país ha adolecido de un conjunto integral de políticas específicas en materia de retorno de personas emigrantes capaz de dar una respuesta adecuada a esta realidad social, que articulara las actuaciones y medidas dirigidas al acompañamiento en el diseño de sus proyectos migratorios de retorno. Esta ausencia de medidas o la puesta en marcha de políticas públicas en materia de retorno desde una perspectiva más marginal, se ha extendido también al ámbito de acción de las diferentes Comunidades Autónomas, incluida Andalucía.

No obstante, en los últimos años parece estar cambiando esa tendencia, tanto desde una perspectiva nacional como autonómica, potenciándose algunas iniciativas de apoyo al retorno enfocadas de una manera especial a la integración de las personas emigrantes retornadas en el mercado laboral. En el caso concreto de las Comunidades Autónomas, estas medidas presentan una estrecha vinculación con el territorio hacia el cual se trata de dirigir este retorno, es decir, estas medidas de carácter autonómico están orientadas a que las personas beneficiarias establezcan su residencia en el ámbito concreto de la CCAA que las concede, con el objetivo de que el retorno de estas personas emigrantes pueda contribuir al desarrollo económico y social de la misma.

En este sentido, los poderes públicos deben tener presente que la propia Ley 40/2006, de 14 de diciembre, del Estatuto de la ciudadanía española en el exterior, en cumplimiento del art. 42 de nuestra Carta Magna, recoge la necesidad de establecer una "política integral de emigración y de retorno", no sólo para salvaguardar los derechos económicos y sociales de las personas emigrantes, sino para facilitar también la integración social y laboral de las personas retornadas.

En relación con la tutela de la persona andaluza que emigra al extranjero y con la finalidad de mejorar sus condiciones de vida y facilitar su retorno voluntario, la política autonómica en esa materia se proyecta también en los títulos que tiene atribuidos en su correspondiente Estatuto de Autonomía y en las políticas de desarrollo de este, entre cuyos destinatarios se encuentra el ciudadano andaluz que reside en el exterior. Ello implica que en el momento actual, no se puede analizar la emigración española sin tener en cuenta las funciones y competencias de las Comunidades Autónomas, que con independencia de la mayor o menor incidencia de este colectivo en su territorio, deben detraer parte de sus recursos para organizar y planificar servicios dirigidos a estas personas.

Así, entre los objetivos básicos recogidos en el art. 10 de dicho Estatuto de Autonomía, la Comunidad Autónoma de Andalucía adoptará todas las medidas de acción positiva que resulten necesarias para la creación de las condiciones adecuadas para hacer posible el retorno de las personas andaluzas en el exterior.

Por su parte, la Ley 8/2006, de 24 de octubre, del Estatuto de los andaluces en el mundo, sistematiza el conjunto de prestaciones y derechos que la Administración autonómica reconoce a las personas andaluzas en el exterior, las personas de origen andaluz, las comunidades andaluzas y las personas retornadas a Andalucía, señalando expresamente que las instituciones públicas andaluzas deben "*promover medidas especiales que hagan posible el regreso a Andalucía de los andaluces en el exterior y personas de origen andaluz, así como contribuir al fortalecimiento de los colectivos andaluces de emigrantes retornados y la eficacia de su acción asociativa*". De manera más concreta, el Título V del citado Estatuto de los andaluces en el mundo establece diversas medidas sociales para facilitar el retorno de los residentes en el exterior de Andalucía, reconociéndose el importante papel desarrollado por las asociaciones andaluzas de emigrantes retornados.

Desde esta perspectiva, las principales medidas que en los últimos años se han puesto en marcha en Andalucía han sido las siguientes:

– Plan de Acción para el Retorno de la Población Andaluza en el Exterior 2020-2022

– Programa Retorno del Talento

– Programa Talentia

– Convenios de colaboración suscritos entre la Junta de Andalucía y la Federación de Asociaciones de Emigrantes Retornados, para el establecimiento de un punto de información y asistencia jurídica a emigrantes retornados

– Inclusión sociolaboral de personas emigrantes retornadas en riesgo de exclusión social a través de empresas de inserción

En definitiva, las administraciones públicas deben acompañar el proceso migratorio, adquiriendo el compromiso de facilitar en cada momento la posibilidad de retorno de las personas emigrantes que decidan volver, e instaurando medidas asistenciales dirigidas a dichas personas una vez que han retornado, tratándose de un cometido recogido tanto en la Constitución Española, como en la legislación estatal y en la autonómica.

Capítulo 15
Formación y salidas profesionales: herramientas por el 'retorno' en clave autonómica[1]

FRANCISCO JAVIER HIERRO HIERRO[2]
Catedrático de Derecho del Trabajo y de la Seguridad Social
Universidad de Extremadura

1. INTRODUCCIÓN

Dar una respuesta unívoca a cuál es la circunstancia que favorece las movilidades nacionales e internacionales no es una cuestión sencilla. Se trata de un conjunto amplio de elementos el que, en definitiva, actúa como propulsor para que las personas decidan abandonar (de modo temporal o definitivo) sus lugares de origen e instalarse en otros territorios.

Pese a la aseveración previa, esto es, que no puede identificarse una sola causa de ello, sí que se participa de manera nítida que es el empleo o la falta de este (mayoritariamente para una buena parte de los supuestos) el que opera como detonante mayúsculo y sobresaliente para que muchas personas adopten la decisión de migrar.

En ello se acompañan, o esa circunstancia principal y predominante se ve aderezada, de falta de infraestructuras, de comunicaciones adecuadas, de políticas de impulso productivo óptimas que supongan atracción de inversiones y desarrollo... y de desajustes en la formación de profesionales, ya por exceso, ya por defecto, que hacen que las oportunidades de incorporación al mercado de trabajo, o que esta se lleve a cabo en las mejores condiciones, sea posible (se vuelve, por tanto, sobre el elemento identificado como hecho detonante al que circunvalan los demás por cuanto en este se asientan los pilares de la progresión social y económica, el bienestar de las personas).

---

1 El presente trabajo se realiza en el marco de actuación del Instituto de Migraciones de la Universidad de Granada.

2 https://orcid.org/0000-0002-5395-0224

La conjunción de ambos extremos en lo que ahora interesa, empleo y formación[3], centra las páginas siguientes.

Se quiere ofrecer al lector una fotografía de cómo la formación, inadecuada en muchos supuestos, y el sistema productivo existente en los territorios empuja en buena medida a la migración. Los desajustes existentes entre ambas realidades constituyen, quizá, las realidades básicas que han de tornar para favorecer el retorno y, sobre todo y fundamentalmente, evitar que las generaciones de población más jóvenes se marchen.

El diagnóstico parece de inicio claro. La solución, sin embargo, harta compleja, ya que la visión holística de esta problemática y de sus respuestas múltiples exige de la coordinación y predisposición de numerosos actores no siempre guiados por los mismos intereses.

La mejor política, por ende, para el retorno en un plano no cierto de colectividad en aquellas zonas geográficas peor tratadas es evitar la salida, en el convencimiento de que una vez que se han creado lazos profesionales, familiares, sociales... en el lugar de destino, se dificulta exponencialmente la posibilidad del regreso al territorio de origen.

Debe crearse el entorno y contexto propicio generador de empleo de calidad que desincentive esas movilidades sin retorno o sin reciprocidad, en ese deseable capital humano transeúnte entre empleos y zonas geográficas. Es por ello, no puede dejar de mencionarse, que debe permitirse un circulante de población óptimo que acreciente el enriquecimiento mutuo y evite los indeseados localismos entre los territorios. Y en esta faceta la formación es un activo de gran valor.

En esta difícil tesitura se encuentran en el momento presente numerosas zonas de la geografía nacional, donde la carencia de empleo, la falta de este de calidad, la ausencia de natalidad y el envejecimiento de la población pronostican un futuro ciertamente no querido.

Al estudio de estas materias se destinan las páginas siguientes. En primer lugar, se lleva a cabo una visión de conjunto de cómo esos agentes (formación y empleo) están íntimamente interrelacionados con el objetivo perseguido. A continuación, aunque de manera limitada, se ofrece una explicación de la metodología empleada en la realización de este trabajo, por

[3] Si bien sería recomendable que se ampliaran las fronteras en otros estudios y por personas más cualificadas sobre estas otras temáticas, abordando los elementos relacionados con las infraestructuras, carencias históricas, fuentes de financiación de los distintos territorios....

cuanto excede de los límites tradicionales o más conocidos de los análisis jurídicos. Es esa visión interdisciplinar la que dota de verdadero valor esta colaboración y que cada vez es más habitual topar en trabajos científicos. Como han señalado los maestros de la disciplina, la normativa laboral no genera empleo ni desempleo y son áreas conexas las que delimitan aspectos próximos (en lo que atañe a esta colaboración) como las movilidades. En tercer lugar, y constituyendo junto con el apartado anterior el bloque central de este análisis, se aporta un conjunto de datos estadísticos sobre las realidades concurrentes en algunas comunidades autónomas con incidencia directa en la materia de esta obra colectiva: desempleo, formación y estructura productiva. De ahí surgen las aseveraciones finales con las que se cierra este trabajo.

Se adelanta en tal sentido que solo y exclusivamente la acción directa sobre la formación y el tejido productivo puede retorcer el diagnóstico de las zonas exportadoras netas de mano de obra.

2. FORMACIÓN, EMPLEO Y OPORTUNIDADES: ELEMENTOS QUE SE ENCUENTRAN DESALINEADOS

2.1. Cualificación y empleabilidad: discordancias

Es habitual escuchar y leer en los medios de comunicación audiovisuales e impresos, en las conversaciones que se producen por doquier en ambientes coloquiales, en el ámbito académico…, e incluso participar de la misma afirmación, que España cuenta con una generación de personas jóvenes, los ahora denominados 'millenials', bien preparada, muy bien formada y que además se acompaña de una amplia variedad de titulaciones y competencias complementarias (idiomáticas, informáticas, tecnológicas…).

En muchas ocasiones se asevera que probablemente constituya esta la generación mejor preparada de la historia del país dados los niveles educativos alcanzados en la actualidad (circunstancia que se viene reproduciendo paulatinamente en los últimos años en la medida que el nivel formativo de la ciudadanía española —a pesar de los altos índices de abandono escolar que caracterizan a España— ha progresado 'adecuadamente' en los tiempos democráticos).

Si se comparara el porcentaje de personas tituladas en el conjunto de la población española actual, con formación superior (en Formación Profesional o en enseñanzas universitarias), con el de hace treinta o cuarenta años, e incluso períodos más recientes, es evidente que el ascenso social que se le atribuye a la educación debiera encontrarse presente de una manera destacada, gozando de un especial protagonismo. Así, en el año 2021 casi la mitad de las personas jóvenes españolas (entre 25 y 34 años de edad) habían alcanzado el nivel de educación terciaria, frente al treinta y cuatro por ciento de comienzos del siglo XXI (año 2000)[4], siguiendo notoriamente la tendencia creciente iniciada años atrás.

El aserto expresado *supra*, la generación de personas jóvenes mejor preparadas de España (con mayor índice de titulación), cobra de este modo toda su potencialidad.

Pese a ello, la realidad laboral de este colectivo no es del todo completa, cerrada o integrada. No se ha alcanzado aún el círculo virtuoso de formación, alta cualificación y empleo de calidad. Tradicionalmente nunca lo ha sido. Las justificaciones son muchas y variadas: inexperiencia laboral, falta de identificación con los valores de la empresa, ausencia de compromiso permanente….

Los instrumentos puestos en marcha para facilitar la transición desde las etapas educativas al mercado de trabajo se han sucedido a lo largo de los años con una eficacia hasta el momento cuestionable o, cuando menos, con una efectividad relativa. Difícilmente se consigue mitigar las elevadas tasas de desempleo juvenil en España que en comparativa europea nos deja en mal lugar.

Ya hemos tenido ocasión de abordar en trabajos anteriores cómo la formación en sí misma no es, en modo alguno, sinónimo de inserción en el mercado laboral en las condiciones más deseables, esto es, en situaciones óptimas e inmejorables. La zona geográfica donde se hayan adquirido las competencias profesionales y estas quieran desarrollarse; las posibilidades y medios de acceder a una movilidad territorial en las mejores condiciones al contar con medios de transporte e infraestructuras adecuadas; la capacidad de adaptación o, empleando el término del momento, de resiliencia del colectivo; las opciones formativas elegidas a lo largo de las distintas etapas educativas…, actúan en no pocos casos como lastres que limitan esa anhelada incorporación en la prestación de servicios de modo excelso.

No puede dejar de sostenerse, pese a todo ello, de acuerdo con un buen número de estudios independientes y de parte (muchas son las universida-

---

4 Ministerio de Educación y Formación Profesional: *Panorama de la educación 2022. Indicadores de la OCDE. Informe español,* Ministerio de Educación y Formación Profesional, Madrid, p. 22 (2022) [en línea]: https://sede.educacion.gob.es/publiventa/descarga.action?f_codigo_agc=24121 [Consulta: 02/01/2023].

des que ofrecen datos sobre la inserción laboral de las personas egresadas en sus centros) que a mayor nivel formativo más elevadas son las oportunidades de encontrar un empleo y de enrolarse, por ende, en el mercado de trabajo. La tasa de empleo de las personas con educación terciaria alcanza en España el 78%. Porcentaje este superior al de las personas jóvenes con niveles educativos menores, pues para la segunda etapa de educación secundaria y postsecundaria no terciaria el mismo se sitúa en un 69%, mientras que para el nivel inferior a esta segunda etapa de educación secundaria la cifra es del 59%[5].

Son más que evidentes las distancias que albergan unas de otras. La formación posibilita una más pronta inserción laboral.

Sin embargo, y siguiendo con el planteamiento expresado en los párrafos precedentes, cabe cuestionarse si esas cifras responden a una plena satisfacción del colectivo; esto es, si la formación recibida se ajusta al puesto de trabajo desempeñado o si, por el contrario, se produce una sobrecualificación o se enmarca en la realización de actividades que en nada se relacionan con las competencias y habilidades adquiridas que lleva a otras derivadas reseñables de insatisfacción laboral y frustración permanente.

El acceso al empleo o la mayor cifra de inserción laboral de las personas tituladas no siempre se corresponde con una adecuación plena entre la formación recibida y el puesto de trabajo desarrollado. En otras palabras, lo que lleva a un gasto público ingente en formación para sectores no necesitados de los mencionados perfiles profesionales y el continuo ajuste para aquilatarse a las necesidades expresadas por el mercado de trabajo. Opción esta que, desgraciadamente, tampoco es acometida por las clases dirigentes con pleno rigor e intencionalidad.

Junto a ello, también ha de significarse que las tasas de desempleo entre las personas jóvenes aún hoy continúan siendo extraordinariamente elevadas con relación a personas situadas en otras franjas de edad. Las causas no son únicas, sino el conglomerado de un amplio conjunto de circunstancias. Se volverá sobre tal extremo en páginas posteriores.

El panorama expresado, por tanto, puede sintetizarse como el de una generación de personas jóvenes altamente cualificadas, con titulación superior (universitaria o de Formación Profesional) en aquellas opciones facilitadas por la oferta formativa existente en los distintos territorios del

---

5 Ministerio de Educación y Formación Profesional: *Panorama de la educación 2022. Indicadores de la OCDE. Informe español,* cit., pp. 79-80.

país, que no encuentran en todos los casos una ocupación acorde a su formación. Que, además, se acompaña de un colectivo no menos importante de personas de igual edad que abandonaron prematuramente el sistema educativo y que carecen de la menor cualificación. Para este el reto mismo reside en lograr su inserción laboral o el reciclaje tardío como medio para poder acceder a un empleo, en buena parte de los supuestos caracterizado por la inestabilidad y la baja remuneración.

2.2. Elementos que empujan la salida

Ese complejo binomio, alta/baja cualificación de personas jóvenes (generación mejor preparada/abandono escolar temprano) y elevadas cifras de desempleo, al que se une de manera recurrente la prestación de servicios del colectivo con carácter precario (trabajo a tiempo parcial, de manera temporal mayoritariamente y marcado en un buen número de supuestos por la sobrecualificación) actúan a buen seguro como elemento tractor que favorece su salida del territorio autonómico o nacional en búsqueda de mejores oportunidades laborales y, por ende, de vida.

La emigración vivida por buena parte de los territorios del país allá por las décadas de los años cincuenta y sesenta no ha desaparecido, siendo constantes y frecuentes las movilidades internas e internacionales. Estos movimientos migratorios solo se han visto frenados en momentos de desarrollo económico elevado, con importante crecimiento expansivo, o ante situaciones sorpresivas como lo fue recientemente la pandemia derivada de la COVID-19 que supuso la privación absoluta de la libertad de movimientos durante un buen período de tiempo imposibilitando las salidas.

El trasiego de unos territorios a otros con la finalidad de acceder a un empleo o a mejores condiciones laborales está siempre presente en la historia reciente, siendo más marcado en las personas jóvenes.

Ese tradicional menor arraigo o apego a elementos familiares y materiales, esa mochila más pequeña de lo que se deja atrás, las ganas de crecer en el plano profesional y humano... hacen de aquellas el grupo humano idóneo para iniciar un nuevo proyecto de vida. Circunstancias que además ahora, en este tiempo, se ven acompañadas por la alta cualificación profesional de muchas de ellas, por las posibilidades de acceso a empleos bien remunerados, por la concurrencia de menores trabas idiomáticas o por la existencia de experiencias previas de movilidad durante sus etapas formativas (Erasmus+, becas específicas según las universidades...) que minimizan los miedos o reticencias a enfrentarse a lo desconocido en tanto que este ya no lo es tanto. A lo que se une también la mejora de las comunicaciones (físicas y telemáticas) que permiten una conexión más directa con los puntos de origen.

En fin, existe un buen cúmulo de escenarios aledaños que diferencian las situaciones presentes de las vividas antaño y que alientan las movilidades, fundamentalmente entre las personas más jóvenes al tener menos, puede decirse, "ataduras". La edad es un buen condicionante para comenzar nuevas experiencias.

En todo caso, ha de significarse que estas realidades no se producen de manera unísona en todas las zonas geográficas. Se muestran cifras dispares según los territorios de origen, marcadas fundamentalmente por las oportunidades de desarrollo laboral que estos ofrezcan; lo que lastra, en lo que ahora interesa, el devenir socioeconómico de los puntos de partida.

La salida de una determinada zona geográfica en aras de una mejor y mayor proyección laboral del colectivo de personas jóvenes solo puede observarse como el empobrecimiento del territorio de origen y su languidez continuada hasta que en un futuro más próximo o lejano se visualice con total nitidez su marchitar[6].

El retorno de ese colectivo y, quizá lo que es más importante, su retención y el circulante han de marcar las políticas públicas en aras del progreso socioeconómico de los puntos de origen.

Se han indicado ya, de modo directo e indirecto, cuáles se entienden que son las circunstancias fundamentales que arrastran a las salidas de determinadas zonas geográficas de las generaciones más jóvenes (si bien en ello ha de participarse que se trata de una cuestión multidisciplinar, con innumerables variables que actúan todas a una generando ese clima, contexto, ambiente o escenarios favorecedores de las movilidades).

De una parte, la formación, el que esta no se ajuste, no se adecúe o se muestre lejana a las necesidades del mercado de trabajo. Formación en la que incide, de un lado, las elecciones realizadas por el alumnado, con

---

6 Cuando se redactan estas notas puede consultarte en algún medio de comunicación de tirada nacional que en 33 regiones españolas el número de personas afiliadas que financian las pensiones es inferior a 2 por prestación. En otros términos, que se trata de territorios en buena parte envejecidos, con poca actividad empresarial, limitados recursos de empleo y que, pese a la "economía de las canas" la actividad productiva se verá reducida en un futuro próximo (https://www.elmundo.es/economia/2022/12/11/639491a4fdddff512c8b45db.html).

amplias posibilidades desde edades tempranas que condicionan su futuro; y de otra, la oferta formativa existente de los territorios. Recuérdese sobre el particular que las competencias en materia educativa están transferidas a las comunidades autónomas y son estas las que disciplinan las mismas. En el campo universitario, rige el principio de autonomía universitaria. Sin embargo, este coexiste con una dependencia económica sobresaliente de la comunidad autónoma en la que se asienta, viéndose (posiblemente en cierto modo) condicionada en la adopción de determinadas políticas a la hora de implantar y suprimir titulaciones.

De otra, en la realidad del mercado de trabajo diseccionado por territorios. El sistema productivo, las oportunidades de inserción laboral, las posibilidades de encontrar trabajo estable y de calidad..., en definitiva, de desarrollarse en el plano profesional (del que deriva mediante correlación directa en el campo social, cultural...) es ese otro elemento que ha de ser tomado en consideración de manera irrefutable.

Y es aquí, se reitera, en la conjunción de ambas realidades (formación y mercado de trabajo), donde se quiere centrar la presente colaboración, por cuanto son actores directos en las movilidades.

2.3. Actuaciones posibles (en abstracto) y un ejemplo concreto

Con un prisma autonómico (ya se ha anticipado) se participa que la mejor herramienta para, y en ello se justifica el entrecomillado que se emplea en la rúbrica de esta colaboración, el 'retorno' se encuentra en la retención, esto es, en la no salida, en la creación del entorno propicio que desincentive que esas generaciones que se han calificado como mejor preparadas salgan de su provincia, de su comunidad autónoma o de su país y se dirijan a otros territorios en búsqueda de un mejor porvenir y este se produzca sin fecha de regreso[7]. O si tal vez, siendo plenamente conscientes de que a buen seguro se llega tarde para las generaciones presentes que ya

---

7 El retorno siempre es posible, pero la realidad muestra que cuando se lleva a cabo la salida a edades tempranas y se establecen lazos "potentes" (afectivos, profesionales...) en los nuevos territorios el regreso a los puntos de origen es cuando menos tardío (en edades de jubilación en algunos supuestos) y por temporadas. Escasas veces se producen retornos definitivos por personal cualificado que aporta valor añadido.
Afirmación esta que se entiende válida para la generación de salida. Remotamente las primeras generaciones activan el retorno. Mucho menos las terceras o cuartas en las que la desvinculación con el territorio de origen en la mayor parte de los supuestos es completamente absoluta.

han iniciado en un número importante la diáspora, pueda actuarse de manera decidida a medio y, sobre todo, largo plazo como instrumentos que faciliten la permanencia en sus territorios o, cuando menos, los movimientos sean circulantes, de entrada y salida sucesivamente y no unidireccionales.

Es en el campo de las acciones formativas donde actualmente debe actuarse. Por eso, alejándose de manera destacada (pero sin olvidarlo) del foco tradicional de los estudios jurídicos, con el análisis exhaustivo de las normas que enjaretan todo el marco normativo con relación a las movilidades, se quiera ahora ofrecer una aproximación a la incidencia que la formación (en los campos adecuados) puede desplegar como medida de retención del talento[8].

No puede negarse que quizá el sistema productivo como ha sido conocido hasta ahora (importantes zonas francas) no se desplace en bloque a aquellos territorios donde reside el talento en la medida que necesita de otros actores de suma importancia: vías de comunicación, infraestructuras, salidas a puertos y conexiones internacionales.... Pero también en la actualidad existen otros tipos de empleos altamente cualificados que pueden desarrollarse desde cualquier parte del mundo con inversiones productivas mucho menores. Teniendo el capital humano preparado, los mismos pueden desarrollarse sin costes de producción en todas las zonas geográficas, por lo que pueden encontrarse en estos otros muchos elementos atractivos para su asentamiento.

Pero es que, además, también ha de llevarse a cabo en el momento presente mediante la implantación de políticas adecuadas la reindustrialización de los territorios. Los polos productivos se acompañan y se atraen, creando círculos atrayentes que hacen realidad el desarrollo. Y es en este campo donde también aquellas zonas que tradicionalmente se han visto relegadas en su crecimiento industrial han de posicionarse como lugares atractivos.

Y no han de mediar miles de kilómetros entre los espacios geográficos para que ello se produzca. Bastan unos simples kilómetros, el desapego con el lugar inicial por la ausencia de lazos familiares y/o sociales para que se constante esa aseveración con total rotundidad.

8 Es manifiesto que solo el actuar en el plano formativo no servirá para propiciar la reversión de los movimientos iniciados; que este ha de acompañarse de todo un conjunto de políticas públicas que conviertan los territorios en polos de creación de empleo con infraestructuras adecuadas, incentivos empresariales, generación de riqueza... Pero es evidente que atraer los modelos de negocio que están por venir requieren de formación en áreas determinadas.

Las lecciones que nos ha dejado la pandemia de la COVID-2019 de desabastecimiento por dependencia casi absoluta de un único actor; las problemáticas derivadas con la logística de nuevo generadas en una determinada zona del planeta... llevan a replantarse desde el plano empresarial los modelos de producción, instando una 'relocalización' del tejido productivo en áreas 'estables'[9]. Aprovéchese la oportunidad.

Ha de actuarse de manera clara y decidida sobre este bloque de extremos para que la realidad a la que se ven abocados ciertos territorios torne y sean atractivos para el desarrollo de innumerables proyectos de vida. Lo contrario, se vuelve sobre la misma idea, lleva al empobrecimiento de las comarcas y de las provincias, a su deterioro y, en un futuro no tan lejano, a su abandono más absoluto.

El hecho imparable de la despoblación rural que ya ha tenido lugar en importantes zonas de la geografía nacional es el mejor ejemplo de esta situación que no puede obviarse por más tiempo. La falta de empleo por la mecanización de las actividades agrarias; la estacionalidad de la actividad; la cualificación profesional de los colectivos jóvenes con mayores expectativas... integran y perfilan ese conglomerado que está suponiendo el vaciamiento de las zonas rurales (y no solo de estas, sino también de ciudades de provincias y ámbitos mayores ante las escasas oportunidades laborales y la facilidad con la que hoy en día pueden llevarse a cabo desplazamientos).

Los campos de acción para revertir esta dinámica son inagotables. Por citar solo un ejemplo reciente con relación a la lucha contra la despoblación o el vaciamiento de ciertas comarcas, la Ley 31/2022, de 23 de diciembre, de Presupuestos Generales del Estado para el año 2023 incorpora una disposición adicional nonagésima primera en la que se fija el marco regulatorio para la reducción de cuotas a la Seguridad Social en las provincias de Cuenca, Soria y Teruel.

Sin que se refleje explicación alguna en la E. de M. de la norma de ingresos y gastos para el año en curso, todo parece indicar que se utilizan las herramientas propias de la Seguridad Social como instrumentos con los que luchar contra la despoblación en determinados territorios[10].

---

9 Elementos que además se ven acompañados por todo un conjunto de políticas públicas en favor de la eficiencia energética que implican un menor consumo de materiales fósiles y la producción de proximidad.

10 Los ejemplos de ello son reiterados en el tiempo. Quizá el mayor exponente sea el subsidio (1983 y sus sucesivas reformas) y la renta agraria (2004) en las comunidades autónomas de Andalucía y Extremadura cuyo origen puede encontrarse en otorgar un

Sin entrar en cuestionamientos de cuáles hayan podido ser los intereses y datos empleados para que fueran estas zonas geográficas y no otras, o estas y además otras, la disposición adicional nonagésima primera de la Ley 31/2022, de 23 de diciembre, señala la que ha de ser la reducción de cuotas a la Seguridad Social en estos territorios, los requisitos para que se aplique, las competencias de la ITSS…, en fin, todo lo preciso para su acomodo, aplicación y control.

En lo que ahora interesa:

1. La contratación indefinida, a tiempo completo, a tiempo parcial o de fijos-discontinuos de trabajadores en el Régimen General, excluidos sus sistemas especiales, tienen derecho a una reducción en la cotización a la Seguridad Social, durante toda la vigencia del contrato, de:

a. Un 5 por ciento de la aportación empresarial por contingencias comunes con altas anteriores a la entrada en vigor de la norma de presupuestos.

b. Un 15 por ciento de la aportación empresarial por contingencias comunes, respecto de las contrataciones cuyo inicio de actividad se produzca a partir de la entrada en vigor de la ley, en núcleos con una cifra de población igual o superior a 1.000 habitantes.

c. Un 20 por ciento de la aportación empresarial por contingencias comunes respecto de las contrataciones cuyo inicio de actividad se produzca a partir de la entrada en vigor de la ley, en municipios con una cifra oficial de población de menos de 1.000 habitantes[11].

2. Por el inicio de una actividad por cuenta propia. Las personas autónomas que durante el año 2023 causen alta inicial o no hubieran estado en situación de alta en los 2 años inmediatamente anteriores en el RETA y desempeñen toda su actividad en las provincias señaladas, se beneficiarán de una cuota reducida por contingencias comunes y profesionales consistente en una cuota única mensual de 80 euros. Esta reducción se extiende durante los 36 primeros meses naturales inmediatamente siguientes a la

---

nivel mínimo de subsistencia a las personas ocupadas en el sector agrario ante los períodos de inactividad por la imposibilidad de que otros sectores productivos absorban esa mano de obra sin ocupación y de escasa cualificación.

11 Se regula igualmente los requisitos para ser beneficiario de las reducciones; los supuestos de sucesión de empresas; los casos de acceso a la jubilación parcial; la acción de la TGSS; la actuación de la ITSS de control e inspección; acreditación de requisitos…

fecha de efectos del alta, Se excepciona cotizar por cese de actividad y por formación profesional.

Dentro de un tiempo no lejano habrá que valorar el éxito de esta medida. En todo caso, constituye un claro ejemplo de que las posibilidades con las que propiciar el mantenimiento de la población en determinadas zonas o favorecer las movilidades a las mismas son variadas y se pueden implementar desde una amalgama amplia de campos. En esta acción es el plano de la Seguridad Social el que se ve afectado (como en otras muchas ocasiones), pero esa herramienta palanca debe verse indefectiblemente acompañada de otro tipo de acciones que permitan crear y asentar tejido productivo.

3. ALGUNAS CUESTIONES METODOLÓGICAS: ACLARACIÓN

Algún trazo grueso sobre este particular ha sido expuesto *supra*. No es una metodología clásica de corte jurídica la que centra el presente estudio sobre las normas que disciplinan los ámbitos educativo y laboral y su posible incidencia en las movilidades de las personas. Al contrario, revestida de importantes recursos estadísticos sobre empleo y formación se quiere ofrecer cómo está estructurada la realidad en algunos de los territorios de país en orden de las movilidades internas e internacionales que puedan producirse.

No es en exclusiva, por tanto, la aproximación pretendida estrictamente jurídica (aunque las propuestas que se realicen sí que requerirán de los oportunos ajustes de normas), sino que la misma se ve completada con el prisma sociológico y social, con el acompañamiento constante a datos estadísticos para mostrar gráficamente la situación de partida de la que se quiere dar cuenta. Y ello en la medida que se entiende que ha de ser el plano político el que ha de actuar de manera decidida para invertir los derroteros que ahora están augurados si no se producen cambios más o menos profundos en determinadas dinámicas que frenen la despoblación de los territorios, aquietando o reteniendo la salida, y, en su caso, propiciando el retorno de las personas que ya se marcharon o de otras muchas que encuentren oportunidades de crecimiento personal y profesional.

Tal vez esta identificación gráfica con la exposición de números, cifras e imágenes permita acercarse de manera nítida a los puntos en los que se encuentran los diferentes territorios. Y, con ello, remover conciencias que favorezcan el planteamiento de actuaciones concretas que hagan revertir las situaciones esperadas.

En este orden de cosas, frente a la amplia panoplia de recursos impresos y web existentes en la actualidad en los que apoyar esta investigación en cuanto a la toma de datos, se ha optado porque la línea principal de suministro sea la disponible en las páginas web del Instituto Nacional de Estadística, ministerios con competencia en materias educativas (Educación y Formación Profesional y Universidades) y organismos públicos autonómicos responsables de sus cifras. En estas pueden consultarse con claridad y agilidad datos sobre mercado de trabajo, demografía y población..., siguiéndose una metodología estandarizada que permite realizar comparativas factibles.

Ese muestreo selectivo y el empleo de términos comparativos entre territorios permitirá obtener un conjunto válido de conclusiones que la clase dirigente debe valorar para su implementación.

4. UNA REALIDAD NO ACORDE A LOS TIEMPOS: LA URGENCIA DE ADELANTARSE A LOS TIEMPOS

4.1. Un apunte introductorio

Aunque quizá pudiera pensarse que las inercias históricas son inamovibles, esto es, el manido argumento de "siempre ha sido así" (inválido e inconsistente a todas luces, por otra parte), ha de mostrarse beligerante con tal aserto hasta su destierro. Todo siempre es susceptible de cambio y, por ende, de mejora. También lo que funciona adecuadamente puede perfeccionarse.

Si bien, no obstante, puede compartirse que las reticencias que se encontrarán los distintos operadores para con esos supuestos de larga tradición en los momentos de 'cambalaches' serán mayores, los intereses creados innumerables, los colectivos afectados amplios, las infraestructuras establecidas valiosas y los costes aparejados a lo anterior generosos.

Aspectos todos ellos, en fin, que hacen cuestionarse de manera sopesada la necesidad de la implementación de tales cambios. Ha de calibrarse convenientemente el coste/beneficio de la puesta en marcha de esas transformaciones en tanto que solo en aquellos supuestos en los que los elementos positivos destaquen de modo excelso sobre la situación originaria merecerá la pena el esfuerzo realizado. Lo contrario se encuentra abocado al fracaso y a la incomprensión colectiva.

Es el ámbito de la formación donde estas aseveraciones adoptan toda su consistencia. La estructura del sistema educativo instaurado (donde una y otra vez yerran los intentos de lograr grandes acuerdos políticos para su mejora y a su vez las distintas fuerzas gobernantes se empecinan en fijar su modelo propio), los centros formativos existentes, los recursos humanos consolidados, las instalaciones y equipamientos dotados… implican un volumen ingente de recursos públicos. En la formación permanente las cifras no son menores. Aquí, aunque se actúe mediante la externalización de servicios, ya mediante el recurso directo de las empresas, ya a través de empresas dedicadas en exclusiva a la formación, la financiación pública es destacada.

Sin embargo, la inadecuación de la formación ofertada con las necesidades del mercado de trabajo ha sido puesta de manifiesto en diferentes etapas. Quizá la más reciente se encuentre en la Decisión (UE) 2022/2296 del Consejo de 21 de noviembre de 2022 relativa a las orientaciones para las políticas de empleo de los Estados miembros[12] en cuyo anexo se contienen las siguientes indicaciones:

a. Los Estados miembros deben modernizar sus sistemas de educación y formación, invirtiendo en ellos en aras de lograr el acceso al aprendizaje digital, la formación lingüística y la adquisición de capacidades de emprendimiento.

b. Los Estados miembros deben trabajar (junto con los interlocutores sociales, los proveedores de educación y formación, las empresas, así como con otras partes interesadas) "para abordar las debilidades estructurales de los sistemas de educación y de formación y mejorar su calidad y su adecuación al mercado de trabajo, también con vistas a facilitar las transiciones ecológica y digital, abordar el desajuste de capacidades existente y prevenir la aparición de nuevas carencias, en particular en relación con las actividades en el marco de REPowerEU, como pueden ser el despliegue de energías renovables o la renovación de edificios".

c. Debe invertirse, de manera sobresaliente, en las competencias digitales de los profesores y los formadores, para con ello dotar a todos los alumnos de competencias clave, incluidas las competencias básicas y digitales y las competencias transversales.

d. Los Estados miembros deben "propiciar en todas las personas la capacidad de anticipar las necesidades del mercado de trabajo y adaptarse

---

12 DOUE núm. 304, de 24 de noviembre de 2022.

mejor a ellas, en particular a través del perfeccionamiento y el reciclaje profesional continuos y la prestación de servicios integrados de orientación y asesoramiento", a fin de abordar la escasez de mano de obra y el desajuste en materia de capacidades.

e. Teniendo en cuenta los nuevos requisitos que plantean las sociedades digitales, ecológicas y en proceso de envejecimiento, los Estados miembros deben dar mayor énfasis en sus sistemas de enseñanza y formación profesional al aprendizaje basado en el trabajo, por ejemplo, mediante una formación de aprendices eficaz y de calidad, e incrementar el número de titulados en ciencia, tecnología, ingeniería y matemáticas (CTIM), tanto en la formación profesional como en la enseñanza superior, sobre todo entre las mujeres.

Una vez más, el camino está marcado, sin embargo, no es nada expedito su tránsito. Lo anquilosado de una estructura como la educativa requiere para que sean plenamente válidas las reformas pretendidas de distintas cuestiones, siendo básico el acuerdo entre las diferentes fuerzas políticas que la doten de validez plena y de continuismo. Lo contrario lleva a la reforma continua con destinos no siempre iguales.

Así las cosas, corresponde ahora adentrarse en cómo está configurada la enseñanza en ciertos territorios.

De acuerdo con el proyecto en el que se enmarca esta iniciativa, de ámbito autonómico, serán las comunidades autónomas de Andalucía y País Vasco las que centren la atención, fijándose en aquellos aspectos que las diferencian, comparando los puntos de partida y así identificar los puntos de mejora que han de alcanzarse en ese prisma de los movimientos migratorios.

4.2. Aspectos en el campo formativo

Siguiendo el orden jalonado del sistema educativo se muestran a continuación grandes trazos de cuáles son las opciones formativas elegidas por el alumnado según los territorios[13].

---

[13] Se siguen en este apartado los datos contenidos en Ministerio de Educación y Formación Profesional: *Las cifras de la educación en España. Curso 2020-2021 (Edición 2023)*, Ministerio de Educación y Formación Profesional, Madrid (2022) [en línea]: https://www.educacionyfp.gob.es/servicios-al-ciudadano/estadisticas/indicadores/cifras-educacion-espana/2020-2021.html [Consulta: 12/01/2023].

Así, en primer lugar, en la Educación Secundaria Obligatoria el porcentaje del alumnado de cuarto curso por opción elegida se distribuye como sigue:

D3.6. Porcentaje de alumnado de 4º Curso por Opción elegida y sexo

	TOTAL			HOMBRES			MUJERES		
	Enseñanzas académicas	Enseñanzas aplicadas	Sin distribuir	Enseñanzas académicas	Enseñanzas aplicadas	Sin distribuir	Enseñanzas académicas	Enseñanzas aplicadas	Sin distribuir
TOTAL	**64,0**	**17,7**	**18,3**	**61,1**	**20,2**	**18,7**	**67,0**	**15,1**	**17,9**
Andalucía	72,1	26,9	1,0	68,4	30,6	1,0	75,8	23,1	1,0
País Vasco	92,1	7,9	0,0	91,2	8,8	0,0	93,0	7,0	0,0

Es evidente el distanciamiento entre ambos territorios entre las enseñanzas académicas y las aplicadas, primando de manera destacada en el País Vasco las primeras de ellas.

Con relación a las elecciones realizadas en Bachillerato, estas se corresponden del siguiente modo:

D4.2. Distribución porcentual del alumnado de Bachillerato según modalidad (1)

	Artes	Ciencias	Humanidades y Ciencias Sociales	No dist. por modalidad
AMBOS SEXOS				
TOTAL	**5,8**	**46,2**	**47,1**	**0,9**
Andalucía	4,7	42,4	51,6	1,3
País Vasco	3,8	55,1	41,1	0,0
HOMBRES				
TOTAL	**3,3**	**52,5**	**43,2**	**1,0**
Andalucía	2,9	48,4	47,3	1,4
País Vasco	2,1	61,4	36,5	0,0
MUJERES				
TOTAL	**7,3**	**43,6**	**49,1**	**0,0**
Andalucía	5,7	40,4	53,9	0,0
País Vasco	7,5	49,6	42,9	0,0

(1) Sólo se incluye el Bachillerato presencial (régimen ordinario y régimen adultos presencial).

De nuevo las cifras son dispares, con un mayor porcentaje de estudiantes en el País Vasco interesado por las áreas de Ciencias (casi trece puntos porcentuales más que en Andalucía), menor en las de Humanidades y Ciencias Sociales y residual en el de las Artes. En Andalucía, por el contrario, predomina el interés por las Humanidades y Ciencias Sociales, con casi un diez por ciento superior al mostrado en la comunidad autónoma vasca.

Si se analizan estos datos con una perspectiva de género, es clara la apuesta masculina por las Ciencias en el País Vasco, superando en casi veinticinco puntos la siguiente opción mayoritaria. También se replica esta tendencia en el colectivo de mujeres, si bien la diferencia respecto al campo de las Humanidades y Ciencias Sociales ronda los siete puntos. En todo caso, este se sitúa a casi doce puntos del interés mostrado por los varones.

Las diferencias en las preferencias de los hombres por las Ciencias y las Humanidades y Ciencias Sociales prácticamente son inexistente para el colectivo varonil en Andalucía, con un uno por ciento a favor de las primeras. Sin embargo, estas son claras con relación a las mujeres, optando de manera clara por las segundas, con un gap de casi catorce puntos porcentuales.

Aunque se amplie la perspectiva al conjunto nacional (análisis no pretendido en este trabajo con exhaustividad), se quiere traer ahora la opción de Bachillerato para el conjunto del país:

D4.9. Distribución porcentual del alumnado matriculado en Bachillerato por modalidad

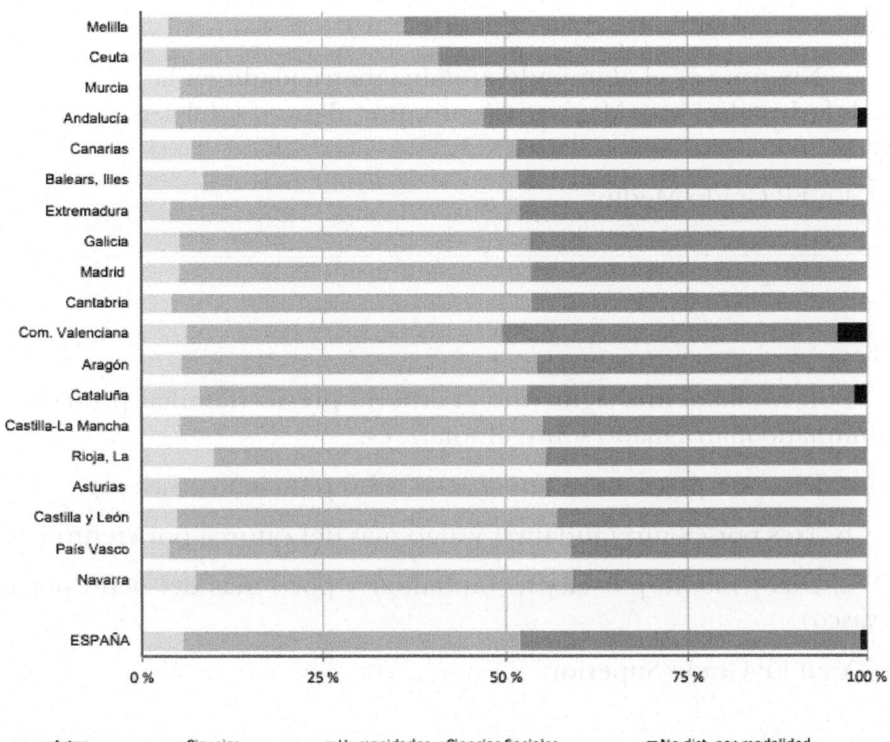

Son incuestionables, con esa visión gráfica, las diferencias existentes entre los distintos territorios (Murcia, Navarra, Andalucía, País Vasco…).

Respecto de la Formación Profesional, y acorde a su propia escala, en FP Básica el alumnado matriculado por familia profesional es:

D5.7. Alumnado matriculado en Ciclos Formativos de FP Básica, por familia profesional

	TOTAL	Actividades Físicas y Deportivas	Administración y Gestión	Agraria	Artes Gráficas	Comercio y Marketing	Edificación y Obra Civil	Electricidad y Electrónica	Fabricación Mecánica	Hostelería y Turismo	Imagen Personal	Industrias Alimentarias	Informática y Comunicaciones	Instalación y Mantenimiento	Madera, Mueble y Corcho	Marítimo Pesquera	Serv. Socioculturales y a la Cdad.	Textil, Confección y Piel	Transporte y Mantenimiento de Vehículos	Vidrio y Cerámica
TOTAL	75.952	135	12.813	4.587	771	4.788	671	5.869	4.849	6.840	6.842	522	12.738	596	1.684	40	463	495	7.177	72
Andalucía	14.099	0	3.021	1.394	25	449	293	1.878	1.017	999	823	141	2.442	0	331	0	168	72	1.030	15
País Vasco	4.820	0	174	86	59	340	41	499	758	782	558	28	241	326	239	0	176	35	476	0

Lo que en términos porcentuales implica siguiendo el guion de acercarse solo a algunas familias profesionales:

a. El veintiuno por ciento del alumnado andaluz se forma en la familia profesional de Administración y Gestión, por un cuatro por ciento del vasco;

b. Algo más del siete por ciento del alumnado andaluz se interesa por la familia profesional de Fabricación Mecánica, cifra que se ve duplicada por el alumnado vasco y

c. Ninguno es el alumnado andaluz matriculado en la familia profesional de Instalación y Mantenimiento, por algo más del seis por ciento del vaso.

En FP Grado Medio:

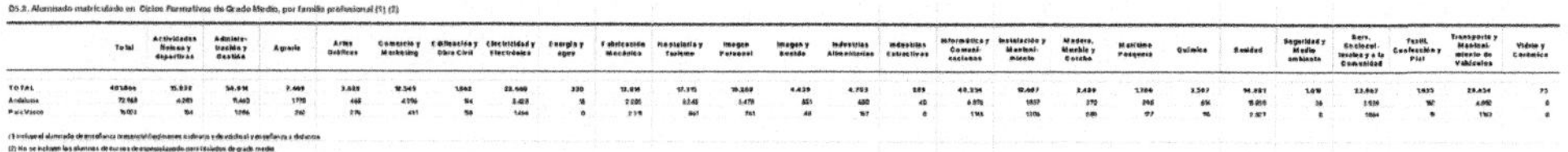

D5.8. Alumnado matriculado en Ciclos Formativos de Grado Medio, por familia profesional (1) (2)

	Total	Actividades físicas y deportivas	Administración y Gestión	Agraria	Artes Gráficas	Comercio y Marketing	Edificación y Obra Civil	Electricidad y Electrónica	Energía y agua	Fabricación Mecánica	Hostelería y Turismo	Imagen Personal	Imagen y Sonido	Industrias Alimentarias	Industrias Extractivas	Informática y Comunicaciones	Instalación y Mantenimiento	Madera, Mueble y Corcho	Marítimo Pesquera	Química	Sanidad	Seguridad y Medio ambiente	Serv. Socioculturales y a la Comunidad	Textil, Confección y Piel	Transporte y Mantenimiento de Vehículos	Vidrio y Cerámica
TOTAL	403.866	15.032	54.914	7.469	3.029	18.545	1.862	22.940	330	13.814	17.315	19.269	4.429	4.753	289	40.334	12.667	2.409	1.704	3.307	94.001	1.619	33.067	1.833	29.434	73
Andalucía	72.968	4.283	11.443	1.778	468	4.396	154	3.423	18	2.035	3.345	3.478	551	480	40	6.876	1.837	372	298	654	15.808	38	3.530	192	4.092	0
País Vasco	16.021	154	1.066	262	176	451	58	1.464	0	2.119	861	761	48	157	0	1.165	1.106	189	77	96	2.927	0	1.864	9	1.163	0

(1) Incluye el alumnado de enseñanza presencial (regímenes ordinario y de adultos) y enseñanza a distancia

(2) No se incluyen los alumnos de cursos de especialización para titulados de grado medio

Porcentualmente, siguiendo el criterio previo (familias profesionales y alumnado matriculado sobre el total), es:

a. Dieciséis por ciento (andaluz) y ocho por ciento (vasco);

b. Tres por ciento (andaluz) y algo más del catorce por ciento (vasco) y

c. Dos y medio por ciento (andaluz) y poco más del ocho por ciento (vasco).

Y en FP Grado Superior:

D5.9. Alumnado matriculado en Ciclos Formativos de Grado Superior, por familia profesional (1) (2)

	Total	Actividades físicas y deportivas	Administración y Gestión	Agraria	Artes Gráficas	Artes y Artesanía	Comercio y Marketing	Edificación y Obra Civil	Electricidad y Electrónica	Energía y agua	Fabricación Mecánica	Hostelería y Turismo	Imagen Personal	Imagen y Sonido	Industrias Alimentarias	Informática y Comunicaciones	Instalación y Mantenimiento	Madera, Mueble y Corcho	Marítimo Pesquera	Química	Sanidad	Seguridad y Medio ambiente	Serv. Socioculturales y a la Comunidad	Textil, Confección y Piel	Transporte y Mantenimiento de Vehículos	Vidrio y Cerámica
TOTAL	507.339	27.743	69.996	8.604	2.537	104	38.012	4.397	26.003	3.069	10.574	23.491	8.937	21.022	2.693	68.340	10.726	1.052	1.935	7.883	77.309	8.551	60.668	1.989	12.740	69
Andalucía	87.764	5.103	14.153	1.837	334	0	4.934	975	3.399	368	908	4.893	1.571	3.305	317	11.005	975	140	358	948	15.577	1.658	11.760	78	1.348	0
País Vasco	23.689	803	7.581	764	279	0	1.230	317	2.522	154	3.319	960	469	571	41	2.427	1.562	122	280	464	1.685	371	2.282	128	653	0

(1) Incluye el alumnado de enseñanza presencial (regímenes ordinario y de adultos) y enseñanza a distancia

(2) No se incluyen los alumnos de cursos de especialización para titulados de grado superior

De nuevo, obteniendo datos a nivel de porcentaje para iguales familias profesionales:

a. Dieciséis por ciento (andaluz) y once por ciento (vasco);

b. Uno por ciento (andaluz) y quince por ciento (vasco) y

c. Uno por ciento (andaluz) y siete por ciento (vasco), respectivamente.

Son nuevamente palpables las diferencias respecto de las opciones cursadas en la Formación Profesional respecto de las familias profesionales.

En la enseñanza universitaria, en lógica consecuencia con los datos expresados anteriormente, se replican las opciones. El alumnado matriculado por rama de conocimiento es:

D7.9. Alumnado matriculado según rama de enseñanza. Estudios de Grado

	TOTAL	Distribución % por Rama de enseñanza				
		CC. Sociales y Jurídicas	Ingeniería y Arquitectura	Artes y Humanidades	CC. de la Salud	Ciencias
TOTAL	**1.336.009**	**46,4**	**17,4**	**10,5**	**19,3**	**6,4**
TOTAL U. PÚBLICAS	**1.098.982**	**45,0**	**19,0**	**11,4**	**17,0**	**7,5**
Almería	11.107	54,4	16,6	6,7	13,2	9,1
Cádiz	18.867	48,2	20,5	7,9	14,8	8,5
Córdoba	14.582	40,2	14,7	13,7	17,8	13,6
Granada	43.617	46,0	10,6	13,8	19,2	10,4
Huelva	8.806	54,7	18,2	8,1	14,4	4,5
Jaén	11683	53,4	19,5	6,4	14,9	5,8
Málaga	31550	47,1	21,6	11,4	13,3	6,7
Pablo de Olavide	10.185	73,7	3,3	12,6	3,5	6,8
Sevilla	51810	41,6	25,0	10,4	16,2	6,8
País Vasco/Euskal Herriko Unibertsitatea	36.015	44,0	22,8	9,5	16,1	7,5

O lo que es lo mismo, el cincuenta y uno por ciento del alumnado andaluz se decanta por las enseñanzas en Ciencias Sociales y Jurídicas, frente al cuarenta y cuatro por ciento del vasco; mientras que en Ingeniería y Arquitectura los porcentajes se corresponden con algo más del dieciséis por ciento y casi el veintitrés, respectivamente. Las diferencias son menores para el resto de las ramas del conocimiento oscilando entre medio y un punto y medio porcentual.

Esta situación de partida denota no solo el interés o la opción preferida por el alumnado, sino también (en lo que es relevante para este trabajo) su predisposición a encontrar un empleo y a insertarse en el mercado laboral; así como que esta se lleve a cabo a través de un contrato de trabajo estable…. Condicionantes últimos de la movilidad.

Pero no son estos datos o realidades responsabilidad en exclusiva de aquellas personas jóvenes que se manifiestan en un sentido o en otro ante el desconocimiento más absoluto de lo que está por venir y sin reflexión sobre su futuro a medio plazo. Las mismas responden en una gran parte a la oferta formativa existente en sus territorios, con lo que la responsabilidad es cuando menos compartida con las administraciones públicas que no operan los cambios necesarios para que las enseñanzas se adecúen a las necesidades de mano de obra que el mercado laboral precisa y permanece agarrotado con estructuras y mecánicas arrastradas desde años atrás (también determinadas, por los presupuestos, por los condicionantes económicos)[14].

Por poner solo algún ejemplo que corrobore el aserto previo. En las enseñanzas universitarias Andalucía oferta casi el cincuenta por ciento de las plazas de sus universidades públicas presenciales en Ciencias Sociales y Jurídicas, el dieciocho por ciento en Ingeniería y Arquitectura, casi el doce por ciento en Artes y Humanidades, el trece y medio por ciento en Ciencias de la Salud y rondando el ocho por ciento en Ciencias. En el País Vasco, las cifras se corresponden (siguiendo el mismo orden de ramas de conocimiento) con algo más del cuarenta y uno por ciento, casi el veintisiete por ciento, próximo al diez por ciento, el catorce con cuatro por ciento y el siete por ciento, respectivamente[15].

Las distancias son destacadas en las ramas de Ciencias Sociales y Jurídicas e Ingeniería y Arquitectura. Más parejas en el resto de las ramas del conocimiento, en todo caso menores que las anteriores. Esta oferta condiciona sobremanera las opciones del estudiantado.

Por ámbito de estudio, separándose de la comparativa autonómica seguida y realizando una nueva incursión en el plano nacional, se observa que las plazas ofertadas en Ciencias o en Informática (así como en cualquier otro ámbito distinto de los que se puedan aglutinar en Ciencias Sociales y Jurídicas) están muy alejadas de las presentes en Negocios, administración y derecho:

---

14 No cuesta lo mismo en instalaciones, equipamiento, gastos corrientes… un ciclo formativo o un grado universitario del campo de la sanidad que de la rama social.

15 Ministerio de Universidades: *Datos y cifras del Sistema Universitario Español Publicación 2021-2022*, Ministerio de Universidades, Madrid, p. 14 (2022) [en línea]: https://www.universidades.gob.es/wp-content/uploads/2022/11/Datos_y_Cifras_2021_22.pdf [Consulta: 12/01/2023].

Gráfico 1.2.6 Número de plazas ofertadas en titulaciones de Grado en universidades públicas presenciales por ámbito de estudio. Curso 2020-2021[(1)]

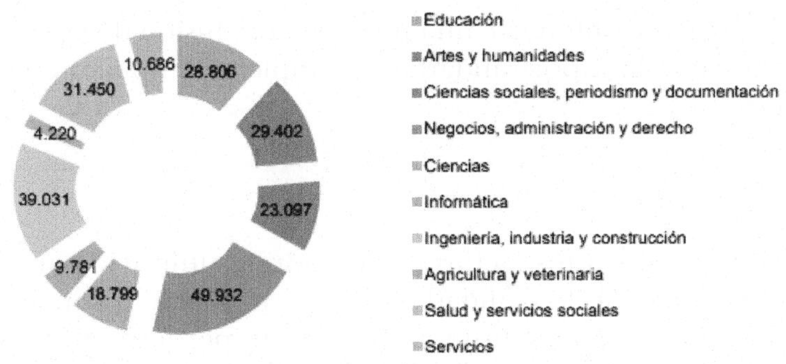

(1) En las titulaciones sin límite de plazas se ha computado la oferta en primer año que figura en la memoria de verificación del título.

Igual afirmación que la mantenida hasta ahora puede realizarse con relación a las enseñanzas en Formación Profesional. Un nuevo ejemplo para ilustrar esta afirmación. El número de Ciclos Formativos de FP Básica impartidos en Andalucía para la familia profesional de Administración y Gestión es de ciento diecisiete; por seis en la comunidad autónoma vasca; en Grado medio de doscientos veinticinco frente a veintiocho y en Grado Superior ciento ochenta y cuatro por cuarenta y seis. Para la familia profesional de Fabricación Mecánica las cuantías se corresponden (siguiendo la secuencia formativa —Formación Profesional Básica, Grado Medio y Grado Superior— y de comunidades autónomas (Andalucía y País Vasco) con cuarenta y dos y veintiséis; cincuenta en ambos casos y veintidós y sesenta. Por último, con relación a la familia profesional de Instalación y Mantenimiento (conforme a la pauta indicada) esta es de cero y once; cincuenta y cuatro y treinta y cuatro y veintiuno y veintiocho, respectivamente[16]. Si se convirtieran estos números a porcentajes de nuevo se observarían las amplias diferencias existentes en la planificación de las enseñanzas.

¿La oferta condiciona la elección del alumnado o, a la inversa, la opción de aquel fuerza la oferta de plazas disponibles en su comunidad autónoma? Este es el interrogante que pudiera plantearse. Se participa de manera tajante en la primera de las aseveraciones vertidas. La realización de estos

---

16 Ministerio de Educación y Formación Profesional: *Las cifras de la educación en España. Curso 2020-2021 (Edición 2023)*, cit.

o aquellos estudios está predeterminada por las plazas existentes (la oferta de puestos en cada rama o en cada familia profesional) que distan mucho de las preferencias del alumnado[17].

Aquí puede obtenerse una primera conclusión de las circunstancias que condicionan las oportunidades de empleo y empujan a la movilidad geográfica.

4.3. Y en el sector productivo

Entre los distintos factores que podrían utilizarse para abordar esta temática reflejando la realidad de los territorios se ha optado por presentar de manera limpia los mismos, esto es, no perderse en una marabunta de datos y microdatos que dificultara la comprensión de este, sino en centrar la atención en un único aspecto, uno principal que denota la configuración del tejido productivo en aquellos. Así, se pone ahora el foco en exclusiva en el peso del Valor Añadido Bruto según sector de producción.

Para el caso de Andalucía este se corresponde como sigue para el año 2021: Construcción, 6,5%; Agricultura, 7,1%; Industria y Energía, 11,8% y Servicios 74,6%[18].

En la comunidad autónoma vasca la secuencia (aunque referida al año 2020) es la siguiente: Construcción, 5,6%; Agricultura, 0,8%; Industria y Energía: 22,8% y Servicios 70,8%[19].

Dos sectores, sobre los demás, marcan las diferencias. De una parte, el sector agrario (en sentido amplio), con más de seis puntos porcentuales de distancia a favor de la comunidad autónoma andaluza. De otra, los once puntos que marcan el gap en el sector de la Industria y Energía, en este supuesto a favor de Euskadi.

Son claras, por ende, las estructuras productivas en ambos territorios y lo que ello lleva aparejado.

---

[17] Quizá el mejor exponente de ello sea en el ámbito universitario el Grado en Medicina, donde la demanda supera ampliamente la oferta. Y en Formación Profesional con relación a los ciclos de la familia de Sanidad o Actividades Físicas y Deportivas.

[18] Instituto de Estadística y Cartografía de Andalucía: *Estadísticas de Síntesis,* [en línea]: https://www.juntadeandalucia.es/institutodeestadisticaycartografia/28Febrero/economia.htm [Consulta: 13/01/2023].

[19] Instituto Vasco de Estadística: *Valor añadido bruto (VAB) de la C.A. de Euskadi por ámbitos territoriales, según sectores de actividad. Precios corrientes (%).* (2020) [en línea]: https://www.eustat.eus/elementos/ele0011100/valor-anadido-bruto-vab-de-la-ca-de-euskadi-por-ambitos-territoriales-segun-sectores-de-actividad-precios-corrientes-/tbl0011124_c.html [Consulta: 13/01/2023].

Nuevamente cabe realizar el interrogante de si la formación condiciona el sector productivo y, ello, los empleos; o, al contrario, se camina en el sentido opuesto, la instalación de determinadas empresas fija los itinerarios formativos de las personas jóvenes de esas zonas geográficas.

4.4. Las cifras del empleo y del desempleo: consecuencia

Los datos recogidos en las páginas precedentes nos muestran una realidad para con esos territorios. Una formación predominantemente orientada al campo social o en las áreas de ciencias, según los casos; un tejido productivo con preponderancia de determinados sectores frente a otros..., en definitiva, un distanciamiento en la organización estructural de los territorios en elementos que se entienden nucleares en aras de actuar como agente favorecedor de movilidades salientes o entrantes (aunque recuérdese que la preferencia se muestra en pro de las movilidades circulantes).

Consecuencia de lo anterior es la incidencia que tales aspectos despliegan sobre la situación del empleo y del desempleo en los territorios marcados de referencia para el presente trabajo[20].

La tasa de empleo en el tercer trimestre del año 2022 se corresponde, señalando mejores cifras para la comunidad autónoma de Euskadi, como sigue:

Resultados por comunidades autónomas

Ocupados

Tasas de empleo por distintos grupos de edad, sexo y comunidad autónoma

Unidades: Tasas

Tabla | Gráfico | Mapa

	Total 2022T3
Ambos sexos	
01 Andalucía	46,13
16 País Vasco	52,18
Hombres	
01 Andalucía	53,21
16 País Vasco	57,07
Mujeres	
01 Andalucía	39,35
16 País Vasco	47,67

20 La obtención de estos datos se ha realizado en Instituto Nacional de Estadística: *Encuesta de Población Activa,* [en línea]: https://www.ine.es/dyngs/INEbase/es/operacion.htm?c=Estadistica_C&cid=1254736176918&menu=resultados&idp=1254735976595 [Consulta: 13/01/2023].

También son mejores los datos del País Vasco con relación a los tipos de contratos, primando los de duración indefinida en el colectivo masculino en casi diez puntos porcentuales y, por ende, una temporalidad significativamente menor distancia del término comparativo empleado.

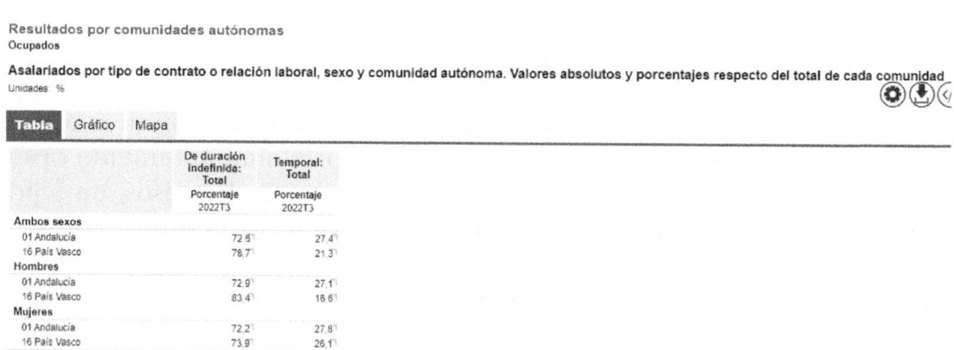

Resultados por comunidades autónomas
Ocupados

Asalariados por tipo de contrato o relación laboral, sexo y comunidad autónoma. Valores absolutos y porcentajes respecto del total de cada comunidad
Unidades: %

Tabla | Gráfico | Mapa

	De duración indefinida: Total Porcentaje 2022T3	Temporal: Total Porcentaje 2022T3
Ambos sexos		
01 Andalucía	72,6	27,4
16 País Vasco	78,7	21,3
Hombres		
01 Andalucía	72,9	27,1
16 País Vasco	83,4	16,6
Mujeres		
01 Andalucía	72,2	27,8
16 País Vasco	73,9	26,1

Respecto del desempleo, las tasas de paro distan de aproximarse, siendo más elevadas en Andalucía.

Resultados por comunidades autónomas
Parados

Tasas de paro por distintos grupos de edad, sexo y comunidad autónoma
Unidades: Tasas

Tabla | Gráfico | Mapa

	Total 2022T3
Ambos sexos	
01 Andalucía	18,98
16 País Vasco	8,29
Hombres	
01 Andalucía	15,48
16 País Vasco	8,16
Mujeres	
01 Andalucía	23,09
16 País Vasco	8,43

Es destacada la diferencia para el colectivo femenino, cuyos efectos sobre los movimientos migratorios también pudiera calificarse como reseñables. La migración de la mujer arrastra, en su caso, la unidad familiar. La migración masculina puede ser temporal, de ida y vuelta…. Es una cuestión que también debe analizarse en el plano sociológico con detalle.

4.5. En las movilidades

El panorama descrito incita, según los lugares, a que se produzcan movilidades en búsqueda de un mejor porvenir. De este modo, el saldo migratorio en la última década responde para las zonas geográficas objeto de estudio a[21]:

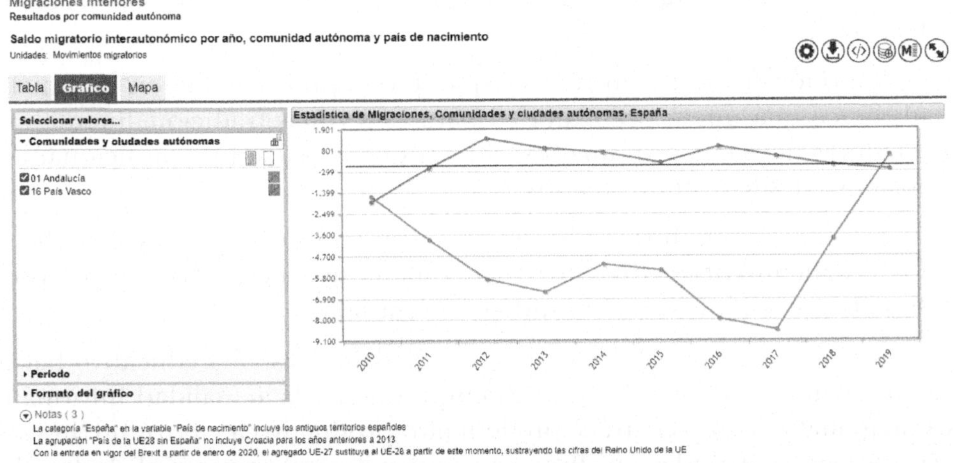

Reflejo, en definitiva, de lo que se ha venido expresando hasta ahora. Mejores tasas de ocupación, empleos más cualificados, menor precariedad laboral…, lugares atractivos para ser receptores de mano de obra.

5. CONCLUSIONES

Como corolario a este trabajo puede señalarse de manera concreta:

a. La formación de capital humano constituye una herramienta básica para el desarrollo de los territorios.

b. La inversión en formación, si bien *per se* no es suficiente para la atracción de tejido productivo condicionado a otra mucha serie de factores, favorece su implantación.

---

21 No se incluyen los datos correspondientes a los años 2020 y 2021 al estar marcados por la pandemia a causa de la COVID-19 que distorsiona la serie.

c. Ante el interrogante de si formación y mundo empresarial se suceden el uno al otro o el otro al uno, ambos han de actuar como correa de transmisión que se necesitan y retroalimentan.

d. Las nuevas modalidades de negocio propiciadas por el desarrollo tecnológico constituyen un buen instrumento para que el valor añadido permanezca en aquellos territorios hasta ahora proveedores de mano de obra hacia el exterior, siempre, claro está, que se posea de los cuadros técnicos adecuados.

e. La relocalización empresarial que se está produciendo en la actualidad ofrece una nueva oportunidad para esas zonas tradicionalmente exportadoras de recursos humanos, si bien deben darse los condicionantes oportunos desde distintos planos.

f. Es claro que la formación ha de sufrir un giro importante. Se lleva años advirtiendo desde distintos foros, esta no se adecúa a los perfiles profesionales necesitados en el mundo empresarial.

Solo así, con la transformación controlada del sistema educativo hacia ramas altamente demandas por las empresas (en la actualidad informática, matemáticas...) y la atracción de tejido productivo a ciertos territorios (con acciones cruzadas en diversos campos jugando un papel destacado el formativo), puede frenarse el éxodo de capital humano a otras zonas geográficas y favorecer, en su caso, el retorno (circulante y constante, como se viene sosteniendo a lo largo de estas páginas como mejor opción o deseable).

El modelo educativo actual (aunque pueda cuestionarse su eficacia desde distintos polos) es una herramienta, la principal herramienta, en esta compleja tarea, pero ha de ajustarse convenientemente el tino, porque no se trata de formar a muchas personas sino de formarlas en las áreas, ramas y sectores que en un futuro mediato puedan incorporarlas en el mercado de trabajo.

Capítulo 16

La disciplina para facilitar el regreso a Italia. De investigadores y profesores universitarios activos en el extranjero

ENRICO GRAGNOLI
Professore Ordinario di Diritto del lavoro
Università di Parma

1. LA TRADICIONAL ATENCIÓN ITALIANA PARA AYUDAR A LA REPATRIACIÓN DE INVESTIGADORES Y PROFESORES UNIVERSITARIOS

En Italia existía la convicción generalizada de que los investigadores y profesores universitarios con talento, especialmente en el ámbito científico, se veían obligados a emigrar para encontrar retribuciones adecuadas y mejores condiciones profesionales. Tal vez esta afirmación era cierta en el pasado, especialmente en el ámbito médico, cuando las instalaciones italianas no disponían de suficientes recursos y las técnicas diagnósticas y operatorias eran muy diferentes en cada país. Cabe preguntarse hasta qué punto y en qué medida esas ideas eran acertadas, a falta de estadísticas y a propósito de tesis emocionales basadas sobre todo en casos individuales. Hoy en día, ante la competencia transnacional entre sistemas educativos y la creciente, si no generalizada, movilidad del profesorado, estos planteamientos suenan a pésima publicidad para nuestras universidades y rozan el autolesionismo, ya que dan por sentado que una estancia en otros Estados acredita el nivel cultural individual.

Frente a los miles de colegas, no solo europeos, presentes en Italia y, en cierta medida, si bien limitada, deseosos de presentarse a nuestros concursos, cabe preguntarse por qué debería ser un objetivo público favorecer el regreso de personas que, por las razones más dispares, a menudo subjetivas, han transcurrido largos periodos de tiempo trabajando en distintos países. ¿Se puede pensar que se trata de un título de mérito que justifica una intervención excepcional de favor? ¿Es racional que quienes trabajan en las universidades italianas reciban un trato menos favorable que los que lo hacen en otros lugares? ¿Es razón de una valía diferencial vivir y trabajar en el extranjero, a menudo solo por preferencias subjetivas incuestionables y por objetivos relacionales y familiares? Esta idea de facilitar el regreso de los estudiosos de cada materia es la manifestación un tanto brutal de un provincianismo exasperado. No hay forma más drástica de desmotivar a quienes desarrollan sus actividades en Italia, para nuestros estudiantes y en nuestro sistema, por no mencionar el hecho evidente de que esto es totalmente compatible con el mantenimiento de relaciones internacionales, que no presuponen en absoluto una presencia estable en diferentes países.

En la sociedad de la comunicación global y de la competencia entre universidades a nivel mundial, uno de los problemas fundamentales del legislador italiano no es promover el compromiso de nuestros empleados (independientemente de su nacionalidad), sino ayudar a los ciudadanos italianos activos en otros Estados a regresar a nuestro país, según lógicas que eran cuestionables hace cincuenta años y que ahora son insostenibles sobre la base de una evaluación objetiva del mérito. Esto depende de lo que se haga, no de dónde, y por tanto del valor intrínseco de la investigación, cuya acreditación no puede vincularse al mero dato estadístico de la ejecución en otro contexto. En la base de nuestra disciplina yace una especie de nacionalismo, por el cual los italianos (pueblo de poetas, navegantes y héroes, según la tradición) serían en todo caso capaces de sobresalir y, por tanto, deberían hacerlo en su patria. Entonces, su afirmación en una tierra extranjera reforzaría e indicaría por sí misma una valía particular, susceptible de justificar un trato mejor.

Basada en la igualdad, la disciplina sobre el acceso a la enseñanza universitaria debería permitir una comparación equitativa de los resultados científicos, en la medida de lo posible, frente a valoraciones que en todo caso son subjetivas y discutibles, como siempre ocurre en un debate libre. ¿Es posible pensar en una preferencia estructural por los ciudadanos italianos que hayan trabajado en el extranjero, como si este elemento supusiera, por un lado, un derecho a la repatriación y, por otro, un factor indicativo del mérito de sus obras? Ante la creciente internacionalidad de la iniciativa educativa superior, nuestro país debería cuestionarse sobre la racionalidad de sus estrategias y no lo hace, enfrascado en la defensa de los supuestos intereses de quienes se han ido a otros lugares, en su mayoría no en busca de estímulos o equipamientos, sino por preferencias individuales, como relaciones sentimentales, tan comprensibles como irrelevantes, respecto a la necesaria construcción de justos caminos de acceso a la enseñanza.

2. LA DISCIPLINA FISCAL DE FAVOR PARA LA REPATRIACIÓN

No suscita demasiada perplejidad la aplicación a los estudiosos de la disciplina fiscal general de favor para la repatriación, en virtud del art. 16 del Decreto Legislativo n.º 147 de 2015, modificado por el art. 5 del Decreto-Ley n.º 34 de 2019, convertido con modificaciones por la Ley n.º 58 de 2019. Se ha introducido una imposición "facilitada de las rentas producidas por los contribuyentes que trasladan su residencia fiscal a Italia y que se comprometen a residir en ella durante al menos dos períodos impositivos, desempeñando actividad laboral en el territorio italiano". La disciplina no debe imaginarse como un contraste a la emigración, ya que sería injusto con los sujetos que reciben ayuda y fruto de escaso realismo histórico. De modo más moderado, se pretende facilitar el regreso de personas que, por diferentes objetivos, han estado y han trabajado de forma estable en otro país, creando condiciones fiscales prometedoras. Al fin y al cabo, al sistema tributario le interesa ampliar la base de los obligados al pago de impuestos, especialmente en lo que respecta a quienes deberían dar garantías de disfrutar de ingresos significativos y de desempeñar funciones prometedoras para nuestro sistema productivo, en su conjunto. No es casualidad que los beneficios sean para quienes están obligados a residir en Italia durante al menos dos años y a desarrollar allí la parte predominante de su actividad.

En esta lógica, no es de extrañar la mención a quienes han estado realizando una labor de estudio continuada fuera de nuestro país durante veinticuatro meses y han obtenido el grado o una "especialización" sucesiva, concepto que incluye el título de "*dottore di ricerca*" (doctor en investigación). Por lo tanto, el beneficio fiscal se destina a los jóvenes recién graduados que cursan los estudios correspondientes en una universidad extranjera, siempre que completen con éxito el relativo periodo de formación. No es necesario que exista una estricta contigüidad cronológica entre la participación en el proyecto educativo y el establecimiento de la residencia en Italia, ya que es suficiente, "en el caso de las actividades de estudio, que el sujeto obtenga el grado u otro título académico de posgrado de al menos dos años académicos de duración". Esta aclaración implica una concepción más amplia de los destinatarios del trato de favor, hasta el punto de que el denominado "impatriado" puede "acceder al beneficio (...) incluso si la mera «obtención» del título de estudio se produce después de la finalización del citado período de 24 meses (es decir, de los dos años académicos)". En definitiva, queriendo ser un poco polémicos, se puede comentar que quienes realicen el doctorado en una universidad extranjera tendrán una disciplina fiscal favorable en caso de que regresen a Italia una vez finalizado el mismo.

Por otra parte, la solución es razonable, porque tales consecuencias se derivan de un sistema general destinado a favorecer la repatriación y a facilitar la ampliación de un conjunto fiable de contribuyentes; por eso, nuestro sistema administrativo no tiene dudas sobre la compatibilidad de este criterio con el régimen comunitario, para los objetivos de relevancia pública. Además, no se menciona expresamente a los profesores e investigadores, pero gozan de la protección que se otorga a quienes hayan trabajado por cuenta ajena o por cuenta propia en otro país y hayan desempeñado allí su actividad de forma continuada durante veinticuatro meses. La referencia general a cualquier forma de colaboración profesional debería permitir que se aplique a las personas dedicadas a la investigación a cambio de una remuneración, independientemente de la naturaleza de las relaciones y de los modelos organizativos de los demás ordenamientos, con un corte extensivo de nuestra disciplina, en lo que respecta a sus requisitos.

Si acaso, se discute la posibilidad de aplicar la regulación de favor a quien haya obtenido los ingresos por una colaboración con un sujeto extranjero, pero con ejecución a distancia, por lo tanto, con permanencia física en nuestro país. El tema puede interferir con la investigación, pero tiene un cariz más general. Para determinadas vocaciones profesionales, hace tiempo que es posible prestar servicios en el extranjero por medios telemáticos, y la epidemia ha hecho surgir la cuestión hasta un punto inesperado. Sin especiales dificultades técnicas, asalariados ubicados en distintos Estados pueden prestar sus servicios en régimen de subordinación, con plena satisfacción de las empresas, que a veces ni siquiera saben ni les interesa saber dónde está el trabajador y si vive en el mismo país donde está la sede de la empresa correspondiente. También a causa de la epidemia, el trabajo ágil transnacional se ha convertido en un fenómeno significativo desde el punto de vista organizativo. Si por un lado ha puesto en tela de juicio toda la categoría de la subordinación y ha planteado cuestiones teóricas que no son fáciles de resolver y que, a decir verdad, aún no se han configurado del todo, aunque solo sea por la mínima experiencia de aplicación, al mismo tiempo ha puesto de manifiesto una importante innovación social y ha confundido los límites del tiempo dedicado a las necesidades personales y del tiempo dedicado a la acción profesional, difuminando la diferencia. El perfil fiscal es solo un aspecto sectorial de una cuestión más compleja sobre la regulación de las colaboraciones transnacionales a distancia, a la espera de un encuadre global por parte de la Unión Europea.

3. LA DISCIPLINA FISCAL ESPECÍFICA PARA EL REGRESO DE INVESTIGADORES A ITALIA

Si bien una regulación general de la repatriación plantea dudas limitadas en cuanto a su coherencia con el principio constitucional de igualdad y con los criterios del ordenamiento comunitario, no puede decirse lo mismo para una disciplina especial, también de carácter fiscal, pero que afecta únicamente a los investigadores, como establece el artículo 44 del Decreto-Ley n.º 78 de 2010. Según esta norma, de declarado e injustificado carácter sectorial, los investigadores "en posesión de un título universitario y con residencia ocasional en el extranjero" tienen derecho a importantes beneficios fiscales siempre que "hayan realizado actividades documentadas de investigación o docencia en el extranjero en centros de investigación públicos o privados o en universidades durante al menos dos años continuados". Aparte del carácter excesivamente genérico de la referencia a las actividades de investigación, no se entiende por qué quienes se hayan dedicado a esas tareas deberían tener un régimen fiscal propio y favorable, a diferencia del resto de los trabajadores, con evidentes dudas de legitimidad constitucional respecto al principio de igualdad.

La ingenua idea de que Italia debería hacer volver a sus mejores estudiosos, que... se verían obligados a irse al extranjero, hace sonreír y es tan injusta con nuestras universidades como basada en prejuicios. No hay ninguna razón por la que los investigadores deberían tener dichas facilidades, ya que no es cierto que se vean obligados o inducidos a desempeñar su actividad en otros países. Es popular sostener estas tesis, según convicciones tan erróneas como acreditadas por una opinión pública incompetente y contraria a nuestras universidades, sin motivaciones plausibles. Entre otras cosas, con... declaración confesoria, la administración pública reconoce que este régimen de excepciones es contrario al ordenamiento europeo, ya que admite que se discute de "ayudas de importancia menor", de por sí ilegítimas, si no por su limitado alcance, que las exime de la intervención de la Comisión y, más en general, de las instituciones europeas.

No hay ninguna motivación realista, y mucho menos de interés público, por la que una regulación general sobre la repatriación vaya acompañada de una regulación sectorial para los investigadores, ya que no hay ningún factor objetivo que justifique ese trato, y menos aún la imposibilidad (totalmente irreal) de realizar investigaciones en Italia, una afirmación extraña (queriendo ser benévolos) e irrespetuosa para con miles de empleados públicos. Si el sistema específico para los investigadores no puede acumularse con el general, su propia existencia carece de razones apreciables y es el resultado de una especie de sometimiento de nuestro sistema político hacia la idea... típica de mediados del siglo pasado según la cual la investigación habría sido más fructífera en otros ordenamientos. El resultado es la introducción de beneficios consistentes y basados en excepciones en el aspecto fiscal, beneficios que son claramente contrarios a los principios europeos, incluso reconocidos, por la singular idea de que sería esencial para nuestro sistema educativo repatriar a los investigadores que trabajan en el extranjero, destinados a mejorar el nivel de nuestras universidades. Es preciso preguntarse cómo el Estado italiano puede declarar que está violando los criterios comunitarios, atrincherándose tras su reducido impacto y la consiguiente exclusión de la intervención correctiva de las instituciones europeas.

4. LA RESERVA DE OPORTUNIDADES OCUPACIONALES BASADAS EN EXCEPCIONES PARA QUIENES REGRESEN DEL EXTRANJERO

El perfil neurálgico en la estrategia italiana no viene dado tanto por la disciplina fiscal, sino por la de los criterios de contratación, ya que, ante oportunidades ocupacionales limitadas, como es el caso de los profesores e investigadores universitarios, el trato de favor injustificado para unos sacrifica las ambiciones de otros. A este respecto, es ejemplar (en su reprobable protección para quienes hayan desempeñado actividades en el extranjero) el art. 1, apdo. 9, de la Ley n.º 230 de 2005, por el que las universidades "pueden proceder a cubrir plazas de profesor titular, profesor asociado e investigador mediante convocatoria directa de estudiosos que trabajen de forma estable en el extranjero o en institutos universitarios o de investigación extranjeros (...), en actividades de investigación o enseñanza a nivel universitario, que hayan ocupado un cargo académico equivalente durante al menos tres años en instituciones universitarias o de investigación extranjeras (...)". Esta convocatoria se lleva a cabo a través de la potestad incuestionable de cada universidad, sin competencia alguna, no solo con los candidatos italianos que hayan desarrollado su actividad en su patria, sino ni siquiera con los que hayan trabajado en otras instituciones extranjeras. El criterio basado en excepciones y la eliminación del concurso permiten una (paradójica) convocatoria libre, no solo en detrimento de quienes no han trabajado en otros países, sino también de quienes lo han hecho y no son elegidos, ya que no es posible lamentarse ni impugnar una libre elección. Sustancialmente, a quienes hayan trabajado en otro Estado se les exime de cualquier forma de competencia.

La solución es paradójica, queriendo ser benévolos. No solo existe un favor prejuicioso e inmotivado para quienes provienen de instituciones extranjeras, eximidos del concurso; si fuera así, sería grave, pero el prejuicio sólo afectaría a las relaciones entre los candidatos que trabajan en el extranjero y en Italia, y estos últimos se verían perjudicados, por haber… enseñado a nuestros jóvenes y trabajado en nuestras estructuras. Entre otras cosas, la discrasia es mayor. La actividad en otros Estados crea una condición de privilegio absoluto no sólo con respecto a quienes han trabajado en Italia, sino incluso… a quienes lo han hecho en el extranjero, ya que no existe una competencia regulada ni siquiera entre personas con actividad similar en instituciones extranjeras. Al menos en su tenor inicial y en su formulación original, el art. 1 apdo. 9 de la Ley n.° 230 de 2005 preveía una potestad selectiva incondicional de las universidades. Con tal de que eligieran un candidato con las connotaciones prescritas, lo habrían podido contratar con libertad, eximiéndolo así de cualquier vínculo de comparación y de identificación del mejor entre varios competidores.

Una solución irracional de este tipo se basaba no solo en una preferencia injustificada por las instituciones educativas de otros Estados, sino en la programación de soluciones de conveniencia. Cada universidad habría podido eximir del natural recurso al concurso a los candidatos favoritos, por el simple dato objetivo de su presencia en otros Estados, en detrimento de cualquier competidor diferente, por tanto, italiano y europeo e, incluso, poseedor de los mismos requisitos, ya que no eran vistos como justificación de un trato preferente, sino de una elección libre, al margen de la aplicación de cualquier criterio selectivo objetivo. Resulta incluso superfluo detenerse en la irracionalidad de la disciplina, programada de forma deliberada y no encomiable en detrimento de quienes, activos en Italia o en el extranjero, no contaran con el apoyo preconstituido de las autoridades académicas. La aplicación de la norma ha sido perjudicial, con fenómenos que rayan en lo intrínsecamente ilícito y, a menudo, sobrepasan esos límites, en nombre de juicios favorables preconstituidos, fruto de conexiones familiares o de intereses coincidentes. El art. 1, apdo. 9 de la Ley n.° 230 de 2005 es indefendible, a la luz de los cánones constitucionales italianos y europeos, ya que pretende crear una absurda libertad para las universidades, que pueden disponer de los recursos públicos como si fueran privados.

5. LA PARCIAL MORALIZACIÓN DEL SISTEMA DE FAVOR PARA LOS INVESTIGADORES QUE TRABAJAN EN EL EXTRANJERO Y LOS TRATOS BASADOS EN EXCEPCIONES EN LA CONTRATACIÓN DE GANADORES DE RECONOCIMIENTOS DE MATRIZ COMUNITARIA

El art. 1, apdo. 9, de la Ley n.º 230 de 2005 era tan indefendible que, aunque en el contexto de la misma estrategia de ayuda a la repatriación de estudiosos activos en instituciones extranjeras, de hecho el legislador ha cambiado su enfoque y ha tratado de limitar la originaria, completa discrecionalidad selectiva de las universidades, reservando la contratación con excepciones para los estudiosos italianos presentes en universidades extranjeras, pero ganadores de premios o de procedimientos de acreditación de carácter comunitario. El giro es significativo y se ha consolidado desde hace algún tiempo, ya que, en su formulación original, el art. 1, apdo. 9, de la Ley n.º 230 de 2005 tiene menos aplicación y atrae recursos públicos limitados. La reserva de contrataciones fuera de las formas ordinarias de contratación a los ganadores de los llamados “itinerarios de alta cualificación” debería en cualquier caso garantizar una selección basada en el mérito, aunque remitiendo a las instituciones europeas la tarea correspondiente, con una financiación creciente distribuida de esta manera.

En particular, el modelo se ha retomado en el ámbito de la configuración y aplicación del Plan nacional de recuperación y resiliencia, con fondos muy sustanciosos y, por lo tanto, con una acentuación de oportunidades en todo caso atractivas. Si bien en esta variante, al menos vinculada a sucesivos proyectos europeos de carácter competitivo, la idea original de crear formas de contratación con excepciones deja muchas dudas; en primer lugar, se distorsiona en cualquier caso una competencia natural y plena, ya que, junto a los concursos abiertos a cualquier posible candidato, se crean otros reservados, sobre la base de la presencia en el extranjero, aunque sumadas al éxito en concursos de nivel supranacional. En segundo lugar, la estrategia ayuda de forma asimétrica a jóvenes que se dedican a disciplinas que se prestan más a actividades similares a realizar en otros países. En tercer lugar, sin ninguna coordinación programática con los planes de las universidades italianas, las instituciones comunitarias y sus opciones condicionan la definición de las materias más prometedoras para la adquisición sin participación en un concurso de la plaza de profesor universitario o investigador.

En cuarto lugar, estas ventajas fundamentales, dadas en particular por el recurso a fondos específicos y reservados, se unen a los beneficios fiscales antes mencionados; el resultado es una fuerte combinación de incentivos, con una protección poco justificada, ya que se basa en un factor, como la actividad plurianual en universidades o centros de investigación extranjeros, que no está abierto a todos, ni garantiza absolutamente la calidad científica. De todas formas, esta última debería ser evaluada en el contexto de los concursos ordinarios, aunque teniendo en cuenta los éxitos obtenidos en los proyectos europeos. Una cosa es incluir esto entre los criterios de comparación y otra muy distinta es hacerlo decaer, en detrimento de quienes no pueden ir al extranjero durante largos períodos, por las razones más dispares, a menudo de carácter familiar o personal.

En esencia, aunque con una moderación del drástico recorte del art. 1, apdo. 9, de la Ley n.° 230 de 2005, estos últimos modelos no reniegan del planteamiento de fondo, caracterizado por una prejuiciosa e injustificada simpatía hacia los estudiosos activos en otros países. Si acaso, se redimensiona el trato desfavorable a los ciudadanos de varios Estados de la Unión, que pueden aprovechar en cierta medida estas oportunidades, que en todo caso están destinadas a privilegiar a los italianos y, de hecho, están programadas para su repatriación incentivada. Sigue existiendo el mismo problema de fondo: por un lado, la inexplicable infravaloración de la labor docente y de investigación que se realiza en Italia y para nuestros jóvenes, y por otro, la idea del siglo XX sobre el necesario compromiso público para ayudar al regreso de los que se han ido a otros lugares para el estudio académico. Si se considera que miles de nuestros jóvenes van cada año a varios países de la UE (y más allá) en el ámbito del Proyecto Erasmus (y similares), esta concepción hace sonreír. Para ser sinceros, puede decirse que lo haría si no fuera el síntoma de una clara violación del principio de igualdad y de una significativa distorsión en las oportunidades de rápida afirmación profesional universitaria.

6. LA COMPETENCIA ENTRE INVESTIGADORES Y EL TRATO DE FAVOR PARA LOS QUE TRABAJAN EN OTROS PAÍSES

En el ámbito de relaciones internacionales consolidadas entre universidades e instituciones de investigación, la idea de la necesaria intervención pública a favor del regreso a Italia de los estudiosos activos en estructuras extranjeras no tiene ningún fundamento razonable y está en contradicción con el principio de igualdad; por un lado, no existe ningún ámbito en el que una investigación adecuada sólo sea posible con un traslado duradero, ya que hay infinitas conexiones no solo dentro de la Unión Europea, y la circulación de personas, información y tesis científicas avanza constantemente. En segundo lugar, la confluencia de beneficios fiscales y formas de contratación facilitadas crea una combinación de medidas favorables que, en cualquier caso, es excesiva. En tercer lugar, es inaceptable la implícita consideración negativa de los esfuerzos prodigados en nuestras universidades, como si el trabajo realizado en ellas debiera considerarse de menor valor y estuviera necesitado de la contribución de quienes, al proceder de otros países, pueden aportar una visión más moderna.

Estas implicaciones de las consolidadas intervenciones normativas son una señal de miopía general; si Italia no cree en sus universidades, es difícil ver por qué deberían hacerlo los colegas extranjeros y, sobre todo, los estudiantes. Desde el punto de vista jurídico, a pesar de que estas disposiciones llevan muchos años en vigor y han aumentado progresivamente su importancia y los recursos dedicados a ellas, las normas no se sostienen frente a la plena valorización de los criterios de igualdad en el acceso al empleo público. A diferencia de lo que sucede para los incentivos fiscales generales, la introducción de vías preferentes de contratación perjudica los intereses de los demás estudiosos, tanto italianos como europeos, en materia de competencia equitativa. Y para serlo, debe en primer lugar ser posible, sobre todo en un área con fuerte carácter competitivo.

El libre debate científico no admite una ventaja para los que trabajan en el extranjero, ni tiene sentido en la sociedad moderna esta idea antihistórica de que Italia quiere reapropiarse de los estudiosos obligados a emigrar. De hecho, se crea un trato de favor drástico e injustificado para aquellos que, debido a las condiciones patrimoniales familiares o a la naturaleza de la disciplina o al conocimiento de idiomas, se hallan en condiciones mejores para vivir en el extranjero, independientemente de si obtienen beneficios efectivos de ello. Tampoco pueden desprenderse de la victoria incluso significativa en los procedimientos comunitarios, un elemento de mérito a valorar en un concurso y no un requisito previo para excluir su necesidad. Si acaso, en la medida de lo posible, nuestro ordenamiento debería garantizar la igualdad de condiciones competitivas para los italianos que trabajan en el país o en el extranjero o (al menos) para los ciudadanos de otros países de la Unión Europea. El objetivo es difícil de alcanzar, debido a la propia naturaleza de los procedimientos selectivos, pero de por sí se ve frustrado por un trato preferente injustificado basado en premisas incoherentes.

Capítulo 17
La politica italiana per il rimpatrio di persone con cittadinanza italiana emigrate

MONICA MCBRITTON
Università del Salento

1. L'EVOLUZIONE DELLA NORMATIVA

La politica italiana per il rientro di cittadini e cittadine italiani emigrati è sostanzialmente limitata a riduzione dell'imposizione tributaria a vantaggio del soggetto che rimpatria. Tali vantaggi, a determinate condizioni, si estendono ai cittadini e cittadine euro-unitari, come si vedrà in seguito.

Tuttavia, in primo luogo, è necessario segnalare che la normativa tesa a favorire il rimpatrio risale al 2010[1] e aveva, allora, un'impronta centrata sull'incentivo al rientro dei "cervelli". La struttura del beneficio fiscale rimarrà sostanzialmente invariata fino ai nostri giorni. Consiste in una riduzione dei redditi percepiti dalla persona fisica che contribuiscono alla formazione della base imponibile ai fini dell'imposizione sul reddito in un certo periodo di tempo. Nel caso specifico riguardava i ricercatori e docenti che fossero stati "non occasionalmente" residenti all'estero e avessero svolto attività di docenza o ricerca all'estero presso centri di ricerca o istituti universitari sia pubblici che privati per un periodo minimo di due anni continuativi e che nei cinque anni successivi all'entrata vigore del decreto si trasferissero in Italia acquisendo la residenza fiscale. Il vantaggio era l'esclusione dalle imposte, per due anni, del novanta percento del reddito percepito con l'attività lavorativa.

Come si osserva, originariamente la vigenza della disposizione era limitata nel tempo. Come si vedrà in seguito, però, questa limitazione è stata superata.

Nello stesso anno è stato emanato un altro intervento normativo: l'art. 2 co.1, della legge 30 dicembre 2010, n. 238. Tale disposizione concedeva incentivi fiscali ai cittadini dell'UE laureati, nati successivamente al 1°genna-

---

1 Art. 44 d.l. 31.5.2010, n. 78 convertito con modificazioni dalla l. 30.7.2010, n. 122.

io 1969, che avessero risieduto continuativamente per almeno ventiquattro mesi in Italia e che, "sebbene residenti nel loro Paese d'origine, hanno svolto continuativamente un'attività di lavoro dipendente, di lavoro autonomo o di impresa fuori di tale Paese e dell'Italia negli ultimi ventiquattro mesi o più, i quali vengono assunti o avviano un'attività di impresa o di lavoro autonomo in Italia e trasferiscono il proprio domicilio, nonché' la propria residenza, in Italia entro tre mesi dall'assunzione o dall'avvio dell'attività". Il regime fiscale agevolato era esteso anche a coloro che avevano conseguito un titolo di laurea o post-laurea avendo studiato fuori del proprio Paese e dall'Italia negli ultimi ventiquattro mesi e che fossero assunti o avessero avviato un'attività di impresa o di lavoro autonomo trasferendosi in Italia.

Nel 2015, un ulteriore intervento normativo[2] ha modificato l'art. 2 co. 1 aggiungendo che lo scopo della legge era quella di valorizzare "le risorse umane, culturali e professionali maturate da cittadini dell'Unione europea che hanno risieduto continuativamente per almeno ventiquattro mesi in Italia, che studiano, lavorano o che hanno conseguito una specializzazione *post lauream* all'estero e che decidono di fare rientro in Italia".

Inoltre, lo stesso d. lgs. n. 147/2015, all'art. 16 dispone un regime speciale per" lavoratori impatriati". I lavoratori e le lavoratrici che non fossero stati residenti in Italia nei cinque periodi di imposte antecedenti al trasferimento della residenza nel territorio italiano e si impegnassero a rimanere per almeno due anni godranno di un vantaggio fiscale. La loro attività lavorativa doveva essere svolta prevalentemente sul territorio italiano. Il vantaggio fiscale era che, ai fini dell'ammontare del reddito imponibile, il loro guadagno concorre "limitatamente al settanta per cento del suo ammontare". Tale vantaggio operava per cinque anni. Nella sua versione originaria si sarebbe dovuto trattare di persone che svolgono ruoli direttivi "ovvero sono in possesso di elevata qualificazione o specializzazione come definiti con il decreto del Ministro dell'economia e delle finanze".

2. LA DISCIPLINA VIGENTE IN GENERALE

La disciplina ricostruita nel paragrafo precedente ha subito alcune modifiche negli anni successivi. Attualmente, la disciplina vigente[3] ha un am-

---

[2] D.lgs. 14.9.2015 n. 147.

[3] Art. 16 d.lgs. 14.9. 2015, n. 147, così come modificato dal d.l. n. 34 del 2019 convertito in legge 28.6. 2019, n. 58.

bito di applicazione più ampio sia in termini soggettivi che in relazione al beneficio fiscale.

Sul profilo soggettivo, i beneficiari sono lavoratrici e lavoratori non residenti in Italia nei due periodi di imposta precedenti al trasferimento in Italia che si impegnano a rimanere per almeno due anni, svolgendo la loro attività lavorativa prevalentemente sul territorio. I benefici si applicano anche ai redditi di impresa di persone che avviano un'attività in Italia. Rimangono beneficiari anche i cittadini dell'UE laureati, che abbiano risieduto continuativamente per almeno ventiquattro mesi in Italia e che, "sebbene residenti nel loro Paese d'origine, hanno svolto continuativamente un'attività di lavoro dipendente, di lavoro autonomo o di impresa fuori di tale Paese e dell'Italia negli ultimi ventiquattro mesi o più, i quali vengono assunti o avviano un'attività di impresa o di lavoro autonomo in Italia e trasferiscono il proprio domicilio, nonché la propria residenza, in Italia entro tre mesi dall'assunzione o dall'avvio dell'attività". Inoltre, a condizioni analoghe a quanto appena richiamato, le agevolazioni si applicano anche ai cittadini laureati di Paesi terzi rispetto all'UE nei casi in cui intercorra una convenzione con l'Italia allo scopo di evitare doppie imposizioni.

Il beneficio fiscale consiste nel fatto che sarà oggetto di tassazione il trenta percento dei redditi del lavoro per cinque anni a partire dell'avvenuto trasferimento. Il beneficio si estende —nella percentuale di cinquanta per cento dell'ammontare del reddito— per altri cinque periodi d'imposta alle persone con figli minorenni o a carico oppure che siano diventati proprietari di un immobile residenziale successivamente al loro trasferimento in Italia o ancora, nei dodici mesi precedenti. Il legislatore precisa che l'immobile può essere acquisito direttamente dal lavoratore, ma anche dal coniuge, dal convivente o dai figli, anche in regime di comproprietà.

Godono di un beneficio fiscale ancora più consistente i lavoratori e le lavoratrici che abbiano almeno tre figli minorenni o a carico: il reddito imponibile sarà il dieci percento negli ulteriori cinque anni. La stessa riduzione vale per le persone che si trasferiscono nelle regioni del centro-sud[4].

3. IL RIENTRO DEI RICERCATORI RESIDENTI ALL'ESTERO

La disposizione di riferimento continua ad essere l'art. 44 del d.l. 31.5.2010, n. 78 già citato: vengono tassati il dieci percento degli emolu-

---

[4] Abruzzo, Molise, Campania, Puglia, Basilicata, Calabria, Sardegna e Sicilia.

menti percepiti dai docenti e ricercatori laureati, non occasionalmente residenti all'estero, che abbiano svolto la propria attività presso centri di ricerca o università pubbliche o private per almeno due anni continuativi e che rientrino nel paese, svolgendo il lavoro in Italia e acquisendone la residenza fiscale. Questo beneficio ha la durata di sei anni (quello in cui si trasferisce, e i successivi cinque). Esso si estende a otto anni (quello in cui si trasferisce, e i successivi sette) nel caso in cui abbia un figlio minorenne o a carico nonché nel caso che sia diventato proprietario di un immobile residenziale successivamente al trasferimento in Italia o ancora, nei dodici mesi precedenti. L'immobile può essere acquisito direttamente dal ricercatore, ma anche dal coniuge, dal convivente o dai figli, anche in regime di comproprietà. Se i figli minorenni o carico sono almeno due, il beneficio sale a undici anni. Per quelli che ne abbiano almeno tre, il beneficio è di tredici anni. Ovviamente, è condizione per il godimento del beneficio, in tutte le ipotesi richiamate, che la residenza fiscale rimanga in Italia.

4. ISCRIZIONE ALL' AIRE

Come già rilevato, i soggetti interessati sono i lavoratori subordinati, quelli autonomi ma anche, a partire del 2019, gli imprenditori. In quest'ultimo caso, "*sono agevolati i soli redditi di impresa prodotti dal soggetto impatriato*"[5].

Ai fini della dimostrazione della residenza all'estero da parte di cittadini e cittadine italiani, si è posta la questione della mancata iscrizione all'AIRE[6]. L'acronimo AIRE sta per Anagrafe degli Italiani Residenti all'Estero. Di regola, gli italiani che trasferiscono la propria residenza all'estero, devono procedere a cancellare la propria residenza in Italia e iscriversi all'AIRE. Tuttavia, questo non sempre avviene. L'iscrizione comporta la possibilità di esprimere il voto dall'estero nelle elezioni parlamentari e nei referendum nazionali. Comporta però, una conseguenza che, in molti casi, può rappresentare un rilevante inconveniente: quello di rinunciare all'assistenza erogata dal Servizio sanitario nazionale per le cittadine e i cittadini residenti in Italia. Inoltre, non vi sono sanzioni per la mancata iscrizione; quindi, si verifica frequentemente la circostanza per cui le lavoratrici e i lavoratori residenti all'estero non si iscrivano all'AIRE. Ai fini dell'accesso

---

[5] Specificazione contenuta nella circolare n. 33 del 28.12.2020 delle Agenzie delle Entrate.

[6] Istituita con la legge n. 470 del 27.10. 1988.

al godimento del beneficio fiscale, la questione è stata risolta consentendo la dimostrazione alla persona interessata di aver avuto "la residenza in un altro Stato ai sensi di una convenzione contro le doppie imposizioni sui redditi"[7].

5. IL CONTEGGIO DELLE ITALIANE E DEGLI ITALIANI CHE EMIGRANO

A rigore, la questione di sostenere o meno i rimpatri è strettamente collegata ai flussi migratori in uscita dal territorio nazionale. In particolare, l'Italia non solo è ancora un Paese di emigrazione, ma è anche un Paese in costante calo demografico, con una popolazione in chiaro invecchiamento. Questo calo comporta una serie di problemi di sostenibilità delle prestazioni dello Stato sociale, specialmente per quanto riguarda la sicurezza sociale. Non è un caso, quindi, che quando si presentano le periodiche rilevazioni statistiche in materia, si riaccenda il dibattito. Infatti, ciò è avvenuto l'anno scorso con la presentazione del *Rapporto Italiani nel Mondo 2022* della Fondazione Migrantes. Tale Rapporto ribadiva quanto già da tempo viene osservato da un autorevole e attento studioso dei processi migratori[8]: il fenomeno emigratorio è ancora una consistente realtà, anche se le caratteristiche delle persone che se ne vanno sono un po' diverse di quelle dei periodi precedenti. L'Autore citato evidenzia la sussistenza di una rilevante polarizzazione per cui ad emigrare sono da un lato i soggetti altamente qualificati —i cervelli— e dall'altro ancora persone poco qualificate[9].

Tuttavia, rimangono anche aperte alcune questioni che incidono sulla rilevazione dei dati e, indirettamente, sulla formulazione delle politiche in materia. Fra di esse, c'è la delicata questione della cittadinanza italiana. Come si sa, la cittadinanza italiana si basa sull'*ius sanguinis*, come avviene anche in altri Paesi europei. La specificità italiana è la sua lunga e quantitativamente molto consistente storia nei Paesi del continente americano. Conseguentemente, molti discendenti —anche di terze e quarte generazioni— hanno acquisito la cittadinanza italiana. Con tale cittadinanza hanno potuto, a loro volta, immigrare —non necessariamente in Italia— ma

---

7 Disposizione introdotta con art. 16 co.5 ter del d. lgs. 147/2015.

8 E. Pugliese, *Quelli che se ne vanno. La nuova emigrazione italiana*, Bologna, il Mulino, 2018. A tale opera si rinvia anche per l'ulteriore bibliografia.

9 Idem, p. 51 ss.

nei Paesi UE in genere e quindi, ai fini statistici, sono anche essi emigrati italiani. Da quanto si legge, non abbiamo strumenti per distinguerli da quelli effettivamente nati e cresciuti in Italia e poi usciti.

In altre parole, in un mondo sempre più globalizzato, è ardua la conoscenza dei processi di movimentazione delle popolazioni. A mio avviso, tali difficoltà sono anche intensificate da fenomeni approfonditamente analizzati dalle studiose e dagli studiosi dei fenomeni immigratori per cui spesso non migrano i più deboli o più impreparati, ma coloro che sono capaci di costruire un progetto migratorio in cerca di migliori condizioni di vita. Queste persone sono in grado di utilizzare strumenti originalmente pensati per garantire la coesione nazionale[10] per realizzare il loro progetti di mobilità sia territoriale che sociale.

6. ALCUNE QUESTIONI APERTE

Non esiste in Italia una politica per il rientro di emigranti, oltre le forme di agevolazioni fiscali descritte nei paragrafi precedenti. La domanda che dunque sorge spontanea è se questa sia considerabile sufficiente o meno. Innanzitutto, la risposta a tale quesito dipende della valutazione positiva o meno sull'opportunità di promuovere il ritorno delle lavoratrici e dei lavoratori qualificati. Infatti, se la risposta è positiva, la mera leva fiscale —ad avviso di chi scrive— non costituisce uno strumento soddisfacente, se non altro perché riduce tutto un complesso percorso di allontanamento dal Paese a una mera questione monetaria. Come è stato ormai ampiamente approfondito dagli studi sulle cause dei fenomeni migratori in generale, è fondamentale tener in considerazione sia i fattori di spinta (i *push factors*) e quelli di attrazione (i *pull factors*). In questa prospettiva, in particolare per quanto attiene il rientro di soggetti che sono stati spinti a emigrare, i fattori di attrazione hanno un rilievo enorme. In tal senso, pare miope fare esclusiva leva su una maggiore disponibilità di denaro a causa della minore spesa tributaria.

L'analisi di tali fattori deve fare i conti con una contraddizione ben nota ai soggetti che emigrano, ovvero con il fatto che l'indubbia l'appartenenza dell'Italia al gruppo delle economie sviluppate e mature, —insomma, per intenderci, al G7— si scontra con il divario rappresentato da una serie di

---

10 M. Cuniberti, *La cittadinanza. Libertà dell'uomo e libertà del cittadino nella costituzione italiana,* Cedam, Padova, 1997, p. 114.

carenze infrastrutturali e di servizi che rendono complessa la vita quotidiana. Basti pensare, alle difficoltà di conciliazione fra gli impegni di cura ed i tempi di lavoro. In altre parole, esistono difficoltà strutturali che impediscono un flusso di ritorno in Italia delle persone in età lavorativa. Certamente avere una maggiore disponibilità di risorse economiche dovute ad un regime fiscale speciale aiuta, ma forse non è sufficiente.

Inoltre, è un po' diversa anche la situazione di un ricercatore già affermato da uno che ancora sta intraprendendo un percorso di crescita professionale. Per i primi è probabile che il suo rinserimento nelle strutture accademiche e di ricerca italiani avvenga in un modo soddisfacente. Le prospettive cambiano nel secondo caso: per una serie di ragioni che non è il caso di approfondire in dettaglio in questa sede, la diffusa prassi vigente ritiene che sia parte del percorso il doversi occupare di un numero molto rilevante di questioni burocratiche, di ordinaria amministrazione. Ciò non avviene in molte analoghe strutture estere e la coscienza di ciò costituisce un significativo ostacolo al rientro di molti.

Quindi, chi scrive ritiene attendibile avanzare l'ipotesi che le politiche italiani per il rimpatrio non siano state finora oggetto di particolare attenzione non solo a livello scientifico, ma anche a livello fattuale e sociale. In entrambi gli ambiti la questione si può dire tendenzialmente ignorata. In altre parole, esistono difficoltà strutturali molto complesse che impediscono un flusso di ritorno in Italia delle persone in età lavorativa.

In un mondo ideale, la soluzione ottimale sarebbe quella di una relativa fluidità fra gli ingressi e le uscite, visto che la mobilità di individui e gruppi è un fenomeno che risale alle origini dell'umanità stessa. Quello che dovrebbe essere preso in (maggiore) considerazione è la scelta personale che può portare a intraprendere un percorso di emigrazione o, viceversa, a restare nei luoghi dove si è nati e cresciuti o, eventualmente, anche ritornare in patria. In definitiva, le riflessioni sulle esperienze italiane in tema di migrazione, siano esse in ingresso che in uscita, comportano il fenomeno che un noto studioso, Sayad[11], ha chiamato "effetto specchio". Tale nozione è stata originalmente elaborata per sottolineate come le immigrazioni non sono, di sé, foriere di nuovi e inediti problemi nelle società di accoglienza, quanto piuttosto, la presenza di immigrati e immigrate evidenzi le debolezze e fragilità delle società ospitanti. Tuttavia, tale nozione può essere feconda anche per la lettura del fenomeno emigratorio: in altre parole,

---

11 A. Sayad, *La doppia pena del migrante. Riflessioni sul "pensiero di Stato"*, in *aut-aut*, n. 275/1996, p. 8 ss. L'originale francese è del 1992.

le ragioni che portano i soggetti a muoversi oltre le frontiere italiane non sono meramente personali e soggettive, ma rispecchiano alcuni dei problemi strutturali del Paese. Se, quindi, si intende seriamente incentivare il rientro dei migranti, l'azione su queste difficoltà di fondo costituisce un requisito fondamentale. Un buon inizio sarebbe quello di incominciare a considerare i fenomeni migratori come fenomeni strutturali, e non come emergenze contingenti o questioni marginali.

Capítulo 18

El talento digital en Andalucía: la captación y retención de empleo de alta cualificación

VICTORIA RODRÍGUEZ-RICO ROLDÁN
Profesora Contratada Doctora
Departamento de Derecho del Trabajo y de la Seguridad Social
Universidad de Granada

1. APUNTES PRELIMINARES SOBRE LA INDETERMINACIÓN CONCEPTUAL Y CUANTITATIVA DEL FENÓMENO

Una de las principales dificultades que plantea cualquier aproximación a las políticas de atracción de talento estriba en la ausencia de un concepto consensuado de este último. Términos como trabajadores altamente cualificados, élites profesionales o empleo de alta especialización, tan presentes en el discurso político, están lejos de poder ser considerados categorías jurídicas cerradas; o peor aún, cuentan con acepciones harto diversas según el texto normativo que se tome en consideración.

Manejar un concepto jurídico unívoco de "talento" entraña, pues, gran dificultad, pero no menos costoso resulta encontrar estadísticas desagregadas en nuestro país que permitan cuantificar o, al menos, estimar el volumen de capital humano de alta cualificación nacional o extranjero interesado en emprender o trabajar (incluyendo la modalidad del teletrabajo) en Andalucía. Con lo que sí contamos es con un buen número de mediciones de la capacidad de los distintos entes territoriales para gestionar el talento, a través de la facilitación, atracción, crecimiento y retención del mismo.

En el IX *Global Talent Competitiveness Index* 2022[1], si bien a nivel general España no sale mal parada y ocupa la posición vigésimo novena dentro del ranking de países, ninguna ciudad andaluza aparece dentro de las 175 primeras, siendo Madrid, Barcelona, Bilbao y Zaragoza las únicas ciudades españolas que aparecen en dicho listado.

---

1 INSEAD, *The Global Talent Competitiveness Index 2022: The Tectonics of Talent: Is the World Drifting Towards Increased Talent Inequalities?* Fontainebleau, Francia, 2022.

Por su parte, el Informe Mapa del Talento en España 2020 no arroja resultados satisfactorios para Andalucía, que ocupa la posición décimo cuarta en el ranking de comunidades autónomas en cuanto a atracción y retención de talento se refiere. Queda así situada por debajo de la media española en los seis pilares que componen el índice del talento manejado en dicho informe: *facilitar, atraer, crecer, retener, capacidades y vocaciones técnicas* y, por último, *conocimiento*. Andalucía muestra debilidad en la mayoría de las variables de dichos pilares, por citar algunos ejemplos, en lo relativo a la calidad de la gestión profesional, la relación paga-productividad, la vulnerabilidad de los trabajadores por el tipo de contrato (temporal o indefinido), o el sector en el que se trabaja, entre los que figuran el transporte, la hostelería y el comercio, sobrerrepresentados en esta Comunidad Autónoma. Destacadamente, en el pilar "Capacidades y vocaciones técnicas", Andalucía se halla entre las posiciones más rezagadas, con la excepción de la población con educación secundaria y la presencia de técnicos y profesionales asociados. Se entenderá así que, entre los puntos débiles, se haga referencia a los resultados en estudios obligatorios y dotaciones sanitarias, la limitada facilidad para encontrar trabajadores cualificados, la escasa apertura al exterior, el escaso dinamismo del sector público o la elevada tasa de abandono educativo temprano.

En cualquier caso, el informe destaca algunas fortalezas que permiten anunciar una gran capacidad de mejora y crecimiento en este campo del talento. Concretamente, se resalta el elevado gasto público en educación y sanidad, el destacado posicionamiento en atracción de inversión extranjera directa, que compensa el peor comportamiento de otros indicadores de apertura externa, así como el mayor esfuerzo inversor en protección ambiental frente a otras comunidades autónomas. No hay duda de que Andalucía cuenta con algunos elementos intrínsecos (un entorno estable, una cultura acogedora e infraestructuras físicas y digitales media-altas) sobre los que debe seguir mejorando su capacidad de captar y retener el talento digital a nivel global. Señaladamente, el Parque Científico y Tecnológico Cartuja en Sevilla y el Parque Tecnológico de Andalucía en Málaga, son dos modelos de conexión entre universidad, ciencia y empresa, con la innovación como denominador común y donde las TIC tienen un papel central. Asimismo, la comunidad autónoma andaluza cuenta con dos aceleradoras de empresas de base tecnológica destacadas, Programa Minerva y Andalucía Open Future, que surgen de colaboración público-privada. A través de ambas iniciativas se han impulsado o desarrollado casi unas 300 startups vinculadas con el sector TIC. El sector también cuenta con un clúster de referencia, OnTech Innovation en Granada, que constituye la mayor organización empresarial de Economía Digital y el mayor clúster tecnológico de Andalucía.

Dicha comunidad autónoma pretende promover un modelo productivo regional donde el conocimiento y lo digital sean la base de la competitividad regional. Se entenderá así que, de un tiempo a esta parte, se hayan puesto en marcha diversas políticas centradas en la atracción y retención de lo que se ha dado en llamar "talento digital". La captación de trabajadores altamente cualificados repercute, por razones obvias, en beneficio tanto de la comunidad autónoma de destino, que aprovecha la alta cualificación de estas personas sin haber sufragado la formación correspondiente (al tiempo que contribuye a la lucha contra la despoblación y favorece la atracción de empresas tecnológicas), como de los propios trabajadores. Estos pueden encontrar en Andalucía las oportunidades acordes a sus expectativas o intereses profesionales, lo que puede incluir conectar con empresas extranjeras para teletrabajar desde la comunidad autónoma.

Más discutible es si tales ventajas pueden asociarse igualmente a los países de origen que experimentan tal pérdida de capital humano, especialmente si se trata de países en desarrollo. Si bien los efectos de la migración en los países emisores es compleja (dependen del tipo de migrante, de la duración de la migración y de la situación económica, tanto de los países emisores como de los receptores)[2], se ha denunciado el desequilibrio económico y social que genera una movilidad que enriquece a los países receptores, de por sí más ricos, mientras priva de recursos humanos y económicos a los países de origen[3]. En este sentido, los trabajadores altamente cualificados tienden a emigrar de las áreas con escasez de mano de obra hacia aquellas otras en las que abunda el capital humano, lo que conduce a una suerte de círculo vicioso por el que la fuerza de trabajo cualificada abandona sus países de origen, en los que la productividad decae y vuelve a impulsar la emigración[4]. Para los países de origen, la pérdida de capital humano altamente cualificado dificulta el crecimiento económico dada la relevancia de aquel como factor de competitividad en la economía del co-

---

2 OCDE: *La competición global por el talento: movilidad de los trabajadores altamente cualificados*, INAP, Madrid, 2009, p. 52.

3 MIÑARRO YANINI, M., "La inmigración codiciada: el cauce de entrada y permanencia por «interés económico»", *Trabajo y Derecho*, n. 31-32, 2017. En el mismo sentido, CRUZ VILLALÓN, J., "La política comunitaria de inmigración", *Relaciones Laborales*, n. 15-16, 2009.

4 USHAKOVA, T., "Los grandes retos de la migración altamente cualificada: las perspectivas internacional y europea", *Relaciones Laborales*, n. 22, 2011.

nocimiento. Además, tampoco disponen de los mecanismos de reemplazo de estos trabajadores que emigran a otros países.

Solo una adecuada estrategia de retorno o la articulación de redes eficaces científicas y profesionales de intercambio y transferencia de conocimiento vinculada a la circulación del talento podría mermar las reticencias que *a priori* despierta cualquier privación de trabajadores altamente cualificados respecto de tales países. O, como mejor se ha explicado, la virtud está en ofrecer posibilidades de acción que no beneficien a unos países a la vez que perjudiquen a otros, de forma que los flujos de migración altamente cualificada no sean siempre unidireccionales[5]. En este mismo sentido, se ha apelado a la necesidad de una gestión equilibrada del fenómeno en una perspectiva global, a través de políticas de cooperación y coordinación entre países, a fin de lograr así una distribución más equitativa de los beneficios resultantes de la migración de talento[6]. Se trata de encontrar estrategias que compensen de alguna manera los efectos perjudiciales de esta movilidad en relación con los países de origen.

Téngase en cuenta que la fuga de talentos no solo supone la pérdida de capital humano en sí mismo, sino también de la inversión económica que representó su formación. De ahí la conveniencia de reemplazar la óptica del abandono por la de interacción, de fomentar una circulación de cerebros, en lugar de propiciar una fuga de ellos. Aunque, conviene precisar, desde estas páginas no se obvia la complejidad de consolidar una movilidad verdaderamente circular, basada en desplazamientos temporales. Principalmente si el país de origen es un país en vías de desarrollo, no hay dudas de que encontrará grandes dificultades para propiciar incentivos de reincorporación de ese capital humano a su mercado laboral. No todas las estrategias de movilidad protagonizadas por los profesionales altamente cualificados son temporales, habida cuenta de que el retorno no es asumible por quienes desean desarrollar totalmente sus competencias profesionales y saben que en sus países de origen hallarán entornos profesionales muy precarios, carentes de los recursos y del tejido empresarial

5 GARCÍA REDONDO, E., "La fuga de cerebros en España, ¿hacia dónde deben dirigirse las políticas públicas para frenar el éxodo?", *Cuestiones Pedagógicas*, n. 25, 2016, p. 56. Según la autora, el beneficio es mutuo, pues las comunidades receptoras aprovechan las potencialidades de unos trabajadores formados a coste cero y, por su parte, las de origen reciben profesionales cualificados en los más altos niveles de investigación y desarrollo, capaces de transferir el conocimiento adquirido a su realidad concreta.

6 FERNÁNDEZ AVILÉS, J. A., "Los profesionales altamente cualificados en el Derecho migratorio", *Revista de Justicia Laboral*, n. 55, 2013. BIB 2013\15125.

innovador oportuno. Por tanto, terminan por establecerse definitivamente en los países de acogida con el objetivo de disfrutar de un mercado laboral más estimulante desde el punto de vista profesional[7].

Se entenderá, así, el auge que en determinados países han cobrado las políticas de gestión de la diáspora respecto a los profesionales altamente cualificados en el extranjero. Como se ha señalado, esta puede estimular la confianza en los países emisores y entre los inversores extranjeros, que están más familiarizados con el país y su cultura gracias a sus contactos con la diáspora[8]. No hay que olvidar que los países de origen pueden, pues, beneficiarse de estas corrientes migratorias, si aquellos que emigran deciden contribuir a las economías locales con nuevos conocimientos y competencias.

2. TALENTO DIGITAL Y COMPETITIVIDAD INTERNACIONAL EN LA ECONOMÍA DEL CONOCIMIENTO

La inmigración cualificada constituye un elemento nada desdeñable de cualquier estrategia de crecimiento económico. De ahí que se asista a una suerte de competencia por aquella entre empresas y centros tecnológicos y científicos, conocedores de la ventaja competitiva que suponen en la economía del conocimiento. La atracción de los trabajadores altamente cualificados está, así, fuertemente vinculada al progreso económico y social, pues estimula el incremento del grado de internacionalización de la investigación empresarial, de manera que las entradas y salidas intencionadas del flujo de conocimiento pueden ser usadas por las empresas para acelerar la innovación interna y expandir los mercados para un uso externo de la innovación[9].

Se ha afirmado que la competencia internacional por la captación de élites profesionales, en detrimento de la mano de obra catalogada como primaria, se ha instaurado como el nuevo contexto de las migraciones[10]. Parece

---

7 GONZÁLEZ RAMOS, A. M., "Atrayendo talento: estrategias de movilidad de los profesionales altamente cualificados en España", *Sociología y Tecnociencia: Revista digital de sociología del sistema tecnocientífico,* vol. 2, n. 1, 2011, pp. 75 y 84.

8 OCDE, *La competición global por el talento: movilidad de los trabajadores altamente cualificados,* INAP, Madrid, 2009, p. 65.

9 OCDE, *La competición global por el talento: movilidad de los trabajadores altamente cualificados,* INAP, Madrid, 2009, p. 49.

10 SOLANES CORELLA, A., "La apertura selectiva: nacionalidad y mercado frente a la movilidad humana", en AA. VV., *La igualdad en los derechos: claves de la integración,* De Lucas Martín, F. J. y Solanes Corella, A. (coords.), Dykinson, 2009, p. 68.

imponerse o, al menos potenciarse, un modelo selectivo de recepción de flujos migratorios o una inmigración más *elitista* frente al modelo de inmigración no cualificada que se había implantado y consolidado en décadas anteriores. El contraste es evidente, ya que, frente a esa inmigración más tradicional, protagonizada por personas con carencias o limitaciones competenciales, emerge esta otra inmigración "querida" o "codiciada", vinculada a personas con altas cualificaciones, alternándose mecanismos tendentes a alentar esta última y otros tantos a reprimir la primera[11]. El enfoque selectivo reemplaza, en este contexto, al cuantitativo (propio de la migración laboral general)[12]. La política migratoria pasa a ser concebida como un factor de competitividad, pues ya no se atiende tanto al mercado laboral nacional en sí mismo, sino de forma más amplia al desarrollo económico.

No olvidemos que nos encontramos ante un tema también vinculado a las competencias profesionales y la demanda en determinados sectores que encuentran dificultades para cubrir vacantes. No en vano, la evolución de las competencias requeridas por la Unión Europea entre 2012 y 2025 debería traducirse en un aumento del 23 por ciento de la proporción de puestos de trabajo que requieren mano de obra con estudios superiores[13]. En este sentido, hasta hace poco, eran ciertos trabajos en sectores de escasa cualificación los que encontraban dificultades para ser ocupados. De un tiempo a esta parte, son también determinados puestos específicos, sobre todo en el ámbito científico y tecnológico, los que acusan una falta de personal altamente especializado. Lo cierto es que la digitalización masiva, al modificar las formas de producción, de interacción y de distribución, está reformulando la demanda de los perfiles profesionales necesarios para desarrollar ciertos trabajos[14].

---

11 MIÑARRO YANINI, M., "La inmigración codiciada: el cauce de entrada y permanencia por «interés económico»", *Trabajo y Derecho*, n. 31-32, 2017. Sobre esta doble orientación, restrictiva y selectiva, consúltese TRIGUERO MARTÍNEZ, L. A., "Balance y perspectiva de las migraciones económico-laborales en España: insuficiencias y propuestas de revisión jurídico-políticas", *Revista de Derecho Migratorio y Extranjería*, n. 33, 2013. BIB 2013\14200.

12 Punto de Contacto Nacional de España de la Red Europea de Migración: *Atracción de nacionales de terceros países altamente cualificados y cualificados*, 2013, p. 14. Disponible en http://extranjeros.empleo.gob.es/es/RedEuropeaMigraciones.

13 Comunicación de la Comisión Europea al Parlamento Europeo, al Consejo, al Comité Económico y Social Europeo y al Comité de las Regiones, *Una agenda europea de migración*, 2015.

14 BLANCO, R.; FONTRODONA, J. y POVEDA, C., "La industria 4.0: El estado de la cuestión", *Economía Industrial*, n. 406, 2017, p. 157.

Según el Estudio Empleabilidad y Talento Digital 2022, la demanda de especialistas en tecnologías digitales, sean estos generalistas o especializados, aumenta de manera continuada año tras año. Esta creciente demanda, apegada a la transformación digital y su notable incidencia en el mercado de trabajo, contrasta con la dificultad que encuentran las empresas a la hora de contratar personal con dichas competencias. El INE estima que, en 2021, en la esfera digital el 47,3 por ciento de las empresas tuvieron dificultad para cubrir alguna vacante de especialista en TIC (porcentaje que se eleva al 77,68 por ciento en el caso de las grandes compañías, con más de 250 trabajadores)[15]. Según el Índice de la Economía y la Sociedad Digitales (DESI) 2022, la falta de una masa crítica de trabajadores con formación digital dificulta la integración de tecnologías digitales en las empresas españolas en general, y en pymes y microempresas en particular, que necesitan profesionales con competencias digitales para seguir desarrollándose y ser más competitivas en la economía digital. En el ámbito de la Unión Europea ya hay un millón de puestos vacantes para expertos en tecnología digital y el 70 por ciento de las empresas afirma estar retrasando las inversiones al no poder encontrar personas con las capacidades adecuadas[16]. La atracción de profesionales altamente cualificados se impone, así, como una opción eficaz para atender estos desajustes entre las demandas del mercado laboral y la cualificación de los trabajadores.

A diferencia de la inmigración no cualificada, en los flujos migratorios objeto de análisis de este capítulo, es la aspiración por desarrollar y mejorar las competencias profesionales mediante oportunidades de las que priva la situación de los mercados laborales de origen, la que principalmente está detrás de la motivación que impulsa el proyecto de movilidad. Así pues, el desempleo, la precariedad del mercado laboral, o la falta de empleos acordes a los perfiles profesionales de estos trabajadores en sus países obligan a muchos a desarrollar sus capacidades en otros. España no ha sido una excepción y, en este sentido, ha atestiguado una fuga de cerebros especialmente relevante durante los años de crisis económica. Este *brain drain* resulta a todas luces paradójico si se tiene en cuenta la articulación paralela en el tiempo de políticas de atracción de mano de obra inmigrante dotada de las mismas cualificaciones.

---

15 RUEDA, A.; MÉNDEZ, J. J., TRINIDAD, P. y COLLADO, L, *Empleabilidad y talento digital*, Fundación VASS, 2022, p. 66.

16 Comunicación de la Comisión Europea al Parlamento Europeo, al Consejo, al Comité Económico y Social Europeo y al Comité de las Regiones, *Un nuevo modelo de industria para Europa*, 2020.

3. LA ATRACCIÓN DE TRABAJADORES ALTAMENTE CUALIFICADOS EN EL ÁMBITO NACIONAL

A fin de hacer de España un destino atractivo para el empleo altamente cualificado, capaz de promover la competitividad y el crecimiento económico, es requisito imprescindible facilitar la admisión de este tipo de trabajadores mediante el establecimiento de un procedimiento abreviado. Ciertamente, la globalización económica ha exigido en los últimos años un cambio de enfoque en relación con los trabajadores altamente cualificados, dotando al régimen de su entrada y residencia de un tratamiento normativo específico mediante mecanismos procedimentales más ágiles y abreviados. Lo que ha supuesto un claro contraste con el recelo que, en forma de restricciones, ha recibido tradicionalmente la inmigración no cualificada.

La Ley 14/2013, de 27 de septiembre, de apoyo a los emprendedores y su internacionalización (en adelante, LAE) fue aprobada con el fin de introducir mayores dosis de flexibilidad que la proporcionada hasta la fecha por la Ley Orgánica 4/2000, de 11 de enero, sobre derechos y libertades de los extranjeros en España y su integración social (en adelante, LOEX) y su reglamento de desarrollo. Lo cierto es que el sistema regulado en la normativa de extranjería no había experimentado el éxito que estaba llamado a tener, en parte seguramente a la convivencia (más bien competencia) con un régimen nacional más favorable en términos de simplificación procedimental. En este sentido, es clamorosa la diferencia entre el recurso a la tarjeta azul y a la autorización regulada en la LAE[17].

La Ley 11/2023, de 8 de mayo, ha transpuesto, entre otras, la Directiva 2021/1883 relativa a las condiciones de entrada y residencia de nacionales de terceros países con fines de empleo de alta cualificación, y lo hace incorporando la regulación de la autorización de residencia para profesionales altamente cualificados titulares de una Tarjeta azul-UE (hasta ahora inclui-

---

[17] Los datos de Eurostat confirman el escaso número de tarjetas azules emitidas en España a lo largo de los años: en 2013, se emitieron 313; en 2014, 39; en 2015, 4; en 2016, 21; en 2017, 28; en 2018, 26; y en 2019, 79. *EU Blue Cards by type of decision, occupation and citizenship*, disponible en http://appsso.eurostat.ec.europa.eu/nui/show.do?dataset=migr_resbc1. El agravio comparativo con respecto a las autorizaciones de la LAE es evidente teniendo en cuenta que, en 2013, frente a las 313 tarjetas azules emitidas, se concedieron 1480 autorizaciones en virtud del sistema nacional paralelo; en 2014, 2137; en 2015, 2547; en 2016, 3211; en 2017, 3662; en 2018, 3780; y en 2019, 4519. *First permits issued for remunerated activities by reason, length of validity and citizenship*, disponible en http://appsso.eurostat.ec.europa.eu/nui/submitViewTableAction.do.

da en la normativa de extranjería), en la propia LAE. De esta forma, dicho texto legal regula las dos modalidades de autorización de residencia para profesionales altamente cualificados.

3.1. Autorización de residencia nacional para profesionales altamente cualificados

Lo cierto es que el sistema de la tarjeta azul ni contaba con la flexibilidad requerida por el contexto económico global[18], ni proporcionaba derechos adicionales suficientes para hacerlo más atractivo a potenciales beneficiarios. Siendo así, no aseguraba un valor añadido real en relación con los esquemas nacionales[19]. De ahí que, a fin de favorecer la inmigración cualificada, la LAE optara por articular un cauce específico y más flexible, ágil y abreviado de entrada y permanencia en nuestro país por razones de interés económico. Aunque se ha reprochado que el texto legal está más orientado a buscar la inversión extranjera que el talento extranjero[20].

No es casual que la configuración de este sistema paralelo coincidiese con los años de crisis económica. Como se ha afirmado, la importancia de los mercados internacionales en un contexto de globalización se habría demostrado justamente durante la crisis, ya que las empresas internacionalizadas habrían tenido un mejor comportamiento. De esta forma, la experiencia acumulada durante aquellos difíciles años de recesión habría puesto en evidencia que son estas empresas las que experimentan ganancias de productividad, mejoras en la gestión y capacidad de acceso a la financiación y, en definitiva, las que tienen mayor capacidad para crecer y crear empleo[21].

---

18 Punto de Contacto Nacional de España de la Red Europea de Migración: *Atracción de nacionales de terceros países altamente cualificados y cualificados*, 2013, p. 9. Disponible en http://extranjeros.empleo.gob.es/es/RedEuropeaMigraciones.

19 MARTÍN, I.; DI BARTOLOMEO, A.; DE BRUYCKER, P.; RENAUDIERE, G.; SALAMOŃSKA, J.; VENTURINI, A., *Exploring new avenues for legislation for labour migration to the European Union,* Directorate General for Internal Policies, Policy Department Citizens' Rights and Constitutional Affairs, European Parliament, Brussels, 2015, p. 69.

20 RIVAS VALLEJO, P., "Migración española del siglo XXI y políticas migratorias públicas", *Revista General de Derecho del Trabajo y de la Seguridad Social,* n. 40, 2015, p. 114.

21 CAMPO CABAL, J. M. y ROLDÁN MARTÍNEZ, A., "El doble canal de autorizaciones de trabajo y residencia de los profesionales altamente cualificados y de investigadores", *Revista de Derecho Migratorio y Extranjería,* n. 47, 2018. BIB 2018\7000.

En el marco del Título V, dedicado a la "internacionalización de la economía española", la LAE incluye una Sección segunda sobre "movilidad internacional". En concreto, facilita la entrada y permanencia en territorio español en aquellos supuestos en los que los extranjeros acrediten ser: inversores, emprendedores, profesionales altamente cualificados, investigadores, trabajadores que efectúen movimientos intraempresariales y teletrabajadores de carácter internacional (art. 61.1). Como puede advertirse, las características propias de cada grupo son variadas, si bien todos ellos muestran el aliciente para el país de acogida de contar con recursos económicos y formativos con los que contribuir al crecimiento y desarrollo de aquel.

Este texto legal toma distancia de la concepción laboral de la política de inmigración, asumiendo un enfoque de la misma como elemento de competitividad[22], de manera que el prisma antes centrado exclusivamente o prioritariamente en (controlar) la inmigración laboral pasa a alcanzar también, con un interés no menor, a la llamada inmigración cualificada con el fin de atraerla en beneficio del crecimiento económico. En este sentido, la LAE reconoce desde su mismo preámbulo que "tradicionalmente, la política de inmigración se ha enfocado únicamente hacia la situación del mercado laboral. Ahora corresponde ampliar la perspectiva y tener en cuenta no sólo la situación concreta del mercado laboral interno, sino también la contribución al crecimiento económico del país. La política de inmigración es cada vez en mayor medida un elemento de competitividad". Y es que bien puede afirmarse el perfil económico de la norma legal, que maneja a la sazón el concepto de entrada y permanencia en España por "razones de interés económico"[23].

Basado en el sistema de demanda y no en el de puntos, el cauce regulado en la LAE trata de enmendar las rigideces detectadas en su día por el régimen de la tarjeta azul y flexibilizar así los requisitos, simplificar el procedimiento o "facilitar" (por usar los términos del art. 61 del texto legal) la entrada y permanencia en territorio español.

---

22 CASAS BAAMONDE, M. E., "El Derecho del Trabajo y el empleo asalariado en los márgenes: de nuevo el emprendimiento y el autoempleo", *Relaciones Laborales*, n. 11, 2013.

23 Sin olvidar que la misma Ley sitúa el objeto de su regulación en "apoyar al emprendedor y la actividad empresarial, favorecer su desarrollo, crecimiento e internacionalización y fomentar la cultura emprendedora y un entorno favorable a la actividad económica, tanto en los momentos iniciales a comenzar la actividad, como en su posterior desarrollo, crecimiento e internacionalización" (art. 1).

La autorización de residencia nacional para profesionales altamente cualificados procede en el supuesto de trabajadores extranjeros que vayan a desempeñar una actividad laboral o profesional para la que se requiera contar con una titulación equiparable al menos al nivel 1 del Marco Español de Cualificaciones para la Educación Superior, correspondiente con el nivel 5A del Marco Español de Cualificaciones para el Aprendizaje Permanente, o conocimientos, capacidades y competencias avaladas por una experiencia profesional de al menos tres años que pueda considerarse equiparable a dicha cualificación, en los términos que se establezcan en las instrucciones que encomienda a los órganos competentes la LAE (disposición adicional vigésima).

El visado uniforme puede ser expedido para una, dos o múltiples entradas, en otro propósito de simplificación procedimental, sin que su periodo de validez pueda ser superior a cinco años.

Los visados de residencia, que se expiden conforme a lo dispuesto en el Reglamento 265/2010 del Parlamento Europeo y del Consejo, de 25 de marzo de 2010, por el que se modifica el Convenio de aplicación del Acuerdo de Schengen y el Reglamento 562/2006 por lo que se refiere a la circulación de personas con visados de larga duración, tienen una validez de un año o la correspondiente a la duración de la autorización de residencia, en caso de ser esta inferior.

Por su parte, las autorizaciones de residencia se han de tramitar conforme a lo dispuesto en la Directiva 2011/98/UE, de 13 de diciembre de 2011, por la que se establece un procedimiento único de solicitud de un permiso único que autoriza a los nacionales de terceros países a residir y trabajar en el territorio de un Estado miembro y por la que se establece un conjunto común de derechos para los trabajadores de terceros países que residen legalmente en un Estado miembro. Las solicitudes de expedición, modificación o renovación de estos permisos únicos se presentan mediante un procedimiento único de solicitud.

Como establece el art. 76 LAE, la tramitación de las autorizaciones de residencia se efectúa por la Unidad de Grandes Empresas y Colectivos Estratégicos, a través de medios telemáticos, correspondiendo su concesión a la Dirección General de Migraciones. El plazo máximo de resolución de estas autorizaciones es de veinte días. Si no se resuelve en dicho plazo, la autorización se entenderá estimada por silencio administrativo, lo que evidencia el propósito de agilidad procedimental del texto legal, en contraste con el silencio administrativo negativo que rige en la regulación del RDLOEX (disposición adicional decimotercera).

Los titulares de una autorización[24], que tiene validez en todo el territorio nacional (art. 71.1 LAE), pueden solicitar su renovación por periodos de dos años siempre y cuando mantengan las condiciones que generaron el derecho. La acreditación del cumplimiento de los requisitos por la empresa en la tramitación de las autorizaciones se efectúa una única vez, quedando la empresa inscrita en la Unidad de Grandes Empresas y Colectivos Estratégicos. Dicha inscripción tiene una validez de tres años renovables si se mantienen los requisitos. Cualquier modificación de las condiciones debe ser comunicada a dicha Unidad en el plazo de treinta días. En caso de no comunicar dicha modificación, la empresa dejará de estar inscrita en la misma.

De acuerdo con el art. 62 LAE, los extranjeros deben reunir, para estancias no superiores a tres meses, las condiciones de entrada previstas en el Reglamento 562/2006, de 15 de marzo, por el que se establece el Código de Fronteras Schengen. En los supuestos de visados de estancia, deben acreditar además los requisitos previstos en el Reglamento 810/2009, de 13 de julio, por el que se establece el Código de visados. Por su parte, en los supuestos de visados de residencia previstos en el ya referido Reglamento 265/2010, así como en relación con las autorizaciones de residencia, el solicitante debe cumplir los siguientes requisitos: a) no encontrarse irregularmente en territorio español; b) ser mayor de dieciocho años; c) carecer de antecedentes penales en España y en los países donde haya residido durante los dos últimos años, por delitos previstos en el ordenamiento jurídico español[25]; d) no figurar como rechazable en el espacio territorial de países con los que España tenga firmado un convenio en tal sentido; e) contar con un seguro público o un seguro privado de enfermedad concertado con una Entidad aseguradora autorizada para operar en España[26]; f)

---

24 El pasaporte será documento acreditativo suficiente para darse de alta en la Seguridad Social durante los primeros seis meses de residencia o estancia en las categorías reguladas por esta sección y en aquellos supuestos en que el extranjero no esté en posesión del número de identificación de extranjero, sin perjuicio de que posteriormente se solicite el NIE.

25 Adicionalmente, se debe presentar una declaración responsable de la inexistencia de antecedentes penales de los últimos cinco años.

26 No se exige acreditar seguro cuando existe la perspectiva de que el extranjero (así como sus familiares) va a ser asegurado del Sistema Nacional de Salud, por darse de alta en la Seguridad Social como consecuencia del contrato laboral o una relación profesional, lo que ocurrirá en los casos de profesionales altamente cualificados. CAMPO CABAL, J. M. y ROLDÁN MARTÍNEZ, A., "El doble canal de autorizaciones de trabajo y residencia de los profesionales altamente cualificados y de investigadores", *Revista de Derecho Migratorio y Extranjería*, n. 47, 2018. BIB 2018\7000.

contar con recursos económicos suficientes para sí y para los miembros de su familia durante su periodo de residencia en España; g) abonar la tasa por tramitación de la autorización o visado[27].

Como se ha puesto de relieve[28], los requisitos a), c), d) y g) son comunes a cualquiera de las modalidades de autorizaciones de residencia temporal reguladas en la LOEX y en su reglamento de desarrollo. Los establecidos en los apartados e) y f) se encuentran también en el art. 46 RDLOEX sobre la autorización de residencia temporal no lucrativa, mientras que la mayoría de edad prevista en la letra b) es un requisito propio de la residencia temporal y trabajo por cuenta propia, si bien la LAE parece haberla generalizado para todos los supuestos que regula, teniendo en cuenta que estos profesionales acreditan una formación de nivel superior y amplia experiencia profesional.

No conviene olvidar que el cónyuge o persona con análoga relación de afectividad, los hijos menores de edad o mayores que, dependiendo económicamente del titular, no hayan constituido por sí mismos una unidad familiar y los ascendientes a cargo, que se reúnan o acompañen a los extranjeros altamente cualificados, pueden solicitar, conjunta y simultánea o sucesivamente, la autorización y, en su caso, el visado. Para ello debe quedar acreditado el cumplimiento de los requisitos recién señalados. En el caso de que las solicitudes de los familiares se presenten simultáneamente con la del titular, la autorización y, en su caso, el visado, se han de resolver también de forma simultánea.

En cualquier caso, procede la revocación, denegación o no renovación de las autorizaciones de residencia y los visados cuando la persona interesada pueda representar una amenaza para el orden público, la seguridad pública, la salud pública o la seguridad nacional, si así lo valora el órgano competente para resolver, con base en un informe policial, del Centro Nacional de Inteligencia o del Departamento de Seguridad Nacional que así lo acrediten.

---

27 Orden ESS/1571/2014, de 29 de agosto, por la que se establece el importe de las tasas por tramitación de autorizaciones administrativas en relación con la movilidad internacional.

28 CAMPO CABAL, J. M. y ROLDÁN MARTÍNEZ, A., "El doble canal de autorizaciones de trabajo y residencia de los profesionales altamente cualificados y de investigadores", *Revista de Derecho Migratorio y Extranjería*, n. 47, 2018. BIB 2018\7000.

3.2. Autorización de residencia para profesionales altamente cualificados titulares de una Tarjeta azul-UE

Esta autorización corresponde en el caso de trabajadores extranjeros que vayan a desempeñar una actividad laboral para la que se requiera contar con una cualificación derivada de una formación de enseñanza superior de duración mínima de tres años y equivalente, al menos, al Nivel 2 del Marco Español de Cualificaciones para la Educación Superior, correspondiente con el nivel 6 del Marco Español de Cualificaciones para el Aprendizaje Permanente y mismo nivel del Marco Europeo de Cualificaciones. En otro caso, es suficiente que acrediten un mínimo de cinco años de conocimientos, capacidades y competencias avalados por una experiencia profesional que pueda considerarse equiparable a dicha cualificación y que sea pertinente para la profesión o sector especificado en el contrato de trabajo o en la oferta firme de empleo. En el caso de profesionales y directores de tecnología de la información y las comunicaciones, la duración mínima de dicha experiencia profesional debe ser de tres años, comprendidos en los siete años anteriores a la solicitud de la Tarjeta azul.

Para la concesión de una Tarjeta azul-UE[29], se precisa el cumplimiento de los siguientes requisitos, la mayoría de los cuales están vinculados con la actividad a desarrollar:

a) Se debe acreditar la posesión de la cualificación referida líneas arriba y, en el caso del ejercicio de profesiones reguladas, se ha de acreditar su homologación conforme a la normativa sectorial relativa al ejercicio de profesiones reguladas.

b) El solicitante debe presentar un contrato de trabajo válido o una oferta firme de empleo de alta cualificación para un período de, al menos, seis meses que garantice al trabajador una actividad continuada durante el periodo de vigencia de la Tarjeta azul-UE.

c) Las condiciones fijadas en el contrato de trabajo han de ajustarse a las establecidas en la normativa vigente y el convenio colectivo aplicable. El salario bruto anual especificado en el contrato de trabajo no debe ser inferior a un umbral salarial de referencia que está pendiente de definición reglamentaria y que será como mínimo de 1,0 veces y como máximo de 1,6

---

[29] Si la persona a la que se ha concedido una tarjeta azul requiere un visado para entrar en España, las autoridades consulares del país donde se encuentre han de conceder el visado correspondiente sin que se exija ningún requisito adicional a los previstos en la normativa vigente en materia de visados.

veces el salario bruto anual medio. Es evidente que se ha mejorado la regulación anterior, que exigía que el salario bruto anual especificado en el contrato de trabajo fuese, al menos, 1,5 veces el salario bruto anual medio (art. 87 RDLOEX, hoy derogado). Dicho requisito salarial, a todas luces excesivo, terminaba por desincentivar la contratación[30], especialmente por parte de empresas con menor capacidad económica y respecto de jóvenes recién graduados[31]. Al dificultar a los sectores con salarios inferiores al de la norma la atracción de trabajadores altamente cualificados, limitaba la eficacia del régimen de la tarjeta azul a las grandes empresas.

En cualquier caso, el umbral salarial inferior ha de ser un 80 por ciento del señalado en la ley, siempre que no sea inferior a 1,0 veces el salario bruto medio, para aquellas profesiones en las que haya una necesidad particular de trabajadores nacionales de terceros países y que pertenezcan a los grupos 1 y 2 de la Clasificación Internacional Uniforme de Ocupaciones, así como para los nacionales de terceros países que hayan obtenido la cualificación como máximo tres años antes de la presentación de la solicitud de Tarjeta azul-UE.

Si la tarjeta azul expedida durante este periodo se renueva, el umbral salarial seguirá siendo de aplicación en caso de que el período inicial de tres años no haya concluido aún, o no hayan transcurrido todavía veinticuatro meses desde la expedición de la primera tarjeta azul.

Corresponde la revocación o la denegación de la renovación de la tarjeta cuando el extranjero ya no está en posesión de un contrato de trabajo válido para un empleo de alta cualificación y acumule un periodo de desempleo superior a tres meses habiendo sido titular de la tarjeta azul durante menos de dos años, o bien acumule un periodo de desempleo superior a seis meses habiendo sido titular de la tarjeta azul durante al menos dos años. También se revocará la tarjeta azul cuando su titular se haya desplazado a un Estado miembro de la Unión Europea distinto de España y haya obtenido una tarjeta azul en dicho Estado miembro. Cuando concurran tales circunstancias para la retirada o no renovación de la tarjeta azul, se concede al interesado un plazo de tres meses para la búsqueda de un nue-

---

30 Punto de Contacto Nacional de España de la Red Europea de Migración: *Atracción de nacionales de terceros países altamente cualificados y cualificados*, 2013, p. 9. Disponible en http://extranjeros.empleo.gob.es/es/RedEuropeaMigraciones.

31 CAMPO CABAL, J. M. y ROLDÁN MARTÍNEZ, A., "El doble canal de autorizaciones de trabajo y residencia de los profesionales altamente cualificados y de investigadores", *Revista de Derecho Migratorio y Extranjería*, n. 47, 2018. BIB 2018\7000.

vo empleo, o seis meses en el caso de que haya sido titular de una tarjeta azul durante al menos dos años.

Cuando el titular de una tarjeta azul expedida por un Estado miembro de la Unión Europea se desplace a España con el fin de desarrollar una actividad profesional durante un periodo de noventa días en cualquier periodo de ciento ochenta días, no se le requerirá ninguna autorización distinta a la tarjeta azul expedida por el Estado miembro de la Unión Europea para ejercer dicha actividad.

La persona que haya residido al menos doce meses en otro Estado miembro de la Unión Europea como titular de una tarjeta azul, o seis meses en el caso de que haya residido en más de un Estado miembro como titular de una tarjeta azul, tiene derecho a entrar, residir y trabajar en España, para lo cual debe solicitar una tarjeta azul en nuestro país. La solicitud puede presentarse por el empleador o el empleado a las autoridades competentes mientras el titular de la tarjeta está residiendo en el territorio del primer Estado miembro. En el caso de que el titular de la tarjeta azul expedida por un Estado miembro de la Unión Europea diferente de España se encuentre ya en territorio español, la solicitud debe presentarse ante el órgano competente para su tramitación antes de transcurrir el plazo máximo de un mes desde su entrada en España.

La presentación de la solicitud debe acompañarse de la tarjeta azul expedida en el primer Estado miembro, un documento de viaje válido, un contrato de trabajo u oferta firme de empleo de alta cualificación por un periodo de al menos seis meses, pruebas de que cumple el umbral salarial y, en caso de profesión regulada, la acreditación del reconocimiento de las cualificaciones.

4. EL PLAN DE CAPTACIÓN Y RETENCIÓN DEL TALENTO INNOVADOR Y DIGITAL EN ANDALUCÍA

El ecosistema TIC andaluz ha conocido un importante avance en los últimos años. No en vano, Andalucía es la tercera comunidad autónoma española por número de empresas y puestos de trabajo en el sector de las Tecnologías de la Información y la Comunicación y de los Contenidos[32].

---

[32] Observatorio Nacional de las Telecomunicaciones y de la Sociedad de la Información, *Informe anual del Sector TIC, los medios y los servicios audiovisuales en España 2020*. Madrid: Secretaría General Técnica, Centro de Publicaciones.

En este sentido, y según datos del Instituto de Estadística y Cartografía de Andalucía, destaca el número de ocupados en el sector TIC andaluz, que alcanzó en 2020 la cifra de 54.024 personas.

Es evidente que la economía digital andaluza ha generado demanda de perfiles nuevos con un elevado nivel de especialización, entre los que se encuentran perfiles tecnológicos difíciles de cubrir, como ocurre en el ámbito de la ciberseguridad, del cloud computing y de la ingeniería del dato. Siendo así, se entenderá que Andalucía esté centrada en el desarrollo de una Estrategia que consiga tener un impacto relevante en las deficiencias estructurales para captar y retener el talento, y a las que se ha hecho referencia al inicio de este capítulo. A este respecto, destaca la aprobación de un Plan de Captación y Retención del Talento Innovador y Digital en Andalucía. Reproduciendo parte del mismo, este Plan está orientado a personas talentosas, "no por su titulación o por su formación reglada, sino por sus valores, capacidades, habilidades y ganas de superar barreras e impulsar cambios y transformaciones que hagan que Andalucía, se convierta en una región más dinámica, más sostenible y más respetuosa con todo y todos los que vivimos en ella". Es esta otra muestra de la indeterminación conceptual que se ponía de relieve también como premisa de este trabajo, y en ella parece insistirse cuando el Plan sostiene que "el talento de las personas está relacionado, no con una titulación o edad específica, sino con todas esas competencias y habilidades que tienen las personas y que engloban conocimiento de metodologías de trabajo, conocimiento de otras culturas, capacidad para asumir responsabilidades, capacidad para liderar e impulsar procesos de transformación, dominio de idiomas, aptitud para superar barreras (que seguro van a encontrar en el día a día en cualquier proyecto) y por supuesto, un conjunto de valores imprescindibles como paciencia, madurez o humildad".

Como puede advertirse, los cambios que introduce la implementación de entornos tecnológicos cada vez más complejos o la robótica en el ámbito de las relaciones laborales se trasladan al propio de las habilidades competenciales. En concreto, estamos asistiendo a una revalorización de aquellas competencias que la inteligencia artificial no puede suplir. Téngase en cuenta que la digitalización no solo determina la destrucción y creación de empleos, sino que también moldea el contenido y métodos de ejecución de los mismos cambiando lo que los trabajadores realizan y, destacadamente, cómo lo realizan. Habrá, desde luego, modificaciones en los perfiles laborales en años venideros, pero tales cambios se darán sustancialmente a través de la introducción de nuevas tareas o la modificación de las existentes, lo que demandará la adaptación de los trabajadores a una organización o metodología diferente[33].

La continua innovación tecnológica, impuesta a un ritmo vertiginoso (no hemos terminado de asimilar el alcance de la cuarta revolución industrial cuando ya se empieza a hablar de la industria 5.0), obliga así a una flexibilización de las competencias necesarias. Los trabajadores habrán de desarrollar o adquirir las competencias necesarias bien para adaptarse a los cambios que experimenten los cometidos en el marco del trabajo desarrollado, bien para desempeñar nuevos o distintos roles en la misma organización. En este sentido, la Comisión Europea, en su Comunicación de 2020 al Parlamento Europeo, al Consejo, al Comité Económico y Social Europeo y al Comité de las Regiones, "Un nuevo modelo de industria para Europa", subrayó la necesaria acción colectiva de la industria, los Estados miembros, los interlocutores sociales y otras partes interesadas, a través de un nuevo Pacto por las capacidades, a fin de contribuir a la mejora de las capacidades y al reciclaje profesional.

La mayoría de los trabajos previstos para expandirse hasta el año 2025 requieren competencias digitales combinadas con competencias no cognitivas, tales como comunicación y trabajo en equipo[34]. Según se ha pronosticado[35], estos perfiles serán interdisciplinares en detrimento de los solo multidisciplinares, lo que explica el auge de la metodología necesariamente colaborativa en procesos cada vez más complejos e interconectados (es ya lugar común afirmar el tránsito de los entornos *VUCA* a los *VUCAH*), que requieren de un esfuerzo adicional de organización y coordinación. El trabajo en equipo se convierte así en un elemento esencial del funcionamiento de las empresas, pero "con la singularidad a diferencia del pasado, de tratarse de equipos transversales, de reducida cantidad de personas, y con amplia autonomía decisoria"[36].

---

[33] ARREGUI PABOLLET, E. ET AL., *The changing nature of work and skills in the digital age*, González Vázquez, I., Milasi, S., Carretero Gómez, S., Napierala, J., Robledo Bottcher, N., Jonkers, K. y Goenaga Beldarrain, X. (eds.), EUR 29823 EN, Publications Office of the European Union, Luxembourg, 2019, p. 20.

[34] ARREGUI PABOLLET, E. et al., *The changing nature of work and skills in the digital age*, González Vázquez, I., Milasi, S., Carretero Gómez, S., Napierala, J., Robledo Bottcher, N., Jonkers, K. y Goenaga Beldarrain, X. (eds.), EUR 29823 EN, Publications Office of the European Union, Luxembourg, 2019, p. 32.

[35] PI PALOMÉS, X. y TUSET PEIRÓ, P., "Los nuevos perfiles profesionales en el marco de la Industria 4.0", *Oikonomics*, 12, 2019, p. 8.

[36] CEDROLA SPEMOLLA, G., "El trabajo en la era digital: reflexiones sobre el impacto de la digitalización en el trabajo, la regulación laboral y las relaciones laborales", *Revista Internacional y Comparada de Relaciones Laborales y Derecho del Empleo*, 5 (1), 2017, p. 21.

El impacto de la digitalización no podría sino considerarse, en este sentido, transversal. Se necesitan profesionales cada vez más versátiles, dotados de competencias vinculadas a la creatividad e innovación (características propias del perfil *knowmad*). La transformación digital, por tanto, no solo implicará la demanda de competencias asociadas a las nuevas tecnologías, sino que también acentuará la importancia de las llamadas *soft skills* tales como la iniciativa, la persuasión, la negociación, la resiliencia, la flexibilidad, la inteligencia emocional o el liderazgo. Así, se ha subrayado que, además de las habilidades específicas de cada sector o categoría profesional, existe todo un conjunto de habilidades genéricas o transversales que, sin depender exclusivamente de un cuerpo de conocimiento, deben ser desarrolladas en todos ellos[37]. Si bien poseer conocimientos específicos constituye una condición necesaria, no sería en cambio suficiente a la hora de hablar de talento digital, pues "lo determinan de manera mayoritaria, pero hay toda una gama de competencias conductuales que tienen asimismo una importancia creciente"[38]. El Informe del Foro Económico Mundial, "The Future of Jobs 2020", identifica el pensamiento analítico, la creatividad, el aprendizaje activo y resolución de problemas como algunas de las principales competencias que se demandarán en 2025. Por una parte, no conviene olvidar la personalización a la que se tiende cada vez con más fuerza y que amplía notablemente el abanico de posibilidades productivas (se ha llegado a apuntar el tránsito de la producción en masa a la personalización en masa[39]). Por otra parte, la propia innovación digital exige adoptar decisiones en un entorno continuamente cambiante y que introduce con ello elevadas dosis de incertidumbre.

En este sentido, la OIT ha resaltado que "los administradores que trabajan con máquinas inteligentes y conectadas que los ayudan en las decisiones administrativas diarias y otras decisiones rutinarias necesitarán más habilidades interpersonales, que se adquieren principalmente a través de la experiencia, como el sentido común, la creatividad y la capacidad de

---

37 PERNÍAS PECO, P. A., "Nuevos empleos, nuevas habilidades: ¿estamos preparando el talento para la cuarta revolución industrial?", *La Economía digital en España*, 898, 2017, p. 62.

38 RUEDA, A., MÉNDEZ, J. J. y TRINIDAD, P., *Empleabilidad y talento digital*. Fundación Universidad Autónoma de Madrid y Fundación VASS, 2020, p. 64.

39 SÁNCHEZ-CASTAÑEDA, A., "La cuarta revolución industrial (industria 4.0). Entre menos trabajo, nuevos empleos y una cíclica necesidad: la protección del trabajador asalariado y no asalariado", en AA. VV., *Industria 4.0, trabajo y Seguridad Social*, Mendizábal Bermúdez, G., Sánchez-Castañeda, A. y Kurczyn Villalobos, P. (coords.), Universidad Nacional Autónoma de México, Instituto de Investigaciones Jurídicas, 2019, p. 37.

resolver problemas. Los administradores tendrán que formular las preguntas para que las computadoras las respondan, abordar circunstancias excepcionales caracterizadas por algoritmos cada vez más inteligentes, y aprender a lidiar con la ambigüedad"[40]. No deja de ser paradójico que la innovación tecnológica no haya logrado desplazar al ser humano del foco del debate. Y es que, como se ha puesto de relieve, "en medio del tsunami de la cuarta revolución industrial la supervivencia de las empresas radicará más en el talento de sus miembros, de su formación, atracción y constante reciclaje, que en la absorción de la tecnología en sí"[41].

El Plan de captación y retención del talento innovador y digital en Andalucía diseña una serie de objetivos estratégicos destinados a convertir a Andalucía en un lugar atractivo para emprender y trabajar para los profesionales de la economía digital:

a) La atracción de talento Innovador y digital procedente de otras regiones y países, a fin de que se establezca en Andalucía y, desde el territorio, pueda desarrollar su actividad profesional tanto en remoto como en el tejido empresarial de Andalucía.

b) La promoción de Andalucía como región que proporciona las personas profesionales de alta cualificación y especialización que requieren las empresas de la economía digital.

c) La conexión de Andalucía con los principales polos tecnológicos internacionales para establecer mecanismos de colaboración que permitan, de manera remota y con base en Andalucía, acceder a puestos de trabajo en sus principales compañías tecnológicas.

d) El establecimiento de las personas trabajadoras de alto nivel en el territorio, facilitando de manera centralizada los trámites necesarios para el traslado y un "aterrizaje blando" desde el origen hasta el destino elegido para vivir.

e) La lucha contra la despoblación de las zonas rurales de Andalucía mediante la migración de las personas trabajadoras de alto potencial y talento que contribuyan a relanzar la economía local y contribuir al reto demográfico.

---

40 OIT, *Los cambios tecnológicos y el trabajo en el futuro: cómo lograr que la tecnología beneficie a todos.* 2016.

41 ECHEVARRÍA SAMANES, B. y MARTÍNEZ CLARES, P., "Revolución 4.0, competencias, educación y orientación", *Revista Digital de Investigación en Docencia Universitaria,* 12 (2), 2018, p. 19.

f) La realimentación del ecosistema regional de empresas, innovación y startups mediante la conexión del talento innovador y digital con ecosistemas e iniciativas existentes.

g) La creación de un entorno favorable que permita la atracción de empresas tecnológicas para que se ubiquen en Andalucía y el retorno de talento andaluz al territorio.

Sobre la base de tales objetivos, el Plan contiene medidas concretas que incluyen actuaciones de colaboración con el tejido productivo andaluz, sus asociaciones y clústeres representativos, así como con otras unidades administrativas de las diferentes administraciones públicas. En concreto, cabe resaltar dos grandes grupos de medidas: aquellas destinadas a mejorar el posicionamiento de Andalucía como una región atractiva y retenedora del talento digital, así como aquellas otras medidas a corto y medio plazo para acompañar y facilitar al talento digital en todas las gestiones que implica trabajar, teletrabajar o emprender en Andalucía.

Las principales prestaciones ofrecidas por el Servicio de atención al talento digital incluyen:

– Servicio de conexión del talento con iniciativas andaluzas digitales e innovadoras de Parques Científicos-Tecnológicos, clúster tecnológicos, aceleradoras empresariales y otros agentes del conocimiento en Andalucía; así como la búsqueda de iniciativas e ideas para emprender por cuenta propia.

– Diseño e impulso de medidas para atraer el talento digital, en colaboración con otras administraciones públicas que estén llevando a cabo actuaciones en este sector en Andalucía.

– Servicio de "aterrizaje blando", que comprende el suministro de datos sobre Andalucía, la información sobre sectores y tejido empresarial, la localización de espacios de Coworking, la red de contactos e información sobre el contexto emprendedor y el asesoramiento en gestiones necesarias para establecerse y emprender en Andalucía, incluidos los trámites ante la administración de la Junta de Andalucía y entes locales andaluces.

– Participación en grupos técnicos para la captación y atracción del talento digital en Andalucía.

– Preparación de eventos para el fomento de la captación y atracción del talento digital.

El Plan de captación y retención del talento innovador y digital en Andalucía incluye asimismo el Programa Piloto "Atención al Talento Digital para teletrabajar desde Andalucía". Este programa está abierto a cualquier persona teletrabajadora con capacidades medio-altas o altas en el ámbito de las tecnologías digitales, independientemente de su nacionalidad, que quiera trabajar o emprender en Andalucía. Centrado fundamentalmente en el diseño de medidas para personas teletrabajadoras digitales europeas, el programa trata de ofrecer información y asesorar a aquellos teletrabajadores digitales que quieran residir en Andalucía, trabajando por cuenta ajena o emprendiendo e, igualmente, mejorar el conocimiento que por parte de la administración de la Junta de Andalucía se tiene sobre las demandas y necesidades de los teletrabajadores digitales.

Puede concluirse que el Plan andaluz cuenta con un espectro amplio de actuación, no solo porque engloba a todos los sectores económicos andaluces en los que lo digital actúa como un eje fundamental de transformación, sino también porque está destinado a nacionales o extranjeros que residan fuera de Andalucía y quieran emprender o trabajar desde dicha Comunidad Autónoma. Además de contar con la edad legal para trabajar en España, han de ser "creativos, dinámicos y tener unas habilidades y competencias digitales media-altas, que les permitan participar e integrarse en las actividades y servicios" que ofrece el Plan. Por otro lado, el Plan está abierto a cualquier persona andaluza con capacidades medias en el ámbito de las tecnologías digitales, para que pueda optimizar su perfil profesional e integrarse en alguna iniciativa, proyecto empresarial o puesto profesional de la economía digital. Personas, en definitiva, con necesidad de adecuar su perfil profesional a la búsqueda de oportunidades concretas en un sector o empresa, de orientarse a nivel vocacional para encontrar esas oportunidades laborales o de reinventarse y potenciar su perfil para emprender en el ámbito digital.

5. CONCLUSIONES

Si bien las causas económicas y de mejora de las condiciones de vida están asociadas de manera global a cualquier proyecto migratorio, en el colectivo de trabajadores altamente cualificados, sin embargo, estas motivaciones se encuentran más relacionadas con las habilidades profesionales, que se imponen como preferentes frente a otras razones[42]. En cualquier

42 GONZÁLEZ RAMOS, A. M., "Atrayendo talento: estrategias de movilidad de los profesionales altamente cualificados en España", *Sociología y Tecnociencia: Revista digital de sociología del sistema tecnocientífico*, vol. 2, n. 1, 2011, p. 73.

caso, a nadie se le escapa el carácter multifactorial de estas movilidades. No se trata solo de buscar el desarrollo profesional, sino que variables como el idioma, la agilidad en la convalidación de títulos, el marco normativo en materia migratoria en el que se aligeren las trabas burocráticas, la facilidad del traslado de las familias, las condiciones laborales, la infraestructura de I+D+i, o incluso ciertos factores culturales o sociales, sin perjuicio de motivaciones estrictamente personales, convergen también en una eficaz atracción de trabajadores altamente cualificados.

Sin perjuicio de la complejidad recién señalada de los factores *push-pull*, el objetivo de hacer de la andaluza una economía del conocimiento más competitiva explica el creciente interés que la captación de talento ha despertado. A ello se suma la constatación de que, en no pocas ocasiones, a las empresas les resulta difícil cubrir las vacantes propias del sector digital. Esta situación deficitaria puede explicarse con base en dos razonamientos: o bien los demandantes no son suficientes, o bien los que hay no son altamente cualificados para cumplir con todos los requerimientos exigidos por los empleadores. De ahí el protagonismo que han cobrado los instrumentos político-jurídicos específicamente orientados a promover la atracción de lo que se ha dado en llamar el talento global. Mientras que, a nivel nacional, se ha asistido a la consolidación de cauces más flexibles de entrada y permanencia en el territorio español, a nivel andaluz, destaca la articulación de un Plan de captación y retención del talento innovador y digital, convenientemente orientado a promover la atracción de trabajadores en el sector.

Capítulo 19
Las políticas de atracción de talento científico en Andalucía: situación y perspectivas

DANIEL PERES DÍAZ
Investigador Contratado FPU
Departamento de Derecho del Trabajo y de la Seguridad Social
Universidad de Granada

1. EL TALENTO EN ESPAÑA Y ANDALUCÍA: ALGUNOS DATOS PARA CONTEXTUALIZAR

Es un hecho prácticamente incontrovertible que el progreso social y económico de los países depende cada vez más de su capacidad para atraer y retener talento científico. En la actualidad se asiste a una situación ciertamente paradójica. Por un lado, la integración acelerada del capital a escala mundial ha traído consigo unos niveles de riqueza nunca vistos en la historia de la humanidad (sin entrar ahora en la cuestión relativa a la distribución de esa riqueza). Por otro lado, y a pesar de las ingentes cantidades invertidas en el amplio abanico existente de actividades productivas, se percibe cierto "estancamiento" en los espacios susceptibles de producir valor. De ahí, entre otras razones, la entronización del talento en la mayor parte de estudios de prospectiva[1] científica y tecnológica como factor clave para garantizar unos elevados niveles de bienestar durante las próximas dé-

---

[1] La problemática esbozada resulta de especial interés para el debate académico y político sobre el futuro del trabajo. En efecto, es muy probable que la implementación de diferentes formas de IA en los entornos de trabajo provoque cambios relevantes en el sistema actual de relaciones laborales, particularmente, en la cuestión de la sustitución del trabajo humano por trabajo robotizado (empleo disponible), así como en la reconfiguración de las habilidades exigidas, las funciones a desempeñar y el tipo de puesto de trabajo. Si aceptamos las hipótesis planteadas por algunos de los informes más rigurosos al respecto, a partir del año 2030 entraremos en la denominada "fase autónoma", en la que se automatizará el trabajo físico y la destreza manual requerida para ciertas tareas. Así, el talento y la capacidad de innovación serán, si cabe, más relevantes para la gestión del empleo, la competitividad entre países o, incluso, la diferenciación del trabajo propiamente humano. Para un análisis más detallado de estas cuestiones, *vid.* PERES DÍAZ, D., "Robots inteligentes: Implicaciones ético-jurídicas de

cadas. Las empresas e instituciones públicas de los diferentes países —conocedoras de su importancia— compiten por atraer el talento disponible, tratando de mejorar las condiciones que lo hacen más útil y rentable.

Recientemente, se han realizado notables esfuerzos para medir el nivel y la evolución del talento, con objeto de poder cuantificar su contribución al desarrollo económico de un país o región concreta. Entre los diferentes instrumentos disponibles, destaca el Índice Global de Competitividad en Atracción y Retención de Talento (GTCI, por *Global Talent Competitiveness Index*), elaborado por Adecco junto con la escuela de negocios INSEAD y la empresa multinacional Google. Según el último GTCI publicado en el 2022, España tiene un promedio en todas las variables analizadas de 55,70 puntos sobre 100, ocupando el puesto 29 en un ranking conformado por un total de 133 países analizados[2]. El documento señala que España necesita mejorar en aspectos como las oportunidades directivas para las mujeres, donde ocupa el puesto 118 de 132 —su colocación más baja entre todas las variables—, la colaboración entre los distintos tipos de organismos (puesto 101), la relación del salario con la productividad (puesto 99) o el desempleo en educación terciaria o superior (puesto 92). Los datos más positivos de nuestro país corresponden al número de estudiantes matriculados en educación superior (puesto 6 de 132) y a la calidad de los centros de gestión (puesto 10). También obtiene una buena puntuación en tolerancia a los inmigrantes y comportamiento medioambiental, ambas variables en la posición 12 de 132.

De cualquier modo, un análisis exhaustivo de las políticas públicas de atracción de talento no puede realizarse al margen del estado actual de la inversión en ciencia; el balance sobre este punto es ambivalente. Es verdad que la inversión española en I+D ha recuperado, una década después, los niveles previos a la crisis económica en términos de inversión neta. Así, según los últimos datos publicados por el Instituto Nacional de Estadística (INE), España invirtió en ciencia un total de 14.946 millones de euros en 2018, una cifra similar a la de 2008 (14.701 millones). El incremento de 883 millones de euros respecto a 2017 es ciertamente destacable, pues supone una tasa de crecimiento de la inversión del 6,3% interanual, por en-

---

la introducción de tecnologías disruptivas en los entornos de trabajo", en Jon Rueda (ed.).: *Tecnologías socialmente disruptivas. Revista Dilemata*, 2021, 34, 89-104.

2 ADECCO GROUP INSTITUTE, *The Global Talent Competitiveness Index (GTCI) 2020. Global Talent in the Age of Artificial Intelligence*, 2022. Disponible en: https://www.adeccoinstitute.es/wp-content/uploads/2020/01/Informe-GTCI-2022.pdf (última consulta 05/10/2022).

cima del 6,1% observado un año antes. No obstante, pese a la evolución de la partida presupuestaria destinada a I+D, España sigue estando muy lejos del nivel máximo de inversión respecto al PIB previo a la crisis, que alcanzó el 1,4% en 2010, y del objetivo del 2% que el Plan Estatal de Investigación Científica, Técnica y de Innovación (2017-2020)[3] postuló para el año 2020. La evolución de la inversión en I+D tras la crisis económica (medida en millones de euros corrientes) también ha sido muy desigual[4]. Para el año 2023, el presupuesto no financiero del Ministerio alcanzará los 3.991 millones de euros, creciendo cerca de un 4% respecto al año anterior y casi duplicando la inversión directa en ciencia e innovación desde 2020, con un 98 % de incremento en solo tres años. Esto sin contar los fondos europeos "Next Generation EU"[5].

Si adoptamos una mirada de conjunto, los estudios de carácter comparado arrojan un saldo dudoso para España. Y es que solo aventaja a los "países desarrollados" en el coste del personal científico cualificado y a los "países BRIC" en el entorno institucional y cultural. De forma resumida, podría decirse que España mantiene una gran distancia con los países líderes en innovación, acusando importantes déficits en cuanto a oferta tecnológica, disponibilidad de talento científico a un coste competitivo y presencia de instituciones científicas punteras. Además, el país no cuenta con ningún factor que represente una ventaja competitiva absoluta, por lo que su política de I+D corre el serio riesgo de quedar atrapada en una posición intermedia[6], perdiendo talento en favor de los países del entorno europeo

---

3 MINISTERIO DE ECONOMÍA, INDUSTRIA Y COMPETITIVIDAD, *Plan Estatal de Investigación Científica y Técnica y de Innovación 2017-2020*, 2017. Disponible en: https://www.ciencia.gob.es/portal/site/MICINN/menuitem.7eeac5cd345b4f34f09dfd1001432ea0/?vgnextoid=abf192b9036c2210VgnVCM1000001d04140aRCRD (última consulta 5/10/2022).

4 FUNDACIÓN COTEC: *Informe COTEC 2020*, 2020. Disponible en: https://cotec.es/noticia/presentacion-virtual-del-informe-cotec-2020/5b6df0b8-a1f2-45a0-9f1f-478ffec7f3f5 (última consulta 05/05/2021).

5 MINISTERIO DE CIENCIA E INNOVACIÓN, "El Ministerio de Ciencia e Innovación cuenta en 2023 con el mayor presupuesto en I+D+I de la historia de nuestro país", 7 de octubre de 2022. Disponible en: https://www.ciencia.gob.es/Noticias/2022/Octubre/El-Ministerio-de-Ciencia-e-Innovacion-tiene-el-presupuesto-mas-grande-de-su-historia.html (última consulta 05/10/2022)

6 OBSERVATORIO SOCIAL DE "LA CAIXA", *Dossier 03. Investigación e innovación: ¿qué nos jugamos?*, Fundación Bancaria "la Caixa", Barcelona, 2017, p. 39. Disponible en: https://observatoriosociallacaixa.org/documents/22890/102496/DOSSIER3_Sept2017_CASTELLA.pdf/79586d89-148f-9e9f-eccb-328e4cdff0cb (última consulta 05/10/2022).

(produciéndose la así coloquialmente conocida como “fuga de cerebros”). El llamado Plan de choque para la ciencia y la innovación[7] reconoce este extremo cuando afirma que “se han perdido decenas de miles de talentos, que ahora generan conocimiento en países cuya política de I+D fue más inteligente, es decir, casi todos los países de nuestro entorno”. Habrá ocasión de volver sobre este Plan al final del presente trabajo, al objeto de valorar las perspectivas que se abren a corto y medio plazo. De momento, basta con constatar aquí una singularidad del caso español, cuya concreción remite a la íntima conexión entre políticas de atracción de talento y políticas de retorno de científicos emigrados.

A la luz de los datos expuestos, podemos aseverar que el sistema español de ciencia y tecnología no parte de una situación inicial favorable. Con todo, es importante advertir en este punto que la calidad de las políticas públicas de atracción de talento científico no depende en exclusiva de la cantidad de dinero invertido —siendo esta una cuestión fundamental e insoslayable—, sino también de los principios y objetivos expresados en el derecho positivo, que condicionan e impulsan un determinado modelo jurídico y político, o sea, unas reglas de juego y un entorno institucional específico. Por eso, es de todo punto ineludible estudiar la instrumentación técnico-jurídica de las ya citadas políticas (primero nacionales y después autonómicas), desplegando a tal efecto un análisis diferenciado en dos niveles. De una parte, estudiar el marco normativo vigente, a fin de identificar adecuadamente sus debilidades y fortalezas; de la otra, delinear mejoras de propuesta en clave de política legislativa y reforma de la gobernanza estratégica.

Si bajamos la mirada al ámbito de las Comunidades Autónomas, el “mapa del talento” pone de manifiesto que, en el caso de España, los mayores valores del índice de talento se concentran en las Comunidades Autónomas del norte de España, además de en la Comunidad de Madrid, donde se ubica la capital. Los datos de las Comunidades del sur y las Islas Canarias demostrarían, según el citado índice, la existencia de una relación causal entre talento y grado de desarrollo de las regiones[8]. En el caso

---

7 MINISTERIO DE CIENCIA E INNOVACIÓN, *Plan de choque para la ciencia y la innovación: hacia una economía basada en el conocimiento*, 2020, p. 3. Disponible en: https://www.ciencia.gob.es/stfls/MICINN/Ministerio/FICHEROS/Plan_de_choque_para_la_Ciencia_y_la_Innovacion.pdf (última consulta 05/05/2021).

8 Sobre este particular, *vid.* FUNDACIÓN COTEC, *Mapa del talento en España 2019. Cómo lo generan, atraen y retienen las Comunidades Autónomas*, 2019. Disponible en: https://

de Andalucía, la debilidad es estructural, como evidencia el hecho de que ocupa el cuarto puesto por la cola.

El informe, además, muestra una relación positiva existente entre el talento y la renta per cápita de las regiones. Es decir, el nivel de renta determinaría la capacidad para facilitar, atraer, ampliar y utilizar el talento y, a su vez, esa capacidad conduce a un mayor nivel de renta.

Por otra parte, el estudio concluye también que los territorios se parecen más en el esfuerzo que realizan en facilitar, atraer, desarrollar y retener el talento (pilares 1 a 5 del Índice), que en el impacto que produce su uso sobre las capacidades de las empresas, instituciones, organismos y recursos humanos de estas comunidades (pilar 6 del Índice). Para conocer en detalle la posición relativa de cada comunidad autónoma en cada uno de los seis pilares (14 ámbitos y 56 variables) que conforman el índice, el estudio incorpora una ficha por cada territorio. Se analizan además sus fortalezas y debilidades respecto al resto de autonomías.

Por último, este mismo documento de diagnóstico señala que la situación derivada del Covid-19 habría puesto de manifiesto la fragilidad de las economías a la hora de enfrentarse a una crisis sanitaria, económica y social como la actual. Para los autores del informe, hace falta una combinación de recursos y nuevos instrumentos a los que no se había prestado atención suficiente, especialmente, en los ámbitos sanitario, medioambiental y de capacidad de la economía para poder hacer frente a las crisis con mayores garantías (digitalización, vulnerabilidad de las empresas y trabajadores, etc.). La fortaleza en estos aspectos influye en el atractivo para atraer y retener talento de los territorios.

2. INSTRUMENTACIÓN TÉCNICO-JURÍDICA DE LA POLÍTICA NACIONAL DE ATRACCIÓN DE TALENTO CIENTÍFICO

2.1. Marco constitucional y Ley 14/2011, de 1 de junio, de la ciencia

En atención al principio de jerarquía normativa que rige en nuestro ordenamiento, el primer paso en la reconstrucción del itinerario jurídico nos conduce a la Constitución. El precepto más importante en lo que aquí concierne es el art. 44.2 CE, el cual instituye un mandato dirigido a los poderes

---

cotec.es/observacion/mapa-de-talento-autonomico/ceb4f848-ff50-4219-b571-3d0cb84b765f (última consulta 5/10/2022).

públicos con el objetivo de promover la ciencia y la investigación científica y técnica "en beneficio del interés general". Por otra parte, también puede citarse el art. 42 CE, referente a la política de retorno de los trabajadores españoles en el extranjero; es de interés innegable para nuestro estudio si, como ya hemos adelantado, tenemos presente la acusada dispersión de talento nacional ("diáspora" de científicos españoles). En el ámbito competencial autonómico, el art. 149.1.15ª CE establece como competencia exclusiva del Estado el "fomento y coordinación general de la investigación científica y técnica". Ello, como se verá más adelante, deja un importante margen a las Comunidades Autónomas para desarrollar su propia política científica y de investigación, incluida la atracción de talento.

En todo caso, la incardinación de ambas normas dentro de los principios rectores de la política social y económica (Título I, Capítulo III) es un hecho indicativo de la voluntad del legislador constituyente de postergar su concreción a la legislación ordinaria. En sí mismos, los preceptos aludidos no tienen virtualidad alguna más allá de informar la legislación positiva, la práctica judicial y la actuación de los poderes públicos (art. 53.3 CE). De ahí que sea necesario acudir a la Ley 14/2011, de la Ciencia[9]. Debe advertirse, antes que nada, que no resulta oportuno en estos momentos analizar sistemáticamente la Ley, sino tan solo explorar los elementos directamente relacionados con la atracción de talento.

Así las cosas, el primer dato reseñable es que el término "talento" aparece citado una sola vez en toda la norma, más concretamente, en el preámbulo. Y lo hace cuando regula los procesos de incorporación de investigadores extranjeros al Sistema Español de Ciencia, Tecnología e Innovación (SECTI), estableciendo la posibilidad de realizar los exámenes de ingreso en lengua inglesa. A renglón seguido, añade el texto que "el objetivo es favorecer la movilidad geográfica e interinstitucional del personal asociado a las actividades de I+D e innovación, y atraer talento a los centros españoles". Se muestra *prima facie* en este punto la "ideología" subyacente del SECTI: la vinculación entre talento y movilidad. Es fácil encontrar otros preceptos que reiteran esta idea. Así, en el decir del legislador español, "el Sistema Español de Ciencia, Tecnología e Innovación debe incorporar los criterios de máxima movilidad y apertura que rigen en el ámbito científico internacional"; o, como expresamente señala el art. 39.2 de la misma Ley, "la Administración General del Estado y las Comunidades Autónomas pro-

---

[9] Ley 14/2011, de 1 de junio (BOE de 2 de junio de 2011), de la Ciencia, la Tecnología y la Innovación.

moverán acciones para aumentar la visibilidad internacional y la capacidad de atracción de España en el ámbito de la investigación y la innovación". La dimensión internacional también aparece reflejada en los objetivos generales enumerados en el art. 2 de la Ley, en este caso, en el apartado h): "Favorecer la internacionalización de la investigación científica, el desarrollo tecnológico y la innovación, especialmente en el ámbito de la Unión Europea".

A estos principios generales, la Ley 14/2011 añade una serie de mecanismos específicos de orden laboral como parte integrante de su política de atracción de talento. Nos referimos a las modalidades contractuales específicas contempladas para el personal investigador, que ha sido reformadas por la reciente Ley 17/2022, mediante la cual pretende el legislador adecuar las figuras contractuales a las necesidades derivadas de la Estrategia Española de Ciencia, Tecnología e Innovación (2021-2027). La justificación de esta intervención político-legislativa es la necesidad de "situar a la ciencia, la tecnología y la innovación como ejes clave en la consecución de los Objetivos de Desarrollo Sostenible de la Agenda 2030".

Y se incardina tal actuación con el devenir europeo, de modo que "el despliegue de la nueva estrategia permitirá incrementar la contribución española a las prioridades políticas de la Unión Europea mediante el alineamiento con sus programas de I+D+I, reforzando el apoyo a los actores responsables del Sistema Español de Ciencia, Tecnología e Innovación, y dando respuesta a los desafíos de los sectores estratégicos nacionales a través de la I+D+I, todo ello en beneficio del desarrollo social, económico, industrial y medioambiental del país".

Se afirma que los objetivos de impulso del ecosistema de I+D+I y su transferencia a la sociedad son inseparables del liderazgo científico y la mejora de las condiciones de trabajo del personal de investigación, así como de la calidad de las infraestructuras y equipamientos. Para alcanzar estos objetivos resulta indispensable, en palabras del legislador, "emprender las modificaciones que sean precisas para conseguir una carrera profesional pública en el ámbito de la I+D+I entendida como un nuevo itinerario posdoctoral que resulte atractivo, que fomente el desarrollo profesional y la adquisición progresiva de competencias, independencia y liderazgo científico, y que facilite la incorporación estable en el Sistema Español de Ciencia, Tecnología e Innovación". Igualmente, se trata de retener el talento investigador, fomentar la calidad y la excelencia científica, y favorecer una transformación sistémica que alcance y beneficie a un número mayor de grupos de investigación.

La modificación de las figuras contractuales viene avalada, además por la pérdida de capital humano. El legislador reconoce que, como consecuencia de la recesión económica de la década pasada, se produjo una reducción muy acusada de la capacidad para retener y atraer el talento investigador en España. Se estima que en el periodo 2011-2016 se perdieron más de 5.000 puestos de investigadores, siendo muy elevado el número de personas que se vio obligada a establecer su carrera fuera de España. De forma generalizada, la perspectiva de acceso de los profesionales al Sistema Español de Ciencia, Tecnología e Innovación ha venido categorizada por la temporalidad, dado que la contratación laboral se realizaba en gran medida a través de contratos de obra o servicio, figura por lo demás suprimida tras el cambio normativo operado por el Real Decreto-ley 32/2021, de 28 de diciembre, de medidas urgentes para la reforma, a garantía de la estabilidad en el empleo y la transformación del mercado de trabajo.

Junto a ello, las capacidades del sistema de I+D+I público en España están seriamente amenazadas por el envejecimiento del personal investigador y por las discontinuidades y retraso en la entrada al sistema para las personas jóvenes. Así las cosas, el objetivo de la reforma consiste en hacer frente a la pérdida de este colectivo estratégico y, a ser posible, su retorno. El diagnóstico más extendido es que los itinerarios disponibles para desarrollar la carrera científica en España ofrecen, en la actualidad, oportunidades limitadas para el talento disponible, y una parte importante del personal investigador continúa estableciendo sus carreras en el extranjero para evitar la inseguridad, la temporalidad y la precariedad. En el art. 20.1 Ley 14/2011 se prevén cuatro modalidades de contrato de trabajo específicas del personal investigador:

a) Contrato predoctoral.

b) Contrato de acceso de personal investigador doctor.

c) Contrato de investigador distinguido.

d) Contrato de actividades científico-técnicas.

Un estudio profundo de estas modalidades contractuales sobrepasa los límites y la intención del presente trabajo, por lo que únicamente dejamos anotada la cuestión.

2.2. *La Estrategia Española de Ciencia, Tecnología e Innovación*

La Estrategia Española de Ciencia y Tecnología es el instrumento de carácter plurianual diseñado para alcanzar los objetivos establecidos en la Ley 14/2011. Le corresponde establecer las prioridades científico-técnicas y sociales generales, y también los instrumentos de coordinación que determinarán el esfuerzo financiero de los agentes públicos de financiación del SECTI. Su complemento es la Estrategia de Innovación, instrumento de referencia (también de carácter plurianual) con el que, desde una concepción multisectorial, se pretende implicar a todos los agentes políticos, sociales y económicos en la consecución del objetivo común de favorecer la innovación y así transformar la economía española en una economía basada en el conocimiento[10]. Ambas Estrategias, separadas analítica y conceptualmente en la Ley, forman parte de un mismo documento, conformando una única Estrategia Española de Ciencia, Tecnología e Innovación. Dicho documento sirve de marco para el posterior desarrollo de los Planes Estatales de Investigación Científica, Técnica y de Innovación, que incluyen las ayudas concretas para el desarrollo y la consecución de las prioridades científicas establecidas, y de los planes regionales de I+D+I, donde entrarían también las políticas de atracción de talento científico autonómicas.

La recientemente finalizada Estrategia Española de Ciencia, Tecnología e Innovación (2013-2020)[11] edificaba su política de atracción de talento a partir de la oferta formativa (contratos predoctorales y postdoctorales) de universidades, organismos de investigación y centros de I+D; y lo hacía bajo una premisa competitiva y volcada en la dimensión internacional. Paralelamente, su implementación y desarrollo ha servido para poner de relieve la importante de la relación entre movilidad y talento, a cuyo fin establecía incentivos para la realización de la etapa postdoctoral en el extranjero. La última fase sería la incorporación del investigador al SECTI por medio de algunas de las figuras contractuales ya comentadas: "En el desarrollo de la carrera investigadora en España se recoge, junto a la movilidad, la captación de talento y, por tanto, su contratación e incorporación al Sistema Español de Ciencia, Tecnología e Innovación a partir de un marco predecible y adecuado que facilite a los jóvenes formados emprender sus activida-

---

10 Como se indica en el preámbulo de la Ley 14/2011, la Estrategia Española de Innovación queda englobada dentro del marco planteado por la Unión Europea en la Estrategia Europa 2020 en la que, dentro de una visión conjunta y un cuadro común de objetivos globales, se persigue alcanzar el 1% sobre el PIB de inversión pública y el 2% de inversión privada en I+D+I, haciendo que la inversión global de los países en I+D+I llegue al 3% de su PIB. A pesar de lo cual, y como hemos visto en el primer apartado de este trabajo, España sigue estando lejos de esos niveles de inversión y gasto.

11 MINISTERIO DE ECONOMÍA Y COMPETITIVIDAD, *Estrategia Española de Ciencia, Tecnología e Innovación (2013-2020)*, 2012. Disponible en: https://www.ciencia.gob.es/stfls/MICINN/Investigacion/FICHEROS/Estrategia_espanola_ciencia_tecnologia_Innovacion.pdf (última consulta 05/05/2021).

des en el Sistema"[12]. En este enfoque se plantea que el propio desarrollo de la carrera investigadora y la puesta en marcha de las figuras contractuales contempladas en la Ley 14/2011 servirán para ampliar el acceso de los recursos humanos mejor formados, captando talento a nivel internacional conforme a prácticas de selección basadas en méritos objetivos. Para ello —señala el documento— es importante reducir las barreras administrativas y legales que dificultan la incorporación de científicos extracomunitarios. En último término, se trata de incrementar el atractivo de España y de los agentes del sistema español como foco de investigación científica y técnica de excelencia, tanto para ser entornos con capacidad para atraer talento a nivel mundial como para dotarse de importantes infraestructuras científicas y tecnológicas internacionales.

Por su parte, la elaboración de la Estrategia española de Ciencia, Tecnología e Innovación para el período 2021-2027[13] se inserta en un contexto de excepcionalidad, a saber, el derivado de la pandemia del COVID-19 y sus efectos devastadores en el tejido económico nacional. Por esa razón, el propio documento reconoce explícitamente, además del retroceso de la I+D+I en los últimos años, la necesidad de recomponer en profundidad todo el SECTI. La temporalización de la Estrategia es interesante, estableciendo dos fases diferenciadas. En una primera fase, que abarcaría el período 2021-2023, los esfuerzos realizados se orientarían a garantizar las fortalezas del sistema, reforzando la programación existente, las infraestructuras y los recursos humanos disponibles. En relación a estos últimos, se cita la consabida consigna del "recambio generacional" y el rediseño de la carrera investigadora, aspecto sobre el que diremos algo más adelante. La segunda fase, correspondiente al período 2024-2027, pretende situar la política de I+D+I entre los pilares fundamentales del Estado, consolidando su valor como herramienta para el desarrollo de una economía basada en el conocimiento.

El caso es que la Estrategia para el período 2021-2027, más completa y ambiciosa que su antecesora, identifica varias debilidades de partida en la política estatal de atracción de talento científico. Con base en los datos de la *European Innovation Scoreboard*, señala el documento que España se encuentra entre los países considerados moderadamente innovadores (14 de

---

12 *Ibíd.*, p. 19.

13 SECRETARÍA GENERAL DE INVESTIGACIÓN (MINISTERIO DE CIENCIA E INNOVACIÓN), *Estrategia Española de Ciencia, Tecnología e Innovación (2021-2027)*, 2020. Disponible en: https://www.ciencia.gob.es/stfls/MICINN/Ministerio/FICHEROS/EECTI-2021-2027.pdf (última consulta 05/05/2022).

27 en 2020, tras subir cinco puestos respecto a 2019) y cuenta con un porcentaje de estudiantes de doctorado internacionales claramente inferior al del resto de países del entorno europeo. Del análisis DAFO se desprende que "la fuga de talento y el bajo porcentaje de personal empleado en I+D+I respecto a la población ocupada" constituye una importante amenaza para el conjunto del SECTI. De ahí que uno de los objetivos centrales sea el de "potenciar la capacidad de España para atraer, recuperar y retener talento", para lo cual resulta vital establecer mecanismos orientados a facilitar el progreso profesional y la movilidad del personal investigador en los sectores público y privado, pero también su capacidad para influir en la toma de decisiones.

Es claro, en todo caso, el espíritu de la Estrategia y la consolidación de la movilidad internacional como elemento indisociable de la carrera investigadora de excelencia. Consciente de este punto, el documento reitera la importancia de establecer una carrera investigadora bien definida que cuente con mecanismos eficaces de selección, evaluación y promoción, donde la movilidad sea concebida como un elemento enriquecedor del SECTI. Aun así, toda la atención prestada en la atracción de talento no debería desmerecer los esfuerzos por la retención del mismo. Y es que la denominada "fuga de cerebros" no solo es trágica en sí misma, por constituir pérdida de talento humano nacional, sino que es contraproducente desde una lógica económica y de gestión de los recursos humanos. Recuérdese, a este respecto, que los científicos españoles emigrados han sido formados y capacitados en España con cargo a fondos públicos, surcando en no pocas ocasiones un itinerario formativo financiado con becas y contratos del SECTI o de las propias Universidades de todo tipo: becas de colaboración, becas de investigación, contratos predoctorales, estancias de investigación, etc. Así, todo ese esfuerzo económico acabaría siendo desperdiciado por España y, en cambio, aprovechado por los países de nuestro entorno. Por ello, tal vez, sea más acuciante el objetivo de generar una economía basada en el conocimiento, con la finalidad de encontrar acomodo a todo ese talento fugado.

Precisamente son los investigadores españoles en el extranjero los que se muestran más críticos en este apartado. Así, la Red de Asociaciones de Investigadores y Científicos Españoles en el exterior (RAICEX) aboga en su informe "ATRAE"[14] por un rediseño profundo y un plan de mejora

---

[14] RED DE ASOCIACIONES DE INVESTIGADORES Y CIENTÍFICOS ESPAÑOLES EN EL EXTERIOR (RAICEX), *Informe ATRAE (Atracción de Talento y Retorno A España).*

del SECTI. Comparten con el Gobierno el objetivo fundamental de construir un país "atractivo" para el talento, independientemente de cuál sea la procedencia o nacionalidad del mismo. Ahora bien, entiende la citada Red que, para ello, el primer paso debe ser una reforma del sistema para ofrecer garantías y solidez a aquellos que ya trabajan en España. En esta línea, el informe ATRAE ofrece un "decálogo para la atracción y retorno del personal científico e investigador", donde aparecen medidas básicas que, pese a todo, siguen siendo tarea pendiente para la mejora del SECTI. Por citar las más importantes, se habla de establecer programas que garanticen el desarrollo, la continuidad y la independencia del investigador, proporcionándole medios económicos, materiales y administrativos adecuados y flexibles acordes a su nivel de experiencia; para lo cual, desde luego, es necesario acabar con la incertidumbre de la carrera investigadora e integrar las convocatorias de recursos humanos dentro del sistema. Otra propuesta del decálogo, bastante sugerente, consiste en fortalecer la presencia del SECTI en el exterior mediante el establecimiento de la red de diplomacia científica en todas las embajadas, que promueva el contacto de los investigadores con representantes del mismo, manteniendo foros de debate estables entre las asociaciones de investigadores en el exterior y la Administración. Con esta última medida se pretende dar una respuesta colectiva rápida y unificada a las necesidades y retos que afronta la ciencia y el colectivo de investigadores y científicos en el exterior.

A su vez, la Confederación de Sociedades Científicas[15] señala que España necesita una Estrategia de Ciencia, Tecnología e Innovación construida con la mirada puesta en la Unión Europea. Sin embargo, son varios los obstáculos y las debilidades que la citada Confederación observa para la consecución de tal objetivo, como la precaria financiación del SECTI desde hace al menos una década, o la deficiente gestión de los recursos humanos y la captación de talento. Afirma que, para alcanzar la calidad, la promoción del talento y la excelencia, es necesario previamente que la asignación de los recursos se rija por dichos criterios. En este sentido, señalan que el acceso actual a las categorías de profesores en las universidades

---

Ideas para el retorno de Investigadores españoles y la atracción de talento, 2019. Disponible en: https://raicex.wordpress.com/informe-atrae/ (última consulta 05/05/2022).

15 CONFEDERACIÓN DE SOCIEDADES CIENTÍFICAS EN ESPAÑA, *Informe COSCE-DECIDES sobre el documento "Estrategia Española de Ciencia, Tecnología e Innovación", presentado por el Ministerio de Ciencia e Innovación,* Secretaría Técnica de COSCE, Barcelona, junio de 2020. Disponible en: https://decides.cosce.org/informe-sobre-el-documento-estrategia-espanola-de-ciencia-tecnologia-e-innovacion-presentado-por-el-ministerio-de-ciencia-e-innovacion/ (última consulta 05/05/2022).

y en otros centros públicos de investigación no viene precisamente presidido por el principio de excelencia del que se habla continuamente en el documento de la Estrategia; ello en la medida en que perdura un importante componente de endogamia que supone una barrera impermeable a la incorporación de personal formado en el extranjero. En esta dirección, abogan por flexibilizar los complejos trámites de inmigración y desarrollar instrumentos que faciliten la captación de talento internacional y su retención; de este modo, los así denominados investigadores "excelentes" podrían desarrollar su carrera profesional en España en áreas estratégicas con un alto nivel de reconocimiento. Los programas europeos del *European Research Council* y algunas iniciativas autonómicas podrían servir de referentes, siendo recomendable que el SECTI desarrollase programas similares de carácter propio, capaces de atraer grupos emergentes e investigadores excelentes de países extranjeros.

2.3. Plan estatal de investigación científica y técnica y de innovación

Según el art. 42.1 de la Ley 14/2011, el desarrollo por la Administración General del Estado de la Estrategia Española de Ciencia y Tecnología se lleva a cabo a través del Plan Estatal de Investigación Científica y Técnica. Este Plan tiene por objeto financiar las actuaciones en materia de investigación científica y técnica que se correspondan con las prioridades establecidas por la Administración General del Estado, definidas para un período plurianual. Del mismo modo que ocurría con la Estrategia de Innovación, el Plan Estatal de Innovación aparece analítica separado del Plan Estatal de Investigación Científica y Técnica, según la redacción actual de la Ley 14/2011. Y es conceptualizado como una herramienta al servicio de la transformación del conocimiento generado en valor económico. Pretende, pues, reforzar la capacidad de crecimiento y su posicionamiento para enfrentar con eficacia los desafíos sociales y globales planteados. Con todo, ambos Planes Estatales —el de Investigación Científica y Técnica, y el de Innovación— son publicados y agrupados en un mismo documento[16], por razones de coherencia interna del SECTI.

La tradicional política de atracción de talento contenida en los antiguos "Planes Nacionales de I+D" basaba su estrategia en el fortalecimiento de los programas de movilidad y el incremento de desplazamientos de los

16 MINISTERIO DE ECONOMÍA, INDUSTRIA Y COMPETITIVIDAD, *Plan Estatal de Investigación... op cit.*

profesionales altamente cualificados. Tanto el presupuesto anual como el número de personas beneficiadas desde 2008 hasta la actualidad se ha multiplicado por cinco, surgiendo al efecto variados programas y subprogramas de carácter estatal. La movilidad internacional ha venido a significar un rito de paso a través de la cual se alcanzaría un estadio de profesionalización más avanzado. El Plan Nacional de I+D+I de los años 2008-2011, diseñado por el entonces Ministerio de Ciencia e Innovación, introdujo los programas de formación y movilidad respectivamente en el eje intitulado "Potenciación de los recursos humanos". Con el objetivo de fortalecer y no desaprovechar al personal altamente cualificado, todos los programas de movilidad nacionales fundamentaron su estrategia en una lógica de circulación de cerebros. Aun así, no todas las instituciones públicas han mostrado la misma disposición para acogerlos como plantilla propia y las bases del programa se han tenido que modificar para adoptar medidas adicionales. Esta situación evidencia que, si bien la calidad científica de los investigadores españoles se ha incrementado significativamente, la escasez de institutos de investigación y la rigidez del mercado privado de innovación ponen en peligro el esfuerzo e inversiones empleadas para fortalecer los recursos humanos del SECTI[17].

De todos modos, son cuatro los programas estatales recogidos en el Plan Estatal de Investigación Científica y Técnica y de Innovación (2017-2020): a) El Programa Estatal de Promoción del Talento y su Empleabilidad en I+D+I; b) el Programa Estatal de Generación de Conocimiento y Fortalecimiento Científico y Tecnológico del Sistema de I+D+I; c) el Programa Estatal de Liderazgo Empresarial en I+D+I; y d) el Programa Estatal de I+D+I Orientado a los Retos de la Sociedad. No podemos abordarlos en profundidad aquí, por lo que únicamente los dejamos anotados.

3. LAS POLÍTICAS DE ATRACCIÓN DE TALENTO EN ANDALUCÍA

Las políticas autonómicas de ciencia e investigación se fundamentan en el art. 148.1.17ª CE, que establece como competencia compartida el fomento de la investigación. No debe perderse de vista, de la misma manera, que el art. 149.1.15ª únicamente instituye la competencia exclusiva del Estado para el fomento y coordinación "general" de la investigación

---

[17] GONZÁLEZ RAMOS, A.M., "Atrayendo talento: Estrategias de Movilidad de los profesionales altamente cualificados en España", *Sociología y tecnociencia. Revista Digital de Sociología del Sistema Tecnocientífico*, vol. 2, n. 1, 2011, 81-82.

científica y técnica, esto es, no impide a las comunidades entrar a regular aspectos de desarrollo, ni ampliar su política científica. Así pues, resulta oportuno comprobar cómo la lógica nacional se reproduce ahora a escala autonómica andaluza.

Para empezar, y aunque no podemos detenernos de manera exhaustiva, cabe señalar que las Comunidades Autónomas desarrollan su política científica y tecnológica mediante instrumentos de planificación general muy parecidos a los ya vistos en la Ley 14/2011, es decir, mediante planes que, con base en la Estrategia Estatal de Ciencia, Tecnología e Innovación, dibujan las que serán las líneas maestras y las directrices de carácter general. Por añadidura, existen convocatorias destinadas a financiar programas de movilidad y atracción de talento científico.

En el caso andaluz, y desde 2019, la Consejería de Universidad, Investigación e Innovación ha destinado cerca de 310 millones de euros a fomentar la investigación, a la atracción del talento, a mejorar la dotación de recursos humanos e infraestructuras y al fortalecimiento institucional de nuestro sistema andaluz del conocimiento.

En tal sentido, se han diseñado convocatorias para fortalecer las etapas de la carrera investigadora: ayudas para personal técnico, estudiantes predoctorales, personal investigador posdoctoral, y personas al frente de grupos de investigación a través del Programa EMERGIA. La financiación destinada a proyectos de investigación alcanza los 80 millones de euros, de los cuales 10 millones están destinados a fortalecer los centros y unidades y obtener los sellos de excelencia Severo Ocho y María de Maeztu, así como ayudas adicionales para infraestructuras y actividades de transferencia del conocimiento.

3.1. Estrategia de I+D+i de Andalucía (EIDIA)-Horizonte 2027

La Estrategia de I+D+I de Andalucía (EIDIA), Horizonte 2027, aprobada mediante Acuerdo de Consejo de Gobierno de fecha 14 de junio de 2022, representa la apuesta del Gobierno andaluz por la I+D+I como base del crecimiento económico en la región, un crecimiento competitivo, sostenible e integrador, sustentado firmemente en la ciencia y el conocimiento. Tal iniciativa se justifica en el citado acuerdo con base en la construcción de un modelo económico viable, lo que de suyo requiere de la investigación, el desarrollo y la innovación. La idea de fondo, como ya anticipábamos en la introducción, es la de garantizar la sostenibilidad de las generaciones futuras. La EIDIA está concebida como un documento guía para orientar las políticas públicas de I+D+I en la Comunidad en los próximos seis años, y es el instrumento de programación, coordinación, dinamización y evaluación que sustituye el anterior Plan Andaluz de Investigación, Desarrollo e Innovación-PAIDI 2020.

El propio Acuerdo de formulación de la EIDIA dirige sus objetivos generales a fomentar la excelencia científica como base futura de la competitividad, a impulsar la internacionalización del Sistema de I+D+I, a facilitar un entorno innovador como apoyo al sector empresarial y a contribuir a la reorientación del modelo productivo andaluz. Para lograr estos objetivos y una verdadera convergencia con Europa y sus instrumentos de planificación y gestión de la investigación, es necesario conseguir mayores cotas de eficiencia, excelencia y competitividad y fortalecer y reorientar nuestra I+D+I hacia aquellos sectores productivos más competitivos, con mayores oportunidades de crecimiento a corto-medio plazo y capacidad de internacionalización.

Todo ello, sin descuidar la excelencia en la investigación, fundamental como base necesaria para el avance y el desarrollo científico de carácter más aplicado, y manteniendo la apertura hacia nuevos sectores productivos vinculados al progreso científico. Con este fin, la Estrategia S4 Andalucía[18] y la EIDIA tienen un carácter complementario y guardan una estrecha conexión entre sus políticas. Así, la primera de ellas identifica las medidas necesarias para mejorar los modelos productivos de la región, reconociendo áreas de especialización inteligente, así como las fortalezas que nos permitirán compartir nuestras ventajas competitivas con otras regiones europeas para poder afrontar con éxito los grandes retos antes mencionados, inabordables por cada región en solitario; mientras que la segunda recoge la manera de contribuir al desarrollo de las prioridades establecidas en la

---

18 La Estrategia Especialización Inteligente RIS3 Andalucía, que trae causa del Acuerdo 18 de diciembre de 2012 del Consejo de Gobierno de la Junta de Andalucía, es una agenda para la transformación económica de la región para contribuir a los desafíos más importantes, generando un cambio en el modelo productivo que contribuya a la creación de empleo, más y mayores empresas cada vez más competitivas e innovadoras capaces de incorporarse a los mercados y a las cadenas de valor global europeas e internacionales. Sus tres principales objetivos son: a) Orientar la política económica y movilizar las inversiones públicas y privadas hacia aquellas oportunidades de desarrollo basadas en la innovación; b) descubrir y aprovechar los puntos fuertes y oportunidades de especialización y potencial de excelencia de Andalucía; c) involucrar a la Universidad y al resto de agentes del sistema de investigación e innovación, así como a la sociedad en general, en la innovación como principal fuerza impulsora del cambio estructural en la economía andaluza.

Estrategia S4 Andalucía y mejorar la internacionalización de la ciencia y la tecnología andaluzas, buscando la convergencia con las regiones más competitivas de Europa.

Para ayudar al cumplimiento de estos objetivos, la EIDIA plantea una serie de programas de actuación con sus correspondientes acciones y proyectos, que irán siendo desarrollados por distintas Consejerías y entidades instrumentales de la Administración de la Junta de Andalucía. En último término, los tres grandes objetivos de la EIDIA son:

a) Incrementar el peso de la ciencia y la tecnología en la economía andaluza.

b) Aumentar el porcentaje de población dedicada a actividades de I+D.

c) Elevar los niveles de transferencia del conocimiento.

El propio documento recoge algunas conclusiones, de las que destacamos las más relevantes. En primer lugar, y en lo al tejido empresarial andaluz, aunque en 2020 representaba el 15,6% de las empresas españolas, se caracterizaba por su reducido tamaño (0,11% de empresas con más de 200 asalariados) y una baja densidad empresarial (16,0 habitantes por empresa). Esto puede ser debido a una menor presencia del sector industrial en la economía andaluza, caracterizado por empresas de mayor tamaño. Además, constituye un importante hándicap para el desarrollo de la actividad innovadora en la región ya que la falta de dimensión dificulta la incorporación de estrategias de innovación con cierta capacidad.

Por otra parte, la investigación desarrollada en Andalucía dependió en 2/3 partes de financiación externa a las instituciones que a su vez se alimentó en un 55% de fondos provenientes de las administraciones públicas. En España, sin embargo, el sector privado fue el principal financiador de la I+D (49,76% de la financiación no internacional), aumentando de esta forma los fondos puestos a disposición de la comunidad investigadora por parte de las administraciones públicas. Nuevamente se pone de manifiesto la necesidad de mejorar el desarrollo empresarial andaluz tanto en su tamaño y densidad como en una composición sectorial con mayor presencia de actividades intensivas en conocimiento, con la finalidad de reducir la dependencia de la financiación pública en I+D.

Además, se identifican tres debilidades en lo relativo a la incompleta ejecución del presupuesto andaluz: la escasez de recursos humanos para la administración de los fondos públicos; a excesiva burocracia en la gestión de los incentivos y ayudas públicas para I+D; y los cambios normativos que afectan a la forma de gestionar los incentivos y ayudas públicas para I+D.

En cuanto a la atracción de talento, se destaca que el Sistema Universitario Andaluz muestra una sugerente fortaleza en atracción del talento joven internacional ya que es el segundo destino nacional escogido por estudiantes de otros países para cursar sus estudios de doctorado y el 5º si se relativiza por las matriculaciones en doctorado. La captación de talento internacional en este incipiente estadio de la carrera investigadora debería servir para retener talento con alto potencial de desarrollo.

3.2. El programa EMERGIA para la captación de talento investigador

La Consejería de Transformación Económica, Industria, Conocimiento y Universidades creó el Programa EMERGIA mediante la Resolución de 7 de julio de 2020)[19]. Con este nuevo programa de ayudas a la captación de talento, la idea del Gobierno andaluz es la de poner en marcha la incorporación de personal investigador doctor, por un período de cuatro años, de cualquier nacionalidad y con una trayectoria destacada en I+D+I, a las entidades y centros de investigación del Sistema Andaluz del Conocimiento. A tales efectos, se establece como requisito una experiencia postdoctoral de, al menos, cinco años desde la lectura de la tesis doctoral y un máximo de doce años. En la selección de los candidatos se tienen en cuenta básicamente la valoración de la excelencia y el potencial de liderazgo científico de los mismos. Las ayudas concedidas para la contratación por cuatro años del personal seleccionado vienen acompañadas de financiación adicional para la ejecución de las actividades de investigación que han de realizarse durante el período de contratación. En el año 2020, se convocaron 40 ayudas para la contratación de personal investigador de excelencia y con capacidad de liderazgo en I+D+I.

Si acudimos a la última convocatoria disponible, a saber, aquella aprobada Resolución de 2 de diciembre de 2021, de la Secretaría General de Universidades, Investigación y Tecnología, se observan varios datos de interés. El primero es que al inicio de esta década se ha visto de nuevo amenazado como consecuencia de la reciente pandemia originada por la COVID-19 y el correspondiente impacto económico, poniéndose de nuevo de manifiesto un escenario que precisa de investigación científica de alta calidad y ma-

---

19 Resolución de la Secretaría General de Universidades, Investigación y Tecnología (BOJA núm. 134, de 14 de julio de 2020), por el que se aprueba la convocatoria de ayudas, correspondiente al año 2020, destinadas a la captación de talento investigador (Programa EMERGIA), en el ámbito del Plan Andaluz de Investigación, Desarrollo e Innovación (PAIDI 2020).

nifestándose, si cabe más aún, la necesidad de captar talento investigador y al mismo tiempo incrementar la dimensión de nuestro sistema de ciencia y tecnología. En una sociedad en la que el desarrollo científico-técnico y la innovación debe ser motor de la economía, dice el Gobierno, se hace necesario facilitar la atracción y la captación de capital humano altamente cualificado y competitivo, con un historial científico sobresaliente y una excelente capacidad de liderazgo y de reconocida relevancia en áreas estratégicas para Andalucía. Esto entronca con lo que se señalaba al inicio sobre la necesidad de revalorizar los espacios del capital mediante la innovación y el desarrollo tecnológico.

El objetivo anunciado, entre otros, es el de fomentar la investigación científico-técnica de excelencia, apoyar la transferencia de conocimiento desde los centros de investigación y universidades a la empresa y captar y retener talento autóctono, así como atraer en régimen de competencia internacional al foráneo y que los frutos de su actividad investigadora se traduzcan en un beneficio para el entorno social y económico, de acuerdo con el sentido amplio de la innovación, y de esta forma activar el crecimiento endógeno en un contexto global e internacional

En cualquier caso, y más allá de las convocatorias específicas reguladas jurídicamente por cada Comunidad, es relevante destacar el hecho de que disponer y utilizar el talento genera progreso social y económico en las diferentes regiones del país. De la misma manera, el progreso conduce a una mayor capacidad de invertir en talento. Por lo tanto, se produce un círculo virtuoso esencial para la cohesión económica y social de las diferentes Comunidades, de manera tal que este proceso de retroalimentación entre nivel de talento y riqueza es indicativo, también, de cómo las regiones más avanzadas económicamente intensifican la importancia de la creación, atracción, crecimiento y retención del talento, dando lugar a una prosperidad sostenible[20].

Como se ve en el propio documento de la convocatoria, en lo que tiene que ver con la finalidad y el número de contratos, estos son muy restringidos. Por una parte, la finalidad de las ayudas es la de "facilitar la incorporación de investigadores de excelencia, de cualquier nacionalidad y con potencial de liderazgo, que contribuyan al progreso de la investigación en Andalucía como factor clave de desarrollo de la sociedad, fomentando el impulso y desarrollo de su carrera investigadora y fortaleciendo, al mismo

---

20 FUNDACIÓN COTEC, *Mapa del talento en España… op. cit.*, p. 29.

tiempo, con nuevo talento las actividades de investigación de las entidades beneficiarias". Se repite el "mantra" de la excelencia, cuyo uso reiterado casi lo vacía de contenido semántico; y, por añadidura, se vincula el talento más netamente al desarrollo, cuestión por lo demás omnímoda en los diferentes documentos estratégicos y de planificación.

Y, luego, se cuantifican el número de ayudas convocadas, unas 60 ayudas para la contratación de personal investigador de excelencia y con potencial de liderazgo en I+D+i. Las ayudas concedidas para la contratación durante cuatro años del personal seleccionado tendrán una dotación adicional para la ejecución de una propuesta investigadora durante el período de contratación. Al final del trabajo concluiremos que uno de los principales problemas para la retención de talento es, precisamente, la hipercompetitividad y la infrafinanciación.

3.3. El Plan de Captación y Retención del Talento Innovador y Digital en Andalucía

El Consejo de Gobierno de la Junta de Andalucía, en su reunión de 28 de julio de 2020, adoptó el Acuerdo para la aprobación del Plan de Captación y Retención de Talento Innovador y Digital. El objetivo fundamental del Plan es "la ejecución de actuaciones para convertir a Andalucía en un lugar de referencia para los profesionales de la Economía Digital, presentándose como el entorno ideal para vivir, teletrabajar y emprender". En tal sentido, ha sido la Consejería de Transformación Económica, Industria, Conocimiento y Universidades, el ente encargado de su desarrollo, en línea con la visión del Plan de Acción sobre el Espíritu Empresarial de la Unión Europea 2020 adoptado en 2012.

El concepto de talento que aparece recogido en el citado Plan es amplio, toda vez que se considera talento aquel relacionado "no con una titulación o edad específica, sino con todas esas competencias y habilidades que tienen las personas y que engloban conocimiento de metodologías de trabajo, conocimiento de otras culturas, capacidad para asumir responsabilidades, capacidad para liderar e impulsar procesos de transformación, dominio de idiomas, aptitud para superar barreras [...]". A la vista de esta caracterización genérica, los objetivos generales del Plan pasan, en primer lugar, por la atracción de talento innovador y digital procedente de otras regiones y países para que se establezca en Andalucía y, desde el territorio, pueda desarrollar su actividad profesional tanto en remoto como en el tejido empresarial andaluz. En segundo lugar, la promoción de Andalucía como región que proporciona los profesionales de alta cualificación y especialización que requieren las empresas de la Economía Digital. Como se ve, hay una querencia a identificar "talento" con "economía digital", "transformación digital", "digitalización empresarial", etc. En esto, parece que las Administración Públicas adolecen de una suerte de "síndrome de Silicon Valley". Como si a la vuelta de la esquina tuviéramos el nuevo Hub digital y transformador del mundo económico.

Las cosas como fueren, un hecho destacable del Plan es que, en su elaboración, apoya en la metodología del GTCI, que ya hemos desbrozado al inicio. El uso de la metodología desarrollada por el GTCI se justifica a los ojos del Gobierno andaluz porque permitirá "desarrollar medidas de calado para captar y retener el talento que quiera venir a emprender o trabajar en Andalucía, pero hasta que esas medidas transformadoras se identifiquen e implementen por parte de la Administración de la Junta de Andalucía, el talento necesita que se le apoye y se le acompañe". Por este motivo, este Plan engloba dos grupos de medidas:

a) Medidas de calado para mejorar el posicionamiento de Andalucía como una región atractiva y retenedora del talento digital.

b) Medidas a corto y medio plazo, para acompañar y facilitar al talento digital en todas las gestiones que debe realizar para trabajar, teletrabajar o emprender en Andalucía.

Y, otra vez, aparece como central la "economía digital". No sin cierto aire optimista, se afirma que la economía andaluza ha generado demanda de perfiles nuevos con un elevado nivel de especialización, entre los que se encuentran perfiles tecnológicos difíciles de cubrir, como ocurre en el ámbito de la ciberseguridad, del *cloud computing* y de la ingeniería del dato (*big data, data* science, *data analytics*). Se apoya al efecto en el *X Informe Infoempleo Adecco*[21] sobre titulaciones con más salidas profesionales. Así, en las ofertas de empleo dirigidas a profesionales con carrera universitaria por áreas funcionales, se puede observar que son las áreas de ingeniería y producción, así como de tecnología, informática y telecomunicaciones las que aglutinan un mayor número de ofertas. Entre las dos suman el 36,5% en 2019, gracias al aporte del 18,5% que hace la primera y al 18% de la segunda.

---

[21] ADECCO GROUP INSTITUTE, *Informe Infoempleo Adecco*, 2021. Disponible en: https://www.infoempleo.com/informe-infoempleo-adecco (última consulta 14/12/2022).

Más allá de los datos, y a modo de síntesis, son siete los objetivos estratégicos que se marca el Plan y que, según su propia dicción, tratan de articular una política científica coherente con la política nacional y europea:

a) La atracción de Talento Innovador y Digital procedente de otras regiones y países, para que se establezca en Andalucía y, desde el territorio, pueda desarrollar su actividad profesional tanto en remoto como en el tejido empresarial de Andalucía.

b) La promoción de Andalucía como región que proporciona a las personas profesionales de alta cualificación y especialización que requieren las empresas de la Economía Digital.

c) La conexión de Andalucía con los principales polos tecnológicos internacionales para establecer mecanismos de colaboración que permitan, de manera remota y con base en Andalucía, acceder a puestos de trabajo en sus principales compañías tecnológicas.

d) Incentivar el establecimiento de las personas trabajadoras de alto nivel en el territorio facilitando de manera centralizada los trámites necesarios para el traslado y un "aterrizaje blando" desde el origen hasta el destino elegido para vivir.

e) Contribuir a la lucha contra la despoblación de las zonas rurales de Andalucía mediante la migración de las personas trabajadoras de alto potencial y talento que contribuyan a relanzar la economía local y contribuir al reto demográfico.

f) La realimentación del ecosistema regional de empresas, innovación y startups mediante la conexión de este Talento Innovador y Digital con ecosistemas e iniciativas existentes. La creación de un entorno favorable que permita la atracción de empresas tecnológicas para que se ubiquen en Andalucía y el retorno de talento andaluz al territorio.

4. CONCLUSIONES

No puede hacerse una valoración de la política científica de atracción y retención de talento andaluz al margen de los procesos nacionales y europeos. De hecho, que la EIDIA se subtitule "Horizonte 2027" es ya una declaración de intenciones. Al respecto, el fenómeno más disruptivo para el ecosistema científico y tecnológico europeo ha sido, qué duda cabe, la aprobación de los de los fondos *Next Generation EU* en julio de 2020 —y dentro de estos del Mecanismos de Recuperación y de Resiliencia, junto al aumento del gasto para el programa Horizonte Europa—. Esto supone un incentivo sin igual para acometer la transformación del sistema español y andaluz de ciencia y, con él, de las políticas de atracción y retención de talento científico.

Pero todavía persisten dudas. La primera y más evidente es la infrafinanciación del conjunto del sistema nacional y autonómico de ciencia y tecnología, todavía lejos del 2% del PIB. Antes de la Gran Recesión (2009), el SECTI mostraba resultados que indicaban que era relativamente competitivo e iba camino de convertirse en un verdadero Sistema Nacional de Innovación, expectativas finalmente truncadas como consecuencia de la implosión de la crisis económico-financiera. Y es que entre los años 2008-2017 se produjo un descenso del 38% en los fondos no financieros para I+D+I en los Presupuestos Generales del Estado, que pasaron de 4.238 a 2.612 millones de euros. El sustrato investigador de alta competitividad generado durante décadas pasó a la precariedad y solo a base de grandes esfuerzos personales se ha conseguido mantener el nivel, aunque no en todas las áreas[22]

Además, recuérdese que la propia EIDIA reconocía los déficits de financiación en el caso del sistema andaluz: la investigación desarrollada en Andalucía dependió en 2/3 partes de financiación externa a las instituciones que a su vez se alimentó en un 55% de fondos provenientes de las administraciones públicas. Por no hablar de los problemas de ejecución del gasto.

En otro orden de cosas, lastra todo el proceso la posición intermedia de España en el *Global Talent Competitive Index*, con importantes debilidades estructurales y el plausible riesgo de "quedar atrapado en la mitad" en cuanto a políticas científicas, tecnológicas y de atracción de talento. El mapa del talento de Fundación COTEC, por lo demás, pone de manifiesto las asimetrías entre los mayores valores del índice de talento entre Comunidades Autónomas. Los datos de las Comunidades del sur y las Islas Canarias evidenciarían la existencia de una relación causal entre talento y grado de desarrollo de las regiones[23]. En el caso de Andalucía, la debilidad sería cuasi estructural, como evidencia el hecho de que ocupa el cuarto puesto por la cola. En una unidad de mercado es difícil revertir situaciones tan

22 MINISTERIO DE CIENCIA E INNOVACIÓN, *Plan de choque para la ciencia… op. cit.*, p. 3.

23 Sobre este particular, *vid.* FUNDACIÓN COTEC, *Mapa del talento en España 2019. Cómo lo generan, atraen y retienen las Comunidades Autónomas*, 2019. Disponible en: https://cotec.es/observacion/mapa-de-talento-autonomico/ceb4f848-ff50-4219-b571-3d0cb84b765f (última consulta 05/10/2022).

consolidadas en el tiempo; de ahí que la política de atracción de talento científico deba ir acompañada por una apuesta decidida por la descentralización de Administraciones y focos empresariales, estructuras y tejido social, así como la cohesión territorial.

Es importante, igualmente, dotar de más fondos a los principales instrumentos de financiación competitiva de la ciencia en cualquiera de sus disciplinas (las convocatorias de proyectos, de contratos de personal investigador y de equipamiento e infraestructuras científicas). En este contexto, el Ministerio de Universidades ha aprobado en los últimos años un nuevo programa de ayudas para fomentar la recualificación y la movilidad internacional, entre las que destacan las Ayudas "María Zambrano para la atracción de talento internacional". Están dirigidas a personal investigador, español o extranjero, con una trayectoria postdoctoral acumulada no inferior a 24 meses en universidades o centros de I+D españoles o extranjeros diferentes al de la defensa de la tesis doctoral. Las ayudas tendrán un periodo de duración de 1 a 3 años y se llevarán a cabo en universidades españolas. Y será necesario justificar el impacto de su incorporación en la recualificación del equipo universitario de acogida. El importe mensual de estas ayudas para la atracción de talento es de 4.000 euros brutos. Sería deseable buscar fórmulas de cofinanciación junto a las comunidades, fusionando o ampliando la línea de ayudas para captación, incorporación y movilidad del programa EMERGIA.

Otro elemento a destacar es el Plan Español de Recuperación, Transformación y Resiliencia donde se habla de "modernizar" el ámbito universitario, red de parques tecnológicos, *hubs* de innovación digital, organismos de las Comunidades Autónomas, etc. En su literalidad, pretende "modernizar la carrera de los investigadores, para garantizar la estabilidad y mejorar las condiciones de los profesionales altamente cualificados para atraer talento" (apartado "Objetivos generales y coherencia del Plan").

A la vista de lo anterior, parece claro que el futuro de la ciencia nacional y autonómica pasa por Europa. Gracias al Programa Horizonte (2021-2027), España y las Comunidades Autónomas podrán tener acceso a financiación de actividades de alto valor añadido europeo, toda vez que, en su mayor parte, se trata de proyectos de I+D+I ejecutados por consorcios que agrupan a participantes de múltiples países y que son concedidos en concurrencia competitiva, a lo que hay que sumar 5.000 millones financiados a través del fondo *Next Generation EU* y 4.000 millones adicionales propuestos por el Parlamento Europeo, alcanzando así la cifra final de 84.900 millones de euros. El énfasis del Plan Español de Recuperación en la atracción de talento y la transformación estructural del SECTI conecta, por lo demás, con uno de los pilares del programa Horizonte Europa, el cual es la excelencia. Es importante, así, que la Estrategia Española de Ciencia, Tecnología e Innovación se acople a las directrices del Programa Horizonte Europa, aspecto facilitado por la coincidencia en el marco temporal entre ambas (2021-2027). Como indica el Plan de Incentivación[24], la Estrategia Española de Ciencia, Tecnología e Innovación está específicamente diseñada para facilitar la articulación de nuestra política de I+D+I con las políticas de la Unión Europea, teniendo en cuenta los reglamentos aprobados o en curso, para así poder aprovechar de la mejor manera posible las sinergias entre los programas. Más en concreto, el éxito de dicho acoplamiento, teniendo en cuenta la primera fase de la Estrategia Española (2021-2023) destinada a reforzar los recursos existentes, será decisiva para un posterior relanzamiento del SECTI aprovechando todo la acción estratégica y coordinada del Plan de Choque, el Plan de Recuperación y el Plan de Retorno. En ese sentido, España tiene una oportunidad de oro para, con apoyo europeo, recomponer todo su ecosistema científico y tecnológico.

El mimetismo o isomorfismo institucional, según el cual las políticas europeas se trasladan al contexto español, no debe ser concebido en términos de traducción directa. Más bien, se trata de coordinar ambas esferas de acción en busca de sinergias y, por supuesto, desde la corresponsabilidad en la gobernanza del sistema de ciencia y tecnología, conforme a las exigencias de un ordenamiento multinivel. Y ahí Andalucía no puede, ni debe, perder su oportunidad[25].

---

[24] MINISTERIO DE CIENCIA E INNOVACIÓN, *Plan de Incentivación Horizonte Europa 2020*, 2020. Disponible en: https://eshorizonte2020.es/actualidad/noticias/plan-de-incentivacion-para-la-participacion-espanola-en-horizonte-europa (última consulta 17/05/2021).

[25] Sobre esto, *vid.* OTERO-HERMIDA, P., *Evolución de la perspectiva responsable en Ciencia e Innovación en España (RRI): un análisis de los documentos de gobernanza estratégica*, 2020, Working Paper-Super MoRRi Project. Disponible en: https://super-morri.eu/ (última consulta 19/10/2022).

Capítulo 20
La evolución más reciente de la jurisprudencia del Tribunal de Justicia sobre el retorno de nacionales de terceros países miembros de la familia de ciudadanos de la UE

CATERINA FRATEA
Universidad de Verona

1. INTRODUCCIÓN

Desde la década de 2000, el Tribunal de Justicia ha tenido ocasión, en el marco de numerosas cuestiones prejudiciales, de aportar importantes elementos de interpretación a los órganos jurisdiccionales nacionales que conocen de recursos contra medidas de denegación de permisos de residencia o medidas que ordenan la expulsión de nacionales de terceros países que son miembros de la familia de ciudadanos de la Unión.

El tema es de gran actualidad si tenemos en cuenta que, por lo que respecta a la Unión Europea, los datos disponibles en Eurostat muestran que, en 2021, los motivos relacionados con la familia fueron las razones más comunes para expedir permisos de residencia en diez de los Estados miembros. España (159 200), Italia (120 500), Francia (93 300) y Alemania (70 800) fueron los Estados miembros de la UE con el mayor número de primeros permisos de residencia expedidos por motivos relacionados con la familia. Estos cuatro países expeditaron el 63% del total de los permisos de la UE, donde, en general, se registró un aumento del 14% de los permisos por motivos familiares (+88 600)[1].

Aunque en varios Estados miembros, la distinción entre un nacional de un tercer país que se une a un ciudadano de la UE y uno que se une a un ciudadano de fuera de la UE es inviable o sólo parcialmente viable, estas

---

1 Vid. *https://ec.europa.eu/eurostat/statistics-explained/index.php?title=Residence_permits_-_statistics_on_first_permits_issued_during_the_year* (último acceso: 21 de febrero de 2023).

cifras demuestran lo delicado del tema y el cuidado que deben tener las autoridades nacionales frente a la solicitud de permisos de residencia por estos motivos.

Cuando se hace referencia a nacionales de terceros países que son miembros de la familia de ciudadanos de la UE, el acto que inmediatamente se toma en consideración es la Directiva 2004/38 relativa al derecho de los ciudadanos de la Unión a circular y residir libremente en el territorio de los Estados miembros. Dicha Directiva establece las condiciones en las que se autoriza a los miembros de la familia, incluidos los no nacionales, a residir en la Unión junto con el ciudadano de la UE que ha ejercido su derecho a la libre circulación, así como los motivos que pueden justificar la adopción por los Estados miembros de una medida de expulsión de su territorio de las personas comprendidas en el ámbito de aplicación subjetivo de la Directiva, es decir, los ciudadanos de la UE denominados "dinámicos" y los miembros de su familia.

Sin embargo, al hablar de la posible expulsión de familiares extracomunitarios de ciudadanos de la UE, también entran en juego normas de Derecho primario, ya que el Tribunal de Justicia ha derivado directamente de los actuales artículos 20 y 21 TFUE (antes 17 y 18 TCE) el derecho también para los llamados ciudadanos estáticos de la UE y para los que regresan a su país de origen a poder residir con sus familiares nacionales de terceros países con los que tienen una relación especial de dependencia. El camino jurisprudencial, que se inició con la jurisprudencia *Chen*[2] conoce, a partir en particular de la sentencia *Ruiz Zambrano*, una nueva evolución importante en relación con los casos que no entran en el ámbito de aplicación de la Directiva.

A la luz de este marco, el presente trabajo pretende abordar la cuestión de la expulsión de familiares nacionales de terceros países de ciudadanos de la UE desde los distintos ángulos desde los que puede plantearse. En primer lugar, se plantea la cuestión de la legitimidad de las medidas de ex-

---

2 TJUE (Pleno) 19 de octubre de 2004, asunto C-200/02, ECLI:EU:C:2004:639: "la negativa a permitir que el progenitor, nacional de un Estado miembro o de un Estado tercero, que se ocupa del cuidado efectivo de un niño al que el artículo 18 CE y la Directiva 90/364 reconocen un derecho de residencia, resida con el niño en el Estado miembro de acogida privaría de todo efecto útil al derecho de residencia de este último. En efecto, es evidente que el disfrute de un derecho de residencia por un niño de corta edad implica necesariamente que el niño tenga derecho a ser acompañado por la persona que se encarga de su cuidado efectivo y, por tanto, que esta persona pueda residir con él en el Estado miembro de acogida durante su estancia en éste" (apdo. 45).

pulsión adoptadas contra familiares de ciudadanos de la UE que se encuentran estáticos o regresan a su país de origen. En segundo lugar, se plantea el tema de la expulsión por razones de seguridad pública, orden público y salud pública de dichos familiares. Por último, se analizará la jurisprudencia relativa a las condiciones subjetivas y objetivas de aplicación (directa o por analogía) de la Directiva 2004/38, cuyo incumplimiento también puede dar lugar a que el miembro de la familia pierda su derecho a residir con el ciudadano de la UE en el Estado miembro en el que se encuentre.

2. PROTECCIÓN CONTRA LA EXPULSIÓN DE FAMILIARES EXTRANJEROS COMO DERECHO DEL CIUDADANO EUROPEO ESTÁTICO O QUE HA REGRESADO A SU ESTADO DE ORIGEN

2.1. La afirmación del derecho de residencia de un familiar extranjero en virtud del efecto directo de los artículos 20-21 del TFUE

El ámbito de aplicación subjetivo de la Directiva 2004/38 abarca, en virtud del art. 3, a todo ciudadano de la Unión que se desplace o resida en un Estado miembro distinto de aquel del que sea nacional, así como a los miembros de su familia, tal como se definen en el art. 2, que le acompañen o se reúnan con él. De ello se desprende que tanto los ciudadanos europeos que nunca han ejercido su libertad de circulación (los denominados ciudadanos estáticos) como los que, tras haberla ejercido, deciden regresar al Estado miembro del que son nacionales, no entran formalmente en el ámbito de aplicación de dicho acto.

Sin embargo, como es bien sabido, la sentencia *Chen* de 2004, no por casualidad dictada en sesión plenaria, dio el pistoletazo de salida a esa corriente jurisprudencial fundamental que, siguiendo los pasos de la sentencia *Baumbast*[3], condujo a la aplicación directa del actual art. 21 TFUE al afirmar, como se ha reiterado en toda la jurisprudencia posterior, que "a situación de un nacional de un Estado miembro que ha nacido en el Estado miembro de acogida y que no ha ejercido su derecho a la libre circulación no puede considerarse, sólo por esta razón, una situación puramente interna" y que, por lo que se refiere al derecho a residir en el territorio de los Estados miembros, el ex art. 18 TCE representa una disposición clara y precisa que reconoce directamente este derecho a todo ciudadano de la

3 TJUE 17 de septiembre de 2022, asunto C-413/99, ECLI:EU:C:2002:493, apdo. 84.

Unión[4]. A raíz de este pronunciamiento, la jurisprudencia del Tribunal se enriqueció con otras posturas significativas que redujeron el espacio reservado a las situaciones puramente internas y, por tanto, a la esfera de competencia de los Estados miembros, ampliando el ámbito de aplicación de la legislación supranacional para incluir los casos en los que el miembro de la familia nacional de un tercer país solicitaba un permiso de residencia en el país de origen del ciudadano de la UE (posiblemente después de que éste hubiera regresado allí). En tales casos, de hecho, las autoridades nacionales, además de no conceder el permiso correspondiente, procedían a la adopción paralela de medidas de expulsión de los miembros de la familia, cuya estancia se consideraba ilegítima.

En las cuestiones prejudiciales planteadas en el marco de los recursos interpuestos contra estas medidas, el Tribunal de Justicia llegó a aplicar directamente los actuales artículos 20 y 21 TFUE, invocando un vínculo con el Derecho de la Unión en todos aquellos casos en los que la no expedición del permiso y la expulsión del familiar nacional de un tercer país hubieran supuesto una compresión injustificada de los derechos derivados de la ciudadanía europea y, en particular, de los derechos de libre circulación y residencia consagrados en las dos disposiciones citadas. En la sentencia *Ruiz Zambrano* de 2011[5], se estableció el principio de que el art. 20 TFUE impide la adopción de medidas nacionales que tengan por efecto privar a los ciudadanos de la Unión del disfrute efectivo de la *esencia* de los derechos conferidos por su estatuto de ciudadano de la Unión, como ocurriría en el caso de negativa a conceder un permiso de residencia a un nacional de un Estado tercero, en el Estado miembro en el que residen sus hijos de corta edad, nacionales de dicho Estado miembro, cuya manutención asume. De hecho, la denegación del permiso de residencia tendrá como consecuencia que los menores, ciudadanos de la Unión, se verán obligados a abandonar el territorio de la Unión para acompañar a sus progenitores. Este pasaje de la sentencia, aunque poco argumentado y bastante escueto, ha permitido, sin embargo, consolidar la operatividad de los derechos de ciudadanía reconocidos por el ordenamiento europeo también para los ciudadanos estáticos, considerando el derecho de residencia de los familiares extracomunitarios (y, por tanto, la prohibición de su traslado) esencial para que los ciudadanos de la UE puedan ejercer plenamente sus derechos.

---

4 Asunto *Chen*, cit., apdos. 19 y 26.

5 TJUE (Gran Sala) 8 de marzo de 2011, asunto C-34/09, ECLI:EU:C:2011:124, apdos. 42-44. Vid. también asunto *Chen*, cit., apdo. 45.

La denominada doctrina *Zambrano*, definida como "el mayor «punto de abertura» sobre este tema"[6], fue confirmada posteriormente en importantes sentencias que versaron en particular sobre la noción de "vínculo de dependencia" entre ciudadano europeo y familiar extranjero, que implica que este último no puede ser expulsado en todos aquellos (y sólo en aquellos) casos en los que tal expulsión, al provocar la salida del mismo ciudadano del territorio de la Unión, tendría como consecuencia que el ciudadano europeo no pudiera disfrutar de los derechos de circulación y residencia que le confiere el Derecho primario[7]. En ausencia de tal vínculo de dependencia, como por ejemplo en el caso *McCarthy*, no cabría, en cambio, la aplicación directa del Tratado y, por tanto, el reconocimiento de un derecho de residencia al miembro de la familia como requisito previo para el disfrute efectivo de los derechos de ciudadanía por parte del ciudadano europeo[8].

Como especifica la sentencia *Dereci* de 2011, se trata de un "criterio muy específico, en el sentido de que se refiere a situaciones en las que, pese a no ser aplicable el Derecho secundario de la Unión en materia de derecho de residencia de los nacionales de terceros Estados, excepcionalmente no cabe denegar un derecho de residencia a un nacional de un tercer Estado, miembro de la familia de un nacional de un Estado miembro, pues de

---

6 CIPPITANI, R., *Derechos de los inmigrantes en la jurisprudencia del TJUE*, en MARÍN CONSARNAU, D. (Coordinadora), *Retos en inmigración, asilo y ciudadanía*, Marcial Pons, Madrid, 2021, pp. 15-28.

7 TJUE (Gran Sala) 15 de noviembre de 2011, asunto C-256/11, *Dereci*, ECLI:EU:C:2011:734, apdos. 64-66.

8 TJUE 5 de mayo de 2011, asunto C-434/09, ECLI:EU:C:2011:277, apdos. 50 y 56: "la medida nacional de que se trata en el presente asunto principal no tiene como efecto que la Sra. McCarthy se verá obligada a salir del territorio de la Unión. De hecho, (...) la citada señora disfruta, en virtud de un principio de Derecho internacional, de un derecho de residencia incondicionado en el Reino Unido, ya que posee la nacionalidad del Reino Unido"; "el artículo 21 TFUE no es aplicable a un ciudadano de la Unión que nunca ha hecho uso de su derecho de libre circulación, que siempre ha residido en un Estado miembro cuya nacionalidad posee y que tiene además la nacionalidad de otro Estado miembro, siempre y cuando la situación de ese ciudadano no implique la aplicación de medidas de un Estado miembro que tengan como efecto privarle del disfrute efectivo de la esencia de los derechos conferidos por el estatuto de ciudadano de la Unión u obstaculizar el ejercicio de su derecho a circular y residir libremente en el territorio de los Estados miembros". Vid. también TJUE 8 de mayo de 2013, asunto C-87/12, *Ymeraga*, ECLI:EU:C:2013:291. *Amplius*, MENGOZZI, P., MORVIDUCCI, C., *Istituzioni di Diritto dell'Unione europea*, Wolters Kluwer, Milano, 2018, p. 348 y ss.

hacerlo se vulneraría el efecto útil de la ciudadanía de la Unión de la que disfruta ese último nacional"[9].

El derecho de residencia en cabeza del familiar extranjero del que deriva la ilicitud de las órdenes de expulsión de estos sujetos no deja de ser, por tanto, un derecho derivado y funcional a la necesidad de dar plena efectividad (también en una perspectiva potencial y de futuro) al contenido esencial los derechos conferidos al ciudadano de la Unión.

Para evitar lecturas excesivamente amplias de los resultados interpretativos así alcanzados, el Tribunal de Justicia, en su sentencia *Dereci*, subrayó que el solo hecho de que a un nacional de un Estado miembro le pueda parecer deseable por razones de orden económico o para mantener la unidad familiar, que miembros de su familia puedan residir con él en el territorio de la Unión no basta por sí mismo para considerar que el ciudadano de la Unión se vería obligado a abandonar el territorio de la Unión si ese derecho no fuera concedido. Por tanto, si bien dan lugar a la separación de unidades familiares, los casos concretos caracterizados por la autonomía, aunque relativa, de los menores respecto de sus padres están destinados a entrar en el ámbito de aplicación de las legislaciones nacionales individuales sobre reagrupación familiar[10].

2.2. *La noción de "vínculo de dependencia" entre un ciudadano europeo y un miembro extranjero de su familia a efectos de proteger a este último de las órdenes de expulsión*

Del marco descrito en el apartado anterior se desprende que, fuera de los casos previstos por la Directiva 2004/38, la concesión de un permiso de residencia a un nacional extracomunitario que sea miembro de la familia de un ciudadano de la Unión está excepcionalmente permitida si sirve para garantizar a este último el disfrute de derechos vinculados a la posesión de la ciudadanía de la Unión a los que, de otro modo, se vería obligado a renunciar. La distinción entre la legalidad y la ilegalidad de una resolución por la que se deniega el permiso de residencia a un miembro de la familia y de la orden simultánea de expulsión reside en el grado de intensidad de la relación entre el ciudadano de la Unión y el miembro de la familia nacional de un tercer Estado. Una dependencia económica to-

---

9 Asunto *Dereci,* cit., apdo. 67.

10 Asunto *Dereci,* cit., apdo. 68.

tal o marcada del ciudadano de la UE respecto del miembro de la familia extranjero obligaría al ciudadano de la UE a abandonar el territorio de la Unión en su totalidad y, por tanto, conduciría a la imposibilidad, en virtud de los artículos 20 y 21 TFUE, de expulsar al miembro de la familia extranjero.

Sin embargo, desde la sentencia *O. y S.* de 2012, el Tribunal de Justicia, aunque no de forma explícita, ha sostenido que los criterios establecidos en la jurisprudencia inaugurada con el asunto *Ruiz Zambrano* también podrían utilizarse en presencia de una relación puramente afectiva entre menores, ciudadanos europeos, y progenitores nacionales de terceros Estados[11]. En presencia de menores, dada su especial vulnerabilidad, la noción de dependencia afectiva adquiere una relevancia significativa, como se desprende de las sentencias *Chávez-Vílchez* de 2017 y *K.A.* de 2018, relativas a supuestos en los que la expulsión de uno de los progenitores de menores con ciudadanía europea no habría afectado a su manutención económica, estando el otro progenitor presente en el territorio de la Unión y dispuesto a hacerse cargo de los hijos. No obstante, en la primera de las dos sentencias, el Tribunal de Justicia, haciendo hincapié en el aspecto afectivo-relacional de la relación parental, que no se limita al mero sustento material del hijo, precisó que la existencia de una relación de dependencia entre un ciudadano europeo menor de edad y su progenitor, nacional de un tercer país, debe medirse también a la luz de la intensidad de la relación afectiva entre este último y el hijo, y teniendo debidamente en cuenta las repercusiones que la separación de la madre o del padre podría tener en este último[12]. En otras palabras, la mera presencia, en el territorio de la Unión, de uno de los dos progenitores no bastaría para excluir la inevitabilidad de la salida del hijo del espacio común europeo si se denegara el permiso de residencia al otro progenitor, de tercera nacionalidad. Si, entonces, el efecto práctico de tal medida de denegación por parte del Estado fuera obligar al ciudadano europeo afectado a seguir a su progenitor al extranjero, el caso concreto tendría así una conexión con el Derecho de la Unión Europea, por lo que entraría en el ámbito de aplicación del Tratado y dejaría de ser competencia de los Estados miembros en materia de reagrupación familiar. Para medir la intensidad de la relación afectiva, es necesario tener en cuenta todas las circunstancias del caso concreto y el Tribunal proporciona

---

11 TJUE 6 de diciembre de 2012, asuntos acumulados C-356/11 y C-357/11, ECLI:EU:C:2012:776, apdo. 51.

12 TJUE 10 de mayo de 2017 (Gran Sala), asunto C-133/15, ECLI:EU:C:2017:354, apdos. 70-71.

también algunos indicadores como la edad del menor, su desarrollo físico y emocional, la intensidad de su relación afectiva con el ciudadano progenitor de la Unión y con el progenitor nacional de un tercer país y el riesgo de que separarlo de él afecte al equilibrio del niño.

De la jurisprudencia del Tribunal de Justicia se desprende que el concepto de "vínculo de dependencia" debe interpretarse de forma diferente según que el ciudadano de la Unión sea menor o mayor de edad. En el asunto *K.A.*, en el que varios nacionales de terceros países que eran familiares de nacionales belgas fueron destinatarios de decisiones de retorno, se afirmó que, dado que un adulto es generalmente capaz de llevar una vida autónoma sin el apoyo de miembros de su familia, sólo en casos excepcionales de no autosuficiencia podrá el artículo 20 TFUE establecer un derecho de residencia en territorio europeo para el familiar y paralizar las medidas de expulsión. Esta sentencia, casi como si resumiera las disposiciones anteriores, distingue explícitamente las dos situaciones[13]. Cuando el ciudadano de la Unión sea menor de edad, la apreciación de la existencia de una relación de dependencia de esas características deberá basarse en la toma en consideración, respetando el interés superior del niño, de todos los elementos que hasta ahora se han enucleado en el caso *Chávez-Vílchez*. No bastará con que exista un vínculo familiar, sea este biológico o jurídico, con dicho nacional y para acreditar esa relación de dependencia no será necesario que el menor viva con éste. En contra, cuando el ciudadano de la Unión sea mayor de edad, únicamente podrá considerarse que existe una relación de dependencia que pueda justificar la concesión al nacional de un tercer país de un derecho de residencia en casos excepcionales en los que, habida cuenta del conjunto de circunstancias relevantes, la persona en cuestión no pueda de ningún modo separarse del miembro de la familia del que es dependiente[14]. Los miembros adultos de la familia, al

---

13 TJUE (Gran Sala) 8 de mayo de 2018, asunto C-82/16, ECLI:EU:C:2018:308, apdo. 74.

14 La cuestión del derecho de un familiar extranjero a residir con un ciudadano europeo mayor de edad ya se había planteado en el asunto *Lounes* de 2017. En ese asunto, sin embargo, la recurrente, una ciudadana española que se había trasladado al Reino Unido, donde había adquirido la nacionalidad británica, es considerada por el Tribunal de Justicia como una persona que, si bien no está comprendida en el ámbito de aplicación de la Directiva 2004/38, que no se aplica a los casos de retorno al país de origen, debe considerarse como una persona que ha hecho uso en el pasado de la libertad de circulación y a la que, por tanto, debe aplicarse la Directiva de forma análoga (incluso en lo que respecta a las condiciones de concesión de ese derecho de residencia derivado, que no deben ser más estrictas que las previstas en la Directiva): TJUE (Gran Sala) 14 de noviembre de 2017, asunto C-165/16, ECLI:EU:C:2017:862, apdo. 61.

estar sujetos a una orientación mucho más restrictiva, se sitúan así, salvo en casos particulares de no autosuficiencia, fuera del ámbito de aplicación de la vertiente jurídica examinada y, por tanto, podrían ser objeto de órdenes de expulsión a la luz del Derecho nacional o, si son nacionales de terceros países, de la Directiva 2008/115 relativa al retorno[15].

En el año 2023, la jurisprudencia amplió aún más el ámbito de aplicación del art. 20 TFUE ya que, en su sentencia X, el Tribunal de Justicia dictaminó que, en presencia de una relación de dependencia, incluso el progenitor, nacional de un tercer país, de un hijo menor de edad, ciudadano de la Unión Europea que viva desde que nació fuera del territorio de ese Estado miembro y no haya residido nunca en el territorio de la Unión, puede disfrutar de un derecho de residencia derivado, siempre que se demuestre que el menor entrará y residirá en el territorio del Estado miembro del que es nacional en compañía de ese progenitor. Para apreciar el hijo menor de que se trate depende de su progenitor hay que tener en cuenta todas las circunstancias pertinentes, sin que puedan considerarse determinantes a este respecto el hecho de que el progenitor nacional de un tercer país no siempre haya asumido el cuidado cotidiano de ese menor, pese a tener en ese momento su custodia exclusiva, ni el hecho de que el otro progenitor, ciudadano de la Unión, pueda asumir el cuidado diario y efectivo del citado menor.

2.3. *La relación entre la orden de expulsión del miembro de la familia nacional de un tercer país y las normas sobre competencia nacional*

La sentencia *K.A.* también es interesante desde el punto de vista de la relación entre la protección de los derechos de ciudadanía que se derivan directamente de los Tratados y el respeto de las resoluciones judiciales nacionales en presencia de órdenes de expulsión, acompañadas de la prohibición de entrar en el territorio del Estado miembro, adoptadas en virtud de la Directiva sobre el retorno 2008/115 y que han adquirido carácter definitivo. Además de precisar que es indiferente que la relación de dependencia alegada por el nacional de un tercer país en apoyo de su solicitud de residencia surgiera tras la adopción contra éste de una decisión de prohibición de entrada en el territorio, el Tribunal de Justicia añade que el efecto útil del art. 20 TFUE obliga a revocar o suspender la prohibición de entrada, incluso si ya es definitiva, cuando entre el nacional de un tercer

---

15 TJUE 22 de junio de 2023, asunto C-459/20, ECLI:EU:C:2023:499, apdos. 38 y 61.

país y el ciudadano de la Unión miembro de su familia existe una relación de dependencia tal que pueda justificar la concesión a ese nacional de un derecho de residencia derivado, siendo indiferente que la decisión de prohibición de entrada en el territorio dictada contra el nacional de un tercer país fuera ya definitiva en el momento en que este presentó su solicitud de residencia[16].

Esta posición del Tribunal de Justicia reviste una importancia fundamental y se inscribe en la conocida corriente jurisprudencial relativa a la supremacía del Derecho de la UE incluso sobre las sentencias nacionales definitivas cuando está en juego la protección de derechos de derivación europea[17]. Esta posición se deriva, en particular, de la práctica administrativa aplicada en el país remitente (Bélgica), según la cual el examen de la solicitud de residencia presentada por un familiar extranjero sobre el que pese una orden de expulsión con prohibición de entrada en el territorio y el posible reconocimiento de un derecho de residencia quedan condicionados a la obligación de que el nacional del tercer país abandone previamente el territorio de la Unión para solicitar la revocación o la suspensión de la prohibición de entrada en el territorio que se le hubiera impuesto. Hasta que el referido nacional de un tercer país no haya obtenido la revocación o la suspensión de su prohibición de entrada en el territorio, no se procedería al examen de la posible existencia de una relación de dependencia entre dicho nacional de un tercer país y el ciudadano de la Unión. Según el Tribunal de Justicia, si bien le corresponde a los Estados miembros fijar las normas de aplicación del derecho de residencia derivado, dichas normas de procedimiento no pueden sin embargo poner en peligro el efecto útil de las normas primarias. Esto podría ocurrir si el cumplimiento de la obligación para el nacional de un tercer país de abandonar el territorio de la Unión para solicitar la revocación o la suspensión de la prohibición de entrada en el territorio dictada en su contra, tuviese como consecuencia que, debido a la existencia de una relación de dependencia entre dicho nacional de un tercer país y un ciudadano de la Unión, miembro de su familia, este último se vería obligado de hecho a acompañar al primero abandonando, él también, el territorio de la Unión durante un tiempo que resultaría indeterminado. Por lo tanto, cuando un nacional de un tercer país presenta ante la autoridad nacional competente una solicitud de residencia con fines de reagrupación familiar con un ciudadano de la Unión,

---

16 Asunto *K.A.*, cit., apdos. 81-84.

17 Vid. DE PASQUALE, P. y FERRARO, F., *Giuseppe Tesauro. Manuale di Diritto dell'Unione europea*, vol. 1, Editoriale Scientifica, Napoli, 2021, p. 310 y ss.

dicha autoridad no puede negarse a admitir a trámite esa solicitud por la mera razón de que contra el nacional del tercer país se haya dictado una prohibición de entrada en el territorio del mismo Estado miembro. Le corresponde en cambio examinar la referida solicitud y valorar si existe una relación de dependencia tal que, en principio, deba concederse al primero un derecho de residencia derivado ya que, en caso contrario, el ciudadano de la Unión se vería obligado a abandonar el territorio de la Unión en su conjunto, lo que le privaría del disfrute efectivo de la esencia de los derechos que le confiere su estatuto. El Estado miembro deberá revocar, o al menos suspender, la decisión de retorno y la prohibición de entrada en el territorio que se dictaron contra el nacional de tercer país.

3. LA REGULACIÓN DE LA EXPULSIÓN EN LA DIRECTIVA 2004/38

A diferencia de los miembros de la familia de los ciudadanos europeos que hayan ejercido su derecho a la libre circulación, el derecho de un miembro de la familia nacional de un tercer país a residir con el ciudadano europeo en el país de origen de este (ya sea porque nunca se ha trasladado o porque ha regresado a él) está supeditado a la existencia de una relación de dependencia económica o afectiva tal que la expulsión del primero tendría también como consecuencia que el segundo tuviera que abandonar el territorio de la Unión en su conjunto. En tales casos, una eventual medida de expulsión contra el miembro extranjero de la familia sería contraria a los artículos 20 y 21 TFUE.

Una hipótesis distinta en la que puede entrar en juego la adopción de tales medidas, aparte de la ausencia de las condiciones subjetivas u objetivas que determinan el derecho de residencia[18], es aquella en la que la entrada y la residencia en el territorio nacional de los ciudadanos de la UE y de los miembros de su familia puede restringirse por las razones imperiosas establecidas en el art. 27 de la Directiva, a saber, razones de orden público, seguridad pública y salud pública[19].

Además de a los ciudadanos dinámicos, la Directiva se aplica por analogía, como subrayó el Tribunal de Justicia en la sentencia *Lounes* y reiteró en

---

18 *Infra*, epígrafe 4.

19 *Amplius*, ADINOLFI, A., MORVIDUCCI, C., *Elementi di diritto dell'Unione europea*, Giappichelli, Torino, 2020, p. 265 y ss.

la jurisprudencia posterior[20], también a los ciudadanos que hayan ejercido previamente su libertad de circulación. Así pues, el derecho derivado de los artículos 20 y 21 del TFUE, por una parte, no es absoluto y, por otra, debe estar sujeto a las mismas condiciones y limitaciones que las disposiciones adoptadas en aplicación de estos (es decir, la Directiva 2004/38), y no a condiciones más estrictas[21].

Por otra parte, los términos orden público y seguridad pública se consideran a menudo conjuntamente en el Derecho de la UE, por lo que no siempre es fácil establecer en la práctica el significado exacto de una u otra noción[22]. La segunda operaría en situaciones de mayor gravedad que aquellas para las que opera la primera, ya que se trata de medidas destinadas a contrarrestar un perjuicio grave a valores esenciales para la protección de los ciudadanos y de la población en su conjunto, o de gran parte de ella. Por su parte, el orden público, tal como ha sido interpretado por el Tribunal de Justicia, es algo más que la mera alteración del orden social inherente a cualquier infracción de la ley, presuponiendo la existencia de una amenaza real suficientemente grave para uno de los intereses fundamentales de la comunidad[23].

A diferencia del sistema del TEDH, en el que también puede invocarse el orden público con fines económicos[24], en virtud del art. 27, apartado 1, de la Directiva, esto no está permitido. Las razones económicas, aunque no figuren expresamente en la orden de expulsión, pero subyazcan o se presupongan, nunca podrían invocarse a pena de ilegalidad de la propia orden, también a la luz del efecto directo de que está dotado dicho precepto. El mismo efecto directo se produce en relación con el art. 27, apartado 2, de la Directiva, que precisa que las medidas adoptadas por razones de orden público o seguridad pública deben respetar el principio de propor-

---

20 TJUE (Gran Sala) 12 de marzo de 2014, asunto C-456/12, *O.B.*, ECLI:EU:C:2014:135, apdo. 50; asunto *Chávez-Vílchez*, cit., apdos. 54-55.

21 Asunto *Lounes*, cit. apdo. 61.

22 Para la distinción respecto a las nociones de "seguridad interior" y "seguridad nacional" diversamente empleadas en los Tratados en relación con las diferentes competencias de la UE, véase. CAFARI PANICO, R., "Le misure di sicurezza e la libera circolazione dello straniero", en CAGGIANO, G. (ed.), *I percorsi giuridici dell'integrazione*, Giappichelli, Torino, 2014, pp. 707-727.

23 Por todos, TJUE 10 de julio de 2008, asunto C-33/07, *Jipa, ECLI:EU*:C:2008:396, apdo. 23; TJUE (Gran Sala) 13 de septiembre de 2016, asunto C-304/14, *CS*, ECLI:EU:C:2016:674, apdo. 38.

24 Véase el artículo 8.2 del CEDH.

cionalidad y sólo pueden adoptarse en relación con el comportamiento personal de la persona respecto de la cual se aplican[25]. A este respecto, la mera existencia de condenas penales no puede justificar automáticamente la adopción de tales medidas por las administraciones nacionales. Además, la conducta personal debe representar una amenaza real, presente y suficientemente grave para un interés fundamental de la sociedad. No se tienen en cuenta justificaciones ajenas al caso individual o relativas a razones preventivas generales. Por lo tanto, la expulsión u otras medidas negativas quedan excluidas si el objetivo es disuadir a otros (se trata de una especificación de la prohibición de expulsiones colectivas del artículo 4 del Protocolo IV del CEDH). Sin embargo, las medidas nacionales adoptadas para evitar el riesgo de fuga de los ciudadanos de la Unión y a los miembros de sus familias se han considerado compatibles con el Derecho de la UE, durante el período que se les concede para abandonar el territorio del Estado miembro de acogida a raíz de la adopción de una decisión de expulsión en su contra por razones de orden público o durante la prórroga de dicho plazo, siempre que dichas disposiciones sean similares a las que transponen el art. 7, apartado 3, de la directiva 2008/115 y siempre que las primeras se ajusten a los principios generales establecidos en el art. 27 de la directiva 2004/38 y no sean menos favorables que las segundas.

El art. 28 establece otros límites a la expulsión del territorio identificados en los parámetros de la duración de la residencia del interesado, su edad, su estado de salud, su situación familiar y económica, su integración social y cultural en el Estado de acogida y la importancia de sus vínculos con su país de origen, atribuibles al derecho a la vida privada y familiar en virtud del art. 7 de la Carta de los Derechos Fundamentales de la UE y del art. 8 del CEDH. Los criterios establecidos en los artículos 27 y 28 de la Directiva que legitiman la adopción de una medida de expulsión, ya bien conocidos por la jurisprudencia del Tribunal Europeo de Derechos Humanos, han sido adoptados también por el Derecho de la UE e implican una prevalencia de elementos de hecho que suponen una valoración global y sustantiva del caso concreto. La graduación prevista en el art. 28, determinada por la duración del período de estancia, se inscribe en este contexto[26]. Por una parte, de hecho, el Estado miembro de acogida no

---

25 TJUE (Gran Sala) 22 de junio de 2021, asunto C-718/19, *ASBL*, ECLI:EU:C:2021:505, apdo. 73.

26 Véase VILLAR FUENTES, I., "Motivos graves de orden público, una excepción a la protección reforzada contra la expulsión de ciudadanos comunitarios con 10 años de residencia en el Estado de acogida", *Revista internacional de Doctrina y Jurisprudencia*, 4, 2013.

puede adoptar medidas de expulsión contra los ciudadanos de la Unión o los miembros de su familia, cualquiera que sea su nacionalidad, que hayan adquirido el derecho de residencia permanente en su territorio, salvo por razones *graves* de orden público o seguridad pública (apartado 2). Por otra parte, el (solo) ciudadano de la Unión no puede ser objeto de una decisión de expulsión, salvo por razones *imperiosas* de seguridad pública definidas por el Estado miembro, si ha residido en el Estado miembro de acogida durante los diez años anteriores o si es menor de edad[27], a menos que la expulsión sea necesaria en interés del niño, tal como se establece en la Convención sobre los Derechos del Niño de 1989 (apartado 3).

De conformidad con el art. 33, la expulsión como pena o como medida accesoria de una pena privativa de libertad también es admisible (siempre que respete los límites establecidos en los artículos 27 a 29) y está sujeta a la comprobación de la existencia real y actual de la amenaza para el orden público o la seguridad pública por parte del interesado, si la medida se ejecuta al menos dos años después de su adopción.

El Tribunal de Justicia se ha pronunciado en numerosas ocasiones sobre la interpretación de los artículos 27 y 28. Una primera clave de interpretación se desprende de la apreciación de que las medidas que pueden adoptarse, por representar una excepción a una libertad fundamental, deben responder a una interpretación restrictiva de las nociones enunciadas en el art. 27, con el fin de evitar que el objetivo para el que se adopta la medida sea determinado por cada Estado miembro en virtud de automatismos que no permiten comprobar si la persona representa una amenaza real en el Estado de acogida. Cuando se invoca la protección del orden público o de la seguridad pública como excepción a una de las libertades fundamentales, por una parte, no es admisible que los Estados, aunque se les debe dejar un cierto margen de apreciación, determinen unilateralmente estas nociones, debiendo hacerlo bajo el control del Tribunal de Justicia[28]. Por otro lado, la naturaleza del derecho de entrada y residencia como derecho vinculado a la ciudadanía europea hace que las hipótesis de limitaciones al mismo, por su carácter excepcional, deban interpretarse restrictivamente

27 Sobre este tema vid. TJUE (Gran Sala) 17 de abril de 2018, asuntos acumulados C-316/16 y C-424/16, *B y Franco Vomero*, ECLI:EU:C:2018:256, el derecho a la protección contra la expulsión prevista en el art. 28, apartado 3, letra a) está sujeto al requisito de que el interesado sea titular de un derecho de residencia permanente en el sentido de los artículos 16 y 28, apartado 2, de dicha directiva.

28 Más recientemente, TJUE 9 de febrero 2023, asunto C-402/21, *S*, ECLI:EU:C:2023:77, apdos. 72-73 (relativo al Acuerdo UE-Turquía).

y que las garantías procesales de los artículos 30 y 31 deban estar siempre aseguradas.

En cuanto a la presencia de condenas penales anteriores, además de no ser un elemento suficiente en sí mismo para restringir la libertad de circulación, sólo debe considerarse relevante si la amenaza para los intereses de la sociedad es actual. Para determinar el carácter actual de dicho peligro, se deben tener en cuenta los hechos posteriores a la última resolución de las autoridades competentes que puedan implicar la desaparición o la considerable disminución de la amenaza que constituiría, para el interés fundamental en cuestión, la conducta de la persona de que se trate. De forma similar, el hecho de que a un nacional de un tercer país miembro de la familia de un ciudadano de la Unión, que solicita la concesión de un derecho de residencia en el territorio de un Estado miembro se le haya denegado, en el pasado, el estatuto de refugiado no permite considerar automáticamente que su mera presencia constituya, con independencia de que exista o no un riesgo de reincidencia, una amenaza real, actual y suficientemente grave que afecte a un interés fundamental de la sociedad y que justifique la adopción de medidas de orden público o seguridad pública[29].

Además, el principio de no discriminación por razón de la nacionalidad exige que el orden público y la seguridad pública sólo puedan justificar medidas restrictivas si el sujeto extranjero ha realizado una conducta que la ley reprime, aunque la haya realizado un nacional.

Por lo que se refiere específicamente a la jurisprudencia del Tribunal de Justicia, más allá de que toda la jurisprudencia desarrollada en torno a los artículos 27 y 28 de la Directiva se aplica indistintamente a todas las personas comprendidas en su ámbito de aplicación, es decir, a los ciudadanos europeos dinámicos y, como se ha dicho, también a quienes regresan a su país de origen, las sentencias más interesantes se refieren a casos en los que se adoptaron medidas de expulsión en virtud de estas disposiciones contra familiares de ciudadanos europeos estáticos, sin que las autoridades nacionales tuvieran debidamente en cuenta todas las circunstancias del caso. Surge así una lectura interesante sobre la relación entre la protección de los derechos de ciudadanía directamente reconocidos por los Tratados y la protección de los intereses nacionales.

---

[29] TJUE (Gran Sala) 2 de mayo de 2018, asuntos acumulados C-331/16 y C-366/16, ECLI:EUC:2018:296, apdo. 65.

En las sentencias *Rendón Marín* y *CS* de 2016, relativas a medidas de expulsión de progenitores extranjeros de menores nacionales de la UE, adoptadas a raíz de condenas penales, el Tribunal de Justicia destacó que, en el contexto de la Directiva 2004/38, la denegación del permiso de residencia y la expulsión del progenitor por razones de orden público o de seguridad pública constituye una medida que debe interpretarse de forma restrictiva y aplicarse conforme al principio de proporcionalidad, teniendo en cuenta el comportamiento personal del interesado, la amenaza real que representa y, sobre todo, a la luz de los derechos fundamentales relativos a la protección de la vida personal y familiar y al interés superior del menor. Lo mismo sucede cuando se trata de la aplicación, no de la Directiva, sino directamente del art. 20 TFUE, que se opone, por tanto, a la expulsión de un nacional de un Estado no miembro de la UE que haya sido condenado por una infracción penal si ello obligara al hijo menor, de cuya guarda se ocupa y que nunca se ha desplazado del Estado miembro de nacimiento, a abandonar el territorio de la Unión y menoscabara así sus derechos de circulación y residencia derivados de la ciudadanía europea[30]. Por estas razones, el carácter automático de su adopción es incompatible con el Derecho de la Unión y corresponde al órgano jurisdiccional remitente apreciar si se cumplen todos los demás requisitos.

En el mencionado asunto *K.A.*, el Tribunal también reiteró este planteamiento. Si la denegación del derecho de residencia se basa en la existencia de una amenaza real, actual y suficientemente grave para el orden público o la seguridad pública, teniendo en cuenta las infracciones penales cometidas por un nacional de un tercer Estado, tal denegación será conforme con el Derecho de la Unión, aun cuando acarree que el ciudadano de la Unión que es miembro de su familia deba abandonar el territorio de la Unión. Sin embargo, no cabe extraer esta conclusión de manera automática basándose únicamente en los antecedentes penales del interesado. Dicha conclusión sólo podrá derivarse de una apreciación concreta del conjunto de circunstancias actuales y pertinentes del asunto, a la luz del principio de proporcionalidad, del interés superior del niño y de los derechos fundamentales, tomando en consideración, en particular, la conducta personal del individuo de que se trate, la duración y legalidad de la residencia del interesado en el territorio del Estado miembro en cuestión, la naturaleza y la gravedad de la infracción cometida, el grado de peligrosidad actual del

[30] TJUE (Gran Sala) 13 de septiembre de 2016, asunto C-165/14, ECLI:EU:C:2016:675, apdos. 66, 84 y 87-88; asunto *CS*, cit., apdos. 30-32, 40 y 50.

interesado para la sociedad, la edad de los niños de que se trate y su estado de salud, así como su situación familiar y económica[31].

4. EXPULSIÓN POR EL CESE DE LAS CONDICIONES QUE DETERMINAN EL DERECHO DE RESIDENCIA DERIVADO DEL MIEMBRO DE LA FAMILIA DEL CIUDADANO DE LA UE

4.1. Los recursos suficientes

La residencia del miembro de la familia junto con el ciudadano de la Unión en el Estado miembro de acogida, en el sentido de la Directiva 2004/38, o en el Estado de origen de este último, en el sentido de los artículos 20 y 21 del TFUE, está sujeta, como precisa la sentencia *Lounes*, a las mismas condiciones objetivas y subjetivas. Aunque esta última jurisprudencia era inherente a los ciudadanos que regresaban a su país de nacionalidad tras haber ejercido su libertad de circulación, este principio también se ha extendido a los ciudadanos europeos estáticos y a los miembros de su familia. Un ejemplo de ello es la sentencia *K.A.* en relación con las restricciones a la libertad de circulación, como se ha visto anteriormente, pero hay otras sentencias que también lo han aplicado en relación con las condiciones establecidas en los artículos 3 y 7 de la Directiva.

En cuanto al primero, el derecho de residencia derivado se reserva a las personas que reúnan los requisitos para ser miembros de la familia, es decir, en virtud del art. 2, el cónyuge; la pareja que haya constituido una unión registrada con el ciudadano de la Unión si la legislación del Estado miembro de acogida reconoce esta institución; los descendientes directos menores de 21 años o a cargo y los del cónyuge o pareja; y, por último, los ascendientes directos a cargo y los del cónyuge o pareja[32].

---

31 Asunto *K.A.*, cit, apdos. 92-94.

32 Sobre la noción de cónyuge, en relación con el cónyuge del mismo sexo, TJUE 5 de junio de 2018 (Gran Sala), asunto C-673/16, *Coman*, ECLI:EU:C:2018:385; sobre la noción de descendiente directo respecto de un hijo extranjero confiado en *kafala*, TJUE 26 de marzo de 2019 (Gran Sala), asunto C-129/18, *SM*, ECLI:EU:C:2019:248. Sobre la interpretación de la noción de "la pareja con la que el ciudadano de la Unión mantiene una relación estable, debidamente probada" respecto de la cual los Estados, *ex* art. 3.2 de la Directiva, deben facilitar la entrada y la residencia, TJUE 12 de julio de 2018, asunto C-89/17, *Banger*, *ECLI*:EU:C:2018:570 (vid. también el asunto pendiente C-248/22, *Z.K. y M.S*); sobre la noción de "cualquier otro miembro de la familia, sea cual fuere su nacionalidad (...) que, en el país de procedencia, esté a cargo o viva con el ciudadano de la Unión beneficiario

Por lo que se refiere a estos últimos, por regla general, para estancias superiores a tres meses, esta directiva supedita el derecho de circulación y residencia a condiciones destinadas a evitar que la persona se convierta en una carga para la asistencia social del Estado miembro de acogida durante el período de residencia, es decir, que disponga de recursos económicos suficientes y de un seguro de enfermedad para sí y para los miembros de su familia como trabajador por cuenta ajena o propia en el Estado miembro de acogida o como persona que cursa estudios o una formación profesional en el mismo o en función de sus recursos personales[33]. Por lo tanto, podría ordenarse la expulsión del miembro de la familia tras el incumplimiento de estos requisitos, tal como establece el art. 14 de la Directiva.

Ya en la sentencia *Rendón Marín se* pone de manifiesto que el derecho de residencia sólo puede concederse si se cumplen las condiciones del art. 7 (a menos que el ciudadano de la UE o el miembro de su familia haya adquirido el derecho de residencia permanente en virtud del art. 16)[34].

Es jurisprudencia reiterada que no es posible establecer una relación automática entre el recurso al sistema de asistencia social por parte del ciudadano de la Unión o de los miembros de su familia y la expulsión, ya que la administración debe proceder a una evaluación individualizada de la situación económica de cada interesado, cuyo desarrollo debe explicitarse en la motivación, para apreciar, sin tener en cuenta las prestaciones sociales solicitadas, si cumple el requisito de disponer de recursos suficientes para poder beneficiarse del derecho de residencia[35].

---

del derecho de residencia con carácter principal, o en caso de que, por motivos graves de salud, sea estrictamente necesario que el ciudadano de la Unión se haga cargo del cuidado personal del miembro de la familia", TJUE 15 de septiembre de 2022, asunto C-22/21, *SRS*, ECLI:EU:C:2022:683 (primos hermanos). Todos estos casos se refieren a miembros de la familia que son nacionales de terceros países.

33 Vid. asuntos pendientes C-206/21, *X*, sobre si exigir un seguro de enfermedad y recursos suficientes represente una discriminación indirecta en detrimento de personas con discapacidad que no están en condiciones de ejercer una actividad profesional o sólo pueden desarrollar una actividad limitada; C-488/21, *GV*, sobre si el derecho de residencia derivado de un ascendiente directo de un trabajador ciudadano de la Unión está supeditado a que dicho familiar esté a cargo de manera continuada del trabajador.

34 Asunto *Rendón Marín*, cit., apdo. 47.

35 *Ex multis*, TJUE (Gran Sala) 14 de noviembre de 2011, asunto C-333/13, *Dano*, ECLI:E:C:2014:2358, apdo. 80. R. CHERCHI, "Capítulo VIII. Il respingimento, l'espulsione, l'esecuzione dell'espulsione, il trattenimento del cittadino di un paese terzo o di un altro paese dell'Unione europea", en P. MOROZZO DELLA ROCCA (ed.), *Immigrazione, asilo e cittadinanza*, 4ª ed., Maggioli, Santarcangelo di Romagna, 2019, pp. 243-290, esp. p. 285.

Un aspecto común a muchas de las sentencias analizadas en los epígrafes anteriores es el hecho de que, cuando el ciudadano europeo, del que depende la residencia del miembro de la familia, es menor de edad, el progenitor extranjero no puede considerarse, en sentido estricto, un ascendiente a cargo en el sentido de la Directiva (aplicada directamente o por analogía). En efecto, el sustento material del miembro de la familia no está garantizado por el titular del derecho de residencia, sino que, por el contrario, es éste quien depende del nacional de un tercer país. No obstante, el Tribunal de Justicia ha declarado que la referencia a la disponibilidad de recursos suficientes debe entenderse en el sentido de que basta con que los ciudadanos de la Unión dispongan de tales recursos, ya que en dicha disposición no se hace referencia alguna al origen de dichos recursos, que, por tanto, también pueden ser aportados por el nacional de un tercer país que sea el progenitor del hijo de que se trate[36].

Así, en una especie de razonamiento en dos etapas, en primer lugar, deberá evaluarse si es derivar, bien del art. 21 TFUE, bien de la propia Directiva (en el caso de familiares de ciudadanos europeos dinámicos), un derecho de residencia derivado para el progenitor que tenga efectivamente la custodia del menor o con el que éste tenga una relación cualificada de dependencia en los términos vistos anteriormente. Posteriormente, deberá considerarse si se cumple el requisito establecido en el art. 7, apartado 1, letra b). De lo contrario, se privaría de toda eficacia a las posiciones jurídicas derivadas del estatuto de ciudadano de la UE.

La indiferencia del origen de los recursos del ciudadano de la UE a efectos de la residencia del miembro de la familia, en el presente caso, nacional de un tercer país, volvió a surgir en la sentencia *Bajratari* de 2019, en la que, en relación con la denegación de una tarjeta de residencia, el Tribunal, favoreciendo una interpretación literal del art. 7, reiteró que en él no se establece otra condición que la de la suficiencia de recursos. Considerando, además, que el derecho a la libre circulación, como principio fundamental del Derecho de la Unión Europea, constituye la regla general y que las condiciones establecidas en el art. 7 deben interpretarse respetando los límites impuestos por el Derecho de la Unión Europea y el principio de proporcionalidad, el requisito de suficiencia de recursos debe

[36] TJUE 10 de octubre de 2013, asunto C-86/12, *Alokpa*, ECLI:EU:C:2013:645, apdos. 27-29 y jurisprudencia allí citada; asunto *Rendón Marín*, cit., apdo. 48. Respecto al origen de los recursos del cónyuge extranjero, vid. TJUE 16 de julio de 2015, asunto C-218/14, *Singh*, ECLI:EU:C:2015:476.

considerarse cumplido aunque el progenitor extranjero del ciudadano de la Unión menor de edad no disponga de un permiso de residencia y de un permiso de trabajo en el Estado miembro de acogida[37]. De lo contrario, se añadiría a este requisito otro relativo al origen de los recursos puestos a disposición por dicho progenitor que constituiría una injerencia desproporcionada en el ejercicio del derecho fundamental de libre circulación y residencia del ciudadano de la Unión menor de edad, garantizado en el art. 21 TFUE, en la medida en que no es necesario para alcanzar el objetivo de protección del erario de los Estados miembros.

4.2. El vínculo familiar

Desde el otro punto de vista, relativo al mantenimiento de los requisitos subjetivos, que permiten al miembro de la familia extranjero encontrar protección contra la expulsión, son pertinentes los artículos 12 y 13 de la Directiva 2004/38, inspirados, como recuerda el considerando 15, en la necesidad de evitar el abuso del Derecho de la Unión. Según estas disposiciones, el fallecimiento del ciudadano de la Unión o su salida del territorio del Estado miembro de acogida, el divorcio, la anulación del matrimonio de ciudadanos de la Unión o la disolución de su unión registrada, no afectan al derecho de residencia de los miembros de su familia que tengan la nacionalidad de un Estado miembro y que cumplan las condiciones del artículo 7.

Por otra parte, en lo que respecta a los miembros de la familia que sean nacionales de terceros países, de conformidad con la sección 2, la conservación del derecho de residencia, únicamente en caso de fallecimiento del ciudadano de la UE, está supeditada a la residencia previa en el Estado miembro de acogida durante al menos un año, además del cumplimiento personal de los requisitos objetivos descritos anteriormente. Se establecen normas más favorables cuando el ciudadano de la UE es menor de edad, ya que, en tal caso, la salida del ciudadano de la Unión del Estado miembro de acogida o su fallecimiento no implican la pérdida del derecho de residencia de los hijos o del progenitor que ejerza la custodia efectiva de los mismos, con independencia de su nacionalidad, si residen en el Estado miembro de acogida y están matriculados en un centro educativo para cursar allí sus estudios, hasta completarlos.

---

[37] TJUE 2 de octubre de 2019, asunto C-93/18, ECLI:EU:C:2019:809, apdos. 32, 35 y 42.

En caso de divorcio, anulación del matrimonio o disolución de la unión registrada, el mantenimiento del derecho de residencia del miembro de la familia extranjero, además de la posesión de recursos suficientes y de un seguro de enfermedad, está vinculado al hecho de que la unión haya durado al menos tres años, de los cuales al menos uno en el Estado miembro de acogida, antes de iniciarse el procedimiento de divorcio, anulación o disolución de la unión registrada; que el miembro de la familia haya obtenido la custodia de los hijos o tenga un derecho de visita que deba ejercerse en el Estado miembro de acogida, o en situaciones especialmente difíciles, como haber sufrido violencia doméstica.

Precisamente sobre esta última hipótesis se ha pronunciado recientemente el Tribunal de Justicia en el asunto *X. c. Bélgica* de 2021. La cuestión es especialmente interesante dado que esta sentencia es el resultado de una petición de decisión prejudicial de validez derivada de la constatación de que, en virtud de la Directiva 2004/38, a diferencia de lo que ocurre con la Directiva 2003/86 en relación con los miembros de la familia de los extranjeros, la protección de los miembros de la familia no comunitarios de ciudadanos europeos, en presencia de situaciones de violencia doméstica, está en cualquier caso supeditada a la posesión de recursos suficientes y de un seguro de enfermedad, a falta de los cuales podría adoptarse una medida de expulsión. De ahí las dudas del órgano jurisdiccional remitente en cuanto a la compatibilidad del art. 13, apartado 2, de la Directiva 2004/38, en particular, con el principio de igualdad de trato consagrado en la Carta de los Derechos Fundamentales de la Unión Europea[38]. Además, según la jurisprudencia del Tribunal de Justicia, un nacional de un tercer Estado divorciado de un ciudadano de la Unión del que ha sido víctima de actos de violencia doméstica durante el matrimonio no puede beneficiarse del mantenimiento del derecho de residencia en el Estado miembro de acogida, si el inicio del procedimiento de divorcio es posterior a la salida de dicho Estado miembro del cónyuge ciudadano de la Unión, con el fin de evitar posibles abusos del Derecho de la Unión[39]. Sin embargo, se descartó la invalidez de la disposición debido a que, aunque ambas Directivas com-

---

[38] TJUE (Gran Sala) 2 de septiembre de 2021, asunto C-930/19, *X. contra Bélgica*, ECLI:EU:C:2021:657.

[39] TJUE 30 de junio de 2016, asunto C-115/15, *NA*, ECLI:EU:C:2016:487, apdo. 51. Véase, en relación con el asunto *Singh*, cit., también MARÍN CONSARNAU, D., "Nuevos y heredados desafíos en el contexto del regreso al país de origen del ciudadano de la Unión y su familia", *Revista española de Derecho Internacional*, 2, 2021, pp. 131-146, esp. p. 134.

parten el mismo objetivo de proteger a las víctimas de la violencia doméstica, las situaciones jurídicas de los nacionales de terceros países cónyuges de ciudadanos de la Unión y de los nacionales de terceros países cónyuges de nacionales de terceros países víctimas de violencia doméstica no son comparables a efectos del mantenimiento del derecho de residencia en el territorio del Estado miembro de que se trate y de la posible aplicación del principio de igualdad de trato, cuyo respeto garantiza el art. 20 de la Carta. En efecto, los ámbitos de competencia en los que se adoptaron las Directivas, el ámbito subjetivo y los objetivos son diferentes, ya que la Directiva de 2004 tiene por objeto facilitar el ejercicio del derecho primario e individual a circular y residir libremente en el territorio de los Estados miembros, conferido directamente a los ciudadanos de la Unión por el art. 21, a diferencia de la Directiva de 2003, que tenía por objeto, en cambio, facilitar la integración de los nacionales de terceros países en los Estados miembros permitiendo la vida familiar mediante la reagrupación[40]. Aunque los objetivos de protección e integración también están presentes en la Directiva 2004/38, son secundarios con respecto al objetivo principal, que es facilitar la libre circulación de los ciudadanos de la Unión. No obstante, en este marco, el mayor margen de apreciación de que disponen las autoridades nacionales en el marco de la aplicación de la Directiva 2003/86 no debe ser utilizado por éstas de manera que se menoscabe el objetivo y el efecto útil de dicha Directiva o se vulnere el principio de proporcionalidad.

En general, el Tribunal, siguiendo su jurisprudencia anterior, recuerda que el concepto de beneficiario, en el sentido del art. 3, apartado 1, de la directiva, es un concepto dinámico por cuanto tal condición, aunque haya sido adquirida en el pasado, puede perderse posteriormente si dejan de cumplirse los requisitos establecidos en dicha disposición. Este requisito, que también se reproduce en el art. 7, apartado 2, de la directiva, responde a la razón de que los derechos de entrada y de residencia establecidos para los miembros de la familia de los ciudadanos de la Unión son derechos derivados[41]. En cualquier caso, no obstante, de conformidad con el art. 15 de la Directiva, las garantías previstas en relación con la notificación de las medidas y el acceso a las vías de recurso por los artículos 30 y 31 se extienden a los casos de medidas restrictivas de la libre circulación de los ciudadanos europeos y de los miembros de su familia adoptadas cuando estas personas no reúnen las condiciones establecidas en los artículos 7, 12 y 13, como de-

---

40 Asunto *X. c. Bélgica*, cit., apdos. 82 y 88.

41 TJUE (Gran Sala) 10 de septiembre de 2019, asunto C-94/18, *Chenchooliah*, ECLI:EU:C:2019:693, apdos. 61-62.

claró el Tribunal de Justicia en relación con un nacional de un tercer país que es cónyuge de un ciudadano de la Unión que ha sido expulsado a raíz de su regreso a su país de origen en el que cumple una pena de prisión[42].

5. CONCLUSIONES

De las páginas precedentes se desprende cómo la protección contra la expulsión de los nacionales de terceros países que son miembros de la familia de ciudadanos de la UE se ha ido ampliando progresivamente, desde la década de 2000, incluso en ausencia del ejercicio del derecho a la libre circulación. Se trata, en particular, de aquellas situaciones en las que el ciudadano de la UE se vería obligado, en presencia de una orden de expulsión contra el miembro de su familia al que está ligado por un vínculo cualificado de dependencia, a abandonar el territorio de la Unión en su conjunto. En tales casos, en virtud del efecto directo de los artículos 20 y 21 TFUE, el Tribunal de Justicia ha derivado el principio de la incompatibilidad con dichas disposiciones de toda medida de expulsión adoptada por las autoridades nacionales sin haber procedido, en el presente asunto, al examen de todos los criterios establecidos por la jurisprudencia europea para verificar la existencia de tal vínculo de dependencia.

Si, entonces, la orden de expulsión (incluso definitiva) se adoptara por razones de seguridad y orden públicos, la legitimidad de esta, incluso en presencia de tal relación de dependencia, sólo estaría justificada si el familiar representara una amenaza real y actual para los intereses del Estado y no bastara una medida menos invasiva.

La línea interpretativa antes descrita, construida con respecto, principalmente, a los casos de menores, que como tales están necesariamente vinculados a sus progenitores, interpretó inicialmente el vínculo de dependencia exigido en un sentido puramente económico-material y, posteriormente, en una labor de perfeccionamiento progresivo, admitió un vínculo de dependencia basado en una relación afectiva. En definitiva, la presencia de uno de los dos progenitores en el espacio común ya no bastaría, por sí sola, para excluir la inevitabilidad de que el hijo abandone el territorio de la Unión cuando depende afectivamente del otro progenitor, de tercera nacionalidad, al que se ha denegado el permiso de residencia.

---

42 Asunto *Chenchooliah*, cit., apdo. 89.

Por innovadora que sea, esta jurisprudencia, que se inscribe en una política de insistencia en el interés superior del menor, muestra sin embargo que subordina la aplicabilidad del Derecho de la Unión a la existencia de un vínculo con éste, que se manifiesta, en los casos de ciudadanos europeos móviles, en el concreto ejercicio de su libertad de circulación dentro del espacio común (la llamada transnacionalidad material), y, en el caso, en cambio, de los ciudadanos europeos estáticos, en la compresión potencial de esa libertad de circulación (la llamada transnacionalidad normativa). La misma sentencia *K.A.*, al reafirmar que el mero hecho de que sea deseable mantener la unidad familiar no es suficiente para extender el ámbito de aplicación de la disciplina supranacional a los casos individuales considerados, confirma la aptitud, aunque cautelosamente reformista, de declinar en una perspectiva mercadocéntrica el derecho a mantener la unidad familiar. El destinatario privilegiado de las disposiciones supranacionales sigue siendo la persona que circula o podría circular por el espacio europeo, y no la persona titular de derechos fundamentales como tal.

De hecho, en la jurisprudencia analizada, comenzando en particular por las sentencias gemelas de 2016, *Rendón Marín* y *CS*, no faltan, referencias específicas a la protección de los derechos fundamentales, con especial referencia a la protección de la vida familiar y del interés superior del menor. Sin embargo, tales referencias son siempre funcionales al razonamiento dirigido a extraer el derecho de residencia del familiar de la necesidad de permitir al ciudadano europeo el pleno ejercicio de sus derechos de circulación y residencia y permitir, en presencia de sujetos especialmente vulnerables como los menores, un examen más flexible en cuanto a la posible existencia de un vínculo de dependencia. No ocurre lo mismo en presencia de ciudadanos europeos adultos, lo que demuestra que la aplicación de los artículos 20 y 21 TFUE está vinculada a la promoción de la ciudadanía y no a la vida familiar como tal. Por el contrario, el Tribunal de Justicia se esfuerza en precisar que el derecho de un ciudadano extracomunitario a residir en la Unión no está garantizado por la necesidad de proteger la unidad de la familia, que, por tanto, no puede invocarse en sí misma en esta perspectiva. Son significativas las reiteradas referencias al carácter excepcional de las circunstancias en presencia de las cuales se admite la concesión de un permiso de residencia en virtud de las normas relativas a la ciudadanía, así como las recurrentes precisiones sobre los límites dentro de los cuales las instituciones y los Estados están obligados a respetar los derechos fundamentales contenidos en la Carta, destinadas a precisar que los derechos fundamentales no pueden invocarse de manera autónoma, sino que operan en el ámbito del Derecho de la Unión.

Una excepción parece encontrarse en la propia sentencia *Dereci*, en la que el Tribunal hipotetiza la posibilidad de encontrar otros fundamentos, en especial relacionados con el derecho a la protección de la vida familiar, que se opongan a que se deniegue al derecho de residencia, manteniendo el principio de que esta cuestión debe tratarse en el marco de las disposiciones referidas a la protección de los derechos fundamentales[43], y, por tanto, más allá de las normas relativas a la ciudadanía. De este modo, el Tribunal parece introducir un tercer nivel de interpretación, invitando a los jueces nacionales, en los casos en que el Derecho de la UE no sea aplicable, a considerar si la protección de la familia puede derivarse de otros instrumentos del Derecho internacional de los derechos humanos. Este impulso del Tribunal de Justicia ha sido criticado por la doctrina, ya que parece alejarse claramente del ámbito de sus competencias, observando en particular cómo, en el pasado, una sentencia del Tribunal de Justicia sobre el respeto por los Estados de los derechos fundamentales protegidos, en particular, por el CEDH, sólo se producía cuando las cuestiones examinadas entraban en el ámbito del Derecho de la UE. En cuanto a las que quedaban fuera de ese marco, siempre ha descartado que le correspondiera pronunciarse sobre la incidencia del CEDH[44].

Desde este punto de vista, el asunto *Dereci*, aparte de pocos otros casos en los que el Tribunal ha hecho la misma referencia[45], ha seguido siendo un caso aislado. Los asuntos posteriores se referían en realidad a casos en los que se cuestionaba el Derecho de la Unión y que, por tanto, justificaban la referencia a la protección de los derechos fundamentales, incluidos los protegidos por el CEDH en virtud del art. 52, apartado 3, de la Carta de los Derechos Fundamentales de la UE. De hecho, la referencia a los derechos fundamentales parece ser extremadamente importante en este caso, ya que la protección de la vida familiar y del interés superior del menor se convierte así en otro elemento que las autoridades nacionales están obligadas a considerar antes de evaluar la posible expulsión del miembro de la familia de un ciudadano europeo en los casos en que no sólo es de aplicación la Directiva 2004/38, sino también los artículos 20 y 21 del TFUE.

---

43 Asunto *Dereci*, cit., apdo. 69.

44 PAGANO, E., "La relevancia de la ciudadanía y de la unidad familiar en la práctica reciente del Tribunal de Justicia en materia de reagrupación familiar", *El Derecho de la Unión Europea*, 2, 2017, pp. 279-308.

45 Asuntos *O. y S.*, cit., apdo. 59 y *Ymeraga*, apdo. 44.

No obstante, la prueba de la dependencia del ciudadano de la UE respecto del miembro de la familia no comunitario sigue siendo muy estricta fuera de los casos en que el ciudadano de la UE es menor de edad. Como se desprende claramente de la sentencia *K.A.*, el Tribunal identifica tal dependencia únicamente en casos excepcionales en los que el ciudadano de la UE no puede separarse en modo alguno del miembro de la familia extranjero. Las perspectivas futuras y los posibles desarrollos de esta jurisprudencia se referirán precisamente a estos aspectos, es decir, a la posibilidad de dar este paso un poco más allá suavizando esta prueba estricta que el Tribunal ha desarrollado en relación con los adultos estáticos de la UE que podrían ser potencialmente dependientes de un miembro de la familia nacional de un tercer país[46].

---

[46] Para la propuesta de extender el razonamiento desarrollado por el Tribunal en relación con los ciudadanos europeos dependientes de familiares extranjeros también a los ciudadanos extracomunitarios en el contexto de las políticas migratorias, véase BERNERI, C., "La reagrupación familiar entre ciudadanos estáticos de la UE y nacionales de terceros países. A Practical Way to Help Families Caught in the Current Immigration Crisis', *European Journal of Migration and Law*, 2018, pp. 289-313.

Capítulo 21

De la emigración al retorno: trayectorias de jóvenes andaluces cualificados en Europa[1]

ALBERTO CAPOTE LAMA
Universidad de Granada
SANDRA LÓPEZ PEREIRO
Universidade da Coruña
BELÉN FERNÁNDEZ SUÁREZ
Universidade da Coruña

1. INTRODUCCIÓN

La firma del Tratado de Maastricht en 1992 instaura la libre circulación de personas entre los estados miembros de la Unión Europea. No obstante, la movilidad laboral entre países no fue, al principio e incluso todavía ahora, la que cabía esperar[2]. Ahora bien, en lo que llevamos de siglo, hemos asistido a una intensificación de las migraciones intraeuropeas, primero con los flujos migratorios procedentes de la Europa del Este tras la ampliación de 2004 y, más tarde, con el incremento de la emigración de jóvenes del sur de Europa en el contexto de la crisis económica de 2008[3]. En lo que respecta a España, la emigración hacia países europeos con un perfil cualificado había ido creciendo desde los años ochenta, e incluso se mantuvo durante el boom económico de principios de siglo[4].

---

1 Este capítulo forma parte de los resultados del proyecto PID2019-105041RA-I00 financiado por MCIN/AEI/10.13039/501100011033.

2 DUBUCS, H., MOURLANE, S., "Les migrations intra-européennes d'hier et aujourd'hui", *Hommes et Migrations*, 2017, 1317-1318, 6-14.

3 BENTON, M. PETROVIC, M., How free is free movement? Dynamics and drivers of mobility within the European Union Dynamics and drivers of mobility, *Migration Policy Institute Euro*, Bruselas, 2013.

4 ALAMINOS, A., SANTACREU, O., "La emigración cualificada española en Francia y Alemania", *Papers*, 95(1), 2010, 201-211.

Andalucía, una de las comunidades junto a Galicia que protagonizó la masiva emigración de los años sesenta a distintos destinos europeos[5], no ha estado al margen de aportar capital humano en los recientes procesos emigratorios. Se trata de la tercera comunidad autónoma con mayor aporte en cuanto a salidas globales, por detrás de la Comunidad de Madrid y Cataluña. La comunidad autónoma andaluza ha acumulado alrededor de 80 mil salidas hacia el extranjero con un perfil de personas nacidas en España y con nacionalidad española a lo largo del período 2008-2021.

El objetivo de este capítulo es abordar las trayectorias de los jóvenes andaluces que han emigrado recientemente a algún destino europeo: desde la toma decisión de emigrar, pasando por la experiencia migratoria, hasta su proceso de retorno a España. Se trata de analizar los factores que priman en cada decisión del proyecto migratorio y cómo se han ido perfilando las trayectorias socioprofesionales, haciendo hincapié en lo que ha aportado la experiencia laboral en el exterior en esa carrera profesional. Para ello el capítulo se estructura en tres partes. En primer lugar, nos centraremos en destacar los principales rasgos de la emigración española reciente en las actuales migraciones intraeuropeas. En segundo lugar, se presentarán las características sociodemográficas de los flujos desde y hacia Andalucía con respecto a Europa de personas españolas, para ver las dinámicas específicas de la comunidad andaluza. Por último, presentamos a título ilustrativo las trayectorias de algunos jóvenes andaluces que reúnen las características siguientes: haber emigrado a algún país europeo después de 2008, haber finalizado los estudios universitarios en España antes de emigrar y haber retornado recientemente a Andalucía. Las entrevistas fueron realizadas en el segundo cuatrimestre de 2021 y primer trimestre del año 2022.

2. LA REACTIVACIÓN DE LA EMIGRACIÓN ESPAÑOLA EN LAS ACTUALES MIGRACIONES INTRAEUROPEAS

En los primeros años de la crisis desatada en 2008 la propensión a emigrar fue mayor entre las personas de origen inmigrante residentes en España, lo que se explicaría, entre otras razones, a que el desempleo les golpeó más tempranamente y disponían de un menor capital social que pudiera

---

5 RAMOS, C., "Onward migration from Spain to London in times of crisis: The importance of life-course junctures in secondary migrations", *Journal of Ethnic and Migration Studies*, 44(11), 2017, 1841-1857.

ejercer la función de apoyo[6/7]. Muchos de ellos recurrieron al retorno a sus países de origen como una estrategia temporal o definitiva para superar las consecuencias de la crisis económica, pero otros apostaron por un proceso de reemigración hacia otros países. En lo que respecta a la población española nativa, en la que nos centraremos en este capítulo, sus salidas empiezan a ser más visibles a partir de 2011, cuando empiezan a extenderse las políticas de austeridad impuestas por la Troika. Los destinos europeos de esta reciente emigración han sido variados, pero han destacado especialmente tres países: Reino Unido, Francia y Alemania. Según los datos del Instituto Nacional de Estadística, más de dos millones de personas partieron de España entre 2008 y 2013, de las cuales el 88% eran de origen extranjero y el 12% eran españoles. Aunque no debemos olvidar que los datos oficiales infraestiman los flujos reales de este fenómeno sociodemográfico sin precedentes en el siglo XXI[8].

El año 2016 supone la consolidación del crecimiento del producto interior bruto (PIB) en España tras la crisis. Es a partir de dicho año que puede percibirse un aumento del retorno de las personas emigradas. Este periodo coincide con la puesta en marcha de las iniciativas públicas y privadas que incentivan esa vuelta a España, aunque la eficacia de estas medidas ha sido selectiva y sólo ha alcanzado a un número reducido de emigrantes[9]. La atención política y las medidas destinadas hacia la nueva emigración se ha centrado en los perfiles de emigrantes cualificados y con determinadas ocupaciones (científicos, ingenieros, sanitarios), a la par que se prestó una menor atención a la emigración de personas mayores y a los perfiles de emigrados con estudios de nivel medio o inferiores[10/11].

---

6 LÓPEZ DE LERA, D., "Continuities in intra-European mobilities: what's novel in the new Spanish emigration?", *Ethnic and Racial Studies*, 43(14), 2020, 2351-2550.

7 VARIOS, "La emigración española en tiempos de crisis (2008-2017): análisis comparado de los flujos a América Latina y Europa", *Notas de Población*, 45(107), 2018,11-40.

8 HERRERA CEBALLOS, M.J., "Migración cualificada de profesionales españoles al extranjero", *Anuario CIDOB de la inmigración*, 2014, 89-108.

9 DOMÍNGUEZ-MUJICA, J., DÍAZ-HERNÁNDEZ, R., "The Dilemma of Returning: the Liquid Migration of Skilled Spaniards 8 years down the Economic Crisis", *Canadian Studies in Population*, 46, 2019, 99-119.

10 BERMÚDEZ, A.; BREY, E., "Is Spain becoming a country of emigration?" en *South-North Migration of EU Citizens in Times of Crisis*, Springer Open, Nueva York, 2017, pp. 83-98.

11 VARIOS, "A crisis-driven migration? Aspirations and experiences of the post-2008 south European migrants in London", *International Migration*, 58(1), 2019, 15-30.

Después de la recesión económica del año 2008, resulta inevitable preguntarse si la crisis sanitaria por la pandemia Covid19 abrió una nueva etapa en las migraciones intraeuropeas. Todavía es difícil de analizar si los patrones que se han identificado en el contexto de la pandemia (menor intensidad de los flujos, cambio en las direcciones...) tendrán efecto a largo plazo[12]. En lo que respecta a las migraciones intraeuropeas, se apunta a que la movilidad seguirá estando presente y dependerá de la capacidad de los países miembros para hacer frente al impacto económico de la pandemia. Como recuerdan Arango et al.: 13[13]:

> "no cabe olvidar que Schengen es pieza clave para el buen funcionamiento del mercado único, ya que las restricciones fronterizas entrañan perturbaciones del transporte y el comercio, afectan mucho a trabajadores fronterizos y circulares, y generan importantes distorsiones en los mercados de trabajo de la Unión Europea. Así, además del alto valor simbólico de Schengen, existen muchas razones a favor de la restauración de la libre circulación".

Las migraciones intraeuropeas actuales no han estado exentas de debate a la hora de conceptualizarlas y teorizarlas: se ha cuestionado si se encuadran dentro del concepto de migración propiamente dicho o si debemos concebirlas en términos de movilidad. Este último término se ha considerado más neutro y subraya la libertad de movimientos de los ciudadanos europeos entre los estados miembros, y finalmente, hace alusión a su naturaleza voluntaria. Cabe señalar que muchos de los proyectos migratorios se plantean de una forma temporal o sujetos a la improvisación. A pesar de ello, hay enfoques teóricos que justifican denominarlas como migraciones para mostrar las desigualdades inherentes dentro de la Unión Europea[14/15]: entre países especializados en la emigración y otros estados que protagonizarían la acogida e inserción sociolaboral.

Dentro de las características sociodemográficas de esta población, podemos encontrarnos en que la edad de esta reciente emigración española

---

12 PINYOL I JIMÉNEZ, G., "Migraciones en la Unión Europa en tiempos de sindemia", *Anuario CIDOB de la inmigración*, 2021, 31-48.

13 VARIOS, "Inmigración y movilidad humana en tiempos de coronavirus", *Anuario del CIDCOB de la inmigración*, 2020, 11-30.

14 ANTONUCCI, L., VARRIALE, S., "Unequal Europe, unequal Brexit: How intra-European inequalities shape the unfolding and framing of Brexit", *Current Sociology*, 2019, 68(1), 41-59.

15 LAFLEUR, J. M., STANEK, M., "Migrations sur-européenne vers l'Europe du Nord", *Annuaire IEMed de la Méditerranée*, 2018, 352-355.

ha estado comprendida entre los 20-54 años[16], mostrando pues un perfil claramente de personas en edades activas laboralmente. Hay que distinguir entonces entre una emigración que apenas se está incorporando al mercado de trabajo con otra más madura que ya cuenta con una trayectoria y experiencia. Existe un ligero predominio masculino en las salidas a Europa, aunque se puede decir que las migraciones están relativamente equilibradas por sexo. La sombra de la crisis económica y su impacto sobre el mercado de trabajo español es inevitable a la hora de examinar cuáles son las motivaciones que subyacen en los proyectos: el paro, la falta de expectativas o la búsqueda de aspiraciones profesionales que se consideran difíciles de alcanzar en España son algunas de ellas[17/18]. Junto a estas motivaciones basadas en factores económicos, se cruzan otras de carácter generacional como el deseo de vivir una experiencia, el interés por conocer otros países y culturas, aumentar el capital cultural, o la emigración como un mecanismo para lograr la emancipación del hogar familiar[19]. Incluso se ha apuntado al descontento político y al desencanto con las instituciones españolas como motivos secundarios, pero no por ello menos importantes, que apuntalan la decisión de emigrar[20].

Así pues, se han elaborado distintas propuestas para clasificar los perfiles de esta reciente emigración. Engbersen et al[21]. realizaron una tipología de cuatro perfiles dentro de las migraciones intraeuropeas en función del apego al país de origen, que se mide en función de los viajes a su país y las relaciones que se mantienen de forma cotidiana con el territorio de acogida. La primera categoría corresponde a los migrantes circulares, ca-

---

16 ORTEGA-RIVERA, E., DOMINGO, A., SABATER, A., "La emigración española en tiempos de crisis y austeridad", *Scripta Nova. Revista electrónica de Geografía y Ciencias Sociales*, XX, 549 (5), 2016, 1-29.

17 CAPOTE LAMA, A., FERNÁNDEZ SUÁREZ, B., "La nouvelle vague de la migración española en Francia: proyectos migratorios y tipos de migrantes", *Revista España de Sociología*, 30(4), 2021, 1578-2824.

18 ELGORRIAGA ASTONDOA, E., ARNOSO MARTÍNEZ, A., IBABE EROSTARBE, I., "Condiciones sociolaborales e integración social de mujeres y hombres españoles en Alemania e Inglaterra", *Revista Española de Investigaciones Sociológicas*, 170, 2020, 55-72.

19 NIJHOFF, K. G., GORDANO, M. C., "Looking at intra-European mobilities through migrant types: young Spanish and Polish migrants in London and The Hague", *Innovation: the European journal of social science research*, 30(2), 2017, 182-203.

20 BYGNES, S., FLIPO, A., "Political motivations for intra-European migration", *Acta Sociologica*, 60(3), 2016, 199-212.

21 VARIOS. "On the Differential Attachments of Migrants from Central and Eastern Europe: A Typology of Labour Migration", *Journal of Ethnic and Migration Studies*, 39(6), 2013, 959-981.

racterizados por permanecer vinculados al país de origen, y que también les cuesta establecer lazos en el destino. El segundo tipo es el que hace referencia a los migrantes transnacionales, los cuales alcanzan un equilibrio entre origen y destino. En tercer lugar, nos encontramos con los migrantes de asentamiento, con signos muy evidentes de arraigo en el destino que se traducen en la pérdida de contacto con el origen. Por último, los migrantes *footloose*, sin apego a ningún lugar.

Por otro lado, la académica Caterina Thomàs-Vanrell[22] también realizó su propia tipología en un estudio específico sobre la emigración de españoles a Francia y distingue tres tipos de perfiles: jóvenes que contaban con una trayectoria migratoria previa, normalmente en el marco de los estudios y que emigran para encontrar un puesto acorde a su cualificación; jóvenes que ven en la movilidad una oportunidad para crecer profesionalmente; y, jóvenes con trayectorias menos vinculadas al trabajo y más al desarrollo personal.

Por último, se ha insistido mucho en el perfil cualificado de esta emigración, sobre todo si lo comparamos con olas migratorias pasadas como durante el periodo 1960-1973[23]. Esta misma observación se extiende a la reciente emigración portuguesa, griega o italiana[24/25]. De hecho, existe una amplia bibliografía que sostiene que conforme el nivel de estudios es mayor, la probabilidad de emigrar dentro de Europa aumenta[26]. Aunque también se ha cuestionado un cierto protagonismo en el discurso mediático, político y académico de los perfiles que podríamos denominar más formados y cosmopolitas en detrimento de otros que no siempre se ajustan a este patrón[27/28].

---

22 THOMÀS VANRELL, C., "Temporalités de l'évolution des relations et des réseaux en contexte de mobilité internationale", *Temporalités, revue de sciences sociales et humaines*, 27, 2018, 1-10.

23 PÉREZ-CARAMÉS, A., "Una nueva generación española en Alemania. Análisis de las motivaciones para la emigración bajo el manto de la crisis", *Migraciones*, 43, 2017, 91-116.

24 SATANISCIA, B., "La movilidad internacional de los jóvenes italianos altamente calificados: motivaciones, experiencias y expectativas", *Iztapalapa, Revista de Ciencias Sociales y Humanidades*, 39 (84), 2018, 49-73.

25 VARIOS. "Les migrations italiennes dans la France contemporaine", *Hommes et Migrations*, 1317-1318, 2017, 59-67.

26 CASTRO-MARTÍN, T., CORTINA, C., "Demographic Issues of Intra-European Migration: Destinations, Family and Settlement", *European Journal or Population*, 31, 2015,109-125.

27 NARCISO, L., CARRASCO PONS, S., "Mariama on the move. Capital migratorio y segundas generaciones en la emigración juvenil española", *Migraciones*, 43, 2017, 147-174.

28 DOMINGO, A., BLANES, A., "La nueva emigración española: ¿una generación perdida?", *Panorama Social*, 23, 2016, 157-178.

3. ANDALUCÍA EN LA RECIENTE EMIGRACIÓN ESPAÑOLA: LO QUE LOS DATOS NOS DICEN SOBRE SALIDAS Y RETORNO

Antes de pasar a los resultados del estudio cualitativo es conveniente conocer cuál ha sido la evolución de Andalucía en los movimientos migratorios que han tenido algún país extranjero como destino o lugar de procedencia. Para ello se ha recurrido a la Estadística de Variaciones Residenciales, la cual elabora el Instituto Nacional de Estadística a partir de las bajas y altas padronales y consulares. Como constantemente se recalca desde los estudios estadísticos de migraciones, esta fuente no es un reflejo exacto de la realidad. En concreto, su nivel de exactitud depende del grado en que las personas que se mueven realicen el registro de su movimiento. Se sabe que el nivel de registro de salidas es inferior a los datos reales, aunque no es fácil determinar en qué medida[29/30]. En cualquier caso, las cifras siguen siendo interesantes, especialmente para detectar tendencias y realizar comparaciones. Por otro lado, la fuente no contine información sobre el nivel formativo, por lo que no se pueden aportar datos en este sentido.

La Estadística de Variaciones Residenciales permite el análisis de microdatos, lo que significa que se trata de la fuente con la que se puede dibujar con más finura el panorama de los movimientos. Al trabajar directamente con los casos se pueden realizar combinaciones de variables y categorías que permiten afinar al máximo los distintos perfiles.

En este caso, se ha optado por centrar el análisis en un perfil concreto en cuanto a nacionalidad: las personas que han nacido en España y que poseen la nacionalidad española. De esta manera los resultados se limitan a la llamada población "autóctona", dejando fuera el fenómeno de la reemigración[31].

En la Figura 1 se puede observar la evolución de los movimientos protagonizados por este perfil en Andalucía. Desde el año 2008 las salidas cre-

---

29 HERRERA CEBALLOS, M.J., "Migración cualificada de profesionales españoles al extranjero", *Anuario CIDOB de la inmigración,* 2014, 89-108.

30 GONZÁLEZ-FERRER, A., "La nueva emigración española. Lo que sabemos y lo que no", *Zoom Político,* (18), 2013.

31 La re-emigración hace referencia a los movimientos de personas de otros países que vuelven a emigrar hacia un tercer país desde España. Estos movimientos son muy numerosos y relevantes, pero tienen patrones y dinámicas específicas que harían necesario un abordaje mucho más extenso que el que aquí se realiza, por lo que se han omitido. Además, para este tipo de perfiles es mucho más difícil identificar el retorno debido a las carencias de las fuentes estadísticas.

cen de forma continuada hasta 2015, año que supone el punto de inflexión y el cambio de tendencia. La evolución posterior es más irregular debido en parte a fenómenos tan extraordinarios como el Brexit o la pandemia.

Las entradas de personas nacidas en España y con nacionalidad española pueden interpretarse como retornos. Estos empiezan a ascender de forma continuada en el año 2013, llegando a su pico en al año 2019.

El análisis simultáneo de los dos movimientos muestra varias conclusiones. La primera es que el saldo migratorio de este colectivo es permanentemente negativo, es decir, durante todos los momentos del período se marchan más personas de las que regresan. Se aprecia también una cierta convivencia de los dos fenómenos: el aumento de las entradas empieza en un momento en el que las salidas también crecen, mostrando que ambos movimientos son compatibles. Finalmente, se ve cómo las entradas se van igualando a las salidas, aunque la distancia entre ambas líneas sigue siendo mayor que en 2008.

Figura 1. Salidas y entradas desde Andalucía hacia algún país extranjero de personas nacidas en España y con nacionalidad española.

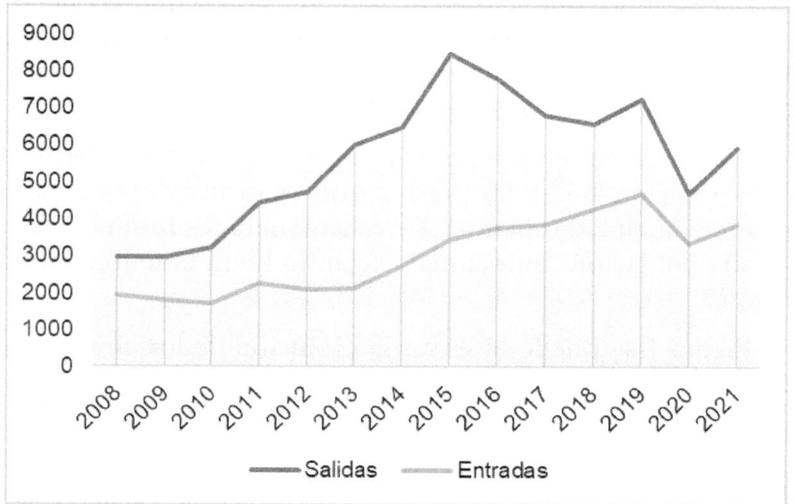

Fuente: INE, Estadísticas de variaciones residenciales. Elaboración propia.

En este tiempo, las salidas las han protagonizado principalmente personas jóvenes. El intervalo más representado ha sido 25-34 años, que agrupan el 35% de las salidas acumuladas del periodo (Figura 2). Si añadimos a los jóvenes entre 15-24 años, estamos ya hablando de cerca de la mitad: 44%. No obstante, cabe resaltar los porcentajes de otros grupos de edad.

Así, los menores de 15 años llegan a representar el 19,3% de las partidas al exterior, mostrando que se están produciendo emigraciones familiares. Las edades comprendidas entre 35-44 años rondan también el 20%, alcanzando un 28,3% si consideramos en conjunto el intervalo entre 35-54 años. Esto revela la existencia de los proyectos migratorios de maduros jóvenes (personas a partir de 40 años), posiblemente vinculados a las dificultades por su edad para reciclarse laboralmente en los años más duros de la crisis económica.

En lo que respecta a las entradas, los porcentajes están más repartidos por los distintos grupos de edad. Pero esta vez, en lugar de contar la franja que iría de 15 a 34 años, cabe destacar la que abarcaría de 25 a 44 años que aglutina el 44,7% de las entradas y que hace pensar en el retorno de jóvenes que emigraron a una temprana edad y regresan varios años después. El volumen de menores de 15 años ronda el 13%, haciendo pensar que en algunos casos estos perfiles han vuelto con una familia formada. Asimismo, se aprecia un peso mayor de los mayores de 45 años en las entradas que seguramente se deba a retornos de procesos migratorios anteriores a 2008.

Figura 2. Entradas y salidas de Andalucía con algún país extranjero por grupos de edad en porcentaje. Periodo 2008-2021.

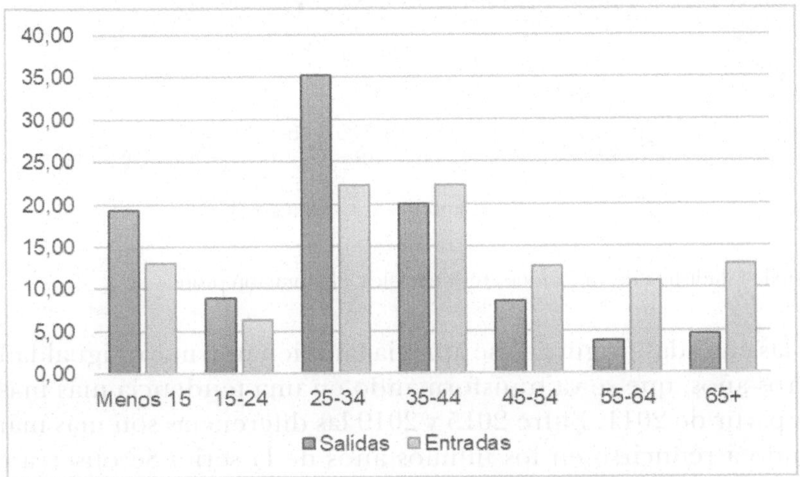

Fuente: INE, Estadística de variaciones residenciales. Elaboración propia.

En cuanto a la distribución de los movimientos según sexo, las emigraciones recientes a nivel global se han caracterizado por un aumento de la participación femenina. Para el caso de Andalucía se observa que los flujos siguen estando masculinizados, pero con bastante equilibrio. En concreto, los porcentajes de las salidas se distribuyen en un 52,8% de hombres frente a un 47,2% de mujeres. Las cifras de retorno son similares, en este caso un 53 y un 47% respectivamente.

Atendiendo a la evolución temporal, se observa que las diferencias en cuanto a la distribución por sexos varían visiblemente a lo largo del período. En las salidas (Figura 3) se puede apreciar que hay mayor igualdad en los primeros años de la crisis, pero se produce una mayor masculinización a partir del año 2011. Desde el año 2019 la proporción vuelve a estar más equilibrada.

Figura 3. Evolución de las salidas desde Andalucía hacía algún país extranjero de personas nacidas en España y con nacionalidad española por sexo.

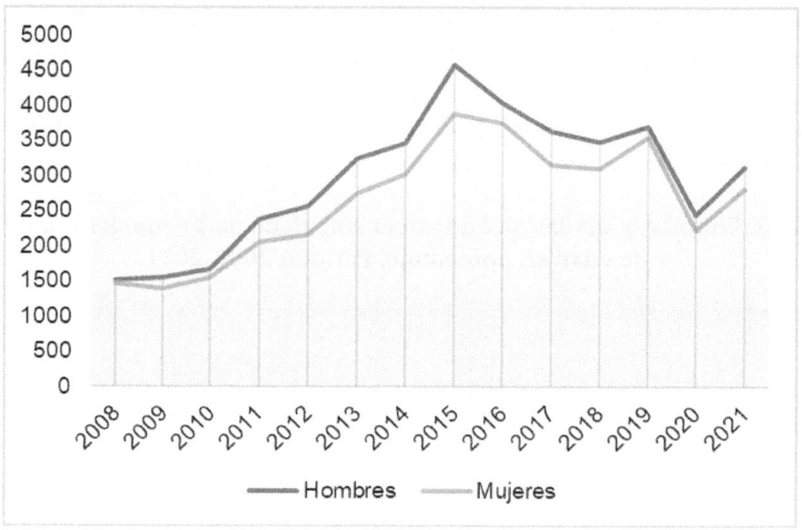

Fuente: INE, Estadística de variaciones residenciales. Elaboración propia.

En las entradas (Figura 4) se aprecia también una mayor igualdad en los primeros años, que se va transformando en una tendencia más masculinizada a partir de 2011. Entre 2015 y 2019 las diferencias son más marcadas, volviendo a reducirse en los últimos años de la serie. Se observa que las entradas están ligeramente más masculinizadas que las salidas, lo que podría significar una tendencia mayor al retorno por parte de los hombres, aunque no se trata de un fenómeno muy marcado.

Figura 4. Evolución de las entradas a Andalucía desde países extranjeros de personas nacidas en España y con nacionalidad española por sexo.

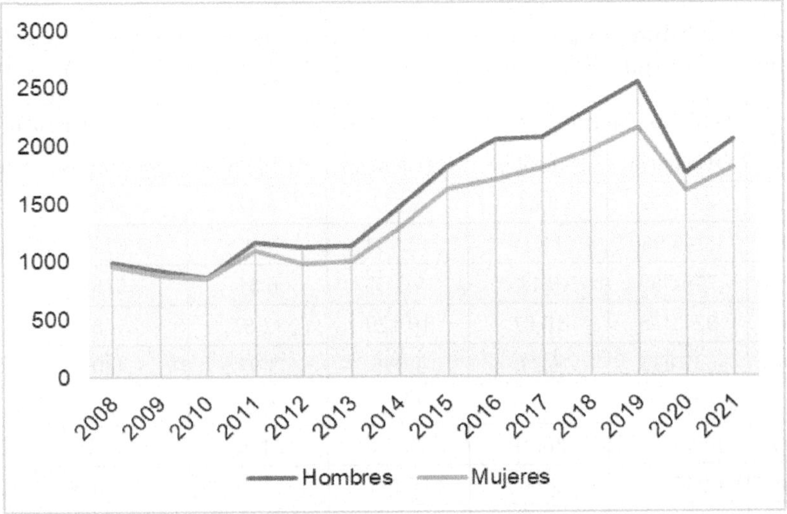

Fuente: INE, Estadística de variaciones residenciales. Elaboración propia.

A nivel provincial existen diferencias destacables. En la Tabla 1 se muestra la distribución de entradas y salidas por provincias. Se añade también la distribución de la población total a fecha de 2021 para facilitar la comprensión de las cifras en relación con el volumen de población que tiene cada provincia.

El mayor peso en las salidas lo encontramos en las provincias más pobladas: Sevilla y Málaga, ambas aglutinan cerca de la mitad de las salidas. Vemos, pues, que no se produce un paralelismo con el mapa de la emigración de los años sesenta, cuando la gravedad de las partidas fue mayor en la Andalucía oriental. En estos últimos años, Huelva y Jaén, en términos relativos, son las que menos volumen han registrado. Su peso en las salidas es inferior a su peso sobre la población total de la Comunidad Autónoma.

En lo que respecta a las entradas, vuelven a ser las provincias de Sevilla y, sobre todo, Málaga las que más atracción desempeñan: las dos acogen el 49% de las entradas. Sin embargo, no hay una correspondencia total entre la distribución provincial de salidas y la de entradas. Por ejemplo, se aprecia que Sevilla y Málaga reciben mayor porcentaje de entradas en comparación con las salidas, justo al contrario de lo que ocurre con Huelva y, sobre todo, Jaén. Esto apunta hacia algo que se ha observado también en el trabajo de campo cuantitativo: personas que salen de otras provincias al regresar se asientan en las más dinámicas económicamente, es decir, Sevilla y Málaga. En cuanto al resto de provincias, hay más coincidencia entre el volumen de salidas y entradas.

Tabla 1. Distribución por provincias andaluzas de población total y salidas y entradas de personas con nacionalidad española y nacidas en España 2008-2021

Provincia	Población Andalucía 2021		Salidas		Entradas	
	Frecuencias	Porcentaje	Frecuencias	Porcentajes	Frecuencias	Porcentaje
Almería	731.792	8,64	6.537	8,37	3.368	8,05
Cádiz	1.245.960	14,71	12.594	16,12	7.016	16,78
Córdoba	776.789	9,17	5.317	6,81	2.518	6,02
Granada	921.338	10,87	10.129	12,97	5.508	13,17
Huelva	525.835	6,21	3.098	3,97	1.480	3,54
Jaén	627.190	7,40	3.875	4,96	1.471	3,52
Málaga	1.695.651	20,01	19.446	24,90	11.685	27,95
Sevilla	1.947.852	23,0	17.111	21,91	8.768	20,97
Total	8.472.407	100	78.107	100	41.814	100

Fuente: INE, Estadística de variaciones residenciales. Elaboración propia.

En cuanto a los países de destino, el reparto de las salidas acumuladas del periodo 2008-2021 deja a Reino Unido como principal destino, seguido por Alemania, Francia y, ya más lejos, Estados Unidos. En la lista figuran también otros países del continente europeo como Suiza, Bélgica o Países Bajos, así como Marruecos, movimientos que pueden estar vinculados a las segundas generaciones.

El reparto de salidas y retornos no es exactamente igual. Reino Unido lidera los retornos, pero con un porcentaje sensiblemente inferior al que ocupa en las salidas. El mismo fenómeno ocurre con Alemania, aunque en bastante menor medida. Estas cifras parecen indicar que hay menos retorno desde estos dos países, aunque las cifras del Reino Unido pueden estar influidas por un mayor registro de las salidas debido al Brexit[32].

---

32 Recordemos que una persona solo pasa a formar parte de las cifras cuando registra su alta en el consulado correspondiente del país de destino. Esta práctica es teóricamente obligatoria, pero no se sanciona ni resulta necesaria en muchos casos, especialmente dentro de la UE. El Brexit supone un mayor incentivo para el registro, lo que hace posible que proporcionalmente más personas de las que viven en tierras británicas se hayan registrado en comparación con otros destinos.

En cuanto a Marruecos, es un país que acumula sensiblemente más porcentaje en las entradas que en las salidas. Algo similar ocurre con Chile, que no está entre los diez primeros países de salida, pero ocupa el noveno puesto de entradas. El resto de los países ocupan un lugar más parejo en las entradas y las salidas.

Figura 5. Distribución de países con más entradas y salidas desde Andalucía en el periodo 2008-2021 en porcentaje

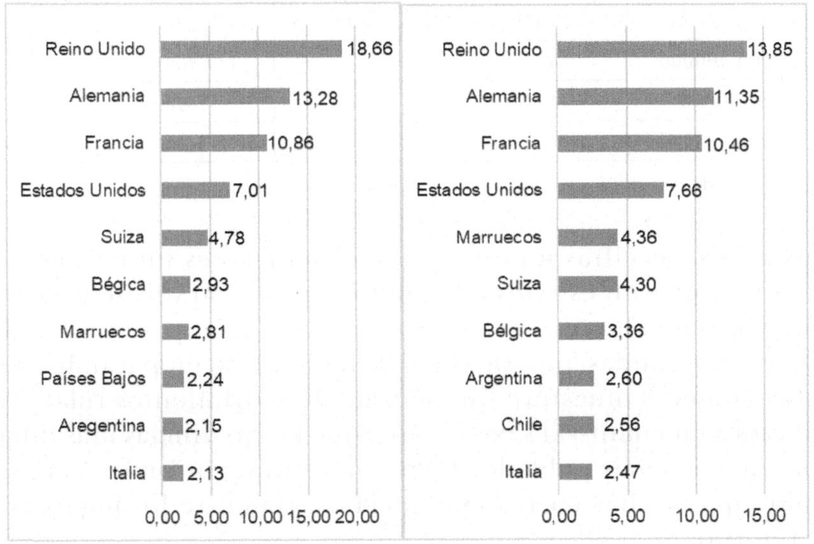

Fuente: INE, Estadística de variaciones residenciales. Elaboración propia.

En cuanto al tamaño de los municipios de entrada y salida, se aprecia que los municipios que superan los 100 mil habitantes acaparan tanto las primeras como las segundas. Se observa que hay bastante coherencia entre el reparto de las salidas y las entradas, mostrando un reparto porcentual similar. Llama la atención que los municipios de más 100 mil habitantes aportan una proporción mayor de salidas que de entradas. El fenómeno contrario sucede con los municipios de 50001 a 100000, que parecen recibir una proporción mayor de retorno en comparación con las salidas que experimentan. Es posible que el fenómeno antes comentado de retornos a las ciudades más grandes, Sevilla y Málaga, conviva con un fenómeno de mayor retorno a núcleos un poco más pequeños.

Tabla 2. Distribución de entradas y salidas de personas nacidas en España y con nacionalidad española según habitantes de municipio 2008-2021

	Salidas		Entradas	
Habitantes municipio	**Frecuencias**	**Porcentajes**	**Frecuencias**	**Porcentajes**
Hasta 10000	10.017	12,82	5.520	13,20
De 1001 a 20000	7.253	9,29	3.886	9,29
De 20001 a 50000	11.698	14,98	6.267	14,99
De 50001 a 100000	14.643	18,75	8.688	20,78
Más de 100000	34.496	44,17	17.453	41,74
Total	78.107	100	41.814	100

Fuente: INE, Estadística de variaciones residenciales. Elaboración propia.

En síntesis, las cifras muestran que el retorno es un fenómeno relativamente común en este tipo de migraciones. A su vez, se observa también que los movimientos de retorno no son incompatibles con la continuidad de las salidas, que siguen manteniéndose en paralelo. Por otro lado, los números muestran que se trata de movimientos relativamente equilibrados en cuanto al sexo y en los que las provincias más dinámicas y los municipios más poblados tienen más protagonismo. Asimismo, se vislumbra que no hay correspondencia exacta entre los lugares de partida y retorno.

4. TRAYECTORIAS DE JÓVENES EMIGRANTES ANDALUCES: DE LA PARTIDA AL RETORNO

Una aproximación cualitativa nos ayuda a conocer con más profundidad las trayectorias de los jóvenes andaluces que han emigrado a los principales destinos europeos y que han regresado a España, en el caso que nos ocupa, a Andalucía. Concretamente, nos centraremos en estudiar los motivos para partir, el desarrollo personal, formativo y profesional en los lugares de acogida, la decisión de volver y el balance que se hace de la experiencia migratoria a la hora de comenzar una nueva vida en Andalucía. A la hora de seleccionar los casos que pudieran ilustrar el retorno de jóvenes andaluces cualificados, la primera pregunta que surge es qué entendemos como migración cualificada. Como señala Pinyol

Jiménez[33], son varias las definiciones del concepto que encontramos en la literatura y no hay un acuerdo inequívoco académico.

En este capítulo nos hemos decantado por seleccionar algunos de los profesionales españoles más demandados en el mercado laboral internacional[34/35]: profesionales sanitarios, titulados en arquitectura e ingeniería, y científicos e investigadores en campos punteros. Así, hemos distinguido cuatro casos ilustrativos de la emigración europea de jóvenes andaluces, dos hombres y dos mujeres, con dos destinos diferentes (Reino Unido y Francia): una enfermera, una científica y dos ingenieros. Para reconstruir la trayectoria migratoria nos hemos fijado en varios momentos que podemos considerar claves: la finalización de los estudios, la toma de decisión de marcharse al extranjero, momentos clave durante la emigración y la decisión de retornar a Andalucía o España.

Manuela es una joven cordobesa de 32 años que acabó el grado de enfermería en una universidad andaluza en 2013, en plena crisis económica. La idea de emigrar llegó incluso antes de finalizar los estudios. La demanda internacional de profesionales sanitarios españoles podemos señalar que comenzó en los años noventa, por lo tanto, la fuerte recesión económica de 20008 sólo provocó un aumento en el flujo de salidas del personal sanitario español, destacando especialmente el caso de las enfermeras[36]. Para facilitar la movilidad de las enfermeras españolas, el Ministerio de Sanidad firmó acuerdos con los gobiernos del Reino Unido y Francia y acordó tratados más informales con Italia en el año 2000. Manuela ni siquiera intentó primero probar la suerte en España: tenía claro que para iniciarse en su carrera profesional, debía empezar en otro país europeo.

> "Estamos en crisis. En todos los aspectos. Y, sobre todo, el mundo sanitario, el mundo de la enfermería estaba completamente bloqueado. Entonces ya terminando, haciendo el trabajo de fin de grado, vienen a hablarnos de lo que es ser enfermero en Europa: en qué consiste, cómo se puede ir a trabajar fuera, nos vienen hablando de lo bien que se gana en Suiza, lo bien que se gana en Alemania, lo fácil que se puede trabajar en Inglaterra".

---

33 PYNYOL JIMÉNEZ, G., Movimiento circular del conocimiento: consideraciones básicas sobre migraciones cualificadas entre ALC y Estados Unidos y la Unión Europea. Camino Real, 6(9), 2014, 77-97.

34 HERRERA CEBALLOS, M. J., "Migración cualificada de profesionales españoles al extranjero", *Anuario CIDOB de la inmigración*, 2014, 89-108.

35 DÍAZ GIL, A., *La Emigración de Profesionales Cualificados: Una Reflexión sobre las Oportunidades de Desarrollo*, OIM, Madrid, 2012.

36 GALBANY-ESTRAGUÉS, P. y SIOBAN N., "Factors in the drop in the migration of Spanish-trained nurses: 1999-2007", *Journal of nursing management*, 26(4), 2018, 477-484.

En ese momento su plan era estar un tiempo fuera de España, trabajar en el sistema público sanitario de algún país europeo y regresar como máximo en dos años a España. Era claramente un proyecto acotado en el tiempo y de corta duración. Se solapaban tres objetivos: el primero y fundamental, conseguir puntos para la bolsa del servicio andaluz de empleo, los otros dos objetivos eran, vivir una experiencia en el extranjero y aprender un idioma. La primera oferta le llegó de Suiza, pero la acabó descartando para marcharse al sur de Francia. Su primera experiencia fue en un pequeño municipio en la región occitana, en el sector privado. Pasa por distintos municipios de tamaño medio buscando incorporarse al sistema público de salud francés. Finalmente se instala en Toulouse, donde logra ser interina en un hospital público, pero después consigue la estabilidad con un contrato indefinido en un hospital público en París. Han transcurrido ya los dos años que se había puesto como límite para regresar a España.

> "No me podía volver porque no tenía puntos aún, porque apenas había trabajado en lo público. Entonces tenía que aguantar allí para seguir trabajando en lo público... En fin. Luego, al final de mi estancia en Toulouse ya fue como: "Bueno, pues ahora me quedo porque estoy bien y porque aquí me valoran". Y las oportunidades de yo contarles a mis compañeras, las que estaban en España, que yo era funcionaria en Francia, pues lo flipaban".

La valoración que hace de su experiencia francesa es positiva, pese a los comienzos difíciles. Las oportunidades de promoción, el seguir formándose y el sentirse valorada, son algunos de los puntos positivos que se ponen de relieve. Pero llega la hora de regresar a España. Como otros estudios señalan, confluyen varios factores y no solo uno: el cansancio de la vida en Francia, el clima, la nostalgia por la familia, y finalmente, la seguridad ganada para poder integrarse al mercado de trabajo en España por la experiencia profesional adquirida. En lugar de hacerlo en Andalucía, lo intenta en Madrid. De nuevo un proceso de adaptación que duró unos seis meses. Con respecto a la valoración que se hace de la experiencia migratoria, fue vital para Manuela, porque como afirma, su carrera profesional como enfermera empezó en Francia.

> "A nivel profesional date cuenta de que yo aprendo a ser enfermera en Francia, por así decirlo. Cuando aprendes una profesión es cuando empiezas a trabajar. Cuando estás estudiando... vale, tienes teoría y saber estudiar, pero lo que es trabajar-trabajar yo lo aprendo en Francia. Entonces eso, quieras o no cambia un poco la manera, de trabajar. Allí son mucho más estrictos, mucho más protocolarios, mucho más rigurosos y aquí no lo son tanto, por lo menos por lo que yo he vivido, no se es tan riguroso en el trabajo".

Del sector sanitario pasamos al perfil de los científicos, jóvenes que encuentran la oportunidad de hacer el doctorado fuera de España y que en ocasiones siguen desarrollando su carrera investigadora fuera. Es el caso de Marta, 28 años, una joven almeriense de la rama de bioquímica. En España sus estudios los hizo en una universidad andaluza y otra madrileña. Se fue a Reino Unido en junio de 2016 para continuar sus estudios de máster. Como en el caso anterior, se planteaba la estancia con una duración acotada: máximo 1 año. Pero a los pocos meses le ofrecieron la posibilidad de realizar un doctorado. Contaba con experiencias de movilidad previas de corta duración realizadas a través de estancias para aprender el idioma inglés financiadas por los padres.

Al finalizar el doctorado en el Reino Unido decide regresar a España, pero no le resulta del todo fácil encontrar un nuevo trabajo adaptado a su especialización. Así pues, aunque regresa, no descarta volver a emigrar.

> "Me apetece encontrar trabajo aquí, pero tampoco me cierro a que si no encuentro nada me tenga que volver ahí. O sea, me quería volver una vez que acabara, porque en la calidad de vida allí, por lo menos para mí, desde mi punto de vista, no es la misma que la que nosotros tenemos aquí. Nuestra vida social era muy poca".

Aunque se trataba de un proyecto acotado en el tiempo (la duración del doctorado), la irrupción de la pandemia de covid 19 también ha tenido una influencia a la hora de tomar la decisión de volver. Por lo general, visitaba España dos o tres veces al año. Vivir la experiencia de la inmovilidad durante los primeros meses de la pandemia le hizo darse cuenta de lo importante que es estar cerca de la familia.

> "Yo creo que es uno de los motivos también más fuerte ha sido el tema de la pandemia, porque cuando llegó la pandemia nosotros estábamos allí. Nosotros normalmente a lo mejor cada dos meses o tres intentábamos cogernos un fin de semana y nos bajábamos. Pero claro, cuando llegó la pandemia no se podía, no se podía bajar. Entonces pues no he ido dando cuenta de y no sé lo importante que es estar cerca si pasa algo, porque bueno, en nuestro caso fue afortunado que no nos pasó nada ni a nadie de nuestra familia como para tener que ir en un momento, que no había aviones, no había nada, nosotros estábamos allí y si llega a pasar algo aquí, es que no podemos venir".

Marta pone de relieve que la experiencia en Inglaterra ha sido muy positiva: ha ganado en seguridad en sí misma y ha sido un empujón fundamental en su carrera profesional, y además ha ganado en autonomía personal. Su pareja también emigró con ella y ha sido en la emigración donde se han independizado por primera vez ambos, y donde iniciaron una cohabitación como pareja. Destaca que gracias a la vuelta ha ganado en calidad de vida, y mejorado su vida social. Como hemos dicho, no descarta volver a marcharse al extranjero, en caso de que no encuentre nada acorde con sus expectativas en España. De momento, no está siendo fácil incorporarse a una universidad española tras realizar el doctorado fuera.

De los científicos pasamos a otro de los sectores más demandados entre los trabajadores españoles en el mercado internacional: la ingeniería. Lo ilustramos con el caso de Gerardo, joven andaluz de 34 años, residente en Málaga. En su caso, la idea de emigrar fue más bien una propuesta desde fuera que un proyecto individual surgido en el marco de la crisis económica de 2008. Gerardo trabajaba en una empresa transnacional ubicada en Málaga y le surgió la posibilidad de progresar en su carrera profesional marchándose a Francia con una nueva oferta laboral. Es decir, a diferencia de los dos casos anteriores, Gerardo sí contaba con una experiencia profesional en España antes de emigrar a otro país europeo. Pero los distintos casos analizados tienen en común el considerar la salida a otro país como una oportunidad profesional que en España no se vislumbra[37].

> "Era conformarme, quedarme en Málaga con el sueldo un poco más alto de mileurista y... y nada más. Entonces surge otra oportunidad de ir fuera a evolucionar profesionalmente y es la principal razón por la que he venido".

Instalado en el sur de Francia, dispuso de un contrato indefinido desde el principio en una empresa norteamericana con filial en Niza. Después de un año difícil, tanto él como su pareja, que lo acompaña en su salida, se adaptan en Francia. El balance que realiza es en general satisfactorio, particularmente a nivel profesional:

> "Con la sede aquí me ha permitido evolucionar profesionalmente de una manera extraordinaria y después el hecho de salir fuera, el hecho de vivir, conocer otra cultura, vivirla desde dentro, profesional y también personalmente te da una visión muy distinta del mundo".

Entonces, ¿por qué volver? A la hora de regresar se sopesan tanto factores de índole profesional (al menos tener garantizado un trabajo en España), como cuestiones más personales. En el caso de Gerardo, destaca también la preferencia por tener hijos con su pareja en España, cerca de la familia. De nuevo, en la decisión de volver se interrelacionan más de un motivo e, incluso, los de carácter personal acaban teniendo más peso.

---

[37] CAPOTE, A., FERNÁNDEZ SUÁREZ, B., "La Nouvelle Vague de la emigración española en Francia: proyectos migratorios y tipos de migrantes", *Revista Española de Sociología*, 30(4), 2021, 1578-2824.

> "Llevábamos tiempo buscando la manera de poder volver a España porque nos falta la familia, porque ya hemos vivido la experiencia en Francia y hemos visto lo que hay, y lo que no hay, y preferimos España. Ha sido una manera lenta de intentar buscar y crear esa misma oportunidad, que en 2013 apareció un poco de manera fortuita, he intentado buscar esa misma oportunidad para volver a España, una oferta de trabajo que me permitiera volverme manteniendo en cierta manera una carrera profesional, finalmente he podido encontrarla".

Cerramos los testimonios con otro ingeniero, en este caso, industrial y emigrado en esta ocasión a Reino Unido. Teo, de origen onubense, realizó sus estudios en la Universidad de Sevilla. Al acabarlos, de manera inmediata encontró un empleo en su ciudad natal. Pero solo duró nueve meses en dicho trabajo. Teo pensaba que, en su trabajo, para verdaderamente progresar, tenía que tener un dominio del inglés. Esa fue su verdadera motivación, el aprendizaje del idioma para así disponer de más oportunidades. Por tanto, estamos de nuevo ante un proyecto delimitado en el tiempo, aunque sin precisar su duración. A finales de 2013 Teo se mudó a Inglaterra.

> "Bueno lo que tuvo influencia en mi decisión fue que tenía ganas de aprender inglés, que tenía ganas de cambiar, porque llevaba nueve meses aquí, y la verdad que las oportunidades laborales que tenía en Huelva, no era gran cosa, efectivamente y creo que fue un buen momento, o sea probablemente fuese la crisis, fue también un momento de mi vida que dije: "Oye necesito un cambio". Y básicamente, eso fue lo que me lo que hizo que me terminase yendo. Mi idea era, no sé qué va a ser de mi vida, o sea yo tenía claro que yo quería aprender inglés y seguramente pues cosa de un año así me iba a pasar allí seguro, eso estaba clarísimo, por eso me compre un billete de solo ida, no tenía pensamiento de volverme a corto plazo".

A diferencia del caso anterior, Teo tuvo que pasar una etapa de adaptación más larga que lo llevó a trabajar en puestos no cualificados, concretamente en la restauración. En ese momento tenía un B1 de inglés, que consideraba insuficiente para ser más ambicioso en la búsqueda de trabajo. No fue hasta un año después, cuando se sentía más seguro con el inglés, que empezó a buscar ofertas laborales dentro de su campo, la ingeniería industrial. Finalmente consiguió un contrato en una consultoría de ingenieros cerca de Birmingham. Empezó en primer lugar como becario, pero posteriormente fue subiendo en la empresa con puestos con mayores responsabilidades. De nuevo, la experiencia la considera muy satisfactoria, tanto a nivel personal como, particularmente, profesional:

> "Como un acelerón, es digamos como coger diez años de experiencia laboral aquí en España, pues la comprimes y lo deja en cinco, o sea, lo que yo avancé

allí, digamos en nivel profesional, por dos a lo que hay aquí en España, sin ninguna duda...".

En 2018, Teo decide regresar a España. De nuevo, los motivos personales tienen más peso que los profesionales. Pese a que se trataba de un proyecto de corta duración, pero al mismo tiempo flexible en el tiempo, tampoco con el transcurrir de los años llegó a plantearse que fuese un proyecto de asentamiento indefinido. Define la experiencia como un Erasmus de larga duración.

"No tenía una idea muy clara de quedarme allí y tampoco tenía una idea muy clara de cuando venirme, o sea, yo no me fui para allá con una idea de: "Bueno, pero ya me volveré" no, yo no sabía que iba a ser de mi vida en aquel momento, y sí que es verdad que a día de hoy sí que me alegro muchísimo de haberme ido, uno por la experiencia que viví allí, yo siempre lo digo, para mi aquello ha sido un erasmus de cuatro años y medio, cinco años y medio, ha sido un erasmus, desde el primer día hasta el último, muchísimas experiencias, muchísimas vivencias".

A Teo no le resultó demasiado difícil encontrar trabajo en España. Después de enviar su currículo a varias empresas transnacionales, se decantó por una ubicada en Barcelona. Afirma que su experiencia inglesa ha sido decisiva para integrarse profesionalmente a España tras su regreso.

5. CONCLUSIONES

Los datos, pese a todas sus limitaciones, permiten realizar un esbozo del mapa del retorno de jóvenes andaluces. Gracias a ellos sabemos que una parte importante de las personas que han emigrado desde Andalucía a lo largo de los últimos años han regresado a la comunidad. Estos regresos conviven con la continuidad de las partidas, que se siguen sucediendo, y con una proporción muy importante de personas que no han retornado a la comunidad. En cuanto a los perfiles, las cifras nos permiten ver unos movimientos bastante paritarios, con un leve predominio masculino. Asimismo, se detecta que la mayoría de los movimientos son de personas en edad laboral, apreciándose que los jóvenes adultos son los protagonistas de las partidas y que los regresos se producen en un momento más avanzado del ciclo vital.

Se observa que Reino Unido, Alemania y Francia son los principales destinos y se intuyen algunas diferencias en cuanto al volumen de retorno entre los países. También se detectan importantes divergencias en cuanto a provincias, siendo las más dinámicas las que acaparan un mayor volumen tanto de salidas como de retornos.

En definitiva, los datos proporcionan un mapa un tanto borroso que requiere ser complementado con otras formas de acercarse a esta realidad migratoria intraeuropea. La investigación cualitativa permite evaluar las líneas del bosquejo, así como dar definición a muchas de ellas.

El análisis cualitativo nos permite trazar puntos en común y divergentes en las trayectorias de los jóvenes andaluces emigrados más cualificados. Entre los primeros, cabe destacar que en la motivación para emigrar prevalece la búsqueda del progreso profesional: Reino Unido o Francia ofrecen unas oportunidades que en Andalucía y el resto del Estado los jóvenes consideran difícil de alcanzar. Así, muchos jóvenes tomaron la decisión de partir nada más acabar los estudios e, incluso, antes de finalizarlos, como es el caso de Manuela, una estudiante de enfermería, que logra su primera experiencia laboral en el sector sanitario en Francia. Es decir, nos encontramos con jóvenes que han empezado su carrera profesional en la emigración y, por derivación, han alcanzado su primera emancipación del hogar en el extranjero. Por el contrario, no todos empezaron a trabajar en un puesto acorde a su cualificación nada más llegar al destino. En algunos casos fue necesario empezar en puestos de menos prestigio, como la restauración, como etapa transitoria para aprender el idioma y saber moverse para buscar la información. No obstante, lo más común es que la trayectoria profesional posterior sea satisfactoria: de los testimonios se deprende que se pone en valor la posibilidad de crecer profesionalmente, seguir formándose y sentirse valorados. De hecho, por lo común, se considera que la etapa migratoria ha sido esencial para su incorporación profesional en el retorno.

Entonces, ¿cómo explicar el retorno? Hay que tener primero en cuenta que en la mayoría de los casos se trataba de proyectos migratorios, aunque flexibles o abiertos, acotados en el tiempo. En gran parte se concebían como una inversión a nivel personal y profesional, aunque también abiertos a lo que pudiera suceder. Esto explica que el retorno estuviese siempre presente. En la decisión de retornar, más que un factor explicativo, entran varios: el considerar que se ha alcanzado la meta que se trazó al empezar (acabar un doctorado o conseguir los puntos suficientes para ser más competitivos en las bolsas de empleo de la salud pública en España); la nostalgia por la familia y los estilos de vida en España; o incluso la pandemia ligada a la covid 19 que hizo que muchos de estos jóvenes vivieran por primera la inmovilidad residiendo en el extranjero. Por otra parte, también hay que tener en cuenta que muchos de estos jóvenes emigraron siendo muy jóvenes y han alcanzado cierta madurez en el extranjero, lo que les motiva a iniciar otro ciclo de vida de regreso a casa.

Ahora bien, el retorno a España en ocasiones no implica volver al lugar de origen, sino que los jóvenes emigrantes andaluces protagonizan una migración interna en territorio español. Uno de los motivos para esta movilidad residencial interna en España es buscar un empleo acorde con sus demandas y su propia trayectoria profesional en el extranjero. Por lo que, en cierta medida, el periplo migratorio continúa y no siempre Andalucía es una garantía para la inserción tras el retorno.

Capítulo 22
¿Existe el derecho a la identidad personal y familiar transfronteriza de los andaluces retornados y del talento extranjero?

NURIA MARCHAL ESCALONA
Profesora Titular de Derecho internacional privado
Universidad de Granada

1. INTRODUCCIÓN

La política pública andaluza se ha centrado en los últimos tiempos en facilitar el retorno de aquellos andaluces que residen en otro Estado[1], así como en atraer y retener el talento extranjero en nuestra Comunidad[2]. Pues bien, tanto el talento andaluz como el extranjero cuando retornan o llegan a Andalucía —solos o junto con sus familias— presentan una serie de necesidades no solo en el ámbito de la sanidad, servicios sociales, vivienda, etc., sino también a la hora de "regularizar" su estatuto personal y familiar adquirido de forma válida en otro Estado. Saber cómo se reconoce dicha identidad o situación familiar constituye un problema cuya solución ni es homogénea ni afecta a todos los individuos por igual. Ello se debe a que en la Unión Europea (en adelante, UE) los nacionales de los Estados miembros, así como sus familiares, cuentan con un régimen privilegiado para regularizar el estatuto personal y familiar adquirido en

---

1 A tales efectos, se aprobó la Ley 8/2006, de 24 de octubre, del Estatuto de los Andaluces en el mundo (*BOJA* núm. 215 de 7 de noviembre de 2006), así como el Plan de Acción para el Retorno de la Población Andaluza en el Exterior 2020-2022. Con él se pretende integrar en un único instrumento de planificación todas las políticas, estrategias, programas y actuaciones del Gobierno autonómico dirigidas a facilitar la vuelta de los andaluces que actualmente residen fuera de la comunidad y desean retornar. Disponible en: https://www.juntadeandalucia.es/organismos/consejo/sesion/detalle/172677.html [Consulta: 15/12/2022].

2 De hecho, en los últimos tiempos se han focalizado los esfuerzos en el ámbito digital, véase el Plan de Captación y Retención del Talento Innovador y Digital en Andalucía. Disponible en: https://www.juntadeandalucia.es/sites/default/files/2021-11/21-11-09_Borrador_Plan_Talento_Digital_2.pdf [Consulta: 15/12/2022].

otro Estado miembro. Por una parte, porque tales ciudadanos son titulares del derecho de residencia y de las libertades de circulación (art. 21 TFUE[3] y art. 45 CDFUE[4])[5], por lo que denegar su reconocimiento puede suponer una restricción injustificada a su derecho a entrar, circular y residir. Y, por otra, porque en la UE existe un nutrido cuerpo normativo en el ámbito del Derecho de Familia tendente a facilitar el reconocimiento de las relaciones familiares creadas al amparo del ordenamiento jurídico de un Estado miembro de la UE y que se establecen, bien en decisiones judiciales dictadas en otros Estados, o bien en documentos públicos otorgados por las autoridades de otros Estados miembros. La cuestión está en saber si los ciudadanos europeos y sus familiares tienen derecho —o no— a que su identidad personal y familiar sea reconocida en otro Estado miembro. Una interrogación que alcanza todo su sentido, máxime si tenemos en cuenta que denegar la "circulación" de las circunstancias del estado civil y otras cuestiones relacionadas con el Derecho de Familia puede no solo acarrear graves perjuicios a tales ciudadanos a la hora de moverse de un Estado miembro a otro, sino afectar a su "identidad personal"[6] y al "derecho a la vida en familia" (art. 7 CDFUE).

De hecho, cabe afirmar que el derecho al respeto de la vida privada y familiar contemplado en el art. 8 del Convenio Europeo de Derechos Humanos (en adelante, CEDH[7]) permite alcanzar mayores cotas en orden al reconocimiento (y garantía) de los derechos humanos que la propia libertad de circulación de personas. En efecto, son numerosas las decisiones en las que el Tribunal Europeo de Derecho Humanos (en adelante, TEDH)

---

3 Tratado Funcionamiento de la Unión Europea (*DO* núm. C 83, 30 de marzo de 2010).

4 Carta de los Derechos Fundamentales de la Unión Europea (*DO núm. C 364,* 18 de diciembre de 2000).

5 Ahora bien, también es cierto, según el Tribunal de Justicia de la Unión Europea (en adelante, TJUE), que las libertades de circulación y residencia no siempre se ejercen de manera conjunta. Se concluye de esta jurisprudencia que se puede ejercer la libertad de residencia con independencia de la libertad de circulación. Cada una de ellas tiene su ámbito de aplicación y su contenido y estos no coinciden (GOÑI URRIZA, N., "El ámbito de aplicación de las libertades europeas que afectan al derecho de familia y las relaciones entre el orden público de la UE y el de los Estados miembros", *Cuadernos de Derecho Transnacional,* vol. 13, 2, 2021, 233-255).

6 BLÁZQUEZ RODRÍGUEZ, I., "El derecho al nombre y la identidad personal como interés superior del menor en situaciones transfronterizas", en *Protección de menores en situaciones transfronterizas: análisis multidisciplinar desde las perspectivas de género, de los derechos humanos y de la infancia,* Á. Lara Aguado (Dir.), Tirant lo Blanch, Valencia, 2022, pp. 209-237.

7 *BOE* núm. 243, de 10 de octubre de 1979.

ha evidenciado el potencial que proyecta dicho precepto a la hora de reconocer aquellas situaciones familiares válidamente constituidas al amparo de un ordenamiento jurídico extranjero[8]. En particular, ha confirmado que denegar su reconocimiento puede constituir una violación de este. Esta línea jurisprudencial ha sido adoptada igualmente por el TJUE[9]. En este contexto, puede decirse que los Estados miembros de la UE tienen la obligación de reconocer toda circunstancia personal o vínculo familiar adquirido en otro Estado, a fin de no vulnerar las libertades de circulación y de residencia.

A la luz de lo expuesto, la movilidad de los ciudadanos entre los Estados miembros de la UE no debería encontrar, en principio, obstáculo alguno para su pleno ejercicio. No obstante, son considerables las trabas y los obstáculos jurídicos que existen a la hora de obtener el reconocimiento tanto de decisiones judiciales europeas como de documentos públicos otorgados por autoridades europeas relativos al Derecho de Familia, y que acompañan tanto a los ciudadanos andaluces cuando retornan, como a los extranjeros cualificados cuando trasladan su residencia desde un Estado miembro de la UE —donde desarrollan su vida familiar— a nuestra Comunidad.

El objeto del presente estudio es doble. Por una parte, concretar si y en qué medida existe un derecho de los ciudadanos europeos y de sus familias a que sus circunstancias personales y su estatuto familiar sean respetados en el Espacio Europeo de Seguridad, Justicia y Libertad. Es decir, hasta qué punto existe un derecho a la continuidad transfronteriza de su estatuto personal y familiar, para, posteriormente, determinar cuál es su alcance, así como también sus límites. A tales efectos, resulta necesario analizar el papel que tanto las libertades de circulación y el derecho de residencia de estos, así como también el respeto de sus derechos fundamentales ("derecho a la vida privada y familiar", a la "identidad personal" y a "un proceso debido") juegan en orden de facilitar —o no— el reconocimiento de sus circunstancias personales y familiares nacidas al amparo de un determinado ordenamiento jurídico, y que están llamadas a tener eficacia en la Comunidad Autónoma andaluza[10]. Por otra, analizar si, a pesar de los esfuerzos llevados a cabo por el legislador europeo en las últimas décadas a

---

8 Al respecto véase, AA.VV., *Il riconoscimento degli status familiari acquisiti all'estero*, A. Cagnazzo, F. Preite (a cura di), Giuffré, Milano, 2017.

9 HESS, B., "La influencia del Tribunal Europeo de Derechos Humanos en el derecho procesal civil europeo", *AEDIPr.*, 2014-2015, pp. 35-53.

10 JIMÉNEZ BLANCO, P., "Movilidad transfronteriza de personas, vida familiar y Derecho internacional privado", *REEI*, 2018, 1-49.

través de diferentes instrumentos normativos, se ha conseguido simplificar las trabas burocráticas y administrativas que suele conllevar el movimiento de personas en el ámbito europeo. Es decir, se trata de concretar el alcance, los logros, así como también los límites del principio de reconocimiento mutuo.

2. LA INCIDENCIA DE LAS LIBERTADES DE CIRCULACIÓN, EL DERECHO A LA IDENTIDAD PERSONAL Y FAMILIAR EN LA REGULARIZACIÓN DEL ESTATUTO PERSONAL Y FAMILIAR DE LOS ANDALUCES RETORNADOS Y EL TALENTO EXTRANJERO

2.1. Ciudadanía Europea y derecho a la identidad personal y familiar transfronteriza

El derecho de las personas a circular y residir libremente dentro de la UE constituye la piedra angular de la ciudadanía europea cuyo origen reside en el Tratado de Maastricht de 1992[11]. No obstante, ha sido la jurisprudencia del TJUE quién, sin duda alguna, ha ayudado a conformar cuál es el estatuto jurídico de los ciudadanos europeos al identificar qué derechos son los que las autoridades nacionales de los diferentes Estados miembros están obligadas a reconocer[12]. Una jurisprudencia donde el derecho a la libre circulación no se limita solo a proteger el desplazamiento de los ciudadanos de un Estado miembro a otro, sino que va más allá al pretender que se garantice el estatuto personal y familiar de tales ciudadanos en otros Estados. Ello implica, en particular, que la persona pueda desplazarse con su nombre y apellidos. Estos han de ser reconocidos en el Estado miembro de destino, tal y como se evidenció en los casos *Konstantinidis*[13], *García-Avello*[14], *Grunkin-Paul*[15], *Ilonka Sayn-Wittgenstein*[16] y *Łukasz Wardyn*[17]. A la luz de esta significativa jurisprudencia cabe hablar, por tanto, del derecho del

---

11 *DO* C 191, de 29 de julio de 1992.

12 BLÁZQUEZ RODRÍGUEZ, I., "Libre circulación de personas y Derecho internacional privado: un análisis a la luz de la jurisprudencia del Tribunal de Justicia de la Unión Europea", *Cuadernos de Derecho Transnacional*, vol. 9, 2, 2017, pp. 106-126.

13 Sent. TJUE de 30 de marzo de 1993, As. C-168/91 (ECLI:EU:C:1993:115).

14 Sent.TJUE de 2 de octubre de 2003, As. C-148/02 (ECLI:EU:C:2003:539).

15 Sent. TJUE de 14 de octubre de 2008, As. C-353/06 (ECLI:EU:C:2008:559).

16 Sent.TJUE de 22 de diciembre de 2010, As. C-208/09 (ECLI:EU:C:2010:806).

17 Sent. TJUE de 12 de mayo de 2011, As. C-391/09 (ECLI:EU:C:2011:291).

ciudadano europeo a la continuidad del nombre y apellidos como parte esencial de su identidad personal[18]. Con todo, no podemos olvidar que los Estados miembros pueden justificar medidas restrictivas a las libertades europeas sobre la base de una finalidad legítima. Cabe, por tanto, la invocación de la cláusula de "orden público internacional", cláusula cuya aplicación, por otra parte, debe ser excepcional y que los Estados miembros no pueden determinar unilateralmente su alcance[19], como así lo demuestra la Sent. del TJUE dictada el 2 de julio de 2016 (As. C-438/14: "*Nabiel Peter Bogendorff von Wolffersdorff*"[20]). En dicha decisión, el Alto Tribunal consideró justificada, porque existían motivos de "orden público", la postura de las autoridades alemanas al denegar la inscripción en el Registro Civil alemán de los apellidos, tal y como se había solicitado, por resultar estos contrarios al principio de igualdad establecido en la Constitución alemana.

De otra parte, el TJUE ha admitido también en el caso *SM y Entry Clearance Officer*, resuelto el 26 de marzo de 2019 (As. C-129/18[21]), la obligación que tienen los Estados miembros de facilitar a los menores nacionales de terceros Estados, —es decir, aquellos que no son nacionales de la UE ni del Espacio Económico Europeo (EEE) ni Suiza—, acogidos o tutelados en régimen de *kafala* por ciudadanos europeos, el derecho de entrada y residencia para que puedan vivir con su "familia" en el Estado miembro de acogida, según lo dispuesto en el art. 7 CDFUE, siempre que exista una expectativa de vida familiar y esta no se derive de una situación manifiestamente fraudulenta.

También puede citarse el caso *Coman y* otros, resuelto por STJUE el 5 de junio de 2018 (As. C-673/16[22]), donde se establece la obligación que poseen los Estados miembros de reconocer un matrimonio homosexual contraído en otro Estado, a fin de garantizar el derecho a la reagrupación familiar. Esta decisión no obliga a las autoridades de los diferentes Estados miembros a reconocer el matrimonio entre personas del mismo sexo, dado

---

18 TERUEL LOZANO, G.M., "La Jurisprudencia del Tribunal de Justicia de la Unión Europea sobre el reconocimiento del nombre en el espacio europeo. Notas sobre la construcción de un estatuto personal común como ciudadanos europeos y su impacto en el derecho internacional privado de los Estados", *Anales de Derecho*, 29, 2011, 179.

19 Apart. 86 de la Sent. del TJUE *Sayn Wittgenstein*.

20 ECLI:EU:C:2016:401.

21 ECLI:EU:C:2019:248. Sobre la misma véase MARCHAL ESCALONA, N., "La kafala, ciudadanía de la unión y los derechos fundamentales del menor: de Estrasburgo a Luxemburgo", *La Ley. Unión Europea*, 71, 2019, pp. 1 y ss.

22 ECLI:EU:C:2018:38.

que el Derecho de Familia y, por ende, las normas sobre el estado civil son competencia de los Estados miembros, solo les obliga a garantizar la libre circulación de todos los matrimonios, sean o no del mismo sexo, puesto que de no hacerlo así, estaríamos ante una restricción no justificada contraria tanto a las libertades de circulación como a la propia CDFUE y, en particular, al derecho a la vida privada y familiar (art. 7).

2.2. *Identidad personal y familiar transfronteriza y certificaciones extranjeras*

La identidad personal de los ciudadanos europeos suele quedar acreditada a través de un certificado expedido por un registro público donde también se emplea el criterio de reconocimiento mutuo, como así ocurrió en el caso *Eftalia Dafeki*, resuelto por el TJUE el 2 de diciembre de 1997 (As: C-336/94[23]). En dicha decisión, el Alto Tribunal aplicó el principio de reconocimiento mutuo a los documentos de estado civil procedentes de otros Estados miembros beneficiándose así, de una presunción de regularidad, pero solo a efectos de acceder a una prestación de la Seguridad Social[24]. Es decir, en virtud de esta decisión se obliga a las autoridades de los Estados miembros a reconocer toda certificación extranjera en la que conste un atributo de la personalidad según lo establecido en un ordenamiento jurídico extranjero, aunque solo a efectos de conceder —o no— determinados derechos sociales a los trabajadores migrantes europeos.

Se instaura así, una corriente jurisprudencial que ha sido posteriormente confirmada en la Sent. adoptada por el TJUE el 14 de diciembre de 2021 (As. C-490/20: "*Pancharevo*"[25]). En esta decisión, el TJUE admitó que los diferentes Estados miembros no tienen obligación alguna de reconocer las certificaciones de nacimiento relativas a filiaciones de menores nacidos por gestación por sustitución expedidas en otro, ni siquiera cuando esté en juego la libertad de circulación o de residencia. Lo único que sí impone la

---

[23] ECLI:EU:C:1997:579.

[24] GASCÓN INCHAUSTI, F., "Reconocimiento de certificaciones y decisiones judiciales en materia de estado civil" (1998) [en línea]: https://eprints.ucm.es/id/eprint/26567/1/1998_Reconocimiento%20de%20certificaciones%20y%20decisiones%20judiciales%20en%20materia%20de%20estado%20civil.pdf. [Consulta: 15/12/2022].

[25] ECLI:EU:C:2021:1008. Sobre la misma, véase SÁNCHEZ CANO, Mª.J., "La libertad de circulación de personas a la luz de los nuevos modelos de familia. Una visión desde la sentencia Pancharevo", *Cuadernos de Derecho transnacional*, vol. 14, 2, 2022, pp. 1223-1233.

misma es la necesidad de que los Estados salvaguarden el ejercicio de tales libertades, aunque para ello, y solo a esos fines, están obligados a admitir algunos efectos a tales filiaciones.

2.3. ¿Existe un derecho a la continuidad transfronteriza del estatuto personal y familiar?

A la luz de la jurisprudencia analizada, la respuesta a esta cuestión debe de ser en sentido afirmativo. Cabe hablar, por tanto, de la existencia de un derecho a la continuidad transfronteriza de la identidad personal y familiar de los ciudadanos europeos, así como de sus familias. Es cierto que se trata de un derecho que no tiene un reconocimiento legal expreso en el ámbito normativo, sino que su formulación es jurisprudencial. Se ha acuñado y cristalizado en diversas decisiones adoptadas por el propio TJUE. Con todo, se trata de un derecho cuyo alcance es instrumental, está limitado y es de alcance restringido.

Tiene un alcance instrumental, puesto que en sus decisiones a lo que obliga dicho Tribunal es a reconocer determinadas circunstancias personales y situaciones familiares, pero solo a efectos de permitir, bien el ejercicio de las libertades de circulación, el derecho de residencia de los ciudadanos europeos o el derecho a la reagrupación familiar; o bien para garantizar la protección de los trabajadores migrantes. Tiene, además, un alcance restringido puesto que en tales casos el TJUE se refiere solo a determinadas circunstancias personales y situaciones familiares, como así sucede con el nombre y apellidos de las personas físicas, *kafala*, matrimonio homosexual, etc.

La pregunta que debe plantearse, por tanto, es si esta doctrina podría aplicarse a otras situaciones familiares como las que surgen como consecuencia de una adopción, de la formalización de una pareja registrada, etc. A nuestro juicio, no cabe duda alguna de ello. La clave está, no obstante, en determinar su alcance.

Dicho derecho, además, no es absoluto. Tiene un límite justificado e inquebrantable: el orden público internacional. Los Estados miembros pueden oponerse —aunque su aplicación debe ser excepcional y estricta— a reconocer toda circunstancia personal y situación familiar adquirida en otro Estado miembro de la UE, incluso, aun cuando ello suponga una restricción a la libertad de circulación y al derecho a la residencia o el derecho a la vida en familia, si ello vulnera su orden público internacional.

3. LA INCIDENCIA DE LOS DERECHOS FUNDAMENTALES EN LA REGULARIZACIÓN DEL ESTATUTO PERSONAL Y FAMILIAR DE LOS ANDALUCES RETORNADOS Y EL TALENTO EXTRANJERO

3.1. El derecho a la vida privada y familiar en la regularización del Estatuto personal y Familiar

La jurisprudencia dictada en los últimos años por el TEDH permite hablar también de la existencia de un derecho de los particulares a que sea reconocido el estatuto personal y familiar adquirido válidamente al amparo de lo establecido en un ordenamiento jurídico extranjero. En particular, en aquellos casos en los que denegar su reconocimiento puede suponer la vulneración del derecho a la vida privada y familiar *ex* art. 8 del CEDH. Así quedó reflejado tanto en el caso *Wagner*, resuelto por el TEDH el 28 de junio de 2007 (demanda núm. 76240/01[26]), como en el caso *Negrepontis-Giannisis* en la STEDH de 3 de mayo de 2011 (demanda núm. 56759/0[27])[28]. En ambas decisiones se cuestionaba si denegar el reconocimiento de una adopción válidamente constituida en el extranjero resultaba contraria —o no— a dicho derecho. Para este Tribunal, no había duda de ello. Consideró, además, que para que la negativa a su reconocimiento no supusiera la violación de dicho derecho, esta debía responder una necesidad social imperiosa y ser proporcional al fin legítimo perseguido. En sentido similar se pronunció el TEDH en el caso *Pini y Bertani y Manera y Atripaldi c. Rumanía* (demanda núms. 78028/01 y 78030/01[29]).

De acuerdo con esta jurisprudencia, el reconocimiento se erige en presupuesto esencial para la consecución de los derechos fundamentales de las personas, como así se ha evidenciado igualmente en las diferentes decisiones

---

26 Disponible en: https://hudoc.echr.coe.int/fre#{%22itemid%22:[%22001-81327%22]} [Consulta: 15/12/2022].

27 Disponible en: https://hudoc.echr.coe.int/eng#{%22dmdocnumber%22:[%22884846%22],%22itemid%22:[%22001-104678%22]}. [Consulta: 15/12/2022].

28 FRANZINA, P., "*Some remarks on the relevance of Art. 8 of the ECHR to the Recognition of the Family Status Judicially Created Abroad*", *Dir.umani.dir.int.*, vol. 5, 2011, 609 y ss.

29 Sent. de 22 de junio de 2004. Disponible en: http://hudoc.echr.coe.int/eng-press?i=003-1035397-1071177 [Consulta: 15/12/2022]. OTAEGUI AIZPURUA, I., La protección de los derechos del menor en la jurisdicción del tribunal europeo de derechos humanos: una perspectiva iusprivatista, Tesis, Donostia-San Sebastián, [en línea] (2015), p. 236. Disponible en: https://addi.ehu.es/bitstream/handle/10810/22987/TESIS_OTAEGUI_AIZPURUA_IDOIA.pdf?sequence=1&isAllowed=y, pp. 370-371 [Consulta: 15/12/2022].

adoptadas por el TEDH en el ámbito del nombre y apellidos de las personas físicas entre las que cabe citar a la Sent. dictada el 5 de diciembre de 2013 (demanda núm. 32265/10). En ella, dicho Tribunal pone de relieve que la falta de reconocimiento de estos es incompatible con el art. 8 del CEDH[30].

Este criterio se ha empleado también en el ámbito del reconocimiento y la ejecución de resoluciones judiciales dictadas en materia de derecho de familia. Y, en particular, las dictadas en relación con el derecho de guarda y custodia, como así se evidenció en el caso *Leschiutta y Fraccaro*, resuelto *por* el TEDH en la decisión adoptada el 18 de julio de 2008 (demandas núms. 58081/00; 58411/00)[31]. En esta ocasión, el TEDH condenó la actuación de las autoridades belgas por no adoptar las medidas necesarias, y con la celeridad suficiente, para preservar el respecto a la vida familiar tanto de los progenitores como de sus hijos. Hay que decir que los hechos que dieron lugar a este asunto son muy similares a los que acontecen en los supuestos de sustracción internacional de menores, en los que tiene lugar la ejecución (o, en muchas ocasiones, la no ejecución) de las resoluciones relativas al retorno de los menores o de las relativas al derecho de guarda y custodia[32].

Dicha doctrina también ha sido proyectada en los supuestos de gestación por sustitución[33]. En estos casos, la respuesta del TEDH ha sido mati-

---

30 *Henry Kismoun c. Francia.* Los hechos que dieron lugar a dicha decisión tuvieron su origen en la negativa de la autoridad francesa a rectificar el nombre del menor, nacido en Francia de madre francesa, posteriormente abandonado y reconocido por su padre, de nacionalidad argelina (VETTOREL, A., "La continuità transnazionale dell'identità personale: riflessioni a margine della sentenza Henry Kismoun", *RDIPP*, 2, 2014, pp. 354-355).

31 Disponible en: https://www.doctrine.fr/d/CEDH/HFJUD/CHAMBER/2008/CEDH001-87632 [Consulta: 15/12/2022]. En este caso, el Sr. *Fraccaro* y la Sra. *A.M.* tuvieron en 1987 a Elia. El tribunal de Verona otorgó al disolver el matrimonio la guarda y custodia del menor a la madre y al padre un derecho de visitas bastante amplio. Posteriormente, los padres acordaron judicialmente que se otorgara la guarda y custodia del menor al padre, y que la madre tuviera un derecho de visitas. Aunque, finalmente, el mismo tribunal acordó el derecho de guarda y custodia definitiva del menor al padre. La madre recurrió en apelación, pero esta le fue denegada.

32 Para el TEDH, ejecutar la resolución de retorno de un menor sin entrar a valorar cuál es el interés superior del menor en el caso concreto vulnera el art. 8 del CEDH, como así se evidenció en el asunto *Neulinger y Shuruk contra Suiza.* Al respecto, véase GONZÁLEZ MARIMÓN. M., "El principio del interés superior en supuestos de sustracción ilícita internacional: la jurisprudencia de TJUE y TEDH", en *Aproximación interdisciplinar a los retos actuales de protección de la infancia dentro y fuera de la familia,* Mª.C. García Garnica, N. Marchal Escalona (Dirs.), G. Moreno Cordero, A. Quesada Páez (Coords.), Thomson-Reuters/Aranzadi, Navarra, 2019, pp. 637-657.

33 Véase al respecto Lara Aguado, Á., "Una nueva forma de esclavitud: El alquiler de úteros", en Formas contemporáneas de esclavitud y derechos humanos en clave de

zada y variada en función de las circunstancias del caso concreto[34], como así se ha evidenciado en el caso *Mennesson* c. Francia, resuelto por este Tribunal el 26 de junio de 2014 (demanda núm. 65192/11[35]) y en el caso *Labassee* c. *Francia* (demanda núm. 65941/11[36]). En tales decisiones, dicho Tribunal consideró que la negativa a reconocer su filiación constituía una violación del derecho al respeto de la vida privada de los mismos[37]. En este mismo sentido se pronunció en el caso *Foulon c. Francia* (demanda núm. 9063/14) y en *Bouvet c. Francia* (demanda núm. 10410/14[38]), decidido el 21 de julio de 2016, donde concurrían circunstancias fácticas muy similares a los supuestos anteriores, pues existía un vínculo genético entre el niño y el comitente varón, y los niños y los comitentes estaban instalados en el Estado en el que se solicitó el reconocimiento de la filiación. La situación cambia en el caso *Paradiso y Campanelli c. Italia* (demanda núm. 25358/1[39]), donde los comitentes ni tenían vinculación genética con el menor. En dicha decisión, el TEDH consideró que la injerencia en la vida privada de los comitentes estaba justificada[40], como así ocurrió también en el caso *D y otros c. Bélgica,* resuelto por Sent. dictada el 8 de julio de 2014 (demanda núm. 29176/13)[41].

---

globalización, género y trata de personas, J.P. Esteban Pérez Alonso, S. Olarte Encabo (Dirs.), P. Mercado Pacheco, Á. Lara Aguado y Mª.I. Ramos Tapia (Coords.), Tirant lo Blanch, Valencia, 2020, pp. 311-350.

34 BLANCO-MORALES LIMONES, P., "Una filiación: tres modalidades de establecimiento. La tensión entre la ley, la biología y el afecto", *Bitácora Millenium DIPr.*, p. 15. Disponible en: http://www.millenniumdipr.com/archivos/1433416687.pdf [Consulta: 15/12/2022].

35 Disponible en: https://hudoc.echr.coe.int/eng?i=001-145179*#{%22itemid%22:[%22001-145179*%22]} [Consulta: 15/12/2022].

36 Disponible en: https://hudoc.echr.coe.int/eng?i=001-145180*#{%22itemid%22:[%22001-145180%22]} [Consulta: 15/12/2022].

37 JIMÉNEZ BLANCO, P., "Filiación. Gestación por sustitución. Inscripción en el Registro Civil. Orden público internacional. Derecho a la vida familiar. Derecho a la vida privada", *REDI*, vol. 67, 1, 2015, 240.

38 Disponible en: https://hudoc.echr.coe.int/fre#{%22itemid%22:[%22001-164968%22]} [Consulta: 15/12/2022].

39 FARNÓS AMORÓS, E., "Paradiso y Campanelli c. Italia (II): los casos difíciles crean mal Derecho", *Revista de Bioética y Derecho & Perspectivas Bioéticas*, vol. 40, 2017, pp. 231-242.

40 MARRADES PUIG, A., "La gestación subrogada en el marco de la constitución española: una cuestión de derechos", en http://revista-estudios.revistas.deusto.es/article/view/1320/1597 [Consulta: 15/12/2022].

41 Disponible en: https://hudoc.echr.coe.int/eng-press#{"itemid":["003-4865490-5943668"]} [Consulta: 15/12/2022].

A tenor de esta jurisprudencia, cabe hablar de la obligación que tienen los Estados miembros de respetar la identidad biológica de los menores, permitiendo establecer la filiación cuando el comitente varón aporta su material genético[42]. Ahora bien, el TEDH no exige que se reconozca la filiación, tal y como ha sido establecida en el extranjero, sino que deja al Estado la vía libre para decidir el modo de establecer dicha relación paternofilial[43]. Es decir, solo obliga a habilitar una vía para el establecimiento de dicha filiación.

De otra parte, debe llamarse la atención sobre el hecho de que para este Tribunal la negativa a inscribir en el Registro Civil a un menor nacido en el extranjero a través de gestación subrogada, en la que aparece como madre subrogada la madre biológica de la niña, no infringe el derecho a la vida en familia, según el caso *D c. Francia*, resuelto por el TEDH el 16 de julio de 2020 (demanda núm. 1128/18[44]). Para este Tribunal, el hecho de que exista un vínculo genético no significa que el derecho del niño a que se respete su vida privada exija que la relación jurídica con la madre subrogada se establezca específicamente mediante la inscripción de los datos del certificado de nacimiento extranjero. El Tribunal consideró que denegar la solicitud de inscripción no impide el establecimiento de la relación legal por medio de la adopción, como así apuntó en los casos *C. y E. c. Francia,* resueltos el 19 de noviembre de 2019 (demandas núms. 1462/18 y 17348/18[45])[46]. Una postura que ha sido reflejada, igualmente, en el Dictamen consultivo dictado el 10 de abril de 2019 a raíz de la petición formulada el 12 de octubre de 2018 por la *Cour de Cassation* francesa en aplicación del Protocolo 16 del CEDH[47]. En él, el TEDH dictaminó

42 JIMÉNEZ BLANCO, P., "La «crisis» de la gestación por sustitución en Ucrania y el caos en el Ministerio de Justicia (comentario a las Instrucciones de la DGRN de 14 y 18 de febrero de 2019)", REEI, 37, 2019, 28.

43 En el mismo sentido, véase ÁLVAREZ GONZÁLEZ, S., "Luces y sombras en el primer dictamen del TEDH sobre la gestación por sustitución", en El derecho internacional privado entre la tradición y la innovación: libro homenaje al profesor doctor José María Espinar Vicente, E. Pérez Vera, J.C. Fernández Rozas, M. Guzmán Zapater, A. Fernández Pérez, M. Guzmán Peces (Eds.), Iprolex, Madrid, 2020, pp. 103-104.

44 Disponible en: https://hudoc.echr.coe.int/eng-press#{%22sort%22:[%22kpdate%20Descending%22]}

45 Disponible en: http://hudoc.echr.coe.int/eng?i=001-199497 [Consulta: 15/12/2022].

46 En el primer caso, se trataba de dos adultos franceses y un menor nacido en EE.UU. en 2010; mientras que en el segundo caso eran dos adultos y tres menores nacidos en 2014 en Ghana.

47 Disponible en: https://hudoc.echr.coe.int/fre#{%22languageisocode%22:[%22ENG%22],%22documentcollectionid2%22:[%22ADVISORYOPINIONS%22],%22itemid%22:[%22003-6380464-8364383%22]} [Consulta: 15/12/2022].

que era obligatorio favorecer el establecimiento de la paternidad biológica de los menores y afirmó que, en los casos en los que quede establecida la paternidad biológica de su cónyuge, hay que facilitar el establecimiento de la maternidad de la madre de intención, que, en el asunto al que se refería el Dictamen, no había aportado sus óvulos. Para el TEDH, es necesario que se permita determinar la relación maternofilial con la comitente designada en el certificado de nacimiento extranjero como madre, lo que será más imperativo cuando exista vinculación genética con dicha mujer. Aunque, la decisión de cuál es la vía para establecer esa relación de filiación queda en manos de los Estados, siendo perfectamente admisible la vía de la adopción. También ha declarado este Tribunal que corresponde a las autoridades nacionales decidir cuándo la relación se ha convertido en una realidad práctica que requiera el reconocimiento de la relación. De manera que, cuando dicha realidad exista, se debe prever un mecanismo rápido y eficaz para el establecimiento de la filiación que no deje al menor por mucho tiempo en una situación de inseguridad jurídica. Sin embargo, ha afirmado que, si el padre biológico se opone a la adopción, no hay obligación para los Estados de permitir el establecimiento de dicha adopción por parte de la mujer comitente. Así, se desprende del caso A.M. c. Noruega, resuelto el 24 de marzo de 2022 (demanda nº 30254/18[48]).

El TEDH parece justificar así que, cuando la relación guarda poca vinculación con el país de la nacionalidad de los/las comitentes (por residir en el extranjero), la negativa a reconocer dicha filiación no vulnera el derecho al respeto a la vida familiar del menor ya que este desenvuelve su vida familiar en el país de nacimiento o de residencia de los/las comitentes, donde no se ponen obstáculos a dicha vida familiar y donde tiene reconocida una nacionalidad[49]. Así lo ha declarado en el caso S.-H. c. Polonia, decidido el 16 de noviembre de 2021 (demanda núm. 56846/15 y 56849/15[50])[51].

---

48 Disponible en: https://hudoc.echr.coe.int/spa?i=001-216348 [Consulta: 15/12/2022].

49 LARA AGUADO, A., "El interés superior de la niñez, adolescencia y juventud en situaciones transfronterizas desde las perspectivas de género, de los derechos humanos y de la infancia: algunos casos concretos" (en prensa).

50 Disponible en: https://hudoc.echr.coe.int/eng?i=001-214296 [Consulta: 15/12/2022].

51 En este caso, las autoridades polacas se habían negado a confirmar la nacionalidad polaca de dos menores nacidos por gestación por sustitución en Estados Unidos, pese a que existía una sentencia californiana en la que se había establecido la filiación paterna de los menores respecto a una pareja de israelíes residente en Israel, uno de cuyos miembros tenía también la nacionalidad polaca.

En suma, para el TEDH el "interés superior del menor" se erige en criterio prioritario a la hora de reconocer la filiación establecida a través de tales técnicas, por lo que, constatada la vinculación genética del niño o la niña con el padre de intención, los Estados deben admitir la filiación paterna, aunque la vía para establecerla la decidirá el Estado en cuestión. Por el contrario, no existe dicha obligación cuando no existe dicha vinculación con los comitentes, salvo que exista una relación familiar de hecho ya constituida, lo que debe de ser verificado por las autoridades de cada Estado miembro. Ahora bien, y en relación con la adopción del hijo del cónyuge, los Estados miembros no están obligados a garantizar dicha adopción, en caso de que el padre biológico del menor se niegue a prestar su consentimiento a dicha adopción. Tampoco exige reconocer la filiación derivada de las certificaciones de nacimiento extranjeras si ya está garantizado el ejercicio del derecho a la vida privada y familiar en otro Estado donde se desenvuelve la vida del menor[52].

Esta línea jurisprudencial de reconocimiento mutuo se ha manifestado igualmente en materia alimenticia y, en particular, en el caso *Hussin c. Bélgica*[53]. En este caso, las autoridades belgas denegaron el *execuátur* de dos sentencias alemanas; la primera de ellas, relativa al establecimiento de la paternidad del Sr. G. con respecto o una de las hijas de la Sra. *Hussin*; y la segunda, derivada de la primera, y en la que acordaba la obligación del abono por parte del Sr. G. de la pensión de alimentos a la menor en su calidad de padre. A pesar de que en un primer momento el tribunal belga acordó el execuátur de la sentencia, tras la impugnación del padre, se retractó y lo denegó basándose en que los tribunales alemanes carecían de competencia para pronunciarse sobre la demanda relativas a la filiación con respecto a una de las hijas de la Sra. *Hussin*. Para el TEDH, denegar el execuátur de tales decisiones constituía una injerencia en el derecho al respeto de la vida privada y familiar de las demandantes.

3.2. El derecho a un proceso debido y el derecho a la continuidad transfronteriza del estatuto personal y familiar

La denegación del reconocimiento o de la ejecución de una sentencia judicial dictada en otro Estado puede vulnerar no solo el derecho fun-

---

52 LARA AGUADO, Á., "El interés superior de la niñez...", *cit.*

53 Sent. de 6 de mayo de 2004. Disponible en: http://echr.coe.int/echr/en/hudoc [Consulta: 15/12/2022].

damental a la vida privada o familiar del art. 8 del CEDH, sino también, como ha puesto de relieve el TEDH, el derecho a un proceso justo consagrado en el art. 6.1° del CEDH. Aunque para este Tribunal "el derecho a la ejecución de las resoluciones judiciales" no está recogido en el art. 6.1° CEDH, lo considera incluido, puesto que, para este, no es comprensible que dicho precepto establezca con todo detalle las garantías del procedimiento otorgadas a la partes —equidad, publicidad y celeridad—, y que no proteja de forma efectiva la ejecución de las decisiones judiciales y permita que una sentencia firme y obligatoria quede sin ejecutar y sin desplegar sus efectos[54]. Mantiene que este precepto garantiza a todas las personas el derecho de acceso a la justicia cuyo corolario es el derecho a la ejecución de las decisiones judiciales definitivas. Así se evidenció, en concreto, en el caso *Negrepontis-Giannisis* y en el caso *Romanczyk c. Francia,* resuelto el 18 de noviembre de 20*10* (demanda núm. 7618/05). En este último se solicitó la ejecución en Francia de una sentencia dictada por un tribunal polaco que establecía una obligación de pago de alimentos del ex marido de la demandante y padre de sus dos hijos, a favor de estos. Esta fue denegada y el Estado francés fue condenado por el Tribunal porque las autoridades de dicho país no habían hecho todo lo necesario para asistir a la demandante en la ejecución de la sentencia requerida y en el cobro de su crédito alimenticio.

El TEDH ha aplicado también la doctrina que se deriva del art. 6.1° CEDH en el *execuátur* de decisiones judiciales extranjeras dictadas en el ámbito de las crisis matrimoniales. De hecho, en el caso *Jackson McDonald,* resuelto por el TEDH el 29 de abril de 2008[55], consideró que la negativa a conceder el execuátur a una sentencia norteamericana de divorcio constituía una injerencia en el derecho a un proceso equitativo del demandante, aunque también dejó claro que este podría haber continuado con el proceso ante la jurisdicción francesa ante la que inició su solicitud de divorcio y que, incluso, tras la decisión negativa a sus pretensiones bien pudo continuar con el proceso de apelación. En esta decisión, el Tribunal europeo desarrolló lo que algunos autores han denominado concepción procesalista del "derecho al reconocimiento de las decisiones judiciales extranjeras" frente a una aproximación más sustantivista basada en un derecho concreto como puede ser el derecho a la vida privada y familiar u otros[56].

---

[54] OTAEGUI AIZPÚRUAI, I., La protección de los derechos..., *op.cit.*, p. 308.

[55] Demanda núm. 18648/04. Un comentario de esta en KINSCH, P., *Revue critique du droit international privé*, 2008, 830.

[56] KINSCH, P., "Private International Law Topics Before The European Court of Human Rights. Selected Judgments And Decisions (2010-2011)", *Yearbook of Private International Law*, 13, 2011, 44-45.

También se ha aplicado el art. 6.1° CEDH a la solicitud de *execuátur* de una decisión de nulidad eclesiástica en el conocido caso *Pellegrini c. Italia*, resuelto por el TEDH en la Sent. del 20 de julio de 2001.

En definitiva, a raíz de estos pronunciamientos se puede decir que existe un derecho al reconocimiento de pleno derecho de las circunstancias personales y de estado civil, así como de las situaciones familiares adquiridas válidamente al amparo de lo establecido en un sistema jurídico extranjero, ya sea para no vulnerar el derecho a la vida privada y familiar (*ex* art. 8 CEDH), o bien el derecho a un proceso debido (*ex* art. 6.1° CEDH). Con todo, el TEDH no plantea un rechazo absoluto al principal obstáculo que impide el reconocimiento de las relaciones familiares extranjeras, es decir, no veta la aplicación de la cláusula del "orden público internacional". Solo la matiza y la suaviza contraponiéndola a otros valores, intereses y derechos, que las jurisdicciones nacionales podrán invocar para limitar el reconocimiento de las relaciones familiares extranjeras. Una cláusula cuya operatividad no es de extrañar en el ámbito del derecho de familia, dados los diferentes modelos y concepciones que impregnan las regulaciones nacionales sobre la familia y la vida privada de las personas.

4. EL RECONOCIMIENTO MUTUO Y LA EFICACIA PROBATORIA EUROPEA

La UE tiene como objetivo fundamental crear y mantener un Espacio de Libertad, Seguridad y Justicia, sin fronteras interiores, en el que esté garantizada la libre circulación de personas (art. 3.2° TUE). De hecho, para facilitar la libre circulación de sus ciudadanos, el legislador europeo es consciente de que debe adoptar medidas concretas para simplificar el reconocimiento tanto de las resoluciones judiciales dictadas en otro Estado miembro como de los documentos públicos expedidos por las autoridades de otro Estado miembro[57].

A tal fin, ha apostado de forma decidida por eliminar el execuátur o declaración de ejecutividad en el espacio judicial europeo. Para ello, admite la posibilidad de que determinadas resoluciones sean declaradas directa-

[57] JIMÉNEZ BLANCO, P., "Valor probatorio de los documentos públicos en la Unión Europea", en *El documento público extranjero en España y en la Unión Europea: Estudios sobre las características y efectos del documento público,* M. Font i Mas (Dir.), J.M. Bosch Editor, Barcelona, 2014, pp. 431-473.

mente ejecutivas en otros Estados miembros. Así, lo ha hecho en diversos textos de derecho de familia. De igual manera, y para facilitar la libre circulación de personas, ha resuelto regular la eficacia probatoria de ciertos documentos públicos expedidos por las autoridades de los Estados miembros. Por ello, y de acuerdo con el principio de confianza mutua, el Reglamento (UE) núm. 2016/1191 trata de simplificar los trámites administrativos a cumplir por determinados documentos públicos cuando estos sean expedidos por la autoridad de un Estado miembro para su presentación en otro Estado miembro[58] —eficacia probatoria extrínseca—.

También contempla el reconocimiento de los efectos de los documentos públicos extranjeros y de los actos que estos incorporan —eficacia probatoria intrínseca—, al admitir la presunción de validez de estos, como así sucede tanto en materia de sucesiones[59] como también en las relaciones patrimoniales entre cónyuges[60], y parejas registradas[61]. A continuación, analizaremos si, y en qué media, se ha implantado el principio de reconocimiento mutuo en materia de derecho de familia, así como también concretar cuál es su alcance y sus límites.

4.1. El principio de reconocimiento mutuo

Es sabido que el principio de reconocimiento mutuo es una pieza crucial en el sector procesal del derecho internacional privado[62]. Tras la

---

58 Reglamento (UE) núm. 2016/1191, de 6 de julio, del Parlamento Europeo y del Consejo, por el que se facilita la libre circulación de los ciudadanos simplificando los requisitos de presentación de determinados documentos públicos en la Unión Europea y por el que se modifica el Reglamento (UE) núm. 1024/2012 (*DO* núm. L 200, 26 de julio de 2016).

59 Reglamento (UE) núm. 650/2012 del Parlamento Europeo y del Consejo, de 4 de julio de 2012, relativo a la competencia, la ley aplicable, el reconocimiento y la ejecución de las resoluciones, a la aceptación y la ejecución de los documentos públicos en materia de sucesiones mortis causa y a la creación de un certificado sucesorio europeo (*DO* núm. 201, de 27 de julio de 2012).

60 Reglamento (UE) núm. 2016/1103 del Consejo de 24 de junio de 2016 por el que se establece una cooperación reforzada en el ámbito de la competencia, la ley aplicable, el reconocimiento y la ejecución de resoluciones en materia de regímenes económicos matrimoniales (*DO* L 183, 8 de julio 7 de 2016).

61 Reglamento (UE) núm. 2016/1104 del Consejo, de 24 de junio de 2016, por el que se establece una cooperación reforzada en el ámbito de la competencia, la ley aplicable, el reconocimiento y la ejecución de resoluciones en materia de efectos patrimoniales de las uniones registradas (*DO* núm. L 183, de 8 de julio de 2016).

62 GUZMÁN ZAPATER, M., "Un elemento federalizador para Europa: el reconocimiento mutuo en el ámbito del reconocimiento de decisiones judiciales", *RDCE*, núm. 10, 2001, 405-438.

aprobación del Tratado de Ámsterdam en 1997 la tendencia del legislador europeo ha sido hacer desaparecer paulatinamente el execuátur y establecer correlativamente el reconocimiento mutuo de decisiones en el ámbito familiar[63], como así ocurrió con el Reglamento (CE) núm. 2201/2003 del Consejo, de 27 noviembre 2003, relativo a la competencia, el reconocimiento y la ejecución de resoluciones judiciales en materia matrimonial y de responsabilidad parental, por el que se deroga el Reglamento (CE) núm. 1347/2000 (en adelante, RBr. II bis)[64]. Dicho Reglamento suprimió el execuátur en dos ámbitos concretos de la responsabilidad parental: en el derecho de visita y en el del secuestro ilícito de menores (arts. 40-45)[65]. En el resto de las materias, no lo suprimió el execuátur, pero sí lo simplificó y agilizó. Ha sido el Reglamento (UE) 2019/1111 del Consejo, de 25 de junio de 2019, relativo a la competencia, el reconocimiento y la ejecución de resoluciones en materia matrimonial y de responsabilidad parental, y sobre la sustracción internacional de menores (en adelante, RBr. II ter[66]) —en vigor desde el 1 de agosto de 2022— el que ha suprimido el execuátur con carácter general al contemplar la ejecutividad inmediata y directa de resoluciones judiciales dictadas en otros Estados miembros como regla base (art. 34[67]).

---

63 Tratado por el que se modifican el Tratado de la Unión Europea, los Tratados Constitutivos de las Comunidades Europeas y determinados actos conexos, firmado en Ámsterdam el 2 de octubre de 1997 (*BOE* núm. 109, de 7 de mayo de 1999).

64 *DO* L 338, de 23 diciembre 2003.

65 Toda resolución dictada en tales materias será reconocida y tendrá fuerza ejecutiva sin necesidad de procedimiento adicional alguno de manera directa en otro Estado miembro a condición de que se acompañe de un certificado concedido por el juez de origen que dictó la resolución.

66 *DO* núm. 178, de 2 de julio de 2019.

67 Este Reglamento incorpora un sistema de oposición a la ejecución similar al establecido en el Reglamento (UE) núm. 1215/2012 del Parlamento Europeo y del Consejo de 12 de diciembre de 2012 relativo a la competencia judicial, el reconocimiento y la ejecución de resoluciones judiciales en materia civil y mercantil (*DO* L 351, 20 de diciembre de 2012) —en adelante, RBr I bis—, donde el control de las condiciones de denegación de la ejecución procede, a instancia de parte. Esta privatización del control de las condiciones de denegación de las decisiones dictadas en este ámbito puede, sin duda alguna, perjudicar el interés del menor [MARCHAL ESCALONA, N., "La perspectiva de género en el derecho transfronterizo de los abuelos y abuelas a relacionarse con sus nietos y nietas en los estados miembros de la Unión Europea", en *Protección de menores en situaciones transfronterizas: análisis multidisciplinar desde las perspectivas de género, de los derechos humanos y de la infancia*, Á. Lara Aguado (dir.), Tirant lo Blanch, Valencia, 2022, pp. 547-578.

Este Reglamento incorpora, además, normas que regulan de forma específica el reconocimiento y la ejecución de documentos públicos y acuerdos formalizados o registrados por autoridades competentes conforme a las reglas del Reglamento en materia de separación legal y divorcio y responsabilidad parental (art. 64-68). A tales documentos y acuerdos se les aplica, *mutatis mutandis*, las mismas reglas que regulan el procedimiento de reconocimiento y ejecución de resoluciones judiciales extranjeras (art. 65)[68]. Se abre así una nueva vía para dotar de eficacia a los acuerdos alcanzados por las partes, siempre que tengan fuerza vinculante en el Estado de origen. No obstante, los riesgos que se derivan de extender el reconocimiento y confianza mutuos a actos sin juez ni autoridad pueden consolidar la eficacia de relaciones familiares sin garantía[69].

Con todo, el mayor exponente de este principio se encuentra en el Reglamento (CE) 4/2009, de 18 de diciembre 2008, relativo a la competencia, la ley aplicable, el reconocimiento y la ejecución de las resoluciones y la cooperación en materia de obligaciones alimenticias[70]. En este texto normativo desaparece cualquier procedimiento de declaración de ejecutividad o execuátur, así como cualquier procedimiento de denegación de ejecución (art. 17[71])[72]. Además, desaparece, con alguna excepción, la posibilidad de cualquier control por parte del Estado de destino. De hecho, no se prevé la aplicación por parte de las autoridades de dicho Estado de la cláusula de orden público.

Cabe afirmar, por tanto, que el principio de reconocimiento mutuo ha sido implantado en este ámbito, aunque solo parcialmente, puesto que solo lo ha sido en determinadas materias (crisis matrimoniales, protección de menores y alimentos) y en relación con determinados Estados miembros de la UE. Esto es, no existe un sistema único de reconocimiento de re-

---

68 JIMÉNEZ BLANCO, P., "La desjudicialización del divorcio en la Unión Europea y su impacto en los Reglamentos europeos", *Cuadernos de Derecho Transnacional*, vol. 14, 2, 2022, 555-579.

69 MARCHAL ESCALONA, N., *El divorcio no judicial en Derecho internacional privado español*, Thomson Reuters Aranzadi, Navarra (Cizur Menor), 2022, p. 145.

70 *DO* L 7, de 10 de enero de 2009.

71 MARCHAL ESCALONA, N., "El progresivo avance de la nacionalidad en materia alimenticia", en *Movilidad internacional de personas y nacionalidad"*, M. Moya Escudero (Dir.), Tirant Lo Blanch, Valencia, 2021, pp. 363-402.

72 FERNÁNDEZ ROZAS, J.C., SÁNCHEZ LORENZO, S.A., *Derecho internacional privado*, 12ª ed., Thomson Reuters Civitas, Navarra, Cizur Menor, 2022, pp. 574-577.

soluciones homogéneo, claro y sencillo entre los Estados miembros[73], sino que existe una diversidad de modelos (declaración de ejecutividad simplificada, título ejecutivo y ejecutividad directa), donde el control que puede ejercitar el Estado de destino varía de un instrumento jurídico a otro dependiendo del papel que la ley de dicho Estado esté llamada a desempeñar en la configuración del procedimiento de ejecución. Una diversidad que puede dar lugar a la existencia de relaciones familiares semiclaudicantes: eficaces en cuanto a un efecto, por ejemplo, la disolución del vínculo, pero no en cuanto a sus efectos en relación con los hijos, los alimentos y la liquidación del régimen económico matrimonial.

4.2. La Eficacia probatoria europea

La movilidad de las personas se acompaña de la movilidad de documentos públicos. Son muchas las situaciones cotidianas en las que para realizar un determinado trámite se exige que se presenten ciertos documentos, que han sido expedidos por autoridades públicas extranjeras[74]. A fin de garantizar el ejercicio efectivo de las libertades de circulación, se precisa de una normativa que permita acreditar de forma rápida y sencilla aquellos hechos o situaciones habilitantes para garantizar el acceso a determinadas prestaciones y derechos en el Estado de acogida[75]. A tales efectos, el legislador europeo aprobó el Reglamento (UE) núm. 2016/1911, dirigido esencialmente a facilitar el cumplimiento de los trámites que conllevan la movilidad de un país a otro[76]. Se enmarca, como enfatiza su preámbulo, dentro del objetivo europeo de creación, mantenimiento y desarrollo de "*un Espacio de Libertad, Seguridad y Justicia, sin fronteras interiores, en el que esté garantizada la libre circulación de personas*", como así sucede también con los Reglamentos sobre régimen económico del matrimonio, sobre uniones re-

---

73 ESPINIELLA MENÉNDEZ, A., "El techo de cristal del reconocimiento mutuo de decisiones", en *A propósito de los 50 años del Convenio de Bruselas de 1968*, C. Esplugues Mota, P. Digao, Diago, P. Jiménez Blanco, *50 años de Derecho internacional privado de la UE en el Diván*, Tirant lo Blanch, Valencia, 2019, pp. 261-305.

74 DIAGO DIAGO, P., "La adquisición de la nacionalidad española y los documentos públicos extranjeros", en *Movilidad internacional de personas y Nacionalidad*, M. Moya Escudero (Dir.), Tirant lo Blanch, Valencia, 2021, p. 33.

75 JIMÉNEZ BLANCO, P., "Valor probatorio...", *loc.cit.* en *op.cit.* p. 432.

76 FONT I MAS, M., "El ejercicio de la libre circulación y la eliminación de los requisitos de autentificación y traducción de determinados documentos públicos", en *Retos en inmigración, asilo y ciudadanía. Perspectiva Unión Europea, internacional, nacional y comparada*, D. Marín Consarnau (Dir.), Madrid, Marcial Pons, 2021, pp. 189-2010.

gistradas y en el ámbito sucesorio al admitir, como ha indicado P. Jiménez Blanco, expresamente la presunción de validez del acto que incorporan tales documentos otorgados en tales materias[77]. Para entender la utilidad y alcance de tales iniciativas legislativas, es preciso recordar que la eficacia de un documento público extranjero depende de si el mismo acredita solo circunstancias fácticas, o bien actos o relaciones jurídicas. La diferencia no es baladí, por cuanto mientras que en el primer caso basta con que se observen los requisitos de autenticidad y, en ocasiones, de idioma para que desplieguen sus efectos en otro Estado (eficacia extrínseca); en el segundo, se requiere, además, el control de los aspectos relativos a la forma, al contenido y a la capacidad de los otorgantes (eficacia intrínseca). De manera que, mientras que el Reglamento (UE) núm. 2016/1911 regula la fuerza probatoria extrínseca, aunque solo de ciertos documentos, el resto de los Reglamentos contemplan la eficacia intrínseca, pero solo de ciertos documentos (sucesorios, régimen económico del matrimonio, uniones registradas).

4.2.1. La eficacia probatoria europea extrínseca

El Reglamento (UE) núm. 2016/1911 tiene por objeto simplificar los requisitos de documentos públicos extranjeros expedidos por las autoridades de un Estado miembro de conformidad con su derecho para su presentación en otro Estado, cuyo principal objetivo sea establecer uno de los siguientes hechos: el nacimiento, que una persona está viva, la defunción, el nombre, el matrimonio (incluidos la capacidad para contraer matrimonio y el estado civil), el divorcio, la separación judicial o la anulación del matrimonio, la unión de hecho registrada (incluidas la capacidad para inscribirse como miembro de una unión de hecho y la condición de miembro de una unión de hecho registrada), la cancelación del registro de una unión de hecho, la separación judicial o la anulación de una unión de hecho registrada, la filiación, la adopción, el domicilio o la residencia, o la nacionalidad (art. 2).

A tales efectos, el Reglamento (UE) 9 núm. 2016/1191 exime a los documentos públicos a los que se aplica de toda forma de legalización y trámite similar [arts. 1 a) y 4], así como del requisito de presentar en cada instancia copias certificadas (art. 5) y de su traducción (Capítulo III). En su lugar, se ha establecido la utilización de impresos estándar multilin-

---

77 JIMÉNEZ BLANCO, P., "Valor probatorio…", *loc.cit*, en *op.cit.*, p. 432.

gües en cada una de las lenguas oficiales de las instituciones de la UE para los documentos públicos a los que se aplica. De forma que la persona que presente un documento público acompañado de un impreso estándar multilingüe no debe exigírsele, en principio, que presente una traducción de dicho documento público. Será la autoridad a la que se presente dicho documento la que deberá decidir si la información incluida en dicho impreso es suficiente o no para aceptar dicho documento público y, en su caso, y de forma excepcional, podrá exigir que la persona que lo presente aporte la oportuna traducción o transliteración del contenido de ese impreso en la lengua oficial de su Estado miembro o, si dicho Estado miembro tiene varias lenguas oficiales, en la lengua oficial o una de las lenguas oficiales del lugar en el que se presente el documento público que también sea una de las lenguas oficiales de las instituciones de la UE.

Se trata de un Reglamento cuya entrada en vigor ha pasado muy desapercibida, a pesar de ser la primera vez en la historia del derecho de la Unión Europea que pone al mismo nivel de autenticidad a determinados documentos emitidos por autoridades nacionales de los Estados miembros, que a esos mismos documentos emitidos por autoridades del Estado de destino. Ello puede ser debido a el Reglamento no impide que los particulares se acojan a lo establecido en otros instrumentos normativos en materia de autenticidad (art. 1.1° in fine). Es decir, este Reglamento opta por una coexistencia pacífica con otros sistemas de autenticidad aplicables entre los Estados miembros y, en particular, con el Convenio de La Haya de la Apostilla, hecho en La Haya el 5 de octubre de 1961[78] (art. 1[79])[80]. La Apostilla podrá seguir utilizándose en la circulación de documentos en el ámbito intraeuropeo, siempre que el ciudadano así lo decida. Es difícil imaginar que una persona prefiera pasar por este trámite, antes de beneficiarse de la flexibilización y las bondades que este nuevo Reglamento incorpora. El problema está en el grado de conocimiento que tienen los ciudadanos europeos de este Reglamento. Es evidente que para que este texto normativo sea operativo, los ciudadanos europeos tienen

---

78 *BOE* núm. 229, de 25 de septiembre de 1978.

79 DIAGO DIAGO, P., "La circulación de documentos públicos en situaciones transfronterizas: la tensión entre la seguridad jurídica y la reducción de las cargas para el ciudadano", *Cursos de Derecho internacional y relaciones internacionales Vitoria-Gasteiz 2019*, Valencia, Tirant lo Blanch, 2021, pp. 82-131.

80 Convenio suprimiendo la exigencia de la legalización de los documentos públicos extranjeros, hecho en La Haya el 5 de octubre de 1961 (*BOE* núm. 229, de 25 de septiembre de 1978).

que ser informados de que determinados documentos, los enumerados en el Reglamento, están exentos de toda forma de legalización, así como de la obligación de presentar copia certificada del documento original y de su traducción. Por este motivo, el Considerando 5 de dicho Reglamento incide en la obligación que tienen los Estados miembros de informar sobre tales extremos y en la necesidad de utilizar todos los medios adecuados para ello.

4.2.2. La eficacia probatoria europea intrínseca

El legislador europeo, hasta hace relativamente poco tiempo, no se ha ocupado de regular la eficacia probatoria intrínseca de los documentos públicos expedidos en un Estado miembro en otro Estado, solo ha contemplado la eficacia ejecutiva de los mismos. El Reglamento (UE) núm. 650/2012 marca un antes y un después en este ámbito al crear, por una parte, el certificado sucesorio europeo que hace posible acreditar en cualquiera de los Estados miembros la condición de heredero, legatario, ejecutor testamentario o administrador de la herencia, así como para ejercer los derechos y facultades respectivas (Capítulo VI)[81]; y al admitir, por otra, el valor probatorio de documentos expedidos por las autoridades de los Estados miembros en esta materia (art. 59). Esta tendencia se observa igualmente en el art. 58 de los Reglamentos que regulan el régimen económico del matrimonio [Reglamento (UE) núm. 2016/1103] y de las uniones registradas [Reglamento (UE) núm. 2016/1104]. El único límite impuesto por el legislador europeo para que un documento pueda ser aceptado en otro es que no sea contrario al orden público del Estado miembro requerido. Una condición de denegación que debe operar de forma restrictiva y excepcional, en particular, en los dos últimos textos normativos, puesto que existe la obligación de interpretar y aplicar dicha cláusula teniendo en cuenta los derechos fundamentales y los principios de la Carta [art. 38 del Reglamento (UE) núm. 2016/1103 y del Reglamento (UE) núm. 2016/1104].

Se admite, así, la conocida regla de la equivalencia de documentos, lo que implica que a un documento público se le debe otorgar en el Estado requerido una fuerza probatoria similar a la que tiene el documento en el Estado de origen o el efecto más parecido posible. Para facilitar la fijación

---

81 CARRASCOSA GONZÁLEZ, J., "Reglamento Sucesorio Europeo y Actividad notarial", *Cuadernos de Derecho Transnacional*, vol. 61, 2014, 5-44.

de dicho alcance probatorio, las partes interesadas podrán recabar de la autoridad de origen la expedición del formulario correspondiente donde se fije el valor probatorio del documento [arts. 58.1° *in fine del* Reglamento (UE) núm. 2016/1103 y núm. 2016/1104 y art. 59 del Reglamento (UE) núm. 650/2012]. Tales artículos admiten la presunción de regularidad del documento público extranjero. Su autenticidad solo puede ser contestada y recurrida ante los tribunales del Estado miembro de origen según la ley de dicho Estado, en cuyo caso los efectos probatorios del documento quedan suspendidos hasta que se pronuncie dicho tribunal al respecto. Ello será posible solo cuando existan dudas razonables sobre la regularidad del documento, es decir, existan problemas para identificar la autoridad que lo firma, de la calidad en la que lo hace, etc. También se admite la posibilidad de presentar el correspondiente recurso contra el acto o la relación jurídica consignada en dicho documento público. Es decir, cuando lo que se pretende recurrir es el contenido registrado en el documento público, lo que puede suceder, entre otras causas falta o vicio del consentimiento, error, dolo, violencia o intimidación, etc. En tales casos, se podrá recurrir ante los órganos jurisdiccionales que sean competentes. La interposición de este priva a los documentos públicos de su valor probatorio.

La aceptación del alcance probatorio de los documentos extranjeros que tales Reglamentos imponen ha de valorarse de forma positiva puesto que los sitúa al mismo nivel que a los documentos nacionales. Lo que supone no solo aceptar el documento, sino también reconocer el contenido de este, lo que conlleva al desplazamiento de lo que los derechos estatales regulan sobre valor probatorio y, en particular, del art. 323.2° de la Ley de Enjuiciamiento Civil.

5. CONCLUSIONES

En el presente trabajo se ha evidenciado que:

1°. La movilidad transfronteriza de los andaluces retornados y del talento extranjero, así como la de sus familias, plantea problemas a la hora de regularizar las circunstancias personales y las situaciones familiares adquiridas válidamente en otros Estados.

2°. En el espacio europeo dicha regularización se ve facilitada por mor de las libertades de circulación y el derecho de residencia, así como también por los derechos fundamentales (a la identidad personal y la vida en familia) y el principio de reconocimiento mutuo.

3°. No existe en el ámbito europeo una norma que regule de forma expresa el derecho a la continuidad transfronteriza de la identidad personal y familiar. Se trata de un derecho de impronta jurisprudencial (TJUE/TEDH) que presenta un carácter instrumental, de alcance restringido y un límite infranqueable: el orden público internacional, cuya aplicación es excepcional y estricta y, en ciertos casos, atenuada.

4°. El principio de reconocimiento mutuo de las resoluciones judiciales no solo se ha implantado de forma efectiva, sino que se ha extendido también al ámbito de los documentos públicos y de los acuerdos formalizados o registrados por las autoridades competentes. Con todo, su instauración no ha sido absoluta, sino parcial, puesto que solo ha tenido lugar en determinadas materias (límites materiales) y no obliga a todos los Estados miembros de la UE (límites espaciales). Lo que conduce a la existencia de una diversidad de modelos de reconocimiento, dando lugar a la existencia de situaciones semiclaudicantes.

5°. Es evidente la vinculación que existe entre la libre circulación de personas y la eficacia de los documentos públicos expedidos en otro Estado miembro. Ello ha llevado al legislador europeo, por una parte, a simplificar considerablemente los requisitos de presentación de documentos públicos otorgados en un Estado miembro en otro Estado, aunque su viabilidad depende de que los ciudadanos europeos sean informados de las bondades y beneficios que dicha regulación establece; y por otra, a proclamar el principio de equivalencia de documentos, aunque solo en relación con ciertos documentos públicos relativos a determinadas materias.

Capítulo 23
Mujeres andaluzas residentes en el extranjero víctimas de violencia de género: ¿existe un retorno seguro?[1]

CARMEN RUIZ SUTIL
Profesora titular de Derecho internacional privado
Universidad de Granada

1. INTRODUCCIÓN

La igualdad de género se ha convertido en una política fundamental para España, consolidándose como uno de los ejes centrales de su acción exterior. Del conjunto de leyes sobre la igualdad de trato entre mujeres y hombres que se han ido aprobando por el legislador estatal (principalmente en los ámbitos civil, penal y laboral), en este capítulo nos vamos a centrar en el ámbito consular y la implementación de las normativas que pretenden dar una respuesta integral al problema de las diversas formas de violencia contra la mujer[2].

Para avanzar en la situación real de las mujeres y niñas, hay que tener en cuenta que las discriminaciones pueden ser múltiples. Las mujeres sufren discriminación por el hecho de ser mujeres, pero además pueden sufrirla por su origen étnico o racial, orientación sexual o identidad de género (mujeres LGTBI), estatus económico, creencia religiosa, discapacidad o

---

1 Enmarcado en el Proyecto Internacional otorgado por la "Secretaría de Investigación de la Universidad Siglo 21 de Córdoba" (Argentina), denominado "Aspectos internacionales en la protección de la personas migrantes y refugiadas: la transversalidad de la perspectiva de género", investigadoras principales: Carmen Ruiz Sutil (Universidad de Granada) y Candela Villegas (Universidad Siglo 21, Argentina). Periodo: 01/08/2022 a 31/07/2023.

2 Como fue la Ley Orgánica 1/2004 de Medidas de protección integral contra la violencia de género, BOE núm. 313, de 29 de diciembre de 2004 (en adelante LO 1/2004) o la recién aprobada Ley Orgánica 10/2022, de 6 de septiembre, de garantía integral de la libertad sexual, BOE núm. 215, de 7 de septiembre de 2022 (en adelante LO 10/2022).

lugar de origen. La incorporación del enfoque de género en política exterior supone necesariamente trabajar desde la perspectiva de la interseccionalidad.

En este contexto, el compromiso de los poderes públicos en la atención y la asistencia a las víctimas de las diferentes formas de la violencia de género se extiende a las españolas y, por tanto, también a las andaluzas, que junto a sus hijos e hijas residen fuera de nuestras fronteras. Estas mujeres pueden soportar una situación de especial vulnerabilidad debido principalmente al desconocimiento de la realidad del país donde viven y a los recursos existentes para las víctimas, a lo que se une la ausencia de redes sociales/familiares e, incluso, de comprensión del idioma extranjero. En ocasiones, a la posible subordinación emocional y económica de su maltratador, se le une la falta de credibilidad que sufren estas mujeres por parte de las autoridades del lugar de residencia cuando denuncian el delito de violencia de género, quizás derivada de su estatuto de extranjería dependiente de su victimario. Estas barreras originan que sean más proclives a soportar agresiones machistas, lo que dificulta la salida de la espiral de ese maltrato.

Las víctimas españolas/andaluzas cuando residen en el exterior, se enfrentan a unos condicionantes muy particulares, principalmente si se programa su regreso o su repatriación a España. En consecuencia, nos centraremos en conocer la protección consular a la que pueden acceder nuestras conciudadanas maltratadas por las violencias de género en el exterior. La información consular que se les otorga, además de ofrecerle conocimiento de la legislación aplicable, de los recursos y de los servicios especializados, se convierte en una herramienta indispensable para salir de la lacra de la violencia de género.

Prestaremos atención, asimismo, a las situaciones privadas transnacionales creadas por éstas si regresan con sus hijos e hijas a nuestro país, con el propósito de evitarles una denuncia por sustracción internacional de menores. En estos asuntos transfronterizos, es conveniente delimitar el contexto extraeuropeo debido a la existencia de reglamentaciones que limitan el desplazamiento internacional de los hijos e hijas e imponen el retorno al Estado miembro de donde éstos fueron sustraídos, a pesar de padecer las consecuencias de la violencia de género. Y es que los instrumentos internacionales aplicables a estos asuntos no abrazan las técnicas y soluciones del principio de *gender mainstreaming*[3]. En las siguientes páginas se insistirá

[3] Igual está ocurriendo en la protección internacional de los menores, tal y como se destaca en RUIZ SUTIL, C., "El principio de coherencia ante la interacción de los

en la incorporación de esta herramienta analítica expuesta en la IV Conferencia Mundial sobre las Mujeres de Beijing de 1995[4] e incorporada en nuestro sistema interno[5]. Los cambios legislativos en la materia violencia machista en todas sus variantes, aspiran a fortalecer la dimensión de género en todas las políticas públicas de manera que la defensa y promoción de la igualdad entre hombres y mujeres se imprima en cada una de las actuaciones legislativas, incluidas aquellas que tengan lugar en el ámbito de la acción exterior[6]. Por ello, consideramos necesaria la alineación de la amalgama de normativas aplicables a los supuestos planteados por las víctimas españolas/andaluzas en el exterior y confeccionar respuestas acordes a estas circunstancias tan dramáticas.

2. MARCO NORMATIVO ESPAÑOL PARA LAS VÍCTIMAS DE VIOLENCIA DE GÉNERO RESIDENTES EN EL EXTERIOR

Tal y como se desprende del art. 42 de la Constitución española y del mandato legal derivado de la aplicación del art. 5 de la Convención de Viena sobre relaciones consulares de 1963[7], a la obligación general de proteger a las y los ciudadanos españoles en el exterior se le suma las tareas de información, asistencia y protección a las mujeres españolas/andaluzas víctimas de las manifestaciones de la violencia de género, en virtud del mandato del art. 9.2 de la Constitución.

El epígrafe está dedicado a realizar una breve evolución del marco normativo para la protección consular de las nacionales españolas/andaluzas

---

instrumentos de sustracción internacional de menores y el sistema de asilo europeo", en *Perspectivas de la política de inmigración, asilo y refugio en la Unión Europea,* A. Fernández Pérez, Thomson Reuters Aranzadi, Cizur Menor, 2022, pp. 43-62.

4 Hecha en Beijing, 4 a 15 de septiembre de 1995, A/CONF.177/20/Rev.1. *Vid.* https://www.un.org/womenwatch/daw/beijing/platform/.

5 La perspectiva de género, como principio que vincula a los operadores jurídicos en su actuación, incluidos también los procesos judiciales, halla apoyo en el art. 4 de la Ley Orgánica 3/2007, de 22 de marzo, para la igualdad efectiva entre mujeres y hombres (BOE núm. 71, de 23 de marzo de 2007).

6 Como señala el Informe Elcano 15, "Hacia una renovación estratégica de la política exterior española", disponible en https://www.realinstitutoelcano.org/informes/informe-elcano-15-hacia-una-renovacion-estrategica-de-la-politica-exterior-espanola/, la igualdad de género es un excelente ejemplo de sinergia y retroalimentación entre las dimensiones interna y externa de las políticas, en particular aquellas que persiguen la consecución de objetivos estratégicos.

7 BOE núm. 56, de 6 de marzo de 1970.

que, con sus hijos e hijas, son víctimas de alguna de las diferentes violencias machistas en el exterior[8]. En el recorrido legislativo español, nos encontramos con varios momentos determinantes:

En un primer momento, con la Ley 40/2006, de 14 de diciembre, del Estatuto de la Ciudadanía Española en el Exterior[9] (en adelante Ley 40/2006), se consagró en su Título II la necesidad de elaborar una política integral de retorno. Dicha normativa destaca por la especial protección de las mujeres que tuvieron que emigrar de nuestro país, como es el caso andaluz, salida realizada desde un contexto vinculado al traslado familiar, padeciendo la doble jornada de trabajo doméstico y el desarrollado fuera de casa. A esta realidad, se une la especial vulnerabilidad de la mujer emigrada para afrontar una situación de violencia de género debido a las dificultades añadidas que origina la emigración o el retorno. Así, el art. 26.3 de esta Ley 40/2006 menciona de manera específica que los poderes públicos desarrollarán medidas dirigidas a facilitar la protección y el retorno de las españolas residentes en el exterior y, en su caso, sus hijos e hijas, víctimas de situaciones de violencia de género cuando el país de residencia no las ampare de manera suficiente de estos delitos. Igualmente, el art. 31 de la Ley 40/2006 ordena el impulso de mecanismos de coordinación entre las distintas Administraciones Públicas competentes y consigue la complementariedad de las actuaciones para evitar la duplicidad de los programas o medidas de apoyo a favor de las personas españolas residentes en el exterior y de las personas retornadas. Comprobamos, por tanto, que la Ley 40/2006 es la primera regulación en prestar una atención reforzada a la mujer española emigrada que compense el desequilibrio vivido por motivos migratorios, además de protegerla si fuese víctima de las violencias de género en el exterior.

Más tarde, en el marco del cumplimiento de los compromisos internacionales asumidos por España derivados de los tratados de derechos humanos y la debida diligencia frente a todas las formas de violencia contra las mujeres[10], se configura la Ley 2/2014, de 25 de marzo, de la Acción y

---

8 Nos referimos a todas las manifestaciones de este tipo de violencia existentes en normativa internacional y española (violencia en la pareja o expareja, trata de mujeres y niñas con fines de explotación sexual, violencias sexuales, mutilación genital femenina, matrimonio forzado, violencia económica y violencia institucional).

9 BOE núm. 299, de 15 de diciembre de 2006.

10 Cabe destacar, entre otros instrumentos, la Convención para la eliminación de todas las formas de discrimin contra la violencia contra la mujer y la violencia doméstica del Consejo de Europa (Convenio de ación contra la mujer de Naciones Unidas, el Con-

del Servicio Exterior del Estado[11]. Básicamente, se atribuye al Ministerio de Asuntos Exteriores, Unión Europea y Cooperación, dentro de los ámbitos de la Acción Exterior del Estado y de su deber general de proteger a los españoles en el exterior, la promoción de la igualdad entre hombres y mujeres en conjunción con el impulso necesario para la eliminación de las violencias de género. En este contexto, se prestará una especial atención a las mujeres españolas/andaluzas y a su descendencia que residen en el exterior cuando vienen siendo víctimas de las violencias de género.

Seguidamente, con la finalidad de integrar las actuaciones para combatir la violencia contra las mujeres en la política exterior española, se firmó el Protocolo de actuación interministerial (Ministerios de Exteriores, Trabajo e Igualdad), de 8 de octubre de 2015, para la atención de las mujeres españolas víctimas de violencia de género en el exterior[12] (en adelante Protocolo de 2015). En estos momentos, se está trabajando en un nuevo protocolo que actualice el anterior y que impulse la protección de las víctimas que se hallan fuera de nuestras fronteras[13]. Además, el Ministerio de Asuntos Exteriores, Unión Europea y Cooperación y el Ministerio de Igualdad vienen trabajando conjuntamente para mejorar la recopilación de datos estadísticos.

---

venio sobre prevención y lucha Estambul) o el Convenio sobre la lucha contra la trata de seres humanos del Consejo de Europa (Convenio de Varsovia).

11 BOE núm. 74, de 26 de marzo de 2014.

12 Instrumento que se puede consultar en https://violenciagenero.igualdad.gob.es/informacionUtil/espanolas/protocolo/pdf/ProtocoloEspanolasExtranjero.pdf.

13 En caso de retorno de la mujer víctima, la Delegación del Gobierno para la Violencia de Género es la encargada de llevar a cabo labores de coordinación con las Comunidades Autónomas con el fin de garantizarle los derechos que les reconoce la normativa en la medida en que les sean de aplicación, así como facilitar y hacer efectiva su integración social conforme a lo dispuesto en el título II de la Ley 40/2006. No obstante, tras experiencias que ponen de manifiesto la descoordinación y la falta de criterios homogéneos para efectuar la repatriación, en el pleno de la Conferencia Sectorial de Igualdad de 27 de mayo de 2022 se ha aprobado una recomendación para que el Ministerio de Igualdad inicie los trámites necesarios para la firma de un protocolo de traslado y retorno de las víctimas españolas de violencia contra las mujeres en el exterior. El objeto principal es establecer las pautas de coordinación y criterios comunes para la ordenación del proceso de retorno de las nacionales españolas que son víctimas de violencia de género en el exterior. En el mismo, se recogen desde las reglas a seguir por las oficinas consulares hasta la comunicación a las unidades de violencia de las delegaciones y subdelegaciones del Gobierno. A partir de ahí, se apunta la constitución de grupos de trabajo, en cada caso, para abordar la valoración psico-social de la víctima, estableciendo sus necesidades de atención y protección a la hora de buscar respuesta para ellas.

A continuación, la Comisión Mixta de Seguimiento del Protocolo de 2015 aprobó en 2020 un plan de acción para el año en curso, con el objetivo de seguir perfeccionando este servicio de asistencia especial que requieren las españolas/andaluzas víctimas de las violencias de género y sus descendientes en el proceso de regreso a España. En este marco, con fecha 9 de octubre de 2020, se suscribió un Convenio entre varios ministerios y la Fundación del Consejo General de la Abogacía Española para el Asesoramiento Jurídico de Mujeres Españolas Víctimas de Violencia (en adelante Convenio Abogacía de 2020)[14]. El objetivo es brindarles la necesaria asistencia jurídica, tanto en lo relativo a su situación de víctima[15] como a la de sus hijos e hijas menores, extremo este último bastante preocupante ya que puede derivar en un delito de sustracción internacional de menores. Gracias al Convenio de 2020 y siendo posible el regreso a nuestro país, las víctimas retornadas pueden acceder a la atención multidisciplinar y al sistema de protección específico para ellas.

Posteriormente, con el nuevo impulso de los Objetivos de Desarrollo Sostenible de la Agenda 2030 de Naciones Unidas (en adelante ODS), tal y como establece el ODS nº 5[16] y sus dos metas de desarrollo[17] sobre la eliminación de todas las formas de violencia contra todas las mujeres y las niñas en los ámbitos público y privado, el Ministerio de Igualdad diseña determinadas acciones y articula en normas la mejora en la asistencia y protección de las mujeres españolas residentes en el extranjero, tal y como se evidencia en:

---

14 En resolución de 19 de octubre de 2020, de la Secretaría General Técnica, BOE núm. 287, de 30 de octubre de 2020.

15 Los casos de violencia que han recogido en el Convenio con la Abogacía son: maltrato de género en el ámbito de cónyuges o parejas; agresión y abuso sexual, acoso sexual y laboral por razón de género; trata de seres humanos con fines de explotación sexual y cualquier otra situación considerada violencia contra la mujer según el Convenio de Estambul de 11 de mayo de 2011. Por tanto, se refiere a cualquier tipo de violencia contra la mujer por el hecho de ser mujer o que afecta a la mujer de manera desproporcionada, como es la violencia física, psicológica, sexual o económica, la violación, el acoso sexual, la mutilación genital, el matrimonio forzado, los crímenes "de honor", la esterilización forzosa o la trata de seres humanos, entre otras.

16 Que es "lograr la igualdad entre los géneros y empoderar a todas las mujeres y las niñas", siendo un objetivo transversal para toda la Agenda.

17 Las dos metas del ODS nº 5 vienen redactadas de la siguiente manera: 5.2 "Eliminar todas las formas de violencia contra todas las mujeres y las niñas en los ámbitos público y privado, incluidas la trata y la explotación sexual y otros tipos de explotación"; 5.3. "Eliminar todas las prácticas nocivas, como el matrimonio infantil, precoz y forzado y la mutilación genital femenina"

1) La Ley Orgánica 8/2021, de 4 de junio, de protección integral a la infancia y la adolescencia frente a la violencia (en adelante LO 8/2021)[18] donde se regula la protección de los intereses de los menores de nacionalidad española que se encuentren en el extranjero y que son víctimas de las violencias sobre la infancia y la adolescencia (art. 51). Además, se ha llevado a cabo la inclusión de las hijas e hijos, y allegados menores de edad de las mujeres víctimas de las violencias de género al introducir la violencia vicaria en el sistema de protección integral de la LO 1/2004 a través de la reforma operada en esta LO 8/2021.

2) La Ley Orgánica 10/2022, de 6 de septiembre, de garantía integral de la libertad sexual (en adelante LO 10/2022)[19], que articula respuestas específicas para la protección frente a las violencias sexuales de las mujeres e infancia residentes en el exterior, siempre que sean de nacionalidad española. Así recoge el art. 31 la necesidad de formación del personal en el exterior para procurar la mejor atención a dichas víctimas[20]. Además, en su art. 51, regula la asistencia de Embajadas y Oficinas Consulares que, dentro de sus deberes generales de protección a los españoles y españolas en el exterior, deben amparar a las víctimas de violencia sexual, proporcionándoles orientación y acompañamiento de manera prioritaria dentro de sus capacidades. Todo ello en coordinación con la Delegación de Gobierno contra la violencia de género, tras la puesta en marcha del Protocolo 2015.

En consonancia con los anteriores compromisos, la Estrategia de Acción Exterior 2021-2024[21] dispone que la protección y asistencia consular debe avanzar hacia el valor constitucional de la igualdad efectiva de todas las personas. De hecho, se debe facilitar el asesoramiento a la ciudadanía española en el exterior de especial vulnerabilidad, debido a razones personales o circunstanciales especialmente graves, como sucede con las víctimas de las violencias de género. En este sentido, la Guía de la Política

18 BOE núm. 134, de 5 de mayo de 2021.

19 BOE núm. 215, de 7 de septiembre de 2022.

20 De hecho, en el III Plan para la igualdad de género en la Administración General del Estado (BOE núm. 1, de 1 de enero de 2021), dentro de las 9 líneas de medidas del Eje 5 de Violencia contra las mujeres, se desarrolla la adaptación para el personal en el exterior del Protocolo/Guía de actuación ante situaciones de violencia contra las mujeres.

21 [En línea] Disponible en: https://www.lamoncloa.gob.es/consejodeministros/resumenes/Documents/2021/270421-estrategia_de_accion_exterior_2021-2024.pdf [Consultado 18/01/2023].

Exterior Feminista PEF (2021)[22], instrumento que vela por la necesaria coherencia entre la política nacional y la acción internacional de España en relación con las prioridades establecidas, establece la prioridad ineludible de afrontar la violencia contra mujeres y la infancia.

En la actualidad, la Estrategia Estatal para combatir las violencias machistas 2022-2025[23] destaca que el Servicio Exterior está trabajando en una mayor visibilización del modelo español de lucha contra la violencia de género mediante la acción multilateral y alianzas con terceros Estados. Particularmente, en el ámbito consular se reconoce la necesidad de seguir mejorando la asistencia informada a las víctimas españolas en el exterior mediante una planificación específica para cada una de ellas.

En definitiva, hemos evidenciado que la violencia de género ha sido abordada como una prioridad de la acción exterior de España, cuestión que fue impulsada por el Pacto de Estado de 2017. La actual política exterior, de corte más feminista, confiere de un papel más activo a las Misiones Diplomáticas, Oficinas Consulares y a otros organismos que canalizan nuestra acción exterior en la promoción de la igualdad y la defensa de las mujeres españolas que son víctimas de las violencias machistas.

3. DIMENSIÓN CONSULAR EN LA ATENCIÓN Y ASESORAMIENTO DE LA VÍCTIMA

A raíz del Protocolo de 2015, las secciones consulares de las Embajadas y las oficinas consulares se comprometen a articular una serie de medidas destinadas a mejorar la atención y protección de las mujeres españoles que residan en el extranjero cuando son víctimas de violencia de género, tanto desde el punto de vista de la prevención y promoción de la igualdad como para abordar de modo rápido y eficiente situaciones de malos tratos. Y es que las Embajadas y consulados españoles pretenden convertirse en refugios contra las violencias machista[24].

---

22 *Cfr. Política exterior feminista. Impulsando la Igualdad en la Acción Exterior española* (2021) [en línea]: https://www.exteriores.gob.es/es/PoliticaExterior/Documents/2021_02_POLITICA%20EXTERIOR%20FEMINISTA.pdf [Consultado el 18/01/2023].

23 Disponible en https://violenciagenero.igualdad.gob.es/planActuacion/estrategiasEstatales/combatirViolenciaMachista/estrategia_2022_2025.htm.

24 Las estadísticas de 2022 de mujeres atendidas en Oficinas Consulares de España en el exterior, datos obtenidos gracias a la ayuda de la Coordinadora para la Violencia contra la Mujer y Menores en el Exterior del Ministerio de Asuntos Exteriores, Unión

El personal de las oficinas consulares viene obligado a prestar asistencia a los españoles residentes en el extranjero. Para acceder a dichos servicios, se comprueba que la víctima y sus hijos e hijas sean españoles[25]. Cuando éstos son conocedores de la situación de violencia de género, informan inicialmente a las víctimas españolas/andaluzas de los distintos recursos que les asisten en el país en que se encuentre[26]. Incluso, desde los consulados, se acompaña en las gestiones y contactos con autoridades locales competentes[27], junto al seguimiento oportuno de los servicios centrales del Ministerio de Exteriores.

En cuanto al regreso a España, si las víctimas españolas/andaluzas lo están sopesando, deben contactar con la oficina consular más cercana a

---

Europea y Cooperación, nos evidencian que han ascendido los casos a un total de 254 de casos de violencia contra mujeres españolas: 187 de los casos corresponden a supuestos de violencia de género (incluye la psicológica, física y sexual por pareja o ex pareja); 43 de los casos son de violencia de carácter sexual fuera del ámbito de la pareja (incluye violaciones, agresiones sexuales, situaciones de acoso y abusos sexuales a menores); 10 de los casos se identifican como violencia intrafamiliar hacia la mujer por parte de alguien que no era su pareja o expareja (incluye violencia hacia mujeres por parte de miembros de la familia y violencia hacia menores): 6 situaciones de matrimonio forzado; 0 casos de mutilación genital femenina; 2 de los casos de trata; 4 de los casos son de feminicidios con proceso penal y otras 2 situaciones diversas de violencia por cuestión de género.

25 La solicitud de documentación para descendientes menores de edad puede llevarla a cabo cualquier progenitor en la Embajada o Consulado de España, tal y como sucede con el pasaporte, que se expedirá siempre con autorización del otro progenitor que ostente también la patria potestad (Real Decreto 411/2014, de 6 de junio, por el que se modifica el Real Decreto 896/2003, de 11 de julio, por el que se regula la expedición del pasaporte ordinario y se determinan sus características, BOE núm. 154, de 25 de junio de 2014). Por su parte, para el salvoconducto, a pesar de no ser necesario el consentimiento de ambos progenitores (Real Decreto 116/2013, de 15 de febrero, por el que se regula la expedición del pasaporte provisional y del salvoconducto, BOE núm. 47, de 23 de febrero de 2013), no debe constar oposición expresa del otro progenitor.

26 La ayuda que se presta a las víctimas en embajadas y consulados españoles es de muy distinto tipo: disponen de una línea de atención psicológica de emergencia, informan de los recursos de ayuda disponibles en el país —incluidas casas de acogida—, forman en medidas de autoprotección, acompañan a mujeres a interponer una denuncia o dan ayudas económicas, entre otras, tal y como se expone en https://www.epe.es/es/igualdad/20220118/ayuda-violencia-machista-exterior-extranjero-embajadas-consulados-13107433.

27 Para ello facilitan información para contactar con los recursos especializados para víctimas de violencia de género disponibles en el país en que residan, así como orientación sobre los recursos médicos, educativos y legales que las autoridades locales ponen a su alcance ante situaciones de violencia de género.

su demarcación para pedir el asesoramiento legal y gratuito de un letrado español, en virtud del Convenio Abogacía de 2020. El Consulado o Embajada de España, que recibe la consulta, dará traslado a la Dirección General de españoles en el Exterior y Asuntos Consulares, particularmente al coordinador/a para la Violencia contra la Mujer en el Exterior de la Dirección General de españoles en el Exterior y de Asuntos Consulares[28]. Se informará a la Fundación Abogacía Española y la Subcomisión de Violencia sobre la Mujer del Consejo General de la Abogacía Española[29] para que conozcan y amparen la solicitud de consulta. Es importante conocer la provincia concreta en la que se va a establecer, con la finalidad de contactar con el Colegio de Abogados de ese domicilio[30]. Será el Servicio de Atención y Orientación Jurídica de Violencia (SAOJV) del Colegio de Abogados competente el que designe a un letrado o letrada para informar de los intereses de la mujer española/andaluza que se halla en el extranjero y pretende retornar a nuestro país.

Los casos más complejos suelen ser los que implican el regreso de menores a España, si éstos tienen la residencia habitual en el extranjero. Para ello deben pedir consentimiento del progenitor o, a falta de éste, solicitar la correspondiente autorización judicial, lo que puede llegar a demorarse en el tiempo ya que la legislación de cada país determina el ritmo de los procedimientos judiciales o administrativos. Es importante advertir a la mujer de tener un plan de acción de emergencia ante agresiones muy graves, que se manifiestan esencialmente cuando quieren ponerle fin a la relación o cuando ya se ha concluido la misma.

De cualquier manera, en situaciones muy graves y cuando el marco normativo vigente lo permita, las autoridades consulares pueden decidir la

---

28 Creación del puesto de Coordinador/a para la Violencia contra la Mujer en el Exterior.

29 El Órgano tiene entre sus funciones la coordinación de los servicios de asistencia a las mujeres víctimas de violencia de los Colegios de Abogados de España.

30 Durante el año 2022 se ha atendido por la Fundación Abogacía Española a casi una veintena de españolas víctimas residentes en el extranjero. Detrás de estas consultas hay una casuística muy compleja derivada de las situaciones privadas internacionales. La nacionalidad de los cónyuges suele ser distinta de la española, por tanto, también la de las y los hijos menores, junto con otros factores que influyen en el tipo de respuesta que se le puede ofrecer, por lo que la orientación que se les presta desde España es especializada. Las solicitudes de asesoramiento se han recibido de procedencias variadas tales como Luxemburgo, Costa Rica, diferentes lugares de Francia, Alemania, Países Bajos, Argelia, Bélgica, Bahamas y Suiza, según la fundación de abogacía española, *vid.* https://www.abogacia.es/actualidad/noticias/18-victimas-de-violencia-de-genero-han-sido-atendidas-por-la-fundacion-abogacia-en-2022.

repatriación de la víctima española y de sus hijos e hijas, organizando y adelantando el coste del traslado hacia España. En este sentido, es recomendable un previo asesoramiento jurídico de la situación para no incurrir en un delito de sustracción internacional de menores, temática compleja que se desarrollará en un epígrafe posterior.

En lo relativo al derecho a la asistencia jurídica, gratuita y especializada para las españolas víctimas de las violencias machistas ejercidas fuera de nuestras fronteras, éste tiene un desarrollo complejo y no es posible garantizarlo en todo su esplendor. Ciertamente, en nuestro sistema interno, para todas las víctimas de violencia de género y sexual que lo soliciten, debe quedar asegurado y de forma inmediata. Ello según lo dispuesto en el art. 2 h) de la Ley 1/1996, de 10 enero, de Asistencia Jurídica Gratuita[31] o en el art. 20 *in fine* de la LO 1/2004 de violencia de género, incluso en lo recogido en la LO 10/2022[32]. A lo sumo, tal derecho se ha desarrollado tasadamente en Convenio Abogacía de 2020, que únicamente hace referencia al asesoramiento jurídico para las españolas que padecen la violencia machista en el exterior, particularmente en sus dudas legales sobre su situación de víctima o la de sus hijos e hijas ante un posible regreso a España. A partir de su llegada a nuestro país, tendrá establecida la defensa y la representación en los procesos judiciales y administrativos de forma gratuita y especializada[33], letrado/a asignado que asistirá también a los causahabientes en situaciones de fallecimiento de la víctima, siempre que no fueran partícipes de los hechos delictuales.

Las nuevas realidades que arrastran las mujeres emigrantes conducen a que la Orden AUC/154/2022, de 21 de febrero, por la que se regulan las ayudas de protección y asistencia consulares en el extranjero[34], incluya una modalidad específica dirigida a víctimas españolas de violencia contra la

---

31 BOE núm. 11, de 12 de enero de 1996, reformada por Real Decreto Ley 3/2013 de 22 de febrero, modificada por ley 2/2017, de 21 de junio (BOE de 22 de junio de 2017).

32 Véase la Disposición final vigesimoprimera de la LO 10/2022, ya que propone la reforma de la Ley 1/1996.

33 Si la víctima regresa a España, es conveniente consultar con un especialista la posibilidad de testificar por videoconferencia. Se indica que en el ámbito iberoamericano existe el Convenio Iberoamericano sobre el Uso de la Videoconferencia en la Cooperación Internacional entre Sistemas de Justicia, disponible en: http://www.comjib.org/wp-content/uploads/imgDrupal/Convenio-Videoconferencia-ES-publicaciones_1.pdf.

34 BOE núm. 56, de 7 de marzo de 2022, derogando a la anterior Orden AEX/1059/2002, de 25 de abril, de bases reguladoras de las ayudas de protección y asistencia consular en el extranjero (BOE núm. 115, de 14 de mayo de 2002).

mujer (art. 7.1 e)[35]. Esto va a permitir ampliar los recursos que se dedican a esta atención consular especializada. Además, según la medida 63 del Eje 2 del Pacto de Estado contra la violencia de género[36], es posible sufragar los gastos a las víctimas españolas derivados de la asistencia jurídica en procesos penales y civiles surgidos en el extranjero.

Una vez que han regresado a España, las víctimas de violencia de género tienen algunas ayudas específicas, entre las que destaca la Renta Activa de Inserción (RAI). Igualmente, la víctima de trata con fines de explotación sexual tendrá derecho a cobrarla cuando quede identificada[37]. El inconveniente mayor para ser beneficiaria de estas ayudas surge de la acreditación civil o administrativa. Respecto de las víctimas de las violencias de género, el Real Decreto-ley 9/2018, de 3 de agosto, de medidas urgentes para el desarrollo del Pacto de Estado contra la violencia de género dispone que no se les exigirá la denuncia previa ni orden de protección para solicitar las ayudas sociales específicas[38]. Esto se complementa con lo dispuesto en la Resolución de 2 de diciembre de 2021, de la Secretaría de Estado de Igualdad y contra la Violencia de Género, por la que se publica el Acuerdo de la Conferencia Sectorial de Igualdad, de 11 de noviembre de 2021, relativo a

---

35 Por otra parte, la mejora de la atención al público perseguida por esta orden implica también su profesionalización, por lo que se prevé expresamente que la ayuda pueda consistir en el pago de un bien o servicio, de manera que se pueda proporcionar una atención psicológica inmediata a las víctimas españolas en el extranjero en situación de emergencia o crisis grave, como un accidente o una catástrofe o desastre natural, en la medida en que los medios técnicos y humanos de la Dirección General de Españoles en el Exterior y de Asuntos Consulares lo permitan (ver art. 7.2 de esta Orden).

36 Prevista en III Plan Estratégico para la Igualdad Efectiva de Mujeres y Hombres 2022-2025, medida 464.

37 Tal y como se dispone en la STSJ Galicia 5654/2022, de 15 de diciembre de 2022 (ROJ: STSJ GAL 8242/2022), la situación de las víctimas de trata sexual es equiparable a las de violencia de género, pues la ausencia de normas legales, reglamentarias o de criterios administrativos para acreditar la situación a los efectos del acceso a la RAI es una mera cuestión burocrática.

38 El Real Decreto-ley 9/2018, modificó el artículo 23 de la Ley Orgánica 1/2004, de 28 de diciembre, ampliando los títulos judiciales habilitantes para acreditar la condición de víctima de violencia de género. También estableció otros "títulos no judiciales habilitantes" para los casos en los que no hay denuncia y, en consecuencia, tampoco existe procedimiento judicial abierto. De esta forma, se podrán acreditar las situaciones de violencia de género mediante informe de los servicios sociales, de los servicios especializados o de los servicios de acogida destinados a víctimas de violencia de género de la Administración Pública competente; o por cualquier otro título, siempre que ello esté previsto en las disposiciones normativas de carácter sectorial que regulen el acceso a cada uno de los derechos y recursos.

la acreditación de las situaciones de violencia de género[39]. Por su parte, se contribuye a mejorar el acceso en la acreditación administrativa de víctima de las mujeres y niñas tratadas o explotadas sexualmente con la Resolución de 7 de julio de 2022, de la Secretaría de Estado de Igualdad y contra la Violencia de Género, por la que se publica el Acuerdo de la Conferencia Sectorial de Igualdad de 27 de mayo de 2022, relativo a la acreditación administrativa de la condición de víctima de trata de seres humanos y/o explotación sexual y sus Anexos I y III[40], que da cumplimiento al art. 47 del Real Decreto-ley 6/2022, de 29 de marzo[41]. Particularmente, se diseña una acreditación para estas víctimas que facilite el acceso a los derechos y prestaciones reconocidos en la normativa estatal sin supeditarlo a la interposición de una denuncia o a su voluntad de colaborar con la investigación judicial.

En suma, a pesar de ciertas carencias en el despliegue de efectos hacia el exterior de las normativas implicadas, desde los consulados y Embajadas se viene logrando empoderar a las víctimas españolas residentes en el extranjero para que rompan con las diferentes formas de las violencias machistas.

---

39 BOE núm. 297, 13 de diciembre de 2021. Así, podrá ser solicitada por las mujeres víctimas que se encuentren en las siguientes situaciones: a) En proceso de toma de decisión de denunciar; b) El procedimiento judicial haya quedado archivado o sobreseído; c) Tras la interposición de la denuncia, cuando el procedimiento penal esté instruyéndose; d) Con sentencia condenatoria firme con pena o penas ya extinguidas por prescripción, muerte del penado, cumplimiento de la condena, entre otras causas, u orden de protección que haya quedado inactiva (las medidas impuestas ya no están en vigor), por sentencia absolutoria o cualquier otra causa que no declare probada la existencia de la violencia; e) Con denegación de la orden de protección, pero existan diligencias penales abiertas; f) Cuando existan antecedentes previos de denuncia o retirada de la misma. Para ello, existe un modelo común de acreditación de la situación de violencia de género a través de un informe de los servicios sociales u otros profesionales. Esta información está disponible en la página web de la Delegación del Gobierno: https://violenciagenero.igualdad.gob.es/informacionUtil/acreditacion/home.htm.

40 BOE núm. 167, de 13 de julio de 2022.

41 BOE núm. 76, de 30 de marzo de 2022. En este Real Decreto-ley 6/2022 se adoptan medidas urgentes en el marco del Plan Nacional de respuesta a las consecuencias económicas y sociales de la guerra en Ucrania. Dentro de las medidas de protección a colectivos vulnerables y a fin de permitir el acceso a determinados servicios y recursos de las potenciales víctimas de trata de seres humanos y de explotación sexual —incluidas las derivadas del desplazamiento de personas que huyen del conflicto armado en Ucrania—, se habilita la acreditación de estas situaciones mediante un informe emitido por los servicios públicos encargados de la atención integral a estas víctimas con la participación de las entidades sociales debidamente reconocidas por las Administraciones Públicas competentes como especializadas en la materia.

4. DESAFÍOS ANTE EL REGRESO DE LAS VÍCTIMAS A ESPAÑA

Los obstáculos mayores del retorno hacia España de la víctima española/andaluza con sus hijos e hijas se producen, mayoritariamente, por la negativa del padre a la expedición del pasaporte de los o las menores y la negación del consentimiento para cambiarles de residencia habitual. Ante estas situaciones, es sustancial que la víctima busque redes de apoyo, como los consulados y Embajadas españoles, además de acudir a profesionales expertos en la materia que eviten la denuncia por sustracción internacional de menores si finalmente regresaran a nuestro país.

Con el objeto de evaluar la decisión de retorno a España, que viene rodeado de especiales circunstancias, en este epígrafe expondremos una serie de aspectos a considerar con la finalidad de evitar una serie de acciones civiles o penales que puede emprender el otro progenitor contra la española que sufre la violencia de género fuera de nuestras fronteras.

4.1. El traslado internacional de los hijos e hijas

La sustracción internacional de menores originadas por la huida de la violencia de género o doméstica constituye, sin duda, uno de los grandes retos actuales en el contexto de las familias transfronterizas. Y es que en los últimos tiempos existe un aumento considerable de casos en las que las mujeres víctimas de la violencia machista ejercida por su pareja o expareja se ven obligadas a "secuestrar" a sus hijos y huir a sus países de origen, seguramente movidas por el miedo y por la falta de mecanismos que garanticen el auxilio real[42]. Para evitar tales riesgos, respecto a nuestras nacionales, las Embajadas y consulados asesoran a las víctimas en la decisión de retorno a España. En casos más graves, las autoridades consulares llegan a participar en la repatriación de mujeres víctimas y de sus hijas e hijos[43].

---

42 En concreto, los casos de traslado ilícito del menor llevados a cabo por el titular del derecho de custodia por causas de violencia de género van en aumento, tal y como ya se ha expuesto por KAYE, M., "*The Hague Convention and the flight from domestic violence: how women and children are being returned by coach and four*", *International Journal of Law, Policy and the Family*, 13, 1999, pp. 191-212; WEINER, M. H., "*International child abduction and the escape from domestic violence*", *Fordham Law Review*, 2000, 69, pp. 593-706; PRETELLI, I., "Una reinterpretación del Convenio de La Haya sobre sobre la sustracción de menores para proteger a los niños de la exposición al sexismo, la misoginia y la violencia contra las mujeres", *Cuadernos de Derecho Transnacional*, Vol. 14, nº. 2, 2022, pp. 1310-1337.

43 En 2019 se introdujo por primera vez en las estadísticas consulares el recuento de datos de casos de violencia contra las mujeres españolas en el exterior, de acuerdo

El principal escollo del retorno de la víctima a nuestro país, como hemos anunciado, es la posibilidad de ser acusada de un delito de sustracción internacional de menores, a pesar de que el desplazamiento de los hijos o hijas venga motivado por la violencia de género. La ilicitud del traslado se identifica con una infracción de los derechos de custodia de conformidad con la legislación del Estado de la residencia habitual del niño o niña, definición resultante del art. 3 del Convenio de La Haya de 25 de octubre de 1980 sobre aspectos civiles de la sustracción internacional de menores (en adelante CLH 1980)[44]. Esto ocurre cuando se produce el traslado o la retención ilícita de un niño o niña menor de 16 años a un Estado distinto al de su residencia habitual, si faltase el consentimiento del otro progenitor para tal fin. El derecho interno español, por ejemplo, no otorga la facultad unilateral de decidir el cambio de la residencia de la o del menor al progenitor que tuviese concedida judicialmente la guarda y custodia, ya que es una cuestión que afecta a la patria potestad[45]. Por tanto, se debe advertir a

---

con el artículo 3 del Convenio de Estambul. De las estadísticas publicadas se extraen los datos siguientes: en 2019, hubo 18 repatriaciones; en 2020, fueron repatriadas 20 mujeres y 15 hijos; en 2021, 16 mujeres y 10 menores; y en 2022, a falta de cerrar las cifras definitivas, se ha probado la repatriación de 13 mujeres y 6 menores.

44 BOE núm. 202, de 24 de agosto de 1987. Huelga decir que el significado de "derecho de custodia" es fundamental para la cuestión de si ha habido traslado o retención ilícitos de menores, aunque su concepción puede diferir en los distintos ordenamientos jurídicos. Para ilustrarlo, véase la SAP de Málaga núm. 238/2014, de 1 de abril de 2014 (ECLI: ES:APMA:2014:1762), que muestra cómo la madre sustractora del menor se intenta acoger a lo dispuesto en el Código Civil de Lituania para alegar que no ha cometido retención ilícita de su hija. Sin embargo, este término no ha de quedar determinado únicamente por el Derecho del Estado miembro de residencia habitual del menor afectado, sino que ha de reflejar las disposiciones de los instrumentos internacionales aplicables a la sustracción internacional de menores. La existencia y el ejercicio del derecho de custodia pueden ser considerados también a la luz de las disposiciones de la Carta de los Derechos Fundamentales de la Unión Europea y conforme a los arts. 7 y 8 del Convenio Europeo de Derechos Humanos, que prevén que toda persona tiene derecho al respeto de su vida familiar.

45 En Derecho español, la decisión del cambio de residencia del menor se encuadra en el ámbito del ejercicio conjunto de la patria potestad, haciéndola depender del consentimiento o autorización de ambos progenitores (arts. 154 y 156 Código civil) o, en su caso, del consentimiento judicial (art. 158 del Código civil). La STS de 26 de octubre de 2012 (*Tol 2672517*) ha contribuido a la uniformidad de la jurisprudencia en materia de traslados ilícitos, reconociendo que el derecho a decidir sobre la residencia de un hijo corresponde a los titulares de la patria potestad. Sobre el tema *cfr.* DE LA IGLESIA MONJE, M.ª I., "El cambio de residencia del extranjero progenitor custodio y la importancia del interés del menor", *Revista Crítica de Derecho inmobiliario*, 2015, núm. 748, pp. 895-906.

la víctima solicitante de asesoramiento en los consulados o Embajadas españoles que, si procede al traslado del domicilio de los o de las menores sin consentimiento del padre, puede correr el riesgo de que se curse solicitud de regreso de estos al país de su residencia habitual.

Con la finalidad de evitar el delito de sustracción internacional de menores, se debe aclarar el concepto de residencia habitual acorde con el concepto de Derecho internacional privado de los principales textos internacionales en materia de protección de menores. A la hora de valorarlo, se verifica el centro social de vida de la hija o el hijo en dicho país[46]. Además, tendremos en cuenta que nuestro país se vincula a distintos instrumentos internacionales que contienen normas de competencia judicial internacional, de ley aplicable, de reconocimiento y ejecución de decisiones, así como mecanismos de cooperación entre autoridades centrales para resolver el traslado o retención ilícita de menores. Ahora bien, el más eficaz en la regulación de la sustracción internacional de menores en sede de cooperación judicial internacional es el que establece el CLH 1980[47].

En los desplazamientos ilícitos de menores se deben valorar distintos escenarios: a) si su residencia habitual está en un Estado miembro del Reglamento (UE) 2019/1111 del Consejo de 25 de junio de 2019 relativo a la competencia, el reconocimiento y la ejecución de resoluciones en materia matrimonial y de responsabilidad parental, y sobre la sustracción internacional de menores (en adelante el Reglamento 2019/1111)[48], instrumento que complementa al CLH de 1980, aplicables ambos a traslados ilícitos intraeuropeos; b) si su residencia habitual está en un país parte del Convenio relativo a la competencia, la ley aplicable, el reconocimiento y eje-

---

46 Para ello se podrá aportar la documentación que acredite la filiación y el domicilio; el certificación/matrícula del colegio o guardería que indique el período de asistencia del menor; el certificado de empadronamiento u otros documentos que acrediten la residencia habitual de la persona menor (entre otros, la tarjeta sanitaria, permisos de residencia, certificados de vida laboral de los progenitores, documentación acreditativa de escolarización u otros documentos relacionados con la vida del niño o niña en dicho país) o cualquier resolución judicial o administrativa relacionada con la temática.

47 En ámbito convencional, también nuestro país forma parte del Convenio Europeo de Luxemburgo de 20 de mayo de 1980, sobre reconocimiento y ejecución de las sentencias sobre custodia de los hijos (BOE núm. 210, de 1 de septiembre de 1984) y del Convenio entre España y Marruecos sobre asistencia judicial, reconocimiento y ejecución de resoluciones judiciales en materia de derecho de custodia y derecho de visita y devolución de menores, de 30 de mayo de 1997 (BOE núm. 150, de 24 de junio de 1997).

48 DOUE L 178/1, de 2 de julio 2019.

cución y la cooperación en materia de responsabilidad parental y medidas de protección de los niños, hecho el 19 de octubre de 1996[49] (en adelante CLH 1996) que, a su vez participa en el CLH 1980, siempre que el traslado se produzca entre Estados del CLH 1996 no vinculados por el texto institucional[50]; c) si su residencia habitual está en un país que forma parte únicamente del CLH 1980[51] y el traslado fuese hacia otro Estado parte del mismo; d) si su residencia habitual no está en un país participante del CLH 1980 ni en otro instrumento en la materia, se actuará en coordinación con la Embajada o Consulado correspondiente, de cara a evaluar el modo de actuación más conveniente e, incluso, iniciar un procedimiento judicial específico ante los tribunales del Estado en el que se encuentre el menor.

La finalidad del CLH 1980 gira en torno a la pronta restitución de la o del menor sustraído al lugar de su residencia habitual mediante la cooperación internacional de autoridades centrales[52]. Del art. 12 primer párrafo del CLH 1980 se infiere que la autoridad judicial o administrativa del Estado contratante donde el menor está retenido ilícitamente es la que debe decidir sobre la devolución. Salvo circunstancias excepcionales previstas en los arts. 13 o 12 segundo párrafo del CLH 1980, los y las menores deben ser restituidos al país de su residencia habitual y serán las autoridades de este las que decidirán sobre el fondo del asunto (custodia y visita, entre otros), además de determinar su lugar de residencia definitivamente. En todo caso, incidimos en que la sustanciación de un proceso civil sobre la responsabilidad parental se lleva a cabo en el país de la residencia habitual de aquéllos, independientemente de la tramitación de la restitución conforme a la normativa correspondiente.

Desde la aplicación de los instrumentos internacionales en materia de sustracción se favorece la petición de restitución realizada por el progenitor que se ha visto privado de la tenencia de sus hijos o hijas, a pesar de que se trate de un maltratador. Y es que, en relación con los traslados internacionales de menores originados por una situación de violencia de género, los textos internacionales y europeos en la materia no abrazan el *gender*

---

49 BOE núm. 291, de 2 de diciembre de 2010.

50 Véase el art. 97 del Reglamento 2019/1111, que establece la respuesta sobre una posible colisión con las reglas del CLH 1996.

51 Puede consultarse en https://www.hcch.net/en/instruments.

52 Para España, la Subdirección general de cooperación jurídica internacional dependiente del Ministerio de Justicia, *cfr.* https://www.mjusticia.gob.es/es/area-internacional/tramites-internacionales/sustracci%C3%B3n-de-menores/resuelve-tus-dudas/datos-contacto.

mainstreaming[53] ni contemplan soluciones adaptadas a estos escenarios tan dramáticos. Por tanto, el progenitor-maltratador podrá recuperar a las y los menores sustraídos por varios cauces[54]: 1) Solicitud de restitución inmediata a través de la Autoridad Central de su país de residencia habitual conforme al art. 8 del CLH 1980; 2) Demanda civil de restitución urgente de los hijos o hijas desplazados ilícitamente, interpuesta ante la autoridad judicial del lugar de residencia habitual de aquéllos y de acuerdo con las reglas correspondientes del DIPr.; 3) Denuncia penal ante los jueces competentes de la localidad de donde hayan sustraído a sus hijos, según el derecho interno correspondiente (en España juzgados de instrucción).

La única referencia transversal que podemos acoger para la sustracción internacional de menores originada por la violencia de género[55] la encontramos en el art. 13.1 b) CLH 1980, cuando establece la posibilidad de no restitución del menor si ha sido expuesto a un peligro grave físico o psíquico o si, de cualquier otra manera, se le pone en una situación intolerable[56].

---

[53] Metodología que se remonta al Informe de la Cuarta Conferencia sobre la Mujer celebrada en Pekín en 1995 (A/CONF.177/20/Rev.1). Sobre el tema, *vid.* FACIO MONTEJO, A., *Cuando el Género suena, cambios trae. (Una metodología para el análisis de género del fenómeno legal)*, San José (Costa Rica), ILANUD, 1999, p. 125.

[54] En muchas ocasiones la solicitud de restitución que se presenta ante el Ministerio de Justicia español no se atiende con la celeridad o urgencia que requiere el caso. Por ello, es recomendable la interposición de una demanda civil de restitución, así como una denuncia penal, e incluso la denuncia en el Estado del país donde han sido sustraídos los hijos.

[55] Los redactores del CLH pensaron en solucionar supuestos que mayoritariamente se daban en aquella época, donde el sustractor, mayoritariamente padre, trataba de salir huyendo con sus hijos a un Estado de refugio para conseguir una resolución judicial favorable de custodia. Véase el Informe explicativo del Convenio de La Haya de 1980 realizado por la profesora E. Pérez Vera, disponible en: http://www.menores.gob.ar/userfiles/perez_vera_elisa_informe_explicativo_del_convenio_de_la_haya_de_1980.pdf.

[56] El "grave riesgo", el "daño físico o psíquico" y la "situación intolerable" son los conceptos clave del art. 13.b) del CLH 1980. Sobre estos conceptos cabe formular varias observaciones: a) todos estos conceptos deben interpretarse, siempre, restrictivamente en el sentido que confirma la jurisprudencia SAP Málaga de 30 de abril de 2015 (*Tol 5579682*) y también la Fiscalía General del Estado a través de su Circular 6/2015 de 17 de noviembre sobre aspectos civiles de la sustracción internacional de menores; b) Los tres conceptos deben concurrir y deben probarse, siempre, en el caso concreto, ya que las alusiones genéricas no son relevantes; c) Los tres conceptos deben dirigirse siempre en relación al "menor", no a la madre o hermanos del mismo. El AAP de Barcelona de 23 de abril de 2012 (ECLI: ES:APB:2012:2580) ha dispuesto que para considerar la existencia de riesgo o peligro para el o la menor "no basta la mera mención a la existencia de una situación de riesgo o perjuicio si no va acompañada [...]

Para que se sustente tal excepción, en situaciones de violencia contra la mujer, debe aportarse suficiente documentación y que la instancia judicial competente lo admita. De la Guía de buenas prácticas en virtud del Convenio del 25 de octubre de 1980 sobre los aspectos civiles de la sustracción internacional de menores —Parte VI— Artículo 13(1)(b)(2) de la Conferencia de La Haya de Derecho Internacional Privado (en adelante Guía de Buenas Prácticas de 2020 del CLH de 1980)[57], se desprende, entre otras cuestiones, que "el grave riesgo para el niño puede estar basado también en el daño que pueda llegar a sufrir el progenitor sustractor en manos del otro progenitor…". Esta Guía incluye para la valoración del grave riesgo tanto la violencia familiar o doméstica ejercida contra la o el niño (víctima directa) como la violencia de género contra el cónyuge (víctima indirecta). Desde el punto de vista de la legislación española, el art. 1, apartado segundo de la LO 1/2004 dispone que el daño causado a las y los niños por exposición a violencia familiar es un daño directo a estas personas menores. Y es que, desgraciadamente, la violencia de género tiene un efecto muy serio y negativo en el desarrollo de las y los hijos[58]. No obstante, en la práctica, el art. 13.1 b) del CLH 1980 sigue teniendo un complicado encaje en los supuestos de violencia de género por diferentes motivaciones, en particular[59], ya que no se considera a nivel jurisprudencial que la o el menor quede expuesto a un grave peligro físico o psíquico si fuera retornado, aunque sea víctima directa de la violencia de género. A ello se le une que los instrumentos internacionales, ciegos a la perspectiva de género, imponen como solución general la devolución de la persona menor que ha sido desplazada ilícitamente, a pesar de que medie una situación de violencia machista y sin tener en cuenta que el regreso será al país donde se ha manifestado la violencia machista.

---

de prueba eficaz que corrobore la alegación". *Vid.* PAZ LAMELA, R. S., "Causas de no restitución del menor en los supuestos de sustracción internacional (Análisis a través de la jurisprudencia reciente)", *Anuario da Facultade de Dereito da Universidade da Coruña,* 2013, núm. 17, pp. 675-685.

57 *Cfr.* https://assets.hcch.net/docs/6de308cc-a588-4154-acc0-bf8c15c51b12.pdf.

58 HALE, B., "*Taking Flight – Domestic Violence and Child Abduction*" en *Current Legal Problems, Volume 70, Issue 1,* 2017, 3-16.

59 El carácter insuficiente o infrautilizado de la regulación de la violencia de género en la sustracción internacional de menores ha sido estudiado por REIG FABADO, I., "Violencia de género en la sustracción internacional de menores: ¿regulación insuficiente, infrautilizada o ambas cosas?", en *Protección de menores en situaciones transfronterizas: análisis multidisciplinar desde las perspectivas de género, de los derechos humanos y de la infancia,* Tirant lo Blanch, Valencia, 2022, pp. 931-973.

El resultado de todo lo expuesto nos lleva a concluir que, si la víctima española/andaluza y su descendencia vienen a refugiarse a España huyendo de la violencia de género, acabarán probablemente regresando al país donde salieron. En este aspecto, debemos ser cautos a la hora de asesorar el retorno o, en su caso, la repatriación de la víctima y sus hijos e hijas hacia España. Minimizar el impacto de la violencia de género en estas situaciones puede conducir a resultados trágicos e irreversibles, como consecuencia de la aplicación sin correcciones de una normativa ciega a la perspectiva de género y que no tiene en cuenta el interés de los y las menores que viven la violencia de género[60].

4.2. Coordinación para un retorno intraeuropeo libre de violencia de género

En situaciones intraeuropeas, la posibilidad de volver por decisión unilateral a España por parte de la víctima española/andaluza, con sus hijos e hijas que residen en el exterior, es casi improbable, debido a las consecuencias derivadas de la aplicación del Reglamento 2019/1111. En este instrumento europeo se consagra el principio de restitución de las y los menores sustraídos al Estado miembro de origen (arts. 22 al 29 de este texto), regla que venía impuesta por el CLH 1980. A ello se le añade la conservación de la competencia en materia de responsabilidad parental del tribunal del Estado de la anterior residencia habitual del menor (art. 9 del Reglamento 2019/1111), a pesar de que allí sucedan episodios de violencia de género. Esta reglamentación tiene la finalidad de producir un "efecto disuasorio" en los progenitores para evitar la proliferación de desplazamientos ilícitos de menores, sin entrar a valorar las situaciones especiales que puedan afectar al interés superior de la o del niño que convive con la violencia de género.

En casos extremos como los aludidos, si las y los menores son trasladados a España por decisión única de la madre víctima de violencia de género, éstos serán devueltos al país de su anterior residencia habitual siempre que se adopten las medidas necesarias para asegurar la protección los niños y niñas tras su restitución (art. 27.3 Reglamento 2019/1111). La decisión judicial del retorno, a pesar de haber demostrado que la situación de violencia de género influye en el grave riesgo de la o del menor conforme el art. 13.1.b) CLH 1980, debe poner el acento en la adopción de medidas de protección

---

60 Véase la obra de LARA AGUADO, A. (dir.), *Protección de menores en situaciones transfronterizas: análisis multidisciplinar desde las perspectivas de género, de los derechos humanos y de la infancia*, Valencia, Tirant Lo Blanch, 2022.

para tal fin. Sin embargo, éstas no son descritas en la parte dispositiva del instrumento europeo[61], aunque se dan ejemplos en los Considerandos 45[62] y en el 46, párrafo penúltimo del Reglamento 2019/1111[63]. En el ámbito jurisprudencial, comprobamos que el fundamento de derecho segundo de la SAP de Barcelona de 17 de enero de 2022[64] propone la aplicación de la Guía de Buenas Prácticas de 2020 del CLH de 1980, particularmente los apartados 43 y siguientes, ya que aportan elementos de interpretación para adoptar tales medidas que garanticen un retorno seguro para menores sustraídos.

Por su parte, la indicación del art. 27.3 del Reglamento 2019/1111 ilumina la carga de la prueba a la hora de aportar las medidas del retorno seguro. Si esto no le consta al tribunal de otro modo, será la parte que solicita la devolución del o de la menor quien debe probar que existen estas medidas. Dicha cuestión, a nuestro entender, no debería ser factible cuando medie violencia de género ya que no se puede dejar la decisión del retorno seguro de las y los menores sustraídos a manos del solicitante maltratador[65].

---

61 Véase HOLLIDAY, J., "*The Rights of the Child. Amending Brussels IIa*" en *International Family Law,* 2015, pp. 38-39, p. 39, que plantea la posibilidad de utilizar medidas como las previstas en el art. 11 del Convenio de La Haya de 1996, solución que también sostiene VAN LOON, H., "*The Brussels IIa Regulation: towards a review?*" en *Cross-border activities in the EU-Making life easier for citizens,* Workshop for the JURI Committee, 2015, pp. 178-207, en especial 294 y 197, disponible en: http://www.europarl.europa.eu/RegData/etudes/STUD/2015/510003/IPOL_STU(2015)510003_EN.pdf.

62 Cabe citar, entre otras, una orden de un órgano jurisdiccional del Estado miembro por la que se prohíba al demandante acercarse a la persona menor; una medida provisional, incluidas las medidas cautelares, de dicho Estado miembro por la que se permita a la niña o niño permanecer con el progenitor que lo ha sustraído y que asume su cuidado efectivo hasta que se adopte una resolución sobre el fondo de los derechos de custodia tras la restitución; o, en caso de que la persona menor necesite tratamiento médico derivado de los malos tratos, se aportará la prueba de que se tiene acceso a los servicios médicos oportunos.

63 Dichas medidas provisionales o cautelares podrían incluir, por ejemplo, la decisión de que el o la menor siga residiendo con la persona que asume su cuidado efectivo o, incluso, la determinación del modo en que deben tener lugar los contactos con el menor tras la restitución hasta que el órgano jurisdiccional del Estado de residencia habitual del menor haya dictado las medidas que considere apropiadas. Lo anterior ha de entenderse sin perjuicio de cualquier medida o resolución que el órgano jurisdiccional del Estado miembro de residencia habitual del o de la menor pueda dictar tras su restitución.

64 Sentencia de la Audiencia Provincial de Barcelona de 17 de enero de 2022 (SAP B 931/2022).

65 En este sentido también RODRÍGUEZ PINEAU, E., "Sustracción internacional de menores en casos de violencia familiar" en *El derecho frente a la violencia dentro de la familia:*

En cuanto a qué autoridad compete adoptar dichas medidas y controlarlas, exclusivamente se alude a que le conste al órgano jurisdiccional conocedor del asunto encargado de la devolución del o de la menor (art. 27.5 Reglamento 2019/111). Esta disposición se desarrolla haciendo referencia explícita a la cooperación judicial con la autoridad competente del juez de la residencia habitual de la niña o del niño (art. 27.4 y 5, respectivamente Reglamento 2019/1111)[66], pudiendo establecer medidas provisionales y cautelares conforme al art. 15 de dicho texto[67] y evitar los posibles daños ante el regreso obligado[68]. Conjuntamente, debemos tener presente el art. 26 del Reglamento 2019/1111, que recoge el derecho de la persona menor a expresar su opinión en los procedimientos de restitución[69]. En nuestra opinión, el derecho a oír al o la menor debería materializarse ante un equipo experto en materia de violencia de género y conocedor de los procesos de sustracción internacional.

Como evidenciamos, el juez no queda obligado a ordenar la restitución del menor si no se han adoptado las necesarias medidas de protección para una devolución más segura y libre de violencia, aunque tampoco podrá denegarla bajo estas circunstancias[70].

---

un acercamiento multidisciplinar a la violencia de género y la protección de los hijos menores de edad, Thomson Reuters Aranzadi, Madrid, 2019, pp. 233-254 y pp. 236-237.

66 Sobre el tema, *cfr.* FORCADA MIRANDA, F. J., *Las comunicaciones judiciales directas en la cooperación jurídica internacional,* Tirant Lo Blanch, Valencia, 2017.

67 CAMPUZANO DÍAZ, B., "La competencia judicial internacional en materia de responsabilidad parental: las reglas especiales (arts. 16 y 16)", en *Estudio del Reglamento (UE) 2019/1111 sobre crisis matrimoniales, responsabilidad parental y sustracción internacional de menores,* Thomson Reuters Aranzadi, Cizur Menor, 2022, pp. 117-131; CALZADO LLAMAS, A.J., "Las medidas provisionales y cautelares en los procedimientos de restitución de menores: Análisis del Reglamento (UE) 2019/1111 en conexión con el ordenamiento jurídico español", *CDT,* vol. 13, núm. 1, 2021, 87-109.

68 Sin embargo, en muy pocas ocasiones los jueces españoles se han atrevido a no restituir al menor a pesar de la demostración de la existencia de un grave riesgo por su exposición a la violencia de género y la inexistencia de medidas adecuadas para su protección cuando regresara al país de origen. Sobre el tema, *cfr.* RUIZ SUTIL, C., "Implementación del Convenio de Estambul en la Refundición del Reglamento Bruselas II bis y su repercusión en la sustracción internacional de menores" en *Cuadernos de Derecho Transnacional,* vol. 10, núm. 2, pp. 615-641.

69 Más sobre dicho derecho DURÁN AYAGO, A., "El derecho del menor a expresar sus opiniones", en *Estudio del Reglamento (UE) 2019/1111 sobre crisis matrimoniales, responsabilidad parental y sustracción internacional de menores,* Thomson Reuters Aranzadi, Cizur Menor, 2022, pp. 153-168.

70 Tal y como afirma REIG FABADO, I., "El traslado ilícito de menores en la Unión…", p. 616, que entra a analizar las medidas de retorno seguro en el ámbito de aplicación del CLH 1996.

Otro de los retos a superar en los procesos de sustracción internacional de menores es prever el impacto de la violencia de género en el mecanismo de última palabra, denominado también de prevalencia, instaurado en los arts. 29.6 y 42.b) del Reglamento 2019/1111. Este procedimiento tiene su origen en el art. 29.6 del dicho Reglamento, que ordena que una decisión sobre el fondo del asunto en materia de custodia y que suponga la restitución del menor, precedida de otra que supuso la no restitución en aplicación del art. 13.1.b) del CLH 1980[71], sea ejecutable directamente en el Estado miembro donde se encuentre la niña o el niño, sin que sea necesaria una declaración de fuerza ejecutiva[72]. Esta cuestión debe relacionarse con los párrafos 4 y 6 del art. 56 del Reglamento 2019/1111, que prevén una causa de suspensión excepcional —art. 56.4— y de denegación —art. 56.6— de dicho procedimiento de ejecución cuando la o el menor se exponga a grave riesgo físico o psíquico por cambio significativo de circunstancias[73]. Por tanto, es la autoridad del país de origen de la persona sustraída y no retornada la que obliga definitivamente a devolverla a dicho Estado. Recordemos que este lugar de retorno es, probablemente, donde ocurrieron los hechos delictivos, circunstancias que motivaron la decisión de no devolución emitida por la autoridad donde se hallaba la o el menor sustraído.

Este mecanismo ha sido bastante controvertido por el hecho de establecer un retorno del menor que contradecía una resolución anterior y que era directamente ejecutable[74]. Su rigidez únicamente se quiebra al garantizar la audiencia al menor y prever causas excepcionales de suspensión y denegación de la ejecutoria, con carácter excepcional, que podrían evitar este riesgo. A nuestro parecer, con esta reglamentación, nos podemos

---

71 En estos casos, se prevé en el art. 29.2 la emisión de un certificado por parte del juez que consta en el anexo 1 y que remitirá en el plazo de un mes, junto con otra documentación, al juez que conoce sobre el fondo del asunto.

72 A tal efecto, hay que remitirse al Capítulo IV del Reglamento en lo que atañe a las resoluciones privilegiadas (art. 34.2 de dicho texto). Sobre el tema, *cfr.* RODRÍGUEZ VÁZQUEZ, M.ª A., "El régimen de las resoluciones privilegiadas", en *Estudio del Reglamento (UE) 2019/1111 sobre crisis matrimoniales, responsabilidad parental y sustracción internacional de menores,* Thomson Reuters Aranzadi, Cizur Menor, 2022, pp. 237-250.

73 Cfr. REIG FABADO, I., "Violencia de género en la sustracción internacional de menores...", *cit.*, p. 917.

74 Entre otros, *cfr.* GONZÁLEZ MARIMÓN, M., "El «diálogo» entre el TJUE y el TEDH en torno a la eliminación del exequátur del mecanismo de retorno del Reglamento Bruselas II bis", en El mercado único en la Unión Europea. Balance y perspectivas jurídico-políticas, Dykinson, Madrid, 2019, pp. 81-94.

encontrar con asuntos judiciales que supongan un partido *ping-pong* a la hora de valorar el riesgo de la o del menor sustraído en situaciones tan dramáticas, lo que no ayuda a disminuir las consecuencias de la violencia de género.

En definitiva, la falta de claves de género en la normativa institucional conduce a la acentuación de estos casos trágicos que vienen circulando por la UE. En estos momentos, confiamos en una firme coordinación entre las autoridades implicadas, tal y como refuerza el art. 80.2 del Reglamento 2019/1111[75], para llegar a soluciones más dispuestas a afrontar un retorno libre de violencia de género de las y los menores sustraídos al Estado miembro referido.

4.3. Cuestiones penales y la Orden europea de protección para un retorno seguro

En atención a las circunstancias concretas de cada mujer, a su situación de vulnerabilidad y a la legislación penal y procesal del país (por ejemplo, si los hechos violentos están tipificados como delito, si está previsto adoptar medidas judiciales de protección en caso de presentación de denuncia) resulta conveniente que la violencia de género se denuncie en el lugar que se han originado los hechos delictivos. Por un lado, esto permite una investigación y recogida de pruebas y testimonios más exhaustiva. En la medida de lo posible, la oficina consular procurará acompañar a la víctima en este trámite y se pondrá a su disposición un intérprete si no hablara con fluidez el idioma local[76]. Por otro lado, cuando la víctima regrese a España, le constarán los antecedentes del caso, que junto al informe consular y a la documentación que proporcionen las autoridades policiales y judiciales y los servicios sociales del país extranjero, pueden ayudar a la valoración del riesgo y a la acreditación de la condición de víctima en nuestro país.

En determinados países resulta muy difícil denunciar, porque los hechos ni siquiera son constitutivos de delito. Si no se puede denunciar en origen, existen algunas opciones:

1) Fuera del marco europeo, ante la dificultad o imposibilidad de denuncias *in situ*, porque los delitos no estén tipificados en el Estado de co-

---

75 Además, *cfr.* los considerandos 3, 72, 73, 74, 75 y, en particular, el 76.

76 Si no resulta posible que se ocupe de esta tarea uno de los auxiliares traductores que formen parte de la plantilla de la Oficina por falta de cualificación o imposibilidad de desplazamiento, se podrá contratar a un intérprete oficial externo.

misión, ni sometidos a la jurisdicción española[77], es conveniente que la víctima española/andaluza, antes de su retorno a nuestro país, realice un acta de manifestaciones en la Embajada u oficina consular. Dicha acta puede acompañarse de un informe, donde la jefatura de la oficina consular corrobore tales impedimentos. En todo caso, dicha acta no tendrá la consideración de denuncia aunque permite dejar constancia de la intención de denunciar y de lo sucedido.

2) En la UE, es posible denunciar incluso en España cuando los hechos hayan tenido lugar en otro Estado miembro. El art. 17 de la Ley 4/2015, de 27 de abril, del estatuto de la víctima del delito (en adelante Ley 4/2015)[78] contempla que las víctimas residentes en España podrán presentar ante las autoridades españolas denuncias correspondientes a hechos delictivos que hubieran sido cometidos en el territorio de otros países de la UE. A su vez, si se cumplieran las condiciones del art. 23.4 l) Ley Orgánica del Poder Judicial (en adelante LOPJ)[79], a la jurisdicción española le correspondería conocer del delito de violencia de género cometido en extranjero, cuando afecta a españolas y se dan el resto de los presupuestos de la justicia universal[80]. Si se resuelve no dar curso a la investigación por falta de jurisdicción, se remitirán inmediatamente la denuncia presentada a las autoridades competentes del Estado en cuyo territorio se hubieran cometido los hechos[81].

---

77 Por no cumplirse los presupuestos del art. 23.4 l) de la LOPJ.

78 BOE núm. 101, de 28 de abril de 2015. Esta normativa española es la transposición al derecho interno de la Directiva 2012/29/UE del Parlamento Europeo y del Consejo, de 25 de octubre de 2012, por la que se establecen normas mínimas sobre los derechos, el apoyo y la protección de las víctimas de delitos.

79 Conforme a la redacción dada por Ley Orgánica 1/2014, de 13 de marzo, de modificación de la Ley Orgánica 6/1985, de 1 de julio, del Poder Judicial, relativa a la justicia universal (BOE núm. 63, de 14 de marzo de 2014).

80 En particular, se dispone que "también conocerá la jurisdicción española de los delitos que hayan sido cometidos fuera del territorio nacional, siempre que los criminalmente responsables fueren españoles o extranjeros que hubieran adquirido la nacionalidad española con posterioridad a la comisión del hecho y concurrieren los siguientes requisitos: l) Delitos regulados en el Convenio del Consejo de Europa de 11 de mayo de 2011 sobre prevención y lucha contra la violencia contra las mujeres y la violencia doméstica, siempre que: 1º el procedimiento se dirija contra un español; 2º el procedimiento se dirija contra un extranjero que resida habitualmente en España o; 3º el delito se hubiera cometido contra una víctima que, en el momento de comisión de los hechos, tuviera nacionalidad española o residencia habitual en España, siempre que la persona a la que se impute la comisión del hecho delictivo se encuentre en España".

81 Tras la comunicación a la víctima denunciante por el procedimiento que hubiera designado conforme a lo previsto en la letra m) del art. 5.1 de la Ley 14/2015 del Estatuto de la víctima.

Para estos asuntos intraeuropeos, merece la atención destacar los instrumentos de reconocimiento mutuo de decisiones penales y civiles, ya que pueden generar una mejora en la protección de la víctima si decide regresar a nuestro país. Si los hechos delictivos de violencia de género han tenido lugar en el territorio de otros países de la UE, se recomienda valorar la conveniencia de solicitar una orden europea de protección conforme a los requisitos establecidos por la Directiva 2011/99/UE, del Parlamento Europeo y del Consejo, de 13 de diciembre de 2011 sobre la orden europea de protección[82], traspuesta al sistema español mediante la Ley 23/2014, de 20 de noviembre, de reconocimiento mutuo de resoluciones penales en la Unión Europea[83]. De esta manera, la española/andaluza que es víctima de violencia de género y quiera trasladarse a nuestro país, si es beneficiaria de una medida de protección adoptada como medida cautelar o como pena privativa de derechos[84], de una orden de protección o de un auto de medidas cautelares o sentencia, puede solicitar la adopción de la orden europea de protección ante el órgano judicial competente en el país donde reside. Este certificado europeo se transmitirá a la autoridad competente española[85] para que proceda a su ejecución y así adoptar las medidas oportunas a favor de las víctimas con la finalidad de evitar poner en peligro su vida, su integridad, su dignidad, su libertad individual o su integridad sexual en nuestro país.

Por otra parte, cabe destacar que, si las órdenes de protección son adoptadas como parte de procedimientos civiles y administrativos, deben quedar cubiertas por el Reglamento (UE) 606/2013 relativo al reconocimiento mutuo de medidas de protección en materia civil (certificados civiles).

---

82 DOUE L 338/2, de 21 de diciembre de 2011.

83 BOE núm. 282, de 21 de noviembre de 2014.

84 La orden de protección puede emitirse tanto en relación con las medidas impuestas cautelarmente en un proceso penal como respecto de las penas privativas de derechos, siempre que consistan en: a) La prohibición de entrar o aproximarse a determinadas localidades, lugares o zonas definidas en las que la persona protegida reside o que frecuenta; b) la prohibición o reglamentación de cualquier tipo de contacto con la persona protegida, incluidos los contactos telefónicos, por correo electrónico o postal, por fax o por cualquier otro medio o; c) la prohibición o reglamentación del acercamiento a la persona protegida a una distancia menor de la indicada en la medida.

85 En España, los Juzgados de Instrucción o Juzgados de Violencia sobre la Mujer del lugar donde la víctima resida o tenga intención de hacerlo serán los que reciban la orden europea de protección para su ejecución, tras dar audiencia al Ministerio Fiscal por plazo de tres días. Cuando sea reconocida, sin dilación se adoptará una resolución en la que imponga cualquiera de las medidas previstas en el Derecho español para un caso análogo al aportado a fin de garantizar la protección de la persona protegida

Desde luego, ambos mecanismos de reconocimiento mutuo de decisiones penales en la UE, desde nuestro punto de vista, se convierten en recursos convenientes para la víctima española/andaluza cuando decida regresar a nuestro país de forma más protegida, aunque debe acompañarse de medidas civiles de protección para sus hijos o hijas, mediante el art. 15 del Reglamento 2019/1111[86], incluyendo el consentimiento necesario para efectuar el traslado hacia España.

5. CONCLUSIONES

La ciudadanía española residente en el extranjero y, por tanto, la emigración andaluza, se ha duplicado en los últimos años. Hemos comprobado que nuestras conciudadanas suelen encontrarse con una serie de barreras que las coloca en una situación de vulnerabilidad frente a la violencia de género en todas sus dimensiones. Por ello, nuestros poderes públicos tienen la obligación de informar, asistir y proteger a las mujeres víctimas de violencia de género, a la que se suma el compromiso de protegerlas cuando se encuentran fuera de nuestras fronteras.

Desde el ámbito consular, se ha venido desarrollando en los últimos tiempos una asistencia especializada para las españolas en el exterior cuando son víctimas de las violencias de género, así como una planificación específica en caso de retorno a nuestro país. Sin embargo, todo el sistema de protección de las víctimas de las distintas violencias machistas, cuando el delito se comete en España, no ha sido posible desplegarlo para nuestras conciudanas que residen en el exterior. Por ello, desde la acción consular, debemos seguir fortaleciendo una protección más integral de dicho colectivo y lograr que rompan con la lacra de la violencia género, en línea con el Protocolo de 2015.En todo caso, no se trata de establecer un estatuto privilegiado para ellas, sino de avanzar en igualdad y garantizarles todos los derechos fundamentales con independencia de donde se hallen.

Asimismo, hemos expuesto que las necesidades de este colectivo de víctimas van variando ya que pueden plantearse el retorno a nuestro país. En consecuencia, las actuaciones consulares deben encaminarse al asesoramiento jurídico de tal objetivo. Para ello, el Convenio firmado en 2020 con la Abogacía española, fortalece el apoyo brindado a las mujeres na-

---

86 RUIZ SUTIL, C., "Implementación del Convenio de Estambul en la Refundición del Reglamento Bruselas II bis…" *cit.*

cionales víctimas de violencia de género en el extranjero a través de un asesoramiento especializado para conocer el impacto del regreso a nuestro país. Si regresa con sus hijos e hijas, puede encontrar con una denuncia por sustracción internacional de menores si este traslado se califica como ilícito conforme el CLH de 1980.

Los instrumentos internacionales al respecto dirigen su actuación a la devolución inmediata de los y las menores al país de su residencia habitual, incluso cuando media una situación de violencia machista. En estos procesos, hemos evidenciado varios desafíos como saber materializar un "retorno seguro" al país donde se desarrollaron los hechos violentos, pero con medidas de seguridad y sin exponerlo a situaciones de riesgo derivadas de la violencia de género. Y todo ello coordinado con las autoridades judiciales o administrativas que participan en estos asuntos. Y es que la vulnerabilidad de las y los niños que viven en un entorno de violencia machista lleva a poner de manifiesto la existencia de una realidad jurídica complicada, de naturaleza delicada y, especialmente, necesitada de visibilización y adaptación a tales circunstancias.

A pesar de identificar las disfunciones y carencias, desde la perspectiva de género, de los instrumentos internacionales sobre desplazamientos ilícitos de menores, desde los consulados y embajadas se viene ofreciendo a las víctimas españolas/andaluzas la mejor asistencia posible para que no sean acusadas del delito de sustracción internacional si planean el traslado de sus hijos e hijas hacia España.

En definitiva, el reconocimiento internacional de España a su compromiso con la promoción de la igualdad de género y la lucha contra la violencia de género tiene un valor en sí mismo que conviene preservar y consolidar. Para el avance de estas dimensiones, cuestiones que traspasan fronteras, se requiere que el legislador siga poniendo el foco en la protección de las víctimas españolas/andaluzas que viven en el exterior, además de posibilitarles, si fuera posible, un retorno más seguro a nuestro país. Situar la igualdad de manera efectiva como eje central de la acción exterior puede ayudar a fortalecer la defensa de las víctimas españolas/andaluzas en el exterior.

Capítulo 24

Retorno y problemáticas en el régimen jurídico de la reagrupación familiar

DIANA MARÍN CONSARNAU
Profesora agregada (contratado doctor)
Derecho internacional privado
Universitat Rovira i Virgili

1. INTRODUCCIÓN

Una de las cuestiones a las que puede tener que enfrentarse una persona de nacionalidad española en el retorno a España tras un proceso migratorio es el que se deriva de las luces y las sombras del régimen jurídico de la reagrupación familiar aplicable.

El contar con una regulación específica que atienda a las realidades de las familias mixtas, entendiéndose estas como aquellas que cuentan con vínculos familiares con personas de distintas nacionalidades constituidas o llevadas a cabo en otros países por los propios nacionales[1], supondría un paso adelante en la protección que se demanda respecto de los migrantes españoles en el exterior. Y ello teniendo en cuenta las implicaciones que tiene que la persona de nacionalidad española ostente, a su vez, la condición de ciudadano de la Unión, en función de su calidad de ciudadano de la Unión estático o pasivo, en la cual distinguimos, en el contexto del retorno, distintas situaciones en las que puede encontrarse en ese estadio de *pasividad.* O, por el contrario, que haya ejercido efectivamente la libre circulación y sea considerado, a efectos del Derecho de la UE, como un ciudadano de la Unión activo.

Este marco nos sitúa en una red de derechos y autorizaciones de residencia que ha precisado abordarse con especial atención en el contexto del Brexit y de la pandemia con la COVID-19, tal y como hemos tenido la oportunidad de analizar especialmente en el ámbito de las uniones regis-

---

1 ASÍN CABRERA, A., "Reagrupación familiar y modelos de familia", en *Las fronteras exteriores de la Unión Europea e inmigración a España: Relaciones Internacionales y Derecho,* J.J. Forner i Delaygua (Dir.) Tirant lo Blanch, Valencia, 2007, pp. 153-174.

tradas[2]. Estudio del que se nutre una parte de este nuevo trabajo que ahora se presenta y que deviene de la oportunidad que brinda la nueva formulación de la figura del arraigo familiar a través del Real Decreto 629/2022, de 26 de julio, por el que se modifica el Reglamento de la Ley Orgánica 4/2000, sobre derechos y libertades de los extranjeros en España y su integración social, tras su reforma por Ley Orgánica 2/2009, aprobado por el Real Decreto 557/2011, de 20 de abril[3].

2. RÉGIMEN JURÍDICO DE LA REAGRUPACIÓN FAMILIAR EN FUNCIÓN DE LA SITUACIÓN DEL NACIONAL ESPAÑOL REAGRUPANTE COMO CIUDADANO DE LA UNIÓN

El retorno al país de la propia nacionalidad del ciudadano de la Unión involucra regímenes jurídicos de reagrupación familiar diferenciados en el tratamiento que reciben los familiares nacionales de terceros Estados, dependiendo de si se ha ejercido un derecho a la libre circulación y residencia en otro Estado miembro (EM) o de si se ha emigrado a un tercer Estado.

Pero estas situaciones no son tan sencillas de ajustar, en su secuencia, en las circunstancias que ofrece la realidad práctica. Ello, se observa con naturalidad en el asunto *Coman*[4]. Primero, nos encontramos con un proceso migratorio del ciudadano de la Unión a un tercer país (EE. UU.); con posterioridad se ejerce un derecho a la libre circulación, pero no desde un EM a otro EM, sino desde un tercer Estado (EEUU) a un EM (Bélgica), amparado no obstante por el derecho a la libre circulación basado en el estatuto de ciudadanía del reagrupante, puesto que no deja de ser un ciudadano de la UE que traslada su residencia a otro EM de acogida[5]. Y, finalmente, se produce el retorno al país de la propia nacionalidad desde un EM (Bélgica) a otro EM (Rumanía).

---

2 MARÍN CONSARNAU, D., "Nuevos y heredados desafíos en el contexto del regreso al país de origen del ciudadano de la Unión y su familia", *REDI*, Vol. 73, 2, 2021, 131-146.

3 *BOE*. Núm. 179, de 27 de julio de 2022 (*Tol 9139125*).

4 As. C-673/16, ECLI:EU:C:2018:385 (*Tol 6624767*). Véanse los comentarios de ÁLVAREZ GONZÁLEZ, S., "¿Matrimonio entre personas del mismo sexo para toda la UE?: A propósito de las conclusiones del Abogado General en el Asunto Coman", *La Ley Unión Europea*, 56, 2018 y JIMÉNEZ BLANCO, P., "La movilidad transfronteriza de matrimonios entre personas del mismo sexo: la UE da un paso: Sentencia del Tribunal de Justicia de 5 de junio de 2018, asunto C-673/18: Coman", *La Ley Unión Europea*, 61, 2018.

5 *Vid.* GUILD, E., PEERS, S., TOMKIN, J., *The EU Citizenship Directive. A commentary*, Oxford University Press, Oxford, 2014, pp. 53-54.

Variantes como las del asunto *Coman* o distintas a ellas aparecen en la casuística de la jurisprudencia del TJUE, que va tejiendo el entramado de los derechos de residencia derivados[6], en las que se ve obligado a acudir al art. 21 TFUE[7] en aquellas situaciones que no resultan beneficiarias directas de la cobertura proporcionada por la Directiva 2004/38/CE[8].

La movilidad intra-UE de los ciudadanos de la UE se beneficia así, a través del derecho primario o derivado, de un régimen privilegiado que satisface la expectativa legítima de garantizar las relaciones familiares, ya sea en el Estado miembro de acogida o en el país de la propia nacionalidad cuando se produce el retorno. Aunque en este último supuesto planean inquietudes en relación con la brecha que se produce entre los movimientos genuinos de los ciudadanos de la Unión y el retorno al Estado de la propia nacionalidad, y el abuso del Derecho de la Unión, y que han sido especialmente alimentadas en el proceso del Brexit, plantándose la semilla de una propuesta de endurecimiento de la Directiva 2004/38/CE, en atención a acoger solamente dichos movimientos genuinos[9].

Estas inquietudes han estado presentes en la jurisprudencia del TJUE, debatiéndose sobre la necesidad de que la residencia del ciudadano de la Unión en otro Estado miembro (el de acogida), previa al retorno, sea una re-

---

6 MARÍN CONSARNAU, D., "Derechos de residencia derivados: balance de la jurisprudencia del TJUE de la última década en los albores de la actual", *La Ley Unión Europea*, 83, 2020.

7 En la búsqueda del amparo del Derecho de la UE, pero con distintos fundamentos. SOTO MOYA, M., "La libre circulación de personas como concepto ambivalente", *REDI*, Vol. LX, 1, 2008, 163-177; CRESPO NAVARRO, E., "La libertad de circulación y residencia de los ciudadanos de la Unión y de sus familiares a la luz de la jurisprudencia reciente del Tribunal de Justicia de la Unión Europea", *Revista General de Derecho Europeo*, 49, 2019, 52-130, CIPPITANI, R., "Derechos de los inmigrantes en la jurisprudencia del TJUE", en *Retos en inmigración, asilo y ciudadanía. Perspectiva Unión Europea, internacional, nacional y comparada*, D. Marín Consarnau (Dir.), Marcial Pons, Madrid, 2021, p. 27.

8 Directiva 2004/38/CE del Parlamento Europeo y del Consejo, de 29 de abril de 2004, relativa al derecho de los ciudadanos de la Unión y de los miembros de sus familias a circular y residir libremente en el territorio de los Estados miembros por la que se modifica el Reglamento (CEE) n° 1612/68 y se derogan las Directivas 64/221/CEE, 68/360/CEE, 72/194/CEE, 73/148/CEE, 75/34/CEE, 75/35/CEE, 90/364/CEE, 90/365/CEE y 93/96/CEE. *DO* L 158, de 30 de abril de 2004 (*Tol 4637192*).

9 EUCO (European Council document) 10/16 de 19 de febrero de 2016, pp. 8-37, en especial, p. 35. Al respecto, GROENENDIJK, K., "*Brexit: Free Movement of Union Citizens and the Rights of Third-Country Nationals under Threat?*", en *Migration on the move. Essays on the Dynamics of Migration*, C. Grütters, S. Mantu, P. Minderhoud (Eds.), Brill/Nijhoff, 2017, pp. 292-302.

sidencia efectiva para considerarse que existe un obstáculo al regreso al país de origen si no se reconoce un derecho de residencia derivado al familiar. Entendiéndose esta como una residencia en el Estado miembro de acogida que le haya permitido desarrollar o consolidar una convivencia familiar que quiere continuar a su regreso. Dicha residencia es la que deriva del art. 7 Directiva 2004/38/CE (derecho de residencia por más de tres meses) o del art. 16 Directiva 2004/38/CE (derecho de residencia permanente), no pudiendo considerarse aquellos períodos inferiores a 3 meses (art. 6 Directiva 2004/38/CE) ni tan siquiera considerándolos en su conjunto[10].

Jurisprudencia sobre la aplicación análoga de la Directiva 2004/38/CE en la que, además, asumiéndose ya la aplicabilidad en los supuestos de retorno, se ha preguntado al TJUE sobre la posibilidad de imponer algún límite cómo el obligar a que, en el retorno al Estado miembro de la propia nacionalidad del ciudadano de la Unión, este deba ir acompañado necesariamente de su familiar para generar precisamente un derecho derivado de residencia. Para el TJUE una normativa nacional podría exigirlo y ser compatible con el Derecho de la Unión, siempre que tal normativa permita tener en cuenta, en una apreciación global, otros datos pertinentes. En particular los que puedan demostrar que, pese al tiempo transcurrido entre el regreso del ciudadano de la Unión a dicho Estado miembro y la entrada del miembro de su familia, nacional de un tercer Estado, en el mismo Estado miembro, la convivencia familiar desarrollada y consolidada en el Estado miembro de acogida no cesó, de modo que la concesión de un derecho de residencia derivado a ese miembro de la familia resulte justificada, extremo que corresponde verificar al órgano jurisdiccional remitente[11].

Así las cosas, en un primer escenario de retorno nos encontramos con la construcción de derechos de residencia derivados para los familiares que encuentra su base jurídica en el art. 21 TFUE, en supuestos en los que la Directiva 2004/38/CE no ha alcanzado a cubrir las situaciones potenciales de movilidad en las que el ciudadano de la Unión puede verse envuelto en el desarrollo de sus relaciones familiares. Escenario en el que la reunión familiar genera unas necesidades fuera del amparo directo de dicho instrumento, como ocurre en los casos de retorno al país de la propia nacionalidad tras haber ejercicio el derecho a la libre circulación y residencia en otro EM[12].

---

10 As. C-456/12, ECLI:EU:C:2014:135 (*Tol 4132545*).

11 As. C-230/17, ECLI:EU:C:2018:497 (*Tol 6649448*)

12 Como resultado, el esquema para la obtención de los permisos de residencia para los familiares resulta especialmente complejo. BORRÁS, A., "Le Droit international privé

Sin embargo, este no es el único escenario en el que puede verse una persona de nacionalidad española envuelta en un proceso migratorio. Esto es cuando la emigración ha sido en un tercer país y se retorna a España. Aunque haya residido en un tercer país, el tratamiento en la reagrupación familiar se identifica con el que recibe el ciudadano de la Unión que siempre ha residido en el país de su propia nacionalidad, a efectos de la construcción llevada a cabo, hasta el momento, por el TJUE respecto a los derechos derivados de residencia de los familiares del ciudadano de la Unión. Pero ello no obsta, como hemos visto, a que pueda considerársele como un ciudadano de la Unión activo si desde ese tercer país pasa a residir en un Estado miembro distinto al de su propia nacionalidad y acaba retornando al país de la propia nacionalidad.

Como resultado, en el caso en el que se retorne desde un tercer Estado, sin que en ningún momento del proyecto migratorio se haya ejercido la libre circulación ya sea también desde un tercer Estado, no encontramos amparo en el art. 21 TFUE, entendiéndose que se trataría de una cuestión que compete al Derecho de extranjería interno regular, entendido como el derecho nacional que regula la reagrupación familiar de los propios nacionales. En este caso, superadas las cuestiones puramente internas en atención a la condición de ciudadanía de la Unión que se ostenta, el límite, no puede olvidarse, es ahora la debida compatibilidad de la regulación o de la medida nacional con el art. 20 TFUE, tras la saga de la doctrina iniciada por el TJUE en el asunto *Ruiz Zambrano*[13], en tanto que el ciudadano de la Unión, ante la negativa a un permiso de residencia para el familiar, se vea obligado a abandonar el territorio de la Unión en su conjunto. Ello, tal y como ha sido evidenciado en la jurisprudencia del TJUE, es más plau-

---

communautaire: réalités, problèmes et perspectives d'avenir", *Recueil des Cours*, tome 317, 2005, pp. 361-363, GUILD, E., "*EU Inclusion and Exclusion: From Workers to Citizens to People*", en *Migration on the move. Essays on the Dynamics of Migration, op. cit.*, p. 203.

13 As. C-34/09, ECLI:EU:C:2011:124 (*Tol 3242120*), en la que el TJUE inicia una doctrina que encuentra una conexión con el Derecho de la Unión vinculada al disfrute efectivo de la esencia de los derechos que confiere el estatuto de ciudadanía y, aunque aclara que están fuera del ámbito de aplicación de la Directiva 2004/38/CE, el amparo se traduce en el alcance del manto protector del art. 20 TFUE, que prontamente fue matizada y excepcionada. ABARCA JUNCO, P., VARGAS GÓMEZ-URRUTIA, M., "El estatuto de ciudadano de la Unión y su posible incidencia en el ámbito de aplicación del Derecho comunitario (STJUE Ruiz Zambrano), *REEI*, 23, 2012, pp. 13-15, y cuyo espíritu va recuperándose en jurisprudencia posterior. HAAG, M., *"CS and Rendón Marín: Union Citizens and their Third-Country National Parents – A Resurgence of the Ruiz Zambrano Ruling?"* Recuperado de *http://eulawanalysis.blogspot.com/2016/09/cs-and-rendon-marin-union-citizens-and.html* (2016), [Consulta: 15/12/2022].

sible en el caso de menores de corta edad que cuando el reagrupante es mayor de edad, dificultándose su aplicación para los supuestos de retorno de españoles adultos en el exterior. Límite que además permite subsumir la cuestión en el ámbito de aplicación del Derecho de la Unión en materias de competencia exclusiva estatal como es la nacionalidad en situaciones en las que la persona se enfrenta a la pérdida del estatuto de ciudadanía de la Unión aun residiendo en un tercer Estado[14], distinguiéndose entre el ámbito competencial de la Unión Europea y el ámbito de aplicación del Derecho de la Unión, que exige respeto a los Estados miembros en el ejercicio de sus competencias[15].

Nos situaríamos pues ante un Derecho de extranjería interno que regule la reagrupación familiar de los propios nacionales, que contemple también las situaciones de retorno desde un tercer Estado, y que no precisa ser compatible con el mínimo exigido por la Directiva 2003/86/CE, sobre reagrupación familiar[16], en el entendido que esta Directiva es aplicable a los familiares de extranjeros reagrupantes y no de propios nacionales que actúan como reagrupantes[17].

La cuestión sobre si estos supuestos entrarían o no dentro del ámbito de aplicación de la Directiva 2003/86/CE fue precisamente uno de los puntos de desacuerdo en su negociación. La primera propuesta de directiva presentada por la Comisión atendía, en cierto modo, a las situaciones de los ciudadanos de la Unión que no habían ejercido la libre circulación, indicándose, en el original art. 4, que dicha situación pasaría a regirse por las disposiciones del Reglamento (CEE) nº 618/68 del Consejo y restantes disposiciones de Derecho comunitario, pero que acabó desapareciendo en el texto finalmente aprobado.

No obstante, la realidad de la casuística ha llevado al TJUE a plantearse esta concreta cuestión, afirmándose que no se ha previsto la aplicación

---

14 MARÍN CONSARNAU, D., "Nacionalidad y pérdida del estatuto de ciudadano de la Unión: un recorrido por la jurisprudencia del TJUE escalón a escalón", *Revista General de Derecho Europeo*, 58, 2022, 292-340.

15 CORNELOUP, S., "*Réflexion sur l'émergence d'un droit de l'Union européenne en matière de nationalité*", *Journal du droit international*, 3, 2011, 495. Ello es puesto de relieve por OROZCO HERMOSO, M., "La evolución de la jurisprudencia del Tribunal de Justicia de la Unión Europea en materia de Nacionalidad", AEDIPr, t. XXII, 2022, pp. 443-481.

16 *DO* L 251, de 3 de octubre de 2003 (*Tol 339739*).

17 Respecto a la negociación en las directivas, BLANCO JIMÉNEZ, P., "Las libertades de circulación y de residencia de los miembros de la familia de los ciudadanos de la Unión Europea", *Diario La Ley*, 5771, 2003.

de dicha Directiva a un nacional de un tercer país que sea miembro de la familia de un ciudadano de la Unión que no ha ejercido su derecho a la libre circulación[18].

No obstante, la propia promoción de situaciones de discriminación inversa en la reagrupación familiar ha seguido comprometiendo a las regulaciones específicas para estos supuestos. Y ha obligado a plantearse si la Directiva 2003/86/CE puede llegar a aplicarse por analogía cuando el Derecho nacional ha declarado el precepto aplicable a tales situaciones de manera directa e incondicional y si el TJUE resulta competente para pronunciarse sobre cuestiones prejudiciales relativas a disposiciones del Derecho de la Unión en situaciones en las que los hechos del litigio principal quedan fuera de su ámbito de aplicación, pero en las que dichas disposiciones del Derecho de la Unión han sido declaradas aplicables por el Derecho nacional mediante una remisión a su contenido.

Ello deviene en la STJUE de 7 de noviembre de 2018[19], en un caso que afecta a permisos de residencia en relación a los cónyuges extranjeros de nacionales neerlandeses, que, como ciudadanos de la Unión, nunca habían ejercido su derecho a la libre circulación y siempre habían residido en el país de su propia nacionalidad, es decir, en los Países Bajos.

Para el tribunal remitente, las situaciones quedan fuera del ámbito de aplicación de la Directiva 2003/86/CE por ser los reagrupantes nacionales de los Países Bajos. No obstante, concebía que el art. 15 Directiva 2003/86/CE podía aplicarse por analogía en tanto que el Derecho neerlandés dispone que la normativa legal y reglamentaria neerlandesa no distingue entre una situación regulada por el Derecho de la Unión y una situación que no se rige por este, como es el caso al tratarse de situaciones de reagrupación familiar de ciudadanos neerlandeses pasivos, las disposiciones normativas que regulan situaciones no contempladas por el Derecho de la Unión, entiéndase este como el régimen de extranjería de régimen de libre circulación, se aplican "de manera directa e incondicional" a la situación interna. Es decir, a la reagrupación familiar de los propios nacionales pasivos.

En atención a esto último, el tribunal remitente plantea si es compatible con el art. 15 Directiva 2003/86/CE una normativa nacional como la

[18] As. C-256/11, ECLI:EU:C:2011:734 (*Tol 2253610*), apartados 48 y 49.

[19] As. C-257/17, ECLI:EU:C:2018:876 (*Tol 6882986*). También se constata en As. C-381/18 y C-382/18, ECLI:EU:C:2019:1072 (*Tol 7622362*).

neerlandesa que establece un requisito de integración. El TJUE responde positivamente, y aunque confirma que dicha situación no está comprendida en el ámbito de aplicación de la Directiva 2003/86/CE, ello no obsta para resultar competente para poder pronunciarse sobre la compatibilidad de la medida o norma nacional con el art. 15 Directiva 2003/86/CE en atención a que el propio Derecho nacional ha declarado esa disposición aplicable a la situación controvertida "de manera directa e incondicional".

Por otra parte, cabe resaltar que la Comisión en su informe de aplicación de la Directiva 2003/86/CE (2019)[20], constata que en los casos en que existen diferencias, las disposiciones aplicables a los nacionales de terceros países que son miembros de la familia de ciudadanos no móviles de la UE, es decir pasivos o estáticos, suelen ser más favorables que aquellas que se prevén para los nacionales de terceros Estados que pretenden reagrupar a sus familiares, como es: a) el ofrecer una definición más amplia de familia, b) el establecer una exención de las condiciones específicas que deben cumplir los miembros de la familia, c) el no pedir los mismos requisitos económicos para la reagrupación, d) el no exigir periodos de espera o exigir periodos más reducidos e) el no establecer cuotas de reagrupación y f) el ofrecer un acceso libre al mercado laboral.

3. RÉGIMEN JURÍDICO DE LA REAGRUPACIÓN FAMILIAR EN EL RETORNO A ESPAÑA: ¿MÁS INTERROGANTES QUE SOLUCIONES?

Si partimos de la afirmación con la que hemos cerrado el epígrafe que antecede, una primera mirada parece acercarnos a que esta es la situación más favorable que acontece en España. Aunque no podemos dejar de indicar que ello no es así para todo tipo de familiar reagrupable, centrando nuestra atención en la situación de las uniones registradas que ofrece una problemática específica, y que se ha enriquecido tras el Brexit y con la pandemia de la COVID-19, al exigirse en el art. 2.b) RD 240/2007, de 16 de febrero[21], que se trate de una unión registrada conforme a la legislación de un Estado miembro o del Acuerdo sobre el Espacio Económico Europeo (AEEE).

---

20 COM (2019) 162 final.

21 RD 240/2007, de 16 de febrero, sobre entrada, libre circulación y residencia en España de ciudadanos de los Estados miembros de la Unión Europea y de otros Estados parte en el Acuerdo sobre el Espacio Económico Europeo. *BOE*. Núm. 51, de 28 de febrero de 2007 (*Tol 1035337*).

Ello implica dificultades en el caso de las personas de nacionalidad española que emigran a terceros Estados y luego regresan a España, que, como hemos referenciado, bajo la mirada del Derecho de la Unión son vistos como ciudadanos no móviles, precisándose de un régimen que contemple las cuestiones específicas para la reagrupación familiar de los familiares de nacionales españoles en todas sus facetas y supuestos[22]. Y es que, aunque pudiéramos llegar a considerar que el RD 240/2007, en referencia a los ciudadanos no móviles, declara aplicable a la situación de reagrupación familiar "de manera directa e incondicional" la Directiva 2004/38/CE, existen aspectos como los que acontecen a las uniones registradas en terceros países, que no encuentran solución como tales parejas registradas, debiéndose conformar, en su caso, con ser valoradas y tratadas como parejas de hecho con base en la concepción de familia extensa que prevé el art. 3.2 Directiva 2004/38/CE y el art. 2 bis RD 240/2007[23].

La cuestión siguiente que tanteamos es ¿soluciona este problema la nueva figura de arraigo familiar que propicia el art. 124.3.b) RD 557/2011, introducida por el RD 629/2022? La respuesta es que depende del régimen jurídico que se aplique a las soluciones de reagrupación familiar o afines que contienen las reglas del juego cuando se trata de familiares de nacionales españoles.

Como apunte previo y para enmarcar lo que llega a continuación, cabe subrayar que el RD 240/2007 es la norma que transpone la Directiva 2004/38/CE, y que, a su vez, regula el tratamiento sobre condiciones de entrada y residencia de los familiares nacionales de terceros Estados de personas de nacionalidad española, al menos hasta la entrada en vigor del RD 629/2022, con carácter exclusivo.

Del tenor literal del RD 240/2007, no se advierte, en principio, una distinción de situaciones entre el carácter pasivo o activo del nacional español como las que venimos señalando, aunque su ámbito de aplicación y

---

22 ÁLVAREZ RODRÍGUEZ, A., "Régimen jurídico de los extranjeros nacionales de terceros países familiares de españoles que no han ejercido la libre circulación. ¿Es necesaria una normativa específica?", en *Retos en inmigración, asilo y ciudadanía. Perspectiva Unión Europea, internacional, nacional y comparada, op.cit.*, pp. 349-360.

23 MARÍN CONSARNAU, D., "La reagrupación familiar y el camino hacia una aplicación creíble de las normas migratorias ¿para quién y para cuándo?", en *Perspectivas de la política de inmigración, asilo y refugio en la Unión Europea*, A. Fernández Pérez (Coord.), Thomson Reuters Aranzadi, Navarra, 2022, pp. 63-88.

regulación respecto a los requisitos establecidos cuando afecta a familiares de nacionales españoles no ha resultado del todo pacífico[24].

Esto se pone de relieve en la STS de 1 de junio de 2010[25], en la que se anulan ciertos preceptos del RD 240/2007 por resultar contrarios a la Directiva 2004/38/CE, y, a nuestro entender, por no poder incluir preceptos que excluyan a ciertos familiares si la propia norma no hace distinciones en las situaciones en las que puede encontrarse un nacional español. Y aunque la exposición de motivos de dicho texto normativo contempla tal distinción, ello no tiene una traducción expresa en su articulado, con lo cual, realizar exclusiones sin tener en cuenta estas distinciones resulta no ser compatible con el Derecho de la UE.

Pero es que además, las bondades que se predican de dicha regulación al incluir a los familiares de nacionales españoles empiezan a tambalear con la reforma al RD 240/2007 que introdujo el RDL 16/2012, de 20 de abril, en cuanto a la exigencia de recursos económicos[26].

La consecuencia ha sido un amplio debate sobre si dichos requisitos debían ser o no exigidos al ciudadano español cuando se pretenden derechos de residencia para sus familiares nacionales de terceros Estados. Y, mientras que la jurisprudencia menor ha entendido que no, puesto que el nacional español no precisa para residir en España de un certificado de registro que le exija la acreditación de dichos medios económicos, esta no ha sido la opción acogida por el Tribunal Supremo. En las Sentencias de 18 de julio de 2017[27] y de 3 de junio de 2019[28], responde el Tribunal Supremo que el art. 7 RD 240/2007 es aplicable al nacional español en orden a acreditar dichos requisitos al igual que cualquier otro ciudadano de la Unión que pretendiera residir en España con sus familiares. De este modo, se desprende para el Tribunal Supremo que, el régimen previsto en el RD 240/2007 para los familiares de nacionales españoles, cuando

---

24 JIMÉNEZ BLANCO, P., "Movilidad transfronteriza de personas, vida familiar y Derecho internacional privado", *REEI*, 2018, 35, 2018, pp. 5-7.

25 STS (Sala de lo Contencioso-administrativo, Sección 5ª), de 1 de junio de 2010, ECLI:ES:TS:2010:4259 (*Tol 1919287*).

26 Recogidas en distintas Recomendaciones del Defensor del Pueblo. RODRÍGUEZ MATEOS, P., JIMÉNEZ BLANCO, P., ESPINIELLA MENÉNDEZ, A., *Régimen jurídico de los extranjeros y los ciudadanos de la UE*, Aranzadi, Navarra, 2017, pp. 296-297.

27 STS (Sala de lo Contencioso-administrativo, Sección 5ª), de 18 de julio de 2017, ECLI:ES:TS:2017:2966 (*Tol 6210445*).

28 STS (Sala de lo Contencioso-administrativo, Sección 5ª), de 3 de junio de 2019, ECLI:ES:TS:2019:1794 (*Tol 7295348*).

se trata de nacionales que han ejercido el derecho a la libre circulación y residencia en otro EM, es aquel que deriva de la protección que emana del art. 21 TFUE y de la aplicación por analogía de la Directiva 2004/38/CE, resultando ser para los nacionales españoles que siempre han residido en España también el régimen aplicable, pero traduciéndose en este último caso como un régimen interno, cuya compatibilidad con el Derecho de la Unión sería examinado a la luz del art. 20 TFUE. Situación última, no obstante, que, como venimos advirtiendo, no solo cubriría los supuestos estrictamente estáticos o pasivos, es decir, los de residencia en el país de la propia nacionalidad, sino que también, a falta de una regulación expresa, a los supuestos de haber emigrado a un tercer país en el regreso a España.

La exigencia de dichos recursos económicos ha llevado incluso al planteamiento de una cuestión prejudicial por el TSJ de Castilla-La Mancha, sobre la cual contamos con el pronunciamiento de la STJUE de 27 de febrero de 2020 en el asunto *RH*[29]. Para el TJUE, la práctica española de denegar automáticamente por falta de recursos, sin entrar a examinar otras circunstancias del caso, como es la naturaleza de la dependencia con el familiar sí puede ser no compatible con el art. 20 TFUE. En este sentido, aunque el art. 20 TFUE permite a los Estados miembros introducir una excepción al derecho de residencia derivado reconocido por el art. 20 TFUE al exigir que el ciudadano de la Unión posea recursos suficientes, no procede denegar sistemáticamente el derecho de residencia por la única razón de que el ciudadano de la Unión no disponga de recursos suficientes. Jurisprudencia que se recibe en las Sentencias del Tribunal Supremo de 1 de julio de 2020[30], de 17 de diciembre de 2020[31] y de 21 de enero de 2021[32], y que toma también en cuenta la STC de 9 de marzo[33].

Todo ello es una muestra sobre la necesidad de establecer un régimen propio para la reagrupación familiar en el caso de que la persona reagrupante ostente la nacionalidad española, que contemple las distintas situaciones activas y pasivas (en estas últimas en los diferentes estadios que hemos contemplado) y que recoja la doctrina del TJUE emanada en torno a

---

29 As. C-836/18, ECLI:EU:C:2020:119 (*Tol 7789836*).

30 STS (Sala de lo Contencioso-administrativo, Sección 5ª), de 1 de julio de 2020, ECLI:ES:TS:2020:2488 (*Tol 8023776*).

31 STS (Sala de lo Contencioso-administrativo, Sección 5ª), de 17 de diciembre de 2020, ECLI:ES:TS:2020:4393 (*Tol 8251438*).

32 STS (Sala de lo Contencioso-administrativo, Sección 5ª), de 21 de enero de 2021, ECLI:ES:TS:2021:91 (*Tol 8290516*).

33 STC 42/2020, de 9 de marzo, ECLI:ES:TC:2020:42 (*Tol 8441212*).

la protección de los arts. 20 y 21 TFUE, que, a su vez, apueste por minimizar y/o eliminar una regulación que fomente el fenómeno de la discriminación inversa en el régimen de reagrupación familiar por el que se opte.

Sin embargo, bajo nuestro punto de vista, este momento aún no ha llegado con la reforma del arraigo familiar. Y es que, aunque pueda celebrarse la modificación producida, aun cuando cuestionamos que se trate de una situación que deba solucionarse mediante la tramitación de una autorización de residencia por circunstancias excepcionales, plantea con su introducción interrogantes respecto al ámbito de aplicación de los regímenes jurídicos de reagrupación familiar.

Si bien, el arraigo familiar, no es propiamente una reagrupación familiar, sino una autorización de residencia por circunstancias excepcionales, como ya ha sido advertido temprana y, a nuestro modo de ver, acertadamente, puede considerarse como un "proceso de reagrupación familiar inversa"[34], en tanto, que el sujeto legitimado para presentar la solicitud no es el nacional español como reagrupante, sino que lo es el propio familiar. Algo que sí contempla expresamente la Directiva 2003/86/CE cuando en el art. 5.1 establece que, a criterio de los Estados miembros, la solicitud de entrada y residencia pueda ser presentada también por el familiar[35].

Con todo, la nueva figura de arraigo familiar no deroga el régimen de reagrupación que contempla el RD 240/2007[36], sino que proporciona un cauce alternativo para aquellas situaciones no cubiertas por el RD 240/007, léase, por ejemplo, en el contexto normativo actual, aquellas en las que el nacional español no cumpla con los requisitos económicos exigidos o en las que el vínculo familiar no sea acorde con la definición que ofrece el texto normativo, cuestión última que, como veremos, tiene su especial interés en el caso de las uniones registradas.

---

34 Así lo señalan ORTEGA GIMÉNEZ, A.; HEREDIA SÁNCHEZ. L., "Claves de la última modificación del Reglamento de la Ley de extranjería en España", *Diario La Ley*, 10138, Sección Doctrina, 26 de septiembre de 2022, 16.

35 La cuestión de la legitimación para el inicio de la solicitud también fue uno de los temas abordados en la negociación de la Directiva en cuestión, en la que España mostró sus reservas respecto a que el reagrupado también pueda pedir la reagrupación. Documento del Consejo: 11787/02 MIGR 76, 30 de septiembre de 2002.

36 Entendemos que la regulación del RD 240/2007 no supone una confrontación directa con el régimen de arraigo familiar como la prevista en la Disposición derogatoria única del RD 629/2022, por la cual se establece que quedarán derogadas todas las disposiciones de igual o inferior rango que se opongan a lo establecido en el mismo.

Estamos pues, por el momento, ante una situación de coexistencia. En consecuencia, el acudir al régimen del RD 240/2007, a nuestro modo de ver, no está vetado, o no debería estar vetado[37], presentándose ambas como vías que encauzan la situación administrativa de residencia del familiar, no resultando derogado el régimen previsto en el RD 240/2007. Y advirtiéndose que, en posibles futuras reformas normativas, este o un régimen paralelo precisa ser aplicable cuando el nacional español ejerce su derecho a la libre circulación y regresa a España, en atención a la jurisprudencia del TJUE y el manto protector del art. 21 TFUE en relación con la construcción de los derechos derivados de residencia. Esto último supone que los requisitos de concesión de un derecho de residencia derivado al familiar nacional del tercer Estado, en el Estado miembro de la nacionalidad del ciudadano de la Unión, en principio, no deben ser más estrictos que los establecidos por dicha Directiva para la concesión de un derecho de residencia derivado. Cuestión distinta es que, a falta del cumplimiento de alguno de los requisitos prescritos por el RD 240/2007, pueda acudirse, según lo previsto en su disposición final cuarta apartado primero RD 240/2007, al régimen general del arraigo familiar. Y ello sin que deba considerarse automáticamente que la figura del arraigo familiar resulta en sí misma y para todos los supuestos más beneficiosa que la obtención de una tarjeta de familiar de ciudadano de la Unión, no correspondiendo acudir con carácter inmediato, en atención al segundo apartado de dicha disposición, a reconducir toda solicitud de tarjeta de familiar de ciudadano de la Unión cuando se trata de familiares españoles a la situación de arraigo familiar que ahora dispone el régimen general de extranjería.

3.1. ¿Es el arraigo familiar una solución a la reagrupación familiar de la persona migrante española que retorna a España?

Esta dualidad de vías nos hace plantear si las carencias o digamos dificultades que presenta el RD 240/2007 cuando se trata de reagrupar a los

37 Sin embargo, la polémica está servida. En la conferencia sobre "Las reformas en el Reglamento de Extranjería" en el Ilustre Colegio de la Abogacía de Tarragona, a cargo del Dr. Diego Boza, que tuvo lugar el 10 de octubre de 2022, se puso en evidencia, por parte de los prácticos de la Sección de extranjería la disparidad de prácticas en las oficinas de extranjería y que van desde oficinas que adoptan este criterio, a otras que inadmiten a trámite a otras que, de oficio, cambian el trámite de tarjeta de familiar de ciudadano de la Unión al de autorización de residencia por circunstancias excepcionales con motivo de arraigo familiar.

familiares de nacionales españoles en el exterior se resuelven con la ampliación de la figura del arraigo familiar.

La respuesta es, nuevamente dudosa, si partimos de la premisa de que es necesario que el familiar se encuentre ya en España para situarnos dentro del ámbito de aplicación del art. 124.3.b) RD 557/2011. Esto es así si tenemos en cuenta que el arraigo va dirigido a regularizar situaciones de personas que se encuentran en territorio español. Pero en el caso de retorno de la persona de nacionalidad española en el exterior desde un tercer Estado, el familiar precisará entrar y residir en España, y, con el sistema de visados actual, no está previsto un visado para el arraigo familiar resultando difícil encontrar el encaje con otros tipos de visados para un supuesto específico en el que el nacional español pretenda regresar a España acompañado de sus familiares que ostenten la nacionalidad de un tercer Estado.

Descartada la idoneidad del arraigo familiar para estos supuestos, volveríamos a centrar, hoy por hoy, nuestra mirada de nuevo en la aplicación del RD 240/2007, pero ¿resuelve ello la situación del nacional español que retorna a España en el caso de las uniones registradas en atención a la problemática que gira en torno a ellas al exigir el RD 240/2007 que se hayan registrado conforme a la ley de un Estado miembro o del Acuerdo sobre el Espacio Económico Europeo (AEEE) cuando la pareja registrada lo es acorde con la legislación de un tercer Estado? Entendemos que no, aunque no podemos obviar ciertos avances atractivos en el nuevo art. 124.3.b) RD 557/2011, en relación con la introducción de las parejas no casadas y que abordaremos en el siguiente epígrafe.

3.2. Avances que introduce la figura del arraigo familiar en relación con las parejas no casadas

El nuevo art. 124.3.b) RD 557/2011 no se limita a introducir a las uniones registradas como beneficiarias de la residencia por circunstancias excepcionales con motivo de arraigo. En este sentido, incluye a la "pareja de hecho acreditada de ciudadano o ciudadana de nacionalidad española", contemplando incluso a sus ascendientes (mayor de 65 años o menor de 65 años a cargo) y descendientes (menores de 21 años, o mayores de 21 años a cargo).

Esta novedosa reformulación de la regulación del arraigo familiar parte pues de un concepto amplio de pareja no casada, que puede incluir tanto a las uniones registradas como a las parejas de hecho. Ello a modo de lo que sucede en el régimen general de reagrupación familiar previsto en el art.

53 b) RD 557/2011, que regula su reagrupación de una forma más beneficiosa a la que se prevé en la Directiva 2003/86/CE[38]. Y, a su vez, utiliza un concepto de pareja registrada que no limita a determinados países las leyes de registro como sucede en el art. 2.b) RD 240/2007.

Por tanto, lo relevante es acreditar que se trata de una pareja con una relación afectiva análoga a la matrimonial, entrando en escena, en conexión con cuestiones que afectan al Derecho internacional privado, la condición de beneficiarias a través de la acreditación del vínculo familiar con la aportación de documentos expedidos ante una autoridad extranjera[39]. En consecuencia, lo que se requiere es la prueba de la existencia del vínculo familiar conforme al canon establecido por la normativa sectorial de extranjería aplicable y no del reconocimiento de sus efectos procesales[40].

En esta prueba, los requisitos de autenticidad que debe cumplir el documento público expedido por una autoridad extranjera acaparan una especial atención[41]. Cabe advertir que en las Hojas informativas, tanto en relación con el arraigo familiar como con la legalización y traducción de documentos para la tramitación de procedimientos en materia de extranjería e inmigración, no se realiza una referencia al Reglamento (UE) 2016/1191, de 6 de julio de 2016, por el que se facilita la libre circulación

---

38 DIAGO DIAGO, P., "La reagrupación familiar de descendientes, personas sujetas a representación legal y de la pareja de hecho en la enésima modificación de la LO 4/2000", *Revista de Derecho migratorio y extranjería*, 26, 2011, 22-26, MARÍN CONSARNAU, D., "La categoría registral de las parejas no casadas en el Derecho de extranjería", en *Nuevos Reglamentos comunitarios y su impacto en el Derecho catalán*, C. Parra Rodríguez (Dir.), Bosch, Barcelona, 2012, pp. 196-202.

39 Tal y como señala Esteban de la Rosa: "Quizá una de las ocasiones en las que ambos ordenamientos entran en relación de forma más frecuente tiene lugar con ocasión de la tramitación de la reagrupación familiar, dado que es preciso acreditar o demostrar el vínculo del parentesco". ESTEBAN DE LA ROSA, G., *Inmigración y Derecho internacional privado*, Difusión Jurídica, Madrid, 2009, p. 195.

40 Y en las que el modo y alcance de la acreditación en la prueba documental prescinde de las técnicas clásicas del DIPr, como señala JIMÉNEZ BLANCO, P., "Movilidad transfronteriza de personas, vida familiar y Derecho internacional privado", *op. cit.*, pp. 2-3.

41 Respecto a requisitos de autenticidad en los procedimientos de extranjería véanse GARDEÑES SANTIAGO, M., "The Cross-Border Continuity of Family Status as a Means of Ensuring Free Movement and Residence Rights for the European Union Citizen", en *Towards an Inclusive European Citizenship*, L. Papadopoulou, D. Anagnostopolou (Eds.) Papazissis publishers, Athens, 2019, pp. 235-241 y FONT I MAS, M., "El ejercicio de la libre circulación y la eliminación de los requisitos de autentificación y traducción de determinados documentos públicos", en *Retos en inmigración, asilo y ciudadanía. Perspectiva Unión Europea, internacional, nacional y comparada*, *op. cit.*, pp. 189-210.

de los ciudadanos simplificando los requisitos de presentación de determinados documentos públicos en la Unión Europea[42]. Reglamento al que podría acudirse en un supuesto en el que la situación no quede comprendida en el RD 240/2007, por ejemplo, a falta del cumplimiento de requisitos económicos por parte del nacional español, pero la documental en relación con la pareja no casada sea expedida por la autoridad de un Estado miembro y estemos dentro del ámbito de aplicación del Reglamento (UE) 2016/1191, de 6 de julio de 2016[43].

Retomando de nuevo el concepto amplio al que hemos aludido de pareja no casada y no limitativo en el caso de las uniones registradas, se presenta como afortunada esta opción del arraigo familiar de no requerir, cuando hablamos de pareja registrada, el requisito de registro conforme a la legislación de un EM o del AEEE que atiende el art. 2.b) RD 240/2007, cuando se trata de familiares de nacionales españoles migrantes en el exterior. Esto es una muestra de que debemos apostar por el empuje hacia una regulación que cubra las distintas situaciones de reagrupación familiar a las que puede verse sometido el ciudadano español. Acogida además que es acorde, desde una perspectiva de encaje con los instrumentos de DIPr, como es el Reglamento (UE) 2016/1104[44], teniendo en cuenta que, una vez, superadas las cuestiones puramente que afectan al estatuto de extranjería de los familiares, es casi inevitable que también interese la continuidad, en el ámbito privado, de los efectos jurídicos que se derivan de los vínculos y las relaciones familiares[45].

Desde esta óptica, lo que interesa hacer notar es que esta problemática que va desde el Derecho de extranjería al Derecho internacional privado se produce precisamente en un contexto en el que la misma definición

---

42 *DOUE* L 200/1, de 26 de julio de 2016 (*Tol 5781652*).

43 Las implicaciones que por falta de conocimiento de este reglamento impiden recurrir a este son puestas en evidencia por FONT I MAS, M., "El Reglamento (UE) 2016/1191: hasta dónde (no) alcanza la libre circulación de documentos públicos en la UE y en España", AEDIPr, t. XXII, 2022, pp. 111-138.

44 Reglamento (UE) 2016/1104 del Consejo, de 24 de junio de 2016, por el que se establece una cooperación reforzada en el ámbito de la competencia, la ley aplicable, el reconocimiento y la ejecución de resoluciones en materia de efectos patrimoniales de las uniones registradas. *DOUE* L 183/30, de 8 de julio de 2016 (*Tol 5767596*).

45 El reconocer el vínculo en materia de extranjería y rechazarlo desde la perspectiva de la eficacia civil puede resultar, como advierte Pilar Jiménez Blanco, artificioso. JIMÉNEZ BLANCO, P., "Derecho de residencia en España y relaciones familiares: criterios administrativos y civiles", en *Retos en inmigración, asilo y ciudadanía. Perspectiva Unión Europea, internacional, nacional y comparada, op. cit.*, p. 170.

de unión registrada en el RD 240/2007 es también la que se utiliza para situaciones pasivas. Es decir, aquellas en las que el nacional español siempre ha residido en España y pretende la residencia de su pareja registrada en España. Pero es que, además, también es aplicable a los familiares de ciudadanos españoles pasivos en otra situación; cuando la persona de nacionalidad española emigra a un tercer país y regresa con posterioridad a España. Lo cual, significa, de nuevo, la introducción de los problemas del alcance que dicha definición proporciona en situaciones que no están cubiertas por la Directiva 2004/38/CE en el desarrollo del proceso migratorio familiar y el régimen de extranjería aplicable[46].

En este enfoque, la figura del arraigo familiar, prevista en el art. 124.3.b) RD 557/2011 presenta un avance respecto al art. 2 RD 240/2007, al no exigir que la unión registrada, se haya formalizado bajo la normativa de un EM o del AEEE, lo cual no tendría sentido, pero pudiera hacer notar la inconveniencia que al respecto plantea el art. 2.b) RD 240/2007 para los familiares de nacionales españoles en todo estadio de situación estática o pasiva en la que se encuentre.

4. CONCLUSIONES

El régimen de reagrupación familiar o las figuras que permitan la reunificación de la familia en el Derecho de extranjería español evidencian, tomando como referencia la situación de las parejas no casadas, y en especial las uniones registradas, la necesidad de un régimen de extranjería específico que contemple las necesidades de las distintas situaciones en las que puede encontrarse la persona de nacionalidad española, y en el que la reagrupación familiar no debiera tornarse una barrera o límite en la decisión de retorno a España.

Si bien, la última reforma del Reglamento de extranjería con la introducción de una nueva fórmula de arraigo familiar coadyuva, no sin ciertas dificultades y, por el momento, a solucionar las situaciones de ciudadanos españoles pasivos puros (es decir, los que siempre han residido en España), y con una proyección más beneficiosa a la que por el momento ha obligado el TJUE que ha centrado su foco de atención en el caso de menores ciudadanos de la Unión con progenitores nacionales de terceros Estados, que no puedan acogerse a las previsiones del RD 240/2007, dicha afirmación

46 GARDEÑES SANTIAGO, M., *op. cit.*, pp. 223.

decae cuando se trata de un ciudadano español que ha emigrado a un tercer Estado y que puede llegar a afectar a su retorno.

Se precisa pues un enfoque, ya sea en el Derecho de extranjería y/o en la configuración de un estatuto del ciudadano español en el exterior, que atienda a las cuestiones de reunificación familiar en el que se tomen en consideración las peculiaridades que se derivan de las distintas fórmulas de realidades familiares, especialmente cuando se trata de las parejas no casadas. No en vano, en el desarrollo de la migración familiar, el papel de la reagrupación familiar es esencial, y es definida por la Organización Internacional para las Migraciones (Glosario 2019) como "El derecho de los no nacionales a entrar y residir en un país donde sus familiares residen legalmente *o en el cual ostentan la nacionalidad para preservar la unidad familiar*"[47].

[47] La cursiva es nuestra para enfatizar.

Capítulo 25

Adquisición y pérdida de la nacionalidad y vecindad civil de los emigrantes retornados: posibles alteraciones del ordenamiento aplicable a sus relaciones jurídico-privadas

NEREA MAGALLÓN ELÓSEGUI
Universidad del País Vasco

1. INTRODUCCIÓN

La nacionalidad es un vínculo jurídico con una doble naturaleza, pública y privada. La dimensión pública marca la pertenencia del individuo a la población de un Estado y consecuentemente sus derechos y obligaciones como parte del mismo. Mientras, la dimensión privada comporta la determinación de un estatus civil. De hecho, el Derecho de la nacionalidad en un principio se integra en el Derecho público, a pesar de que su regulación se encuentra en el Código Civil, y del mismo modo que el Derecho de extranjería regula la relación entre los particulares y el Estado[1].

Sin embargo, la nacionalidad también se erige frecuentemente en criterio de conexión elegido para señalar la ley aplicable a situaciones privadas internacionales en materia de Persona y Derecho de familia, así que adquiere un especial protagonismo desde el punto de vista del Derecho Internacional privado como vínculo clave en el ejercicio de derechos y en la ordenación de las relaciones jurídico privadas[2].

En el Código Civil español es el criterio utilizado en materia de estatuto personal y determina, entre otras cosas, la ley aplicable a la capacidad y a la filiación natural; pero también recurren a él los Reglamentos europeos

---

1 DE CASTRO Y BRAVO, F., "La nationalité, la double nationalité et la supranationalité", en *Estudios jurídicos del profesor Federico de Castro,* Vol. 2, F. de Castro y Bravo, Centro de Estudios Registrales, 1997, p. 1961.

2 MOYA ESCUDERO, M. (Dir.), *Plurinacionalidad y Derecho Internacional privado de familia y sucesiones,* Tirant lo Blanch, Valencia, 2020.

sobre ley aplicable al divorcio y el Reglamento de sucesiones. Es cierto que, ante el incremento de la movilidad internacional de las personas, especialmente a nivel europeo, la residencia habitual ha ido asentándose como criterio de conexión clave en el ámbito del Derecho de familia y cada vez es más utilizado en los instrumentos de Derecho Internacional privado europeos, sin embargo, la nacionalidad sigue constituyendo un vínculo recurrente tanto por su estabilidad, como porque representa un lazo especial de unión del emigrante con su Estado de origen. Este último rasgo de la nacionalidad se pone de manifiesto de manera particular en algunas materias de Derecho de familia y sucesiones que exigen ser tratadas con especial sensibilidad atendiendo al arraigo de la persona a las tradiciones jurídico-culturales de su país.

En este trabajo vamos a analizar las posibles alteraciones que pueden soportar los emigrantes retornados en sus relaciones jurídico privadas al volver a España, bien porque durante su residencia en el extranjero hubieran sufrido un cambio en su nacionalidad o bien porque se haya modificado su estatus civil al contraer matrimonio en el extranjero, haberse divorciado o querer divorciarse al retornar al país de origen. Además, examinaremos cómo influyen, desde el punto de vista del ordenamiento español, en sus relaciones jurídico privadas todas aquellas cuestiones vinculadas a la nacionalidad y a la vecindad civil de las personas que les rodean, fundamentalmente hijos y cónyuges, que pueden no poseer la misma nacionalidad, o adquirirla, comportando cambios en la ley aplicable a sus relaciones familiares.

En el ámbito del Derecho de familia y sucesiones, en los supuestos de emigrantes españoles retornados cuando se señala la nacionalidad para determinar la ley aplicable a las cuestiones que se puedan suscitar en sus relaciones jurídico privadas, también deberemos tener en cuenta que España es un Estado plurilegislativo en el que coexisten distintos sistemas de Derecho civil a nivel interno que contemplan regímenes particulares desarrollados en estas materias y que se aplican en función de la vecindad civil que posea el emigrante. De este modo, en aquellos supuestos en los que concurran especialidades de Derecho civil, foral o especial en el interior de nuestras fronteras, no bastará con acudir a la ley aplicable conforme a la nacionalidad y nos tocará discernir cuál de las leyes coexistentes en el ordenamiento español (vasca, catalana, aragonesa…) es la que se aplica definitivamente para regular la situación jurídica en cuestión.

En definitiva, el presente trabajo tiene como objetivo mostrar las principales y potenciales cuestiones unidas a las relaciones jurídico privadas y reguladas por la ley nacional con las que se pueden enfrentar los emigrantes retornados al regresar a España. Empezaremos, en primer lugar, por aquellos asuntos que atañen al emigrante como persona física, ateniendo a la capacidad y al nombre y los apellidos; para luego abordar el papel de la ley nacional para determinar la ley aplicable en caso de crisis matrimoniales y en último lugar los beneficios que aporta al ordenar su sucesión.

2. LA NACIONALIDAD Y LA VECINDAD CIVIL COMO CRITERIO DETERMINANTE PARA REGULAR LAS CUESTIONES VINCULADAS A LA PERSONA FÍSICA

Al delimitar las materias que pueden quedar sujetas a la ley de la nacionalidad y que, por tanto, pueden verse afectadas en caso de que se produzcan alteraciones en la nacionalidad de los emigrantes españoles y causar vicisitudes al retornar a nuestro país, partiremos del estatuto personal. Al hablar de estatuto personal nos centraremos en la ley aplicable a las cuestiones que afectan al estado jurídico de una persona, es decir, en la denominada "ley personal". Debemos tener en cuenta que de la ley personal dependerá el nombre, la capacidad, el estado civil y la filiación de la persona, en definitiva, lo que se denominan sus cualidades "personales"[3]. Los problemas que pueden surgir ante la coexistencia de sistemas conflictuales y materiales distintos serán traídos a colación, pero siempre tomando como punto de partida el ordenamiento español que se ocupará de las relaciones jurídico-privadas del emigrante retornado.

La ley aplicable al estatuto personal se regula a través de las normas de Derecho Internacional privado de origen interno y no hay Reglamentos europeos que alcancen ese ámbito material. La ley personal se determinará por la nacionalidad y las Instituciones europeas, hasta el momento, no han entrado a ordenar la ley aplicable al estatuto personal y, tanto el Derecho de la nacionalidad, como la ley aplicable a las cuestiones jurídicas relativas a las personas físicas se encuentran en normas autónomas de los ordenamientos estatales. Sin embargo, la Unión Europea no permanece completamente ajena a esta regulación y aunque los modos de adquisición y perdida de la nacionalidad de un Estado miembro son competencia ex-

3 CALVO CARAVACA, A.L., y CARRASCOSA GONZÁLEZ, J., "Persona física" en *Tratado de Derecho Internacional Privado,* Tomo III, A. L. Calvo Caravaca y J. Carrascosa González, Tirant lo Blanch, Valencia, pp. 1225-1226; "El estatuto personal" en *Lecciones de Derecho Civil Internacional,* VARIOS, Tecnos, Madrid, 1996.

clusiva de ese Estado miembro, sus efectos podrán ser controlados conforme al Derecho de la UE cuando afecten a un ciudadano europeo y entren en colisión con los derechos y libertades europeas[4].

En el ordenamiento español, a tenor del artículo 9.1. Cc la ley aplicable a las cuestiones jurídicas relativas a la persona física se regirán por la ley de la nacionalidad de la persona. De esta forma, se equipara la ley nacional a la ley personal que se establecerá en función de su nacionalidad. La ley personal rige la capacidad civil, el estado civil, los derechos y deberes de familia y la sucesión por causa de muerte.

En el ordenamiento español se ha elegido la nacionalidad para regular las cuestiones vinculadas al estatuto personal en función de la estabilidad y previsibilidad que proporciona como criterio de conexión. La nacionalidad es un criterio cuyo modo de adquisición y perdida es más estricto que el de la residencia habitual con lo que dota a las situaciones jurídicas privadas vinculadas a la persona de mayor previsibilidad y certeza, evitando que el incremento de la movilidad a nivel internacional perjudique el estatus civil adquirido por el emigrante mientras conserve su nacionalidad. Además, con la elección de la nacionalidad como criterio único se garantiza la aplicación de una sola ley a las cuestiones relativas al estatuto personal de los nacionales españoles y su reconocimiento al regresar al Estado de origen con independencia del tiempo que se haya trasladado a vivir a otro país. Sin lugar a dudas, se trata de un criterio que facilita la vocación de extraterritorialidad vinculado identidad personal de las personas[5].

Pero la nacionalidad, también, está muy vinculada a la identidad cultural de la persona y a la sujeción de los emigrantes con su país de origen y, ello se refleja, especialmente en el ámbito del Derecho de familia, al permitir a los emigrantes españoles conservar sus tradiciones y costumbres facilitado el regreso al país de origen. El sistema de modos de adquisición y perdida de la nacionalidad española, como vamos a ver, está orientado a mantener la nacionalidad del Estado de origen y a posibilitar su conservación con independencia del tiempo que el emigrante lleve fuera y ello

---

4 *Vid.*, STJUE de 2 de octubre 2003, C-148/02, García Avello; STJUE de 12 de julio 2005, C-403/03 Schempp; STJUE de 2 de marzo 2010, C135-08, Rottman; BARATTA, R., "*Problematic elements and of an implicit rule providing mutual recognition of personal and family status in the EC*", núm. 1, *IPrax*, 2007, 4-11; PFEIFF, S., *La portabilité du statuts personale dans l`espace européen*, Bruylant, Bruselas, 2017.

5 BATIFFOL, H., *Aspects philosophiques du droit international privé*, Dalloz, Paris, 1956, p. 14.

evitará que se incrementen los obstáculos a su vuelta otorgando estabilidad a su estatuto personal.

2.1. La nacionalidad como ley aplicable a la capacidad

Las materias vinculadas al estatuto personal de las personas físicas sometidas, conforme al ordenamiento jurídico español, a la ley de la nacionalidad son el nombre, la capacidad, el estado civil y la filiación. No existen Reglamentos europeos sobre ley aplicable en materia del estatuto personal[6], de modo que en el ámbito europeo se recurre a la "técnica del mutuo reconocimiento" mediante la que se aceptan las situaciones legalmente creadas en otros Estados miembros para evitar situaciones claudicantes que puedan comportar distorsiones al buen funcionamiento del mercado interior derivadas de la diversidad de ordenamientos[7].

Algunas de estas cuestiones pueden verse alteradas ante los posibles cambios de nacionalidad o de residencia a los que se exponen los emigrantes españoles y sus familiares. Entre las materias referidas hallamos la capacidad jurídica de obrar de las personas físicas, incluida la capacidad para contraer matrimonio y el consentimiento La elección de la nacionalidad como ley aplicable para regular estas materias se cimienta en la estabilidad y seguridad jurídica tanto de la persona como de terceros afectados.

Debemos tener en cuenta que, con carácter general, la nacionalidad se adquiere por *ius soli* (nacimiento en territorio español) por *ius sanguini* (transmisión de los progenitores) y en nuestro sistema se prevén las dos formas, aunque prevalece el *ius sanguini* y el *ius soli* se reduce a un carácter residual vinculado a la adquisición por opción que le ha llevado, incluso, a ser considerado como un "privilegio" otorgado a los extranjeros que nacían en nuestro territorio[8].

El *ius sanguini* ha sido tradicionalmente utilizado por ordenamientos jurídicos de Estados caracterizados por una fuerte emigración pues bajo

---

6 Propuesta de Reglamento en materia de competencia, ley aplicable y reconocimiento en materia de filiación: "*Proposal for a Council regulation on jurisdiction, applicable law, recognition of decisions and acceptance of authentic instruments in matters of parenthood and on the creation of a European Certificate of Parenthood*", COM (2022) 695 final, 07/12/2022.

7 DEANA, F., "Cross-border continuity of family status and public policy concerns in the EU", *DPCE on line*, 3, 2019, 1979-2002.

8 *Cifr.* DE CASTRO Y BRAVO, F., *Derecho civil de España. Derecho de la persona,* T. II. Madrid, 1952, p. 407.

ese modo de adquisición de la nacionalidad subyace la finalidad de mantener el vínculo de los emigrantes y de sus descendientes con el Estado de origen. Precisamente, aquí es donde reside la clavé a la hora de analizar los problemas a los que se deben enfrentar los emigrantes retornados con nacionalidad española que, como tendremos ocasión de observar, gozan de un régimen de la nacionalidad de especial protección que va a evitar que se originen alteraciones de su estatus civil cuando se produce el cruce de fronteras salvaguardando la unidad del estatuto personal[9].

Recordamos que, entre los modos de adquisición de la nacionalidad, podemos diferenciar entre la automática y el no automática que, a su vez, dependerá de si se atribuye o se adquiere la nacionalidad española. Los modos de adquisición automática son la adquisición por filiación natural, la adquisición por adopción y la adquisición por nacimiento en territorio español[10], y serán son los que nos interese traer a colación en este trabajo.

En primer lugar, teniendo en cuenta que la capacidad de obrar se regula conforme a la Ley de la nacionalidad destacaremos la adquisición de la nacionalidad por nacimiento en territorio español. De este modo, en el caso de los emigrantes españoles nacidos en España y que hayan emigrado con posterioridad la ley española será la que determine tanto su capacidad de obrar, como su mayoría de edad.

Para evitar problemas ligados al denominado "conflicto móvil", cuando se hubiera producido un cambio de nacionalidad el artículo 9.1.II Cc establece que el menor que adquiere la mayoría de edad según la ley de su nacionalidad, no la perderá, aunque cambie de nacionalidad y la nueva ley que corresponda a esa nacionalidad no coincida. Con ello se mantienen los derechos adquiridos y se otorga mayor seguridad jurídica a terceros interesados. Conforme a este régimen, la capacidad de obrar del emigrante español se regulará de acuerdo con la ley española y no sufrirá alteraciones en caso de modificación de su residencia o nacionalidad.

La capacidad y el consentimiento para contraer matrimonio también se rigen por la ley nacional de cada contrayente. En el ordenamiento español se regula de manera general en el mismo artículo 9.1. Cc, a pesar de

---

9 BLÁZQUEZ RODRÍGUEZ, I., "Doble nacionalidad y permanencia del estatuto personal en el marco de la movilidad intra-UE", en *Plurinacionalidad y Derecho Internacional privado de familia y sucesiones,* M. Moya Escudero (Dir.), Tiran Lo Blanch, Valencia, 2020, pp. 187-228.

10 ESPLUGUES MOTA, C., PALAO MORENO, G., y DE LORENZO SEGRELLES, M., *Nacionalidad y extranjería,* Tiran lo Blanch, Valencia, 2004, pp. 39-45.

ser un aspecto específico dentro de la capacidad. Por tanto, será la ley de la española en cuanto ley de la nacionalidad la que rija la capacidad para contraer matrimonio de los emigrantes españoles tanto en España como en el extranjero. La ley de la nacionalidad establecerá la edad y la ausencia de impedimentos y será controlada por la autoridad competente al iniciar el expediente matrimonial.

Entre las cuestiones vinculadas a la capacidad nupcial y sometidas a la nacionalidad de las personas físicas encontramos la posibilidad de contraer matrimonio con personas del mismo sexo. Los nacionales españoles podrán contraer matrimonio con personas del mismo sexo en España y en cualquier Estado europeo siempre que ese Estado admita el matrimonio homosexual, pero ¿qué sucede si pretenden contraer matrimonio con un nacional de un país que no permite contraer matrimonio con personas del mismo sexo?

En principio, la Dirección General de Registros del Notariado ha optado por aceptar que en España toda persona puede contraer matrimonio con personas del mismo sexo, aunque su ley nacional no lo permita. Se trata de una cuestión que se ha planteado ante el Tribunal de Justicia de la Unión Europea que se ha visto compelido a lograr un equilibrio entre las competencias exclusivas de los Estados miembros en materia de capacidad y los efectos que sobre la "libre circulación de personas" pueden tener esos matrimonios.

En la Sentencia del Tribunal de Justicia de 5 de junio de 2018, C-673/16 Coman-Hamilton[11] se presenta el supuesto de un ciudadano rumano, el Señor Coman, que contrajo matrimonio en Bruselas con un nacional norteamericano, el Señor Hamilton, y deciden trasladarse a vivir a Rumania y acogerse a la Directiva 2004/38/CE, de 29 de abril de 2004, relativa al Derecho de los ciudadanos de la Unión y miembro de sus familias a residir libremente en el territorio de los Estados miembro[12]. El Código civil rumano prohíbe los matrimonios del mismo sexo y las autoridades rumanas deniegan la residencia del Señor Hamilton al que no consideran cónyuge para ajustarse a los beneficios contemplados en la Directiva. En su decisión el Tribunal de Justicia reafirma la competencia de los Es-

---

11 *Vid.*, CARRASCOSA GONZÁLEZ, J., "Libre circulación de personas, matrimonios entre personas del mismo sexo y la sentencia del TJUE de 5 junio 2018 en el asunto Coman-Hamilton", *Accursio Dip, blog*, 25 julio de 2018. [En línea]: http://accursio.com/blog/?p=851.

12 DOUE L158, de 30 de abril de 2004.

tados miembros para regular los matrimonios entre personas del mismo sexo, pero establece que al ejercitar esa competencia no pueden vulnerar las libertades de circulación de los ciudadanos de la Unión Europea y que, denegar la residencia de un cónyuge a pesar de lo establecido en la Directiva europea porque no sea aceptado como tal en su ordenamiento jurídico, comporta una vulneración de la libre circulación de esa persona en tanto se impide que un ciudadano europeo regrese a su Estado de origen con su cónyuge y se favorezca y disfrute de los derechos que otorga la Directiva[13]. En esta decisión el Tribunal de Justicia se enfrenta a los obstáculos que pueden comportar para la libre circulación de personas un aspecto del estatuto personal otorgado por un ordenamiento extranjero que no sea reconocido en otro Estado miembro y apuesta por el reconocimiento implícito que va a garantizar la estabilidad y unidad del estatuto personal[14].

2.2. La nacionalidad como ley aplicable al nombre de las personas físicas

Entre las cuestiones más controvertidas que pueden afectar a los emigrantes españoles en el momento de retornar al Estado de origen, y que más problemas han suscitado en el ámbito de la ley aplicable al estatuto personal, destacan las alteraciones que puede sufrir en su nombre y apellidos como consecuencia del cambio de residencia o de nacionalidad.

Al igual que sucede con la capacidad, la ley aplicable al nombre y apellidos de las personas físicas no está regulada por normas de conflicto de origen europeo y, por tanto, es una cuestión cuya competencia reside en cada Estado miembro. De esta forma se preserva la competencia de los Estados en materia de estado civil.

En el ordenamiento español la ley aplicable al nombre y los apellidos de la persona física está vinculada al estatuto personal gobernado, como hemos visto, por la ley nacional. Sin embargo, existe un Convenio específico en la materia que desplaza a las normas de origen interno, el Convenio de Múnich de 5 de septiembre de 1980[15] que, también, prevé la ley nacional

---

13 MARINO, S., *"Public policy: united in diversity...within the marriage?"*, *CDT,* 2021, 13 (2), 1022-1031.

14 *Vid.*, PATAUT, E., "La citoyenneté européenne: vers l'élaboration d'un statut personnel et familial" en *Vers un statut européen de la famille,* H. Fulchiron y C. Bidaud-Garon, Dalloz, 2014, pp. 97-109, p. 101.

15 BOE núm. 303, de 19 de diciembre de 1989.

como ley aplicable al nombre y los apellidos[16] y desplaza a la norma de origen interno.

Como consecuencia de lo anterior, cada Estado miembro prevé sus propias normas de conflicto en materia de nombre y apellidos, y no todos eligen el mismo criterio de conexión para señalar la ley aplicable. Por ejemplo, mientras España, Italia, Alemania y Francia prevén como ley aplicable al nombre y los apellidos la ley nacional, en Dinamarca se aplica la ley del domicilio.

De un modo similar, sucede con las normas sustantivas en materia de nombre y apellidos que, a pesar de que el nombre es un Derecho subjetivo reconocido por la Convención sobre derechos del niño de 20 de noviembre de 2006[17], no existe un Convenio Internacional que unifique las normas, y las leyes estatales presentan una enorme diversidad a la hora de establecer las reglas al respecto. Así, por ejemplo, mientras el ordenamiento español prevé la posibilidad de poner dos nombres propios y dos apellidos, en la mayoría de los países europeos únicamente se hace mención a un nombre y a un solo apellido. La diversidad sustantiva nos lleva a subrayar la importancia de la norma de conflicto en cuanto la ley señalada como aplicable determinará cuántos y qué tipos de nombre y apellidos se puede poner, así como la lengua y la grafía admitidas, los nombres que quedan prohibidos y los que no, los posibles cambios y alteraciones, así como y el orden de los apellidos.

Resultado de esta doble diversidad, conflictual y material, nos podemos encontrar con situaciones en las que la solución que se otorga en un determinado Estado miembro en función de la ley sustantiva señalada por sus normas de conflicto no sea la misma que se da en virtud de las normas de conflicto de otro Estado miembro. De tal modo que puede variar la forma de establecer el nombre y los apellidos de un Estado a otro desde estas dos perspectivas.

En el ordenamiento español a los nacionales españoles se les aplicará la ley nacional, es decir ley española para establecer su nombre y apellidos. Igualmente se aplicará la ley española en todos aquellos Estados miembros que prevean este mismo punto de conexión, pero podría sufrir modificaciones en los Estados en los que se halla elegido el domicilio para regular esta materia.

---

16 DÍAZ FRAILE, J.M., "Régimen de los apellidos en el Derecho español y comunitario a la luz del nuevo Convenio de la Comisión Internacional del Estado Civil", *BMJI*, 2005, 59 (1989), pp. 2105-2126.

17 BOE núm. 313, de 31 de diciembre de 1990.

En función de lo anterior, en los supuestos de emigrantes españoles retornados las cuestiones que se pueden suscitar en materia de nombre y apellidos están vinculadas, por un lado, a posibles modificaciones en su nombre y apellidos derivadas del traslado de su residencia a un Estado que, a diferencia del ordenamiento español, prevea el domicilio como ley aplicable al nombre y los apellidos. Por otro lado, a las cuestiones resultantes de posibles alteraciones a su nombre y apellidos unidas a un cambio de nacionalidad y, por tanto, sometidos a una nueva regulación de carácter sustantivo. Y, por último, analizaremos la determinación del nombre y los apellidos de hijos de emigrantes españoles con doble nacionalidad.

2.2.1. Cambio de residencia del nacional español y alteraciones en la ley aplicable a su nombre y apellidos: un problema de reconocimiento

En primer lugar, los emigrantes españoles retornados pueden enfrentarse a las posibles alteraciones que puedan sufrir en su nombre y apellidos en función del cambio de residencia de un Estado a otro. Este primer problema está vinculado a la diversidad material y conflictual que mencionábamos en el epígrafe anterior. El ordenamiento español prevé la nacionalidad como ley aplicable, así que los nombres y apellidos de los españoles se regirán por las normas españolas, y lo mismo sucederá cuando trasladen su residencia a aquellos ordenamientos que instauren la nacionalidad como criterio para determinar la ley aplicable al nombre y los apellidos. En estos casos, aunque el derecho material del Estado de la nueva residencia varíe y no determine del mismo modo el nombre y los apellidos, el cambio de residencia no supondrá ninguna modificación en la ley que los regula y se mantendrá la ley española para constituirlos. A su regreso al país de origen, los emigrantes retornados no habrán sufrido modificaciones en su nombre y apellidos derivadas del cambio de residencia puesto que los mantendrán tal y como han sido configurados conforme a su ley nacional.

La cuestión va a ser más controvertida cuando el emigrante se haya trasladado a un Estado cuyas normas de conflicto prevean un criterio de conexión distinto al de la nacionalidad para señalar la ley aplicable al nombre y los apellidos. Cuando entramos en contacto con ordenamientos cuyas normas de conflicto varían respecto a las del Estado de origen y, a diferencia de la nacionalidad, prevén el domicilio o la residencia para señalar la ley aplicable al nombre y los apellidos, los españoles retornados podrían ver modificados su nombre y apellidos como consecuencia de ese cambio de residencia a un lugar donde las normas de conflicto nos remitan a una ley distinta a la de la nacionalidad.

La diversidad conflictual en materia de nombre y apellidos y las posibles alteraciones que ello pueda suponer en su identidad y, por ende, en su derecho a la libre circulación, como consecuencia de un traslado a otro Estado miembro han sido planteadas ante el Tribunal de Justicia de la Unión Europa en diferentes ocasiones. Destacamos las STJCE 30 de marzo, 1993, C-168/91, Konstantinidis, la STJUE 2 de octubre de 2003, C-148/02, García Avello y la STJCE 14 de octubre 2008, Grunkin Paul. Con carácter general, sin entrar en cuestiones más específicas, podemos observar que a través de estas decisiones el Tribunal europeo ha ido instaurando la técnica del reconocimiento para evitar posibles modificaciones que pudieran afectar a la libre circulación de personas. De este modo, basándose en el principio de reconocimiento mutuo ha establecido que cuando las autoridades de un Estado miembro hallan determinado el nombre y apellidos de una persona con arreglo a la ley señalada por sus normas de conflicto, el ciudadano en cuestión tendrá derecho a conservarlo y a utilizarlo en cualquier otro Estado miembro al que se traslade, aunque las normas de conflicto del Estado de destino hubieran previsto otra ley como aplicable[18].

A partir de estas Sentencias se ha ido consolidando una línea hermenéutica que aboga a que los Estados miembros reconozcan situaciones jurídicas creadas por autoridades y según las leyes de otro Estado miembro, que poco a poco, como veíamos al hablar de la capacidad, está siendo extendida a otros ámbitos del estatuto personal[19]. Es menester resaltar que se

---

[18] ÁLVAREZ GONZÁLEZ, S., "Régimen de los apellidos, doble nacionalidad, internacionalidad intrínseca del problema y Derecho comunitario", *Diario La Ley*, 2003, 5, 1657-1663; *Id.*, "Comentario a la Sentencia Ilonka Sayn-Wittgenstein y Landeshauptmann von Wien", *Revista española de Derecho Internacional*, 2011(2), 235-239; CALVO CARAVACA, A. L., y CARRASCOSA GONZÁLEZ, J., *Derecho internacional privado*, vol. I, 12ª edición, Comares, Granada, 2011-2012, pp. 25-29; DIAGO DIAGO, P., "Derecho al nombre y ejercicio de las libertades comunitarias", *Noticias de la Unión Europea*, 1995 (4), 51-57; LARA AGUADO, A., "El impulso de la ciudadanía de la Unión Europea al reconocimiento intracomunitario de actos de estado civil (A propósito de la Sentencia del Tribunal de Justicia de 14 de octubre de 2008: Grunkin-Paul y Standesamt Stadt Niebüll)", *Diario La Ley*, 2009 (7104); "Libertades comunitarias, doble nacionalidad y régimen de los apellidos (Caso García Avelló y el avance irresistible de la autonomía de la voluntad)", *Diario La Ley*, 2004 (4), 1950-1959; "Incidencia del Derecho comunitario sobre el régimen jurídico del nombre en el Derecho internacional privado (La sentencia del TJCE de 30 de marzo de 1993, caso Konstantinidis, asunto C168/91)", *Revista de Derecho Privado*, 1995, pp. 671-694; LAGARDE, P., "Nota STJCE As. C-148/02, Carlos García Avello c. État Belge" *Rev. crit. dr.int.pri.*, 2004, pp. 184-2020; MAGALLÓN ELÓSEGUI, N., "La DGRN ante la jurisprudencia europea en materia de nombre y apellidos", *REDI*, 2010-2, pp. 149-164.

[19] BARATTA, R., "Problematic elements..., *op.cit.*, pp. 4-11.

trata de una solución, basada en el principio de confianza recíproca y en la libre circulación de personas, por lo que no operará cuando el nombre y los apellidos hayan sido determinados en un tercer Estado.

El único límite que se prevé a este reconocimiento automático en materia de nombre y apellidos es que dicho reconocimiento sea contrario al orden público del Estado de destino o vulnere "razones imperativas de interés general".

2.2.2. Modificaciones de la ley nacional y el nombre y los apellidos

En segundo lugar, un emigrante español podría sufrir alteraciones en su nombre y apellidos como consecuencia de un cambio de nacionalidad o de la adquisición de otra nacionalidad nueva.

En el ordenamiento español en el supuesto de que una persona haya cambiado la nacionalidad conforme a la que se ha configurado su nombre y apellidos, se establece a tenor del Convenio de Múnich, que se aplicará su nueva ley nacional para regular el nombre y los apellidos (art. 1.2.). Ahora bien, en la mayor parte de los ordenamientos europeos, cuando la aplicación de la nueva ley nacional suponga un cambio forzoso del nombre y los apellidos se permite mantener el nombre con el que se siente identificada la persona, en aras a proteger su derecho subjetivo.

Teniendo en cuenta los problemas de identificación a los que puede verse abocada una persona en caso de sufrir una modificación del nombre y los apellidos, así como las contradicciones legales que puede sobrellevar ese cambio, el ordenamiento español permite conservar el apellido que ostentaba conforme a su anterior ley nacional (art. 199 RRC y 56 NLRC) aun cuando no sea la española. Así, cuando un emigrante retornado hubiera modificado su nombre y apellidos como consecuencia de su nueva nacionalidad o de su lugar de residencia, al regresar a España, o recuperar su nacionalidad, podrá mantenerlos sin sufrir modificaciones manteniendo su identidad.

La CE española en su artículo 11.2 establece que ningún español de origen podrá ser privado de su nacionalidad, asentando un sistema que favorece el mantenimiento de la nacionalidad de los emigrantes españoles, salvo que muestren expresos deseos de modificarla. Así, el sistema de perdida de la nacionalidad española reside en la perdida voluntaria de la nacionalidad y, en determinados casos, en la perdida por sanción; aunque este tipo opera, únicamente, en los supuestos de nacionalidad derivativa y no en aquellos que tengan la nacionalidad de origen. De esta forma, los emigrantes españoles están especialmente protegidos y únicamente perderán la nacionalidad española de manera voluntaria y en los casos tasados por ley y quedará preservada su nacionalidad, aunque contraigan matrimonio con un extranjero[20].

Por su parte, la recuperación de la nacionalidad viene regulada en el artículo 26 Cc que diferencia dos situaciones en función de si requieren la habilitación del Gobierno. Con carácter general para recuperar la nacionalidad se exigen tres requisitos: residencia legal en España, declaración ante el encargado del Registro de la voluntad de recuperarla (art. 26 1 b) Cc) y su inscripción en el Registro civil español. Además de estos requisitos en los supuestos regulados en el artículo 26.2 Cc se exhorta a obtener una previa habilitación concedida de forma discrecional por parte del Gobierno.

Sin embargo, el caso de la recuperación de la nacionalidad de los emigrantes españoles tiene peculiaridades propias. Por un lado, ni a los emigrantes españoles ni a los hijos de emigrantes españoles se les exige la residencia legal en España para poder recuperar la nacionalidad española. Y tampoco se encuentra entre los supuestos que requieren habilitación del Gobierno. Por tanto, bastará con la manifestación de su voluntad de recuperarla ante el Encargado del Registro civil y posterior inscripción[21].

Cuando un emigrante español retornado, hubiera perdido su nacionalidad española, pero la hubiera recuperado, nos hallamos ante un caso

---

20 En primer lugar, perderán la nacionalidad española aquellos emancipados residentes en el extranjero que adquieran voluntariamente otra nacionalidad, y siempre pueden evitar esta pérdida si en el plazo de tres años declaran su voluntad de conservar la nacionalidad española (art. 24.1.I Cc). Además, perderán la nacionalidad "en todo caso", los españoles emancipados que renuncien expresamente a ella, siempre que tengan otra nacionalidad y residan habitualmente en el extranjero (art. 24.2 Cc). En segundo lugar, perderán la nacionalidad española los emancipados que residan en el extranjero y durante tres años utilicen exclusivamente la nacionalidad que tuvieran atribuida antes de la emancipación. A pesar de ello, podrían evitar esta pérdida si en el plazo de tres años declaran su voluntad de conservar su nacionalidad. En el caso de españoles que hayan nacido en el extranjero y sean españoles por haber nacido de padre o madre español/a también nacido en el extranjero, perderán la nacionalidad española si en el plazo de tres años desde la emancipación o mayoría de edad no declaran su voluntad de conservar la nacionalidad española.

21 El Encargado del Registro del lugar de nacimiento del interesado verificará la concurrencia de los requisitos y realizará la inscripción conforme al artículo 226 del Reglamento del Registro Civil. La recuperación deberá inscribirse al margen de la inscripción de nacimiento y llevará implícito el derecho de los hijos sometidos a la patria potestad del interesado de optar a la nacionalidad española conforme a los artículos 19 y 20 del Cc.

similar al anterior, si el nombre y los apellidos fueron inscritos conforme a su ley nacional anterior la Ley española admite el nombre con el que la persona se siente identificada pudiendo conservar sus apellidos salvo por razones de orden público. El artículo 199 del Reglamento del Registro Civil permite, por tanto, que los apellidos de un español se rijan conforme a su ley nacional anterior y no sufran alteraciones.

También puede suceder que se adquiera otra nacionalidad, pero no se pierda la nacionalidad española. En el caso de los nacionales españoles con doble nacionalidad nos encontramos con que su nombre y apellidos han podido ser configurados de conformidad con cualquiera de las dos nacionalidades que ostenta y en el ordenamiento español serán respetados sin alteraciones, incluso, aunque prevean la aplicación de un solo apellido[22]. Ahora bien, está posibilidad de elegir la nacionalidad que va a determinar el régimen del nombre y los apellidos solo se acepta para los españoles con doble nacionalidad cuando la otra nacionalidad sea europea, si ninguna de las nacionalidades fuera europea habría que verificar la existencia de Convenios Internacionales específicos que lo permitan.

2.2.3. El nombre y los apellidos en el caso de los hijos de emigrantes retornados

Entre los modos de adquisición automática de la nacionalidad contemplada en los artículos 17 y 18 Cc se encuentra la adquisición por filiación natural y adquisición por adopción.

La primera de ellas es la adquisición por filiación natural y se recoge en el artículo 17.1.a) del Cc que establece que serán españoles de origen todos aquellos nacidos de padre o madre españoles. Es un criterio de adquisición basado en el *ius sanguinis*, en función del que se adquiere la nacionalidad española de origen por ser hijo de madre o padre español, con independencia del lugar de nacimiento. Por tanto, los hijos de emigrantes españoles obtendrán automáticamente la nacionalidad española a través de este régimen.

El ordenamiento español en estos supuestos no diferencia ni entre el sexo de los progenitores, ni en el carácter matrimonial o no matrimonial

---

22 SOTO MOYA, M., "Plurinacionalidad y suficiencia de las soluciones previstas por el legislador en el artículo 9.9 CC", en *Plurinacionalidad y Derecho Internacional privado de familia y sucesiones,* en M. Moya Escudero (dtra.), Tiran Lo Blanch, Valencia, 2020, pp. 229-277.

de la filiación. De modo que todos aquellos que sean hijos de un español, o de una española, adquirirán la nacionalidad de origen sin importar de cuál de los progenitores deriva. De hecho, si el otro progenitor tiene otra nacionalidad es habitual que los hijos ostenten las dos nacionalidades[23].

El segundo de ellos es la adquisición de la nacionalidad por adopción[24]. Se prevé en el artículo 19 del Cc que establece que los menores de 10 años extranjeros adoptados por un español adquieren la nacionalidad española desde el momento de la adopción. En el caso de los mayores de 18 años, el segundo párrafo del artículo 19 Cc permitirá a los adoptados adquirir la nacionalidad española, si así lo desean, por opción, pero sobre este punto volveremos más adelante. La edad se establece en 18 años, con independencia de que se corresponda con la mayoría de edad del país de origen del adoptado.

Se trata de un criterio fundamentado en el principio de no discriminación por razón de la filiación instaurado en el ordenamiento español a través de la Constitución (art. 14 y 39 CE) que equipara los efectos de la filiación por adopción a los efectos de la filiación por naturaleza. Al igual que sucede en la filiación natural tampoco se tendrá en cuenta el sexo del adoptante y se adquirirá la nacionalidad de origen. La única diferencia con la filiación natural es que la nacionalidad se obtiene desde el momento en el que se realiza la adopción, no desde el momento del nacimiento[25].

La adquisición de la nacionalidad por filiación y la flexibilidad que caracteriza al Derecho de la nacionalidad español, que fomenta la conservación de la nacionalidad a aquellos que incluso tuvieran atribuida y utilizarán otra nacionalidad (art. 24.1.Cc), constituyen el marco perfecto para que se den supuestos de hijos de un emigrante español y un nacional de otro Estado miembro que disfrutan las nacionalidades de sus dos pro-

---

23 M. MOYA ESCUDERO, "Doble nacionalidad del nacido en España de progenitor español y extranjero", en *Plurinacionalidad y Derecho Internacional privado de familia y sucesiones,* M. Moya Escudero (dtra.), Tiran Lo Blanch, Valencia, 2020, pp. 39-86.

24 ORTIZ VIDAL, M., "La adopción internacional y nacionalidad española", en *Plurinacionalidad y Derecho Internacional privado de familia y sucesiones,* en M. Moya Escudero (dtra.), Tiran Lo Blanch, Valencia, 2020, pp. 87-125.

25 En cierto modo, esta norma comporta una paradoja porque la nacionalidad de origen se ostenta desde el nacimiento y eso no sucede con la filiación adoptiva en la que el adoptado ha gozado de otra nacionalidad hasta su adopción. El ordenamiento español no contempla la posibilidad de que se extienda la nacionalidad al momento del nacimiento del adoptado, como por ejemplo el ordenamiento francés, produciendo una cierta contradicción y, en cierto modo, una equiparación menos plena.

genitores. En estos supuestos deberemos elegir la nacionalidad según la que se va a establecer el nombre y los apellidos y cuando los apellidos del ciudadano español ya han sido determinados por una autoridad de acuerdo con su otra nacionalidad, tendrán la posibilidad de solicitar que conste en el Registro Civil español los nombres y apellidos atribuidos legalmente conforme a su otra nacionalidad.

El Tribunal de Justicia de la Unión Europea en Sentencia de 2 de octubre de 2003, asunto C-148/02, en el caso García Avello, tuvo la ocasión de pronunciarse sobre un supuesto sobre la ley aplicable al nombre y los apellidos de los hijos de un nacional español y una nacional belga. Se trataba de un español (García Avello) casado con una belga (Weber) con dos hijos con doble nacionalidad que fueron inscritos como García Avello conforme al ordenamiento belga. Los padres solicitaron a las autoridades belgas les fuera modificado el apellido por García Weber incluyendo como segundo el apellido materno en función de la ley nacional española y del ordenamiento sustantivo español, sin embargo, las autoridades belgas rechazaron dicha solicitud alegando que en Bélgica únicamente se utiliza el apellido paterno. El Tribunal de Justicia estimó que privar a los nacionales hispano-belgas de la posibilidad de inscribir sus apellidos conforme a su otra nacionalidad comportaba una discriminación contraria al Derecho de la UE permitiendo que se optará por los ordenamientos correspondientes a cualquiera de las dos nacionalidades.

Consecuentemente, tal y como se ha puesto de manifiesto, las autoridades españolas reconocerán los apellidos de los emigrantes nacionales españoles y de sus hijos, aunque hayan sido inscritos conforme a la ley de su lugar de nacimiento, de residencia o de su otra nacionalidad y, a pesar, de que no coincida con los que hubieran resultado de la aplicación de la ley española. Con ello se evita la disparidad y los inconvenientes que la diversidad material pudiera causar sobre el ejercicio de las libertades comunitarias.

2.2.4. La vecindad civil como ley aplicable al nombre de las personas físicas

Como sabemos, España es un Estado plurilegislativo y en el ámbito de Derecho privado conviven más de un ordenamiento jurídico de carácter territorial. La diversidad de legislaciones civiles en el interior de nuestras fronteras nos obliga a delimitar el ordenamiento civil finalmente aplicable entre los coexistentes a nivel interno. Dentro del ordenamiento español existen algunas legislaciones autonómicas con especificidades en materia de nombre y apellidos. Es el caso del artículo 25 del Código de Derecho foral de Aragón[26], por ejemplo, permite que a los catorce años se modifique el nombre por su equivalente onomástico a cualquiera de las lenguas aragonesas. Y la Ley 1/1988 de 7 de enero, de política lingüística de Cataluña[27] permite el uso de la conjunción "i" entre los apellidos y la sustitución del nombre propio por el por nombre propio catalán

La vecindad civil ha sido el criterio de sujeción elegido por el ordenamiento español para señalar el Derecho civil foral o especial que se aplica a cada nacional español, teniendo en cuenta que los extranjeros no poseen vecindad civil. De modo que cuando la norma de conflicto nos remita a la ley nacional para regular los nombres y los apellidos de una persona física, también deberemos tener en cuenta su vecindad civil para aplicar cualquiera de las especificidades coexistentes en esta materia.

Sabemos que la vecindad civil se adquiere por nacimiento o por residencia. La vecindad civil de los emigrantes españoles equivale a la última vecindad civil que ostentaron cuando residían en España o si han nacido en el extranjero la de uno de sus progenitores españoles. Los modos de adquisición de la vecindad civil se contemplan en el artículo 14 del Cc y, de un modo similar a la nacionalidad, se puede llevar a cabo por filiación natural o por filiación adoptiva.

Si en el momento del nacimiento los padres tuvieran distinta vecindad civil, se establecerá la vecindad civil conforme a la del padre a favor de quién se determinó la filiación con anterioridad, en su ausencia, conforme a la del lugar de nacimiento y, a falta de los dos criterios anteriores, se otorgará la vecindad civil de derecho común.

En el plazo de 6 meses posteriores al nacimiento o a la adopción los padres podrán modificar la vecindad civil y atribuir al hijo la vecindad civil de cualquiera de ellos.

En segundo lugar, la vecindad civil se puede adquirir por opción. El menor a partir de los 14 años podrá optar por la vecindad civil de su lugar de nacimiento o por la ultima vecindad civil de cualquiera de sus padres. En el caso de los hijos de emigrantes españoles adquirirán la vecindad civil que posea el padre o madre de nacionalidad española. No obstante, po-

---

26 Decreto Legislativo 1/2011, de 22 de marzo, del Gobierno de Aragón, por el que se aprueba, con el título de "Código del Derecho Foral de Aragón", el Texto Refundido de las Leyes civiles aragonesas, BOA núm. 67, 29-03-2011.

27 Ley 1/1998, de 7 de enero, de Política Lingüística, BOE núm. 36, de 11.2.1988.

drá solicitar su modificación durante el transcurso del año después de su emancipación y, en el supuesto de que no esté emancipado, al acto deberá concurrir con representante legal.

3. LA NACIONALIDAD Y LA VECINDAD CIVIL EN LAS CUESTIONES VINCULADAS AL DERECHO DE FAMILIA Y SUCESIONES

Los Reglamentos europeos en materia de Derecho de familia, aunque utilizan la residencia cada vez con más frecuencia para señalar la ley aplicable, no olvidan por completo el criterio de la nacionalidad que tiene un especial protagonismo tanto en el Reglamento 1259/2010 de 20 de diciembre sobre ley aplicable a la separación y el divorcio[28], como en el Reglamento 2016/1103, por el que se establece una cooperación reforzada en el ámbito de la competencia, la ley aplicable, el reconocimiento y la ejecución de resoluciones judiciales en materia de regímenes económicos matrimoniales[29], y el Reglamento 650/2012 sobre sucesiones[30].

Entre ellos media una estrecha relación y sus efectos están interconectados[31] así, por ejemplo, el divorcio comporta la disolución del vínculo matrimonial, del régimen económico matrimonial e influye sobre los derechos sucesorios, además de que puede llevar implícito el cambio de nombre y apellidos de los cónyuges[32] y modifica su capacidad matrimonial.

En el caso de los emigrantes españoles retornados nos encontramos con la posibilidad de que un nacional español haya contraído matrimonio en el extranjero con una persona de otra nacionalidad y que posteriormente se hubieran divorciado en el extranjero, o pretendan divorciarse en España una vez se ha retornado a su país de origen. En ambos casos se producen modificaciones en su estatuto personal que pueden causar efectos a su re-

---

28 DO L343, de 29 de diciembre de 2010.

29 DO L183, de 8 de julio de 2016.

30 DOE L201, de 27 de junio de 2012.

31 QUINZÁ REDONDO, P., "La (des)coordinación entre la propuesta de Reglamento de régimen económico matrimonial y los Reglamentos en materia de divorcio y sucesiones", *Anuario de Derecho Internacional Privado español*, 13, 2013, pp. 513-542.

32 QUINZA, C. y AZCARRAGA, P., "Cambio de apellidos y otros efectos derivados de la disolución del vínculo matrimonia. Comentario a la Sentencia de la Audiencia provincial de Granada (sección 5ª), núm 319/2017, de 14 de septiembre", *CDT*, octubre 2018, vol. 10, núm. 2, pp. 801-810.

greso al país de origen. También nos podemos encontrar ante un matrimonio de dos nacionales españoles residente en el extranjero que planten su divorcio al regresar a su país de origen. ¿Qué papel juega la nacionalidad en estos casos?

3.1. La ley de la nacionalidad para regular la separación y el divorcio

La ley aplicable a la separación y al divorcio se regula en el Reglamento 1259/2010 de 20 de diciembre de 2010, conocido como Reglamento Roma III. El Reglamento Roma III contiene un conjunto de normas de conflicto bajo las que subyace el objetivo de aplicar la ley que presenta los vínculos más estrechos con la relación jurídica. Se trata de normas de carácter multilateral que no pretenden favorecer la aplicación de ninguna ley en concreto y responden a una lógica conflictual clara[33] que garantiza "soluciones adecuadas para los ciudadanos en términos de seguridad jurídica, previsibilidad y flexibilidad" (Cdo. 9 RRIII).

Lo primero que debemos destacar es que el Reglamento Roma III regula la ley aplicable a la disolución del matrimonio de carácter internacional planteada ante las autoridades competentes de los Estados participes (art. 21. IV RRIII)[34] con independencia de la nacionalidad, residencia y cualquier otra circunstancia personal de los cónyuges. Además, tiene carácter *erga omnes* y se aplica, aunque la ley señalada por sus normas de conflicto sea la de un Estado no miembro.

Desde el punto de vista material subrayamos que no regula ni el nombre y apellidos de los cónyuges, ni las consecuencias del matrimonio a efectos patrimoniales, ni la responsabilidad parental o las sucesiones y fidecomisos y, a pesar de las consecuencias que puede tener sobre estos ámbitos, quedan regulados por sus respectivas normas específicas.

El Reglamento Roma III prevé una serie de puntos de conexión "en cascada" que se aplican consecutivamente, uno en defecto de otro, inspirados en el principio de proximidad. Entre ellos contempla la nacionalidad para señalar la ley aplicable al divorcio ya sea mediante elección de las partes, ya sea en defecto de elección.

---

33 CALVO CARAVACA, A.L. y CARRASCOSA GONZÁLEZ, J., *Tratado...op. cit.*, T. II, pp. 1650-1653.

34 Bélgica, Bulgaria, Alemania, España, Francia, Italia, Letonia, Luxemburgo, Hungría, Malta, Austria, Portugal, Rumania, Eslovenia, Lituania, Grecia y Estonia.

En primer lugar, prevalece la ley elegida por los cónyuges (art. 5-7 RRIII) y entre las leyes que pueden elegir se halla la ley del Estado de la nacionalidad de cualquiera de ellos. De esta forma se permite a los emigrantes españoles que elijan si prefieren la ley de su nacionalidad frente a la ley de su domicilio o residencia, en el caso de que les resulte más cercana o conocida. Cuando los cónyuges posean distinta nacionalidad podrán elegir entre cualquiera de ellas, y si tienen más de una, deberemos atender a la ley del país cuyos tribunales conocen para determinar cuál de las dos prevalece (Cdo. 22 RRIII).

La nacionalidad se convierte en un criterio que garantiza la vinculación de la pareja con el ordenamiento jurídico que va a regular su disolución, respondiendo a los objetivos de seguridad jurídica y previsibilidad que marca la norma; pero además se trata de un criterio que fomenta y asegura el respeto a la multiculturalidad y facilitará el reconocimiento de las decisiones en el Estado de la nacionalidad de los cónyuges.

Para evitar posibles problemas de conflicto móvil derivados de un cambio de residencia o nacionalidad, las normas del Reglamento Roma III limitan la elección de ley al momento de celebración del convenio, de modo que si eligen la ley de la nacionalidad o de la residencia habitual será la que tienen en el momento en el que realizan esa elección que no sufrirá modificaciones, aunque cambien de residencia o de nacionalidad con posterioridad. De esta forma, los nacionales españoles que hayan iniciado su divorcio y elegido una ley antes de regresar a nuestro país, tendrán la certeza de que seguirá rigiéndose por esa misma ley.

En segundo lugar, en defecto de elección se contempla la aplicación de la nacionalidad cuando la pareja no tenga residencia común o cuando a pesar de haberla tenido ninguno de ellos resida allí en el momento de interposición de la demanda o haya transcurrido un año desde que el otro cónyuge traslado su residencia. Cuando no sea posible establecer una conexión fuerte con la residencia común, la nacionalidad se convierte en una conexión más segura y previsible. De manera que en los supuestos de emigrantes retornados se aplicará la ley de la nacionalidad de ambos cónyuges.

Los extranjeros pueden adquirir la nacionalidad española por matrimonio, por tanto, en los supuestos en los que se hayan casado con un emigrante español. Ahora bien, se trata de una vía de adquisición de la nacionalidad integrada en los supuestos de adquisición no automática y por residencia. El hecho de que se incluya dentro de las vías de adquisición no automáticas (arts. 21.2 y 22 Cc) comporta una serie de requisitos. Por un lado, para su concesión se requiere declaración por parte de la autoridad competente, el ministro de Justicia y, por otro lado, el sujeto interesado deberá realizar una declaración de voluntad ante el Encargado del Registro Civil[35].

Además, se exige un mínimo periodo de residencia. Ello supone que, aunque el vínculo con un nacional español evidencia la conexión con nuestro país, no es suficiente hasta que no se materialice la residencia durante un año en España con el objetivo de asegurar la integración del solicitante. La residencia habrá de ser efectiva y conforme al artículo 22.3 Cc ha de ser legal, continuada y anterior a la solicitud.

Es menester recordar que, con anterioridad a la CE, primaba el principio de la unidad jurídica de la familia y la nacionalidad que se tenía en cuenta en el caso de que se produjera un matrimonio entre un extranjero y un español era la del hombre que prevalecía sobre la de la mujer por lo que tanto una española que contraía matrimonio con un extranjero perdía automáticamente su nacionalidad de origen y, al revés, la extranjera que se casaba con un español perdía su nacionalidad. Esta especial coyuntura se extendía a los hijos sometidos a la patria potestad de la mujer[36]. En la actualidad este modo de adquisición de la nacionalidad no repara en el sexo de los contrayentes.

3.2. El régimen económico matrimonial y la nacionalidad

La nacionalidad también ha sido utilizada como criterio que presenta una vinculación suficiente para determinar los efectos patrimoniales del matrimonio. De hecho, el Reglamento 2016/1103 sobre ley aplicable a los regímenes económico-matrimoniales[37] que otorga primacía a la autono-

---

35 Cumplido el plazo de residencia el interesado deberá solicitar al Ministerio de Justicia que declare que puede adquirir la nacionalidad a través de un modelo de solicitud elaborado por el propio Ministerio. La solicitud se presentará ante el Registro Civil correspondiente a la localidad de residencia del solicitante junto a la partida literal de nacimiento, certificado de antecedentes penales del país de origen, certificado de antecedentes penales expedido en España, certificado de empadronamiento y documento que justifique la residencia legal en España. Además, certificado de matrimonio expedido por el Registro Civil español y certificado literal de nacimiento del cónyuge español. Una vez realizada la solicitud, en un plazo máximo de un año desde su presentación (Disposición Adicional primera de la Ley 36/2002), el Ministerio publicará en el BOE una Orden Ministerial en sentido afirmativo autorizando la adquisición. Aceptada la solicitud el interesado deberá realizar la declaración ante el encargado del Registro Civil de conformidad con los artículos 32Cc y 220 Reglamento Registro Civil.

36 FERNÁNDEZ ROZAS, J.C., *Derecho español de la nacionalidad.* Tecnos, Madrid, 1987, p. 71.

37 DO L 183, de 8 de julio de 2016.

mía de la voluntad de los cónyuges, prevé la ley de la nacionalidad entre las leyes potencialmente elegibles, y también contempla su aplicación a falta de elección.

El Reglamento 2016/1103 permite a los cónyuges o futuros cónyuges elegir la ley aplicable a su régimen económico matrimonial garantizando que se va a regir por una ley previsible con la que mantienen vínculos[38]. Entre las leyes que pueden elegir, a tenor del artículo 22, se encuentra la nacionalidad de cualquiera de ellos en el momento de la elección. De este precepto se deduce que cuando ostenten doble nacionalidad, podrá elegirse entre cualquiera de las dos[39]. Además, en defecto de elección el artículo 26.1.b establece que se aplicará en segundo lugar en defecto de residencia habitual común la ley de la nacionalidad común en el momento de la celebración del matrimonio y, en su defecto, aquella con la que tengan una vinculación más estrecha.

En esta materia también encontramos que los ordenamientos civiles forales o especiales coexistentes en España prevén normas especiales en materia de regímenes económicos. El artículo 33 del Reglamento integra la norma de aplicación para el caso de que la ley aplicable nos remita a un ordenamiento plurilegislativo. En primer lugar, el Reglamento elige la solución de remisión indirecta a ordenamientos plurilegislativos lo que implica que se remite a las propias normas de resolución de conflictos internos para concretar la legislación que se va a aplicar entre las coexistentes en el ordenamiento español. Cuando la conexión señalada sea la de la nacionalidad, el sistema español de Derecho interregional nos remitirá a la vecindad civil para determinar la ley aplicable a nivel interno.

---

38 JIMÉNEZ BLANCO, P., "Ley aplicable a los regímenes matrimoniales en el Reglamento 2016/1103, en *Cursos de Derecho Internacional y Relaciones Internacionales de Vitoria Gazteiz,* Aranzadi, Navarra, 2019, pp. 103-188; FONTANELLAS MORELL, J.M., "La Ley aplicable a los regímenes económicos matrimoniales y a los efectos patrimoniales de las uniones registradas en las respectivas propuestas de reglamentación comunitaria", *Anuario de Derecho civil,* t. LXV fascículo I, enero-marzo 2012, pp. 275-291; PALAO MORENO, G., "La determinación de la ley aplicable en los Reglamentos en materia de régimen económico matrimonial y efectos patrimoniales de las uniones registradas 2016/103 y 2016/1104", *REDI,* vol. 71, núm. 1, pp. 89-117.

39 RUEDA VALDIVIA, R., "Plurinacionalidad y régimen económico matrimonial en Derecho Internacional Privado español", en *Plurinacionalidad y Derecho Internacional privado de familia y sucesiones,* M. Moya Escudero (dtra.), Tiran Lo Blanch, Valencia, 2020, pp. 333-402.

3.3. La ley de la nacionalidad y de la vecindad civil de los emigrantes y el Reglamento de sucesiones

En el ámbito del Derecho de sucesiones, a pesar de que la nacionalidad era la conexión por la que optaban la mayoría de los Estados miembros en sus ordenamientos internos (dieciséis de veintisiete) para regular la sucesión el Reglamento 650/2012, de 4 de julio de 2012, relativo a la competencia, la ley aplicable, el reconocimiento y la ejecución de los documentos públicos en materia de sucesiones mortis causa y a la creación de un certificado europeo[40] (Reglamento de sucesiones) ha escogido la residencia habitual como criterio general para regir la totalidad de la sucesión. No obstante, y, en previsión de los inconvenientes que en determinados casos rodean a la residencia habitual (excesivamente fácil de modificar a lo largo de la vida de una persona) y ante las dificultades que, en ocasiones, presenta su determinación, el Reglamento de sucesiones ha incluido la posibilidad de someter la sucesión al Derecho nacional del causante. De conformidad con su artículo 22, el Reglamento de sucesiones permite que el causante elija someter la totalidad de su sucesión a su ley nacional prevaleciendo esa elección sobre el criterio general. Se trata de una figura denominada *professio iuris* que consagra la autonomía de la voluntad al permitir la elección de ley[41]. La elección de ley permite al causante elegir el ordenamiento jurídico que materialmente le interese más y planificar su sucesión de manera coherente incrementando la seguridad jurídica y la certeza de los herederos.

Mediante la *professio iuris* se busca garantizar la previsibilidad y reforzar la seguridad jurídica, evitando los problemas derivados de la falta de concreción que pueden llegar a afectar a la residencia habitual. La elección de la ley nacional para regular la sucesión en el caso de los emigrantes españoles retornados favorece la libre circulación de personas y evita que el traslado a otro país o el cambio de nacionalidad suponga la modificación de la ley aplicable a su sucesión preservando la planificación sucesoria del *cujus*.

Ahora bien, las ventajas de elegir la ley de la nacionalidad para regular la sucesión únicamente se garantizarán si es reconocida en aquellos Estados potencialmente afectados por la sucesión. En la actualidad esa previ-

---

40 FONTANELLAS MORRELL, J., *La professio iuris sucesoria*, Maricial Pons, 2019.

41 FONT I SEGURA, A., "Artículo 22. Elección de la ley aplicable", en *El Derecho europeo de sucesiones. Comentario al Reglamento (UE) n1 650/2012, de 4 de julio de 2012*, A. Bonomi y P. Wautelet, Thomson Reuters, Aranzadi, Cizur Menor, 2015, pp. 254-286.

sibilidad queda asegurada en los Estados europeos, pero su eficacia en las relaciones con terceros Estados dependerá de que se acepte la elección en cada caso concreto.

Cuando el emigrante español elija la ley española como ley aplicable para regular su sucesión debemos recordar que en España coexisten varias unidades territoriales con especificidades fundamentalmente desarrolladas en el ámbito sucesorio. Precisamente en el Derecho de sucesiones es donde confluyen los distintos ordenamientos coexistentes, así que para determinar la ley finalmente aplicable en función de la remisión indirecta establecida en el artículo 36.1 del Reglamento de sucesiones deberemos recurrir al sistema de resolución de conflicto de leyes internos español, o Derecho Interregional. En este sentido la ley aplicable cuando se elija la nacionalidad a través de la *professio iuris* se corresponderá conforme al artículo 16 del Cc con la ley de la vecindad civil del causante[42].

Para evitar problemas de conflicto móvil en los supuestos en que se produzca un cambio de nacionalidad, el artículo 22.1 del Reglamento de Sucesiones alude a la ley de la nacionalidad en el momento de la elección o en el momento del fallecimiento. Acorde con este artículo si la elección realizada se refiere a la ley de la nacionalidad del *cujus* en el momento de la elección podría suceder que se produjera un cambio de nacionalidad entre ambos momentos, en ese caso la elección mantiene su validez pese a la modificación posterior primando la previsibilidad y certeza. Lo mismo sucede con la vecindad civil. De esta forma, las sucesiones de los emigrantes españoles se ordenarán de acuerdo a la ley de su nacionalidad y de su vecindad civil cuando realicen *professio iuris* estando en el extranjero.

Por último, en el caso de que el causante posea varias nacionalidades, en virtud del artículo 22.2 podrá elegir cualquiera de ellas garantizando su voluntad con independencia de que sea la nacionalidad cuyo ordenamiento presenta vínculos más estrechos[43].

---

42 ÁLVAREZ GONZÁLEZ, S., "La *professio iuris* y la sucesión internacional en una futura Reglamentación comunitaria", en Mª P. García Rubio (coord.) *Estudios jurídicos en memoria del Profesor José Manuel Lete del Rio,* Civitas, Thomson Reuters Cizur Menor, 2009, pp. 17-49.

43 LARA AGUADO, A., "*Professio iuris* de las personas plurinacionales en materia sucesoria", en Plurinacionalidad y Derecho Internacional privado de familia y sucesiones, M. Moya Escudero (dtra.), Tiran Lo Blanch, Valencia, 2020, pp. 571-653.

4. CONCLUSIONES

El objeto de este trabajo ha sido analizar si el regreso de los emigrantes españoles retornados a su país de origen puede comportar alteraciones en el régimen aplicable a sus relaciones jurídico privadas derivadas de los posibles cambios que haya podido tener, además de en su residencia, en su nacionalidad o vecindad civil.

Para ello, con el Derecho de la nacionalidad como telón de fondo, se ha hecho un repaso de aquellas cuestiones sometidas a la ley nacional más controvertidas a las que se puede enfrentar al regresar a su país de origen. La nacionalidad continúa siendo un criterio de conexión clave en materias vinculadas al estatuto personal y al Derecho de familia. Los beneficios inherentes al mismo se ponen de manifiesto en aquellos ámbitos de Derecho de familia en los que tiene más peso el arraigo de los emigrantes a las tradiciones jurídico culturales de su país de origen.

Teniendo en cuenta que el emigrante retornado se ha trasladado a trabajar al extranjero y, por tanto, ha modificado su residencia habitual, la clavé a su regreso se halla en identificar los cambios que ese traslado pudieran comportar en su vida privada familiar y el contrapeso que la nacionalidad española, en calidad de criterio de sujeción al ordenamiento de origen, caracterizado por su estabilidad y previsibilidad, representa ante la creciente movilidad y, en ocasiones, inestabilidad que suponen.

El sistema de adquisición y perdida de la nacionalidad español basado fundamentalmente en el *ius sanguini* favorece la continuidad del vínculo del emigrante con el Estado de origen y ello, contribuye a evitar la multiplicación de problemas vinculados al conflicto móvil que se pueden generar a su regreso en aquellas materias regidas por la ley nacional.

A pesar de que se ha ido desplazando por la residencia habitual, la nacionalidad sigue operando como criterio vertebrador de la ley aplicable al estatuto personal y al Derecho de familia y sucesiones y, en ocasiones, garantiza una mayor seguridad jurídica y una mayor previsibilidad a la vez que fomenta la unidad y extraterritorialidad del estatuto personal.